D1868526

Literaturwissenschaft und Sozialwissenschaften 1

15,–

Literaturwissenschaft und Sozialwissenschaften 1

Grundlagen und Modellanalysen

Mit Beiträgen von
Horst Albert Glaser, Peter Hahn,
Olaf Hansen, Helmut Hartwig,
Thomas Metscher,
G. Katrin Pallowski, Michael Pehlke,
Bernd Jürgen Warneken

2., *teilweise überarbeitete Auflage*

J. B. Metzler Stuttgart

Die in [ ] erscheinenden Zahlen verweisen auf die Anmerkungen

1.–3. Tausend Juni 1971
4.–6. Tausend Dezember 1972

ISBN 3 476 00203 9

Druck: Georg Appl, Wemding
Printed in Germany

Inhalt

Zur zweiten Auflage

Schon bei der Planung dieses Bandes und der sich daraus entwickelnden Diskussion mit einer ganzen Reihe von Literaturwissenschaftlern, die sich in ihrer Arbeitsweise als ideologiekritisch und/oder materialistisch verstanden, wurde deutlich, daß es eine stichhaltige und verbindliche soziale Theorie der Literatur nicht gibt, will man diejenigen Positionen einholen oder übertreffen, die von den Klassikern eingenommen worden sind, insofern die Integration sozialwissenschaftlicher Methode und Theorie additiven oder subsummierenden Charakter annehmen muß, wenn sie sich an die Analyse des einzelnen Kunstwerks macht. Insofern galt es auch bei der Abfassung des Titels »Literaturwissenschaft *und* Sozialwissenschaften« Zurückhaltung zu üben. Zwar gilt anhand der Ideologieproblematik als erwiesen, daß Literatur und Kunst nur im Gesamtzusammenhang der Basis-Überbau-Relation gesehen werden können, aber deren theoretische und praktische Verklammerung mit der Gesamtheit der künstlerischen Entwicklung ist stringent bislang nur an signifikanten ideologischen Brechungen der deutschen Bourgeoisie gezeigt worden. Mit der Erkenntnis dieser Situation verband sich ein Arbeitsimpuls, der zur Erfassung weiterer, notwendig zu untersuchender Themenkreise hinleitete. Zugleich wurde deutlich, daß sich die literaturwissenschaftliche Abstraktion immer mehr der tatsächlichen literarischen und gesamtgesellschaftlichen Entwicklung, auch im historischen Material, annähern muß, will sie sich als Theorie überhaupt im Gegenstand wiedererkennen und nicht auf dem Kothurn des leeren Begriffs daherkommen. Aus solchen Überlegungen resultierte schließlich die Konzeption weiterer Bände unter dem Titel »Literaturwissenschaft und Sozialwissenschaften«, von denen die folgenden in direkter Vorbereitung sind (auf ihr Erscheinen wird frühzeitig hingewiesen):

- Germanistik und deutsche Nation 1806–1848. Zur Konstitution bürgerlichen Bewußtseins.
- Zur klassenspezifischen Lage der literarischen Intelligenz im späten 18. Jahrhundert (*Arbeitstitel*).
- Zu Theorie und Historizität der materialistischen Literaturwissenschaft in der BRD (*Arbeitstitel*).
- Beschreibung des Objektbereichs Literatur. Produktion-Distribution-Rezeption (*Arbeitstitel*).
- Zur Literatur der deutschen Romantik (*Arbeitstitel*).
- Politische Semantik (*Arbeitstitel*).

LEKTORAT

Vorbemerkungen

Der vorliegende Band behält den Begriff »Literatursoziologie« sprachlich zwar bei, er gilt ihm jedoch inhaltlich als suspendiert. Den Autoren ging es nicht darum, ineins mit der der Literatur selbst gegenüber indifferenten positivistischen Literatursoziologie diese neben anderen möglichen Soziologien erneut zu behaupten oder gar vollends den Gesellschaftswissenschaften einzuverleiben; sie bemühten sich vielmehr, die bisher geübte literatursoziologische Argumentation für die Differenzierung einer gesellschaftlichen Theorie der Kunst und Literatur zu nutzen. Insofern spiegelt sich im Titel des Bandes eine Tendenz zur Vermittlung, aber auch ein Beharren auf grundsätzlichen Positionen beider Wissenschaftsmethoden. *Der Band spiegelt nicht nur, was sein soll, sondern auch, was ist.* Ungeachtet der sich ständig verdinglichenden Beziehungen von Kunst, Literatur und Gesellschaft ließe sich die Absicht der Autoren als kritisches Moment des literarischen Prozesses fassen. Es wäre daher falsch, in der Methode, wie sie hier an den Tag gelegt wird, ein Attentat auf das Kunstwerk zu erblicken. Mit der Integration soziologischer, polit-ökonomischer, sozialpsychologischer und politologischer Sachverhalte in die Literaturkritik wollen die Autoren bewußt machen, daß Literatur und Kunst zugleich gesellschaftliche, politische, sozialpsychologische Vorgänge *sind*. Der im Kunstwerk aufbrechende Widerspruch artikuliert sich positiv oder negativ als Ungleichzeitigkeit, die gesellschaftsanalytisch zu dechiffrieren ist. Es ging den Autoren auch darum zu verhindern, daß arbeitsteilige Prinzipien, die allerorten notwendig und produktiv sind, letzten Endes zu erkenntnistheoretisch nicht begründeten und nicht begründbaren Reduktionen des Erkenntnisganzen verkommen, das als Ensemble der geschichtlich vermittelten alltäglichen Erfahrung des Subjekts, das sich unter anderem mit Literatursoziologie befaßt, definiert werden könnte. Darin liegt ein Grund dafür, daß die Methode der Autoren, soweit sie überhaupt als einheitlich fixiert werden kann, keinen perfekten Gegenentwurf zur positivistischen Literatursoziologie darstellt, sondern aus der Situation des in der heutigen Gesellschaft produzierenden Subjektes heraus gebrochen ist. Von deren Produktionsweise her bestimmt sich alle hier geleistete Kritik.

LEKTORAT

Mit allem Nachdruck ist festzuhalten, daß der Begriff von Kunst, wie er sich in Hegels *Ästhetik* zunächst unterschwellig anmeldet und im Verlauf der theoretischen Explikation zunehmend durchsetzt, ein *gesellschaftlicher* ist. Das Kunstwerk, dies wird mit aller wünschenswerten Klarheit von Hegel ausgesprochen, greift »unmittelbar in die gewöhnliche äußerliche Realität, in das Alltägliche der Wirklichkeit und damit in die gemeine Prosa des Lebens ein«, und es sei »eine vornehme Abstraktion moderner Subjektivität« zu glauben, daß »Kunst allen Zusammenhang mit dieser Welt des Relativen abschneiden müsse«. Doch nicht nur die »äußerliche« Beziehung des Kunstwerks zur Realität qualifiziert den der *Ästhetik* zugrunde liegenden Begriff der Kunst als gesellschaftlichen. Noch sind es die – bis heute keineswegs voll rezipierten – Modellanalysen einzelner Werke oder Werkgruppen, welche die Bedeutung Hegels für die gegenwärtige Literatur- und Kunstsoziologie begründen. Die *Ästhetik* gibt mehr. Sie ist der systematische Entwurf einer Philosophie der Literatur und der Künste, in der gerade die formalen Strukturen der ästhetischen Konstruktion in ihrer sozialgeschichtlichen Relevanz erfaßt werden.

THOMAS METSCHER

Das Buch *Die Hauptrichtung der Literatursoziologie und ihre Methoden* von Hans Norbert Fügen, vor allem eine Kritik der »marxistischen Literaturbetrachtung« und die Grundlegung einer »speziellen Soziologie der Literatur« enthaltend, gehört nicht nur zu den wenigen ausführlichen literatursoziologischen Methodologien, die im germanistischen Betrieb verkehren, sondern repräsentiert auch die in der westdeutschen Sozialwissenschaft herrschende und von den Reformern einer immer noch vorzugsweise geisteswissenschaftlich betriebenen Germanistik als modern empfohlene positivistische Richtung. Um die Kritik an deren – bei manchen Innovationen ziemlich durchgängigen – Grundzügen geht es dieser Arbeit; nicht um die eines speziellen Werks oder gar des Autors, dessen Buch – vor allem mit Schriften von Silbermann und Escarpit zusammen – hier als handgreiflicher Bezugspunkt gewählt wurde. Bei der Konzeption dieses Aufsatzes spielte die Überlegung mit, daß es nicht nur aus Gründen didaktischer Plastizität angebracht sein dürfte, eine materialistische Literaturtheorie nicht unvermittelt als Position zu setzen, sondern sie sich, ihrem Charakter als Kritik entsprechend, auch in der Darstellung an der bürgerlichen Ideologie zunächst konturieren zu lassen. Dies Verfahren hat freilich den Nachteil, daß man sich, die kritisierten Gedankengänge auch querfeldein verfolgend, zuweilen mit etwas pauschalen Hinweisen begnügen muß – aber auch begnügen kann –, und daß die Steine, die man jenen in den Weg legt, vor allem ob des nicht einmal mehr enzyklopädischen Charakters positivistischer Literatursoziologie nicht so angeordnet werden können, daß sie gleichzeitig den systematischen Grundriß einer Gesellschaftstheorie der Literatur abgäben. Deren Darstellung, welche vor allem die Stellung geistiger Arbeit in der gesellschaftlichen und zur materiellen, die Analyse der Momente des literarischen Arbeitsprozesses sowie den Wertbildungs- und Verwertungsprozeß von Literatur wird behandeln müssen, ist Aufgabe einer größeren Arbeit; in ihrem Zusammenhang entstand dieser Aufsatz. Er ist als Einführung gedacht.

BERND JÜRGEN WARNEKEN

Mein Bemühen geht darauf aus, Aspekte und Möglichkeiten eines Kunstbegriffs zu erarbeiten, der, Kunst als eine vielfältig mit historisch-sozialer Realität vermittelte und auf diese Realität verweisende Form begreifend, durch diese Beziehung wesentlich mitkonstituiert ist. Die Forderung nach einem derartigen Kunstbegriff erscheint – will man den noch immer weithin kurrenten starren, neutralisierenden und isolierenden Dualismus von ›Kunst‹ und ›Wirklichkeit‹ überwinden – unabweisbar. Eine derartige Forderung aber wäre die Voraussetzung einer Kunst-Soziologie, die nicht sowohl nach ›Außenaspekten‹ ihres Gegenstandes, der Kunst, fragt, sondern die dessen Vermittlung mit ›Äußerem‹ bis in seinen substantiellen ästhetischen Kern verfolgt.

Peter Hahn

Im Verständnis ihrer Autoren ist die dokumentarische Literatur »aggressive Publizistik« und als solche kontrovers zur herrschenden Publizistik wie zur Kunst, indem sie dieser »Authentizität«, jener Versäumnisse vorhält: sowohl sollen herkömmliche Informationsbarrieren durchbrochen werden als auch endlich Personen und Sachen, über die bisher nur geredet worden sei, selber reden. Die Untersuchung will die marxistische Theorie von den in der Dokumentarliteratur geschilderten Zusammenhängen mit der herrschenden Tendenz dieser Literatur vergleichen, ohne sich immer ausgesprochen auf einzelne Passagen zu berufen – dazu bedürfte es überdies eines ganzen dokumentarischen Anhangs. Weder will sie sich auf akzidentelle Fehler versteifen, noch behaupten, daß die Dokumentaristik zuweilen über jene Grundtendenz nicht hinauskäme. Die Ausführlichkeit, mit der wir dabei auf ökonomische Fragen eingehen, will nicht nur der Kritik der Dokumentargattungen die – beispielsweise in Lukács' Auseinandersetzung mit Ottwalts Reportageroman zu konstatierende – methodologische Allgemeinheit nehmen, sondern auch einfach eine Anleitung zur Lektüre dokumentarischer Literatur bieten, die keineswegs abgelehnt, sondern auf ihren Stellenwert hin untersucht werden soll, auf das, was sie bisher leistete, was sie leisten könnte und wo sie versagen muß.

G. Katrin Pallowski

Welche Art Praxis stellt Literaturproduktion dar, wenn sich in ihr nicht die Deformationen zeigen, zu denen eine Klassengesellschaft unausweichlich in den Subjekten führt, und in der Reflexion auf sie die Bedingungen von Praxis bestimmt werden? Zu den Deformationen gehört auch die Notwendigkeit, über die Beschränkung des Erkenntnisinteresses und seine Bindung an konkrete Gegenstände (Literatursoziologie) einen Arbeitsprozeß zuzulassen, in welchem übers historische Material und damit im praktischen, kommunikationsorientierten Verwertungsprozeß die Ansprüche der bürgerlichen Gesellschaft verstärkt auftreten. Von daher ergibt sich aber auch, daß die Begründung und Rechtfertigung einer Beschäftigung mit Literatur nicht zusammenfallen kann mit der Erklärung, es sei an sich und jederzeit sinnvoll, Literatursoziologie zu betreiben. Die Rechtfertigung bestimmter arbeitsteiliger Inhalte von Praxis ist vermittelt über die Einschätzung der gesellschaftspolitischen Gesamtsituation. Darüberhinaus wird diese aber auch konkret im literatursoziologischen Arbeitsprozeß ebenso wie in seiner Begründung interpretiert: Die Usurpation des proletarischen Klassenstandpunktes in den theoretischen Arbeiten bürgerlicher Intellektueller verschleiert die objektiven Probleme geschichtlichen Fortschritt in dem gleichen Maß, in welchem die abstrakte Abwendung vom Kulturbetrieb im Namen sozialistischer Praxis diesen als ganzen den Mechanismen einer spätkapitalistischen Kulturindustrie überläßt.

HELMUT HARTWIG

Als Aufgabe einer kritischen Literatursoziologie stellt sich ein Dreifaches: 1. das Bild, das Dramen oder Romane von Personenbeziehungen entwerfen, als eine quasi-soziale Struktur lesen zu lernen; 2. zu diesem noch ästhetischen Strukturbild das historische Bezugsbild zu finden, das heißt, jene historische Situation zu rekonstruieren, auf die das Drama oder der Roman eine Antwort darstellt. In dem Begriff einer Antwort ist auch schon der 3. Teil der Aufgabe enthalten: der Vergleich beider Bilder, des historischen Bezugsbildes mit dem ästhetischen. Ziel solchen Vergleiches kann nicht sein festzustellen, ob beide miteinander übereinstimmen, sondern zu erkennen, was beide auch voneinander trennt. Die Erkenntnis des Grundes läßt das Werk als stillstehende Reflexion seiner sozialen Bedingung erscheinen. An der Art, wie diese Reflexion sich struktuiert, bemißt sich das kritische Potential der Werke. Indem sie ihre eigne Realität konstruieren, werden sie zum Urteil über die geschichtliche.

HORST ALBERT GLASER

In zwei Richtungen ergeben sich für die Literatursoziologie einzulösende Zielvorstellungen: hinsichtlich des Gegenstandes und rückwirkend das analysierende Subjekt betreffend. Hinsichtlich des Gegenstandes ist dessen intentionaler Gehalt dergestalt zu veranschlagen, daß er weder unter systemtheoretische Kategorien subsumiert werden kann, deren Inhalt sich aus Gründen positivistischen Wissenschaftsverständnisses auf die Beschreibung adaptiven oder stimulierten Handelns in der Gestalt beobachtbaren Verhaltens beschränkt, noch daß er als subjektive Äußerung einer selbst im abgedichteten Traditionszusammenhang noch möglichen Form individueller, schöpferischer Freiheit begriffen wird. Die eine wie die andere Variante isoliert, wenn auch jeweils in verschiedener Weise, Geschichte und Gesellschaft vom Subjekt und dessen Objektivationen. Methodologisch gewendet bedeutet dies, daß Folgerungen in dem Sinn gezogen werden müssen, daß darstellbar wird, wie die in der Literatur objektivierten gesellschaftlichen Normen unter Gesichtspunkten regelfolgender Adaption und Internalisierung und wahrgenommener kommunizierter Freiheit zur Geltung kommen. Das analysierende Subjekt betreffend heißt dies, wenn das Verhältnis von Intentionalität qua Selbstverständnis einerseits und Anpassung des handelnden Individuums an herrschende soziale Regeln andererseits Aussagen über den Grad objektivierter Freiheit ermöglicht, daß dessen Nachweis im literarischen Gegenstand für den Interpreten wiederum aufklärerisches Wissen insofern bedeutet, als er reflektierend Erfahrungen von Zwang und Freiheit macht, die für ihn selbst nicht belanglos sein können. Die Aneignung von Erkenntnissen über das objektivierbare Maß an Freiheit bei gleichzeitiger partieller Anpassung an gesellschaftliche Zwänge verspricht einen Gewinn an Wissen, der, praktisch gewendet, in die Zukunft verlängerbar das Selbstverständnis des analysierenden Individuums mitbestimmt. So kommt der für die Geisteswissenschaften immer wieder postulierte und im methodischen Objektivismus derselben immer wieder aufgegebene Anspruch zu seinem Recht, daß Verstehen historischer Ereignisse aufklärerisch auch ein sich selbst Verstehen zu bedeuten habe.

OLAF HANSEN

An den Maßstäben bürgerlicher Literaturwissenschaft gemessen erscheint proletarische Dichtung als contradictio in adiecto. In solcher Disqualifizierung von Literatur, die sich dem Leninschen Prinzip der Parteilichkeit verschrieben hat, gesteht die beanspruchte Sachlichkeit der Literaturwissenschaft ihre Befangenheit ein. Denn jede Beschäftigung mit proletarischer Literatur wirft die Frage des Klassencharakters aller Kultur auf und attackiert damit den Primat eines nur formal verstandenen Ästhetischen. Zugleich bietet sich sozialistische Literatur, sei sie von versierten Berufsschriftstellern oder bemühten Laienautoren verfaßt, als geeignetes Untersuchungsobjekt an, um vorsichtig Materialien zur Klärung des Problems marxistischer Ästhetik bereitzustellen, das von liberalen Literaturwissenschaftlern – aus guten Gründen mit einiger Verspätung – auf die wissenschaftliche Tagesordnung gesetzt worden ist.

MICHAEL PEHLKE

Thomas Metscher

Hegel und die philosophische Grundlegung der Kunstsoziologie

Philosophie der Geschichte, des Rechts, der Religion, Geschichte der Philosophie, Ästhetik usw. – auf allen diesen verschiednen geschichtlichen Gebieten arbeitet Hegel daran, den durchgehenden Faden der Entwicklung aufzufinden und nachzuweisen; und da er nicht nur ein schöpferisches Genie war, sondern auch ein Mann von enzyklopädischer Gelehrsamkeit, so tritt er überall epochemachend auf. Es versteht sich von selbst, daß kraft der Notwendigkeiten des »Systems« er hier oft genug zu jenen gewaltsamen Konstruktionen seine Zuflucht nehmen muß, von denen seine zwerghaften Anfeinder bis heute ein so entsetzliches Geschrei machen. Aber diese Konstruktionen sind nur der Rahmen und das Baugerüst seines Werks; hält man sich hierbei nicht unnötig auf, dringt man tiefer ein in den gewaltigen Bau, so findet man ungezählte Schätze, die auch heute noch ihren vollen Wert behaupten.

Friedrich Engels, *Ludwig Feuerbach und der Ausgang der klassischen deutschen Philosophie*

I Der gesellschaftliche Begriff der Kunst

Die *Ästhetik* Hegels bedeutet, wie Georg Lukács richtig festgestellt hat, »auf dem Gebiete der Kunstphilosophie den Gipfelpunkt des bürgerlichen Denkens« [1]. In ihr hat Hegel die progressiven Tendenzen der Kunsttheorie des bürgerlichen Zeitalters auf verbindliche Weise zusammengefaßt, ja darüber hinaus, wie kein Philosoph vor ihm, »das ganze Gebiet der Kunst« [2] im Sinne einer geschichtsphilosophischen »Enzyklopädie der Künste und der Literatur« [3] abgehandelt. Doch nicht allein aus Gründen eines solchen historischen Verdienstes bleibt Hegels reife Kunstphilosophie bis heute »beispielgebend für den Entwurf einer jeden Ästhetik« [4]. Vielmehr legt die *Ästhetik,* zum erstenmal in der Geschichte der kunsttheoretischen Reflexion in Europa, einen systematischen Aufriß aller der Aspekte vor, die ein Kunstwerk als gesellschaftliches Phänomen im konkreten Sinne des Worts qualifizieren. Sie entwickelt Methoden und stellt Kategorien bereit, auf die keine soziologisch fundierte Literatur- oder Kunstwissenschaft verzichten kann, die über die Abstraktionen des bürgerlichen und vulgärmarxistischen Positivismus hinauskommen möchte.

Generell gesprochen, steht »die Frage der Beziehung von Kunst und Wirklichkeit« im Zentrum der *Ästhetik* [5]. Zugleich hat Hegel in detaillierter Form »die theoretischen, historischen und gesellschaftlichen Aspekte der Kunst verbunden und (...) einheitlich dargestellt« [6]. Die *Ästhetik* erfüllt so – wenn auch innerhalb einer oft mystifizierenden Sprachwelt und im Rahmen einer heute obsoleten metaphysischen Konstruktion – die Forderung Theodor W. Adornos nach einer Kunstsoziologie, die »alle Aspekte im Verhältnis von Kunst und Gesellschaft« umfaßt [7]. Sie entfaltet ein Kategoriensystem, von dem her sich ein Typus kunstsoziologischer Reflexion entwickeln ließe, der sich nicht damit begnügt, »zu fragen, wie die Kunst in der Gesellschaft steht, wie sie in ihr wirkt«, sondern »erkennen will, wie Gesellschaft in den Kunstwerken sich objektiviert« [8].

Mit allem Nachdruck ist festzuhalten, daß der Begriff von Kunst, wie er sich in Hegels *Ästhetik* zunächst unterschwellig anmeldet und im Verlauf der theoretischen Explikation zunehmend durchsetzt, ein *gesellschaftlicher* ist. Das Kunstwerk, dies wird mit aller wünschenswerten Klarheit von Hegel ausgesprochen, greift »unmittelbar in die gewöhnliche äußerliche Realität, in das Alltägliche der Wirklichkeit und damit in die gemeine Prosa des Lebens ein«. Es sei »eine vornehme Abstraktion moderner Subjektivität« zu glauben, daß »die Kunst allen Zusammenhang mit dieser Welt des Relativen abschneiden müsse« [9]. Doch nicht nur die »äußerliche« Beziehung des Kunstwerks zur Realität qualifiziert den der *Ästhetik* zugrunde liegenden Begriff der Kunst als gesellschaftlichen. Noch sind es die – bis heute keineswegs voll rezipierten – Modellanalysen einzelner Werke oder Werkgruppen, welche die Bedeutung Hegels für die gegenwärtige Literatur- und Kunstsoziologie begründen. Die *Ästhetik* gibt mehr. Sie ist der systematische Entwurf einer Philosophie der Literatur und der Künste, in der gerade die formalen Strukturen der ästhetischen Konstruktion in ihrer sozialgeschichtlichen Relevanz erfaßt werden. Das Verhältnis von Kunst und Gesellschaft taucht bereits in der allgemeinen Definition des Schönen – als »sinnliches Scheinen der Idee« – als begriffliches Problem auf und wird in der theoretischen Grundlegung der *Ästhetik*, unter dem Titel *Das Kunstschöne oder das Ideal*, einer intensiven Interpretation unterworfen. Was die Hegelsche Analytik hier durchführt, ist eine Anatomie objektiver ästhetischer Strukturen, die als Manifestation gesellschaftlicher Faktoren freigelegt werden. Hegels bleibende Leistung ist es, die Relation von Kunst und Gesellschaft als kategoriale Grundstruktur des Ästhetischen systematisch erfaßt und ins Zentrum der kunstphilosophischen Analyse gestellt zu haben.

Es wäre allerdings falsch zu behaupten, daß der gesellschaftliche Begriff der Kunst, die Vorstellung eines logisch notwendigen und phänomenologisch aufweisbaren korrelativen Verhältnisses von Kunst und Gesellschaft, sich in der Hegelschen *Ästhetik* allein und zum ersten Mal angekündigt hätte. Die

Bestimmung des ästhetischen Phänomens als eines an sich selbst gesellschaftlichen ist vielmehr so alt wie die theoretische Beschäftigung mit ihm [10]. So ist die Auffassung, daß die Künste sich in bestimmter und philosophisch bestimmbarer Form auf die gesellschaftliche Praxis der Menschen beziehen, wie Friedrich Tomberg überzeugend nachgewiesen hat [11], eine der Grundvorstellungen bereits der Aristotelischen *Poetik*. Ihr Zentralbegriff, der von Kunst als Mimesis der Praxis, macht das Verhältnis zwischen ästhetischer Form und gesellschaftlicher Wirklichkeit begrifflich evident [12]. Das Drama wird ausdrücklich als Nachahmung menschlicher Handlung definiert [13], doch auch die anderen künstlerischen Gattungen besitzen gesellschaftlichen Charakter kraft des ihnen zugrunde liegenden mimetischen Prinzips. Alle Kunst ist mimetischer Akt, der Ausdruck gesellschaftlich vermittelter Inhalte. Dem Drama wird, dank seiner tendenziellen Ausrichtung auf die Katharsis, eine bevorzugte soziale und politische Funktion zugesprochen. Das anthropologische Fixum, auf dem die Aristotelische Vorstellung von Kunst als Mimesis beruht, ist das dem Menschen angeborene *mimetische Vermögen,* die »Lust zur Nachahmung«, eine Art mimetische Libido, die Aristoteles als psychologische Konstante voraussetzt [14]. Sie impliziert gesellschaftliche Bestimmungen, insofern sie allein als in sozialen Beziehungen sich äußernd konkret vorgestellt werden kann und daher als tendenziell auf kommunikative Akte hin orientiert gedacht werden muß [15]. Aristoteles hat mit diesen Kategorien den gesellschaftlichen Begriff der Kunst auf seine erste und allgemeinste Formel gebracht. Damit aber hat die *Poetik,* in der die soziale und politische Relevanz des Ästhetischen zuerst in philosophisch gültiger Form ausgesprochen wurde, den Boden in Besitz genommen, auf dem noch die Hegelsche *Ästhetik* angesiedelt ist.

Der neben Aristoteles einfluß- und folgenreichsten Literaturtheorie des klassischen Altertums, der *Ars poetica* des Horaz, war die Kenntnis des gesellschaftlichen Charakters der Kunst ebenfalls nicht unbekannt. Zwar tritt die Auffassung von Kunst als Mimesis der Praxis bei Horaz in den Hintergrund – eine entscheidende Verkürzung der Problemstellung –, doch wird an dem Gedanken der sozialen Funktion der Kunst festgehalten. »(...) in ihrer Allgemeinheit wohl richtig (...), aber der konkreten Bestimmungen (entbehrend)« [16], so urteilt Hegel über die Horazische Epistel. Die berühmte, in allen europäischen Kultursprachen reproduzierte und bis ins 18. Jahrhundert wirksame Formel »aut prodesse volunt aut delectare poetae« [17] begreift Dichtung von ihrer sozialen Funktion her, ja reduziert sie auf den »Nutzen (...), den das Kunstwerk auf das Subjekt zu äußern vermag. In dieser Rücksicht enthält der Horazische Kernspruch (...) in wenigen Worten das konzentriert, was später in unendlichem Grade ausgeführt, verwässert und zur flachsten Ansicht von der Kunst in ihrem äußersten Extrem geworden ist.« [18] In solcher formalistisch verkürzten Gestalt ist die Lehre von der »gesellschaftlichen Nützlichkeit der Dichtung« [19] in vielfältigen Variationen für die humanistisch-klassizistisch orientierte Literaturtheorie verbindlich geblieben [20]. Zum Verständnis der historischen Position und kunstsoziologischen Bedeutung der Hegelschen *Ästhetik* ist es wichtig festzuhalten, daß der Gedanke einer – wie auch immer verstandenen – sozialen Funktion der Künste bis zum Ende des 18. Jahrhunderts in der europäischen Literatur- und Kunsttheorie den Charakter einer nahezu selbstevidenten Wahrheit besaß. »Bessern sollen uns alle Gattungen der Poesie«, sagt noch Lessing, »es ist kläglich, wenn man dieses erst beweisen muß; noch kläglicher ist es, wenn es Dichter gibt, die selbst daran zweifeln.« [21] Bereits zwei Jahrzehnte nach der *Hamburgischen Dramaturgie,* aus der die Sätze stammen, hat die Kantische *Kritik der Urteilskraft* diesen Zweifel zum System erhoben. Sie markiert einen entscheidenden Einschnitt in der Geschichte der Kunstphilosophie, sofern sie das Schöne rigoros auf seinen formellen Wahrnehmungsakt, das ästhetische Geschmacksurteil, einschränkt und von allen sozialen Inhalten oder Funktionen isoliert [22]. Die Definition des ästhetischen Wahrnehmungsakts als »Wohlgefallen (...) ohne alles Interesse« und seines Gegenstandes als »Zweckmäßigkeit ohne Zweck« [23] trennt »sehr bestimmt das Reich der Ästhetik von dem der Wissenschaft, Moral und Nützlichkeit« [24], damit aber auch von den realen gesellschaftlichen Bedürfnissen. Hegel hat das Verdienst Kants als des eigentlichen Begründers der »Ästhetik als Wissenschaft« voll anerkannt [25], zugleich aber den Kantischen Subjektivismus und Formalismus einer scharfen Kritik unterzogen [26]. Er hält dabei selber an einem wichtigen Punkt der *Kritik der Urteilskraft* entschieden fest: der Bestimmung des Schönen als »Zusammenstimmung« des »Besonderen« mit dem »Begriff« [27], jedoch nicht im Sinne eines bloßen Wahrnehmungsakts, sondern der objektiven Verfassung der konkreten Werke. Dies wird zu der für die *Ästhetik* konstitutiven Vorstellung der Identität von Inhalt und Form. Dabei besitzen die Inhalte für Hegel eine zumindest genetische Priorität, weil sie von der Geschichte vorgegeben sind und diese den ästhetischen Formen vorausgeht. Im Gegensatz zu Kant, der Geschichte, auch die der Künste, in der *Kritik der Urteilskraft* ignoriert, entwickelt Hegel konsequent den Gedanken, daß die Formen der Kunstgattungen »aus der konkreten Bestimmtheit des jeweiligen gesellschaftlichen und geschichtlichen Zustands herauswachsen« [28]. Die Idee der geschichtlichen Vermittlung ästhetischer Formen gehört zu den zentralen Vorstellungsbereichen der *Ästhetik.* Er liegt ihrem gesamten Aufbau als systematisierendes Moment zugrunde. Eine solche Vermittlung, wie überhaupt die Idee einer Philosophie der Geschichte der Künste, hat die Ästhetik aristotelischer Provenienz ebensowenig gekannt wie die in horazianischer Nachfolge. Die Hegelsche Methode der »organischen Verknüpfung der geschichtlichen und theoretisch-systematischen Anschauung« [29] ist vielmehr erst in den neueren

Traditionen bürgerlichen Denkens, von Vico, der Aufklärung und Herder ausgebildet worden [30]. Unter den Vorläufern Hegels ist es vor allem Herder, der die Vorstellung einer von äußeren Faktoren bedingten Entwicklungsgeschichte kultureller – und damit auch ästhetischer – Formen zum methodologischen Leitfaden einer umfassenden Philosophie der Geschichte der Menschheit gemacht und Kunst aus den Zusammenhängen des gesamtgesellschaftlichen Lebens einer Epoche erklärt hat. Herder war »der erste moderne Literaturhistoriker, der das Ideal einer universalen Literaturgeschichte klar erfaßt, ihre Methoden umrissen und Entwürfe ihrer Entwicklung geliefert hat, die weit mehr waren als eine bloße Anhäufung antiquarischen Forschungsmaterials« [31], wobei Literaturgeschichte »in erster Linie mit soziologischen Begriffen gefaßt« wird [32]. Dennoch dürfte kaum zu bestreiten sein, daß die Schriften Herders, im Rahmen einer Geschichte der systematischen Ästhetik gesehen und im Vergleich mit Hegel, Ansatz und nicht Ausführung sind. Sie haben noch nicht, wie Lukács richtig urteilt, »zur systematischen Erfassung von Geschichte und Gesetzmäßigkeit« geführt [33]. Die *systematische Analyse* des Verhältnisses von Kunst und Gesellschaft sowie der Geschichte der Künste blieb der Hegelschen *Ästhetik* vorbehalten.

Interessant ist, daß Hegel Vico aller Wahrscheinlichkeit nach nicht kannte [34], Herder in der *Ästhetik* nur am Rande erwähnt und als Theoretiker offensichtlich nicht ernst genommen hat. Die Standpunkte, »auf welche es ankommt und auf deren Grundlage wir fortbauen wollen« [35], sind – mit der Ausnahme Winckelmanns – die der Philosophie des deutschen Idealismus. Es dürfte von einiger Bedeutung sein, daß Hegel, der Schelling komplimentiert, mit ihm habe »die Wissenschaft ihren absoluten Standpunkt« erstiegen [36], Schiller gleichwohl die begründetste und ausführlichste Laudatio zukommen läßt. Für Hegel ist Schiller alles andere als orthodoxer Kantianer, – er ist der Überwinder Kants. Vor der offiziellen idealistischen Schulphilosophie habe Schiller bereits »die Kantische Subjektivität und Abstraktion des Denkens durchbrochen« und »die Totalität und Versöhnung gefordert und ausgesprochen« [37], vor allem in den *Briefen über die ästhetische Erziehung* (eine Schrift, deren politische Bedeutung Hegel nicht verkennt), in denen »das Schöne (...) als die Ineinsbildung des Vernünftigen und Sinnlichen und diese Ineinsbildung als das wahrhaft Wirkliche« begriffen sei [38]. Damit aber hat Schiller die »Idee selbst zum Prinzip der Erkenntnis und des Daseins« gemacht und die Schellingsche Position antizipiert. Schillers Begriff der Kunst als der Vermittlung von Vernunft und Sinnlichkeit, von mundus intelligibilis und mundus sensibilis, besitzt, wie Hegel anerkennt, über die philosophische Ästhetik hinaus einen äußerst wichtigen geschichtsphilosophischen Stellenwert. Er bezeichnet den Punkt der positiven Überwindung des Kantischen Dualismus und die Ermöglichung des Systems des objektiven Idealismus: die Erkenntnis, daß der Widerspruch selbst das primum movens ist, bewegendes

Prinzip nicht nur des Gedankens, sondern auch der Geschichte, die Ermöglichung damit des dialektischen Denkens und von Hegels eigener Philosophie. Auf dem eigentlichen Boden der Kunsttheorie bereitet Schiller überdies die für Hegel so wichtige Historisierung der systematischen ästhetischen Kategorien vor. Die ästhetischen Kategorien, vorab die der künstlerischen Gattungen, sind für Schiller keine zeitlosen Strukturen, in die jeweils ein historischer Inhalt zu transponieren wäre, sondern, kraft des dialektisch aufgefaßten Verhältnisses von Inhalt und Form, vermittelt durch ihre an sich selbst historisch-gesellschaftlich aufgefaßte Inhaltlichkeit. Die Grundkatogorien der reifen Schillerschen Literaturtheorie, die von naiver und sentimentalischer Dichtung, besitzen so eine zugleich ästhetische und geschichtsphilosophische Bedeutung [39]. Sie sind bezogen auf den besonderen gesellschaftlichen Zustand der Zivilisationsstufe, die in ihnen sich artikuliert – griechische Polisdemokratie bzw. bürgerliche Neuzeit. Kommt Schiller in der Theorie der naiven Dichtung auf die Aristotelische Mimesisauffassung zurück [40], so erklärt die der sentimentalischen die komplexe Struktur der neuen Literatur als Reflex der gesellschaftlich-kulturellen Verfassung der modernen Welt. Die formalen Qualitäten der Werke spiegeln die konkreten gesellschaftlichen Bedingungen, unter denen sie entstanden sind – diese Einsicht hat Schiller zur Grundlage seiner eigenen, nur formell an Kant anschließenden Dichtungstheorie gemacht und damit eine der wesentlichsten Tendenzen der Hegelschen *Ästhetik* zumindest dem Ansatz nach vorweggenommen.

Dennoch darf die Erkenntnis der wichtigen Vorarbeiten Schillers (wie auch Herders) nicht darüber hinwegtäuschen, daß erst in der *Ästhetik* die Tendenzen der Kunsttheorie vor ihr zu einem philosophisch befriedigenden Abschluß gebracht werden. War Hegel nicht der Begründer, so war er doch der Vollender der Kunstphilosophie des bürgerlichen Zeitalters. In der *Ästhetik* wird der gesellschaftliche Begriff der Kunst, der von Aristoteles bis Schiller immer wieder – explizit oder implizit – zum Gegenstand der theoretischen Erörterung gemacht worden war, als Hauptproblem jeder systematischen Kunstphilosophie begriffen und in seiner ganzen Komplexität dargestellt. Was Hegel vorlegt, ist demnach die erste extensive *philosophisch-systematische Grundlegung* einer gesellschaftlichen Theorie der Künste, im Sinne des schon in der *Phänomenologie des Geistes* ausgesprochenen Gedankens, daß »die wahre Gestalt, in welcher die Wahrheit existiert, (...) allein das wissenschaftliche System derselben sein« kann [41], überdies eine Philosophie der künstlerischen Formen und der Kunstgeschichte. Wir dürfen berechtigt sagen, daß es vor Hegel eine solche Synthese von soziologischen, historischen wie auch ontologischen Fragestellungen in der gesamten Geschichte der Ästhetik nicht gegeben hat. Erst bei Hegel tritt, systematisch und historisch, die Bestimmung von Kunst als gesellschaftliches Phänomen sui generis bewußt in den Mittelpunkt der theoretischen Reflexion.

II Kunst als sinnliche Fiktion und eidetische Realität

Bereits die formellste und allgemeinste Bestimmung des Schönen in der *Ästhetik* hält die Beziehung auf Gesellschaftliches als ihren konkreten Begriffsinhalt fest. Das Schöne ist nicht »bloß subjektive Vorstellung« [42], sondern objektive Realität: »die im Sinnlichen und Wirklichen realisierte Idee« [43], oder, in der bekanntesten der von Hegel angebotenen Definitionen, »das *Schöne* bestimmt sich (...) als das sinnliche *Scheinen* der Idee« [44]. Die *Ästhetik* umkreist ihren grundlegenden Gedanken in variablen Formulierungen: »der in sich selbst konkrete absolute Begriff« [45], »die absolute Idee in ihrer sich selbst gemäßen Erscheinung« [46], »die Idee als unmittelbare Einheit des Begriffs und seiner Realität, jedoch die Idee, insofern diese ihre Einheit unmittelbar in sinnlichem und realem Scheinen da ist« [47]. Das »Kunstschöne« nennt Hegel »Ideal«. Im Gegensatz zur »abstrakten Form« des »Naturschönen« – der bloß »abstrakten Einheit des sinnlichen Stoffs« [48] – ist erst es die »adäquate Wirklichkeit des Schönen« [49], die im partikularen sinnlichen Objekt der Kunst [50] »für die sinnliche Vorstellung und Anschauung« gestaltete Idee [51].

Alle diese Formulierungen bestimmen als Schönheit die Idee im Modus der »konkreten *Anschauung*« [52], in der Erscheinungsweise sinnlicher Fiktion. Die Begriffe des sinnlichen Scheinens und der Erscheinung sprechen der Kunst den Charakter einer fiktiven Phänomenalität zu gegenüber der realen Objektwelt, es sind die allgemeinen Bestimmungen ihrer konkreten Zeichenhaftigkeit [53]. Als sinnlicher Schein ist die Kunst Fiktion. Das soll nicht bedeuten, daß sie »täuschender Schein« sei [54]. Vielmehr ist »der *Schein* selbst (...) dem *Wesen* wesentlich, die Wahrheit wäre nicht, wenn sie nicht schiene und erschiene« [55]. Was Hegel mit dieser leicht mystifizierenden Äußerung meint, wird zu sehen sein. Halten wir hier soviel fest: Kunst ist sinnliches Bild (Anschauung), nicht als leere Illusion, sondern als *eidetische Realität:* Wirklichkeit des Bildes und der in ihm sich artikulierenden Idee.

Die Bestimmung der Kunst als sinnlicher Schein faßt diese in ihrer *formalen* Qualität. Die Kunst ist Realität sui generis: eidetische Realität, und kann als solche Gegenstand der sinnlichen Anschauung werden. Die Kunst in ihrer abstrakt formalen Bestimmung, als reiner Formcharakter, besitzt noch keine unmittelbare gesellschaftliche Relevanz. Der ästhetische Formbegriff, für sich selbst betrachtet, ist ein vorsoziologischer, ein prä-gesellschaftlicher Begriff. Es ist jedoch bezeichnend für Hegels Methode, daß die *Ästhetik* bereits in der formell logischen Begriffsanalyse des Schönen bei der reinen Formbestimmung nicht stehenbleibt. Denn die Formel: das Schöne ist sinnliches Scheinen der Idee, definiert dieses nicht nur der Form, sondern auch dem Inhalt nach. Das Schöne ist eidetische Realität, bedeutet zugleich, es ist Erscheinungsform der *Idee.* Dieser (ideelle) Inhalt der ästhetischen Form nun ist es, von dem her sich der gesellschaftliche Begriff der Kunst bei Hegel fassen läßt. Denn Idee nennt Hegel nicht den bloßen Vernunftbegriff, »der Begriff als solcher ist noch nicht die Idee« [56]. Die Idee ist kein abstraktes Gedankengebilde, sondern »objektiver oder realer Begriff« *(Logik)* [57], »die absolute Einheit des Begriffs und der Objektivität« *(Enzyklopädie)* [58]. Idee heißt, wie die *Ästhetik* detaillierter erläutert, »nichts anderes als der Begriff, die Realität des Begriffs und die Einheit beider. (...) nur der in seiner Realität gegenwärtige und mit derselben in Einheit gesetzte Begriff ist Idee« [59]. Das bedeutet in konkreterer Sprache: die Idee ist Resultat eines Prozesses, des Bildungsprozesses der Wirklichkeit, sie ist Resultat gesellschaftlicher Arbeit. Zur Idee gehört, bereits ihrer logischen Bestimmung nach, die Kategorie der *Objektivität:* die »Realität des Begriffs«. Damit meint Hegel zwar auch Natur, in erster Linie aber den Menschen und menschliche Geschichte. Die *Ästhetik* spricht das klar aus. »Das Ideale aber besteht darin, daß die Idee *wirklich* ist, und zu dieser Wirklichkeit gehört der Mensch als Subjekt« [60]. Hegels Kunstauffassung ist, wie er selbst sagt, konsequent *anthropomorphistisch* [61]. Das Zentrum der Kunst ist der Mensch in lebendiger Individualität und sinnlicher Gegenwart: als gesellschaftliches Wesen und Subjekt der Praxis. »Das echte Ideal (...) bleibt nicht beim Unbestimmten und bloß Innerlichen stehen (...). Denn der Mensch, dieser volle Mittelpunkt des Ideals, *lebt,* er ist wesentlich jetzt und hier, Gegenwart, individuelle Unendlichkeit« [62]. Es ist menschliche Praxis – formell gesprochen: materielle Subjekt-Objekt-Dialektik –, was als reales Substrat aller Kunst zugrunde liegt und jede ästhetische Inhaltlichkeit determiniert.

> Wie nun (...) der Mensch in sich selbst eine subjektive Totalität ist (...), so ist auch die äußere Welt ein in sich konsequent zusammenhängendes und abgerundetes Ganzes. In dieser Ausschließung stehen beide Welten jedoch in wesentlicher Beziehung und machen in ihrem Zusammenhange erst die konkrete Wirklichkeit aus, deren Darstellung den Inhalt des Ideals abgibt. [63]

Die Kunst ist Totalität, weil sie Darstellungsform ist der prozessualen, nämlich dialektischen Bewegung von Subjekt und Objekt. Sie hat daher Teil am Reproduktionsprozeß des gesellschaftlichen Lebens. Hegel nennt dies, wieder mystifizierend, das Leben des »Geistes«. In diesem Sinne allein darf die Kunst Teil des »Geistes« heißen und ist, was Hegel in der *Ästhetik* gibt, »die Entwicklungsgeschichte des ganzen Geistes, nur mit besonderem Bezug auf die spezifische Stellung der Kunst« [64]. Fast ließe sich mit dem Teufel des Mannschen *Faustus* sagen: »Jeder Klang trägt das Ganze, auch die ganze Geschichte in sich.« [65]

Der Totalitätscharakter der Kunst: die Idee selbst ist »die wirkliche und wahrhaftige Totalität« des Begriffs, nicht nur seine »Subjektivität (...), sondern in gleicher Weise die Objektivität desselben, aber die Objektivität, welche dem Begriffe nicht als ein nur Entgegengesetztes gegenübersteht, sondern in welcher der Begriff sich als auf sich selbst bezieht« [66]. Die in der Kunst sich artikulierende Idee ist also Totalität im Sinne der Identität von Subjekt und Objekt: des subjektiven und objektiven Geistes. Hegel nennt diese Identität den *absoluten Geist.* An diesem dem Anschein nach abstrakt idealistischen Theorem läßt sich die sozialphilosophische Relevanz des Hegelschen Kunstbegriffs konkreter fassen. Die Kunst ist absoluter Geist, bedeutet zugleich: sie ist objektiver Geist [67]. Sie gehört zur Welt des objektiven Geistes, indem sie *Darstellung* des objektiven Geistes ist, und hier sind wir in der Lage zu präzisieren. Denn was objektiver Geist bei Hegel heißt, ist sozialphilosophisch genau zu benennen: die Gesamtheit der ökonomischen, sozialen, juristischen und politischen Organisationsformen in einer gegebenen geschichtlichen Epoche [68]. Der Begriff umfaßt die sozio-ökonomische Basis sowie den juristischen und politischen Überbau. Die Welt des objektiven Geistes ist, was *primärer Inhalt* der Kunst genannt werden kann. Er geht allerdings nicht in unverwandelter Form in die Kunst ein – Hegels Kunstauffassung ist dezidiert anti-naturalistisch. Kunst ist nicht Mimesis im Sinne der positivistischen Reproduktion dessen, was der Fall ist. Wie die Philosophie im Medium des »selbstbewußten Denkens« [69] – in der Form des wissenschaftlichen Systems –, so stellt die Kunst in der Form unmittelbarer sinnlicher Anschauung die Idee dar als die »absolute Materie«, den »Bestand der Welt« [70]: den in der objektiven Welt der Tatsachen konstitutiven konkreten Begriff, die Struktur und Gesetzmäßigkeit historisch-gesellschaftlicher Prozesse, oder, in der Sprache der *Rechtsphilosophie,* die *immanente Substanz* »in dem Scheine des Zeitlichen und Vorübergehenden«.

> Denn das Vernünftige, was synonym ist mit der Idee, indem es in seiner Wirklichkeit zugleich in die äußere Existenz tritt, tritt in einem unendlichen Reichtum von Formen, Erscheinungen und Gestalten hervor und umzieht seinen Kern mit der bunten Rinde (...), welche der Begriff erst durchdringt, um den inneren Puls zu finden und ihn ebenso in den äußeren Gestaltungen noch schlagend zu fühlen. [71]

Das Vernünftige im Wirklichen, die *Vernunft der Wirklichkeit* aufzudecken, ist Aufgabe des theoretischen Begriffs. Es ist dies auch, wie die *Ästhetik* in aller Eindeutigkeit darlegt, der Zweck der Kunst. »Der Zweck der Kunst (...) ist es (...), sowohl den Inhalt als die Erscheinungsweise des Alltäglichen abzustreifen und nur das an und für sich Vernünftige zu dessen wahrhafter Außengestalt durch geistige Tätigkeit aus dem Innern herauszuarbeiten.« [72] »Das Ideal ist (...) die Wirklichkeit, zurückgenommen aus der Breite der Einzelheiten und Zufälligkeiten, insofern das Innere in dieser der Allgemeinheit entgegengehobenen Äußerlichkeit selbst als *lebendige Individualität* erscheint.« [73] In der »lebendigen Individualität« der künstlerischen Formen wird zur sinnlichen Erfahrung, was als »Inneres« die Gesetzmäßigkeit geschichtlicher Prozesse ausmacht. Der Inhalt also, der in der Geschichte der

Literatur und der Künste ins Bild tritt, ist das, was nach dem Wort von Marx bereits die *Phänomenologie des Geistes* zu ihrem theoretischen Resultat gehabt hat: die »Selbsterzeugung des Menschen« als *Prozeß* [74], Geschichte als »Entstehungsakt der menschlichen Gesellschaft« [75].

In diesem Punkt liegt die konkrete Bedeutung des idealistischen Theorems von der Kunst als dem absoluten Geist. Zu dessen Wesen gehört es, nach Nicolai Hartmann, das »Fürsichsein dessen« zu sein, »was der objektive Geist an sich ist. Das ist sein konkretes, anschauliches Wissen seiner selbst.« [76] Die »Erkenntnis des Begriffes selbst«, heißt es schwierig in der *Rechtsphilosophie,* ist neben der »Gestaltung, welche sich der Begriff in seiner Verwirklichung gibt, (...) das andere, von der Form, nur als Begriff zu sein, unterschiedene wesentliche Moment der Idee« [77]. Die Idee, als Inhalt der Kunst, ist Einheit der drei Momente *Begriff: Realität: Erkenntnisakt.* Auf die Erkenntnis zielt der absolute Geist. Die Kunst ist demnach Erkenntnis, sofern sie absoluter Geist ist, wenn auch Erkenntnis in vor-begrifflicher Gestalt. Sie ist Erkenntnis, oder ›Wissen‹, im Medium des sinnlichen Scheins. Kraft der ästhetischen Form – und hier enthüllt sich die mittelbare gesellschaftliche Relevanz des Formbegriffs – wird der Produktionsprozeß der menschlichen Gesellschaft durchschaubar, indem er anschaubar wird. Der Kern unter der bunten Rinde der Tatsachen, die Praxis von Subjekt und Objekt als reale Geschichtsdialektik, dies wird im Medium des sinnlichen Scheins als Sinn auch der Kunst erkannt. Weit entfernt, bloßer Anlaß für ästhetizistische Kontemplationen oder hermeneutischen Intuitionen zu sein, ist die Kunst eine Form des Wissens, der *theoretischen* Aneignung von Realität.

Die für Hegels Kunstkonzeption so eminent wichtige Relation von Inhalt und Form zeigt sich jetzt in ihrer zentralen Bedeutung für jede geschichtsphilosophisch und soziologisch orientierte Kunsttheorie. Kraft der Inhaltlichkeit besitzt auch die Kategorie der ästhetischen Form gesellschaftliche Relevanz. Andererseits erhält die Inhaltlichkeit allein durch die Form Konkretion. Durch die Form nämlich wird der Inhalt zur sinnlichen Anschauung aufgearbeitet und damit im eigentlichen Sinne *für uns.* Die Form erst macht das Ästhetische als *Erkenntnismodus* möglich, sie übernimmt die Funktion der Vermittlung des Inhalts, die seiner Kommunikation. Aus diesem Grunde kann Hegel sagen, obwohl er prinzipiell an der genetischen Priorität des Inhalts festhält, daß Form und Inhalt identisch sind. In der *Enzyklopädie* von 1830 polemisiert er ausdrücklich gegen die Auffassung des »reflektierenden Verstandes«, »daß der Inhalt als das Wesentliche und Selbständige, die Form dagegen als das Unwesentliche und Unselbständige« zu betrachten sei [78]. In Wahrheit jedoch ist »*der Inhalt* nichts (...) als das *Umschlagen der Form* in Inhalt, und die *Form* nichts *als Umschlagen des Inhalts* in Form« [79], eine Bestimmung, die das Form-Inhalt-Verhältnis formell als dialektisches festhält. Den »konkreteren Sinn dessen (...), was (...) abstrakter als *Einheit der Form und des Inhalts* bezeichnet worden ist«, erläutert die *Rechtsphilosophie:* »die *Form* in ihrer konkretesten Bedeutung ist die Vernunft als begreifendes Erkennen, und der *Inhalt* die Vernunft als das substantielle Wesen der sittlichen wie der natürlichen Wirklichkeit; die bewußte Identität von beidem ist die philosophische Idee« [80]. Für das Gebiet der schönen Künste, so läßt sich ergänzen, ist diese Einheit das ästhetische Ideal. Das Ideal als Synthesis von Form und Inhalt hieße dann: es ist die in der Anschauung ins Bewußtsein tretende sinnliche Einheit der Form als Erkenntnismedium mit dem Inhalt als dem substantiellen Wesen der objektiven Welt, dargestellte und in der Form der Darstellung erkannte Wirklichkeit. Diese Synthesis aber ist selbst erst Resultat eines Prozesses, der allein im vollendeten Werk seinen Abschluß findet. Es ist kein Widerspruch, wenn Hegel andererseits in der *Ästhetik* wiederholt von der Priorität des Inhalts vor der Form spricht. Was gemeint ist, ist Priorität in *genetischer* Hinsicht. Die Identität von Form und Inhalt erschließt sich der phänomenologischen Betrachtung des fertigen Produkts, des prozessualen Resultats also, die genetische Betrachtung geht zurück auf den Prozeß seiner Erzeugung. Ihr erschließt sich die Herkunft der Form aus dem Inhalt, der Inhalt als Determinante der Form. Dies ist gemeint, wenn Hegel sagt: »Im Kunstwerk ist nichts vorhanden, als was wesentliche Beziehung auf den Inhalt hat und ihn ausdrückt« [81], und an anderer Stelle davon spricht, daß sich die »Darstellungsweise« der Kunst aus dem Inhalt herleite. »Denn der Gehalt ist es, der, wie in allem Menschenwerk, so auch in der Kunst entscheidet.« [82] Genetische Abhängigkeit der Form vom Inhalt bedeutet, daß die Form selbst geschichtlich ist. Sie hat ihre Genesis, ihre Geschichte im Inhalt [83]. »(...) die Form«, heißt es bereits in der *Phänomenologie des Geistes,* »(ist) das einheimische Werden des konkreten Inhalts selbst« [84], und die *Enzyklopädie* von 1830 unterscheidet zwischen der Form als Moment des Inhalts und der Form als Äußerlichkeit. »Bei dem Gegensatze von Form und Inhalt ist wesentlich festzuhalten, daß der Inhalt nicht formlos ist, sondern ebensowohl die *Form in ihm selbst* hat, *als* sie ihm ein *Äußerliches* ist.« [85] Die Form ist dem Inhalt immanent, dies ist der uns hier interessierende Aspekt der Hegelschen Bestimmung. Als innere Form ist sie mit dem Inhalt gesetzt, und wir dürfen im bezug auf die Kunst hinzufügen: sie ist gesetzt als ästhetische Entelechie des Inhalts. In der Kunst sind es also die Inhalte, welche die Formen hervorbringen, die Form ist *Produkt* des Inhalts, und aus den qualitativ verschiedenen Inhalten der Kunst resultieren die qualitativen Differenzen auch innerhalb der Welt der künstlerischen Formen. So schreibt Hegel im Kapitel über die romantische Kunst:

Die Form der romantischen Kunst bestimmt sich, wie dies bis hierher in unserer Betrachtung jedesmal der Fall war, aus dem inneren Begriffe des Gehalts, welchen darzustellen die Kunst berufen ist, und so müssen wir uns zunächst das eigentümliche Prinzip des neuen Inhaltes klarzumachen versuchen, der jetzt (...) zu einer neuen Weltanschauung und Kunstgestaltung ins Bewußtsein tritt. [86]

Mit der Bestimmung der genetischen Priorität des Inhalts vor der Form wird diese jedoch in keiner Weise abgewertet. Die Form ist *ästhetische Entelechie* des Inhalts; erst als Form realisiert sich dieser zur konkreten künstlerischen Individualität.

Was wir den Inhalt, die Bedeutung nannten, ist das in sich Einfache, die Sache selbst auf ihre einfachsten, wenn auch umfassenden Bestimmungen zurückgebracht, im Unterschiede der Ausführung. (...) Dies Einfache, dies Thema gleichsam, das die Grundlage für die Ausführung bildet, ist das Abstrakte, die Ausführung dagegen erst das Konkrete. [87]

Damit hat Hegel die Bedeutung der formalen Strukturen des Kunstwerks vindiziert, ohne sie formalistisch hypostasiert zu haben. Die Individualität der Form ist determiniert durch die besonderen Prinzipien ihrer jeweiligen Inhaltlichkeit. Diese aber hat *vor* ihrer formalen Verwirklichung nur einen abstrakten, *thematischen* Charakter. Zwar ist der Inhalt die aprioristische Bedingung der Form, zugleich jedoch ist erst die Form die *Konkretion* des Inhalts, sofern sich dieser allein in seiner stilistischen Strukturierung, in seiner Durch- und Ausformung ästhetisch erfüllt.

Inhalt der Kunst, das heißt für Hegel Wirklichkeit als Dialektik von Subjekt und Objekt, gesellschaftliche Praxis, historischer Prozeß: der »totale Inhalt unseres Daseins«:

Zunächst das weite System der physischen Bedürfnisse, für welche die großen Kreise der Gewerbe in ihrem breiten Betrieb und Zusammenhang, Handel, Schiffahrt und die technischen Künste arbeiten; höher hinauf die Welt des Rechts, der Gesetze, das Leben in der Familie, die Sonderung der Stände, das ganze umfassende Gebiet des Staats; sodann das Bedürfnis der Religion, das (...) in dem kirchlichen Leben sein Genügen erhält; endlich die (...) Tätigkeit in der Wissenschaft, die Gesamtheit der Kenntnis und Erkenntnis [88].

Es ist, marxistisch gesprochen, die *Totalität von Basis und Überbau,* was Hegel hier unter den Begriff des »totalen Inhalts« stellt. Die Kunst ist ein Teil dieser Totalität [89], und diese ist der Inhalt der Kunst. Wir sehen: wenn man der scheinbar abstrakten Terminologie Hegels auf den Grund geht, enthüllt sich ihr latent, oder zumindest ihr potentiell materialistischer Charakter. So bedeutet die formelle Begriffssprache, in der das Form-Inhalt-Verhältnis diskutiert wurde, in historisch-materialistischer Übersetzung nicht nur, daß die ästhetischen Formen aus der »konkreten Bestimmtheit des jeweiligen gesellschaftlichen und geschichtlichen Zustands herauswachsen« [90], die *Praxis* also über ihre Entwicklungsgeschichte entscheidet, sondern darüber hinaus: daß die Kunst *prinzipiell* nur in der Kategorialität des Basis-Überbau-Verhältnisses theoretisch angemessen erklärt werden kann, die dem Anschein nach autonome Sphäre des Schönen bedingt ist durch die »Produktionsweise des materiellen Lebens« [91], – daß also auch die ästhetische Form eine »bestimmte gesellschaftliche Bewußtseinsform« ist, eine der »ideologischen Formen«, in denen die Menschen sich der gesellschaftlichen Konflikte bewußt werden und sie ausfechten [92].

III Analytik der ästhetischen Konstruktion

Die »nebulose Vorstellung vom Idealischen neuerer Zeit«, die Hypostasierung nämlich der Kunst zur absoluten »geistigen Macht« denunziert Hegel als »vornehme Abstraktion moderner Subjektivität«: »die Zurückgezogenheit in die innere Welt der Gefühle, aus welcher das Individuum nicht heraustritt und nun in dieser Unwirklichkeit sich für das Hochwissende hält, das nur sehnsüchtig in den Himmel blickt und deshalb alles Erdenwesen glaubt geringschätzen zu dürfen« [93]. Dagegen sei festzuhalten, daß das »echte Ideal (...) nicht beim Unbestimmten und bloß Innerlichen (stehenbleibt), sondern (...) in seiner Totalität auch bis zur bestimmten Anschaulichkeit des Äußeren nach allen Seiten hin herausgehen (muß)« [94]. Die »konkrete Wirklichkeit« der »wesentlichen Beziehung« von Subjekt und Objekt ist es, »deren Darstellung den Inhalt des Ideals abgibt« [95].

In diesen Ausführungen ist so etwas wie ein methodologischer Programmpunkt der *Ästhetik* angesprochen – ihre kunstphilosophische Grundsatzerklärung. Und so überläßt sich die Hegelsche Reflexion dem »Äußeren« in seinem ganzen Umfang und allen seinen Aspekten. Die *Ästhetik* ist Theorie der künstlerischen Formen und Philosophie der Geschichte der Künste. In der systematischen Grundlegung des ersten Teils ist sie logische Analytik des gesellschaftlichen Begriffs der Kunst oder, wie mit gleicher Berechtigung zu sagen wäre, Phänomenologie des Kunstwerks als Manifestation gesellschaftlicher Sachverhalte. Unter dem Titel *Das Kunstschöne oder das Ideal* wird im dritten Kapitel dieses ersten Teils der Begriff der Kunst in detaillierter Form expliziert und die Relation von Kunst und Praxis als konstitutives Moment des Ästhetischen freigelegt. Hegels logische Begriffsanalytik ist zugleich eine Art phänomenologischer Werkhermeneutik, weil die ästhetischen Kategorien als Strukturen der ästhetischen Konstruktion aufgefaßt werden. Die Kategorien des theoretischen Begriffs sind das Kunstwerk selbst, in Gedanken gefaßt. In diesem Sinne läßt sich von der Einheit logischer und phänomenologischer Analytik in Hegels *Ästhetik* sprechen. Die Frage: was konstituiert Kunst ihrem Begriff nach?, deckt sich mit der Frage nach der konkreten strukturellen Beschaffenheit der objektiven Werke. In der Präzision und Konsequenz seiner Begriffsanalyse setzt dieses Kapitel – besonders sein Zentrum: *Die Bestimmtheit des Ideals* – einen bis heute nicht wieder erreichten Maßstab philosophischer Ästhetik, als Phänomenologie der ästhetischen Strukturen ist es ein Prolegomenon für jede zukünftige kunstsoziologische Propädeutik und gesellschaftliche Theorie der Künste.

Der Titel *Bestimmtheit des Ideals* meint die Kunst selbst und den Begriff der Kunst, keine partikulare künstlerische Form oder Gattung im besonderen: »das ideale Kunstwerk *überhaupt*« [96]. Dazu ist allerdings einschränkend zu bemerken, daß sich die *Ästhetik* primär an der Literatur, vor allem der dramatischen, orientiert [97] und nur sekundär an den anderen künstlerischen Manifestationen. »Hegels Ästhetik ist (...) wesentlich nach der Poesie hin ausgerichtet«, schreibt Ernst Bloch mit Recht. »Alle anderen Künste haben hier gleichsam noch eine schwere Zunge« [98]. Für Hegel ist die Geschichte der Künste teleologischer Prozeß [99], und erst im Drama, der komplexesten und universalsten ästhetischen Form, erreicht die aller Kunst immanente Struktur (das teleologisch aufgefaßte ästhetische Eidos) ihre vollendete Ausformung [100]. Aus diesem Grunde ist die *Ästhetik* in ihrem systematischen Teil zuerst *Literaturtheorie* und erst in zweiter Linie eine allgemeine und auf die Künste in toto anwendbare Kunstphilosophie [101].

Mit der vollständigen Explikation des ästhetischen Phänomens in diesem ersten Teil der *Ästhetik* entwickelt Hegel – mit der genannten Einschränkung – ein philosophisches Modell kunstsoziologischer Analytik, das dem, was Adorno als »kunstsoziologisches Ideal« postuliert hat, zumindest der Tendenz nach entspricht: »objektive Analysen – das heißt, solche der Werke –, Analysen der strukturellen und spezifischen Wirkungsmechanismen und solche der registrierbaren subjektiven Befunde aufeinander abzustimmen« [102]. Die systematische Grundlegung Hegels ist in erster Linie objektive Werkanalytik, behandelt aber ebenfalls detailliert »die hervorbringende Subjektivität des Künstlers« [103] und das Verhältnis von Kunst und Publikum. Der gesellschaftliche Begriff der Kunst, wie er in der *Ästhetik* explizit erscheint, umfaßt die Theorie der ästhetischen Konstruktion ebenso wie die Theorie des Kunstwerks als soziale Relation und Kommunikation im Verhältnis von Autor, Werk und Publikum. Hegels Theorie der Kunst sieht diese als eine Totalität unterschiedener Strukturen, als einen Modus sui generis gesellschaftlicher Handlung, dessen theoretischer Begriff sich erst in der Einheit des Differenten erfüllt.

Die Analyse des gesellschaftlichen Schematismus der ästhetischen Konstruktion selbst stellt Hegel unter den Titel der *Theorie der Handlung*. Diese umfaßt die Kategorien des »allgemeinen Weltzustandes«, der »Situation« und der »eigentlichen Handlung« [104], auf die hin die ästhetische Konstruktion teleologisch organisiert ist. *Weltzustand: Situation: Handlung*, in dieser kategorialen Reihe sind gesellschaftliche Strukturen als konstitutive Momente der Kunst angesprochen. In ihr meldet sich die Erkenntnis zu Wort, daß die ästhetische Konstruktion als Einheit von Unterschiedenem die Transposition gesellschaftlicher Inhalte ist, denen an sich selbst eine ästhetisch formative Funktion zukommt.

Der Begriff des allgemeinen Weltzustands ist dabei noch keine im eigentlichen Sinn immanent-ästhetische Kategorie, sondern beschreibt die »Voraussetzung für die individuelle Handlung und deren Charaktere« [105], die soziologische und geschichtsphilosophische Apriorität des Ästhetischen also: die allgemeinen gesellschaftlichen Bedingungen seiner Möglichkeit überhaupt, sowie spezifischer die besonderen Bedingungen für partikulare Kunstformen und deren Wechsel. Die Theorie des Weltzustandes beantwortet die Frage nach den materiellen Ursachen für die Entwicklungsgeschichte der Künste, für ihre Entstehung ebenso wie für ihr Ende. Situation und Handlung dagegen, samt den ihnen zugeordneten Begriffen der Kollision und des Charakters, bezeichnen die immanenten Strukturen, aus denen sich die ästhetische Konstruktion zusammensetzt.

Theorie des allgemeinen Weltzustands

»Die ideale Subjektivität« – »das *Menschliche«* als »Mittelpunkt und Inhalt der wahren Schönheit und Kunst« [106] – »trägt als lebendiges Subjekt die Bestimmung in sich, zu handeln, sich überhaupt zu bewegen und zu betätigen, insofern sie, was in ihr ist, auszuführen und zu vollbringen hat« [107]. Es ist menschliche Handlung, die Veräußerlichung des Subjekts in ihr, was teleologisch aller Kunst immanent ist und ihre konkrete Form-Inhalt-Identität konstituiert. Die Handlung ist Veräußerlichung eines im individuellen oder kollektiven Subjekt gegebenen »Inneren«: »der Inhalt (...) zunächst *subjektiv,* ein nur Inneres, dem gegenüber das Objektive steht, so daß nun die Forderung darauf hinausläuft, dies *Subjektive* zu *objektivieren«* [108]. Die Objektivierung des Subjektiven aber spielt sich ab innerhalb einer vorgegebenen objektiven Welt (Natur und Gesellschaft). Sie ist reale Subjekt-Objekt-Dialektik. Das bedeutet zunächst, daß die »ideale Subjektivität« als »lebendiges Subjekt« »einer umgebenden Welt als allgemeinen Bodens für ihre Realisationen« bedarf [109]. Diesen allgemeinen Boden der ästhetischen Handlung bezeichnet Hegel mit dem Begriff des Weltzustands. Er erläutert formell: »Wenn wir in dieser Beziehung von *Zustand* sprechen, so ist hierunter die allgemeine Art und Weise verstanden, in welcher das Substantielle vorhanden ist, das als das eigentlich Wesentliche innerhalb der geistigen Wirklichkeit alle Erscheinungen derselben zusammenhält« [110], um konkreter fortzufahren: »Man kann in diesem Sinne z. B. von einem Zustande der Bildung, der Wissenschaften, des religiösen Sinnes oder auch der Finanzen, der Rechtspflege, des Familienlebens und anderer sonstiger Lebenseinrichtungen sprechen« [111].

Der Begriff des allgemeinen Weltzustands bezieht sich damit auf eine konkrete historische Totalität, primär auf die des objektiven Geistes, doch auch Elemente umfassend, die der Sphäre des absoluten Geistes angehören. Er bezeichnet die Basis-Überbau-Totalität in einer gegebenen geschichtlichen Epoche, den *totalen Inhalt unseres Daseins:* das »System der physischen Bedürfnisse«, »die Welt des Rechts, der Gesetze, das Leben in der Familie, die Sonderung der Stände, das ganze umfassende Gebiet des Staats«, schließlich »Religion«, »kirchliches Leben«, »Wissenschaft, die Gesamtheit der Kenntnis und Erkenntnis« [112]. Die Kategorie des Weltzustands ist also zunächst eine allgemeine, weit gefaßte und prä-ästhetische Kategorie, die nichtsdestoweniger mit Notwendigkeit zum Begriff des Ästhetischen gehört, sofern sie die Gebundenheit aller Kunst an ein gesellschaftliches Substrat formuliert. Eine größere Konkretion gewinnt die Kategorie in Hegels Analyse des *heroischen Weltzustandes,* dem eigentlichen »Weltzustand des Ideals«, und seiner Gegenüberstellung mit der Welt der ausgebildeten bürgerlichen Gesellschaft. Den heroischen Weltzustand beschreibt Hegel als »staatslosen Zustand« [113] und »vorgesetzliches Zeitalter«, in dem »die Individualität sich selbst das Gesetz ist, ohne einem für sich bestehenden Gesetz, Urteil und Gericht unterworfen zu sein«, so daß die Heroen »selber Stifter von Staaten« werden, »Recht und Ordnung, Gesetz und Sitte« von ihnen erst ausgehen und »als ihr individuelles Werk, das an sie geknüpft bleibt«, verwirklicht sind [114]. Die heroische Welt ist eine noch unfertige Welt, und die Heroen fungieren als ihre Baumeister. Sie ist vorstaatlicher Zustand: vor der Ausbildung eines normativen Rechtssystems, vor jeder institutionalisierten politischen Ordnung, vor der Etablierung einer wie auch immer beschaffenen ›bürgerlichen Gesellschaft‹ [115], eine Welt, in der »das Gelten des Sittlichen allein auf den Individuen beruht« [116]. Die Gesellschaft, die Hegel im Sinn hat und zur ›heroischen‹ stilisiert, ist die frühgriechische Gentilgesellschaft [117], Griechenland vor der Ausbildung der athenischen Polisdemokratie. Hegels Konstruktion ist ohne Frage literarisch informiert: es ist die Gesellschaft, die uns in Homer und der alten Tragödie entgegentritt, die Welt der Orestie. In einer solchen im wörtlichen Sinne ›offenen‹ Gesellschaft (und nur in einem derartigen Zusammenhang ist der Begriff sozialphilosophisch überhaupt brauchbar) besitzt das Individuum die Selbständigkeit und Freiheit, die »der Individualität des Ideals« [118] gemäß ist, welches das Ich als Tathandlung, als freies Subjekt seiner Praxis zu zeigen unternimmt.

Im Ideal aber soll gerade die besondere Individualität mit dem Substantiellen in trennungslosem Zusammenklange bleiben, und insoweit dem Ideal Freiheit und Selbständigkeit der Subjektivität zukommt, insoweit darf die umgebende Welt der Zustände und Verhältnisse keine für sich bereits unabhängig vom Subjektiven und Individuellen wesentliche Objektivität haben. Das ideale Individuum muß in sich beschlossen, das Objektive muß noch das Seinige sein und sich nicht losgelöst von der Individualität der Subjekte für sich bewegen und vollbringen, weil sonst das Subjekt gegen die für sich schon fertige Welt als das bloß Untergeordnete zurücktritt. [119]

Die Form-Inhaltlichkeit der Kunst ist determiniert durch die Relation von Subjekt und Objekt als Praxis. In ihrer idealen Form nun zeigt sie das Subjekt im Modus individueller Selbständigkeit, als Herrn der Praxis und Baumeister seiner Welt [120], das Objekt als Resultat des subjektiven Akts individueller Tathandlung. Dieser Prozeß ist es, den die Kunst – oder zumindest die ›ideale‹ Kunst – als Handlung beschreibt. Für den heroischen Weltzustand gilt das Wort *Phänomenologie,* daß die Substanz das Subjekt ist [121]: »die substantielle Allgemeinheit in diesem Zustande« muß, »um selbständig zu sein, die Gestalt der Subjektivität an ihr selbst haben« [122]. Soll heißen: das Subjekt ist das Allgemeine, insofern es in freier Tat das Allgemeine setzt, die Substanz objektiviert. »In der Heroenzeit aber (ist und bleibt) das Individuum wesentlich Eines und das Objektive als von ihm ausgehend das Seinige« [123]. So zeigt die Kunst Prozesse der Objektivation der Substanz durch das Subjekt, Handeln als Herstellen: das Werden des objektiven Geistes durch menschliche Praxis. »Die Heroen«, heißt es mystifizierend in der *Religionsphilosophie,* und Hegel denkt hier vor allem an den Herakles-Mythos, »sind nicht unmittelbar Götter; sie müssen erst durch die Arbeit sich in das Göttliche setzen« [124]. Das bedeutet konkreter: ihre Arbeit ist Formierung, Herausbildung der sittlichen Substanz, die erst in der Sphäre der objektivierten Sittlichkeit (Familie, bürgerliche Gesellschaft, Staat), im ausgebildeten System des objektiven Geistes zu sich selbst kommt.

Hegels Konstruktion des heroischen Weltzustands (denn um eine Konstruktion handelt es sich hier) [125] entbehrt trotz ihrer generellen Abstraktion der soziologischen Konkretion nicht völlig. Zwar sind seine Beispiele ausschließlich literarisch (es handelt sich ja um eine sozialgeschichtliche Konstruktion nach literarischen Vorbildern), doch sind die Heroen Hegels keineswegs vom Himmel gefallen. So erläutert er zumindest in Ansätzen den sozialhistorischen Bezugsrahmen, in dem die Figuren der alten Dichtung zu sehen sind. Die »wichtigsten Motive« des heroischen Charakters sind stets »Vaterland, Sittlichkeit, Familie usf.« [126] (nicht zufällig hier wiederum die Kategorialität des objektiven Geistes). Er ist repräsentativ für eine größere soziale Gruppe, »Glied seiner Familie, seines Stammes« [127]. In der alten Tragödie etwa sehen wir »den Chor als den individualitätslosen allgemeinen Boden der Gesinnungen, Vorstellungen und Empfindungsweisen, auf dem die bestimmte Handlung vor sich gehen soll. Aus diesem Boden erheben sich sodann die individuellen Charaktere der handelnden Personen, welche den Beherrschern des Volks, den Königsfamilien angehören« [128]. »Im christlichen Abendlande ist das Lehnsverhältnis und Rittertum der Boden für freie Heldenschaft und auf sich beruhende Individualitäten.« [129] Überhaupt entspräche der ideale Weltzustand nicht nur »bestimmten Zeitaltern«, sondern es »wählt die Kunst auch für die Gestalten, welche sie in demselben auftreten läßt, vorzugsweise einen bestimmten Stand – den Stand der

Fürsten« [130]. Das heroische Individuum ist also für Hegel keine poetische Fiktion, sondern eine historisch-soziologischer Realität. Es ist ein primitiv-feudales Individuum. Und auch die neuere Literatur, die ihre Helden ohnehin in beschränkteren Verhältnissen agieren lassen muß, »da hinter ihnen gleich die unüberwindliche Macht der bürgerlichen Ordnung steht« [131], und in der demzufolge die heroische Individualität problematisch geworden sei, hat noch einmal die Möglichkeit der Darstellung des autonomen Helden gefunden, indem sie sich, wie Schiller es tat, den »Herrschern und Fürsten« zuwandte. Denn »die Macht dieser Verhältnisse ist für die niederen Stände in einem ganz anderen Grade als für Herrscher und Fürsten vorhanden. Don Cesar (...) in Schillers *Braut von Messina* kann mit Recht ausrufen: ›es steht kein höhrer Richter über mir‹, und wenn er gestraft sein will, so muß er sich selber das Urteil sprechen und vollstrecken«[132].

Die »Verhältnisse«, von denen Hegel hier spricht, sind die des »ausgebildeten bürgerlichen und politischen Lebens« [133], »die Gegenwart unseres heutigen Weltzustandes und seiner ausgebildeten rechtlichen, moralischen und politischen Verhältnisse« [134]: die gewordene Wirklichkeit des objektiven Geistes. »Sie ist da vorhanden, wo der sittliche Begriff, die Gerechtigkeit und deren vernünftige Freiheit sich bereits in Form einer *gesetzlichen* Ordnung hervorgearbeitet und bewährt hat« [135]. Dies ist vor allem in der politischen Organisationsform des *Staats* [136] der Fall, in der die Rechtsnormen objektiv fixiert sind. Und der Staat ist, wie die *Rechtsphilosophie* lehrt, als »Wirklichkeit der sittlichen Idee« [137] Resultat einer Entwicklung, die »durch die Entzweiung der bürgerlichen Gesellschaft hindurch zum Staate« führt [138]. Er setzt die voll entwickelte bürgerliche Gesellschaft historisch voraus und schließt sie begrifflich ein. Daher hält Hegel fest: »nicht jedes Zusammentreten der Individuen zu einem gesellschaftlichen Verbande, nicht jedes patriarchalische Zusammengeschlossensein« sei »Staat zu nennen«. Vielmehr gelten »im wahren Staate (...) die Gesetze, Gewohnheiten, Rechte (...). Wie das Bewußtsein sich die Vorschriften und Gesetze in ihrer Allgemeinheit vor sich gebracht hat, so sind sie auch äußerlich wirklich als dieses Allgemeine, das für sich seinen ordnungsmäßigen Gang geht und öffentliche Gewalt und Macht über die Individuen hat« [139]. Aufgrund des im ausgebildeten Staat positiv gewordenen Rechtssystems sind Freiheit und Selbständigkeit des Individuums, für Hegel die Voraussetzung der ›idealen Subjektivität‹, wesentlich eingeschränkt. Dieses ist nicht mehr ethisch autonom, da es als juristisches Subjekt nicht mehr der Herr ist im eigenen Haus. »Daß die Gesetze gehandhabt werden, liegt (...) nicht in *einem* Individuum, sondern resultiert aus vielseitigem Zusammenwirken in festgestellter Ordnung.« [140] Die rechtlichen Normen stehen als positive Rechtssatzung in »ihrer Allgemeinheit und Abstraktion« [141] dem Individuum gegenüber. Es ist ihnen im gleichen Maße unterworfen, wie es den allgemeinen sozialen Normen, den Konventionen und »Gewohnheiten« habituell unterstellt ist. Das Individuum ist ethisch und juristisch heteronom, seine »Lebendigkeit (erscheint) als aufgehoben oder als nebensächlich und gleichgültig« [142].

Nicht nur als Rechtssubjekt ist das Individuum in der ausgebildeten bürgerlichen Gesellschaft seiner Autonomie und Selbständigkeit verlustig gegangen. Auch als ökonomisches und politisches Subjekt erhält »jedes Individuum nur einen ganz bestimmten und immer beschränkten Anteil am Ganzen« [143]. Hegel nennt hier vor allem die von der bürgerlichen Gesellschaft entwickelte und in die politische Organisation des Staates integrierte Arbeitsteilung [144], durch die der Handlungsspielraum des einzelnen eingeschränkt, ja der gesamte Charakter gesellschaftlicher Handlung entscheidend verändert sei.

Im wahren Staat nämlich ist die Arbeit für das Allgemeine, wie in der bürgerlichen Gesellschaft die Tätigkeit für Handel und Gewerbe usf., aufs allermannigfaltigste geteilt, so daß nun der gesamte Staat nicht als die konkrete Handlung *eines* Individuums erscheint (...), sondern die zahllosen Beschäftigungen und Tätigkeiten des Staatslebens müssen einer ebenso zahllosen Menge Handelnder zugewiesen sein. [145]

War der heroische Weltzustand ökonomisch durch einfache Produktionsverhältnisse gekennzeichnet [146], die noch in keinem Konflikt zu den Produktivkräften standen (»Odysseus hat sich sein großes Ehebett selbst gezimmert«) [147], so wird die sozio-ökonomische Verfassung der bürgerlichen Neuzeit von Hegel als Zustand komplexer Produktionsverhältnisse beschrieben, ja die sich aus dem Widerspruch von Produktionsverhältnissen und Produktivkräften in der entwickelten kapitalistischen Gesellschaft ergebenden Konflikte waren ihm keineswegs unbekannt. Er nimmt sie in das Bild des modernen Weltzustandes mit auf.

Der lange weitläufige Zusammenhang der Bedürfnisse und Arbeit, der Interessen und deren Befriedigung ist seiner ganzen Breite nach vollständig entwickelt und jedes Individuum aus seiner Selbständigkeit heraus in eine unendliche Reihe der Abhängigkeiten von anderen verschränkt. Was es für sich selber braucht, ist entweder gar nicht oder nur einem sehr geringen Teile nach seine eigene Arbeit, und außerdem geht jede dieser Tätigkeiten statt in individuell lebendiger Weise mehr und mehr nur maschinenmäßig nach allgemeinen Normen vor sich. Da tritt nun mitten in dieser industriellen Bildung und dem wechselseitigen Benutzen und Verdrängen der übrigen teils die härteste Grausamkeit der Armut hervor, teils, wenn die Not soll entfernt werden, müssen die Individuen als reich erscheinen, so daß sie von der Arbeit für ihre Bedürfnisse befreit sind und sich nun höheren Interessen hingeben können. [148]

Hegel kennt also bereits den Gegensatz von Arbeit und Kapital, Proletariat und Reichtum. Er weiß auch – ohne allerdings die präzisen ökonomischen Kategorien für dieses Wissen zu besitzen –, daß, wie Marx sagt, »die besitzende Klasse und die Klasse des Proletariats (...) dieselbe menschliche Selbstentfremdung« darstellen [149]. Im Überfluß des Reichtums

ist dann allerdings der stete Widerschein einer endlosen Abhängigkeit beseitigt und der Mensch um so mehr allen Zufälligkeiten des Erwerbs entnommen, als er nicht mehr in dem Schmutz des Gewinnes steckt. Dafür ist er nun aber auch in seiner nächsten Umgebung nicht in der Weise heimisch, daß sie als sein eigenes Werk erscheint. Was er sich um sich her stellt, ist nicht durch ihn hervorgebracht, sondern aus dem Vorrat des sonst schon Vorhandenen genommen, durch andere, und zwar in meist mechanischer und dadurch formeller Weise produziert und an ihn erst durch eine lange Kette fremder Anstrengungen und Bedürfnisse gelangt. [150]

Die objektive Welt entwickelt so, über die Köpfe der vergesellschafteten Individuen hinweg, ihre eigenen Gesetze, in einem solchen Maße, daß Hegel sagen kann, selbst die »Monarchen unserer Zeit« seien nicht mehr, »wie die Heroen der mythischen Zeitalter, eine in sich *konkrete* Spitze des Ganzen«: »sie sprechen nicht selber mehr Recht, die Finanzen, bürgerliche Ordnung und Sicherheit sind nicht mehr ihr eigenes spezielles Geschäft, Krieg und Frieden wird durch die allgemeinen auswärtigen politischen Verhältnisse bestimmt, welche ihrer partikulären Leitung und Macht nicht angehören« [151].

Diese grundsätzliche Veränderung des Subjekt-Objekt-Verhältnisses verändert auch den Charakter der Kunst. War in der alten Kunst, vorab der Tragödie, das Individuum autonomes Subjekt seiner Handlung [152] und selbst Produzent einer objektiven Welt, so ist »der Einzelne (...) jetzt nicht mehr der Träger und die ausschließliche Wirklichkeit dieser Mächte wie im Heroentum« [153]. Die neue Kunst muß das Subjekt in Auseinandersetzung mit einer bereits objektiv ausgebildeten Welt zeigen, in der sein Bewegungsspielraum begrenzt und seine Aktionsmöglichkeiten eingeengt, da von vorherein festgelegt sind. »(...) die Bezirke, in welchen für die Selbständigkeit partikulärer Entschlüsse ein freier Spielraum übrigbleibt, ist in Anzahl und Umfang gering.« [154] Die Selbständigkeit des bürgerlichen Individuums kann so nur eine äußerst relative sein, das Ideologem seiner Freiheit enthüllt sich als leerer Schein.

So kann denn überhaupt in unserem gegenwärtigen Weltzustande das Subjekt allerdings nach dieser oder jener Seite hin aus sich selber handeln, aber jeder Einzelne gehört doch, wie er sich wenden und drehen möge, einer bestehenden Ordnung der Gesellschaft an und erscheint nicht als die selbständige, totale und zugleich individuell lebendige Gestalt dieser Gesellschaft selber, sondern nur als ein beschränktes Glied derselben. Er handelt deshalb auch nur als befangen in derselben, und das Interesse an solcher Gestalt wie der Gehalt ihrer Zwecke und Tätigkeit ist unendlich partikulär. [155]

Der Produzent des objektiven Geistes, das autonome Individuum, ist zum Produkt der Welt geworden, die es selbst produziert hat. Seine Selbständigkeit ist, als Resultat seiner eigenen Tätigkeit, in Unselbständigkeit umgeschlagen [156], ein Entwicklungsprozeß, den Hegel, wenn auch nicht ohne Ambivalenz [157], als gesellschaftlichen Fortschritt verteidigt und in seiner konkreten politischen Bedeutung begreift.

> Die *einzelnen* Individuen erhalten dadurch im Staate die Stellung, daß sie sich dieser Ordnung und deren vorhandener Festigkeit anschließen und sich ihr unterordnen müssen, da sie nicht mehr mit ihrem Charakter und Gemüt die einzige Existenz der sittlichen Mächte sind, sondern im Gegenteil, wie es in wahrhaften Staaten der Fall ist, ihre gesamte Partikularität der Sinnesweise, subjektiven Meinung und Empfindung von dieser Gesetzlichkeit regeln zu lassen und mit ihr in Einklang zu bringen haben. [158]

Weil aber die Kunst, ihrem Begriff nach, die Darstellung des Subjekts in seiner Selbständigkeit und Freiheit – mithin den Produktionsprozeß des objektiven Geistes – zu ihrem Gegenstand hat, ist »in der jetzigen Wirklichkeit der Kreis für ideale Gestaltungen nur sehr begrenzter Art« [159]. In diesem Punkt liegt die Ursache für das Problematischwerden der Kunst in der Gegenwart, für Hegels feste Überzeugung, daß allein in Griechenland die Kunst »der höchste Ausdruck für das Absolute« [160] hatte sein können, uns jedoch »nicht mehr als die höchste Weise (gilt), in welcher die Wahrheit sich Existenz verschafft« [161].

Die Gründe für die Krisis der Künste in der bürgerlich-kapitalistischen Kultur werden von Hegel in konkreter inhaltlicher Vermittlung angegeben. Und die künstlerischen Formen, in denen diese Kultur sich ausspricht, nehmen auch – zumindest da, wo sie geschichtsphilosophische Repräsentanz besitzen – diesen Konflikt in sich auf. Schillers und Goethes Jugendwerke werden so als Reaktion gegen die *positiv* gewordenen Objektivität [162], als Versuch der »Rekonstruktion der individuellen Selbständigkeit« [163] gedeutet. Vor allem Goethe hätte im *Götz* seinen »großen Sinn« bekundet, weil er gerade »diese Berührung und Kollision der mittelalterlichen Heroenzeit und des gesetzlichen modernen Lebens«, den Konflikt also zwischen feudaler Unabhängigkeit und der sich ausbildenden bürgerlichen Gesellschaft, »zum ersten Thema gewählt« habe [164]. Der repräsentative Dichter der neueren Literatur ist für Hegel allerdings Shakespeare und immer wieder Shakespeare. Mit Shakespeare tritt die Konstellation, in der alle moderne Kunst steht, zum ersten Mal in exemplarischer Gestalt hervor. Zugleich ist er die Wasserscheide zwischen der alten und der neuen Welt, der Fokus, in dem sich die wesentlichen Tendenzen der »heroischen« und der modernen »prosaischen« Kunst sammeln [165]. Im *Don Quixote* dagegen sei bereits »die gesetzliche Ordnung in ihrer prosaischen Gestalt (...) das Übermächtige geworden«. Hier »tritt die abenteuernde Selbständigkeit ritterlicher Individuen außer Verhältnis und wird (...) zu der Lächerlichkeit, in welcher uns Cervantes seinen Don Quixote vor Augen führt« [166]. Überhaupt sieht

Hegel die Möglichkeiten der modernen Kunst primär in einer Kunst der *subjektiven Gesinnung,* wobei »der objektivere Inhalt« durch die »schon vorhandenen festen Verhältnisse« vorgegeben ist [167]. Hatte die klassische Kunst den Bildungsprozeß des objektiven Geistes, die Herstellungsakte der sittlichen Welt abbilden können, so vermag die moderne Kunst allein die Relation der vergesellschafteten Individuen zur »prosaischen Objektivität« [168] der bürgerlichen Gesellschaft festzuhalten, also Verhaltensweisen des Subjekts innerhalb der bereits ausgebildeten Welt des objektiven Geistes [169]. In diesem Sinne ist moderne Kunst Reflexionskunst, vor allem eine Kunst des »subjektiven« [170] und »objektiven« [171] Humors sowie der Ironie (deren romantische Form von Hegel allerdings mit der schärfsten Kritik bedacht wird) [172], eine Kunst, die an keine partikulare ästhetische Form und keinen spezifischen Stoff mehr gebunden ist, der vielmehr »jede Form wie jeder Stoff zu Dienst und zu Gebot« steht [173]. Kunst wird damit zur Konfiguration heterogener Materialien, zum objektiven Korrelat der Geschichte der ästhetischen Formen selbst [174]. Weil die Kunst ihre Geschichte bereits durchlaufen hat, kann sie über diese Geschichte frei verfügen. So wird moderne Kunst, kraft ihrer geschichtsphilosophischen Verfassung, zur kritischen Enzyklopädie ihrer Geschichte, und zugleich zum Bewußtsein dessen, was sie ihrer gesellschaftlichen Funktion nach ist und sein kann.

Theorie der Situation

Die Theorie des allgemeinen Weltzustandes ist ohne Frage das systematische Zentrum der *Ästhetik,* als kunstsoziologisches Prolegomenon gelesen. Wie schon Kuno Fischer erkannt hat, gehört sie »zu den besten Ausführungen der hegelschen Ästhetik« [175]. Methodologisch gesehen legt sie den Boden frei für das Verständnis von Kunst als eines gesellschaftlichen Phänomens und für die Erklärung der in der Geschichte der Künste ablaufenden Formen, deren Entstehen und Vergehen erst durch einen solchen materiellen Bezugsrahmen soziologisch und philosophisch faßbar werden kann. Ohne ihn bliebe die Geschichte der Künste als *Geschichte* schlechthin unbegreifbar. Dennoch ist die Kategorie des Weltzustands, wie gesagt wurde, keine eigentlich ästhetische Kategorie. Sie bezieht sich nicht auf die ästhetischen Strukturen der Werke, sondern bezeichnet die sozialphilosophische Apriorität solcher Strukturen, ihr gesellschaftliches Substrat, »den allgemeinen Grund und Boden, auf welchem die lebendigen Individuen der Kunst auftreten können« [176]. Der ›ideale‹ Weltzustand macht »somit nur die *Möglichkeit* erst der individuellen Gestaltung, nicht aber die Gestaltung selber aus« [177]. Erst die Kategorie der Situation betrifft unmittelbar die ästhetische Konstruktion. Und zwar ist sie die »*Mittelstufe* zwischen dem allgemeinen, in sich unbewegten

Weltzustande und der in sich zur Aktion und Reaktion aufgeschlossenen konkreten Handlung« [178], auf die hin die ästhetischen Kategorien orientiert sind. Allerdings betont Hegel, daß auch die Situation noch nicht »das Geistige für sich, nicht die eigentliche Kunstgestalt« ausmachte, sondern »nur das äußere Material« beträfe, »in welchem und an welchem sich ein Charakter und Gemüt entfalten und darstellen soll. Erst bei der Verarbeitung dieses äußerlichen Anfangs zu Handlungen und Charakteren erweist sich die echt künstlerische Tätigkeit.« [179] Die Situation hat also immer noch einen primär materialen und erst sekundär – nämlich der Potenz nach – formalen Charakter [180], wirkt jedoch, in ihrer Eigenschaft, der »konkrete Grund und Anfang« individueller Handlungen zu sein, unmittelbar in die ästhetische Konstruktion hinein. Sie ist eine zugleich ästhetische und präästhetische Kategorie. Es sei »von jeher die wichtigste Seite der Kunst gewesen, interessante Situationen zu finden« [181].

Die Kategorie der Situation ist auf die des Weltzustands bezogen, insofern die Situation dessen »unbewegte Substantialität« »zur Bestimmtheit partikularisiert« [182]. Sie bezeichnet ein typisches Moment individueller Konkretion innerhalb eines allgemeinen, dem Augenschein nach homogenen gesellschaftlichen Zustands, das Moment, in dem die Nichtidentität dieses Zustands, seine inneren Widersprüche manifest werden. In der Individualität der Situation gerät die scheinbar statische Welt in Bewegung. Sie zeigt sich als unfertig und damit für individuelle Handlungen offen – als Raum für neue Taten. Die Situation gibt »die Veranlassung (...), das innere geistige Bedürfnis, die Zwecke, Gesinnungen, das bestimmte Wesen überhaupt individueller Gestaltungen zur Existenz zu bringen« [183]. »Als diese nähere Veranlassung« bilden sich in ihr »die bestimmten Umstände und Zustände«, welche die »speziellere Voraussetzung für das eigentliche Sichäußern und Betätigen alles dessen« ausmachen, »was in dem allgemeinen Weltzustande zunächst noch unentwickelt verborgen liegt« [184]. So meint Situation als materiale Kategorie den allgemeinen Weltzustand in denjenigen seiner Bestimmungen, welche ästhetische Individuation zu Charakter und Handlung ermöglichen, als ästhetische Kategorie die partikulare Umwelt oder gesellschaftliche Umgebung individueller Handlungen, in denen die dieser Umgebung immanenten Konflikte erst artikuliert werden. Ist der Weltzustand die Kategorie des gesellschaftlichen Substrats individueller Werke oder Werkgruppen in einer bestimmten historischen Zeit, so bezeichnet die der Situation den Weltzustand in individuierter Gestalt, in der allein er ästhetisch aufgearbeitet werden kann. Die Situation ist also *Individuation* einer allgemeinen historischen Welt, sie aktualisiert die in dem Weltzustand noch unartikulierten Kräfte, Widersprüche, Tendenzen, indem sie diese für die ästhetische Anschauung aufbereitet.

Die Kategorie der Situation ist in sich selbst dialektischen Charakters. In ihr artikulieren sich die Widersprüche, die in dem Weltzustand selbst noch unentfaltet und unbewußt waren. So unterscheidet Hegel in dialektischer Reihe als Kategorien der Situation: *»die Situation der Situationslosigkeit«*, die Situation als *»harmlose Bestimmtheit«* und schließlich die *»Kollision«*, in der »die Entzweiung und deren Bestimmtheit das Wesen der Situation« ausmacht [185]. In der Kollision erst wird die Situation konkret und damit im eigentlichen Sinne zur ästhetischen Kategorie. Es ist die Kollision, »die zu Reaktionen führt und in dieser Rücksicht wie den Ausgangspunkt so auch den Übergang zur eigentlichen Handlung bildet« [186]. In ihr tut »die Bestimmtheit sich als wesentliche Differenz hervor« [187], und so enthält sie, obwohl selbst »noch keine Handlung«, doch »die Anfänge und Voraussetzungen zu einer Handlung« und bewahrt sich damit zugleich, »als bloßer Anlaß zum Handeln, den Charakter der Situation« [188]. In der Kollision realisiert sich die Widersprüchlichkeit als Motor der Handlung und damit Dialektik als Struktur geschichtlich-gesellschaftlicher Prozesse. Die Kollision bedarf »einer Auflösung, welche dem Kampf von Gegensätzen folgt« [189], und in der Reihe *Kollision: Kampf der Gegensätze: Auflösung* ist nicht nur die Struktur ästhetischer Handlung formuliert, sondern die gesellschaftlicher Handlung überhaupt. Handlung resultiert also, formell gesprochen, aus der Nichtidentität von Subjekt und Objekt, sie entspringt realen Widersprüchen, und indem sie im Kampf der Gegensätze diese Widersprüchlichkeit auf ihre Auflösung hin austrägt, formuliert sich in ihr das dialektische Formgesetz allen Lebens, sein prozessualer Charakter. »Denn die Kraft des Lebens und mehr noch die Macht des Geistes besteht eben darin, den Widerspruch in sich zu setzen, zu ertragen und zu überwinden. Dieses Setzen und Auflösen des Widerspruchs (...) macht den steten Prozeß des Lebens aus, und das Leben ist nur als *Prozeß*.« [190] Zur Dialektik selbst gehört, nach einer Aussage der *Rechtsphilosophie*, »die Bestimmung nicht bloß als Schranke und Gegenteil, sondern aus ihr den *positiven* Inhalt und Resultat hervorzubringen (...), als wodurch sie allein Entwicklung und immanentes Fortschreiten ist. Diese Dialektik ist (...) die *eigene Seele* des Inhalts, die organisch ihre Zweige und Früchte hervortreibt« [191]. Mit dieser Auffassung von Dialektik als der immanenten Struktur geschichtlicher Prozesse wird die Reihe *Kollision: Kampf der Gegensätze: Auflösung* zum Schema solcher Prozesse qualifiziert. Insofern dieses Schema der ästhetischen Konstruktion strukturell zugrunde liegt, formuliert sich in dieser das Bewegungsgesetz der Geschichte selbst [192].

Die detaillierte Typologie von Kollisionsarten, die Hegel vorlegt, gipfelt in einem Kollisionstyp, den Hegel charakterisiert als »Zwiespalte, die in *geistigen Differenzen* ihren Grund finden«, soll heißen: »Gegensätze (...), insofern sie aus der *eigenen Tat* des Menschen hervorgehen« [193]. Kollisionen, die sich *unmittelbar* aus den Widersprüchen der Klassengesellschaft ergeben: »Sklaverei, Leibeigenschaft, Kastenunterschiede, das Verhältnis der Juden in vielen Staaten und (...) der Gegensatz zwischen adliger und bürgerlicher Geburt« [194], rechnet Hegel nicht zu der höchsten Kollisionsform. Vielmehr gehört diese Art von Konflikten zu den »geistigen Kollisionen, welche auf *Naturgrundlagen* beruhen« [195] – nach den »rein physischen, natürlichen« Konflikten der zweite Kollisionstypus –, und zwar handle es sich dabei darum, daß »Unterschieden der Geburt, welche an sich *ein Unrecht* enthalten, dennoch durch *Sitte oder Gesetz* die Gewalt einer unüberwindlichen Schranke zugeteilt wird, so daß sie gleichsam als ein zur Natur gewordenes Unrecht auftreten und dadurch Kollisionen veranlassen« [196]. Bietet bereits dieser Gegensatz reichhaltiges Material für die künstlerische Gestaltung, so findet diese ihren eigentlichen Gegenstand in dem dritten Kollisionstyp: in Konflikten, die sich aus der bewußten Praxis menschlicher Handlungen ergeben, Konflikte, in denen sich »die an und für sich geistigen Lebensmächte in ihrer Differenz gegeneinander herausstellen und bekämpfen«, wobei diese Differenzen »aus der Tat des Menschen ihre Wirklichkeit gewinnen (müssen), um in ihrer eigentlichen Gestalt auftreten zu können« [197]. Was Hegel mit diesem Konflikt »an und für sich geistiger Lebensmächte« meint, erklärt präziser das spätere Kapitel über die Tragödie. Es ist »der Kreis der im menschlichen Wollen substantiellen, für sich selbst berechtigten Mächte: die Familienliebe der Gatten, der Eltern, Kinder, Geschwister; ebenso das Staatsleben, der Patriotismus der Bürger, der Wille der Herrscher; ferner das kirchliche Dasein (...) als tätiges Eingreifen und Fördern wirklicher Interessen und Verhältnisse« [198] – die *Dialektik der Sittlichkeit* ist es, die in diesen Konflikten zu Wort kommt. Sittlichkeit aber bedeutet bei Hegel eben nicht bloße Moralität – die Kategorie der subjektiven, »im Innern gesetzten« Willensbestimmtheit – [199], sondern ist »die Vollendung des objektiven Geistes, die Wahrheit des subjektiven und objektiven Geistes selbst« [200]. In der Sprache der *Rechtsphilosophie:* »Die Sittlichkeit ist die Idee der Freiheit (...), der zur vorhandenen Welt und zur Natur des Selbstbewußtseins gewordene Begriff der Freiheit.« [201] Die Sphäre der Sittlichkeit ist: Familie, bürgerliche Gesellschaft, Staat. Weil die Kunst die Konflikte der »geistigen Lebensmächte« des »an und für sich Sittlichen« [202] zu ihrem Material und Ausgangspunkt hat, hat sie es primär mit Konflikten zu tun, die aus der Sphäre von Familie, bürgerlicher Gesellschaft und Staat erwachsen: aus der ökonomischen, sozialen und politischen Sphäre also, bzw. entwickelt sie – in ihrer heroischen Phase – Handlungsschemata, die den Prozeß des Werdens dieser Sphäre, die Herausbildung der sittlichen Welt durch menschliche Praxis als einen dialektischen, soll heißen: widersprüchlichen, konfliktreichen Prozeß abbilden.

Theorie der Handlung

Die Kategorie der Handlung ist die Kategorie des zentralen ästhetischen Vorgangs. Sie bestimmt diesen als in sich bewegte, dynamische Totalität. Handlung hat die Situation zu ihrer Voraussetzung. Sie ist daher kein Anfang, sondern Resultat: »Resultat früherer Verwicklungen« [203], einer immer äußerst komplexen Totalität von Umständen und Verhältnissen [204]. Die Handlung ist der Austrag des in der Situation enthaltenen und in ihr entstandenen Konflikts: »die eigentliche Aktion (geht) erst an, wenn der Gegensatz herausgetreten ist, den die Situation enthielt.« [205] Die dialektische Reihe, die den zur Handlung überleitenden Prozeß formuliert, lautet *Situation: Kollision: Handlung*. Die Handlung selbst ist keine einseitige subjektive Setzung, sondern entfaltet sich in der Struktur von Aktion und Reaktion. Zum Begriff der »kollidierenden Aktion« gehört, eine »entgegenstehende Seite« verletzt zu haben:

> (...) so ruft (die kollidierende Aktion) in dieser Differenz die gegenüberliegende angegriffene Macht gegen sich auf, und mit der *Aktion* ist dadurch unmittelbar die *Reaktion* verknüpft. Hiermit erst ist das Ideal in volle Bestimmtheit und Bewegung hineingetreten. Denn jetzt stehen zwei aus ihrer Harmonie herausgerissene Interessen einander *kämpfend* entgegen und fordern in ihrem wechselseitigen Widerspruche notwendig eine Auflösung. [206]

Handlung ist eine »in sich totale Bewegung von Aktion, Reaktion und Lösung ihres Kampfes« [207]. Dies ist die Formel ihrer dialektischen Verfassung. Hegel bleibt allerdings nicht bei der Bestimmung der Formalität ästhetischer Handlung stehen. Wie sich Handlung nicht bloß formell aus der Bestimmtheit der Situation in der Kollision ergibt, sondern zugleich inhaltlich aus dem Konflikt sittlicher, das heißt, realer gesellschaftlicher Mächte, so ist der in dem Schema *Aktion: Reaktion: Auflösung* angesprochene Prozeß kein bloß logischer. In diesem Prozeß geht es vielmehr um Inhalte, und diese Inhalte »müssen nur die in sich selbst affirmativen und substantiellen Mächte abgeben« [208]: die »allgemeinen Mächte des Handelns«, »welche den wesentlichen Gehalt und Zweck bilden, für welchen gehandelt wird« [209]. Was in der Handlung inhaltlich ausgetragen wird, die Motive der Handlung, sind »Interessen idealer Art«: »die wesentlichen Bedürfnisse der menschlichen Brust (...), in sich berechtigt und vernünftig (...): nicht das absolut Göttliche selber, aber die Söhne der einen absoluten Idee« [210]. Die trunken idealistische Sprache will zu Wort bringen, was anderen Orts nüchterner und präziser mit der bereits erläuterten Kategorie der Sittlichkeit gesagt worden ist: die konkreten Bestimmungen des objektiven Geistes als Inhalte der Prozesse, welche die ästhetische Handlung abbildet [211]. Und doch hat die Handlung nicht eigentlich ihren Ort in der ausgebildeten Welt des objektiven

Geistes (der etablierten bürgerlichen Gesellschaft und ihrer politischen Organisation im Staat), sondern ist auf einer Entwicklungsstufe angesiedelt, die noch vor der Sphäre der objektivierten Sittlichkeit liegt [212], ja die deren Voraussetzung ist. So wird in *Rechtsphilosophie* und *Enzyklopädie* [213] die Theorie der Handlung unter die Kategorie der Moralität gestellt und als »tätliche Äußerung« der Freiheit des subjektiven Willens definiert [214]. Handlung ist also nicht subjektive Entäußerung innerhalb einer fixierten Objektivität – in der entwickelten bürgerlichen Gesellschaft wird für Hegel die Handlung ja gerade zum Problem –, sondern ist (wie Derbolav in einem Aufsatz über die Hegelsche Handlungstheorie schreibt) »Antizipation einer reicheren Gestalt geistigen Lebens, eines höheren sittlichen Standpunkts, einer entwickelteren Stufe des politischen Gewissens, denen sich die Leidenschaft zugesellt, um die bestehende Ordnungsgestalt der Welt verwandelnd zu überholen« [215]. Handlung ist Arbeit im Sinne einer praktischen Formierung der sittlichen Welt. Ihr gesellschaftlicher Spielraum, das historische Feld ihrer Betätigung, liegt in der Sphäre des objektiven Geistes *im Zustand seiner Ausbildung.* »Handeln ist das Sittliche und die besonderen Mächte des Sittlichen. Diese Mächte aber betreffen (...) das Weltliche und eigentlich Menschliche.« [216]

Das eigentliche Betätigungsfeld menschlicher Handlung ist die Ausbildung des objektiven Geistes selbst. So ist Handlung im wesentlichen Sinne Arbeit als »praktische Bildung« [217]: Entäußerung des im subjektiven Willen beschlossenen Begriffs im Formieren der Welt und Transformieren des Ich [218]. Damit aber gehört der Arbeitsbegriff mit ins Zentrum der Hegelschen Kunsttheorie. Insofern ästhetische Handlung auf gesellschaftliche Arbeit (formierende Praxis) bezogen ist, rückt diese in den kategorialen Mittelpunkt der ästhetischen Konstruktion, und zwar im Sinne einer die Formalität der künstlerischen Gestalt determinierenden *materialen Bestimmung.* Die in der eigentlichen Handlung geleistete Arbeit ist allerdings nicht mit der Arbeit zu verwechseln, welche die *Rechtsphilosophie* unter dem Titel des »Systems der Bedürfnisse« abhandelt [219]. Die Arbeit der Handlung ist noch nicht die in die »mannigfaltigsten Prozesse spezifizierte« abstrakte Arbeit der bürgerlichen Gesellschaft, sondern Arbeit als Tat des »heroischen Selbstbewußtseins«: ungeteilte, nicht-entfremdete Arbeit, Arbeit innerhalb einer Gesellschaft, in der die Widersprüche zwischen den Produktivkräften (vor allem der Produktivkraft Arbeit) und den Produktionsverhältnissen noch nicht hervorgetreten sind. »Das *heroische* Selbstbewußtsein (wie in den Tragödien der Alten, Ödipus usf.)«, sagt Hegel in der *Rechtsphilosophie,* »ist aus seiner Gediegenheit noch nicht zur Reflexion des Unterschieds von *Tat* und *Handlung,* der äußerlichen Begebenheit und dem Vorsatze und Wissen der Umstände, sowie zur Zersplitterung der Folgen fortgegangen«[220]. Für das heroische Selbstbewußtsein ist Handlung noch eine organische Totalität, es vermag daher auch, wie Hegel hinzufügt, »die Schuld im ganzen Umfange der Tat« zu übernehmen.

Die Handlung ist Arbeit als Handlung von Individuen in bestimmten – vorsichtig gesprochen – ›vorbürgerlichen‹ Lebensumständen (dem heroischen Weltzustand), und wenn Kunst in ihrer höchsten Form die »Dialektik der Sittlichkeit« zu ihrem Gegenstand hat, so doch nur in dem Sinn, daß sie in der Form individueller Handlungen den *Produktionsprozeß der sittlichen Welt* darstellt. Denn die im System der Sittlichkeit objektivierten »allgemeinen Mächte des Handelns« sind innerhalb der gesellschaftlichen Verfassung, in der allein die eigentlichen Handlungen möglich sind, lediglich – oder doch zumindest primär – nur als subjektive Tatsachen vorhanden. Das heißt, sie sind noch innerlich und formulieren sich im kategorischen Imperativ des Sollens [221]. Sie konstituieren das *Pathos* des heroischen Charakters. »Das Pathos (...) ist eine in sich selbst berechtigte Macht des Gemüts, ein wesentlicher Gehalt der Vernünftigkeit und des freien Willens«, der »wesentliche (...) vernünftige (...) Gehalt (...), der im menschlichen Selbst gegenwärtig ist und das ganze Gemüt erfüllt und durchdringt« [222]. Pathos meint hier den einen individuellen Charakter in seinen Entschlüssen und Handlungen bestimmenden und in diesem Charakter verinnerlichten *Inhalt individueller Handlung:* das Sittliche als subjektive und damit *ethische* Totalität: das Sittliche als *Gesinnung*. Die »allgemeinen, substantiellen Mächte des Handelns«, heißt es,

bedürfen zu ihrer Betätigung und Verwirklichung der menschlichen *Individualität,* in welcher sie als bewegendes *Pathos* erscheinen. Das Allgemeine nun aber jener Mächte muß sich in den besonderen Individuen zur *Totalität und Einzelheit* in sich zusammenschließen. Diese Totalität ist der Mensch in seiner konkreten Geistigkeit und deren Subjektivität, die menschliche totale Individualität als Charakter. Die Götter werden zum menschlichen Pathos, und das Pathos in konkreter Tätigkeit ist der menschliche Charakter. [223]

In der individuellen Motivation der Handlung treten die allgemeinen Mächte des Handelns in Besonderung. Sie werden verinnerlicht und konstituieren so die ethische Verfassung des autonomen Individuums, sie werden zur Ethik seiner Gesinnung. Das bedeutet konkret, daß es immer ein besonderes Pathos ist, das ein Individuum zur Maxime seines Willens macht und ethisch aktualisiert. Der Potenz nach trägt jedoch das Individuum die *Totalität* der sittlichen Welt in sich, und diese Totalität ist, wie die *Ästhetik* immer wieder betont, der konkrete Inhalt der Kunst und ihrer Geschichte.

Denn der Mensch trägt nicht etwa nur *einen* Gott als sein Pathos in sich; sondern das Gemüt des Menschen ist groß und weit, zu einem wahrhaften Menschen gehören viele Götter, und er verschließt in seinem Herzen alle die Mächte, welche in dem Kreis der Götter auseinandergeworfen sind; der ganze Olymp ist versammelt in seiner Brust. In diesem Sinne sagte ein Alter: aus deinen Leidenschaften hast du dir die Götter gemacht, o Mensch! [224]

Hier tritt der anthropozentrische Charakter der Hegelschen Kunstauffassung in mitreißender Formulierung zutage. Das »Menschliche« als »Mittelpunkt und Inhalt der wahren Schönheit und Kunst« [225]; es ist das Zeug, aus dem die Kunst auch noch ihre Götter machte. Das Menschliche aber nicht als bloßes Abstraktum, sondern als »volle Individualität« und »abgeschlossenes Subjekt«: als Herr der Handlung. Es sind »die menschlichen Individuen, denen das Beschließen und der letzte Entschluß zur Handlung sowie das wirkliche Vollbringen angehört« [226]. Die Handlung aber zeigt den Vorgang einer Kollision und deren Auflösung, zu ihrem Begriff gehört es, »auf den Willen anderer zu sein« [227]. Als Konflikt sittlicher Mächte ist sie Konflikt kollidierender Individuen, ja muß es ihrem Begriff nach sein, da die sittlichen Mächte innerhalb des gesellschaftlichen Spielraums, den die Handlung beschreibt und in dem allein sie möglich ist, noch keine Existenz – oder zumindest keine wesentliche Existenz – außerhalb der Gesinnung der Individuen besitzen. Was also in diesen Kollisionen zusammenstößt und im Verlauf der Handlung zum Austrag gebracht wird, ist immer ein Konflikt ethischer, und das heißt zugleich ideologischer Positionen. So kann Hegel für die Tragödie formulieren, daß in ihren Kollisionen »beide Seiten des Gegensatzes für sich genommen *Berechtigung* haben« und daß die Individuen »in ihrer Sittlichkeit und durch dieselbe (...) in *Schuld*« geraten [228]. In der ›idealen‹ Handlung stoßen also keine anonymen gesellschaftlichen Mächte aufeinander – dies ist vielmehr Charakteristikum der modernen Kunst und Teil ihrer Problematik –, sondern immer konkrete Individuen, in denen die gesellschaftlichen Mächte repräsentativ werden. Der Imperativ, nach dem die heroische Individualität handelt, ist eben nicht der formell kategorische, sondern konkretes Pathos, bestimmt also durch Maximen unmittelbarer gesellschaftlicher Relevanz, die im praktischen Akt individueller Handlung realisiert werden. Überhaupt ist das Hegelsche Individuum auch in der Bestimmung seiner Besonderheit keine solipsistisch verschlossene und isolierte Subjektivität. Im Gegenteil, Hegel betont immer wieder den gesellschaftlichen Reichtum der menschlichen Individualität – »der ganze Olymp« versammelt in der Brust des Menschen. In der »Besonderheit des Charakters« muß daher »die volle Lebendigkeit und Fülle bewahrt bleiben, so daß dem Individuum der Raum gelassen ist, sich nach vielen Seiten hinzuwenden, in mannigfache Situationen einzugehen und den Reichtum eines in sich gebildeten Inneren in vielfacher Äußerung zu entfalten« [229]. »Von dieser Lebendigkeit« seien etwa »die Sophokleischen tragischen Gestalten. Man kann sie in ihrer plastischen Abgeschlossenheit den Bildern der Skulptur vergleichen. Denn auch die Skulptur vermag der Bestimmtheit zum Trotz dennoch eine Vielseitigkeit des Charakters auszudrücken.« [230] Ihre plastische Individualität lasse nämlich, unter dem Schein einer »ungetrübten Einheit«, »zugleich die Geburtsstätte von allem als die unmittelbare Möglichkeit ahnen, in die verschiedenartigsten

Verhältnisse herüberzutreten« [231]. Auch die Kategorie des Charakters ist für Hegel eine gesellschaftliche Kategorie und erfüllt sich erst in sozialen Bestimmungen. Das Individuum als *Ensemble gesellschaftlicher Verhältnisse,* für diese Auffassung legt die Analyse der Hauptcharaktere von *Romeo und Julia* ein eindrucksvolles Zeugnis ab.

Romeo (...) hat zu seinem Hauptpathos die Liebe; dennoch sehen wir ihn in den verschiedenartigsten Verhältnissen zu seinen Eltern, zu Freunden, seinem Pagen, in Ehrenstreitigkeiten und Zweikampf mit Tybalt, in Ehrfurcht und Vertraun zum Mönch und selbst am Rande des Grabes im Zwiegespräch mit dem Apotheker (...). Ebenso umfaßt Julie eine Totalität der Verhältnisse zum Vater, zu der Mutter, der Amme, dem Grafen Paris, dem Pater. Und dennoch ist sie gleich tief in sich als in jede dieser Situationen hineingegraben, und ihr ganzer Charakter wird nur von *einer* Empfindung, von der Leidenschaft einer Liebe durchdrungen und getragen [232].

Die Relevanz gesellschaftlicher Kategorien für die Kunstphilosophie erschöpft sich nicht in den allgemeinen Bestimmungen von Weltzustand, Situation und Handlung. Der Handlungsträger selbst, die lebendige Individualität, ist von Hegel als gesellschaftliches Wesen, als zoon politikon konzipiert. Wir sehen, wie die logisch-phänomenologische Analytik der *Ästhetik* das Kunstwerk als eine durchgängig gesellschaftlich bestimmte Konstruktion freilegt. Ihr struktureller Schematismus wird in der progressiven dialektischen Reihe *Weltzustand: Situation* (Kollision): *Handlung* (Aktion: Reaktion: Auflösung) ausgedrückt. In dieser Reihe ist der an sich selbst dialektische, prozessuale Charakter der ästhetischen Konstruktion angesprochen [233]. Kunst ist Modus gesellschaftlicher Handlung: ein System ästhetischer Akte – in der Literatur: verbaler Akte –, die auf *reale* Akte bezogen sind und diese in ihren charakteristischen Qualitäten nachbilden. Kunst ist fiktive Darstellung des Konflikts gesellschaftlicher Mächte, repräsentiert durch kollidierende, sprich: agierende und reagierende Individuen. Damit zeigt sich der Schematismus der ästhetischen Konstruktion als identisch mit dem von Geschichte. Die Logik gesellschaftlicher Prozesse manifestiert sich in der Logik des Kunstschönen. Die Weltgeschichte als Fortschritt im Bewußtsein der Freiheit, dies wird im Medium des ästhetischen Scheins zur Erkenntnis gebracht. Die Kunst nimmt somit teil am Progreß der Geschichte. Sie repräsentiert diesen Progreß als in der Form der Anschauung erkannten. Sie ist objektivierter Erkenntnisakt, allerdings nicht beliebiger und keineswegs ›zeitloser‹ Erkenntnis, sondern bestimmt jeweils durch den objektiven Standort der Kunst selbst innerhalb des historischen Progresses.

Die ästhetische Handlung ist *gesellschaftliche Handlung in formaler Autonomie.* In dieser Bedeutung ist sie, mit Kenneth Burke, ›symbolische Handlung‹ [234]: fiktive Phänomenalität, die gleichwohl von realen Handlungen abhängig ist und in einem korrelativen Verhältnis zur Praxis steht. Damit aber löst Hegel das Rätsel Autonomie oder Heteronomie der Kunst, sie ist beides.

Als sinnlicher Schein besitzt Kunst formale Autonomie. Die Fiktion in sich geschlossener Selbständigkeit gehört notwendig mit zum fiktiven Charakter der ästhetischen Konstruktion; sie konstituiert das, was Adorno die *ästhetische Differenz* genannt hat [235]. Zugleich aber organisiert die sinnliche Zeichenwelt der Kunst gesellschaftliche Erfahrungen. Indem sie diese zur Anschauung aufarbeitet, macht sich die Form zur Funktion des Inhalts. Der sinnliche Schein der Kunst hat seinen Sinn eben nicht in sich selbst, sondern nur in bezug zu anderem. Kunst ist inhaltlich heteronom. So ist die Form Funktion des Inhalts innerhalb der Fiktion, daß der Inhalt Funktion der Form sei. In diesem scheinbaren Paradox formuliert sich die dialektische Struktur des Kunstschönen.

IV Das Kunstwerk als individuierte Werkwelt und als kommunikativer Akt

Die Heteronomie der Kunst ist primär Sache ihrer konkreten Inhaltlichkeit. Indem sich diese in der Form niederschlägt, konstituiert sie deren individuelle ästhetische Physiognomie. In diesem Sinne ist Kunst Manifestation von Gesellschaft und besitzt die ästhetische Konstruktion einen gesellschaftlichen Charakter an sich selbst. Dies ist der zentrale Aspekt des gesellschaftlichen Begriffs der Kunst in der Hegelschen *Ästhetik*. Es ist nicht sein einziger. Das individuelle Kunstwerk steht in gesellschaftlichen Bezügen nicht allein kraft seiner an sich selbst gesellschaftlichen objektiven Strukturen. Eine solche Auffassung würde zwar den generell gesellschaftlichen Charakter der Kunst anerkennen, doch bliebe ihr wiederum die Möglichkeit, sie politisch zu neutralisieren, sie von neuem abzuschließen in ein ästhetizistisches Geisterreich rechts über den Dingen. Man wäre zumindest der Versuchung ausgesetzt, sich auch die Geschichte der menschlichen Gesellschaft im theatrum mundi der schönen Formen zum Gegenstand kontemplativen Behagens werden lassen. Nun ist nicht zu leugnen, daß die *Ästhetik* solchen Tendenzen häufig entgegenkommt. Sie verfällt ihnen jedoch nie völlig. Denn wenn Hegel auch den kontemplativen Charakter der ästhetischen Anschauung häufig betont, so hält er andererseits mit außerordentlicher Konsequenz an der Vorstellung fest, daß die Kunst, über ihre allgemeine – und in dieser Allgemeinheit abstrakte – geschichtsphilosophische Relevanz hinaus, zugleich konkrete soziale, politische und ideologische Funktionen erfüllt. Sie steht in Beziehung zur gesamten »umgebenden Welt« des »wirklichen Daseins« [236], mischt sich skrupellos in die »fast unüberschauliche Breite der Verhältnisse«, greift unmittelbar »in die gemeine Prosa des Lebens ein« [237]. Es hat die Kunst eine bestimmte und jeweils genau zu bestimmende Position innerhalb der Totalität menschlicher Lebensverhältnisse zu einer bestimmten historischen Zeit, in der »umgebenden wirklichen Welt des menschlichen Daseins« [238].

Diese Erkenntnis ist es, die Hegels Kritik des romantischen Ästhetizismus motiviert, seine Polemik gegen dessen »nebulose« Vorstellungswelt: die Hypostasierung der Kunst zur autonomen »geistigen Macht« [239]. Hegel demaskiert das Ideologem der absoluten Autonomie der Kunst als Syndrom des bürgerlichen Bewußtseins. Die Prätention solcher Autonomie sei bloßer »Schein der Idealität«: »teils nur eine vornehme Abstraktion moderner Subjektivität, welcher es an Mut gebricht, sich mit der Äußerlichkeit einzulassen, teils (...) eine Art der Gewalt, die das Subjekt sich antut, um sich über diesen Kreis durch sich selber hinauszusetzen, wenn es nicht durch Geburt, Stand und Situation schon an und für sich darüber hinweggehoben ist« [240]. Zum adäquaten Begriff der Kunst gehört die Vorstellung ihrer *äußerlichen Bestimmtheit.* Mit diesem Begriff meint Hegel dreierlei: erstens die nähere Bestimmung der *sinnlichen Organisation* des Kunstwerks; zweitens die Vorstellung der Welthaftigkeit der Kunst in ihrem Verhältnis zu der sie umgebenden empirischen Welt (Natur und Gesellschaft), ihre extensive Bestimmtheit als *individuierte Werkwelt;* drittens Kunst als *soziale Relation und kommunikativer Akt* im Verhältnis von Autor, Werk und Publikum.

Um überhaupt in soziale Bestimmungen treten zu können, muß sich der Begriff der Kunst – das Ideal – zu einer konkreten Werkwelt individuiert haben. Diesen Vorgang hält die *Ästhetik* unter dem Begriff der *Veräußerlichung* fest: Konkretion eines allgemeinen Gehalts in der Form einer individuellen Werkwelt. »(...) das Kunstwerk (gibt) dem Gehalt des Ideals überhaupt die konkrete Gestalt der Wirklichkeit, indem es denselben als einen bestimmten Zustand, besondere Situation, als Charakter, Begebenheit, Handlung, und zwar in Form des zugleich äußeren Daseins darstellt« [241]. Diese Veräußerlichung eines Gehalts in Bestimmungen der Handlung spielt sich jeweils ab in der Form der *Organisation sinnlichen Materials,* innerhalb dessen ein bestimmter Gehalt aufgearbeitet und zu einer ästhetischen Welt individuiert wird. Die Transformation des Inhalts in einen spezifischen Modus sinnlicher Anschaubarkeit konstituiert das Ideal als »geistige konkrete Individualität« [242]. »(...) die Kunst (versetzt) diese an sich schon totale Erscheinung in ein bestimmtes sinnliches Material und schafft dadurch eine neue, auch dem Auge und Ohr sichtbare und vernehmbare Welt der Kunst.« [243] Erst als sinnliche Einheit (in der die quantitative Bestimmung von »Regelmäßigkeit und Symmetrie« als »Figuration« von Raum und Zeit sowie die qualitative der »Harmonie« aufgenommen sind als Elemente der formalen Konstruktion) [244] wird das Kunstwerk zur individuellen ästhetischen Welt. Deren »allgemeines Gesetz« ist das der Identität von Subjekt und Objekt: »so daß die beiden Seiten, die subjektive innere Totalität des Charakters und seiner Zustände und Handlungen und die objektive des äußeren Daseins nicht als gleichgültig und disparat auseinanderfallen, sondern ein Zusammenstimmen und Zueinandergehören zeigen«. Die »äußere Objektivität« selbst, um konstitutiver Teil der ästhetischen Welt werden zu können, »muß ihre bloße objektive Selbständigkeit und Sprödigkeit aufgeben, um sich als in Identität mit dem zu erweisen, dessen äußeres Dasein sie ausmacht« [245]. Weil die in der ästhetischen Welt sichtbar werdende Identität von Subjekt und Objekt Resultat gesellschaftlicher Vermittlungen ist, muß die paradigmatische Form ästhetischer Synthesis die durch »menschliche Tätigkeit« hervorgebrachte Einheit sein: »indem der Mensch die Außendinge zu seinem Gebrauch verwendet und sich durch die hiermit erlangte Befriedigung seiner selbst mit ihnen in Harmonie setzt« [246]. Hier thematisiert die *Ästhetik* das Verhältnis von Mensch und Natur als Gegenstand der Kunst, und es ist bezeichnend, daß die Hegelsche Dialektik – in diesem Punkt dem historischen Materialismus sehr nahe – die höchste Darstellungsform dieses Verhältnis in demjenigen erblickt, das den Stoffwechsel von Mensch und Natur zeigt und damit den Arbeitsbegriff exemplifiziert: »die besonderen Bedürfnisse und deren Befriedigung durch den besonderen Gebrauch der Naturgegenstände« [247], die Verwendung der Außendinge zu »*praktischen* Bedürfnissen und Zwecken« [248]. Denn, so heißt es weiter,

dieser Kreis der Bedürftigkeit und Befriedigung ist von der unendlichsten Mannigfaltigkeit, die natürlichen Dinge jedoch sind noch unendlich vielseitiger und erlangen erst eine größere Einfachheit, insofern der Mensch seine geistige Bestimmungen in sie hineinlegt und die Außenwelt mit seinem Willen durchdringt. Dadurch vermenschlicht er sich seine Umgebung, indem er zeigt, wie sie fähig zu seiner Befriedigung sei und keine Macht der Selbständigkeit gegen ihn zu bewahren wisse. [249]

Gegenstand der Kunst kann der Mensch erst in einem relativ entwickelten sozio-ökonomischen Zustand werden, in dem er sich aus dem anfänglichen »Verhältnis der Abhängigkeit« zu seiner natürlichen Umwelt »schon befreit und die Abhängigkeit abgeworfen« hat [250]. Dies aber ist allein Resultat menschlicher Arbeit. Der Mensch muß »sich das nötige Selbstgenügen durch seine eigene Tätigkeit erarbeiten; er muß die Naturdinge in Besitz nehmen, zurechtmachen, formieren, alles Hinderliche durch selbsterworbene Geschicklichkeit abstreifen und so das Äußere zu einem Mittel umwandeln, durch welches er sich allen seinen Zwecken nach auszuführen vermag« [251]. Hegel betont, daß, obwohl nicht zentraler Gegenstand der Kunst, die gesamte Sphäre der Bedürfnisbefriedigung auch auf dem »idealen Boden der Kunst« ihren Ort habe.

Daß ich mich nähren, essen und trinken, wohnen, mich kleiden muß, eines Lagers, Sessels und so vieler anderweitiger Gerätschaften bedarf, ist allerdings eine Notwendigkeit der äußeren Lebendigkeit; aber das innere Leben zieht sich auch durch diese Seiten so sehr hindurch, daß der Mensch seinen Göttern selbst Kleidung und Waffen gibt und sie in mannigfachen Bedürfnissen und deren Befriedigung sich vor Augen stellt. [252]

Das Zentrum der ästhetischen Welt ist allerdings nicht die Dialektik von Mensch und Natur, sondern die kollidierende Handlung, der Konflikt individuierter gesellschaftlicher Mächte. Er setzt die relative Independenz des Menschen von der Natur voraus. Das Individuum muß sich in einem Zustand subjektiver Freiheit und Selbständigkeit befinden, um im vollen Sinne Agent gesellschaftlicher Handlung werden zu können. Zur Voraussetzung der Kunst gehört damit die subjektive Totalität des Charakters einerseits sowie andererseits eine bereits »vermenschlichte« äußere Welt, eine wie auch immer *humanisierte Natur,* die schon vergesellschaftete Objektivität. Das wirkliche gesellschaftliche Verhältnis von Subjekt und Objekt in einem bestimmten Stadium seiner Entwicklung ermöglicht nach Hegel überhaupt erst das Hervortreten der Kunst in der menschlichen Geschichte. Es determiniert zugleich die besondere Form der Welthaftigkeit der Kunst: die Modalität ästhetischer Formen, die zu einem gegebenen historischen Zeitpunkt möglich sind. Die soziale Welt der ›idealen‹ (klassischen) Kunst nun ist die des heroischen Weltzustands – Hegel kommt an dieser Stelle auf die bereits früher erläuterte Kategorie zurück. Sie erhält jetzt eine veränderte Funktion. Bezeichnete sie in der Theorie der Handlung Gesellschaft als materielle Apriorität der Kunst – die soziologisch beschreibbare Bedingung ihrer Möglichkeit –, so wird sie nun zur genuin ästhetischen Kategorie. Sie ist der sozialphilosophische Begriff der ästhetischen Welt selbst, der Zustand der in den konkreten Werken *erscheinenden* Gesellschaft, *Gesellschaft im Medium der individuierten Werkwelt.* Heroischer Weltzustand heißt also hier: die gesellschaftliche Welt *in* der heroischen Dichtung. Sie ist angesiedelt in der »Mitte« zwischen »den goldenen idyllischen Zeiten«, einem hypothetischen paradiesischen Naturzustand (»der Mensch darf nicht in solcher idyllischen Geistesarmut hinleben«, kommentiert Hegel sarkastisch, »er muß arbeiten«) [253], und den »vollkommen ausgebildeten allseitigen Vermittlungen der bürgerlichen Gesellschaft« [254]. Es ist wiederum das Bild einer nicht-entfremdeten Welt, das Hegel entwirft, einer Welt einfacher, unkomplizierter und organischer Produktionsverhältnisse. Genüßlich verweilt er bei der Beschreibung der ökonomischen Sphäre:

> (...) die nächste Umgebung aber der Individuen, die Befriedigung ihrer unmittelbaren Bedürfnisse ist noch ihr eigenes Tun. Die Nahrungsmittel sind noch einfacher und dadurch idealer, wie z. B. Honig, Milch, Wein, während Kaffee, Branntwein usf. uns sogleich die tausend Vermittlungen ins Gedächtnis zurückrufen, deren es zu ihrer Bereitung bedarf. Ebenso schlachten und braten die Helden selber; sie bändigen das Roß, das sie reiten wollen; die Gerätschaften, welche sie gebrauchen, bereiten sie mehr oder weniger selber; Pflug, Waffen zur Verteidigung, Schild, Helm, Panzer, Schwert, Spieß sind ihr eigenes Werk, oder sie sind mit der Zubereitung vertraut. In einem solchen Zustande hat der Mensch in allem, was er benutzt und womit er sich umgibt, das Gefühl, daß er es aus sich selber hervorgebracht und es dadurch in den äußeren Dingen mit dem Seinigen und nicht mit entfremdeten

Gegenständen zu tun hat, die außer seiner eigenen Sphäre, in welcher er Herr ist, liegen. [255]

Das Verhältnis von Kunst und Gesellschaft stellt sich auf diesem Standpunkt der Erörterung dar als Verhältnis von ästhetischer und empirischer Welt. Es ist das gleiche, dem wir bereits in der Theorie der Handlung begegneten. Die innerhalb der ästhetischen Welt formal organisierten Inhalte sind aus Prozessen der realen Gesellschaft geschöpft. Ästhetische und empirische Gesellschaft stehen in einem Verhältnis der Analogie zueinander. Die eine ist formaliter, was die andere materialiter ist. Die Werkwelt ist sinnlich-anschauliche Konkretion der realen, in ihr tritt ins Bild, was die empirische Gesellschaft in der Praxis ist. Dadurch allein kann das Kunstwerk für andere, das heißt, zu einer relevanten Erfahrung des rezipierenden Bewußtseins werden. Die ästhetische Welt ist jeweils die einer individuierten Kunststruktur. Sie ist sinnliche Fiktion, irreale Zeichenwelt, jedoch immer korrelativ auf die reale Objektwelt bezogen [256]. Als individuierte Werkwelt – im Zustand ihrer »äußerlichen Bestimmtheit« – nimmt die Kunst selbst einen, wenn auch fiktiven, Objektcharakter an. Sie kann so Objekt sein für ein Subjekt – womit die Möglichkeit des rezeptiven Akts aus der aktualen Verfassung des Kunstwerks selbst theoretisch begründet ist. Das Kunstwerk ist eben nicht, wie der Ästhetizismus es will, selig in sich ruhendes Gebilde, sondern, wie Hegel mit Nachdruck bemerkt, »*für uns,* für ein Publikum«. »Wie sehr es nun aber auch eine in sich übereinstimmende und abgerundete Welt bilden mag, so ist das Kunstwerk selbst doch als wirkliches, vereinzeltes Objekt nicht *für sich,* sondern *für uns,* für ein Publikum« [257]. Das bedeutet, das Kunstwerk besitzt Vermittlungsfunktion, es ist kommunikativer Akt. So begründet Hegels Theorie der äußerlichen Bestimmtheit des Ideals beides: die Theorie von Kunst als individuierter Werkwelt und die Theorie von Kunst als System kommunikativer Akte, Ästhetik als Kommunikationstheorie. Deren allgemeinste Formel ist die der Relation *Autor: Werk: Publikum.* Hegel vermerkt ausdrücklich, daß das Kunstwerk »einer produzierenden subjektiven Tätigkeit (bedarf), aus welcher es hervorgeht und als Produkt derselben für anderes, für die Anschauung und die Empfindung des Publikums ist« [258], und auch in die Kunstdefinition der *Enzyklopädie* von 1830 wird die soziale Relationsbestimmung der Kunst als wesentliches Verhältnis aufgenommen, wenn es heißt: »Die Gestalt dieses Wissens ist (...) einerseits ein Zerfallen in ein Werk von äußerlichem gemeinen Dasein, in das dasselbe produzierende und in das anschauende und verehrende Subjekt« [259]. Mit diesen Bestimmungen werden der *Autor als Produzent,* das *Werk als Produkt* und das *Publikum als rezeptives Subjekt* (als Konsument des Produkts) kategorial festgelegt und zugleich ist damit der Problemkreis abgesteckt, der unter den Titel *Kunst als soziale Relation und kommunikativer Akt* zu subsumieren ist.

Die »produzierende subjektive Tätigkeit« ist die »Phantasie des Künstlers«

[260]. Sie ist keine »bloß passive Einbildungskraft«, sondern »schaffend«: »das *allgemeine* Vermögen zur künstlerischen Produktion« [261]. Auch die Gestalt des Künstlers ist weitgehend ›veräußerlich‹ gezeichnet. Es ist der Künstler als Autor, oder, mit dem bekannten Titel Benjamins, der Autor als Produzent. Als allgemeines Vermögen zur künstlerischen Produktion ist die Phantasie geistige Produktivkraft: »schöpferische Tätigkeit« als reproduktive Praxis. Sie ist somit gesellschaftlich relevante Tätigkeit. Es gehört zu ihr die Intensität empirischer Erfahrung ebenso wie die Kraft der Erinnerung dieser Erfahrung: »die Gabe und der Sinn für das *Auffassen* der *Wirklichkeit* und ihrer Gestalten, welche durch das aufmerksame Hören und Sehen die mannigfaltigsten Bilder des *Vorhandenen* dem Geiste einprägen, sowie das aufbewahrende *Gedächtnis* für die bunte Welt dieser vielgestaltigen Bilder« [262]. Und Hegel polemisiert erneut gegen die Romantik, wenn er fortfährt:

> Der Künstler ist deshalb von dieser Seite her nicht an selbstgemachte Einbildungen verwiesen, sondern von dem flachen sogenannten Idealen ab hat er an die Wirklichkeit heranzutreten. Ein idealischer Anfang in der Kunst und Poesie ist immer sehr verdächtig, denn der Künstler hat aus der Überfülle des Lebens und nicht aus der Überfülle abstrakter Allgemeinheit zu schöpfen [263].

Zwar verwendet die *Ästhetik* mit Begriffen wie Phantasie, Genie und Begeisterung noch selbst ein latent romantisches Vokabular [264], doch wird dieses mit einem explizit antiromantischen Inhalt versehen. Genie sei eben nichts anderes als »diese produktive Tätigkeit (...) der Phantasie«, »die *allgemeine* Fähigkeit zur wahren Produktion des Kunstwerks sowie die Energie der Ausbildung und Betätigung derselben« [265]. Dazu gehöre selbstverständlich eine »*spezifische* Anlage, in welche auch ein natürliches Moment als wesentlich hineinspielt« [265a], doch müsse neben »die Tiefe des Gemüts und (...) beseelende Empfindung« »die wache Besonnenheit des Verstandes« treten. Es sei deshalb »eine Abgeschmacktheit zu meinen, Gedichte wie die Homerischen seien dem Dichter im Schlafe gekommen«. Ohne die Macht der Reflexion, »ohne Besonnenheit, Sonderung, Unterscheidung vermag der Künstler keinen Gehalt, den er gestalten soll, zu beherrschen, und es ist töricht zu glauben, der echte Künstler wisse nicht, was er tut« [266]. Genie ist weiterhin Beherrschung des künstlerischen Materials, *Technik:* »die Leichtigkeit der inneren Produktion und der äußeren technischen Geschicklichkeit in Ansehung bestimmter Künste«. Zugleich aber gehört »zu allen Künsten ein weitläufiges Studium, ein anhaltender Fleiß, eine vielfach ausgebildete Fertigkeit« [267], wie überhaupt das Genie seine Genialität nicht sich allein verdanke, sondern immer schon »mit der Naturseite eines Volks« in Zusammenhang stünde [268]. Die Kategorie der Begeisterung gebraucht Hegel mit Mißmut. »Die Tätigkeit der Phantasie und technischen Ausführung nun, als Zustand im Künstler für sich betrachtet, ist das, was man (...) Begeisterung zu nennen gewohnt ist.« [269] Ironisch wendet er sich gegen ein Lieblingskind der romantischen Tradition, die Inspirationstheorie:

Aber die Wärme des Bluts macht's nicht allein, Champagner gibt noch keine Poesie; wie Marmontel z. B. erzählt: er habe in der Champagne in einem Keller bei sechstausend Flaschen vor sich gehabt, und es sei ihm doch nichts Poetisches zugeflossen. Ebenso kann sich das beste Genie oft genug morgens und abends beim frischen Wehen der Lüfte ins grüne Gras legen und in den Himmel sehen und wird doch von keiner sanften Begeisterung angehaucht werden. [270]

Die »wahre Begeisterung« sei nicht mehr als »der Zustand dieses tätigen Ausgestaltens selbst« [271], so daß der Künstler »als Subjekt nur gleichsam die Form ist für das Formieren des Inhaltes, der ihn ergriffen hat« [272]. Denn was zählt, ist allein das fertige Produkt, dessen Produzent der Künstler ist, das Artefakt als »wahre Objektivität« [273]. »(...) das Höchste und Vortrefflichste ist nicht etwa das Unaussprechbare, so daß der Dichter in sich noch von größerer Tiefe wäre, als das Werk dartut, sondern seine Werke sind das Beste des Künstlers und das Wahre; was er ist, das *ist* er, was aber nur im Innern bleibt, das *ist* er nicht.« [274] Wahre Objektivität der Kunst ist in diesem Sinne die totale *Objektifikation* des Subjektiven, weder naturalistische Reproduktion noch romantische Inversion [275]. In ihr besteht die Authentizität und Originalität der Werke; sie erfüllt sich, indem die Ansprüche der »künstlerischen Subjektivität« mit den objektiven Gesetzen des Stils [276] in Einklang gebracht werden. »Die echte Originalität des Künstlers wie des Kunstwerks« liegt nicht in der Willkür des Subjekts, sie besteht darin, daß dieses von der »objektiven Vernunft«, »der Vernünftigkeit des in sich selber wahren Gehalts beseelt« ist [277]. Damit meint Hegel, wie wir wissen, die Immanenz der Vernunft in der empirischen Welt. »(...) die anundfürsichseiende Wahrheit und Vernünftigkeit des Wirklichen ist es, welche zur äußeren Erscheinung gelangen soll.« [278]

Die Idee der Kunst realisiert sich und erlangt Authentizität in den objektivierten Werken. Sie sind Resultat geistiger Arbeit, Produkt des produzierenden Künstlers. Das Produkt dieser Arbeit, das sich in dieser Arbeit konstituierende Artefakt, ist veräußerlichte Subjektivität: Subjektivität, die zu einer Objektwelt gerinnt. Dieser Akt der künstlerischen Produktion hat den Charakter einer objektivierten Vermittlung zwischen Subjekten. Die Kunst ist weder für den Künstler da noch für sich selbst, sondern für ein Publikum. Sie ist ein Modus sui generis von Kommunikation. Das Kunstwerk besitzt an sich selbst eine dialogische Struktur, es ist »ein Zwiegespräch mit jedem, welcher davorsteht« [279]. So erfüllt sich die Idee der Kunst erst in den Akten ihrer Rezeption. Das Kunstwerk, verkündet die *Ästhetik* apodiktisch, habe »*mit uns* in Übereinstimmung« zu treten [280]. *Mit uns* aber bedeutet nicht, mit einer Elite sogenannter »Kenner und Gelehrter« [281], sondern – hier wird Hegels Kunstauffassung tendenziell demokratisch – mit dem Volk.

»Denn die Kunst ist nicht für einen kleinen abgeschlossenen Kreis vorzugsweise Gebildeter, sondern für die Nation im großen und ganzen da.« [282] Wie der Künstler den »substantiellen Kern einer Zeit und eines Volkes« kennen muß [283], »seiner eigenen Zeit« angehört und »in ihren Gewohnheiten, Anschauungsweisen und Vorstellungen« lebt [284], so schafft er auch »für ein Publikum und zunächst für sein Volk und seine Zeit, welche fordern darf, das Kunstwerk zu verstehen und darin heimisch zu werden« [285]. *Publikum* bedeutet hier so etwas wie gegenwärtige Gesellschaft. Deren Verfassung und Bedürfnisse habe sich die Kunst zu eigen zu machen. Welche Stoffe sie auch immer behandeln mag, die Kunst hat sie in eine Sprache zu übersetzen, die von der zeitgenössischen Gesellschaft verstanden werden kann [286]. Ja, die Kunst muß die besondere historische Individualität ihrer Gesellschaft in die Behandlung ihrer Stoffe hineintragen und den »substantiellen Kern ihrer Zeit und ihres Volkes« in ihnen kenntlich machen. »(...) und wirklich haben auch alle Nationen sich in dem geltend gemacht, was ihnen als Kunstwerk zusagen sollte, denn sie wollten einheimisch, lebendig und gegenwärtig darin sein. In dieser selbständigen Nationalität hat Calderon seine Zenobia und Semiramis bearbeitet und Shakespeare den verschiedenartigsten Stoffen einen englischen nationalen Charakter einzuprägen verstanden« [287]. So muß auch die Behandlung geschichtlicher Stoffe auf die jeweilige Gegenwart der Kunst bezogen sein; denn »das Geschichtliche ist nur dann das Unsrige, wenn (...) wir die Gegenwart überhaupt als eine Folge derjenigen Begebenheiten ansehen können, in deren Kette die dargestellten Charaktere oder Taten ein wesentliches Glied ausmachen« [288].

Das Angewiesensein der Kunst auf ihre Rezeption in einer konkreten Gesellschaft, ihr kommunikativer Charakter ist also kein Äußerliches, das dem Kunstwerk lediglich zu addieren wäre, sondern ist ein ästhetisch formatives Moment. Es wirkt in die aktuale Verfassung des Kunstwerks mit hinein. Daß sich die Kunst in diesem Sinne ihrer Zeit gemäß zu machen habe, bedeutet jedoch nicht ihre bloße Akkomodation an eine bestehende Gesellschaft. Im Gegenteil, obwohl auch die Kunst ihre Zeit in Bilder faßt, bleibt sie doch immer dem verpflichtet, was Hegel in idealistischer Sprache das »allgemeine Pathos des Menschlichen« nennt [289]: der Gesetzlichkeit historischer Prozesse und den sich in ihnen durchsetzenden humanen Inhalten. Diese in konkreter Form bewußt zu machen, ist die Funktion der authentischen Werke. Damit ist der rezeptive Akt als relevanter Erkenntnisakt begriffen und theoretisch gerechtfertigt. So nur »spricht auch das Kunstwerk an unsere wahre Subjektivität und wird zu unserem Eigentum« [290].

V Idealistische Ästhetik und historisch-materialistische Kunsttheorie

Meine dialektische Methode ist der Grundlage nach von der Hegelschen nicht nur verschieden, sondern ihr direktes Gegenteil. Für Hegel ist der Denkprozeß, den er sogar unter dem Namen der Idee in ein selbständiges Subjekt verwandelt, der Demiurg des Wirklichen, das nur seine äußere Erscheinung bildet. Bei mir ist umgekehrt das Ideelle nichts andres als das im Menschenkopf umgesetzte und übersetzte Materielle.

Die mystifizierende Seite der Hegelschen Dialektik habe ich vor beinah 30 Jahren, zu einer Zeit kritisiert, wo sie noch Tagesmode war. Aber grade als ich den ersten Band des »Kapital« ausarbeitete, gefiel sich das verdrießliche, anmaßliche und mittelmäßige Epigonentum, welches jetzt im gebildeten Deutschland das große Wort führt, darin, Hegel zu behandeln, wie der brave Moses Mendelssohn zu Lessings Zeit den Spinoza behandelt hat, nämlich als »toten Hund«. Ich bekannte mich daher offen als Schüler jenes großen Denkers, und kokettierte sogar hier und da im Kapitel über die Werttheorie mit der ihm eigentümlichen Ausdrucksweise. Die Mystifikation, welche die Dialektik in Hegels Händen erleidet, verhindert in keiner Weise, daß er ihre allgemeinen Bewegungsformen zuerst in umfassender und bewußter Weise dargestellt hat. Sie steht bei ihm auf dem Kopf. Man muß sie umstülpen, um den rationellen Kern in der mystischen Hülle zu entdecken.

In ihrer mystifizierten Form war die Dialektik deutsche Mode, weil sie das Bestehende zu verklären schien. In ihrer rationellen Gestalt ist sie dem Bürgertum und seinen doktrinären Wortführern ein Ärgernis und ein Greuel, weil sie in dem positiven Verständnis des Bestehenden zugleich auch das Verständnis seiner Negation, seines notwendigen Untergangs einschließt, jede gewordne Form im Flusse der Bewegung, also auch nach ihrer vergänglichen Seite auffaßt, sich durch nichts imponieren läßt, ihrem Wesen nach kritisch und revolutionär ist. [291]

Soweit Karl Marx im Nachwort zur zweiten Auflage des ersten Bandes des *Kapital,* vom 24. Januar 1873. Noch dreizehn Jahre später – 1886 – hat Friedrich Engels in seiner kritisch resümierenden Schrift *Ludwig Feuerbach und der Ausgang der klassischen deutschen Philosophie* die Hegelsche Philosophie »einen nach Methode und Inhalt idealistisch auf den Kopf gestellten Materialismus« genannt [292], deren »revolutionärer Charakter« darin liegt, »daß sie der Endgültigkeit aller Ergebnisse des menschlichen Denkens und Handelns ein für allemal den Garaus machte« [293].

Die hier vorgeschlagene Interpretation der *Ästhetik* ist aus dem Versuch hervorgegangen, bei der Lektüre Hegels sich von dieser Auffassung der marxistischen Klassiker leiten zu lassen, mit der Absicht, den latent materialistischen Charakter seiner Kunsttheorie aufzudecken. *Daß* die Philosophie Hegels in der Tat einen solchen Charakter besitzt, ja ihrer Methode und ihren progressiven Inhalten nach ein idealistisch maskierter – und freilich auch idealistisch verzerrter – Materialismus ist, ist neuerdings erst wieder von nicht-marxistischer Seite bestätigt worden. »(...) das Hegelsche System«, schreibt J. N. Findlay in einer Arbeit über Hegels Realismus, »(weist) stark realistische und selbst materialistische Züge auf«, es wäre »vielleicht nicht unpassend (...), es als den echten dialektischen Materialismus zu beschreiben« [294].

Nun mag eine solche Schlußfolgerung übertrieben sein. Engels selbst verweist auf den Unterschied zwischen System und Methode, auf den Widerspruch des »ganzen dogmatischen Inhalts des Hegelschen Systems (...) mit seiner dialektischen, alles Dogmatische auflösende Methode« [295], und erklärt, daß der positive Sinn der Marxschen Hegel-Aneignung in den vierziger Jahren gerade darin bestanden hätte, die »revolutionäre Seite der Hegelschen Philosophie« zu retten unter gleichzeitiger Destruktion ihrer »idealistischen Verbrämungen« [296].

Die Kritik der mystifizierenden Seite des Hegelschen Systems, auf die sich Marx im Nachwort zum ersten Band des *Kapital* beruft, ist die »kritische Revision der Hegelschen Rechtsphilosophie«, deren »Einleitung in den 1844 in Paris herausgegebenen ›Deutsch-Französischen Jahrbüchern‹ erschien« [297], zugleich die *Kritik des Hegelschen Staatsrechts* (1843) sowie die Hegel-Exkurse in den *Ökonomisch-philosophischen Manuskripten* (1844) und der *Heiligen Familie* (1844). »Die *deutsche Rechts- und Staatsphilosophie*«, so Marx 1843/44, »ist die einzige mit der *offiziellen* modernen Gegenwart *al pari* stehende *deutsche Geschichte*« [298], sie hat durch Hegel »ihre konsequenteste, reichste und letzte Fassung erhalten« [299]. Kritik der Hegelschen Philosophie bedeutete für Marx die einzige innerhalb Deutschlands mögliche Kritik der zeitgenössischen *europäischen* Gesellschaft. Denn nur in der Philosophie seien die Deutschen die Zeitgenossen der bürgerlich-kapitalistischen Gegenwart, nicht auf dem Gebiet der sozialen und politischen Geschichte. Auf deutschem Boden konnte daher die offizielle Gestalt der europäischen Gesellschaft, eben weil es das ökonomisch und politisch emanzipierte Bürgertum in Deutschland nicht gab, allein in der avanciertesten Form deutscher bürgerlicher Ideologie, in der Form der Hegelschen Philosophie getroffen werden.

Die Marxsche Hegel-Rezeption von 1843/44 erkennt die revolutionäre Bedeutung der Hegelschen Methode bereits voll an. Kritische Vernichtung ihrer Form, Rettung des durch sie gewonnenen neuen Inhalts: so hat Engels Absicht und Methode der Marxschen Hegel-Kritik resümiert [300]. »Das Große an der Hegelschen *Phänomenologie«,* sagt Marx in den *Ökonomisch-philosophischen Manuskripten,* »ist (...), daß Hegel die Selbsterzeugung des Menschen als einen Prozeß faßt (...); daß er also das Wesen der *Arbeit* faßt und den gegenständlichen Menschen, wahren, weil wirklichen Menschen, als Resultat seiner *eigenen Arbeit* begreift« – die »Dialektik der Negativität« als das »bewegende und erzeugende Prinzip« [301]. Auf der anderen Seite der Bilanz aber steht die Tatsache, daß Hegel, wie aller Idealismus, »die wirkliche, sinnliche Tätigkeit als solche nicht kennt« [302]. »Die Arbeit, welche Hegel allein kennt und anerkennt, ist die *abstrakt geistige«* [303]: der Denkprozeß als Demiurg des Wirklichen, oder, wie die *Kritik des Hegelschen*

Staatsrechts erläutert, »nicht die Logik der Sache, sondern die Sache der Logik ist das philosophische Moment« [304]. »Hegel hatte«, so erklärt Engels rückblickend, »die Geschichtsauffassung von der Metaphysik befreit, er hatte sie dialektisch gemacht – aber seine Auffassung der Geschichte war wesentlich idealistisch« [305], und der Idealismus läßt »die materielle Geschichte von der ideellen produziert werden« [306], er entwickelt »das Bestimmte« »aus der ›allgemeinen Idee‹« [307]. In diesem Punkt liegt die »spekulative Erbsünde« [308] der Hegelschen Philosophie.

Es wäre illusorisch zu glauben, daß sich die *Ästhetik* Hegels dem allgemeinen Schicksal seiner Philosophie, ihrer Ambivalenz von konservativer Ontologie und revolutionärer Methode zu entziehen vermag. Auch die *Ästhetik* oszilliert ständig zwischen einem latenten Materialismus und einem ostensiblen Idealismus. Für ihre generelle logisch-ontologische Disposition gilt die Apriorität des absoluten Begriffs, die »Präexistenz der logischen Kategorien« (Feuerbach) im gleichen Maße wie für *Rechts-* und *Geschichtsphilosophie.* Auch für die *Ästhetik* behält der Satz der *Rechtsphilosophie* seine Gültigkeit, »daß das Ganze wie die Ausbildung seiner Glieder auf dem logischen Geiste beruht«, der in der »*Wissenschaft der Logik* ausführlich entwickelt(en)« »Natur des spekulativen Wissens« [309]. Indem Hegel, dem formellen logischen Schematismus nach, von der Apriorität der Idee des Kunstschönen ausgeht, das er selbsttätig sich in seine konkreten Bestimmungen entäußern läßt (die Kategorialität der Handlung), hat er zum ontologischen Prius gemacht, was allenfalls Resultat der theoretischen Reflexion der in der Geschichte der Künste überlieferten Werke sein könnte: ihren philosophischen Begriff. Auch auf dem Gebiet der Kunstphilosophie werden »die letzten Ursachen der geschichtlichen Ereignisse (...) nicht in der Geschichte selbst auf(gesucht)«, sondern »vielmehr von außen, aus der philosophischen Ideologie, in die Geschichte hinein (importiert)« [310]. So heißt es ausdrücklich – und das Zitat mag für eine fast beliebige Zahl anderer stehen –:

> Wie die Idee ist nun aber die Idee des Schönen gleichfalls eine Totalität von wesentlichen Unterschieden, welche als solche hervortreten und sich verwirklichen müssen. Wir können dies im ganzen die *besonderen Formen der Kunst* nennen, als die Entwicklung dessen, was im Begriffe des Ideals liegt und durch die Kunst zur Existenz gelangt. (...) Näher nun finden die Kunstformen als verwirklichende Entfaltung des Schönen in *der* Weise ihren Ursprung in der Idee selbst, daß diese sich durch sie zur Darstellung und Realität heraustreibt und, je nachdem sie nur ihrer abstrakten Bestimmtheit oder ihrer konkreten Totalität nach für sich selber ist, sich auch in einer anderen realen Gestalt zur Erscheinung bringt. Denn die Idee ist überhaupt nur wahrhaft Idee als sich durch ihre eigene Tätigkeit für sich selber entwickelnd [311].

Die Kunstformen sind die Darstellungsformen der sich in eigener Tätigkeit für sich selber entwickelnden *Idee der Kunst,* die Formen ihrer Entäußerung. Die Geschichte der ästhetischen Formen, sub specie der idealistischen Konstruktion, ist die esoterische Geschichte der Selbstverwirklichung des ästhetischen Ideals. Die Werke erscheinen so als historisch-gesellschaftliche Verwirklichung ihres logischen Begriffs. Hegel unterscheidet kategorial zwischen dem ›Ideal als solchem‹ – seinem logischen Begriff – und der Veräußerlichung des Ideals in den Werken der Kunst, dem Heraustreten des Begriffs der Kunst in die Welt, seinem geschichtlichen Werden. Der *Geist* ist das absolute Subjekt nicht nur der politischen, sondern ebenso auch der ästhetischen Geschichte, alle Geschichte ein Vermittlungsprozeß, den der Geist mit sich selber vornimmt, die Dialektik, in *dieser* Hinsicht, die bloße »Selbstentwicklung des Begriffs« [312]. »Der absolute Begriff ist«, mit Engels, »die eigentliche lebendige Seele der ganzen bestehenden Welt. Er (...) ›entäußert‹ (...) sich, indem er sich in die Natur verwandelt, wo er (...) verkleidet als Naturnotwendigkeit eine neue Entwicklung durchmacht und zuletzt im Menschen wieder zum Selbstbewußtsein kommt; dies Selbstbewußtsein arbeitet sich nun in der Geschichte wieder aus dem Rohen heraus, bis endlich der absolute Begriff wieder vollständig zu sich selbst kommt in der Hegelschen Philosophie.« [313]

Der esoterische Prozeß des Zusichselbstkommens des Begriffs konstituiert den logischen Schematismus des absoluten Geistes, jenes Gebiets, auf dem »die idealistisch mystifizierenden Tendenzen ihre eigentliche Heimat haben« [314]. Absoluter Geist, das ist, in der Sprache Hegels, die Identität von Realität und Geist »als das Wissen der absoluten Idee« [315], – »*absolutes* Wissen, eben weil das Selbstbewußtsein nur *sich selbst* weiß und von keiner gegenständlichen Welt mehr geniert wird«, wie die *Heilige Familie* spöttisch kommentiert [316]. Im System des absoluten Geistes – *Kunst: geoffenbarte Religion: Philosophie* – nimmt die Kunst den untersten Platz ein. Sie geht »in das Offenbaren über« und »hat ihre Zukunft in der wahrhaften Religion« [317], die ihrerseits ihre Wahrheit in der Philosophie findet, der »Einheit der Kunst und Religion«, ihrem »denkend erkannten Begriff« [318]. Eine solche Vermittlung ist nun in der Tat – ihrer partiellen Wahrheit ungeachtet [319] – ein spekulatives Mysterium. Sie ist und bleibt ein »logischer, pantheistischer Mystizismus« [320].

Hegels Ambivalenz: der esoterische und der exoterische Teil seiner Philosophie, das Schwanken zwischen idealistischem Systemzwang und inhaltlich materialistischer Analytik, äußert sich in der *Ästhetik* in zahlreichen Widersprüchen, Unstimmigkeiten und begrifflichen Äquivokationen, nicht allein in bezug auf Detailfragen, auch im ganzen der systematischen Konstruktion. Das eklatanteste Beispiel für das, was man ihre *systematischen Aporien* nennen kann, ist der Widerspruch zwischen dem in der Theorie der Handlung behaupteten – und von der Kategorie der Handlung her begründeten – Vorrang der Dichtung vis-à-vis den anderen Künsten und dem anderen Orts entwickelten Gedanken, daß allein in der klassischen Kunstform der altgriechischen Skulptur die Idee des Kunstschönen sich in paradigmatischer Weise erfülle. So heißt es einerseits, daß »die Darstellung (...) der Handlung« »vorzüglich der Poesie« angehört, den »übrigen Künsten« dagegen »nur vergönnt« sei, »ein Moment im Verlaufe der Handlung (...) festzuhalten« [321], andererseits jedoch wird die Skulptur als »Mittelpunkt der *klassischen* Kunstform« [322] zum Ausdruck dessen hypostasiert, »was die wahrhafte Kunst ihrem Begriff nach ist« [323]. Im Versuch der Auflösung dieses Widerspruchs zwischen einem stockidealistischen platonisierenden Schönheitsbegriff und der in der Tendenz materialistischen – und der Herkunft nach aristotelischen – Theorie der Kunst als gesellschaftlicher Handlung kommt Hegel dann zu krampfhaften Äußerungen wie der folgenden:

> Nun liegt aber die Schönheit des Ideals gerade in seiner ungetrübten Einigkeit, Ruhe und Vollendung in sich selbst. Die Kollision stört diese Harmonie und setzt das in sich einige Ideal in Dissonanz und Gegensatz. Durch die Darstellung solcher Verletzung wird daher das Ideal selber verletzt, und die Aufgabe der Kunst kann hier nur darin liegen, daß sie einerseits in dieser Differenz dennoch die freie Schönheit nicht untergehen läßt und andererseits die Entzweiung und deren Kampf nur vorüberführt, damit sich aus ihr durch Lösung der Konflikte die Harmonie als Resultat ergebe und in dieser Weise erst in ihrer vollständigen Wesentlichkeit hervorsteche. [324]

Das dieser Argumentation zugrunde liegende Schema – ursprüngliche Harmonie des Ideals: Kollision als »Dissonanz und Gegensatz«: Kampf als Auflösung des Gegensatzes: Harmonie des Ideals als Resultat – läßt deutlich erkennen, wie ein realdialektischer Inhalt idealistisch umgebogen und verbogen wird. Kollision und Handlung, denen in den konkreten Analysen die weitaus größte Aufmerksamkeit geschenkt wird, erscheinen jetzt nur noch als Material und Vorwand des autonomen Ideals, sich als der wahre Souverän aller Empirie, als ihr »Bauherr und Werkmeister« [324 a] beweisen zu können. Eine kuriose Argumentation, doch vom Standpunkt der spekulativen Logik her durchaus konsequent.

Die unaufgelöste Spannung zwischen logischem Mystizismus und realdialektischer Analytik führt immer wieder zur Entstellung von historischen Sachverhalten, zur Verzerrung von im Prinzip durchaus richtigen Einsichten, zu willkürlichen Analogien und demzufolge auch zum äquivoken Gebrauch sozialphilosophischer Begriffe. Ein lehrreiches Beispiel dafür ist die Kategorialität des heroischen Weltzustands und der diesem zugeordnete Begriff der ›idealen‹, sprich: freien und selbständigen Individualität. Die Kategorien sind ganz offensichtlich an der späten griechischen Gentilgesellschaft orientiert, einer primitiv-feudalistischen Organisation (»eine Art von feudalem Königtum, das auf der persönlichen Treue der Vasallen zu ihrem Lehensherrn beruht«) [325]. Von dieser gesellschaftlichen Formation aus wird dann – in charakteristischer Analogiebildung – die Kategorialität der heroischen

Welt auf den mittelalterlichen Feudalismus übertragen, so daß Hegel wiederholt von einem »mittelalterlichen Heroentum« sprechen kann. Der Begriff wird damit zur Metapher, er verliert seine sozialgeschichtliche Konkretion. Die kategoriale Äquivokation hat noch eine weitere Dimension. Von den formellen Bestimmungen der Handlungstheorie her nämlich erscheint der Begriff des frei handelnden Subjekts, der in der Theorie des Weltzustands auf die feudale Verfassung des Heroenzeitalters bezogen ist, in einem ganz anderen sozialgeschichtlichen Bezugsrahmen. Und zwar scheint er keineswegs an einem feudalistischen Modell, sondern vielmehr an dem des neuzeitlichen – oder zumindest frühbürgerlichen – Unternehmer-Subjekts orientiert zu sein, des frei konkurrierenden Bürgers [326]. Und dies darum, weil, wie wir zeigen konnten, die frei handelnde Individualität ja ausdrücklich als Agent der Produktion der sittlichen Welt dargestellt wird, und das heißt primär: der modernen bürgerlichen Gesellschaft. Die gesamte Kategorialität des freien Individuums steht offensichtlich in einem divergierenden sozio-ökonomischen Bezugsfeld und besitzt damit auch eine sachlich widersprüchliche – oder zumindest sachlich problematische – sozialphilosophische Genese. Es bleibt letzten Endes ungeklärt, welche konkrete Subjektivität gemeint ist, wenn Hegel vom Subjekt des Handelns und Produzenten der sittlichen Welt spricht. Das Problem des realen gesellschaftlichen Subjekts und der realen gesellschaftlichen Handlung als dem Substrat ästhetischer Handlung wird in der Hegelschen *Ästhetik* zwar als Grundproblem jeder Kunsttheorie in aller wünschenswerten Klarheit herausgearbeitet, muß aber im Rahmen des idealistischen Systems ungelöst bleiben, da das empirische Subjekt ständig in ein mystisches Subjekt zurückverwandelt und seine sinnliche Tätigkeit umgedeutet wird in eine abstrakt geistige. Denn auf *logischem* Boden ist die Divergenz von frühbürgerlicher und frühgriechisch-feudalistischer Subjektivität im Subjektbegriff der Handlung für Hegel sicherlich kein Widerspruch gewesen, sofern in beiden Fällen die Handlungsbewegung einen formell analogen Prozeß beschreibt: die Entwicklung der athenischen Polis und die Herausbildung der modernen bürgerlichen Gesellschaft, die sich politisch in der französischen Revolution vollendet.

Ein weiteres eindrucksvolles Beispiel auch für die inhaltliche Ambivalenz der Hegelschen *Ästhetik*, ja für ihren in manchen Teilen eindeutig kulturkonservativen Charakter bietet eine Stelle aus dem Kapitel über die »äußerliche Bestimmtheit des Ideals«, die einerseits durch den Realismus ihrer Einsicht in den Funktionszusammenhang von Kunst und Herrschaft, Reichtum und ästhetischer Repräsentanz besticht, andererseits aber durch ihre borniert apologetische Tendenz verstimmt. Es beginnt relativ harmlos:

> An der Statue der Pallas zu Athen und des Zeus zu Olympia war Gold und Elfenbein nicht gespart; die Tempel der Götter, die Kirchen, die Bilder der Heiligen, die Paläste der Könige geben fast bei allen Völkern ein Beispiel des Glanzes und der

Pracht, und die Nationen erfreuten sich von jeher, in ihren Gottheiten ihren eigenen Reichtum vor Augen zu haben, wie sie sich bei der Pracht der Fürsten erfreuten, daß dergleichen vorhanden und aus ihrer Mitte hergenommen sei. [327]

Hegel läßt erkennen, daß er sich über die Kehrseite der Medaille durchaus im klaren ist, über den Preis nämlich, der für die Kulturgüter der schönen Kunst immer zu zahlen war – das Wort ist Benjamins – durch die namenlose Fron der Unterdrückten. Ein solcher Gesichtspunkt ist für Hegel jedoch nicht mehr als der Standpunkt eines moralisierenden Banausentums. »Man kann sich«, fährt er fort,

einen solchen Genuß freilich durch sogenannte moralische Gedanken stören, wenn man die Reflexion macht, wie viele arme Athenienser hätten von dem Mantel der Pallas gesättigt, wie viele Sklaven losgekauft werden können [328].

Was sich hinter der Maske falscher Ironie verbirgt, ist das Gesicht des großbürgerlichen Philisters, der die Zwänge materieller Not nie kannte und daher ihre Rechte nicht anerkennen kann, die arrogante Indifferenz eines ästhetisierenden Historismus gegenüber den realen Bedürfnissen der beherrschten Massen. Seine Inhumanität stellt sich selbst bloß, wenn das Argument mit der folgenden Reflexion schließt:

Weiter noch lassen sich dergleichen kümmerliche Betrachtungen nicht nur über einzelne Kunstwerke, sondern über die ganze Kunst selbst anstellen (...). Aber wieviel moralische und rührende Bewegungen man darüber auch erregen mag, so ist dies allein dadurch möglich, daß man die Not und Bedürftigkeit wieder ins Gedächtnis zurückruft, deren Beseitigung gerade von der Kunst gefordert wird, so daß es jedem Volke nur zum Ruhme und zur höchsten Ehre gereichen kann, für eine Sphäre seine Schätze hinzugeben, welche innerhalb der Wirklichkeit selbst über alle Not der Wirklichkeit verschwenderisch hinaushebt. [329]

Hier verfällt Hegel dem barbarischen Ästhetizismus, den er so häufig erfolgreich bekämpft. Keiner hat dagegen besser argumentiert als der Benjamin der *Geschichtsphilosophischen Thesen:*

Wer immer bis zu diesem Tag den Sieg davontrug, der marschiert mit in dem Triumphzug, der die heute Herrschenden über die dahinführt, die heute am Boden liegen. Die Beute wird, wie das immer so üblich war, im Triumphzug mitgeführt. Man bezeichnet sie als die Kulturgüter. Sie werden im historischen Materialisten mit einem distanzierten Betrachter zu rechnen haben. Denn was er an Kulturgütern überblickt, das ist ihm samt und sonders von einer Abkunft, die er nicht ohne Grauen bedenken kann. Es dankt sein Dasein nicht nur der Mühe der großen Genien, die es geschaffen haben, sondern auch der namenlosen Fron ihrer Zeitgenossen. Es ist niemals ein Dokument der Kultur, ohne zugleich ein solches der Barbarei zu sein. Und wie es selbst nicht frei ist von Barbarei, so ist es auch der Prozeß der Überlieferung nicht, in der es von dem einen an den andern gefallen ist. [330]

Es geht Benjamin in dieser Schrift um die Frage, »in wen sich denn der Geschichtsschreiber des Historismus eigentlich einfühlt«. Und die Antwort lautet: »unweigerlich, in den Sieger« [331]. Hegel selbst, als Philosoph des

Historismus, hat sich nur allzu oft in die Sieger eingefühlt. Es gereicht ihm zur Ehre, daß er es nicht immer tat. Dennoch ist er von der Barbarei der Sieger nicht frei, so wenig er frei ist von der Barbarei der Überlieferung, in der er steht. Sein Verhältnis zum historischen Materialismus wird daher immer ein gebrochenes sein.

Auch die *Ästhetik* hat im historischen Materialisten stets mit einem distanzierten Betrachter zu rechnen. Ihr Kategoriensystem, sogar dort, wo es materialistische Einsichten antizipiert, steckt voll von metaphysischen Restbeständen. Der Wirklichkeitsbegriff selbst, der, wie wir sahen, eine für das Ästhetische konstitutive, in der Theorie der Handlung die entscheidende Rolle spielt, erhält aller analytischen Konkretion zum Trotz den Charakter eines platonischen Phantoms, sieht man ihn von der spekulativen Logik her als die Realität des sich selbst realisierenden Begriffs. Die Dialektik von Subjekt und Objekt, der immer wieder als konkrete Substanz menschlicher Wirklichkeit, als Boden und Inhalt der Kunst erscheinende Praxisbegriff nimmt phantastische Züge an, erinnert man sich, daß es dabei um die Handlungen eines »mystischen Subjekt-Objekt« [332] gehen soll, das angeblich über die Köpfe der real Handelnden hinweg bzw. durch ihre Handlungen hindurch handelt.

Andererseits aber gibt Hegel auch »innerhalb der *spekulativen* Darstellung«, so Marx in der *Heiligen Familie,* »sehr oft (...) eine *wirkliche,* die *Sache* selbst ergreifende Darstellung« [333]. Wir sind diesem Problem ständig in der *Ästhetik* begegnet, in der Diskussion der Form-Inhalt-Dialektik, bei der Analytik des Ideenbegriffs, ja beim Begriff des absoluten Geistes. Selbst die spezifisch idealistischen Aspekte des Hegelschen Systems enthalten latent materialistische Tendenzen. Diese innerhalb der systematischen Konstruktion aufzusuchen, gehört zu den Hauptaufgaben jeder historisch-materialistischen Hegel-Rezeption, und zwar in einem bedeutend stärkeren Maße als die eigentliche Kritik der idealistisch-spekulativen Seite der Hegelschen Philosophie. Denn die *Kritik* Hegels ist, grundsätzlich gesprochen, in der frühen Hegel-Aneignung durch Marx und Engels sowie in Engels' Schrift über Feuerbach vorgelegt und abgeschlossen. Für den historischen Materialisten ist sie ein gelöstes Problem. Ungelöst dagegen ist die Aufarbeitung dessen, was Engels den »enzyklopädischen Reichtum« der Hegelschen Philosophie genannt hat [334], die kritische Rezeption der in allen Teilgebieten des Hegelschen Systems vorliegenden Inhalte – der »ungezählten Schätze«, von denen Engels in seinem Feuerbach-Buch spricht, »Schätze, die auch heute noch ihren vollen Wert behaupten« [335]. Es gilt, sie zu bergen und einzubringen.

Eine solche Aneignung Hegels ist für kein Werk dringlicher als für die *Ästhetik.* Mag die historisch-materialistische Aufarbeitung der *Phänomenologie,* der *Rechts-* und *Geschichtsphilosophie* weitgehend geleistet sein, für die Hegelsche Kunstphilosophie steht sie noch aus. Es wäre kaum übertrieben zu sagen, daß es in dieser Hinsicht nicht mehr gibt als Lukács und Ansätze. Die von Lukács eröffnete Diskussion fortzusetzen, war das Anliegen dieses Versuchs; eine Antwort zu geben auf die Frage, ob und in welcher Hinsicht die Hegelsche *Ästhetik* als philosophisches Modell einer historisch-materialistischen Kunsttheorie gelesen werden kann.

Die Ausbeute, so scheint uns, war nicht gering. Es konnte demonstriert werden, daß die Hegelsche Analytik des Kunstschönen, wenn auch auf idealistischem Grund und Boden, die philosophische Grundlegung einer soziologischen Ästhetik vorlegt, die zumindest tendenziell alle wesentlichen Aspekte im Verhältnis von Kunst und Gesellschaft umfaßt. Mag die sozialgeschichtliche Präzision in vielen Fällen fehlen oder im Strudel der spekulativen Deduktion untergehen, mag uns sein Kategoriensystem in mancher Hinsicht antiquiert erscheinen, an Hegels grundsätzlicher Bedeutung für die materialistische Kunsttheorie dürfte nicht zu zweifeln sein.

Gesellschaft, wie sie in vielfacher Vermittlung in Hegels Analysen des Ästhetischen erscheint, wirkt in einer solch intensiven und dynamischen Weise in die künstlerischen Formationen hinein, daß diese als ein bestimmter Modus der Organisation gesellschaftlichen Materials aufgefaßt werden müssen, ja daß von gesellschafts- oder geschichtstranszendenten Aspekten der Kunst zu sprechen schlechthin nicht mehr möglich ist. Das würde aber auch bedeuten, daß Kunst- und Literaturwissenschaft als Form sui generis der Gesellschaftswissenschaften theoretisch zu bestimmen und praktisch zu betreiben sind. In dieser Richtung müßte sich das Programm ihrer Reform heute bewegen [336].

Die Erkenntnis des prinzipiell gesellschaftlichen Charakters der Künste orientiert sich am Gedanken der Priorität der Ökonomie für alle gesellschaftlichen Prozesse, auch für die ästhetischen. Damit soll nicht gesagt sein, daß die Kunst auf sozio-ökonomische und politische Kategorien unmittelbar reduzierbar wäre, sondern lediglich – und das ist viel mehr –, daß solche Kategorien innerhalb der ästhetischen Konstruktion formativ tätig sind [337]. Das Ästhetische ohne Bezugnahme auf die politische Ökonomie zu fassen, es in einer Sphäre jenseits des gesellschaftlichen Produktionsprozesses ansiedeln zu wollen, verbietet der durch und durch gesellschaftlich vermittelte Charakter des ästhetischen Produkts. Seine unvermittelte Reduktion auf Ökonomie andererseits würde die wesentliche Differenz von Basis und Überbau annullieren [338].

Bei Aufrechterhaltung der Vorstellung eines dialektischen, korrelativen Verhältnisses von Basis und Überbau erscheint Kunst als eine besondere Gestalt des Überbaus, als *ästhetischer Überbau:* Reflexionskontinuum eines gesamtgesellschaftlichen »totalen Inhalts« (Hegels Begriff) innerhalb eines bestimmten historischen Zeitraums, eines Inhalts also, der neben der sozioökonomischen Basis auch die gegebenen Überbauformen umfaßt. Nur eine solche Auffassung kann etwa der formativen Macht gerecht werden, die künstlerische Traditionen – also spezifische Überbaumomente – für die ästhetischen Formen in vielen Fällen besitzen [339]. In diesem Sinne ließe sich von einer *relativen* Independenz des kulturellen Überbaus, vorab des ästhetischen, sprechen, zumindest von relativ eigengesetzlichen Tendenzen innerhalb jedes kulturellen Überbaus, von seinem an sich selbst *prozessualen* Charakter [340].

Priorität der Ökonomie auch für die Fragen des ästhetischen Überbaus darf also nur (wie Engels einmal sagt) Priorität der Ökonomie *in letzter Instanz* bedeuten, nicht, daß nicht auch der Überbau ein häufig erstaunliches Eigenleben entfalten könnte [341]. Mit dieser Bestimmung einer relativen Independenz des Überbaus ist zunächst sein grundsätzlich konservativer Charakter gemeint, die häufig konstatierte Tatsache, daß der Überbau sich gewöhnlich langsamer entwickelt als die Basis, ja dieser oft nachhinkt. In erster Linie denken wir hier allerdings an die genau entgegengesetzte Dimension: an die Möglichkeit einer progressiven kritischen und antizipatorischen Funktion des Überbaus, die Fähigkeit, die zumindest bestimmte Überbaumomente besitzen können, ihre Basis ideell zu transzendieren in Richtung auf eine neue Form gesellschaftlicher Organisation [342]. Mehr als jede andere Gestalt des Überbaus ist die Kunst, kraft ihrer antizipatorischen Phantasie [343], im Besitze einer solchen ›transzendentalen‹ Energie.

Um das höchst komplizierte, keineswegs mechanistisch-kausale und daher nicht immer kongruente Verhältnis von Basis und Überbau als einen trotz aller Ungleichzeitigkeit einheitlichen Prozeß festzuhalten, wäre es ratsam, den Begriff der Kultur nicht mehr exklusiv für die Sphäre des ›idealen Überbaus‹ [344] zu reservieren, sondern als Kategorie der prozessualen, raumzeitlichen Einheit von Basis und Überbau innerhalb einer bestimmten historischen Epoche zu fassen, für deren quantitative Ausdehnung in Raum und Zeit die ökonomischen Verhältnisse die Kriterien abgeben. Kultur, in diesem Sinne verstanden, umfaßt die gesamtgesellschaftliche Totalität eines gegebenen Zeitraums als Einheit historischer Bewegungen: *Kultur als Prozeß im Schema von Basis und Überbau.* Die ästhetischen Überbauformen wären dann als Kristallisationspunkte solcher kultureller Prozesse zu bestimmen, in denen sich die Spannung zwischen Basis und Überbau verdeutlicht und an denen die gesamtgesellschaftliche Konstellation einer Epoche abzulesen ist. Kunst ist sinnlich-materielle Vergegenständlichung geistiger Praxis als Reaktion (›Response‹) auf Konflikte der materiellen Praxis. Sie nimmt dabei immer eine bestimmte Stellung zu den Problemen des gesamtgesellschaftlichen Lebensprozesses, damit auch zu den Produktionsverhältnissen einer gegebenen Epoche ein (*Parteilichkeit* als ästhetische Kategorie) [345]. So steht die Kunst in einem ständigen interdependenten Beziehungsverhältnis zu außerästhetischen Prozessen und besitzt jeweils eine bestimmbare – regressive oder progressive – Funktion innerhalb solcher Prozesse [346]. In diesem Sinne reflektiert ästhetische Praxis die Praxis des materiellen Lebensprozesses. Sie

ist eine Antwort auf reale Konflikte, die die Lösung dieser Konflikte antizipieren und intellektuell vorbereiten, doch nicht ersetzen kann [347].
Von einer solchen Konzeption her gesehen hätte jede historisch-materialistische Kulturgeschichte das Beziehungsverhältnis zu dechiffrieren zwischen den kulturellen Überbauformen und ihrer materiellen (sozio-ökonomischen) Basis, sowie die Funktion zu bestimmen, welche die kulturellen Überbauformen innerhalb der gesamtgesellschaftlichen Totalität ihrer Epoche einnehmen, nicht in neutraler omniszienter Überschau, sondern vom Standpunkt des Schreibenden, der es unternimmt, »die Geschichte gegen den Strich zu bürsten« [348]. Damit wird auch die Überlieferung der kulturellen Formen nach dem Gesichtspunkt des cui bono? als integraler Bestandteil einer solchen Geschichtsschreibung thematisiert. Nur der »Durchdringung von historischer und kritischer Betrachtung« [349] kann die Kunst zum »Organon der Geschichte« [350], ja möglicherweise zum Organon der gesellschaftlichen Veränderung werden. Sie orientiert sich an dem »Bild der geknechteten Vorfahren« ebenso wie am »Ideal der befreiten Enkel« [351]. Zwischen diesen beiden Polen ist das Interesse des historischen Materialisten an den Gegenständen der Kunst gespannt.

Die Hauptaufgabe materialistischer Kunstwissenschaft wäre es also, nach Maßgabe der genannten Kriterien dem Produktionsprozeß der künstlerischen Formen nachzufragen und ihre Funktion zu erkennen innerhalb der gesamtgesellschaftlich-kulturellen Einheit, in der sie angesiedelt sind; die *Vermittlung* durchzuführen zwischen den Resultaten der ästhetischen Organisation gesellschaftlicher Materialien und diesen selbst als dem gesellschaftlichen Substrat der künstlerischen Formen. Mit Hegels Theorie der ästhetischen Handlung – in der dialektischen Bewegung des Weltzustands zur Situation und Handlung – ist zumindest das methodologische Rätsel einer solchen Vermittlung gelöst.

In allen diesen Punkten wird die historisch-materialistische Kunsttheorie auf die Hegelsche *Ästhetik* zurückkommen müssen. Die *Ästhetik* ist, wie wir zeigen konnten, eine kunstsoziologische Grundlegung auf idealistischem Boden, doch skizziert sie bereits den Umriß eines Gebäudes, das erst der historische Materialismus – und er allein – errichten und in Besitz zu nehmen vermag. Dieser aber muß seiner Herkunft aus der Hegelschen Philosophie bewußt bleiben, wenn er sich philosophisch nicht aufgeben will. Daher darf die *Ästhetik* dem historischen Materialisten nicht als tote Materialsammlung gelten, aus der die jeweils passenden Stücke beliebig auszuwählen wären. Noch kann sie, in ihrer vorliegenden Gestalt, bereits als Kursbuch marxistischer Kunsttheorie gelesen werden. Wohl aber vermag sie als Organon für die Herstellung eines solchen Kursbuches zu dienen.

Das generell positive Resultat unserer Lektüre der *Ästhetik* darf nicht darüber hinwegtäuschen, daß jede historisch-materialistische Kunsttheorie, die auf ihrer Grundlage weiterzuarbeiten bereit ist, zunächst vor der schwierigen Aufgabe steht, ihre Ergebnisse materialistisch zu präzisieren. Das bedeutet etwa die Transposition der Kategorialität des objektiven Geistes – der materiellen Grundlage des ästhetischen Überbaus – in die konkreten Bestimmungen des gesellschaftlichen Produktivprozesses, in die Kategorien der politischen Ökonomie (unter genauer Bezugnahme auf das Marxsche *Kapital*); die Übersetzung der Bestimmungen des absoluten Geistes in die Terminologie ideologischer Überbauformen im Sinne objektivierter Bewußtseinsstrukturen, so daß ›objektiver‹ und ›absoluter‹ Geist als qualitativ unterschiedene, aber dialektisch bezogene Momente oder Dimensionen eines einheitlichen gesamtgesellschaftlichen Prozesses, einer kulturellen Totalität faßbar werden. Das bedeutet weiterhin die Behandlung der Frage, inwiefern und in welcher Weise sich die von Hegel bereits skizzierte Transformation gesellschaftlicher Konflikte in Konflikte der ästhetischen Handlung, in technische Probleme also der ästhetischen Produktionssphäre, auf der Grundlage der Kritik der politischen Ökonomie präzisieren ließe als Transformation von Widersprüchen zwischen Produktionsverhältnissen und Produktivkräften. Ausgehend von der Hegelschen Bestimmung der Form-Inhalt-Dialektik wäre der Frage Brechts und Benjamins nachzugehen, wie die Kunst »*in* den Produktionsverhältnissen« ihrer Epoche steht [352], eine Frage, die »unmittelbar auf die Funktion (zielt), die das Werk innerhalb der schriftstellerischen Produktionsverhältnisse einer Zeit hat« [353]. Es ist die Frage nach der »schriftstellerischen *Technik* der Werke«, nach dem technischen Stand der künstlerischen Produktionsmittel in ihrem Verhältnis zur Entwicklungsstufe der ökonomisch-industrieellen, die Frage inwieweit *ästhetische Technologie* als Niederschlag der technologischen Entwicklung der Produktivkräfte aufgefaßt werden kann. Es ist dies eine der Grundfragen gegenwärtiger marxistischer Kunsttheorie [354].

Die Hegelsche *Ästhetik* hat alle diese Probleme dem Ansatz nach vorbereitet. Die Antworten, die sie gegeben hat, dürfen daher nicht ignoriert werden. Und die geforderte Präzisierung ihrer Kategorien ist weitgehend, wenn auch nicht ausschließlich, eine *terminologische* Frage. Der Unterschied zwischen Hegel und dem historischen Materialismus ruht häufig nicht so sehr im Inhalt als »in der Betrachtungsweise oder *Sprechweise*« [355]. Die auf Hegel aufbauende historisch-materialistische Kunsttheorie wird nicht mehr hegelianisch sprechen dürfen. Die materialistische Grundüberzeugung, daß das Subjekt der Geschichte die Ökonomie ist und nicht die Idee, verändert das gesamte ästhetische Kategoriensystem. Auch auf dem Gebiet der Ästhetik wird die Ökonomie die schwere Rolle des Weltgeists übernehmen müssen. Die ästhetischen Formen erscheinen dann im oben skizzierten Sinn als dynamische, funktionale Momente des Überbaus, die wie alle Überbaumomente mit der ihnen zugrunde liegenden Basis zu vermitteln sind.

Es kommt keineswegs überraschend, daß Hegel selbst einmal der Methode der konkret vermittelnden, sachbezogenen Analyse den Rang eines Grundprinzips wissenschaftlich-geschichtlicher Betrachtung zugesprochen hat.

(...) zur geschichtlichen Betrachtung gehört die Nüchternheit, das Geschehene für sich in seiner wirklichen Gestalt, seinen empirischen Vermittlungen, Gründen, Zwecken und Ursachen aufzunehmen und zu verstehen. Dieser prosaischen Besonnenheit widerstrebt [der] Drang, alles und jedes auf das schlechthin Absolute und Göttliche zurückzuführen [356].

Dies sind Sätze, die ein Marx oder Engels hätte schreiben können. Sie stehen in einem Kapitel über »phantastische Symbolik«. Daß man die spekulativen Aspekte der Hegelschen Philosophie einmal zur phantastischen Symbolik der bürgerlichen Vernunft würde rechnen werden, wäre Hegel nie in den Sinn gekommen. So erfüllt sich das Schicksal Hegels, der Philosoph der Revolution und der Apologet der Reaktion gewesen zu sein, auch auf dem Gebiet der Kunstphilosophie. Im Bewußtsein der sozialistischen Gesellschaft allein kann die Hegelsche Philosophie überdauern. »Die deutsche Arbeiterbewegung ist die Erbin der klassischen deutschen Philosophie«. [357] Nach wie vor behält dies Wort von Engels seine Gültigkeit.

Bemerkung zur zweiten Auflage:

Wollte man die Arbeit auf den gegenwärtigen Stand der Diskussion materialistischer Kunsttheorie bringen, wären, besonders im letzten Teil, einige einschneidende Präzisierungen notwendig gewesen (so etwa zum Problem der Relevanz des *Arbeitsbegriffs* für die Kunsttheorie die Auseinandersetzungen mit Bernd Jürgen Warneken, »Abriß einer Analyse literarischer Produktion«, *Das Argument,* 72 [April 1972], pp. 207–232). Zu den dafür nötigen Veränderungen des Texts hatte ich nicht die Möglichkeit. Ich habe mich daher, mit der Ausnahme einer Fußnote, auf kleinere stilistische Korrekturen beschränkt.

Der Hauptmangel der Arbeit ließe sich ohnehin nicht durch einige partielle Veränderungen beseitigen: daß sie geschrieben wurde ohne Kenntnis der Leninschen Hegel-Kommentare. Inwieweit die Rezeption der *Philosophischen Hefte* meine Konzeption einer materialistischen Aneignung der Hegelschen Kunstphilosophie grundlegend verändern würde, soll einer späteren Untersuchung vorbehalten bleiben.

Bremen, August 1972 Thomas Metscher

1 G. Lukács, *Hegels Ästhetik, Beiträge zur Geschichte der Ästhetik* (Berlin, 1954), p. 97.
2 K. Rosenkranz, *G. W. F. Hegels Leben* (Darmstadt, 1969), p. 348.
3 M. Rossi, *Realismus in Hegelscher Problematik, Hegel-Jahrbuch* (1964), p. 74.
4 G. Lukács, *Die Eigenart des Ästhetischen*, 1. Halbband (Neuwied und Berlin, 1963), p. 14.
5 Rossi, *op. cit.*, pp. 75 f.
6 M. Bense, *Die Aktualität der Hegelschen Ästhetik, Aesthetica* (Baden-Baden, 1965), p. 198. R. Wellek bemerkt ebenfalls: »Hegel hat vor allem einen sehr ausgeprägten Sinn für die tiefe Bezogenheit der Kunst zu ihrer eigenen Zeit, für Kunst als wesentlichen Bestandteil einer bestimmten Zeit und Gesellschaft.« (*Geschichte der Literaturkritik 1750–1830* [Neuwied und Berlin, 1959], p. 566) Die »alles bestimmende Bedeutung des Gesellschaftssystems« für Hegels Philosophie, die neben Lukács und H. Marcuse auch J. Ritter überzeugend dargestellt hat (*Hegel und die französische Revolution*, Köln, 1957), gilt nicht minder für die *Ästhetik* als für die *Rechts-* und *Geschichtsphilosophie*.
7 Th. W. Adorno, *Ohne Leitbild. Parva Aesthetica* (Frankfurt a. M., 1969³), p. 94.
8 *Op. cit.*, p. 102.
9 G. W. F. Hegel, *Vorlesungen über die Ästhetik*, I, *Theorie-Werkausgabe*, Bd. 13 (Frankfurt a. M., 1970), pp. 317 f. Die dreibändige Ausgabe wird im folgenden zitiert unter dem Symbol Ä I/II/III + Seitenangabe.
10 Dazu H. A. Needham, *Le Développement de l'Esthétique sociologique en France et en Angleterre au XIXe Siècle* (Paris, 1926), p. 11: »L' esthétique grecque, qui constitue la base de l'esthétique de l'Europe occidentale, et a toujours été son modèle principal – le seul jusqu'à Kant – se caractérise par la prédominance du point de vue sociologique.«
11 F. Tomberg, *Mimesis der Praxis und abstrakte Kunst* (Neuwied und Berlin, 1968).
12 Siehe *op. cit.*, pp. 11–25. Dazu auch Needham, *op. cit.*, p. 12, Wellek, *op. cit.*, p. 28, B. Bosanquet, *A History of Aesthetics* (London, 1917⁴), p. 61.
13 Zum Begriff der Handlung bei Aristoteles siehe W. K. Wimsatt jr. u. C. Brooks, *Literary Criticism. A Short History* (New York, 1957), p. 27 u. F. Fergusson, *The Idea of a Theater* (Garden City, N. Y., 1949), p. 243: *action* als »analogical concept«. Leider macht Fergusson nicht eindeutig klar, worauf sich Handlung als Analogiebegriff genau bezieht. Dazu Tomberg deutlicher, bes. p. 17: Handlung als *Praxis*, d. h. »gesellschaftlich notwendige Tätigkeit, die letztlich zur vollendeten Eudaimonie als der gelungenen Übereinstimmung von Mensch und Natur führen soll«.
14 Auch Schillers – an Aristoteles sachlich anschließende – Theorie des Spieltriebs nimmt diesen als anthropologische Konstante an (*Ästhetische Erziehung*, 14. u. 15. Brief). Der Spieltrieb besitzt die Funktion der Vermittlung von Sinnlichkeit und Vernunft (Stofftrieb und Formtrieb) und ist für Schiller die Bedingung für die Existenz von Kunst überhaupt. Fergusson führt den Begriff *histrionic sensibility* (»the mimetic perception of action«) zur Erläuterung der Aristotelischen Vorstellung ein (siehe Fergusson, *op. cit.*, p. 250 ff.). In diese Diskussion gehört auch W. Benjamins Aufsatz *Über das mimetische Vermögen* (*Schriften*, I, Frankfurt a. M., 1955, p. 507 ff.), bes. p. 510: Sprache als »die höchste Stufe des mimetischen Verhaltens«.
15 Dazu Fergusson, *op. cit.*, p. 252.
16 Ä I, 31.

17 *Ars poetica,* 333. Dazu Wimsatt/Brooks, *op. cit.,* p. 92: »the hedonistic-pedagogic compromise«. Zur Wirkungsgeschichte der Horazischen Formel siehe Wellek, *op. cit.,* p. 35.

18 *Ä* I, 76.

19 Wellek, *op. cit.,* p. 35.

20 Es sei notiert, daß die Horazische Formel in den theoretischen Arbeiten Brechts eine späte Renaissance erfahren hat. Sie steht terminologisch im Hintergrund der gesamten Diskussion der Frage *Vergnügungstheater oder Lehrtheater?,* die Brecht seit den frühen zwanziger Jahren bis zum Ende seines Lebens geführt hat (vgl. etwa den gleichnamigen Aufsatz und das *Kleine Organon*).

21 Lessing, *Hamburgische Dramaturgie,* 77. Stück. Noch im *Wilhelm Meister* heißt es über das Theater: »wir werden die mannigfaltigsten Gegenstände sehen, die uns unterhalten, aufklären und erheben.« (*Lehrjahre,* I, 2).

22 Siehe K. E. Gilbert u. H. Kuhn, *A History of Esthetics* (Indiana University Press, 1965), pp. 334f. Dazu Hegel selbst: »Die schönen Gegenstände der Natur und Kunst, die zweckmäßigen Naturprodukte, durch welche Kant näher auf den Begriff des Organischen und Lebendigen kommt, betrachtet er nur von seiten der subjektiv sie beurteilenden Reflexion.« (*Ä* I, 85).

23 Kant, *Kritik der Urteilskraft,* §§ 2 u. 15.

24 Wellek, *op. cit.,* 233.

25 *Ä* I, 83f.

26 *Ä* I, 83–89.

27 *Ä* I, 88.

28 Lukács, *Hegels Ästhetik,* p. 108.

29 *Op. cit.,* p. 97.

30 Zu der sehr komplizierten Geschichte des »Erwachens des modernen Geschichtsbewußtseins« in der Kunsttheorie des 17. und 18. Jahrhunderts siehe Wellek, *op. cit.,* pp. 40ff.; zu Vico: Wellek, *op. cit.,* pp. 143f., Gilbert/Kuhn, *op. cit.,* pp. 271ff., K. Löwith, *Weltgeschichte und Heilsgeschehen* (Stuttgart, 1953), pp. 109ff., G. Tagliacozzo (Hrsg.), *Giambattista Vico. An International Symposium* (Baltimore, 1969) mit Beiträgen über das Verhältnis von Vico zu Herder, Hegel und Marx. Marx wußte von Vicos genialen Antizipationen, wie aus einem Brief an Lasalle v. 28. April 1862 hervorgeht: »Vico enthält dem Keim nach Wolf (Homer), Niebuhr (»Römische Königsgeschichte«), die Grundlagen der vergleichenden Sprachforschung (wenn auch phantastisch) und noch viel Genialität in sich« (Marx/Engels, *Über Kunst und Literatur* I [Berlin, 1967], p. 415); vgl. auch *Kapital,* I, Marx/Engels, *Werke,* Bd. 23 (Berlin, 1968), pp. 392f., Fußnote 89: »wie Vico sagt, (unterscheidet sich) die Menschengeschichte (...) dadurch von der Naturgeschichte (...), daß wir die eine gemacht und die andre nicht gemacht haben«. Die »Eroberung der geschichtlichen Welt« beschreibt eindrucksvoll – und von der bürgerlichen Literaturwissenschaft nie vollständig rezipiert – E. Cassirer, *Die Philosophie der Aufklärung* (Tübingen, 1932), Kap. 5; zu diesem Problem vgl. auch den lehrreichen Aufsatz von W. Krauss, *Cartaud de la Villate und die Entstehung des geschichtlichen Weltbildes in der Frühaufklärung, Studien zur deutschen und französischen Aufklärung,* pp. 157ff. sowie *Über die Konstellation der deutschen Aufklärung, op. cit.,* bes. pp. 382ff., über den Einfluß der französischen Aufklärung auf Herder, *op. cit.,* pp. 383f. Auf die wichtige Rolle der englischen und schottischen Aufklärung in diesem Prozeß weist Wellek hin (*op. cit.,* pp. 111f., 114–141), zu deren Einfluß auf Herder siehe ebenfalls Wellek (*op. cit.,* p. 188). Cassirer hat bereits richtig erkannt, daß Herder nicht so sehr der Überwinder als der

Vollender der Geschichtsphilosophie der Aufklärung gewesen ist: »so sehr er über die Gedankenwelt der Aufklärung hinauswächst, (hat auch Herder) keinen schroffen Bruch mit ihr vollzogen. Dieser Fortschritt und dieser Aufstieg war nur auf den Wegen möglich, die sie selbst gebahnt hatte. Sie hat ihm das methodische Rüstzeug geschaffen, mit dem er sie zuletzt überwand; sie hat (...) die Prämissen festgestellt, aus denen er seine Folgerung zog.« (pp. 311 f.) In welch umfassender und verbreiteter Form sich die Vorstellung der gesellschaftlichen Funktion der Künste sowie ihrer politisch-sozialen Determination bereits in der Kunsttheorie der deutschen Aufklärung durchgesetzt hatte, ist kürzlich von H. W. Jäger überzeugend dargelegt worden (*Politische Kategorien in Poetik und Rhetorik der zweiten Hälfte des 18. Jahrhunderts* [Stuttgart, 1970]). »Blüte und Niedergang, Qualität und Formen der Literatur wie der Kunst überhaupt sind abhängig von den gesellschaftlichen Verhältnissen ihrer Entstehungszeit – das ist in der Literarästhetik des 18. Jahrhunderts ein Gemeinplatz. Auch über die konkretere Zuordnung bestimmter literarischer Erscheinungsformen und bestimmter politischer Zustände herrscht ein für uns überraschender Consensus.« (*op. cit.*, p. 10).

31 Wellek, *op. cit.*, p. 201.
32 *Op. cit.*, p. 202.
33 Lukács, *Hegels Ästhetik,* p. 98.
34 *Op. cit.*, p. 97. Auch in H. Glockners *Hegel-Lexikon* (Stuttgart, 1957^2) ist der Name Vicos nicht verzeichnet.
35 *Ä I, 83.*
36 Ä I, 91.
37 Ä I, 89.
38 Ä I, 91.
39 Siehe dazu meinen Aufsatz *Dialektik und Formalismus, Das Argument,* 49 (Juni 1961^2), pp. 467 f.
40 Tomberg, *Mimesis der Praxis,* pp. 26 f.
41 *Phänomenologie des Geistes,* Vorrede.
42 Ä I, 41.
43 Ä I, 367.
44 Ä I, 151.
45 Ä I, 128.
46 Ä I, 128.
47 Ä I, 157.
48 Ä I, 188.
49 Ä I, 362.
50 N. Hartmann, *Philosophie des deutschen Idealismus,* 1. Teil: *Hegel* (Berlin, 1929), p. 370.
51 Ä I, 306.
52 *Enzyklopädie der philosophischen Wissenschaften im Grundrisse* (1830), III, § 556; dazu auch Ä I, 140 u. 243.
53 Bense spricht von der Verlagerung der Kunst »aus der realen Objektwelt in die nichtreale Zeichenwelt« bei Hegel (Bense, *op. cit.*, p. 200), Hegel selbst nennt in der *Enzyklopädie* die Kunst »Zeichen der Idee« (§ 556).
54 Ä I, 22.
55 Ä I, 21.
56 Ä I, 145. Dazu auch H. Kuhn, *Die Vollendung der klassischen deutschen Ästhetik durch Hegel* (Berlin, 1931), pp. 12 ff.

57 *Wissenschaft der Logik,* II (Frankfurt a. M., 1969), p. 463.
58 *Enzyklopädie,* I, § 213.
59 *Ä* I, 145.
60 *Ä* I, 316.
61 *Ä* II, 129, dazu auch *Ä* II, 18 ff. u. 117 (Anthropomorphismus der griechischen Götter).
62 *Ä* I, 318.
63 *Ä* I, 318 f.
64 G. Lukács, *Der junge Hegel* (Zürich, 1948), p. 592.
65 Th. Mann, *Doktor Faustus* (Frankfurt a. M., 1960), p. 257.
66 *Ä* I, 150.
67 Dazu Hartmann: »Auch der absolute Geist ist durchaus objektiver Geist. Dieser erhält sich in jenem, indem er in ihm aufgehoben ist.« (*op. cit.,* p. 365) Lukács spricht von der »dialektischen Einheit von objektivem und subjektivem Geist bei Hegel, die zugleich eine dialektische Trennung und Entgegensetzung beinhaltet« (*Der junge Hegel,* p. 650).
68 Es ist, der Konkretion des Arguments wegen, wichtig, sich genau zu verständigen, was Hegel unter den Titel des objektiven Geistes subsumiert. Nach der *Enzyklopädie* (1830) dieses: *A. Das Recht* (darunter fallen Eigentum und Vertrag), *B. Die Moralität, C. Die Sittlichkeit* (Familie, bürgerliche Gesellschaft, Staat), also das gesamte Gebiet der *Rechtsphilosophie.* Dazu Engels, *Ludwig Feuerbach und der Ausgang der klassischen deutschen Philosophie,* Marx/Engels, *Werke,* Bd. 21 (Berlin, 1969), p. 286: »So idealistisch die Form, so realistisch ist hier der Inhalt. Das ganze Gebiet des Rechts, der Ökonomie, der Politik ist neben der Moral hier mit einbegriffen.«
69 *Enzyklopädie* III, § 572.
70 *Ä* I, 190 f.
71 *Grundlinien der Philosophie des Rechts,* Vorrede. Zum Problem Wirklichkeit und Vernunft bei Hegel sehr wichtig: Engels, *Ludwig Feuerbach und der Ausgang der klassischen deutschen Philosophie,* pp. 266 f.
72 *Ä* I, 373.
73 *Ä* I, 207.
74 Marx, *Ökonomisch-philosophische Manuskripte, Frühe Schriften,* I (Stuttgart, 1962), p. 645.
75 *Op. cit.,* p. 604.
76 Hartmann, *op. cit.,* pp. 365 f.
77 *Rechtsphilosophie,* § 1.
78 *Enzyklopädie,* I, § 133.
79 *Loc. cit.*
80 *Rechtsphilosophie,* Vorrede.
81 *Ä* I, 132.
82 *Ä II, 242.* – Wenn Brecht schreibt: »Die Form eines Kunstwerks ist nichts als die vollkommene Organisierung seines Inhalts, ihr Wert daher völlig abhängig von diesem« (*Über Formalismus und neue Formen, Schriften zur Literatur und Kunst 2, Gesammelte Werke,* Bd. 19 [Frankfurt a. M., 1967], p. 527), so ist dies nicht nur in der Überlieferung der *Ästhetik* gesprochen. Brecht formuliert ein Axiom jeder materialistischen Kunsttheorie.
83 Aus diesem Grunde bemerkt Hegel ausdrücklich in der *Enzyklopädie,* anschließend an die zitierte Bestimmung der dialektischen Korrelation von Inhalt und Form: »*Gesetzt* aber ist dies erst im *absoluten Verhältnisse« (Enzyklopädie,* I, § 133), was doch heißen soll, daß diese Korrelation erst Gültigkeit hat für

die Erkenntnis bereits abgeschlossener Prozesse, für das konkrete Resultat solcher Prozesse.

84 *Phänomenologie des Geistes,* Vorrede.

85 *Enzyklopädie,* I, § 133.

86 *Ä* II, 127.

87 *Ä* I, 132.

88 *Ä* I, 131.

89 Siehe weiter *Ä* I, 131.

90 Lukács, *Hegels Ästhetik,* p. 108.

91 Marx, *Zur Kritik der politischen Ökonomie,* Vorwort.

92 *Loc. cit.*

93 *Ä* I, 317 f.

94 *Ä* I, 318.

95 *Ä* I, 319.

96 *Ä* I, 389; vgl. auch *Ä* I, 202.

97 O. Pöggeler, *Hegel und die griechische Tragödie, Hegel-Studien,* Beiheft 1 (1964), p. 296.

98 E. Bloch, *Subjekt-Objekt* (Frankfurt a. M., 1962), p. 281.

99 Dazu Pöggeler, *op. cit.,* p. 297.

100 *Ä* III, 474; siehe auch *Ä* II, 353.

101 Wir wollen uns hier generell der Terminologie Hegels anschließen und im folgenden auch dann von ›Kunst‹ sprechen, wenn man besser vielleicht ›Literatur‹ sagen sollte. Die prinzipielle Frage, ob und inwiefern die in der systematischen Grundlegung der *Ästhetik* entwickelten Kategorien auch auf die nichtliterarischen Künste anwendbar sind, ist ein noch ungelöstes und von der Hegelforschung bisher nicht genügend berücksichtigtes Problem.

102 Adorno, *op. cit.,* p. 96.

103 *Ä* I, 202.

104 *Ä* I, 235.

105 *Ä* I, 235.

106 *Ä* II, 19.

107 *Ä* I, 235.

108 *Ä* I, 133.

109 *Ä* I, 235.

110 *Ä* I, 235. Es handelt sich hier also wiederum – auf gut idealistisch – um »Objektivität« als *»Realität des Begriffs«:* »der Begriff in Form selbständiger Besonderung und *realer Unterscheidung* aller Momente, deren ideelle Einheit der Begriff als subjektiver war« (*Ä* I, 149 f.). Auf unsere Diskussion des Hegelschen Ideenbegriffs zurückblickend, können wir jetzt erkennen, wie die Kategorie des Weltzustands in diesem bereits angelegt ist – ein lehrreiches Beispiel für Hegels Methode der kategorialen Deduktion der ästhetischen Begriffe aus ihren logischen Bestimmungen.

111 *Ä* I, 235.

112 *Ä* I, 131.

113 *Ä* I, 243.

114 *Ä* I, 244.

115 Hegels Begriff des heroischen Weltzustands ist allerdings noch kein präzis soziologisch-historischer Begriff. Vielmehr handelt es sich dabei, wie uns scheint, um die historisch konkretisierte Vorstellung eines vorstaatlichen Naturzustands, in den Homer und die frühe griechische Tragödie zurückreichen. Nicht umsonst spricht Hegel einmal von den »mythischen Zeitaltern«, in

welche »die idealen Kunstgestalten« »als besten Boden ihrer Wirklichkeit hineinversetzt werden« (*Ä* I, 248). Seine philosophiegeschichtlichen Wurzeln hat dieser Begriff in Hobbes' Vorstellung einer »natural condition of mankind« (*Leviathan,* I, 13) und in der Naturrechtslehre der Aufklärung, wobei Hobbes allerdings – im Unterschied zu späteren Vorstellungen (z. B. bei Locke und Rousseau) – dem Begriff ausdrücklich jede historische Realität bestreitet und ihn lediglich als theoretisches Postulat verwendet (vgl. *loc. cit.*). Zur Vorstellung der »heroischen Kindheit des Lebens« in der französischen Frühaufklärung siehe Krauss, *Cartaud de la Villate,* p. 215. Vico unterscheidet bereits drei Zeitalter, die der vorhistorischen Zeit der Giganten folgen: das *Zeitalter der Götter,* das *Zeitalter der Heroen,* in dem aristokratische Verfassung herrschten, und das *Zeitalter der Menschen,* der freien Republiken und Monarchien (Löwith, *op. cit.,* p. 124). Diese Auffassung kommt der Hegels sehr nahe – umso verwunderlicher, daß er Vico nicht gekannt haben soll. Auch für Hegel ist der heroische Weltzustand kein *reiner* Naturzustand mehr, sondern steht »in der Mitte« zwischen den – rousseauistisch aufgefaßten – »goldenen idyllischen Zeiten und den vollkommen ausgebildeten allseitigen Vermittlungen der bürgerlichen Gesellschaft« (*Ä* I, 337), Vicos Zeitalter der Menschen. Für die terminologische Macht des Begriffs ist bezeichnend, daß noch Engels den Ausdruck »griechische Heroenzeit« bzw. »Heldenzeit« mehrfach verwendet (vgl. *Der Ursprung der Familie, des Privateigentums und des Staats*).

116 *Ä* I, 242.

117 Dazu allerdings Lukács: »Hegel hat – ebensowenig wie irgendein Gelehrter seiner Zeit – von der Gentilgesellschaft auch nur eine Ahnung gehabt.« (*Der junge Hegel,* p. 526) Die Gesellschaft, die Hegel zumindest im Sinn gehabt und sich aus den ältesten Texten der griechischen Literatur rekonstruiert hat, ist die spätere, vaterrechtliche Gentilorganisation im Übergang zum athenischen Staat (dazu Engels, *Ursprung der Familie,* Marx/Engels, *Werke,* Bd. 21, pp. 105 ff.; vgl. auch A. Hauser, *Sozialgeschichte der Kunst und Literatur,* I [München, 1953[2]], pp. 57 f.).

118 *Ä* I, 236.

119 *Ä* I, 237 f.

120 Dazu auch *Ä* I, 247 u. 243 f.

121 *Phänomenologie des Geistes,* Vorrede.

122 *Ä* I, 237.

123 *Ä* I, 247.

124 *Vorlesungen über die Philosophie der Religion,* II, (Frankfurt a. M., 1969), p. 108.

125 Siehe Anm. 115 und 117.

126 *Ä* I, 250.

127 *Ä* I, 248.

128 *Ä* I, 251.

129 *Ä* I, 245.

130 *Ä* I, 251.

131 *Ä* I, 252.

132 *Ä* I, 252.

133 *Ä* I, 255.

134 *Ä* I, 253.

135 *Ä* I, 239.

136 *Ä* I, 240 f.

137 *Rechtsphilosophie,* § 257.

138 *Op. cit.*, § 256.
139 *Ä* I, 239.
140 *Ä* I, 241.
141 *Ä* I, 239.
142 *Ä* I, 242.
143 *Ä* I, 241.
144 Dazu auch *Rechtsphilosophie,* §§ 196 ff., bes. § 198.
145 *Ä* I, 241.
146 Vergl. *Ä* I, 337 ff.
147 *Ä* I, 338.
148 *Ä* I, 336 f.
149 Marx, *Die heilige Familie, Frühe Schriften,* I, p. 703.
150 *Ä* I, 337.
151 *Ä* I, 253 f.
152 Dazu *Ä* I, 246.
153 *Ä* I, 255.
154 *Ä* I, 253.
155 *Ä* I, 254 f. – Hier wird von Hegel Material bereitgestellt, das in den Grundzügen auch noch für eine Theorie der Literatur des 20. Jahrhunderts seine Gültigkeit haben dürfte. Die so oft besprochenen – und vorzüglich an Kafka und Beckett demonstrierten – Themen der ›Auszehrung der autonomen Ichsubstanz‹, des ›Identitätsverlusts‹, der ›Entfremdung‹ und ›Ohnmacht‹ des Individuums vor sog. ›übergeordneten Mächten‹, Abstraktion und Irrealität, die endlos beschworene ›Krise der Künste‹, all dies verliert bereits in Hegelscher Sicht seinen mysteriösen Glanz und enthüllt sich in seiner prosaischen Wahrheit als Resultat sehr konkreter Entwicklungen innerhalb der sozio-ökonomischen und politischen Sphäre, als notwendiger ideologischer Reflex des voll entwickelten, ›konsolidierten‹ Kapitalismus. Es ist erstaunlich zu sehen, wie wenig die bürgerliche Literaturwissenschaft auch nur von dem bürgerlichen Idealisten Hegel zu lernen bereit gewesen ist.
156 Hier zeigt sich sehr deutlich die Differenz des objektiven Idealismus Hegels zu jeder existentialontologischen Freiheitsideologie. Freiheit ist für Hegel kein subjektivistisch-ontologischer Begriff im Sinne des Existentialismus. Die Vorstellung einer jederzeit möglichen ›vorlaufenden Entschlossenheit‹ oder ›jemeinigen Entscheidung‹ vor der Folie einer – im Grunde beliebigen – ›Situation‹, hätte für den im Vergleich mit dem Existentialismus geradezu materialistisch konkret denkenden Hegel kaum einen Sinn ergeben. ›Frei‹ oder ›selbständig‹ ist das Individuum für Hegel allein in bestimmten vorbürgerlichen Lebensverhältnissen, und auch dann nicht jedes, sondern immer nur das – in welcher Form auch – sozial privilegierte Individuum: der feudalistisch aufgefaßte Herr, nicht etwa der Knecht. In der ausgebildeten bürgerlichen Gesellschaft dagegen kann nach Hegel, kraft der sozio-ökonomischen und politisch-juristischen Verfassung dieser Gesellschaft, das Individuum die Freiheit lediglich als aparte Einbildung besitzen. Von Hegel her argumentiert, wäre das existentialistische Freiheitsideologem nichts als eine Borniertheit des bürgerlichen Subjekts, ein Indiz seiner Irrealität. Freiheit in der ausgebildeten Gesellschaft ist für Hegel nur möglich in der Konstellation des objektiven Geistes selbst, d. h. in der immanenten Vernünftigkeit ihrer ökonomischen und sozialen Organisation sowie ihrer juristischen und politischen Institutionen – kein allzu langer Weg mehr zu der marxistischen Vorstellung der Gesellschaft als eines »Vereins freier Menschen«, in welchem der materielle Lebensprozeß

das Produkt der frei vergesellschafteten Individuen ist und unter deren bewußter planmäßiger Kontrolle steht (Marx, *Kapital,* I, pp. 92 u. 94). Ohne Frage hätte Hegel den Existentialismus von Kierkegaard über Heidegger bis Sartre beschuldigt, ein versteckter *subjektiver Idealismus* zu sein – eine Theorie des »abstrakt und formell bleibende(n) Ich(s)« (*Ä* I, 93) – und ähnlich gegen ihn argumentiert, wie er gegen Fichte und die romantische Ironie argumentiert hat (siehe *Ä* I, 93 ff.). Dazu W. F. Haug, *Jean-Paul Sartre und die Konstruktion des Absurden* (Frankfurt a. M., 1966), p. 34, Anmerkung 87.

157 Vgl. *Ä* I, 240: »Dies Anschließen an die objektive Vernünftigkeit des von der subjektiven Willkür unabhängigen Staates kann entweder eine bloße Unterwerfung sein, weil die Rechte, Gesetze und Institutionen als das Mächtige und Gültige die Gewalt des Zwanges haben, oder es kann aus der freien Anerkennung und Einsicht in die Vernünftigkeit des Vorhandenen hervorgehen, so daß das Subjekt in dem Objektiven sich selber wiederfindet.« (*Ä* I, 240) Das Moment individueller Freiheit innerhalb eines ausgebildeten Gesellschaftssystems ist also allein in der Einsicht in die Notwendigkeit – nicht des bloß Wirklichen, aber des Vernünftig-Wirklichen aufbewahrt. Daß dies keine apologetische »Heiligsprechung alles Bestehenden« bedeutet, und die Kritik vorhandener Wirklichkeit nicht ausschließt, hat Engels überzeugend nachgewiesen (*Ludwig Feuerbach und der Ausgang der klassischen deutschen Philosophie,* pp. 266 f.).

158 *Ä* I, 240. – Für den historischen Materialismus – obwohl in allen Punkten der Kritik jeder subjektivistischen Freiheitsideologie mit Hegel einig – ist das Problem gesellschaftlicher Handlung in der ausgebildeten bürgerlichen Gesellschaft damit keineswegs gelöst, sondern erst in aller Schärfe gestellt. Hegels Handlungsbegriff, primär am Modell des Liberalismus orientiert (siehe Anm. 326), kennt allein die individuelle Handlung, sei es des heroischen Individuums, sei es des frei konkurrierenden Bürgers. Das Problem der kollektiven Handlung, d. h. konkret: die Möglichkeit der revolutionären Handlung des Proletariats als Klasse, ist ihm unbekannt. Die Frage der Möglichkeit kollektiver Handlung in der bürgerlich-kapitalistischen Gesellschaft, die Frage also der proletarischen Revolution und ihrer Darstellung bzw. Antizipation in der Kunst, erscheint nirgends im Horizont der Hegelschen Philosophie.

159 *Ä* I, 253.

160 *Ä* II, 26.

161 *Ä* I, 141. Die vielzitierte These Hegels vom Ende der Kunst in der Gegenwart bedeutet wörtlich das, was Hegel an dieser Stelle sagt, nicht etwa ein Absterben jeder künstlerischen Produktion. So spricht Hegel in der Einleitung zur *Ästhetik* von dem »weiten Pantheon der Kunst (...), das (...) die Weltgeschichte erst in ihrer Entwicklung der Jahrtausende vollenden wird« (*Ä* I, 124), nicht unbedingt, wie S. Morawski meint, die Voraussage einer neuen *Blüte* der Kunst (*Hegels Ästhetik und das »Ende der Kunstperiode«, Hegel-Jahrbuch* [1964], p. 63), wohl aber die Affirmation ihrer Zukunft. Zu diesem Problem siehe auch W. Oelmüller, *Hegels Satz vom Ende der Kunst und das Problem der Philosophie der Kunst nach Hegel, Philosophisches Jahrbuch* 73 (1965), pp. 75–94.

162 Zum Begriff der Positivität bei Hegel siehe Lukács, *Der junge Hegel* (passim).

163 *Ä* I, 255.

164 *Ä* I, 257. Siehe auch Hegels *Wallenstein*-Interpretation (*Ä* I, 256 f.).

165 Siehe dazu *Dialektik und Formalismus,* pp. 475 ff.

166 *Ä* I, 257.

167 *Ä* I, 253.
168 *Ä* II, 222.
169 Von diesem Ansatz her ließe sich prinzipiell zwischen soziologisch einfachen und soziologisch komplexen Kunstformen unterscheiden. Die ›klassische‹ Kunst wäre demzufolge eine soziologisch einfache Form, insofern sie Ausdruck relativ unkomplizierter Produktionsverhältnisse ist. Formell hegelianisch gesprochen, ergibt die ›einlinige‹ – weil vom Subjekt her dominierte – Form des Subjekt-Objekt-Verhältnisses die Möglichkeit auch der ›einlinigen‹ tektonischen Gestaltung. Komplexe Formen sozio-ökonomischer Organisation, die Entfaltung der Produktivkräfte und die Herausbildung des Gegensatzes von Produktivkräften und Produktionsverhältnissen in der kapitalistischen Gesellschaft – für Hegel: die von der Objektivität her dominierte Subjekt-Objekt-Relation – bedingen eine komplexe, vielgliedrige, atektonische Kunstform.
170 *Ä* II, 229–31.
171 *Ä* II, 241.
172 *Ä* I, 93–99.
173 *Ä* II, 236.
174 Hier trifft Hegel typische Züge auch der zeitgenössischen Kunst in ihrem enzyklopädischen sowie formal-experimentellen Charakter; dies gilt nicht nur für Formalisten und Traditionalisten, sondern für die repräsentativen Gestalten der modernen Kunst überhaupt. In dieser Hinsicht dürften – zumindest formell – so unterschiedliche Figuren wie Joyce, Eliot und Pound auf der einen, Thomas Mann, Brecht und O'Casey auf der anderen Seite zahlreiche Berührungspunkte besitzen. (Zu diesem Problem vgl. auch D. Henrich, *Kunst und Kunstphilosophie der Gegenwart, Immanente Ästhetik. Ästhetische Reflexion,* hrsg. v. W. Iser [München, 1966], bes. pp. 14 f.).
175 K. Fischer, *Hegels Leben, Werke und Lehre,* II (Darmstadt, 1963), p. 826.
176 *Ä* I, 258.
177 *Ä* I, 258.
178 *Ä* I, 261.
179 *Ä* I, 281.
180 Vgl. weiterhin *Ä* I, 281 f.
181 *Ä* I, 261.
182 *Ä* I, 260.
183 *Ä* I, 260.
184 *Ä* I, 260.
185 *Ä* I, 261.
186 *Ä* I, 261.
187 *Ä* I, 267.
188 *Ä* I, 267.
189 *Ä* I, 267.
190 *Ä* I, 162.
191 *Rechtsphilosophie,* § 31.
192 Von diesem Gesichtspunkt aus ließe sich, anknüpfend an Gedankengänge, die Tomberg in *Mimesis der Praxis* entwickelt hat, von einer idealistischen Version der Mimesis-Theorie bei Hegel sprechen. In dieser Richtung argumentiert auch Rossi in seinem klugen Aufsatz über Hegels Realismus (siehe bes. *op. cit.,* pp. 75 f.), der die – meist formalistisch vorgehenden – westdeutschen Beiträge zur *Ästhetik* in der Problemexposition weit hinter sich läßt. Nicht untypisch für die offizielle westdeutsche Hegel-Interpretation ist D. Henrichs Diskussionsbeitrag *Kunst und Natur in der idealistischen Ästhetik* (*Nachahmung und Illusion,*

hrsg. v. H. R. Jauß [München, 1964], pp. 128 ff.). Die idealistische Ästhetik (Schelling und Hegel), behauptet Henrich kategorisch, »beendet auf die radikalste mögliche Weise die Lehre, derzufolge Kunst Abbildung ist, sei es des Natürlichen, sei es des Ideellen« (p. 128), eine Aussage, die sich durch ihren Formalismus scheinbar unangreifbar macht, die aber zugleich, gerade weil sie bloß formell bleibt, nurmehr geringe Bedeutung besitzt. (Bereits bei Aristoteles war die Kunst keine bloße ›Abbildung‹ des Natürlichen oder Ideellen, sondern, wie Tomberg endgültig geklärt hat, Mimesis der *Praxis* [siehe Tomberg, *op. cit.*, pp 11 ff.], wobei mit *Mimesis* keineswegs die bloße Abbildung gemeint war [*op. cit.*, p. 5, Fußnote]). Nicht nur wird der Mimesis-Begriff durch derartige formalistische Reduktionen auf unzulässige Weise verdünnt, auch der Wirklichkeitsbegriff der ästhetischen Mimesis – Praxis als Gegenstand des mimetischen Akts – verdunstet zwischen der abstrakten Alternative des »Natürlichen« und »Ideellen«. So hat man die beiden Grundprobleme jeder Realismustheorie mit einem souveränen philosophischen Taschenspielertrick hinwegeskamotiert. Wie formell und unanalysiert der Hegelsche Wirklichkeitsbegriff bleibt, auch wenn er von Henrich diskutiert wird, zeigt *op. cit.*, p. 131, auch *Kunst und Kunstphilosophie der Gegenwart,* bes. pp. 16 ff. Darüber, daß Rossis These vom Realismus der Hegelschen *Ästhetik* weder ein materialistisches Vorurteil noch ein Ausdruck italienischer Reflexionsarmut ist, sollte sich das westdeutsche Hegel-Establishment durch den – keineswegs marxistischen – Engländer J. N. Findlay belehren lassen, der hier als Zeuge der Anklage gegen jede logisch-formalisierende Hegelrezeption zitiert werden soll. »Bei Kant«, sagt Findlay, »ist die Natur des denkenden Geistes für die Form der Erfahrung im Grunde verantwortlich: bei Hegel dagegen kann man sagen, daß der denkende Geist das letzte verflüchtigte, erklärende Ergebnis der Welt ist. Das alles hat zur Folge, daß das Hegelsche System stark realistische und selbst materialistische Züge aufweist« (*Hegel der Realist, Hegel-Studien,* Beiheft 1 [1964], p. 141).

193 *Ä* I, 269.

194 *Ä* I, 272.

195 *Ä* I, 268.

196 *Ä* I, 272.

197 *Ä* I, 278.

198 *Ä* III, 521.

199 *Enzyklopädie,* III, § 503; dazu auch *Rechtsphilosophie,* § 105, *Ä* III, 522.

200 *Enzyklopädie,* III, § 513.

201 *Rechtsphilosophie,* § 142. In der Frankfurter Periode hat Hegel, wie Lukács ausführt, noch das »mit Leben bezeichnet (...), was er später, in Jena, Sittlichkeit nennt: die konkrete Totalität der Handlungsweise der Menschen der bürgerlichen Gesellschaft« (*Der junge Hegel,* p. 162). Die Herkunft des Begriffs der Sittlichkeit aus dem des *Lebens* zeigt also, wie weit dieser Begriff von jeder Gesinnungsethik und jeder moralischen Innerlichkeit entfernt ist.

202 *Ä* I, 278 f.

203 *Ä* I, 283.

204 Dazu *Ä* I, 283 f.

205 *Ä* I, 282.

206 *Ä* I, 282 f.

207 *Ä* I, 285. – An dieser Stelle begründet Hegel die Priorität der Dichtung vor den anderen Künsten mit der teleologischen Priorität des Handlungsbegriffs (siehe weiter *loc. cit.*).

208 *Ä* I, 290.
209 *Ä* I, 285.
210 *Ä* I, 286.
211 Vgl. *Ä* I, 286 f.
212 Siehe J. Derbolav, *Hegels Theorie der Handlung, Hegel-Studien,* 3 (1965), bes. p. 213.
213 Vgl. *Rechtsphilosophie,* §§ 113 ff., *Enzyklopädie,* III, §§ 503 ff.
214 *Enzyklopädie,* III, § 503.
215 Derbolav, *op. cit.,* pp. 219 f.
216 *Ä* I, 304.
217 *Rechtsphilosophie,* § 197.
218 Dazu A. Kojève, *Hegel* (Stuttgart, 1958), bes. pp. 27–30. Siehe auch P. G. Völker, *Skizze einer marxistischen Literaturwissenschaft,* in M. L. Gansberg/ P. G. Völker, *Methodenkritik der Germanistik* (Stuttgart, 1970), p. 108, Anmerkung 75. Zum Verhältnis von Sprache und Arbeit bei Hegel vgl. J. Habermas, *Arbeit und Interaktion,* in *Technik und Wissenschaft als »Ideologie«* (Frankfurt a. M., 1968), pp. 9–47.
219 *Rechtsphilosophie,* §§ 196–98.
220 *Op. cit.,* § 118.
221 *Op. cit.,* § 113.
222 *Ä* I, 302.
223 *Ä* I, 306.
224 *Ä* I, 307.
225 *Ä* II, 19.
226 *Ä* I, 293.
227 *Rechtsphilosophie,* § 113.
228 *Ä* III, 523.
229 *Ä* I, 309.
230 *Ä* I, 310.
231 *Ä* I, 310.
232 *Ä* I, 310.
233 Zugleich hat Hegel den Grundriß gelegt für eine sachorientierte Gattungstheorie der literarischen Formen. Auf dem jetzigen Stand der Argumentation ließen sich die literarischen Gattungen nach der jeweiligen Prädominanz der Aspekte *Weltzustand, Situation* und *Handlung* bestimmen. In der *Epik* – objektiv-extensive Handlung – prädominiert die Kategorie des *Weltzustands* (Weltzustand als objektivierte Totalität), in der *Lyrik* – subjektiv-intensive Handlung – prädominiert die Kategorie der *Situation* (Situation als emotiv besetzte, d. h. subjektivierte Totalität), im *Drama* – objektiv-intensive Handlung – steht die *Handlung* selbst im Mittelpunkt (Handlung als objektivierte Totalität). – Dieser Exkurs hat natürlich nur experimentellen Charakter: es wäre nachzuprüfen, wie weit sich mit den Hegelschen Kategorien tatsächlich operieren läßt.
234 Dazu K. Burke, *The Philosophy of Literary Form* (New York, 1961), bes. pp. 8 ff.
235 Th. W. Adorno, *Noten zur Literatur* II (Frankfurt a. M., 1961), p. 164.
236 *Ä* I, 317.
237 *Ä* I, 317.
238 *Ä* I, 317.
239 *Ä* I, 317 f.

240 Ä I, 318.
241 Ä I, 319.
242 Ä I, 327.
243 Ä I, 319 f.
244 Vgl. Ä I, 321–24.
245 Ä I, 327.
246 Ä I, 331.
247 Ä I, 331.
248 Ä I, 335.
249 Ä I, 331 f.
250 Ä I, 332.
251 Ä I, 332.
252 Ä I, 333.
253 Ä I, 336.
254 Ä I, 337.
255 Ä I, 337 f.
256 Wenn Bense von der Verlagerung der Kunst in der *Ästhetik* »aus der realen Objektwelt in die irreale Zeichenwelt« spricht (*op. cit.*, p. 200), so ist zu ergänzen, daß die ästhetische Zeichenwelt der Kunst für Hegel immer auf die reale Objektwelt bezogen ist und von dieser her ihre Bedeutung erhält.
257 Ä I, 341.
258 Ä I, 363.
259 *Enzyklopädie,* III, § 556.
260 Ä I, 362.
261 Ä I, 363.
262 Ä I, 363.
263 Ä I, 363 f.
264 Anders als die Begriffe Genie und Begeisterung geht der der Phantasie über die romantisch-idealistische Kultur hinaus und spielt eine zentrale Rolle auch in jeder marxistischen Kunsttheorie. Völker verweist auf die Bedeutung des Phantasiebegriffs in den *Ökonomisch-philosophischen Manuskripten* und schreibt: »Der Phantasiebegriff (...) wird von Marx ausdrücklich mit dem Begriff Schönheit benannt.« (*Methodenkritik der Germanistik,* p. 110) Dazu auch Anmerkung 343.
265 Ä I, 366.
265a Ä I, 367.
266 Ä I, 365.
267 Ä I, 369.
268 Ä I, 368.
269 Ä I, 370.
270 Ä I, 370 f.
271 Ä I, 371.
272 Ä I, 373.
273 Ä I, 376.
274 Ä I, 375 f.
275 Siehe Ä 373 f. und 376 f.
276 Siehe Ä I, 379 f.
277 Ä I, 385.
278 Ä I, 364.
279 Ä I, 341.
280 Ä I, 342. Siehe auch Ä III, 495 f.

281 *Ä* I, 357.
282 *Ä* I, 353.
283 *Ä* I, 360.
284 *Ä* I, 342.
285 *Ä* I, 343. – Über die Historizität des rezeptiven Subjekts selbst war sich Hegel grundsätzlich im klaren. Dazu auch W. Benjamin, *Das Kunstwerk im Zeitalter seiner technischen Reproduzierbarkeit* (Frankfurt a. M., 1969[3]), p. 21, Anmerkung 10: bei Hegel meldet sich bereits die Polarität von »Kultwert« und »Ausstellungswert« des Kunstwerks »so deutlich an, wie dies in den Schranken des Idealismus denkbar ist« (p. 54). Daß Hegel auf die komplexen sozialpsychologischen Probleme des rezeptiven Akts detailliert einginge, kann nicht erwartet werden. Für die marxistische Kunsttheorie sind sie von zentraler Bedeutung, ebenso für die Praxis jeder sozialistischen Literatur. Keiner hat dies besser gewußt als Brecht, dessen Verfremdungstechnik ja gerade die Funktion erfüllt, das rezeptive Verhalten des Publikums zu korrigieren und zu kontrollieren. D. h., es geht Brecht um die Herstellung richtigen Bewußtseins in den Akten der Rezeption als Voraussetzung richtigen Handelns.
286 *Ä* I, 355.
287 *Ä* I, 355. Zur Genese dieser Vorstellung bei Hegel vgl. Rosenkranz, *op. cit.*, p. 180. In diesen Problemkreis gehört auch der Aufsatz von W. Girnus, »Volksgeist und Kunst«, *Hegel-Jahrbuch*, 1965, pp. 70–83.
288 *Ä* I, 352.
289 *Ä* I, 342.
290 *Ä* I, 361.
291 Marx, *Das Kapital*, I, Marx/Engels, *Werke*, Bd. 23, pp. 27 f.
292 Marx/Engels, *Werke*, Bd. 21, p. 277.
293 *Op. cit.*, p. 267.
294 Findlay, *op. cit.*, p. 141.
295 Engels, *Feuerbach*, p. 268.
296 *Op. cit.*, p. 293.
297 Marx, *Zur Kritik der politischen Ökonomie*, Vorwort.
298 Marx, *Zur Kritik der Hegelschen Rechtsphilosophie, Frühe Schriften*, I, p. 495.
299 *Op. cit.*, p. 496.
300 Engels, *Feuerbach*, p. 273. Engels war natürlich, wie wir wissen, an der frühen Auseinandersetzung mit Hegel selbst beteiligt, wenn auch der Hauptanteil dabei auf Marx fallen dürfte (dazu *op. cit.*, p. 291).
301 Marx, *Frühe Schriften*, I, p. 645.
302 Marx, *Thesen über Feuerbach*.
303 Marx, *Ökonomisch-philosophische Manuskripte, Frühe Schriften*, I, p. 646.
304 *Frühe Schriften*, I, p. 276.
305 Engels, *Die Entwicklung des Sozialismus von der Utopie zur Wissenschaft*, Marx/Engels, *Werke*, Bd. 19, p. 208.
306 *Die deutsche Ideologie*, Marx/Engels, *Werke*, Bd. 3, p. 121.
307 Marx, *Kritik des Hegelschen Staatsrechts, Frühe Schriften*, I, pp. 271 f.
308 *Die heilige Familie, Frühe Schriften*, I, p. 904.
309 *Rechtsphilosophie*, Vorrede.
310 Engels, *Feuerbach*, p. 298.
311 *Ä* I, 389.
312 Engels, *Feuerbach*, p. 292.
313 *Op. cit.*, p. 292.
314 Lukács, *Der junge Hegel*, p. 648.

315 *Enzyklopädie,* III, § 553.

316 *Die heilige Familie,* p. 903.

317 *Enzyklopädie,* III, § 563.

318 *Op. cit.,* § 572.

319 So etwa, daß die ›Wahrheit der Religion‹ in der Tat die Philosophie der Religion ist – allerdings im Sinne des atheistischen Materialismus.

320 *Kritik des Hegelschen Staatsrechts,* p. 262. Und doch bleibt hier, will man Benjamin folgen, noch ein Problem für den historischen Materialismus. Auch der historische Materialist kann »auf den Begriff einer Gegenwart, die nicht Übergang ist, sondern in der Zeit einsteht und zum Stillstand gekommen ist, (...) nicht verzichten. Denn dieser Begriff definiert eben die Gegenwart, in der er für seine Person Geschichte schreibt.« (W. Benjamin, *Geschichtsphilosophische Thesen, Schriften,* I [Frankfurt a. M., 1955], p. 504). Das Bild des Schreibenden, in dem Geschichte zum Stillstand gekommen ist, ist ohne Frage hegelianisch inspiriert. Sein Urbild ist das Zuendekommen der Geschichte in der Hegelschen Philosophie. Für Benjamin aber bedeutet das gerade das Gegenteil eines theoretisch-kontemplativen Akts. Es bedeutet Parteilichkeit mit dem »Subjekt historischer Erkenntnis«, der »kämpfenden, unterdrückten Klasse selbst« (*op. cit.,* p. 501), Parteinahme auch für »die Tradition der Unterdrückten« (*op. cit.,* p. 498). Erst dies rechtfertigt letztlich das marxistische Interesse an der vergangenen Geschichte.

321 *Ä* I, 285; dazu auch *Ä* II, 353 f.

322 *Ä* II, 360.

323 *Ä* II, 13. Im *System der einzelnen Künste* wird die Poesie – und zwar Homer ebenso wie die griechische Tragödie – unter dem Titel nicht etwa der klassischen, sondern der romantischen Künste abgehandelt.

324 *Ä* I, 267 f.

324a *Ä* I, 124.

325 Hauser, *Sozialgeschichte,* I, p. 57.

326 Die idealistische Grundvorstellung Hegels, daß, durch die antagonistischen Individuen hindurch und vermittels ihrer, der Weltgeist die Harmonie des Ganzen besorge, reflektiert die Essenz des bürgerlichen Liberalismus. Sie ist gebildet am Modell der Konkurrenzgesellschaft und ihrer Theorie, vor allem der englischen politischen Ökonomie. Dazu bereits Marx, *Ökonomisch-philosophische Manuskripte,* p. 646: »Hegel steht auf dem Standpunkt der modernen Nationalökonomie.« Zu diesem Problem siehe vor allem O. Bauer, *Das Weltbild des Kapitalismus,* in *Der lebendige Marxismus* (Jena, 1924), pp. 407–64, Abschnitt über Hegel, sowie Lukács, *Der junge Hegel* (dazu J. Hyppolites Kommentar in *Etudes sur Marx et Hegel* [Paris, 1955]).

327 *Ä* I, 334.

328 *Ä* I, 334.

329 *Ä* I, 335. – Zu Hegels Philistertum Engels' treffende Bemerkung, »daß Hegel ein Deutscher war und ihm wie seinem Zeitgenossen Goethe ein Stück Philisterzopfs hinten hing. Goethe wie Hegel waren jeder auf seinem Gebiet ein olympischer Zeus, aber den deutschen Philister wurden beide nie ganz los.« (*Feuerbach,* p. 269).

330 Benjamin, *Schriften,* I, pp. 497 f.

331 *Op. cit.,* p. 497.

332 *Die heilige Familie,* p. 873.

333 *Op. cit.,* p. 735.

334 *Feuerbach*, p. 291.

335 *Op. cit.*, p. 270.

336 Mit Gansberg/Völker, *Methodenkritik der Germanistik*, ist der Entwurf eines solchen Reformprogramms der Literaturwissenschaften zur Diskussion gestellt worden. Neben der Forderung, daß diese »interdisziplinär betrieben werden« müssen, tritt bei Gansberg eine zweite: »Die traditionellen literaturwissenschaftlichen Methoden (...) sind gesellschaftswissenschaftlich zu verändern. Das meint, literatur-spezifische Abläufe (...) müssen in ihrer Wechselwirkung mit den historisch-gesellschaftlichen Prozessen gesehen werden« (Gansberg, *op. cit.*, p. 9). »Was hier gefordert wird, ist nichts Geringeres als die Entwicklung einer »Neuen Wissenschaft« auf materialistischer Grundlage« (*loc. cit.*). – Zur Kritik von Gansberg/Völker siehe die ausgezeichnete Rezension von Karl-Heinz Götze in *Das Argument* 72 (April 1972), pp. 352–355. Wie Götze richtig ausführt, liefern Gansberg und Völker noch keine »einheitliche, systematische Methodenkritik der Germanistik«. Sie liefern vielmehr einen wichtigen systematischen Beitrag zur Diskussion um das Problem *Literaturwissenschaft als Sozialwissenschaft*, – eine Diskussion, wie sie seit einigen Jahren vor allem in den Zeitschriften *Alternative* und *Argument* geführt wird. In dieser Diskussion ist die *Ideologiekritik* der bürgerlichen Literaturwissenschaft weitgehend abgeschlossen, was noch nicht geleistet wurde, ist die systematische Entwicklung einer materialistischen Methodologie. In diesem Sinne ist – trotz aller Ansätze – die Methodenfrage in den Literaturwissenschaften für die BRD nach wie vor unbeantwortet.

337 Dazu Gansberg, *op. cit.*, p. 21: »materialistische Literaturwissenschaft leugnet nicht im mindesten die ästhetische Qualität ihres Gegenstandes. Sie versucht nur, diese ästhetische Qualität bis ins letzte technische Detail als vermittelt mit dem gesamtgesellschaftlichen Prozeß zu erkennen.«

338 Siehe F. Tombergs ausgezeichnete Erläuterung des Verhältnisses von Basis und Überbau im historischen Materialismus in dem gleichnamigen Aufsatz in *Basis und Überbau. Sozialphilosophische Studien* (Neuwied und Berlin, 1969), pp. 7–81.

339 Zur Vindikation von *Tradition* als ästhetischer Kategorie siehe die theoretische Grundlegung meiner Arbeit *Sean O'Caseys dramatischer Stil* (Braunschweig, 1967), »Aspekte des Stilbegriffs«, pp. 35 f. und 45. Damit ist keinem Traditionalismus das Wort geredet. Auch in der *kritischen* Aneignung und Umfunktionierung, ja selbst in der Abwehr von Tradition zeigt sich noch deren formative Macht. So Brecht, *Lied des Stückschreibers:* »Um zeigen zu können, was ich sehe/Lese ich nach die Darstellungen anderer Völker und anderer Zeitalter./ (...) genau/Prüfend die jeweilige Technik und mir einprägend/Das, was mir zustatten kommt.«

340 Dies ist gemeint, wenn Brecht schreibt: »Kultur, also Überbau, ist (...) als selbst entwickelnder Faktor (...) und vor allem als Prozeß anzusehen.« (*Thesen zur Theorie des Überbaus, Schriften zur Politik und Gesellschaft, Gesammelte Werke*, Bd. 20, p. 76). Vgl. dazu meinen Aufsatz *Brecht and Marxist Dialectics* (erscheint in Kürze in *German Life and Letters*).

341 »Jede Ideologie entwickelt sich (...), sobald sie einmal vorhanden, im Anschluß an den gegebenen Vorstellungsstoff, bildet ihn weiter aus« (Engels, *Feuerbach*, p. 303).

342 Dazu Brecht, *Thesen zur Theorie des Überbaus:* »Die Art, auf die Überbau entsteht, ist: Antizipation.« (p. 77) Und: »Die klassenlose Gesellschaft müssen die Menschen selber machen – vorläufig ist sie selber eine Antizipation.« (p. 78)

Für eine ausführliche Diskussion dieser Auffassung Brechts siehe *Brecht and Marxist Dialectics, Oxford German Studies,* 6 (1971/72), pp. 132–144.

343 Zu *Antizipation* als ästhetische Kategorie siehe Tomberg, *Mimesis der Praxis,* pp. 25–29. Über den Gebrauch antizipatorischer Phantasie bei einem sozialistischen Schriftsteller vgl. *Sean O'Caseys dramatischer Stil,* pp. 163–66 u. 210–14.

344 Engels verwendet diesen Begriff im *Anti-Dühring,* er spricht dort von dem »idealen Überbau von Philosophie, Religion, Kunst usw.« (Marx/Engels, *Werke,* Bd. 20, p. 82), der von den »Rechts- und Staatsformen« – dem politisch-juristischen Überbau – klar unterschieden wird (dazu Tomberg, *Basis und Überbau,* pp. 28 f.).

345 Dazu Tomberg, *Mimesis der Praxis,* pp. 29–35.

346 Von diesem Gesichtspunkt aus läßt sich die Notwendigkeit auch der Integration ideologiekritischer Fragestellungen in den Problembereich historisch-materialistischer Kunstwissenschaft begründen. »Die einzelnen Werke«, schreibt Brecht dazu, »sollen daraufhin untersucht werden, welche gesellschaftlich bedeutenden Vorstellungen sie vertreten oder bekämpfen« (*Schriften zur Literatur und Kunst 2, Gesammelte Werke,* Bd. 19, p. 288), und: »Es sind ganze *Vorstellungskomplexe* in Kunstwerken zu untersuchen, hierbei sind die Methoden des Marxismus anzuwenden und auszubauen.« (*Schriften zur Literatur und Kunst 1, Gesammelte Werke,* Bd. 18, p. 113) Auch: »Die ästhetischen Maßstäbe sind zugunsten der Maßstäbe des Gebrauchswerts zurückzustellen. (...) Wir leben in einer Situation, wo etwas ästhetisch glänzend Geformtes falsch sein kann. Das Schöne darf uns nicht mehr als wahr erscheinen, da das Wahre nicht als schön empfunden wird. Man muß dem Schönen durchaus mißtrauen.« (*loc. cit.*).

347 Brechts *Guter Mensch von Sezuan* ist dafür ein Modell. Am Ende des Stückes, in der Forderung nach einem ›guten Schluß‹, wird der ästhetische Vorgang in seinem Sinn als *Nötigung zur Praxis* erkennbar: ästhetische Handlung muß in materielle Handlung einmünden, um sich auch ästhetisch erfüllen zu können. Der gesamte dramatische Vorgang wird damit materialistisch funktionalisiert, er wird zur bewußtseinsmäßigen Vorbereitung richtigen Verhaltens im marxistischen Sinne. Das Ästhetische als Funktion des Politischen – Benjamins Wort von der »Politisierung der Kunst« als Antwort des Kommunismus auf ihre faschistische Ästhetisierung (*Das Kunstwerk im Zeitalter seiner technischen Reproduzierbarkeit,* p. 51).

348 Benjamin, *Geschichtsphilosophische Thesen,* p. 498.

349 Benjamin, *Literaturgeschichte und Literaturwissenschaft,* in *Angelus Novus* (Frankfurt a. M., 1966), p. 455.

350 *Op. cit.,* p. 456.

351 *Geschichtsphilosophische Thesen,* p. 502.

352 Benjamin, *Der Autor als Produzent,* in *Marxismus und Literatur,* II, hrsg. v. F. J. Raddatz (Reinbek b. Hamburg, 1969), p. 265.

353 *Loc. cit.*

354 Siehe dazu vor allem Benjamin, *Der Autor als Produzent* und *Das Kunstwerk im Zeitalter seiner technischen Reproduzierbarkeit.* In der Technik der Werke selbst, d. h. im *Verhältnis des Schriftstellers zu den Produktionsmitteln (Der Autor als Produzent,* p. 267), sei, das ist Benjamins These, seine progressive oder regressive Tendenz erst im eigentlichen Sinne festzumachen: der »technische Fortschritt« sei »die Grundlage des politischen« (*op. cit.,* p. 271). So formuliert auch Benjamins Kunstwerkaufsatz »Thesen über die Entwicklungstendenzen der Kunst unter den gegenwärtigen Produktionsbedingungen« (*Das Kunstwerk*

im Zeitalter seiner technischen Reproduzierbarkeit, p. 10). – Ob der technische Stand der Werke tatsächlich das erste Kriterium für ihren gesellschaftlichen ›Gebrauchswert‹ (Brecht, *Schriften zur Literatur und Kunst 1,* p. 113), also auch zur Bestimmung ihrer politischen Tendenz abgeben kann und inwieweit Benjamins ›Technik‹-Begriff nicht doch in die bedenkliche Nähe des gesellschaftsmetaphysischen Formalismus der Frankfurter Schule gerät (Adorno), sei hier dahingestellt. Trotz einer gewissen Ambivalenz legt Benjamin die Exposition eines der wichtigsten Probleme heutiger Kunsttheorie vor. Es ist vor Benjamin bereits von Brecht in äußerster Klarheit erörtert worden (dazu H. Lethen, *Neue Sachlichkeit 1924–1932* [Stuttgart, 1970], pp. 114–39). So kritisiert Brecht in den *Anmerkungen* zu *Dreigroschenoper* und *Mahagonny* das Primat des kapitalistischen Theaterapparates als »Primat der Produktionsmittel« (*Schriften zum Theater* 3, *Gesammelte Werke,* Bd. 17, p. 991) und untersucht die Möglichkeit von »Neuerungen, die auf seinen Funktionswechsel« drängen (*op. cit.,* p. 1005), Möglichkeiten der *Umfunktionierung* der ästhetischen Produktionsformen und Produktionsinstrumente im Sinne des Sozialismus (dazu Benjamin selbst in *Der Autor als Produzent,* p. 269). Die Frage der Stellung des Schriftstellers zu den Produktionsmitteln ist gemeint, wenn Brecht noch in der Emigration – in den *Richtlinien für die Literaturbriefe der Zeitschrift »Das Wort«* (erschienen 1936–39 in Moskau) – die Forderung aufstellt: »Die einzelnen Werke (...) sollen auch daraufhin untersucht werden, welche formalen Neuerungen sie zur Behandlung der Stoffe einführen. Solche Neuerungen sind als technische Praktiken zu beschreiben, nicht nur als Ausdrucksformen von Ingenien.« (*Schriften zur Literatur und Kunst* 2, p. 288) Übergeordnet aber ist für Brecht die Frage nach den in den Werken vermittelten ideologischen Vorstellungskomplexen (siehe *loc. cit.*). – Grundsätzlich gesprochen, müßte sich jede weitere Erörterung des Verhältnisses zwischen künstlerischer Technik und Technologie der ökonomischen Produktivkräfte am Technologie-Begriff des *Kapital* orientieren, etwa an folgender Äußerung: »Die Technologie enthüllt das aktive Verhalten des Menschen zur Natur, den unmittelbaren Produktionsprozeß seines Lebens, damit auch seiner gesellschaftlichen Lebensverhältnisse und der ihnen entquellenden geistigen Vorstellungen.« (*Kapital,* I, p. 393, Anm.) Die »Geschichte der Technologie« ist die »Bildungsgeschichte der produktiven Organe des Gesellschaftsmenschen« (*op. cit.,* p. 392, Anm.), zu denen auch das ästhetische gehört. Damit ist das Problem der *ästhetischen Technologie,* das Problem einer *kritischen Geschichte der ästhetischen Technologie* in den Umkreis der hier von Marx explizierten Fragestellung gerückt.

355 Marx, *Kritik des Hegelschen Staatsrechts,* p. 263.

356 *Ä* I, 432.

357 Engels, *Feuerbach,* p. 307.

Bernd Jürgen Warneken

Zur Kritik positivistischer Literatursoziologie

Anhand von Fügens »Die Hauptrichtungen der Literatursoziologie«

Vorbemerkung

Das Buch *Die Hauptrichtungen der Literatursoziologie und ihre Methoden* von Hans Norbert Fügen [1], vor allem eine Kritik der »marxistischen Literaturbetrachtung« und die Grundlegung einer »speziellen Soziologie der Literatur« enthaltend, gehört nicht nur zu den wenigen ausführlichen literatursoziologischen Methodologien, die im germanistischen Betrieb verkehren [2], sondern repräsentiert auch die in der westdeutschen Sozialwissenschaft herrschende und von den Reformern einer immer noch vorzugsweise geisteswissenschaftlich betriebenen Germanistik als modern empfohlene positivistische Richtung. Um die Kritik an deren – bei manchen Innovationen ziemlich durchgängigen – Grundzügen geht es dieser Arbeit; nicht um die eines speziellen Werks oder gar des Autors, dessen Buch – vor allem mit Schriften von Silbermann und Escarpit zusammen – hier als handgreiflicher Bezugspunkt gewählt wurde. Bei der Konzeption dieses Aufsatzes spielte die Überlegung mit, daß es nicht nur aus Gründen didaktischer Plastizität angebracht sein dürfte, eine materialistische Literaturtheorie nicht unvermittelt als Position zu setzen, sondern sie sich, ihrem Charakter als Kritik entsprechend, auch in der Darstellung an der bürgerlichen Ideologie zunächst konturieren zu lassen. Dies Verfahren hat freilich den Nachteil, daß man sich, die kritisierten Gedankengänge auch querfeldein verfolgend, zuweilen mit etwas pauschalen Hinweisen begnügen muß – aber auch begnügen kann –, und daß die Steine, die man jenen in den Weg legt, vor allem ob des nicht einmal mehr enzyklopädischen Charakters [1a] positivistischer Literatursoziologie nicht so angeordnet werden können, daß sie gleichzeitig den systematischen Grundriß einer Gesellschaftstheorie der Literatur abgäben. Deren Darstellung, welche vor allem Literatur als Produkt einer besonderen Form gesellschaftlicher Arbeit analysieren, die Prozesse ihrer Produktion und Rezeption von der ökonomischen Formbestimmung wie von ihrem gesellschaftlichen Gehalt her in der jeweiligen Produktionsweise festmachen und überdies Widerspiegelungs- und Appellcharakter der Literatur als dialektische Einheit zeigen müßte, wird Aufgabe einer größeren Abhandlung sein; in ihrem Zusammenhang entstand dieser Aufsatz. Er ist als Einführung gedacht. Von daher erklärt sich auch die hier geübte Zitierpraxis: sie soll nicht Scholastik und Eklektik fördern, sondern einerseits monadologische Hermetik, den Schein eines autonomen Gebildes, durchbrechen und den historischen Kontext, in dem einzelne Theoreme stehen, besser verfolgen lassen, andererseits schlicht die Quellen präsentieren, ohne sich vor den Anwürfen einer – gegen marxistische Wissenschaft reaktivierten – Originalitätsideologie zu scheuen, die einem das Eigene statt des Richtigen empfehlen möchte. Nicht wird auf die Zitate sich berufen; sie verweisen nicht nur bibliographisch weiter. So möchten auch in den Anmerkungen* aufgeführte, eng eingegrenzte Belegstellen keinen Digest bieten, der das Erarbeiten der jeweiligen Texte ersetzte, sondern nur die erste Orientierung ermöglichen.

Verzicht auf die gesellschaftliche Entschlüsselung des ästhetischen Gehalts

Eine der wesentlichen Prämissen der Fügenschen Arbeit besteht darin, daß sie sich strikt als »nicht am literarischen Werk als ästhetischem Gegenstand interessiert« erklärt [3]. Selbst bei der Behandlung der »marxistischen Literaturbetrachtung«, wie Fügen zu schreiben pflegt, wird erstaunt gefragt, wie es in ihr »zu dieser thematischen Verquickung von Literatur und Gesellschaft kommt« [4] und versprochen, daß »die in den Fragen enthaltenen philosophischen und ästhetischen Probleme nicht mehr als unbedingt notwendig angerührt werden« [5]. Solche Außenbetrachtung ist für die positivistische Literatursoziologie insgesamt verbindlich. Nur besonders deutlich sagt Silbermann, »daß es der Kunstsoziologie darum geht, fern von jeglichen kunsttheoretischen Überlegungen und Analysen, fern von der Lehre vom Verstehen, genaue Beschreibungen und nachweisbare Verallgemeinerungen bezüglich derjenigen menschlichen Gruppen zu finden ..., die dadurch miteinander in Interaktion und Interdependenz stehen, daß sie zum Entstehen eines wie immer gearteten Kunsterlebnisses beitragen.« [6] Es gehöre nicht zu den Aufgaben des Kunstsoziologen, »sich um Theorie, Harmonielehre, Rhythmus- oder Stilkonstruktionen zu bekümmern; noch gehört es zu seinem Bereich, Antwort auf die Frage zu geben »Was ist Musik« oder »Was ist Literatur« – falls es auf diese Fragen überhaupt eine gültige Antwort geben sollte.«[7]

Karl Mannheim hatte einst davor gewarnt, »daß man aus den zeitlichen Bestimmungen der Sinngebilde, aus diesseitigen, realen Faktoren den Sinn selbst zu erklären und daraus auch zu begründen und zu entgründen versucht – was unbedingt zu einem Relativismus führt. Das Zeitliche als solches

* Durch ein Versehen wurden folgende texterweiternde Anmerkungen in den bibliographischen Anhang gesetzt: Anm. 34, 63, 79, 111, 130, 159, 186, 203, 205, 213, 239, 247, 282, 289, 301, 327.

enthält nur die Möglichkeiten der Aktualisierung, aber keineswegs die sinnhaltigen Momente an sich ...« [8]. Mit solchen Auffassungen macht die beschriebene Literatursoziologie ihren Frieden: »Die bequeme Noblesse der Wissenssoziologie Max Schelers«, bemerkt Adorno für den Bereich der Musikwissenschaft, »der bei geistigen Sachverhalten ihre soziologisch vorgestellten Relationen zum Faktischen – man nannte das damals ihre Seinsverwurzelung – krud trennte von ihrem angeblich reinen geistigen Gehalt ..., überträgt sich vierzig Jahre später, des philosophischen Anspruchs entäußert, auf eine Ansicht von Musik, deren schlechtes Gewissen nur durch Reinigungsaktionen das Musikalische vor seiner Befleckung mit Außerkünstlerischem oder vor seiner Erniedrigung zur Ideologie für politische Interessen glaubt bewahren zu können« [9].

Fügen beruft sich bei jener Trennung nicht einmal bloß auf die Fächerabgrenzung zwischen Soziologie und Wissenschaft vom Text, sondern auf die herrschende Ideologie von Literatur: »... Literatursoziologie, die von der Literatur als einem sozialen Phänomen ausgeht, (kann) zunächst einmal ganz von der Frage absehen, in welchem Maße ein literarisches Werk inhaltlich Gegebenheiten der sozialen Umwelt wiedergibt, denn die Eigenart des sozialen Phänomens Literatur besteht ... gerade in dem eigenartigen Wirklichkeitsanspruch, durch welchen es sich seiner ganzen Intention nach einem außerhalb seiner bestehenden Wirklichkeitsmaß entzieht.« [10] Fügen will zwar nicht leugnen, daß soziale Einzeltatsachen in Literatur ihren Niederschlag finden [11], erklärt aber, daß die Erforschung solcher »Einwirkungen« die Literatur »weder als Kunstwerk noch als soziales Phänomen« erfasse und höchstens zur gelegentlichen Ergänzung der Sozialgeschichte tauge [12]: »Versuche, mit soziologischen Mitteln eine immanente Interpretation zu betreiben«, seien »nie besonders fruchtbar gewesen. Vom Standpunkt der Literaturwissenschaft aus gesehen betrachtet Literatursoziologie die Literatur gewiß von außen, wenn dieses ›äußerlich‹ auch nicht der geistlose Gegensatz eines hochbewerteten ›innerlich‹ bedeuten muß.« [13] Sie beansprucht also keineswegs, eine Gesellschaftstheorie der Literatur zu erstellen, welche metaphysische oder formalistische Textdeutungen ausschlösse: »Es handelt sich nicht darum«, schreibt Escarpit über seine Literatursoziologie, »eine neue Literaturwissenschaft vorzuschlagen, die unvermeidlicherweise in der Antinomie gefangen bliebe, die zwischen der Literatur als ästhetischer und als historischer Tatsache besteht. Es handelt sich vielmehr um eine Hilfswissenschaft der literarischen Forschung, die den verwirrenden Konflikt zwischen Formalismus und Historizismus überwinden könnte, indem sie den zwei bekannten Dimensionen der Literatur – die der Werke und die der Menschen – eine dritte, die soziale Dimension hinzufügt.« [14] Die Germanistik, bis hinunter zu ihren Reformern, vermerkt solche Bescheidung dankbar und gibt »Arbeiten, in denen über die Grenzen des rein Literarischen hinausgeblickt und Literatur im allgemeinen geschichtlich-gesellschaftlichen Raum zu erfassen gesucht wird« [15], einen – wie immer dann betonten – bloß ergänzenden Charakter: Conrady weist in seinem 1966 erschienenen Studienplan derlei Problemen eine Vorlesung »Fragen der Literatursoziologie« im 7. Semester zu [16].

Zu recht monierte Wolfgang Fritz Haug angesichts einer Äußerung Eberhard Lämmerts, die Germanistik müsse sich »für die Auswirkung und Umwertung bedeutender deutscher Dichtungen im Bereich politischen Denkens und Handelns, überhaupt für deren Wirkungsgeschichte« [17] interessieren: »Impliziert ist immer noch das eigenständige Reich des Geistes, worin die großen Dichtungen sich erheben und eigentlich zuhause sind. Erst indem sie eintreten in den ›Bereich politischen Denkens und Handelns‹ werden sie ›umgewertet‹ und ›wirken sich aus‹. Es wäre aber gerade das Reich der Ideen mitsamt seinen Produktionen in seiner politisch-gesellschaftlichen Bedingtheit und Relevanz zu begreifen.«*

Vor allem bedeutete dies, das System der literarischen Produktion in seiner Abhängigkeit von dem der materiellen Produktion und den gesellschaftlichen Beziehungen, die sich auf dessen Grundlage herausbilden, zu begreifen; freilich auch, das Rückwirken von Gebilden und Verhältnissen des kulturellen Überbaus auf jene Basisbeziehungen und soziale Praxis überhaupt zu diskutieren. Demgegenüber geht bürgerliche Literaturwissenschaft und Literatursoziologie, wenn sie sich nicht gleich funktionalistisch auf literatur- und sonstwie überbauimmanente Beziehungen beschränkt und dabei häufig formal tautologisch, inhaltlich stets latent idealistisch bleibt**, höchstens bis zum Begriff

* Wolfgang Fritz Haug, *Der hilflose Antifaschismus,* Frankfurt 1967, S. 119. – Diese gesellschaftliche Abhängigkeit zu bestimmen, wird übrigens von der bürgerlichen Wissenschaft nicht bloß als unmöglich bezeichnet, sondern in antimarxistischer Frontstellung oft auch dann verweigert, wenn man nur zu gut erkennt, worauf das hinausliefe. So heißt es in Robert Ulshöfers *Methodik des Deutschunterrichts:* »Auf eine Gefahr möchten wir bei der Arbeit mit der Kurzgeschichte aufmerksam machen: auf die weltanschauliche Interpretation. Diese führt zur Vergewaltigung des Textes. Aus der Erzählung *Die unwürdige Greisin* von Brecht zum Beispiel möchten wir kein Menschenbild ableiten, das in bewußtem Kontrast zum Christentum zu sehen ist, wenn diese Geschichte auch ihren Ursprung aus einer sozialistischen Ideologie nicht verleugnen kann.« (Robert Ulshöfer, *Methodik des Deutschunterrichts,* Bd. II, Stuttgart 1968, S. 116 f.).

** Fügen unterstellt der marxistischen Theorie zunächst einen »naturwissenschaftlichen Gesetzesbegriff« und eine ebenso mechanistische Kausalitätsvorstellung, um dann die Folgerung zu ziehen, daß man sich, da sich die Übernahme solcher Annahmen nicht »empfehle«, »auf die Feststellung typischer Abläufe und Verhaltensweisen und deren funktionale Erklärung« beschränken müsse (Fügen S. 29); was das heißt, drückt durchaus angemessen der Witz von dem Polizisten aus, der auf der Wache rapportiert, es sei nichts Besonderes vorgefallen, nur habe sich jemand aus dem 6. Stockwerk eines Hauses zu Tode gestürzt: »Und da sagen Sie, es war nichts Besonderes?« – »Stimmt doch! Was Besonderes wärs gewesen, wenn er noch gelebt hätte.« Wie im Funktionalismus der bürgerlichen Ökonomie »(n)icht mehr der

der »Wechselwirkung zwischen Basis und Überbau« [18], der allerdings meist noch weiter, etwa zu einem »Beziehungsgefüge dialogischer Reziprozität«, in dem »Dichter und ›Welt‹« stünden [19], verwässert wird. Dabei herrscht die Vorstellung mehr oder weniger sporadischer gegenseitiger Beeinflussung genetisch nicht vermittelter Bereiche. Bei Fügen heißt es vom Schriftsteller: »Durch mannigfache Beziehungen ist er mit dieser Umwelt (!) verbunden.« [20] Escarpit meint, geschrieben werde »im Rahmen (!) von Wirtschaftssystemen ..., deren Einfluß (!) auf das Geschaffene nicht zu leugnen ist« [21]: es sei falsch, »den bestimmenden Einfluß zu ignorieren, den äußere Umstände (!), insbesondere wenn sie sozialen Charakter haben, auf die literarische Tätigkeit ausüben.« [22] Gedacht wird, in dem auch am Popperschen Positivismus von Adorno kritisierten Schema, die Individuen existierten prinzipiell für sich und Gesellschaft wirke nur von außen auf sie ein [23]. Gegen solche Meinungen weist Marx in den *Grundrissen der Kritik der politischen Ökonomie* am Beispiel des »Privatinteresses«, das verfolgend der Einzelne, laut bürgerlicher Ökonomie, ohne es zu wollen und zu wissen den allgemeinen Interessen diene, darauf hin, daß die Pointe vielmehr darin liege, »daß das Privatinteresse selbst schon ein gesellschaftlich bestimmtes Interesse ist ... Es ist das Interesse der Privaten; aber dessen Inhalt, wie Form und

Grund wirtschaftlicher Vorgänge, sondern deren wechselweiser Zusammenhang, die Interdependenz der Märkte ...« behandelt wird (Werner Hofmann, *Das Elend der Nationalökonomie,* in: ders., *Universität, Ideologie, Gesellschaft.* Frankfurt 1968, S. 133), praktiziert es die positivistische Literatursoziologie mit den sozialen Beziehungen, die mit Literatur zu tun haben. Und wie dort der Befangenheit in der Zirkulationssphäre Zirkelschlüsse entsprechen, gerät auch Fügen in Tautologien, wenn er den bloß beschreibenden Duktus mit dem Anspruch des Erklärens umgeben will. Da erfahren wir dann, daß »(d)ie Wiederentdeckung des auch die Literatur in sich einbeziehenden sozial-kulturellen Zusammenhangs ... der Literaturwissenschaft nur rezipierbar (war) in dem Maße, in dem ihre Auffassung von der Autonomie der Literatur dies gestattete.« (Fügen 120); daß, »(i)ndem der Einzelne in seine soziale Umwelt sich einfügt ..., er mit dieser in den hierarchisch geordneten Gesamtzusammenhang eingebettet (ist)« (Fügen 121); hören von der Erkenntnis L. Geigers, daß die »Neigung zum Kosmopolitismus« ein »typisches Kriterium für jene Zeiten« sei, »da man neue Welten entdeckt und sich in der alten nicht mehr heimisch fühlt« (Fügen 144), einer »in der Lösung von wichtigen gesellschaftlichen Bindungen begründete(n) soziale(n) Unsicherheit« (Fügen 144) und daß Schriftsteller »an der einmal übernommenen Funktion festhielten, weil sie von ihr nicht lassen konnten oder wollten.« (Fügen 152) Von der Literatur, »die sich in Form und Inhalt nicht den Idealen eines breiten Publikums unterwirft«, heißt es, daß sie »eine ihrer Intention adäquate Anerkennung nur noch bei kleinen intellektuellen Eliten« finde (Fügen 164). Es ist offensichtlich, daß solche Tautologien nicht einfach nichtssagend sind, sondern in ihrer Immanenz im literarischen und subjektiven Bereich idealistische Deutungen einschließen, die dann auch in manchen Formulierungen Fügens wie der vom »Aufkommen des Geistes einer neuen Zeit«, wo bezeichnenderweise Herdersche und Schillersche Wendungen unterschrieben werden, zutage treten. (Fügen 4f., 134)

Mittel der Verwirklichung, durch von allen unabhängige gesellschaftliche Bedingungen gegeben.«*

Fügen faßt deshalb die marxistische Theorie einmal mehr in bürgerliche Denkungsart, wenn er schreibt, daß Literatur von ihr »in einen direkten Bezug zu einer außerhalb von ihr bestehenden Wirklichkeit gesetzt wird.« [24] Sie macht es sich vielmehr – innerhalb einer Funktionsbestimmung des kulturellen Überbaus – wesentlich zur Aufgabe, die Beziehungen von Kunst und sie tragender Gesellschaft zu analysieren, welche in den Kunstwerken selber sich ausdrücken und ohne deren Erfahrung der ästhetische Gehalt zu mageren überzeitlichen Botschaften und dem leeren Reiz von Form-, Farb- und Tonkonstellationen einschnurrte.** Eine solche Präsenz von Gesellschaft in den Werken selber ist keineswegs etwa durch absoluten Geist verbürgt, der beide umfaßte, wie es der Spott eines Liberalismus will, der sich als weltgeschichtlich letztes Denken versteht und deshalb das nach- und vorbürgerliche zusammenwirft; sie rührt einfach daher, daß auch Kunst und Literatur nur Produkt einer Sparte gesellschaft-

* Karl Marx, *Grundrisse der Kritik der politischen Ökonomie* (Rohentwurf), Berlin 1953 (Nachdruck Frankfurt 1970), S. 74. – Wenn Paul Gerhard Völker gegen die »marxistische Literaturwissenschaft« schreibt: »Gegenüber einer Betrachtung der Literatur als Widerspiegelung abstrakter gesellschaftlicher Beziehungen auf Grund bestimmter Produktionsverhältnisse ist das Aussprechen der Bedürfnisse des Individuums der eigentliche Gesellschaftsbezug der Literatur« und ihr vorwirft, sie vergesse, »daß nicht die gesellschaftlichen Verhältnisse für sich, sondern das Individuum als Subjekt dieser Geschichte zu betrachten bleibt«, gerät auch er – trotz der prinzipiellen Erkenntnis des gesellschaftlichen Wesens des Individuums – in der berechtigten Abwehr gegen einen, von Marx freilich nicht vertretenen, Objektivismus in die Nähe des Idealismus. Das Verhältnis von objektiven Bedingungen und menschlicher Bedürfnisstruktur, v. a. aber das die bisherige Geschichte auszeichnende Sichverselbständigen der eigenen Tätigkeit der Individuen zu einer fremden Macht über sie scheinen hier vernachlässigt. (Paul Gerhard Völker, *Skizze einer marxistischen Literaturwissenschaft,* in: Marie Luise Gansberg/Paul Gerhard Völker, *Methodenkritik der Germanistik,* Stuttgart 1970, S. 101 f.).

** Eine Behauptung zu widerlegen, die in Beethovens Musik »ein(en) erhaben plebejische(n), dem Höfischen feindliche(n) Widerwille(n)« konstatierte, sagte Silbermann in der genannten Sendung: »Hier sollte man wirklich einmal die Probe aufs Exempel machen und sehen, ob man aus den Beethovenschen Klängen in der Tat jenen angeblichen Kampf und Widerwillen gegen den bürgerlichen Geist (?) heraushören kann oder ob er diesen Tönen nur einfach unterschoben worden ist.« (Silbermann, *Ist Kunst...?*, 2. Teil, S. 4) Daraufhin ließ er 30 Sekunden aus der *Missa Solemnis* spielen. Die einem solchen »empirischen Experiment« zugrundeliegende Auffassung, wenn ein bestimmter gesellschaftlicher Gehalt in Beethovens Musik enthalten sei, müsse er von seither vergangener und heutiger Geschichte, vom Geschichtsbewußtsein und musiktechnischen Wissen der Hörer unabhängig als unverlierbarer existieren, ist idealistischer, als die Schnoddrigkeit des Tests es scheinen läßt.

licher Arbeit und daher – wie sehr auch Gesellschaft nicht homogen, sondern zumal als Klassengesellschaft eine widerspruchsvolle Einheit ist – unter die Gesetze fällt, die jene Produktion beherrschen. [25]

Diese Erkenntnis macht es einer materialistischen Literaturtheorie unmöglich, nur das zu sein, was im Methodenpluralismus noch gefehlt hat; ebensowenig aber negiert sie abstrakt, was sich an statistischen bis psychologistischen Zugriffen der Interpretation bisher herausbildete. Sie sucht vielmehr, nach Gansbergs Formulierung, »alle Methoden gesellschaftswissenschaftlich zu verändern.« [26]

Der kommune Vorwurf, solche ausschließliche Interpretationsrichtung tendiere dahin, Literatur nur als Illustration, als bloßen »Indikator der ohnehin und womöglich auf direkterem Weg zu erhebenden sozialen Verhältnisse« [27] zu benutzen, wie Eberhard Lämmert ihn marxistischen Literaturstudien gegenüber parat hat, dürfte einmal der falschen Annahme einer einsinnigen Gesellschaft erliegen, in der nicht, ihren Widersprüchen und der Arbeitsteilung überhaupt entsprechend, verschiedene Weisen gesellschaftlichen Verhaltens und gesellschaftlicher Erfahrung auf mehreren Ebenen zu finden sind; er vergißt zudem, daß Kunst, könnte sie – ohne auch bloß relative Autonomie und Eigendynamik – nur die Bewegung der Basis ausdrücken, doch eben als deren Ausdruck die Differenz zum Ausgedrückten bewahrte [28] und damit z. B. teil an der Entwicklung einer Klasse an sich zur Klasse für sich hätte. Insgesamt sind bürgerliche Darstellungen der Art und Weise, wie marxistische Theorie sich die Gesellschaftlichkeit der Literatur vorstelle, nicht nur ablehnend gehalten, sondern meist inkorrekt und projektiv; im Rahmen dieses Aufsatzes können sie nur im Ansatz richtiggestellt werden.

Ist es schon verzerrend zu behaupten, der Marxismus sehe »Literatur im wesentlichen als ein weitgehend von der Klassenlage des Schriftstellers abhängiges Ausdrucksmittel ...« an [29], pflegen zu allem hin noch Klasse, Klassenlage, Klassenideologie und Klassenbewußtsein bloß wissensoziologisch, nach Schichtenmodellen und einer die gesellschaftliche Produktionsweise als Konstituens mißachtenden, atomisierenden Faktorentheorie definiert zu werden. Auch der Begriff der Widerspiegelung der Wirklichkeit wird in doppelter Weise mißverstanden, wenn er lediglich als inhaltliche Wiedergabe einzelner »Gegebenheiten der sozialen Umwelt« [30] gefaßt wird: Literatur greift nicht bloß historische Fakten als Motive auf – so begreift vielmehr die traditionelle Germanistik deren Beziehung zur Geschichte – [31], sondern erfährt die Gesellschaft über deren Gesamtprozeß und den eigenen, nämlich den einer Vermittlung der stofflichen Einzelmomente durch literarische Verfahrensweisen, die selbst – was ihre Bezeichnung als »Technik« verdeutlicht – vom Stand der Produktivkräfte – wenn auch teilweise sehr indirekt und stets durch die ökonomisch-politische Gesellschaftsformation vermittelt – abhängen und noch in ihrer abstraktesten Form nichts als geronnener geschichtlicher Inhalt sind.* Daß die Arbeitskraft des Autors sich am objektiven Stand jener literarischen Produktivkräfte** abzuarbeiten hat, ist im übrigen einer der Gründe, warum die Bestimmung seiner eigenen Klassenlage oder einer von ihm vertretenen Sache für die marxistische Analyse nicht ausreicht.

Solche Einsichten verfehlt Fügen einmal, indem er den literarischen Gehalt als »Darstellung eines Geschehensablaufs« [32] definiert: die Tatsache, daß jene »die bloße Stofflichkeit auflösenden und damit erst sie in Perspektive rückenden Verfahrungsweisen und Techniken« [33] die ins Sujet hineingenommenen Daten der Wirklichkeit nicht in ihrer scheinhaften Isolierung und ohnmächtigen Punktualität belassen,*** paßt einem der trauten Fassade verpflich-

* Im Anschluß an Lenins Satz, die Praxis des Menschen präge sich dadurch, daß sie sich milliardenmal wiederhole, im Bewußtsein der Menschen als logische Figuren ein, sagt Günter Mayer: »So wurden etwa musikalische Zeichenverknüpfungen, die ursprünglich äußerer Zweckmäßigkeit genügten und durch stete Wiederholung sich befestigt haben, zu immanenten syntaktischen Modellen der musikalischen Logik ...; oder es haben sich semantische Bezüge einzelner musikalischer Verfahrensweisen ... allmählich neutralisiert und sind zu wiederum syntaktischen Komponenten des Materials geworden.« (Günter Mayer, *Zur Dialektik des musikalischen Materials,* in: alternative 69, 1969, S. 244) Diese Erkenntnis bedeutet nicht nur für die Musikwissenschaft ein Argument gegen die Kritik am »Atelierstandpunkt«: »Töricht ist es ..., weitgetriebene technische Artikulation als formalistisch zu verfemen. Alle Formen der Musik, nicht erst die des Expressionismus, sind niedergeschlagene Inhalte. In ihnen überlebt, was sonst vergessen ist und unmittelbar nicht mehr zu reden vermag. Was einmal Zuflucht suchte bei der Form, besteht namenlos in deren Dauer. Die Formen der Kunst verzeichnen die Geschichte der Menschheit gerechter als die Dokumente.« (Th. W. Adorno, *Philosophie der neuen Musik,* Frankfurt 1958, S. 46) An späterer Stelle heißt es über Dissonanzen: »Als Ausdruck von Spannung, Widerspruch und Schmerz sind die Dissonanzen entstanden. Sie haben sich sedimentiert und sind zum ›Material‹ geworden. Sie sind nicht länger Medien des subjektiven Ausdrucks. Aber sie verleugnen darum doch ihren Ursprung nicht. Sie werden zu Charakteren des objektiven Protests. Es ist das rätselvolle Glück dieser Klänge, daß sie gerade vermöge ihrer Verwandlung in Material das Leiden, das sie einmal kundgaben, beherrschen, indem sie es festhalten.« (ebd., S. 84).

** Der Begriff der literarischen Produktivkräfte soll weder der Literatur die Teilhabe an der Produktion gesellschaftlichen Reichtums erschleichen noch implizieren, jene Produktivkräfte seien heute meist solche des Kapitalverwertungsprozesses, ihre Betätigung also »produktive Arbeit«; er ist aber doch mehr als bloße Analogierede, indem er die Ideologie vom Kunstschaffen als einem rezeptiven, unbewußt, ursprünglich usw. vorgestellten Prozeß kritisiert und Kunstproduktion als Teil gesellschaftlicher Arbeit begreift.

*** Der Prozeß, in den ästhetische Totalität das factum brutum hineinreißt, erinnert an den realen. Ist Formalismus deshalb nicht mit dem Hinweis auf leere Einzelaussagen, fehlenden Ausdruck im Detail anzukreiden, da jener Sinn erst vom Ensemble aller literarischen Mittel vertreten wird, muß doch das Hinausgehen über die stoffliche Unmittelbarkeit daraufhin geprüft werden, wie es zur realen Vermitteltheit

teten Positivismus nicht in den Kram [34]; zum andern, indem er den in ästhetischen Techniken sedimentierten gesellschaftlichen Gehalt abstreitet: »Die Frage nach der Übereinstimmung der Literatur mit einer ihr vorgegebenen Wirklichkeit ist selbstverständlich (!) nur vom Inhalt der literarischen Aussage her zu beantworten. Formprobleme sind immer literaturimmanente Probleme; sie stehen jeweils mit der dargestellten Wirklichkeit des literarischen Werkes, aber niemals mit einer außerhalb des Werkes gegebenen Wirklichkeit in Zusammenhang.« Daraus der wiederum falsche Schluß: »Indem die marxistische Literaturbetrachtung die literarische Aussage an einer seinsautonomen Wirklichkeit kontrolliert, verschwindet für sie jede Formproblematik, reduziert diese sich äußerstenfalls zum Problem der Abstraktion in der Widerspiegelung der objektiven Wirklichkeit, und der Inhalt allein tritt in den Vordergrund.« [35] Damit hätte in der Tat der patzige Konkretismus des bei Fügen zitierten E. H. Templin recht, der da sagt: »One principle remains constant: the greater the social content of a book, the more fruitful the social approach becomes.« [36] Die materialistische Theorie wird sich durch solche Sprüche nicht auf die Untersuchung von Gesellschaftsromanen beschränken lassen, sondern noch »im Innersten der Kunstwerke, in der technischen Faktur« [37] die materialistische Determination von Kunst aufzusuchen wissen. Verbirgt sich doch gerade dort das Geheimnis des Kapitalismus, wo Verdinglichung [38] Zeitenthobenheit und Natürlichkeit vorspiegelt.

Neutralisierung von Literatur als Fiktion

Will sich die angeblich empirische Literatursoziologie um den Gehalt von Literatur auch nicht bekümmern, muß sie ihren Untersuchungsbereich doch definieren. So will Fügen »ohne Rücksicht auf ästhetische Wertvorstellungen von dem fiktiven Charakter der Literatur als dem entscheidenden Kriterium« [39] ausgehen. Diese Bestimmung teilt er nicht nur mit anderen Positivisten [40]. So formal sie klingt, genügt sie doch den entschiedensten inhaltlichen Zwecken. Ganz abgesehen davon, daß die direkten Zweckformen – wissenschaftliche und publizistische Prosa, die Gattungen von Rede, Nachricht, Werbung – damit einmal mehr nicht als Literatur anerkannt sind*,

des Ergriffenen steht. Auch hier gilt Marx' Satz: »Die Form hat keinen Wert, wenn sie nicht die Form des Inhalts ist«. (Karl Marx, *Verhandlungen des 6. rheinischen Landtags,* in: Karl Marx/Friedrich Engels, *Werke,* Dietz-Verlag Berlin (fortan zitiert als MEW), Band 1, S. 146.

* Die im »Autoren-Büro« vorerst zusammengeschlossenen Literaturproduzenten definieren in einem Programm lapidar: »Literatur ist alles, was durch Sprache öffentlich vermittelt wird.« (*Literaturproduzenten, Status und Programm,* in:Kürbiskern Heft 4, 1970, S. 645) Eine engere Abgrenzung, wie sie zu praktischen Zwecken

erreicht sie zunächst, daß Produkte der entschiedensten Ideologiehaftigkeit soziologisch mit anderen wesentlich identisch gesetzt werden: »Die ›billigen Romane‹«, sagt Fügen, noch in der Wortwahl die Außenbetrachtung wahrend, »treten mit dem gleichen Anspruch auf Wirklichkeitsgeltung an ihre Leser heran, wie eine Literatur, die sehr strengen ästhetischen Maßstäben zu genügen vermag.«* Des weiteren setzt Fügens Definition die Prozesse, denen Literatur in Produktion und Distribution, das heißt aber durch den bestimmenden Eingriff der kulturindustriell herrschenden Instanzen erfährt, zum Akzidens herab: »Alle Anpassungen des Dramas an den Theaterapparat berühren nicht dessen literarischen Grundcharakter.« [41] Implizit bedeutet diese Akzentuierung gröbsten Idealismus: »Auch der Bühnenapparat muß sich ... in dieses soziale Grundverhältnis [42] einfügen und wird damit (wie die Kritik) zum ideellen Vermittler.« [43]

Vor allem aber lenkt die Betonung der Fiktionalität davon ab, daß Kunst in ihren authentischen Werken, wenn auch nicht auf szientivische Weise, Erkenntnischaraker hat.** Fügens scheinbar tolerante Feststellung: »Der Litera-

nötig sein kann, darf zumindest nicht starr vorgenommen werden, sondern muß u. a. den Verflechtungsgrad von Literatur mit audiovisuellen Medien jeweils mitbeachten.

* Formulierungen wie »sehr strenge ästhetische Maßstäbe« enthalten den Unterton, als gehe es hier um eine Art harmlosen Spaß an der Freud, dort um puritanische Gesinnungen einer Bildungselite – und nicht, in jenen ›billigen Romanen‹ zum Beispiel, um Verbreitung teils offen faschistischer Ideologien, in der »ästhetisch strengen« Literatur aber um Werke, die Vergnügen und gesellschaftlich richtiges Bewußtsein durchaus zu verbinden wissen.

** Die Redeweise, an Kunst sei Erkenntnis der Gesellschaft ablesbar, soll ihr nicht die zweifelhafte Würde einer Hilfswissenschaft verleihen. So sehr Kunst sich heute der manifesten immanenten Scheinmomente entledigen will und so sehr ihre Funktion Übereinstimmungen mit der einer Theorie der Gesellschaft aufweisen mag, sind doch nicht nur Anschauung und Begriff, Bild und Zeichen, sondern auch die innere Zweckmäßigkeit der Kunst von einer direkt praktischen geschieden. Was sie als Erkenntnis leisten kann, mißt sich nicht nur daran, daß sie – wie etwa der psychologische Roman des 19. Jahrhunderts – einzelne wissenschaftliche Einsichten vorwegnehmen oder in der Darstellung konkreter Totalität die Einzelwissenschaften korrigieren kann, sondern daran, ob sie, in der Mimesis und Konstruktion sich verbinden, auf eine hinter der Entwicklung der technischen Produktivkräfte wie immer fragwürdig zurückbleibende Art auszusprechen vermag, was diskursiv nicht erreichbar ist. »Rationale(r) Erkenntnis«, schrieb Adorno, »ist das Leiden fremd, sie kann es subsumierend bestimmen, Mittel zur Linderung beistellen; kaum durch seine Erfahrung ausdrücken; eben das hieße ihr irrational.« (Th. W. Adorno, *Ästhetische Theorie,* S. 35) Kunst aber könne zu jenem Irrationalen in ein anderes Verhältnis treten: »Zweierlei ist es, Irrationales – die Irrationalität der Ordnung wie der Psyche – künstlerisch zu manifestieren, zu formen und damit stets in gewissem Sinn rational zu machen, oder Irrationalismus zu predigen ...« (ebd., S. 89). Schwer ist freilich zu scheiden, ob Kunst Rationalität nur abstrakt negiert, sich aufs Hegen von Naturschutzparks verlegt, oder aber in bestimmter Negation kapitalistischer, d. h.

tur ist das Privileg zugestanden, unwiderleglich zu sein« [44], offenbart in Wahrheit die zum Pragmatismus der Kapitalverwertung beim Bürger gehörende »tiefe Verachtung und Gleichgültigkeit gegen den Geist, die sich freilich mehr in seinen Handlungen als in seinen Ansichten, mehr in seinen Instinkten als in seinem Bewußtsein durchsetzen ...« [45] Was nicht nach positivistischen Kriterien verifizierbar oder falsifizierbar ist, gilt für wenig mehr als Allotria, wie es jener Witz anzeigt, in welchem der ABC-Schütze dem Lehrer, der am ersten Schultag eine Geschichte erzählt, verächtlich erklärt: »Ich geh nach Haus, meine Mutter schimpft, wenn ich mich rumtreib.« Nichts anderes drückt Escarpit aus, wenn er, der Literatur jeden Lesestoff nennt, »der keinem rein funktionalen Zweck dient«, nicht bloß alsbald zum absoluten Wort »Zweckfreiheit« weiterschreitet, sondern von hier aus mühelos zum Begriff »reine Unterhaltung« gelangt [46].

Nun gilt natürlich, daß Wiegenlieder bei Chopin nicht mehr dazu dienen, jemand einzuschläfern, und daß einzelne Sentenzen und Erzählinhalte, insofern Kunst aus ihnen besteht, meist nicht umstandslos »wahr« sind. Beide

partikularer Rationalität sich zum Anwalt dessen macht, was diese unterpflügt. Gerade die Tatsache, daß Kunst »als urteilslose Synthesis ... größere Gerechtigkeit dem gegenüber« übt, »was das Urteil sonst wegschneidet« (Th. W. Adorno, *Erpreßte Versöhnung,* S. 175), also eben eines ihrer genuin kritischen Momente, ist mit ihrem ideologischen untrennbar verbunden. Dadurch, daß sie die Ausrichtung auf einen planen Zweck sich versagt, wird sie in ihrer Unbestimmtheit fremden Zwecken umso leichter unterwerfbar. Jene Vagheit, ja Multivalenz dürfte freilich in der noch in ihren scheinbar asemantischen Lautcollagen, an die sich doch Bedeutungsassoziationen heften, an Begriffe und Gegenständlichkeit gebundene Literatur am geringsten sein. Doch auch bei ihr ist schwer auseinanderzuhalten, ja objektiv konfundiert, ob die Gesellschaft in ihr verklärt, kritisiert oder versöhnt erscheint (cf. Th. W. Adorno, *Einleitung,* S. 225), ob das Negative in der Kunst »das gesellschaftliche ausdrückt und dadurch transzendiert, oder es bloß, bewußtlos in seinem Bann, imitiert.« (ebd., S. 193) Daran unter anderem hat der Streit um den Solipsismus der bürgerlichen Avantgarde sein fundamentum in re. Gleichwohl darf solcher möglicher Unbestimmtheit im Gegenstand nicht eine Art der Analyse entsprechen, die selbst wiederum nur begriffslose Mimesis wäre: »Wohl fällt keiner Subsumtion der ästhetische Gehalt zu, aber ohne subsumierende Mittel wäre auch keiner zu denken; Ästhetik hätte vorm Kunstwerk gleichwie einem factum brutum zu kapitulieren.« (Th. W. Adorno, *Ästhetische Theorie,* S. 269) Interpretation mischt sich deshalb nicht in ihr Heterogenes ein: »Tatsächlich greift jegliches Kunstwerk, auch das hermetische, durch seine Formensprache über seine monadologische Verschlossenheit hinaus. Ein jegliches bedarf, um erfahren zu werden, des wie immer rudimentären Gedankens ... Vermöge der Allgemeinheit des Gedankens ist jede vom Kunstwerk erforderte Reflexion auch eine von draußen.« (ebd., S. 520) Das Programm strikt immanenter Analyse beruht demnach auf einem Selbstmißverständnis; die richtige wäre die Rettung der Intention des Begriffslosen – und auch begrifflich gefaßt sicher nicht immer Einhelligen – durch den Begriff: »Bewußtlose Teilhabe an Erkenntnis eignet der Kunst; sie ins Bewußtsein zu heben, wäre Aufgabe einer marxistischen Ästhetik und Kunstsoziologie.« (Rolf Tiedemann, *Nachwort,* l. c., S. 175 f.).

Momente konstituieren den ästhetischen Schein: nicht bloß das Berichten von Nichtwirklichem, sondern daß, wie Adorno es schrieb, die Technik der Kunstwerke ihren terminus ad quem in ihnen selbst, nicht außerhalb hat: »Darum bleibt auch die Technik ihrer immanenten Zweckmäßigkeit ›ohne Zweck‹, während doch Technik konstant außerästhetische zum Modell hat.« [47]

Noch das bloße Verlassen der Empirie in der Fiktion ist aber doppelsinnig: es bedeutet nicht nur, wie Fügen im Einklang mit einer wesentlichen Funktion bürgerlicher Kunst meint, daß die »Literatur ... über die erkannte Welt hinausschreiten und so ihr Publikum von der Schmerzlichkeit und Gefährlichkeit der Empirie entlasten« kann [48]; noch im offensichtlichen Blendwerk können – basierend auf objektiven gesellschaftlichen Tendenzen – Möglichkeiten zitiert sein: der Märchensatz »Wahr muß es doch sein, sonst könnte man nicht davon erzählen« [48a], hätte darin sein Recht. In den authentischen Werken bürgerlicher Kunst war »der ästhetische Schein ... beides: die Vergoldung des Bestehenden und der Abglanz dessen, was anders wäre; das Surrogat des Glücks, das den Menschen verweigert wird, und das Versprechen des wahren.« [49] Wird jene Ambivalenz zugunsten eines angestaunten hic et nunc ästhetischen Insichruhens von der Kunstideologie geschlichtet, ist in der Tat die Schwelle überschritten, von der Adorno sagt: »Nur ein Schritt ist von der Utopie des sich selbst Gleichseins der Kunstwerke zum Gestank der himmlischen Rosen, welche die Kunst, wie nach Schillers Tirade die Frauen, ins irdische Leben streue.« [50]

Selbst wenn Fügen recht damit hätte, daß Literatur verlange, »die in ihr dargestellte Wirklichkeit als eine in sich abgeschlossene und eigenständige zu nehmen« [51], vergißt er, daß jene sich auf Realität doch als deren Gegenteil bezöge und also keine Eigenständigkeit besäße; im übrigen ist der Begriff eigenständiger Wirklichkeit der Literatur ausschließlich am geschlossenen bürgerlichen Kunstwerk orientiert, an der Guckkastenbühne und der ihr entsprechenden Illusionstechnik des traditionellen Romans; begriffen sind freilich nicht einmal diese: »Vom Standpunkt des unmittelbaren ästhetischen Erlebnisses«, sagt Arnold Hauser für die Kunst des l'art pour l'art, »erscheint die Selbstherrlichkeit und Selbstgenügsamkeit als das Wesen des Kunstwerkes, denn nur indem es sich von der Wirklichkeit abtrennt und diese restlos ersetzt, nur indem es einen totalen, in sich vollendeten Kosmos bildet, ist es imstande, eine vollkommene Illusion zu erzeugen. Diese Illusion ist aber keineswegs der ganze Inhalt der Kunst und hat oft gar keinen Anteil an ihrer Wirkung. Die größten Kunstwerke verzichten auf den täuschenden Illusionismus einer in sich abgeschlossenen ästhetischen Welt und weisen über sich hinaus. Sie stehen in einer unmittelbaren Beziehung zu den großen Lebensproblemen ihrer Zeit und suchen stets eine Antwort auf die Frage: Wie läßt sich dem menschlichen Dasein ein Sinn abgewinnen? Wie können wir an diesem Sinn teilhaben?« [52]

Schon indem Literatur Sprache zum Material hat, bezieht sie sich über semantische, also allgemeine Gehalte auf Probleme der Empirie. »Um ästhetisch angeschaut werden zu können«, sagt Adorno von Begriffen in Lyrik, »wollen sie immer auch gedacht werden, und der Gedanke, einmal vom Gedicht ins Spiel gesetzt, läßt sich nicht auf dessen Geheiß sistieren.« [53] Und kann schon eine Romanfabel, wenn sie auch nicht »Aufzeichnung eines tatsächlichen Geschehens« zu sein braucht, doch modellhaftes »Abbild eines größeren gesellschaftlichen Zusammenhangs« sein [54] – »Wer weist obs nicht wahr ist«, fragt in diesem Sinn der Schlußsatz des Lalebuchs –, so darf erst recht für den technisch vermittelten Gehalt gesellschaftliche Wahrheit reklamiert werden: auch das schließt Fügens erwähnte Bestimmung von Literatur als »Darstellung eines Geschehensablaufs« [55] aus.

Vollends ungenügend wird die Gleichung Literatur-fiction angesichts der Moderne: »Im positivistischen Kunstbegriff wird der Nachdruck auf vermeintlich freie Erfindung fiktiver Wirklichkeit gelegt. Sie war in Kunstwerken stets sekundär, tritt heute in Malerei und Literatur gänzlich zurück.« [56] Die Techniken des epischen Theaters bezeugen das ebenso wie der Abbau der Omnipotenz des Autors, die Fiktionsironie, das Einbeziehen von Reflexion aufs gerade Berichtete auch in den noch relativ konventionell gehaltenen erzählenden Gattungen. Die reine Anschaulichkeit als scheinhafte Versöhnung von Subjekt und Objekt verlassend, setzt sich diese Kunst mit dem zur rationalen Materialbehandlung nicht recht passenden ästhetischen Schein auseinander; dessen Zersetzung trägt »dazu bei ..., das Versprechen von Kunst zu verwirklichen, indem die illusionäre Verwirklichung in der ästhetischen Gestalt beseitigt wird, und indem deren eigene Negativität den Widerspruch des Wirklichen zum Möglichen ausdrückt.« [57] Adorno legt also den Akzent darauf, daß selbst das schein- und damit letztlich kunstfeindliche Moment gegenwärtiger Literatur jene nicht von außen negiert, sondern deren immanente Dialektik nur weitertreibt: »Benjamin hat, unter der Thematik der Aura, deren Begriff der vermöge ihrer Geschlossenheit über sich hinausweisenden Erscheinung recht nahekommt, darauf aufmerksam gemacht, daß die mit Baudelaire einsetzende Entwicklung die Aura, etwa als ›Atmosphäre‹, tabuiert; schon bei Baudelaire wird die Transzendenz der künstlerischen Erscheinung bewirkt und negiert in eins. Unter diesem Aspekt bestimmt sich die Entkunstung der Kunst nicht allein als Stufe ihrer Liquidation, sondern als ihre Entwicklungstendenz.« [58] Fügen dagegen beharrt darauf, daß die selbstgenügsame Fiktionalität ein »Kulturmuster« sei: »(D)er Einzelne kann sich ihm nicht entziehen, ohne die Literatur zu verfehlen.« [59] Ein solcher Verstoß gegen das »literaturmäßige Verhalten« [60] kann vom Autor und vom Interpreten ausgehen. Selbstverständlich bedeutet für Fügen die aus sowjetischer Quelle zitierte Auffassung »Wir haben auf keine Tolstois zu warten, denn wir besitzen unser Epos. Unser Epos ist – die Zeitung« [61] –

zweifellos nicht die einzig mögliche Alternative – die »Abschaffung der Literatur« [62]; aber bereits eine parteiliche Literatur, Tendenz- und Agitationskunst, dürfte – und das ist die politische Pointe – für ihn nicht mehr unter den Kunstvorbehalt fallen [63].

Am handfestesten zeigen sich die ideologischen Implikate der positivistischen Literaturbestimmung aber in der Abwehr einer Literaturtheorie, welche wie die marxistische »die Inhaltsaussage dem Vergleich mit einer ... unabhängig von der Literatur bestehenden Wirklichkeit« unterwerfe [64]. Marx' und Engels' Kritik an Lassalles Drama *Sickingen* gibt für Fügen das Modell des angeblich verfehlten Versuchs ab, »sich selbst und jeden marxistischen Leser von dem Anspruch des literarischen Werkes, als in sich geschlossene, eigenständige Wirklichkeit zu gelten«, zu befreien [65]. Lassalle, für den »nur ein werkimmanentes Richtmaß gültig« sei [66], habe recht, wenn er für den Fügenschen »eigenen Wirklichkeitsanspruch« eintrete und damit »entschieden ein aus der historischen Wirklichkeit entnommenes Richtmaß« verwerfe [67]. Hier ist nun selbst Lassalles Stellungnahme verfälscht. Dieser reklamiert gegen die Kritik keineswegs, er singe, wie der Vogel singt, sondern antwortet mit historischen sowohl wie mit geschichtsphilosophischen Argumenten. Nicht nur konzediert er zum Beispiel, daß der Autor »seinem Helden keine Anschauungen leihen« dürfe, »welche über den Horizont der ganzen Zeit, in der er lebte, hinausgehen« [68]; sondern auch objektiv ist der Anspruch des Stücks, eine »kulturhistorische Tragödie« zu sein [69], welche zeige, daß »revolutionäre Zwecke nicht durch diplomatische Mittel erreicht werden« können [70], ja aus der die Gewißheit des Siegs des neu aufgenommenen Kampfes – nämlich des sozialistischen – zu entnehmen sei [71], unverträglich mit einem beliebigen Ummodeln des historischen Beispiels. Daß die These auf dieses nicht passen will, stört nicht bloß den Historiker; inhaltsästhetische Befangenheit mag bei Marx und Engels eine Rolle gespielt haben. Es stört die Logik des Handlungszusammenhangs und erst recht die tragische Idee [72]. Vollends gilt für ein Theater wie das Brechtsche »die Verpflichtung zur theoretischen Richtigkeit des eindeutig Intendierten«, wofern, wie Adorno formulierte, »seine Kunst das quid pro quo verschmäht, sie, die sich als Lehre vorträgt, sei gleichzeitig um ihrer ästhetischen Gestalt willen von der Verbindlichkeit dessen dispensiert, was sie lehrt.« [73] Diejenigen, welche Brechtaufführungen nach der Befestigung der Berliner Grenze verbieten wollten, taten deshalb dem Autor mehr Ehre an als jene, die seine Politik subtiler und effektiver bekämpfen, indem sie seine Stücke als bloße Kunststücke der theoretischen Prüfung gar nicht zuführen.

Nun ist die Neutralisierung von Kunst, welche sie unter fiction ablegt, nicht von Banausen angezettelt, sondern von dem, was mit einem mißbrauchten und doch wohl kaum ersetzbaren Begriff ihre Autonomie heißt, nicht zu trennen. Fähig zu kritischer Erfahrung wurde Literatur des Bürgertums erst durch das Suspendieren der unmittelbar praktischen Zwecksetzung; ihre relative Autonomie aber hat sie »nur in der negativen Beziehung auf das, wovon sie sich scheidet.« [74] Diese aber ist in ihr gekappt. Die gegen die von Marx so genannte »allgemeine Venalität«, das »allgemeine Nützlichkeits- und Brauchbarkeitsverhältnis« [75] in der kapitalistischen Produktionsweise polemisch gerichtete Zweckfreiheit wurde zum »geronnenen Gegensatz des Zweckvollen und Zweckfreien« [76], der Bezug auf andere Zwecke verloren: »... (D)ie Verwandlung der Kultur in ein Eigenständiges und der Beziehung auf mögliche Praxis Entäußertes macht es dann möglich, sie dem Betrieb, von dem sie unermüdlich sich reinigt, widerspruchslos und ohne Gefahr einzupassen ... (D)as herausfordernd Unnütze ... wird zum toleriert Nichtigen oder gar zum schlechten Nützlichen, zum Schmieröl, einem für Anderes Seienden, zur Unwahrheit, den für Kunden kalkulierten Waren der Kulturindustrie.« [77] Kunst wird als Branche abgeteilt, der eine »Interaktionen im literarischen System« [78] abgrenzende Einzelwissenschaft in der Tat angemessen erscheint [79]; noch der unkonventionelle Lebenswandel von Künstlern wird als spezifisches Rollenverhalten respektiert, die Künstlerviertel und die darin ausgestellte Bohème zeugen davon. Selbst Zwölftontechnik wird wohl weniger angefeindet denn »toleriert als Privatbeschäftigung von Spezialisten, die da auf eine nicht ganz durchsichtige Weise für die Kultur notwendig sein soll« [80], während doch – wie es eben, entgegen dem Gerücht über ihn, Adorno forderte – versucht werden müßte, »trotz aller Widerstände die zu erreichen, die nicht Spezialisten sind«, da Kunst sonst »vor der bestehenden Gesellschaft kapitulieren und sich in einer Sparte innerhalb der allgemeinen Arbeitsteilung einrichten (würde), über die Kunst hinausweisen muß, wenn sie nicht ihren eigenen Begriff antasten will.« [81]

Isolierung und Personaliserung literarischer Prozesse

Wofür erklärt sich die positivistische Literatursoziologie nun kompetent? Fügen glaubt die ideologischen Klippen der Eingrenzung durch einfache tautologische Definition umgehen zu können: »Da die Soziologie das soziale, d. h. intersubjektive Handeln zum Forschungsgegenstand hat«, sagt er in unausgewiesener Prämisse, »ist sie nicht am literarischen Werk als ästhetischem Gegenstand interessiert, sondern Literatur wird nur insofern für sie bedeutsam, als sich mit ihr, an ihr und für sie spezielles zwischenmenschliches Handeln vollzieht. Die Literatursoziologie hat es demnach mit dem Handeln der an der Literatur beteiligten Menschen zu tun.« [82]

Wie »der Begriff des ›sozialen Systems‹ in der einzelwissenschaftlichen Soziologie auch Subsysteme der Gesellschaft, Organisationen und Gruppen decken kann, deren funktionell verknüpfte Elemente nur aus den partiellen sozialen Rollen der Individuen bestehen« [83], wobei konsequenterweise an die Stelle des Begreifens das bloße Beschreiben der immanenten Zusammenhänge dieser Gefüge tritt, konstruiert auch Fügen ein »in sich strukturierte(s) literarische(s) System« [84] und lehnt von daher eine Forschung ab, »deren ›soziologischer‹ Ansatz darin besteht, eine irgendwie geartete Beziehung zwischen Literatur und den ursprünglich außerhalb von ihr befindlichen gesellschaftlichen Gegebenheiten anzuerkennen.« [85] Es verschlägt dabei wenig, daß er – wenn auch nicht als Gegenstand einer Literatursoziologie – »die Möglichkeit des Einwirkens außerliterarischer, gesellschaftlicher Faktoren ... auf eines der Elemente des Systems« an andrer Stelle wieder konzediert [86]. Wo Gruppenbeziehungen oder »Subsysteme intersubjektiven Handelns« zum Objekt der Soziologie schlechthin erhoben werden, kommt jedenfalls die Frage nach der apriorischen Abhängigkeit der Einzelbeziehungen von einem Gesamtzusammenhang – geschweige denn einem durch die Produktionsweise bestimmten – nicht auf. Bei Fügen scheint sie weniger vergessen als tabuiert: »In der Literatursoziologie tritt erfahrungsgemäß dort, wo von gesellschaftlicher Totalität die Rede ist, an die Stelle empirisch gesicherter Sachverhalte der gruppenideologisch vorgeprägte oder private utopische Entwurf von Gesellschaft. Damit kann eine konkrete Einsicht in die Wechselwirkung zwischen bestimmten literarischen und gesellschaftlichen Institutionen nicht zustande kommen, und an die Stelle empirischer Literatursoziologie tritt die Sozialkritik.« [87]

Registrierte eine quasi naturwissenschaftliche Methode bei Emile Durkheim, einem der ersten Vertreter der Gruppensoziologie, immerhin noch den dinghaften Charakter auch sozialer Einzelbeziehungen, so unterstellt die Beschränkung aufs zwischenmenschliche Handeln einzelner Personenkreise bei Fügen – wie schon bei Max Weber, von dem er wesentlich lernte – eher, »daß die Gesellschaft eine von Menschen, daß sie menschlich sei, unmittelbar eins mit ihren Subjekten; als bestünde nicht das spezifisch Gesellschaftliche im Übergewicht von Verhältnissen über die Menschen, deren entmächtigte Produkte diese nachgerade sind.« [88] Adorno meint die Gesellschaft kapitalistischer Warenproduktion, die nach Marx »zwar aus dem Aufeinanderwirken der bewußten Individuen hervorgeht, aber weder in ihrem Bewußtsein liegt, noch als Ganzes unter sie subsumiert wird. Ihr eignes Aufeinanderstoßen produziert ihnen eine über ihnen stehende, fremde gesellschaftliche Macht ...« [89] Im gruppensoziologischen »Schein des Lebendigen, gewissermaßen Nachbarlichen von Angesicht zu Angesicht« ist dies geleugnet [90], wenngleich der Rollenbegriff, der den Autor als Autor und den Leser als Leser zum Gegenstand hat, ungewollt doch von ferne an das erinnert, was Marx mit der Prägung »Charaktermaske« meinte: daß die Individuen vorerst keine seien, sondern nur Personifikationen gesellschaftlicher Funktionen.* Im gleichen Zug aber sanktioniert das Modell die Rollenteilung auch und verewigt sie methodisch: es wird dann beispielsweise nurmehr gefragt, wieweit ein »wirkliches Engagement an den vierten Stand (!)« den Schriftstellern gelingen kann [91], nicht aber, was von der heutigen Trennung in Autoren und Leser, vor allem aber in Besitzer und Nichtbesitzer literarischer Produktionsmittel überhaupt zu halten sei.

Indem nun »menschliches Handeln« als »seiner subjektiven Motivation nach dem Forscher innerlich reproduzierbar und dadurch auch verstehbar« [92] als Forschungsobjekt bevorzugt wird – König spricht, kaum vorsichtiger, davon, daß »Teilstrukturen ... uns zumindest näherstehen« als »gesamtgesellschaftliche Großstrukturen« [93] –, wird ausgeschieden, »was an der Gesellschaft der Identifikation durch den Verstehenden konträr ist« [94] und, wo es doch in den Blick kommt, bei seiner Nichtverstehbarkeit ausgeruht. Wenn Fügen die Gesellschaft als »soziale Gegebenheiten« streift [95], scheint Wilhelm Diltheys »Die Natur erklären wir, das Seelenleben verstehen wir« [96] tatsächlich so angewandt, als sei die zweite Natur verdinglichter Beziehungen eine erste. Statt jedoch das Subjektfremde zu unterschlagen oder aber dessen Charakter als gewordene und aufhebbare Entfremdung, wäre »die Nichtverstehbarkeit zu verstehen, die den Menschen gegenüber zur Undurchsichtigkeit verselbständigten Verhältnissen aus Verhältnissen zwischen Menschen abzuleiten.« [97]

Was Fügen als Zwischenmenschliches schließlich herauspräpariert, unterdrückt die entscheidenden Momente und Widersprüche auch innerhalb des literarischen Bereichs, nicht nur in dessen Beziehung zur Gesamtgesellschaft. Fügen statuiert, daß »(d)ie Erfassung der Literatur als soziales Phänomen ... nur vom sozialen Grundverhältnis ausgehend möglich« [98] ist – mit welchem gewichtigen Begriff er nur die Verhaltensübereinkunft von Autor und Leser darüber meint, daß Literatur fiktional sei. Gewonnen ist mit dieser

* cf. Th. W. Adorno, Artikel »Gesellschaft«, l. c., Sp. 639. – Schimpfen Germanisten wie Peter Demetz, vom Marxismus würde »die Gestalt des Dichters ... zum eigentlich unpersönlichen Diener wirtschaftlicher Vorgänge herabgewürdigt«; in der »grauen Theorie des wirtschaftlichen Determinismus« habe »der Mensch jede Bedeutung als ontologische Größe verloren« und nur noch die Aufgabe, »die entfernten Beben der wirtschaftlichen Fundamente zu registrieren«, haben sie freilich insofern recht, als der Skandal wirklich erst dann beginnt, wenn die Polizei ihm ein Ende machen will. Dem Materialismus ist die bisherige Form der Abhängigkeit von ökonomischen Gesetzen, nach einem Satz Horkheimers, nicht Programm, sondern Gegenstand, und zwar einer der Kritik; vorgenommen hat er sich die Beherrschung quasi naturgesetzlich sich vollziehender Prozesse durch die assoziierten Individuen des Sozialismus. Dessen Gegner pikiert deshalb das Grau der marxistischen Theorie als die Farbe der Dämmerung, während sie – entgegen ihrem individualistischen Gerede – die Nacht von Kapitalismus und Rollensoziologie, in der alle Kühe schwarz und angeblich glücklich sind, durchaus goutieren. (Peter Demetz, *Marx, Engels und die Dichter,* Frankfurt-Berlin 1969, S. 71, 75, 77).

Definition eines Grundverhältnisses immerhin die Ausklammerung der Idee, daß »die Literatur sich als soziales Phänomen ... von dem manchmal bestehenden Zusammenhang mit den Klassengegensätzen her erfassen läßt.« [99] Was dabei den sozialen Status des Autors betrifft, wird bei Fügen hervorgehoben, daß er seine Freizeit anders als der »Bürger« verbringe: abgesehen von der Abstrusität, er verwende sie nämlich zur »Persönlichkeitspflege«*, impliziert eine solche Grundbestimmung nicht nur die harmonistische These, daß »die Mitwelt (!) ... diesen Status (respektiert)« [100], sondern wehrt vor allem die, wie Fügen es nennt, »Überbetonung der Klassenbindungen« [101] des Autors durch den Marxismus ab, das heißt also Fragen wie die, ob der soziale Status der an Literaturproduktion Beteiligten der einfacher Warenproduzenten, aus dem Mehrwert ernährter unproduktiver Arbeiter oder der mehrwertschaffender Lohnarbeiter ist [102]. Das einzelwissenschaftliche Bemühen, den Autor als »eigenen ... sozialen Typus« [103] zu zeigen, befördert die Ständeideologie und steht der Erkenntnis ökonomisch gleicher Stellung zum Beispiel mit Lohnabhängigen, die nicht im Besitz ihrer Produktionsmittel sind, im Wege.

Solche Probleme sind auch dadurch umgangen, daß vor allem Beziehungen von Autor und Leser besprochen werden. Weder Verlags- noch Druckereikapital noch die dort Beschäftigten – welche das Konsumgut Literatur erst herstellen – gehen in die Analyse ein; der Schriftsteller, der mit dem Manuskript nur einen Rohstoff zur Weiterverarbeitung abliefert, scheint damit selbständiger Produzent der Bücher zu sein. Zwischen ihm und dem individuellen Konsumenten kennt Fügen lediglich »Vermittler«, als welche – nach ihrer inneren Organisation natürlich nicht differenziert – Kritik, Theater, Buchhandel und Bibliotheken verzeichnet sind [104]. Escarpit stellt die Falschheit einer solchen Betrachtungsweise noch dadurch aus, daß er Produktion und Distribution derart auf zwei Kapitel verteilt, daß unter Produktion nur die Tätigkeit des »kreativen Schriftstellers« [105] abgehandelt, alles andere aber in den Abschnitt »Die Verbreitung« abgeschoben wird.

Die Entobjektivierung der intersubjektiven Handlungen im literarischen System setzt sich in Formulierungen wie der von einem »Wechselverhältnis zwischen Schriftsteller und Leser« [106] fort. Einmal ist im Begriff des Wechselverhältnisses die Frage des Vorrangs der Produktion vor der Konsumtion negativ vorentschieden; sodann wird, indem von der einen Seite nur »Leser« ins Blickfeld kommen, mißachtet, daß Literatur zumeist auf dem Markt getauscht wird: unter den sozialen Beziehungen, die mit Literatur zu tun haben, sind die wesentlichen des Kaufakts beiseitegeschoben. Sollten sie aber mitgemeint und nur nomenklatorisch vertuscht sein, sind damit alle Käufer zu

* Fügen 108. – Insofern es überhaupt brauchbar ist, trifft das Wort auf den Prestigekonsum des Bourgeois viel eher zu, während der Autor recht konkrete Fertigkeiten auszubilden hat.

Lesern verklärt. Doch auch wenn nur der Leseakt als Betätigung der Konsumenten gesehen wird – wobei das Buchgewerbe freilich längst bankrottiert hätte –, bleibt der Unsinn, daß hierbei nicht das literarische Werk, sondern der Autor in einem Verhältnis zum Leser stehen soll.* Selbst wo der Begriff »Literatur« bei Fügen auftaucht, indizieren mißlungene Satzkonstruktionen wie »Rein ihrer Verhaltensintention nach haben sich Literatur und Schriftsteller ... von der ›Gesellschaft‹ distanziert« [107] den beibehaltenen Personalismus. Dieser erfaßte dabei meist nicht einmal ein zwischenmenschliches Handeln, wo es tatsächlich stattfände, sondern das bloße Bewußtsein der Agierenden davon; die subjektive Absicht und Meinung wird zum Kriterium des wirklich Geschehenden. So können nach Fügen Annahmen über »einen eigenen Status« des Autors »durch die zahlreichen Untersuchungen über das Selbstverständnis der Schriftsteller als gerechtfertigt gelten« [108]; auch seine Fassung des Grundverhältnisses »als der sich in der Literatur manifestierende Anspruch (!) des Schriftstellers und die ihm vom Leser entgegengebrachte besondere Einstellung (!)« [109] verharrt völlig in subjektiv sinnverstehender Hermeneutik. Wie bei der Nationalökonomie, die gleich Fügens empirischer Soziologie in den Erscheinungen der Zirkulationssphäre steckenbleibt, drängt eine »bloße gelehrte Umschreibung des Marktgeschehens in seiner eigentlich keiner tieferen Erklärung mehr bedürfenden Unmittelbarkeit« weiter zu »einer ›behavioristischen‹ Darstellung der möglichen oder beobachtbaren Verhaltensweisen von Käufern und Verkäufern ...« [110] Wo aber die Gesetze des menschlichen Verkehrs als subjektive Anstöße gefaßt werden, ist es zu einer Erklärungsweise nicht weit, welche den einzelnen Handlungen mehr oder minder konstante Triebregungen zuordnet, so wie die bürgerliche Ökonomie von einem Tauschtrieb, dem Hang zum Verbrauch, einer – natürlich Unternehmern und Arbeitern gleichermaßen zugesproche-

* Nach Fügen und mit ihm der Ideologie vom literarischen Schöpfertum, deren historisches Substrat – anonymer Markt, Konkurrenz, Arbeitsweise der Autoren usw. – hier nicht entfaltet werden kann, ist das literarische Werk vom Schriftsteller »hervorgebracht, in seinem Sein und Sosein bestimmt und ganz und gar abhängig. Es verweist somit immer auf ein als Urheber hinter ihm stehendes Individuum, den Schriftsteller, zurück.« (Fügen 19) Angesichts der Tatsache, daß der Autor nicht einmal beim Schreiben selbst frei ist, indem noch die eigenen Schreibregeln, deren Gesetzen er, sobald er sie einmal gewählt hat, folgen muß, nicht von ihm erfunden sind, sondern objektive Problemfiguren des literarischen Materials wiedergeben; angesichts der – bei Fügen nicht geübten – Unterscheidung dessen, »was ein beliebiger Autor in der Tat aussagt, von dem, was er auszusagen glaubt« (Karl Marx, Brief an M. M. Kowalewski, MEW 34, S. 506), also der Erkenntnis, daß die schriftstellerische Intention nicht bloß in der Objektivation im Werk erlöscht, sondern gar nicht in diese einzugehen braucht – all dem gegenüber steht Fügens Vorstellung von Autor und Werk als siamesischen Zwillingen eher auf der Ebene des Witzes, in dem jemand bei der Nachricht von Edisons Tod ausrief: »Um Gotteswillen, jetzt gehts wieder los mit den Petroleumlampen!«

nen – Neigung zum Investieren oder Arbeiten weiß. Die um Literatur zentrierten Interaktionen mögen dann einem selbständigen ästhetischen Sinn oder einem anthropologischen Bedarf nach Kommunikation über Ästhetisches zugeschrieben werden – in einem Personalismus, der nach Hofmanns Aufweis nicht mit Individualismus gleichzusetzen ist, da er die Wünsche der Einzelnen so denkt, als kämen sie jene wie fremde Mächte an [111].

Eine andere, wesentliche Folge der Reduktion des gesellschaftlichen Wesens von Kunst darauf, Gegenstand intersubjektiven Verhaltens zu sein, ist die Mißachtung jeder Möglichkeit von Literatur, die herrschende Praxis in ihrem Gehalt zu überschreiten. Überdeutlich wird das in den Schriften Silbermanns. Daß sich Kunstsoziologie, wie wir sahen, von der »kaum erfaßbaren Immanenz der Kunst« [112] fern hält, wird von ihm auch damit begründet, daß dies »unweigerlich zu wirklichkeitsfremden Ergebnissen führen« würde [113]. Man habe sich darauf zu konzentrieren, was Kunst »direkt (!) mit der Gesellschaft verbindet« [114], wobei es einer soziologisch belehrten Kunsterziehung darum gehen müsse, »über das ästhetische Empfinden eine soziale Anwesenheit, Gegenwärtigkeit und Teilnahme am Leben der Gesellschaft zu schaffen« [115]. Über Gattungen »guter« wie »schlechter« Radiomusik schreibt Silbermann anderswo: »Sie sind ... zeitgemäße Kulturwirkekreise, die ... in ihrer Totalität zu dem erstrebenswerten sozio-kulturellen Ziel führen, im Hörer, der während er hört, ein Einzelner ist, durch die verbindende Kraft der musikalischen Kultur eine Kollektivvorstellung« – kein Kollektiv! – »zu erreichen.« [116] Gesellschaftlichkeit wird zu Geselligkeit verkürzt; eine Kunst, die der von Silbermann als Ziel der Kunsterziehung angegebenen Funktion, »die lebenslängliche Anpassung von Jugendlichen und Erwachsenen an die soziale Wirklichkeit« zu erreichen [117], nicht gerecht werden will, wird »(e)iner Vorstellung ..., welche Soziabilität und soziale Funktion vergötzt, ohne dem objektiven Gehalt des Behandelten nachzufragen oder gar an der aktuell gegebenen gesellschaftlichen Ordnung Kritik zu üben, ... zum Frevel der Asozialität.« [118] So erscheint in Fügens gruppensoziologischem Ansatz die – einmal als historisch gegeben unterstellte – Auflösung der Bindung von Autoren an die Bedürfnisse des bürgerlichen Publikums als »weitgehende Auflösung der allgemeinen sozialen Bindungen.« [119] Die Illusionen von freischwebender Intelligenz werden übernommen, dabei freilich pejorativ gewendet [120]. Nach Fügen entwickelt sich das Verhältnis Autor-Leser dergestalt, daß die Schriftsteller der frühbürgerlichen Epoche »in ihrer sozialen Bindungslosigkeit« Werke schrieben, die sich ob des Interesses des Bürgertums an einem »Vordringen in die offene Welt« – man wird dafür an dieser Stelle »antifeudaler Klassenkampf« einsetzen können – gleichwohl in ihrer »Originalität« mit dem Publikumsinteresse trafen [121]. Das habe sich geändert, »als die bürgerliche Ordnung sich anschickte, die herrschende zu werden ... Denn naturgemäß gingen die Intentionen des Bürgertums nun im Prinzipiellen nicht mehr über den Rahmen der faktischen gesellschaftlichen Ordnung hinaus. Indem aber ein entscheidender Teil der Literatur und der sie produzierenden Schriftsteller an der einmal übernommenen Funktion festhielten, weil sie von ihr nicht lassen konnten oder wollten, gerieten sie in Widerspruch zur bürgerlichen Gesellschaft und diese zu ihnen. Damit entstand der gesellschaftsabgewandte oder gar gesellschaftsfeindliche ... Typus der Literatur.« [122] Die Abwendung von den »Geschmacksforderungen der Mehrheit« [123], worunter natürlich nur die des bürgerlichen Publikums verstanden werden kann, wird nicht etwa als Ergebnis besserer Einsicht in jene Gesellschaft oder gar der Zuwendung zu einer andern Klasse erklärt, sondern gilt, wie das Zitat zeigt, als Abwendung von der bürgerlichen Gesellschaft oder Gesellschaft überhaupt: konsequent also sogar als »Gegnerschaft zur Wirklichkeit.« [124] Die Analyse basiert auf dem bürgerlichen Credo »Somit hat es eine Geschichte gegeben, aber es gibt keine mehr« [125]. Alternative zum Konformismus scheint für Fügen nur die »Ignoranz, die ein bestimmender Teil der modernen Literatur der sozialen Ordnung und der zeitweise vorherrschende Schriftstellertypus den sozialen Normen entgegenbringt.« [126] Geschrieben wird der moderne, »gesellschaftsabgewandte Typus« von Werken von »sozial desintegrierten Ästheten«, die den oft auch physisch abnorm(en), »psychisch-sozialen Außenseiter« zum literarischen Helden machten [127] – als werde in diesen Figuren nicht bloß die Normalität des kapitalistischen Alltags als Extrem erkannt, wobei freilich auch bedeutende Kunst oft in der Analyse der Ursachen und damit der Remedien dieser Verhältnisse ideologisch befangen blieb.

Diese Situation der literarischen Moderne schreibt Fügen – der hier nicht durchweg einheitlich argumentiert – auch verkürzt einer bloßen »Verhaltensintention« [128] der Autoren zu, welche bewußt auf ein breiteres Publikum verzichtet hätten [129]. Der aufs Verhältnis Autor-Leser kaprizierte gruppenpsychologische Voluntarismus kommt zu dem genuin wissenssoziologischen, so gut wie diffamierenden [130] Ergebnis, daß, nachdem die große Zahl der Leser auf die Mißachtung ihres Geschmacks »mit einer Art literarischer Meidung« antworteten, (d)ie nonkonformistischen Schriftsteller ... ihrerseits ... oft mit aggressiven und gesellschaftsfeindlichen Äußerungen, die die Abwendung von der Gesellschaft aber im Grunde nicht aufheben«, reagiert hätten.* Demgegenüber ist zu sagen, daß weniger die künstlerische Avant-

* Fügen 164. Noch etwas einfacher macht es sich Silbermann, indem er die Ursache der Kluft zwischen den kulturindustriellen Sparten der U- und E-Kunst im Denken etwa der Frankfurter Schule oder, wie er allgemeiner sagt, im »brillante(n) Spiel von Technikalitäten oder philosophischen Verlautbarungen« über Kunst sieht: »Diese wissenschaftlichen und pseudowissenschaftlichen Selbstbespiegelungen höchst parasitärer Art sind es, die den Konzertbesucher vertreiben und den Leser zum

garde hinter der gesellschaftlichen Entwicklung zurückblieb, als daß die kapitalistischen Produktionsverhältnisse zunehmend Bedingungen schufen, welche dieser Kunstproduktion feindlich sind. Es definiert sich aber, was gesellschaftlich ist, am über Wesen und Erscheinungen der Gesellschaft literarisch Ausgedrückten und nicht am herrschenden Geschmack, also letztlich dem der herrschenden Klasse: Gesellschaft und »bessere Gesellschaft« sind nicht identisch [131]. Nicht nur ist die »Opposition gegen die Gesellschaft, die individuelle Substanz ..., als Gesellschaftskritik immer auch Stimme der Gesellschaft« [132], so wie »noch die Einsamkeit des lyrischen Wortes selber ... von der individualistischen und schließlich atomistischen Gesellschaft vorgezeichnet« ist [134]; sondern selbst eine Abwehr gegen soziale Rezeption meint ja nur die herrschende, nicht eine jede. Nicht nur vom musikalischen Expressionismus, von dem Adorno es sagte, gilt, daß, »was man ... den Schrei nannte ..., nicht nur, durch Absage an die eingeschliffenen sprachlichen Artikulationen von Sinn, ein der Kommunikation sich Entziehendes, sondern objektiv auch der verzweifelte Versuch (ist), die zu erreichen, welche nicht mehr hören. Die bis heute viel zu ungebrochen behauptete These von der selbstgenügsamen Asozialität der neuen Musik bedarf auch darum der Revision. Besser verstünde man ihre ersten Manifestationen als ein öffentlich Werden ohne Öffentlichkeit. Nicht zuletzt reizte an der neuen Musik auf, daß sie nicht einfach kammermusikalisch sich retitierte, sondern denen ihre undurchdringliche Armatur zukehrte, von denen sie scheinbar nichts wissen wollte.« [135]

Marxistische Literaturkritik hätte in ihrem Kampf gegen die Ideologie von der autonomen Kunst aus den Attacken bürgerlicher Soziologen gegen die Asozialität der literarischen Moderne, welche die erwähnte Neutralisierung als doch nie ganz gelingend beweisen, zu lernen, daß in der bürgerlichen Praxis – wie wenig diese sich auch, schon im Interesse der Kapitalverwertung, gegen Kunst überhaupt gewandt hat – jene wie immer partielle Autonomie der

Trivialroman hinführen.« (Silbermann, *Ist Kunst* ..., Teil 1, l. c., S. 9) Sollte Silbermann übrigens meinen, es sei nicht parasitär, wenn er Auftragsforschung für die Industrie betreibe, so ist dagegen, wenn auch etwas unvermittelt, doch die Bemerkung einzuschieben, daß er auch hierbei aus dem von anderen geschaffenen Mehrwert ernährt wird, nicht diesen vergrößert, also unproduktive Arbeit leistet. Es ist hier nicht der Platz abzuhandeln, wie die frühbürgerliche Ökonomie die Arbeit der im Dienst des feudalen Staates stehenden ideologischen Stände polemisch, und zu Recht, als unproduktiv bezeichnete, um sie dann, als das politisch zur Macht gekommene Bürgertum sie selbst wieder benötigte, flugs als produktiv zu verklären (vgl. hierzu die in Anm. 102 angegebene Literatur.) Im übrigen ist vor dem Mißverständnis zu warnen, produktive und unproduktive Arbeit seien moralische Kategorien, mit deren Hilfe gar die fürs Kapital gleichermaßen unproduktiven Apologeten und Kritiker der herrschenden Produktionsverhältnisse in einen Topf geworfen werden sollten.

Künste nie ohne Mißtrauen akzeptiert wurde, welche sich rücksichtslos einer nicht am Verkaufszweck orientierten Entwicklung der künstlerischen Produktivkräfte zuwandte und dabei, wie die den Vorwurf der Unverständlichkeit desavouierende, manchmal doch lautwerdende Wut gegen ihre Produkte zeigte, durchaus mehr über diese Gesellschaft nachhausebrachte als dieser lieb sein konnte. Im übrigen sind die Zeiten auch solcher Autonomie wohl vorbei: in der Kulturindustrie dominiert eine auf partialisierte Reaktionen zielende Wirkungsästhetik, in allen Kunstzweigen vermehrt sich die Produktion für – nur zum Teil mäzenatische – private und öffentliche Auftraggeber; Kunst wird immer mehr Gebrauchskunst zur Kompensierung von, salopp gesagt, verschlechterten Gebrauchswerten von Waren, Siedlungen und Staatsakten, zur psychohygienischen Verpackung von Sozialbeziehungen und der Erneuerung der Arbeitskraft; das letzte Kapitel wird darauf zurückkommen.*

Zur Rezeptionssoziologie

Von den Handlungen, die sich um Kunst gruppieren, ist vor allem – wenn auch nicht in der eher methodologisch gerichteten Arbeit Fügens – die Wirkung von Literatur untersucht worden; Vorschläge zur Reform der Germanistik pflegen die Wichtigkeit einer solchen Rezeptionssoziologie zu betonen. Ohne daß die große Bedeutung von solchen Formen dieser Forschung, die sich angemessen in eine Funktionsanalyse von Literatur einfügen, geleugnet werden sollte, ist ihr gegenwärtiges Sichausbreiten doch mit dem wachsenden Bedürfnis privatkapitalistischer und staatlicher Instanzen zusammenzusehen, das Verhalten nicht nur der Abnehmer kulturindustrieller Produkte – zunehmend auch qualitativ – zu erfassen. Zur Grundlagenforschung in diesem Bereich, die sich auch mit Produkten der Vergangenheit befassen mag, kommen in steigendem Maße mehr oder minder direkt verwendbare Analysen; über einen Sektor dieser Forschung schreibt Ziermann: »Ohne die direkte Einbeziehung der Wissenschaften, ohne exakte Markt- und Meinungsfor-

* Peter Meyer schwärmt in *Die Kunst und ihr Publikum* von einem »Gebiet, auf dem das alte, gesunde Verhältnis zwischen Künstler und Auftraggeber weiterbesteht ... Es ist das Gebiet der Gebrauchsgraphik.« Dort würden »allgemein verständliche Lebensbedürfnisse auf künstlerische Weise befriedigt ... Wenn es je wieder zu einer allgemeinen künstlerischen Kultur kommen sollte, so wird sie von hier ausgehen – von den Aufgaben, nicht von einer autonomen »freien« Kunst«, die für Meyer das Produkt »des im luftleeren und bodenlosen Raum schwebenden ›freien‹ Künstlers« ist. (Peter Meyer, *Die Kunst und ihr Publikum, Anmerkungen zum Problem der Kunstentfremdung,* in: *Wirtschaft und Kultursystem,* ed. Gottfried Eisermann, Zürich und Stuttgart 1955, S. 265 f.) – Dabei spricht Meyer wohlgemerkt von Kunst in der bürgerlichen Gesellschaft; nur für sie gilt auch unsere Kritik: erst im Sozialismus wird die Freiheit der Kunst die substantielle Form haben, die gleichzeitig den kontradiktorischen Gegensatz zum Auftrag aufhebt.

schung sind der heutige Stand der Produktion und Verbreitung, die hohe Effektivität der ideologischen Einflußnahme der imperialistischen Massenliteratur* nicht denkbar. Ein spezialisierter, funktionstüchtiger Apparat von Fachleuten überwacht – zumeist im direkten Auftrag der großen Konzerne – Herstellung und Absatz, betreibt auf wissenschaftlicher Grundlage Werbung und Bedarfsforschung, kontrolliert die ideologische Wirkungsweise dieser Literaturproduktion genauestens und zeichnet schließlich für die Ausarbeitung und Verwirklichung der »Strategie im Reich der Wünsche« verantwortlich.«** Für Zwecke des marketing research und die Organisation des politisch-militärischen Komplexes hat sich die herrschende Wirkungsforschung überhaupt erst ausgebildet; ihr Instrumentarium muß auf die Interessen der ökonomisch und politisch Verfügenden nicht jeweils erst zugeschnitten werden, sondern befindet sich in prästabilierter Harmonie mit ihnen.

Der Tatsache entsprechend, daß die Aufmerksamkeit des Kapitalisten primär nicht dem Gebrauchswert, sondern dem Tauschwert seiner Waren gilt, der im Verkauf realisiert werden soll, behandelt die Rezeptionssoziologie vornehmlich Daten über die Abnehmer kultureller Konsumgüter. »Das Einzelverhalten beim Kunstkonsum, die musikalische oder literarische Mode, Beweggründe des Hörens, des Lesens oder des Theaterbesuches, der Geschmack, Kunstwirtschaft und Kunstpolitik, Kollektivverhalten beim Kunstkonsum, die öffentliche und die veröffentlichte Meinung, soziale Kontrolle über den Künstler – dieses sind einige der Problemkreise, um deren Erforschung sich der Kunstsoziologe bemüht, wenn er seinen Blickwinkel auf das Kunstpublikum ausrichtet.« [136] Es geht, wie Silbermann sagt, »im

* Die an Ziermanns Begrifflichkeit ablesbare Überzeugung von der zentralen Bedeutung politischer Interessen der nichtstaatlichen Kulturindustrie teilen wir in dieser Form nicht. Dem Einzelkapital geht es primär um Profit; freilich stellen die Bedingungen, unter denen sich dieser realisieren läßt, im kulturellen Sektor meist eine wenn auch instabile Harmonie zwischen ökonomischen und ideologischen, auf die langfristige Erhaltung kapitalistischer Produktionsverhältnisse abzielenden Interessen her.

** Klaus Ziermann, *Romane vom Fließband,* Berlin/DDR 1969, S. 167 f. »Der Bertelsmann-Konzern zum Beispiel«, spezifiziert Ziermann, »läßt in regelmäßigen Abständen die Wirkung seiner Buchproduktion analysieren. Aus Mitteln des Unternehmens wurde eine ständige Filiale des Hamburger Instituts für Buchmarkt-Forschung in Gütersloh eingerichtet. Der größte westdeutsche Groschenheftproduzent, der Bastei-Verlag, unterhält sogar einen speziellen Testkreis, dessen Zusammensetzung genau mit der Bevölkerungsstruktur der Bundesrepublik übereinstimmt. Aufgabe dieses Personenkreises ist es, die eingereichten Manuskripte gegen ein Honorar auf ihre in der Bevölkerung zu erwartene Wirkung hin zu analysieren. Kein einziges Groschenheft-Manuskript des Bastei-Verlages gelangt zum Druck, bevor nicht eine positive Einschätzung dieses Testkreises vorliegt.« (ebd., S. 168) Es ist offensichtlich, daß dies erst Ansätze sind, die sich mit der weiteren Konzentration und Zentralisation des Kapitals im Buchsektor schnell entfalten werden.

Grunde genommen darum, einen Zutritt zum Individuum als einem menschlichen Wesen zu finden.« [137] Erkannt werden soll »der Mensch, der Ziel und Mittel jeder Kunst ist« [138]; genauer: der Kunde, dessen Bedürfnis – wie der Gebrauchswert der Kunst – Ziel und Mittel, aber nicht Zweck einer der Kapitalverwertung dienenden Produktion ist. Beabsichtigt ist durch die Wirkungsforschung letztlich, »gewisse und sich aufeinander beziehende Folgen der Veränderlichkeiten des menschlichen Verhaltens zu lenken und überdies . . ., Tragweiten für zukünftiges Verhalten zu erkennen« [139], das heißt, »Regelhaftigkeiten der Vorhersage zu entwickeln, die es ermöglichen zu sagen, daß, wenn dies oder jenes geschieht, wahrscheinlich dies oder das folgen wird« [140] – nicht aber, ob dies oder jenes geschehen sollte. An gesellschaftlicher Objektivität wesentlich desinteressiert, engt sich solche Wissenschaft, wie Adorno kritisierte, ein auf die Untersuchung von Reaktionen auf eine als solche hingenommene Kunst in einer als solcher hingenommenen Gesellschaft [141]. Sie bekümmert sich, wie ihre Vertreter es ausdrücken, »um das . . . kunstkonsumierende Mitglied der Gesellschaft . . ., ohne ihm mit Rufen nach mehr Erziehung, nach mehr Bildung oder gar mit Kunstkrisengejammer lästig zu fallen.« [142] Silbermann pflegt seine Forschungsweise denn auch wegen ihrer subjektiv gerichteten Methode und ihres auf die Publikumswünsche angeblich eingehenden Inhalts als »menschlich« zu bezeichnen: »Soziologische Studien verschiedenartiger Publikumsgruppen, das heißt sowohl des Publikums eines Schlagersängers wie eines literarischen Avantgardisten, versehen uns mit wichtigen Informationen über die Arten und Weisen, durch die die soziale Umgebung den Prozeß des künstlerischen Schaffens konditioniert. Sie bilden einen verständlichen, ja, ich möchte sagen, einen menschlicheren Annäherungsweg an die Kunst, als jene Unternehmungen, die da versuchen, mit Hilfe von Anekdötchen, mit Hilfe (scil.: von, B.J.W.) kulturkritisch aufgezäumten ästhetischen Sprachzaubereien oder mit Technikalitäten das Kunstwerk sozusagen herzurichten.« [143] Dabei verdeckt die Verteidigung unschuldigen Vergnügens, das keines von beiden ist, daß die Menschen allzugut ohne die armseligen Landserheftchen, Arztromane, Krimis und Schlager auskommen könnten, was man von den Verkäufern dieser Waren nicht wird behaupten wollen: deren Aktien fielen mit den Schuppen von den Augen der Konsumenten. »Daß man es den Leuten nicht nehmen darf«, bemerkte Adorno, »hat von je zum Sprichwörterschatz derer gehört, welche es den Leuten nehmen.« [144]

Auch wo Rezeptionssoziologie ihre Studien in kritischer Absicht betreiben wollte, zäumte sie, indem sie bei der Beobachtung des Konsumenten einsetzt, ja meist auch verharrt, das Pferd vom Schwanz auf: »In den meisten Fällen entspringen die Bedürfnisse aus der Produktion oder aus einem auf die Produktion begründeten allgemeinen Zustand« [145], schreibt Marx im *Elend der Philosophie:* »Allerdings, der Arbeiter, der Kartoffeln kauft, und die ausgehaltene Mätresse, die Spitzen kauft, folgen beide nur ihrer respektiven Meinung; aber die Verschiedenheit ihrer Meinungen erklärt sich durch die Verschiedenheit der Stellung, die sie in der Welt einnehmen und die selbst wiederum ein Produkt der sozialen Organisation ist.« [146] Für das hier zu besprechende Gebiet appliziert dies Adorno: »... die Wirkungen von Kunstwerken ... (sind) kein Absolutes und Letztes ..., das durch den Rekurs auf die Rezipierenden hinlänglich bestimmt würde. Vielmehr hängen die Wirkungen von zahllosen Mechanismen der Verbreitung, der sozialen Kontrolle und Autorität, schließlich der gesellschaftlichen Struktur ab, innerhalb deren Wirkungszusammenhänge sich konstatieren lassen; auch vom gesellschaftlich bedingten Bewußtseins- und Unbewußtseinsstand derer, auf welche die Wirkung ausgeübt wird.« [147]

Aufgabe empirischer Forschung wäre es demnach, »zu ermitteln, wieweit der sogenannte Massengeschmack manipuliert, wieweit er wirklich der der Massen selbst ist, und wieweit er wiederum dort, wo er den Massen zugeschrieben werden muß, widerspiegelt, was jahrhundertelang ihnen eingebläut ward ...« [148], wozu noch die Frage käme, ob ein gegebener Bewußtseinsstand nicht ebenso gut geändert werden könnte als noch einmal fixiert. Andernfalls – und dieser Fall ist wohl gegeben – dienen die Ergebnisse der Marktforschung nur dazu, die Legende zu befördern, die Kulturindustrie reproduziere eine »Massenkultur«, in welcher Massen über Massenmedien Massenkommunikation betrieben.*

* Wenn wir hervorheben, daß die kulturindustriellen Medien bisher kein Kommunikations-, sondern ein Distributionsapparat sind, stimmen wir doch keineswegs Theorien zu, wie sie z. B. Hans Magnus Enzensberger entwickelt hat. Befunde wie der, daß die technische Differenzierung von Sender und Empfänger in den elektronischen Medien, als »Gegensatz zwischen Produzenten und Konsumenten« gefaßt (vgl. H. M. Enzensberger, *Baukasten zu einer Theorie der Medien,* in: Kursbuch 20, Frankfurt 1970, S. 168), die Klassenteilung widerspiegle, sind zumindest lax: Ist das Kapital Produzent? Beutet der Sender den Empfänger aus? Die Übersetzung der Vorstellung gleichrangig assoziierter Individuen in die Notwendigkeit einer – überspitzt gesagt – pausenlosen Konferenzschaltung basiert, wie Enzensbergers Lob des natürlichen Redens gegenüber der »äußerst stark formalisierte(n) Technik« des Schreibens, »die schon rein physiologisch eine eigentümlich starre Körperhaltung erfordert« (ebd., S. 181), auf einer regressiven Unmittelbarkeitsideologie. Sie kann sich, wie Enno Patalas richtig bemerkte, den stummen Hörer, Leser oder Betrachter nur als gehorsamen Untertan denken: »Ein Film, der es unternähme, die Aporien der linken Medientheorien zu visualisieren, dürfte nur im Schuß-Gegenschuß-Verfahren vorgehen, so daß man zwei Gesprächspartner immer nur getrennt und beide frontal sähe.« (Enno Patalas, *Die Ernsten Medienforscher oder Schrift als Sündenfall,* in: filmkritik, Heft 10, 1970, S. 510) Solche Spontaneitätsvorstellungen dürften in der Tat Objektivationen zu größeren konsistenten Gebilden, aber auch Institutionen, gar nicht zulassen. Die technizistische Definition: »(A)utoritär das Medium, das kein Feedback zuläßt« (Patalas, ebd.), die ja nicht nur für kulturelle Beziehungen wird gelten wollen, verfehlt Notwendigkeiten wie Möglichkeiten einer planmäßig

Zu recht behauptet Ziermann, Unterhaltungsliteratur werde »in bürgerlichen Arbeiten vorwiegend als ein adäquater Ausdruck der unentwickelten ästhetischen Bedürfnisse literarisch anspruchsloser Leser definiert« [149] womit »der für die Wesensbestimmung der imperialistischen Massenliteratur notwendige Bereich ihrer Produktion und ihrer ideologischen Funktion letztlich außerhalb der Betrachtung« bleibe [150]. Es sei nur auf Walter Nutz' Arbeit über den Trivialroman verwiesen, welcher die »gesamte Trivialliteratur« – ein ebenfalls unanalytischer, bloß abstrakt ästhetischen Unwert aussprechender Begriff – als »Konformliteratur« bezeichnet, von der er sagt, sie sei »angepaßte Literatur, die sich genau auf den Leser einstellt, ... in Aufmachung, Inhalt, Stil und Diktion die ihm adäquate Form resolut berücksichtigt ...« [151] Insofern überhaupt von intellektueller Verödung der Konsumenten als einem jene Produktion mitermöglichenden Faktor gesprochen werden kann, ist sie »künstlich produziert durch die Verwandlung unreifer Menschen in bloße Maschinen zur Fabrikation von Mehrwert und sehr zu unterscheiden von jener naturwüchsigen Unwissenheit, welche den Geist in Brache legt ohne Verderb seiner Entwicklungsfähigkeit ...« [152] Vergißt sie das, macht Rezeptionssoziologie, wie die *Dialektik der Aufklärung* es ausdrückt, die Verfassung des Publikums, ein Teil des Systems, zu dessen Entschuldigung [153]. König ist der Kunde höchstens im Sinne des Hegelsatzes, der den Monarchen als einen Menschen bezeichnet, »der ›Ja‹ sagt und den Punkt auf das I setzt.« [154]

Zum andern müßte Wirkungsforschung, um ernsthaft zur Gesellschaftstheorie der Literatur beitragen zu können, die Reaktionen auf Kunst mit dem vergleichen, was jener als gesellschaftlicher Gehalt inhäriert; sie müßte Begriffe richtigen und falschen Konsums entwickeln. Erlaubte ideologische Präokkupation des aufnehmenden Bewußtseins seit jeher, daß »ein quantitativ sehr erheblicher Bereich des angeblichen Geisteslebens eine von Grund auf andere soziale Funktion hat als die, welche ihm seinem eigenen Sinn nach zukommt« [155], so ist dies im Monopolkapitalismus geradezu zur Regel geworden: Untersuchungen über Zerstreuungsrezeption, Prestigekon-

geleiteten solidarischen Gesellschaft, in welcher selbst der »Befehl von außen ... nur der Ausdruck des eigenen Interesses« ist (Max Horkheimer, *Autorität und Familie,* S. 329), da die nur bürgerlich-individualistisch gesehen »andere« Instanz bloß die »eigenen zum Beschluß erhobenen Pläne« besorgt (ebd.). Arbeitsteilung wird auch vertikal nicht aufzuheben sein: »... der Verzicht auf die Scheidung leitender und ausführender Funktionen ist nicht bloß eine Utopie, sondern bedeutete den Rückfall in die Urzeit.« (l. c., S. 328) Nur werden jene Funktionen ihre Träger – wenn auch nicht minütlich – wechseln können und weder Ausdruck von Privileg sein noch dieses nach sich ziehen. Aber nicht nur, daß die Gleichung Demokratie-Konferenzschaltung jene behavioristisch verkürzt; sie ermöglicht eine Umkehrung, welche zur Apotheose kulturindustrieller Aktionsspielchen beitragen könnte.

sum und das, was Adorno unglücklich Konsum des Tauschwerts nannte, haben das behandelt. Der Positivismus möchte solche Reflexionen umgehen: »Da sich das Hauptinteresse der Kunstsoziologie auf den sozialen Prozeß, jenen bestimmten Gegenstand, der durch das Kunstwerk in Bewegung gesetzt wird, konzentriert, gehört es auch nicht zu den Aufgaben der Kunstsoziologie, das Verhältnis verschiedenartiger künstlerischer Niveaus zu behandeln, welche soziale Aktionen oder Situationen hervorrufen. Daher bleiben Aussagen über das Kunstwerk selbst und seine Struktur außerhalb kunstsoziologischer Betrachtungen.« [156] Hiergegen gilt, trotz ihrer etwas anderen Argumentationsrichtung und des Niederschlags bürgerlicher Formen des Kunstkonsums in der Terminologie, noch immer Hegels Kritik an der Übung, welche »die Untersuchung der schönen Kunst zu einer Untersuchung der Empfindungen gemacht und gefragt (hat), welche Empfindungen denn nun wohl durch die Kunst zu erregen seien ... Doch führte solche Untersuchung nicht weit, denn die Empfindung ist die unbestimmte dumpfe Region des Geistes; was empfunden wird, bleibt eingehüllt in der Form abstraktester einzelner Subjektivität, und deshalb sind auch die Unterschiede der Empfindung ganz abstrakte, keine Unterschiede der Sache selbst.« Es bleibt, sagt Hegel, »die Untersuchung der Empfindungen, welche die Kunst erregt oder erregen soll, ganz im Unbestimmten stehen und ist eine Betrachtung, welche gerade vom eigentlichen Inhalt und dessen konkretem Wesen und Begriff abstrahiert. Denn die Reflexion auf die Empfindung begnügt sich mit der Beobachtung der subjektiven Affektion und deren Besonderheit, statt sich in die Sache, das Kunstwerk zu versenken und zu vertiefen und darüber die bloße Subjektivität und deren Zustände fahrenzulassen. Bei der Empfindung jedoch ist gerade diese inhaltlose Subjektivität nicht nur erhalten, sondern die Hauptsache, und darum fühlen die Menschen so gern.« [157]

Das leitet über zum gängigen Geschmacksbegriff, dem die positivistische Ablehnung des Messens angemessener Rezeption willfährt: einst »Kompromiß ... zwischen dem objektiven Anspruch des ästhetischen Gegenstandes und dem subjektiven nach Befriedigung meist vorkünstlerischer Art inmitten der Kunst« [158], deckt dieser nur noch die willkürliche Meinung, über die sich nicht streiten lasse. [159] Dies dennoch zu tun, gilt als Eingriff ins Privateigentum [160], als »ein brutaler Weg der Einmischung in die persönliche Unterscheidung des einzelnen zwischen Gut und Schlecht ...« [161] Fürs Umspringen mit Gegenständen, die einem gehören, soll gelten, daß man seine Großmutter hupfen lassen könne, wie man will.

Schreibt Escarpit noch wenig definitiv: »Wissen, was ein Buch ist, heißt zunächst (?) wissen, wie es gelesen wurde« [162], so tendiert die Wirkungsforschung letztlich dahin, den Begriff einer objektiven Bedeutung der Produkte überhaupt abzulehnen: »(J)ene Güter selbst wären ihr schließlich durch die Massenreaktionen definiert, deren Beziehung zu den Gütern zur Diskussion stünde.« [163] Wenn Silbermann ausführt: »Die Kunstsoziologie zieht eine scharfe Trennungslinie dort, wo es um Malerei, Dichtung oder Musik als solche und wo es um das Kunsterlebnis geht, so wie es sich ... nach außen hin sichtbar und beobachtungsfähig bemerkbar macht« [164], mag es scheinen, als wende er sich nur gegen die Vorstellung einer »Kunst an sich«; die Alternative ist aber scheinhaft.

Die materialistische Analyse geht zwar ebenfalls von einer historischen Relativität der Werke aus, aber einer doppelten: ein Modell dazu bietet Marx' Werttheorie. In seinem Satz, die Eigenschaften der Dinge entsprängen nicht aus deren Verhältnis zu anderen, sondern betätigten sich in diesem Verhältnis nur [165], wird eine äußere und eine substantielle Relativität geschieden, die nur gegenüber der ersteren als absolut erscheint, so wie der gesellschaftlich notwendige Arbeitszeit ausdrückende Wert einer Ware gegenüber seinem Tauschwertausdruck, der ihr Verhältnis zu dem einer andern bestimmt, als absoluter Wert bezeichnet werden kann [166]. Diesen neglegiert die subjektive Wertlehre, deren Borniertheit der kritisierte Ansatz der Wirkungsanalyse teilt. Im Begriff der objektiven Analyse der Werke sind diese also nicht als überzeitlich gedacht: »... keine Beethovensymphonie ist immun gegen ihre Depravation. Das sagt aber nicht weniger, als daß die Werke selbst kein An sich, daß sie nicht indifferent sind gegen die Zeit. Nur weil sie geschichtlich sich in sich verändern, in der Zeit sich entfalten und absterben; weil ihr eigener Wahrheitsgehalt geschichtlich ist und kein reines Sein, sind sie so anfällig für das, was vermeintlich ihnen von außen angetan wird.« [167] Die Kunstwerke integrieren nach Benjamin »für den, der sich als historischer Dialektiker mit ihnen befaßt, ihre Vor- wie ihre Nachgeschichte – eine Nachgeschichte, kraft deren auch ihre Vorgeschichte als in ständigem Wandel begriffen erkennbar wird. Sie lehren ihn, wie ihre Funktion ihren Schöpfer zu überdauern, seine Intentionen hinter sich zu lassen vermag; wie die Aufnahme durch seine Zeitgenossen ein Bestandteil der Wirkung ist, die das Kunstwerk heute auf uns selber hat, und wie die letztere auf der Begegnung nicht allein mit ihm, sondern mit der Geschichte beruht, die es bis auf unsere Tage hat kommen lassen.« [168] Der ästhetische Gehalt existiert nicht unabhängig von Rezeptionsgeschichte; gleichwohl ist er objektiv. Seine aktuelle Bedeutung ist nicht Produkt willkürlicher Projektionen oder Meinungswandlungen, die sich dem geduldigen Papier jeweils einsenkten, sondern Ergebnis der geschichtlichen Entwicklung selber, welche den Stellenwert früherer Literatur verschiebt und bisher unerkannte Gehalte erkennbar macht. [168 a]

Zuletzt fehlt, wo die Erforschung der Wirkung empfohlen wird, meist die Reflexion auf die Schwierigkeit, diese empirisch überhaupt auszumachen. Es ist mehr als bloß naiv, wenn der Germanist Singer nach einer skeptischen Bemerkung über die Möglichkeit, den sozialen Gehalt von Literatur herauszubekommen,* schlicht fortfährt: »Weniger schwierig wäre es, wenigstens einen Anfang zu machen mit der Erforschung der Wirkung literarischer Werke. Dazu fehlt uns vor allem ein Computer, der uns die Mühe abnimmt, einige hunderttausend Seiten Briefe, Memoiren, Biographien, Aufzeichnungen und Dokumente aufzuarbeiten, so daß wir mit leichter Mühe feststellen können, welches Buch von wem und unter welchen Umständen und mit welcher Wirkung gelesen worden ist.« [169] Einmal genügt eine solche Erfassung von Lesermeinungen, werden diese – was Singer nicht zu beabsichtigen scheint – aus der Gegenwart genommen, höchstens dem Frageziel, ob zum Beispiel jene Warensorte wieder gekauft würde. Was mit den Aufnehmenden tatsächlich vor sich geht, ist in deren abfragbarer Äußerung kaum angemessen enthalten: »Das sogenannte Kunsterlebnis, das kaum Schlüsselcharakter für den Kulturkonsumenten hat, ist äußerst schwer dingfest zu machen. Außer bei streng Sachverständigen dürfte es überaus diffus sein. Bei vielen Menschen widerstrebt es der Verbalisierung.« [170] Auch Psychoanalyse könnte nur partiell weiterhelfen; hindernd steht nicht bloß im Weg, daß die Rezeption – prinzipiell gar nicht einmal erst heute – weitgehend werkunspezifisch ist, im System der Kulturindustrie überhaupt selten Einzelerlebnisse aus dem Ensemble gleichzeitiger sowie sich akkumulierender Eindrücke herausgenommen und isoliert bestimmt werden können [171]. All dies berücksichtigt, läßt die einfache Beschreibung der Konsumtionsweise weder eine mögliche Veränderung des Sozialverhaltens durch eine tatsächliche Wirkung kulturindustrieller Produkte noch gar die objektive Funktion dieses Verhaltens, geschweige denn die – zum Beispiel ökonomische – von Literatur erkennen. Dabei könnte die Bedeutung dessen, was durch Teilnahme am Kulturbetrieb unterlassen wird, dessen Effekte häufig besser interpretieren als eine Erforschung der Einwirkung einzelner ideologischer Botschaften. Nur im Bezug jedenfalls auf solche gesamtgesellschaftliche Bedeutung, die Bedingungen der Rezeption und den gesellschaftlichen Charakter des Rezipierten hätte Wirkungsforschung ihr Recht.

Konsequenzen der Werturteilsfreiheit

Positivistische Literatursoziologie richtet sich, wie vor allem das letzte Kapitel verdeutlichte, nach dem »Grundsatz der Werturteilsfreiheit der Soziologie« [172]; wahrlich als Prinzip, als Erstes, das nicht hinterfragt werden kann, führt Fügen sie also ein, während Escarpit nur pragmatisch erklärt, er wolle nicht werten [173].

* Gern kleidet sich bei derlei Feststellungen nur ideologische Aversion in die Behauptung wissenschaftlicher Hindernisse, so wie in Seminaren für Studenten jüngeren Semesters, auf die in ihrer damaligen Bedeutung äußerst schwer zu ver-

Das bedeutet, daß diese Forschung nicht nur die Beurteilung einzelner Werke, sondern eine der Funktion von Literatur überhaupt verweigert. Jene wird von Fügen einer »wissenschaftlichen Literaturkritik« anheimgegeben, welche ob einer »kulturspezifischen traditionalen Übereinstimmung des Wertens, in welche der Schriftsteller wie der kritische Beurteiler (und der Leser) einbezogen sind« [174], dazu legitimiert sei, aber doch wohl keine nach positivistischem Kriterium empirische Wissenschaft sein kann, weil es ja danach »nicht möglich ist, Werthaltungen wissenschaftlich zu erfassen, wenn man sich ihnen gegenüber nicht theoretisch-distanziert verhält.« [175] Kants Satz »Ich muß das Wissen aufheben, um zum Glauben Platz zu bekommen«, steht somit auch über der Kompetenzbeschränkung gesellschaftlicher Literaturtheorie: »Uneingestandene Komplizität waltet zwischen der Pedanterie eines akademischen Betriebs, der, unter dem Vorwand, nur ja nichts zu behaupten, was nicht hieb- und stichfest wäre, an die äußerlichsten, dem Inneren der Sache gleichgültigsten Tatbestände sich klammert, und einem Irrationalismus, der, vermummt als Schweigen vor schöpferischem Geheimnis, das Wesentliche aus sich ausschließt und es dem Gefühl und damit dem blinden Belieben überantwortet.« [176] Schärfer, wenn auch nicht für den bloßen Bereich der Kunstwissenschaft, formulierte Horkheimer 1937: »Wenn das Fachdenken in beflissenem Konformismus jede innere Verbindung mit sogenannten Werturteilen ablehnt und in unentwegter Sauberkeit die Trennung von Erkenntnis und praktischer Stellungnahme durchführt, so hat der Nihilismus der Machthaber in der Wirklichkeit mit solcher Illusionslosigkeit brutalen Ernst gemacht. Werturteile gehören nach ihm entweder in die nationale Dichtkunst oder vor das Volksgericht, jedenfalls nicht vor die Instanz des Denkens.«*

stehende Literatur des Vorkapitalismus oder Interpreten wie Korff und Gundolf losgelassen werden, die Beschäftigung mit marxistischer Theorie wegen deren angeblicher Schwerverständlichkeit abgewiesen wird.

* Max Horkheimer, Nachtrag zum Aufsatz *Traditionelle und kritische Theorie,* in: ders., *Kritische Theorie der Gesellschaft,* Bd. 2, l. c., S. 196. – Die Kritik des Wertfreiheitsaxioms wäre mißverstanden, würde man darin eine Option für Werte und Wertungen herauslesen. Die Alternative ist, worauf Adorno und Habermas hinweisen, falsch: »Die Sache, der Gegenstand gesellschaftlicher Erkenntnis, ist so wenig ein Sollensfreies, bloß Daseiendes – dazu wird sie erst durch die Schnitte der Abstraktion –, wie die Werte jenseits an einem Ideenhimmel anzunageln sind. Das Urteil über eine Sache, das gewiß der subjektiven Spontaneität bedarf, wird immer zugleich von der Sache vorgezeichnet und erschöpft sich nicht in subjektiv irrationaler Entscheidung wie nach Webers Vorstellung.« (Th. W. Adorno, *Zur Logik der Sozialwissenschaften,* l. c., S. 138 f.) Zu jener falschen Abstraktion führt Habermas aus: »In einem Prozeß der Verdinglichung wird das, was die Dinge in einer konkreten Lage für uns sind, und was die Menschen in einer bestimmten Situation für uns bedeuten, zu einem Ansich hypotasiert, welches sodann den scheinbar neutralisierten Gegenständen als sozusagen anhängende Qualität eines

Fügen vertritt nun keinen – freilich auch nur scheinradikalen – wissenschaftlichen Wertnihilismus: »Meinen Gesetzen handelst du nicht zuwider«, sagt der positivistische Literatursoziologe zum Kritiker und Leser, »aber sieh dich um, was Frau Base Moral und Base Religion sagt.« [177] Denn »... die Frage nach der Absolutheit der Werte wird von der Soziologie weder gestellt noch beantwortet« [178]; wohl aber die nach ihren praktischen Geltung: Fügens Wissenschaft »tritt ... nicht in das soziale Grundverhältnis ein, ohne allerdings dessen kulturgebundene Sinnhaftigkeit zu negieren. Sie nimmt es vielmehr als subjektiv gültiges Faktum hin und betrachtet es so als mit zu ihrem Gegenstande gehörig.« [179] Auf die normative Kraft des Faktischen verweisend, kann Fügen eine Metaphysizierung der Dichtung wie bei Emil Staiger immerhin als einsparbar notieren: »Die Hypostasierung einer Wesenheit erweist sich auch in dem Moment als überflüssig, in dem erkannt ist, daß das als Wesen Gesetzte in seiner Sinnhaftigkeit als Kulturmuster hinlänglich legitimiert ist.« [180] Wie positivistische Wissenschaft der kritischen keine Gegenkonzeption vom gesellschaftlichen Zusammenhang mehr präsentiert, sondern ihr, Carnaps Satz folgend, Hegels Philosophie sei nicht falsch, sondern sinnlos, meist nur methodologisch ausweicht, so hat auch Fügen Theoremen übers geschichtsphilosophische Recht von Kunst, unter denen das von deren Ende vor allem ernst genommen werden müßte, nichts zu antworten: »Das Schaffen von Literaturwerken sowie die Anerkennung durch eine entsprechende Einstellung der Leser und der Literaturkritik ist eine Werthaltung, ein am Verhalten des Anderen orientiertes, als Kulturmuster sozial sanktioniertes Handeln, eine im Handeln ohne rationale Begründung sich vollziehende Entscheidung für die Literatur, so wie sie ist.« [181] Das wird kein bißchen bissig gesagt: »Tatsächlich ist auch eine rationale Begründung ohne Wesensapriorismus oder Verbleiben in einem tautologischen Zirkel unmöglich.« [182] Damit sind die bestehenden Tatsachen ebenso akzeptiert wie die Ideologie, die sie vertuscht; etwa die von der Kunstautonomie. Erfüllt ist, was Montaigne lobend vom Skeptiker sagte: »Er ist nicht ungläubig, noch stellt er irgendein Dogma gegen die allgemeinen Sitten und Gebräuche auf ... Er ist ein unbeschriebenes Blatt, bereit, die Linien aufzunehmen, die es Gott gefällt, darauf zu schreiben.« [183] Allerdings waren es schon damals andere, die diesen Blankoscheck ausfüllten und kassierten. Ihre unausgewiesenen Dezisionen setzen der Wissenschaft den Rahmen, innerhalb dessen sie agieren kann: das Ideologem von ihrer Wertfreiheit ist nichts als die Apotheose solch dienender Rolle der Forschung und Lehre [184]. Wo über Qualitätsunterschiede der Dramen von Nestroy und Zuckmayer, der Kom-

»Wertes« zugeschrieben werden kann. Die Wertfreiheit des erfahrungswissenschaftlich Objektivierten ist ebenso ein Produkt dieser Verdinglichung wie die vom Lebenszusammenhang abstrahierten Werte selber.« (Jürgen Habermas, *Analytische Wissenschaftstheorie und Dialektik*, in: *Der Positivismusstreit* ..., S. 185).

positionen von Pfitzner und Eisler nicht geurteilt,* sondern nur vorurteilslos nach Marktverbreitung und Kommunikationsweise gefragt wird, ist es offenbar, daß die Literatursoziologie in ihrer Wertungsabstinenz den herrschenden Verhältnissen nicht nur nicht schadet, sondern auch aktiv beisteht. Abgesehen von mannigfachen handfest wertenden Implikaten hebt Fügens Beschränkung auf Wertfreiheit ja »nicht etwa die normative Bindung des Forschungsprozesses an Motive der Lebenspraxis auf; sie bringt vielmehr ein bestimmtes Motiv gegenüber anderen undiskutiert zur Herrschaft.« [185] Dieses bestimmte Interesse »läßt sich soweit formalisieren, daß es im Erkenntnisansatz der empirischen Wissenschaften als ein praktisches verschwindet.« [186] Schon eine immanente Analyse gibt es freilich preis: »Die Entqualifizierung des Gegenstandes der Soziologie, des sozialen Systems und seiner Struktur, zu einem Agglomerat festzustellender und dann dem wissenschaftlichen Schematismus einzupassender Tatsachen; die emphatische Äußerlichkeit, Willkür, selbst Schlamperei ihrer Subsumtion unter Begriffe erlaubt es, die Denkmodelle so zu konstruieren, daß sie mit latenten, auch sich selber unbewußten Zwecken übereinkommen. Der sozialwissenschaftliche Positivismus war konformistisch, schon ehe er die Marktforschung als Vorbild sich erkor ...« [187]

Fügens Arbeit steuert zu dieser freilich wenig mehr als Rahmenschemata bei, die der empirischen Forschung, welche die Wirklichkeit der Literaturproduktion und -konsumtion im Kapitalismus wesentlich handfester zur Kenntnis nehmen müßte, als Grundlagenarbeit dienen könnte. In ihrer Absicht, erst einmal substantielle Ansätze abzuwehren, endet sie notwendig zu sehr im

* In unprätentiöser Diktion, den Interessenstandpunkt kaum hinter umständlichen methodologischen Herleitungen versteckend, sagt Silbermann, es dürfe »vom Kunstsoziologen nie erwartet werden, daß er mit kategorischem Zeigefinger auf Kompositionen oder Romane hinweist und ausruft: Dieses Werk ist schlecht, jenes ist gut! Unternimmt er es aber trotzdem, erklärt er – wie es dann so schön heißt –, ›soziologisch gesehen‹ sei die Gattung ›Pop-Musik‹ à la Udo Jürgens schlecht, die Gattung ›Kammermusik‹ à la Joseph Haydn hingegen gut, dann weiß man, daß hier falsche Propheten sprechen, daß es hier nicht der wahre Kunstsoziologe ist, der das Wort ergreift.« (A. Silbermann, *Ist Kunst ...?*, 2. Teil, l. c., S. 6f.) Auch hier sucht sich im übrigen, in Abweichung sogar von der Spruchweisheit Prophete rechts-Prophete links, bürgerliche Ideologie so als geschichtlich fortgeschrittenstes Bewußtsein zu beweisen, indem marxistische Kritik gar nicht erst erwähnt wird, sondern gleich unter »konservative Kulturkritik« subsumiert erscheint (cf. S. 24f., Zitate 142 und 143). Das Dilemma, gegen den Sozialismus zu wettern und gleichzeitig als modern, demokratisch usw. erscheinen zu müssen, ist freilich meist noch uneinheitlich gelöst; das zeigt z. B. das Protokoll einer Bundestagsrede des Abg. Wörner (Stellv. Vors. d. CDU/CSU-Fraktion) vom 3. 2. 1971: »... Was sich in den sozialdemokratisch regierten Bundesländern ... im Hochschulbereich präsentiert, das ist doch ein Rückfall in die Zeit des Ständestaates.« (Beifall bei der CDU/CSU. – Abg. Dr. Althammer (CSU): »Klassenkampf!«). – cf. *Das Parlament,* 7/1971, S. 2.

Formalen; von Nutzen ist sie vor allem als »logisches Zerpflücken« des Marxismus, wie es Fügen nennt [188]. Denn was dem Positivismus Ideologiefreiheit heißt, richtet sich nicht, wie noch der Relativismus des Frühbürgertums, gegen die herrschenden Dogmen, sondern die weitertreibende Kritik selber. Noch Fügens prägnanter Satz, im Prinzip bleibe es »gleichgültig, ob die Wertungen einer tradierten ästhetischen oder moralischen Anschauung oder dem Elan revolutionärer Ideologien entliehen sind« [189], verschleiert die Hauptstoßrichtung dieser Lehre, von der Adorno feststellte: »Ersonnen war Webers scheinbare Entideologisierung der Wissenschaft als Ideologie gegen die Marxische Analyse.« [190] Gleichzeitig dient die Marxismuskritik der Reklame der Soziologen für die Unverdächtigkeit ihrer Forschung, die immer wieder Rückschläge erleidet: »Wird doch versucht und ist es doch auch streckenweise schon erreicht worden, uns Soziologen die gesamte Schuld an der Studentenrevolte ebenso wie an gewissen Kunstrevolten zuzuschieben, nur weil sich unter den sich gegen längst veraltete Prinzipien [191] wendenden Studenten auch Soziologie-Studenten als Exponenten finden. Und mehr noch: Glauben doch uninformierte Kreise, die gesamte Soziologie – und so auch eine bereits seit langer Zeit in anderen Ländern mit Erfolg tätige Kunstsoziologie – bestünde aus nichts anderem als einem gesellschaftskritischen Theoretisieren, das, auf Marx und Freud sich berufend, stets im Nachhinein philosophisch verbrämte Weisheiten von sich gibt.« [192]

Sonst ums Flair empirischer Nüchternheit bemüht, scheint Fügen in der antikommunistischen Polemik fast nach der offenherzigen Maxime »... der Faszination und der Ideologie des Marxismus begegnet man nicht mit lendenlahmer Wertneutralität« [193] zu handeln: ob er nun Marx, Engels, Lenin, Stalin und Chrustschow zusammenwirft, insofern alle die Einheit von Theorie und Praxis gefordert hätten [194], ob er stalinistische Kulturerlasse als Erfüllung alter leninscher Wünsche kennzeichnet [195], die »Tauwetterperiode« mit sicherem Blick als »im ganzen gesehen nur eine Episode« einschätzt [196] oder von Revolutionären als den »Asozialen par excellence« spricht [197], was etwa durch eine Auswahl »nicht wählerisch(er)« Ausdrücke von Marx, Engels und Lenin über deutsche Professoren [198] und ein Zitat Lunatscharskijs unterstrichen wird, der die Personen in *Hermann und Dorothea* als »widerwärtig in ihrer Hammelgesundheit« bezeichnet habe [199]: all dies schiebt marxistisches Denken auf die Ebene von Totalitarismus, Unwissenschaft und aggressiver Pöbelei. Zu differenzieren und die marxengelssche Position auch nur einigermaßen sorgfältig zu untersuchen, scheint schon als illoyal zu gelten. Wie könnte es sonst geschehen, daß bereits die wenigen grundlegenden Kategorien jener Theorie in dieser nach Silbermann »vorzüglichen Darstellung der marxistischen Literaturbetrachtung« nur in abenteuerlichen Verzerrungen wie jenen auftauchen, Überbau bedeute im Marxismus soviel wie »Bewußtsein« und Entfremdung eine »durch die

Arbeitsteilung verursachte Entfremdung vom Urzustand«, den es wiederherzustellen gelte. [200]*

Auch positivistische Ideologiekritiker, die nicht so fein wie Fügen zwischen »tradierte(r) ... Anschauung« und »revolutionären Ideologien« [201] unterschieden, könnten nicht einmal in der Kritik bürgerlichen Irrationalismus taugliche Befunde bereitstellen: erstreben sie doch die Ersetzung inhaltlich-gesellschaftlicher Kritik in der Wissenschaft durch eine immanent-logische, die vor allem sogenannte Sollensimplikate als Ideologie auszuscheiden bemüht ist. Selbst wo sie in der Tat falsches Bewußtsein treffen, schreiten sie von dessen Besprechung nicht zu der der Gesellschaft fort, die jenem zugrundeliegt: »Sie vergessen nur, daß sie diesen Phrasen selbst nichts als Phrasen entgegensetzen, und daß sie die wirkliche bestehende Welt keineswegs bekämpfen, wenn sie nur die Phrasen dieser Welt bekämpfen.« [202] In einer Zeit vollends, wo die rechtfertigenden Ideologien immer unsubstantieller, statt

* Elitäres Denken und Unwissenheit verbinden sich, wenn Fügen marxistische Begriffe wie »Vulgärsoziologie« zu erklären versucht: »Wie immer bedient sich auch hier die marxistische Polemik eines auf Massenwirkung bedachten rhetorischen Mittels. Da sie sich in der Hauptsache nicht an wissenschaftlich-abstrakt geschulte und mit der Sache im einzelnen vertraute Leser wendet, kann sie nicht darauf hoffen, daß ihr Publikum beim Lesen eines Wortes die Argumente gegen die im Wort gemeinte Sache mitdenkt. Ihre Tendenz zu großer Popularität zwingt sie dazu, dem Namensfetischismus eines fachunkundigen Publikums Rechnung zu tragen und das nach ihrer Meinung Fragwürdige nicht nur in Argumenten, sondern schon im Namen selbst auszudrücken. Daher spricht sie ganz selten nur von ›Soziologie‹, sondern fast immer von ›Vulgärsoziologie‹. Aggressiv ihrer ganzen Tendenz nach, nimmt sie dabei auch denjenigen Vorwurf als Waffe in Anspruch, der sie selbst am meisten bedroht.« (Fügen 69f.) Über Geschichte und Verwendung des Präfixes »vulgär« sei immerhin soviel angefügt: Marx sah die »Vulgärökonomie« im Gegensatz zur klassischen bürgerlichen Ökonomie dadurch definiert, daß sie sich darauf beschränke, »die banalen und selbstgefälligen Vorstellungen der bürgerlichen Produktionsagenten von ihrer eignen besten Welt zu systematisieren, pedantisieren und als ewige Wahrheiten zu proklamieren.« (Karl Marx, *Das Kapital,* Bd. 1, MEW 23, S. 95) Zur Genese der vulgären Wissenschaft schreibt Marx: »Die Bourgeoisie hatte in Frankreich und England politische Macht erobert. Von da gewann der Klassenkampf, praktisch und theoretisch, mehr und mehr ausgesprochne und drohende Formen. Es läutete die Totenglocke der wissenschaftlichen bürgerlichen Ökonomie. Es handelte sich jetzt nicht mehr darum, ob dies oder jenes Theorem wahr sei, sondern ob es dem Kapital nützlich oder schädlich, bequem oder unbequem, ob polizeiwidrig oder nicht. An die Stelle uneigennütziger Forschung trat bezahlte Klopffechterei, an die Stelle unbefanger wissenschaftlicher Untersuchung das böse Gewissen und die schlechte Absicht der Apologetik.« (Karl Marx, *Das Kapital,* Bd. I, MEW 23, S. 21) Soziologie als bürgerliche Wissenschaft trat schon deshalb objektiv apologetisch an, weil sie, als stark formalisierte Einzelwissenschaft an der Oberfläche der Gesellschaft sich herumtreibend, deren Gesetze unabhängig von Ökonomie untersuchen wollte. (cf. zum ganzen Komplex Georg Lukács, Marx und das Problem des ideologischen Verfalls, in: ders., *Essays über Realismus.* Neuwied und Berlin 1971, S. 243–298).

gesellschaftlich notwendigem Schein bloß auswechselbare Rationalisierungen werden, lenkt solche Kritik nur von der tatsächlichen Praxis aufs Abrakadabra ab, mit dem sie vertuscht werden soll [203] – der von Haug so genannte hilflose Antifaschismus ist dafür das Beispiel [204]. Nach dem Willen der Positivisten sollen, wie Horkheimer schrieb, »in den Universitäten ... kritische Tendenzen bloß gegen die Einbildung, gegen sogenannte Ideologien und gar nicht gegen das Bestehende laut werden. Das ist schon darum harmlos, weil der Grund der autoritären Herrschaft wahrlich nicht in dem Wahn liegt, mit dem sie sich rationalisiert, sondern in der Struktur der gesellschaftlichen Produktion [205] ... Andererseits hat ihr Feldzug sogar das Gute, daß in den Augen des Publikums die Wahrheit leicht als auch so eine Irrlehre mit unterläuft« [206], nämlich ernsthaft nur jene Theorie getroffen wird, welche tatsächlich den Anspruch auf Richtigkeit hat und aufs Wissen der Massen um diese Richtigkeit angewiesen ist.*

Falsche Abstraktheit positivistischer Einzelwissenschaft

»Um als neue Disziplin in der alten universitas litterarum untergebracht zu werden, war (die Soziologie, B. J. W.) interessiert daran, von Nachbardisziplinen – Ökonomie, Psychologie, Historie – durch sogenannte saubere Definitionen ihres Gegenstandsbereichs sich abzugrenzen. Bis zur Periode von Max Weber und Durkheim wollte Soziologie immer wieder apologetisch ihre Eigenständigkeit beweisen. Unterdessen hat sich herumgesprochen, wohin die wissenschaftliche Arbeitsteilung in getrennten Schächtelchen führt: zur Verwechslung des methodisch Veranstalteten mit der Sache selbst ...« [207] In Fügens Methodologie präsentiert sich der subjektivistische Ausgangspunkt offen: er sucht »für die Literatursoziologie de(n) Ansatz, der sie als eine spezielle Soziologie legitimiert.« [208] Bei der »definitorischen Absicherung« der Grundbegriffe Literatur und Soziologie kommt es nach ihm »besonders bei der Bestimmung von ›Literatur‹ nicht auf einen alle denkbaren Möglichkeiten umfassenden oder eine ontisch autonome Wesenheit treffenden Begriff an, sondern es geht um den Aufweis eines Unterscheidungskriteriums, das sich als soziologisch relevant erweist.« [209] »Das Definieren«, sagt Hegel, »tut daher auch auf eigentliche Begriffsbestimmungen, die wesentlich die Prinzipien der Gegenstände wären, von selbst Verzicht und begnügt sich mit Merkmalen, d. i. Bestimmungen, bei denen die Wesentlich-

* Schon in den Ringvorlesungen der Jahre 1964 bis 1966 über Wissenschaft und Nationalsozialismus lief die Subsumierung von Faschismus und Marxismus als Ideologien oft auf die Überlegung »der Faschismus ist passé, aktuell ist der Kampf gegen den Marxismus« hinaus. (W. F. Haug, l. c., S. 139) Im Kampf gegen die Studentenrevolte benutzte man dann bis hinüber zur offen faschistischen Intention Versatzstücke jener an Fassadenphänomenen klebenden antifaschistischen Rhetorik nur mehr als demokratisches Deckbild für allein übriggebliebenen Antisozialismus.

keit für den Gegenstand selbst gleichgültig ist und die vielmehr nur den Zweck haben, daß sie für eine äußere Reflexion Merkzeichen sind. – Eine solche einzelne, äußerliche Bestimmtheit steht mit der konkreten Totalität und mit der Natur ihres Begriffs zu sehr in Unangemessenheit, als daß sie für sich gewählt und dafür genommen werden könnte, daß ein konkretes Ganzes seinen wahrhaften Ausdruck und Bestimmung in ihr hätte.« [210]

Fügen formuliert: »(D)ie Literatursoziologie muß sich einer theoretischen Klarheit wegen eines festen Begriffes von Literatur versichern« [211] und begründet auch die erörterte Ausschaltung der gesellschaftlichen Totalität als eine Maßnahme, die weniger der Sache als der Einfachheit halber geschieht: »Es ergibt sich ein ganz anderer Grad informativer Kraft, wenn an die Stelle einer vage charakterisierten Gesellschaft eine eindeutig fixierte soziale Institution tritt, deren Einfluß auf eine literarische Institution zweifelsfrei aufgezeigt werden kann ...« [212] Töricht wie der Qaswiner, der seinen Ring auf der Straße suchte, da es im Haus zu dunkel sei, vergißt Fügen, daß nichts anderes als jene Empirie, deren Namen er beständig anruft, verlangt, daß die reale gesellschaftliche Verflechtung der Tatsachen nicht wegen der mangelnden des literatursoziologischen Seminars unverfolgt bleibe; daß die Totalität einem scheinexakten, metaphysisch den ordo rerum und den ordo idearum zusammenwerfenden oder auch latent ästhetischen, geometrischen Darstellungsideal nicht genügt, darf dabei nicht hindern.* Andernfalls wird – wie Fügens Subjektivismus zeigte – das Einzelne nicht bloß unerklärt gelassen, sondern falsch erklärt: die Einzelwissenschaft konstruiert dann, was in jenem Witz Graf Bobby verlangte: einen Globus von Österreich-Ungarn.

Sie gehorcht damit – das vergegenwärtigt sich der reformerische Appell nach geistiger Umkehr selten [213] – nur einem Fetischismus, den die herrschende Produktionsweise notwendig hervorbringt und der vom bürgerlichen Klassenbewußtsein untrennbar ist. Die blinde Arbeitsteilung der kapitalistischen Tauschgesellschaft samt jener im Produktionsprozeß selber lassen fürs

* Über kunstsoziologische Arbeiten schreibt Silbermann: »Die meisten dieser Betrachtungen bedienen sich eines Gemischs psychologischer, historischer, soziologischer, psychoanalytischer, anthropologischer, philosophischer, ästhetischer, metaphysischer und politisch-ideologischer Erkenntnisse und fallen daher nur in den seltensten Fällen in den Bereich einer methodologisch einwandfreien Soziologie der Kunst. Ihre Schwäche liegt darin, daß sie entweder versuchen, künstlerische Normen und Werte zu formulieren oder aber Natur und Essenz der diversen Kunstformen selbst zu klären.« (Silbermann, Artikel *Kunst,* l. c., S. 164 f.) Positivistische Kunstsoziologie hat diese Schwäche für die Essenz der Sache nicht. Silbermann hätte freilich recht, wenn er sich dagegen ausspräche, an verschiedenen Methoden nur jeweils zu nippen und aus anderen Einzelwissenschaften fertige Parolen zu beziehen, wie es das Verhältnis der Literaturwissenschaft insbesondere zur Philosophie bisher weithin ausgezeichnet hat; es geht darum, die den verschiedenen gesellschaftlichen Teilfunktionen zugeordneten Einzelzugriffe deren realer Vermitteltheit entsprechend in einen methodologischen Zusammenhang zu bringen.

Bewußtsein »›isolierte‹ Tatsachen, isolierte Tatsachenkomplexe, eigengesetzliche Teilgebiete ... (entstehen), die schon in ihren unmittelbaren Erscheinungsformen für eine solche wissenschaftliche Erforschung weitgehends vorgearbeitet zu sein scheinen. So daß es als besonders ›wissenschaftlich‹ gelten muß, diese –den Tatsachen selbst innewohnende – Tendenz zu Ende zu denken und zur Wissenschaft zu erheben. Während die Dialektik, die allen diesen isolierten und isolierenden Tatsachen und Teilsystemen gegenüber die konkrete Einheit des Ganzen betont, die diesen Schein als einen – allerdings von dem Kapitalismus notwendig produzierten – Schein enthüllt, als bloße Konstruktion wirkt.« [214] Die positivistische Spezialisierung, welche die Erscheinungen des gesellschaftlichen Wesens widerspiegelt, ohne sie als Schein zu durchschauen, bringt es damit nur »zu einem formell abgeschlossenen System von speziellen Teilgesetzen, für das die außerhalb des eigenen Bereiches liegende Welt und mit ihr sogar in erster Reihe die ihm zur Erkenntnis aufgegebene Materie, sein eigenes, konkretes Wirklichkeitssubstrat als methodisch und prinzipiell unerfaßbar gilt.« [215] Das Theorem vom unerkennbaren »Ding an sich« drückt nach Lukács die doppelte Schranke des bürgerlichen Denkens aus, welchem das Problem des materiellen Inhalts der Formen, mit denen es hantiert, sowohl wie das des Ganzen der Erkenntnis, der gesellschaftlichen Totalität, unlösbar ist [216].

Was nun einem solchen Formalismus und Empirismus abstrakte, wenn nicht metaphysische Darstellung heißt, ist zunächst nichts anderes als die Konsequenz der Erkenntnis, daß die leere Allgemeinheit vielmehr der sinnlichen Gewißheit und ihren Objekten eignet: »Wie die Menschen in ihrer Praxis nicht bei der sich darbietenden Unmittelbarkeit des Naturseins beharren, sondern zu seiner vermittelteren industriellen Aneignung übergehen, so bleiben sie auch nicht beim sinnlich-konkreten Wissen stehen, wie die Wahrnehmungen es liefern, sondern gehen zum begrifflichen Wissen über, das ... sich als »konkreter« erweist als das sinnliche Wissen, das seiner Form nach farbig und lebendig, inhaltlich dagegen arm an Bestimmungen und daher abstrakt ist.« [217] Die gedankliche »Vermittlung wäre unmöglich, wenn nicht bereits das empirische Dasein der Gegenstände selbst ein vermitteltes wäre ...« [218]; deshalb läuft das dialektische »Hinausgehen über die Unmittelbarkeit in der Richtung auf erhöhte Konkretion der Gegenstände« [219]: die Totalität, die erreicht wird, darf nur die der Empirie sein [220]. In der Analyse des Kapitalismus, in dem von der qualitativen Beschaffenheit von Produzent und Produkt im Tausch auch der Arbeitskraft abgesehen wird, ist diese Totalität, wie Adorno sagte, eine kritische Kategorie: »Sie ist allen einzelnen Subjekten vorgeordnet, weil diese auch in sich selbst ihrer contrainte gehorchen und noch in ihrer monadologischen Konstitution, und durch diese erst recht, die Totalität vorstellen. Insofern ist sie das Allerwirklichste. Weil sie aber der Inbegriff des gesellschaftlichen Verhältnisses der Individuen untereinander ist, das gegen die Einzelnen sich abblendet, ist sie zugleich auch Schein, Ideologie. Eine befreite Menschheit wäre nicht länger Totalität; ihr Ansichsein ist ebenso deren Unfreiheit, wie es sie über sich selbst als das wahre gesellschaftliche Substrat täuscht.« [221] Bevor aber allseitige Vermittlung jenen Zwangszusammenhang abgelöst hat, drückt eine Denkweise, nach der die Wertform eines Produkts konkreter ist als deren Wertgröße oder gar die warenkundliche Stoffbeschreibung, nur die Wahrheit aus, »daß die Individuen nun von Abstraktionen beherrscht werden« [222]; ebenso wie reale Antagonismen als etwa die zwischen Gebrauchswert und Wert, Lohnarbeit und Kapital und nicht, wie Fügen meint, das »Laster der Vernunft, sich in Antinomien zu verfangen« [223], die Basis der spezifisch marxistischen Dialektik darstellen: »Daß das Paradoxon der Wirklichkeit sich auch in Sprachparadoxen ausdrückt, die dem common sense widersprechen, dem what vulgarians [224] mean and believe to talk of, versteht sich von selbst. Die Widersprüche, die daraus hervorgehn, daß auf Grundlage der Warenproduktion Privatarbeit sich als allgemeine gesellschaftliche darstellt, daß die Verhältnisse der Personen als Verhältnisse von Dingen und Dinge sich darstellen – diese Widersprüche liegen in der Sache, nicht in dem sprachlichen Ausdruck der Sache.«* Dabei impliziert die Tatsache, daß im Marxismus aus der Hegelschen Begriffsdialektik »nur der bewußte Reflex der dialektischen Bewegung der wirklichen Welt« [225] wurde, daß die dialektische Form ihre Grenzen, nämlich die bestimmter historischer Voraussetzungen, kennt [226]: das ist nicht erst bei der Annahme einer Naturdialektik zu bedenken [227].

Der Positivismus, der die dialektische Bewegung, welche das Einzeldatum und seine scheinbare Unvermitteltheit erst setzt, als Hirngespinst abtut und die, wie Fügen formuliert, »konkret-empirische Vereinzelung« [228] der Dinge für bare Münze nimmt, kommt höchstens dazu, sie »in einer theoretischen Ganzheit zusammenzufassen« [229]: es soll, wie Adorno kritisierte, »(d)ie vom positivistischen Prinzip bewirkte [230] Dekomposition der Welt in atomistische, begriffslose, vom Begriff nur durch Abkürzung zusammen-

* Karl Marx, *Theorien über den Mehrwert,* 3. Teil, MEW 26.3, S. 134. – Marx nennt die Methode, reale Widersprüche zum »willkürlichen Reflexionsprodukt« zu erklären, eine »beliebte Aufklärungsmanier des 18. Jahrhunderts, um den rätselhaften Gestalten menschlicher Verhältnisse, deren Entstehungsprozeß man noch nicht entziffern konnte, wenigstens vorläufig den Schein der Fremdheit abzustreifen.« (Karl Marx, *Das Kapital,* Bd. I, MEW 23, S. 106) Heute zumindest ist sie bloße ideologische Regression, welche das dialektische Denken wissenschaftlich denunzieren will, wobei dann allerdings in materialen Aussagen bürgerlicher Wissenschaft die Bestandteile der als widersprüchlich nur aus dem Bewußtsein ausgeschiedenen dialektischen Prozesse erratisch einander gegenüber stehen wie zum Beispiel beim Auseinanderfallen der Erkenntnis des Kapitalismus als eines partikulare Interessen befördernden, gleichwohl in objektiven Gesetzen objektivierten Systems in die Behauptung von »Sachzwängen« hier, den Slogan »Männer machen Geschichte« da.

gefaßte Tatsachen ... konterkariert werden vom Urheber jener Aufspaltung, der Wissenschaft selbst.« [231] Die Folge ist eine bloß umfangslogische Zusammenfassung, radikal verschieden vom Begriff einer »konkreten Totalität«, die als das Einzelne überhaupt erst konstituierend gedacht wird: »Die Roheit und Begriffslosigkeit liegt eben darin, das organisch Zusammengehörige zufällig aufeinander zu beziehn, in einen bloßen Reflexionszusammenhang zu bringen.«*

Eine bessere Illustration als Fügens Lehre von den Invarianzen des sozialen Phänomens Literatur läßt sich kaum für Lukács' Behauptung vorstellen, daß im bürgerlichen Denken »die Wirklichkeit in eine nicht rationalisierbare Menge von Faktizitäten auseinanderfällt, über die ein Netz von inhaltsentleerten, rein formellen ›Gesetzen‹ geworfen« wird [232]. Neutral aber sind jene Gesetze schon deshalb nicht, da sie, »den dünnsten begrifflichen Abhub für das, was der Gesellschaft ihr Gesetz vorschreibt« [233], substituierend,

* Karl Marx, *Grundrisse* ..., l. c., S. 9 f. – Bezeichnend für die positivistische Auffassung von theoretischem Zusammenfassen ist Fügens Satz: »In dem gleichen Maße, in dem die Theorie über die Ergebnisse der empirischen Einzelforschung hinausgeht, muß sie in Einzelteilen hypothetisch bleiben.« Es sei nötig, daß sie auch »in diesen ihren hypothetischen Einzelteilen auf empirischem Wege ergänzt oder bestätigt« werde. (Fügen 105 f.) – wobei das positivistische Bestätigungsverfahren unzulässig eingeengt ist (vgl. Jürgen Habermas, l. c., S. 155–191; ders., *Gegen einen positivistisch halbierten Rationalismus,* in: *Der Positivismusstreit* ..., S. 235–266). »Die babylonische Verwirrung zwischen den Positivsten und den kritischen Theoretikern«, sagt demgegenüber Adorno, »beginnt dort, wo jene zwar der Theorie gegenüber Toleranz bekennen, ihr aber durch Transformation in Hypothesen jenes Moment von Selbständigkeit rauben, das ihnen die objektive Vormacht sozialer Gesetze verleiht.« (Th. W. Adorno, Einleitung zu: *Der Positivismusstreit* ... S. 53; cf. dazu ausführlich Max Horkheimer, *Traditionelle und kritische Theorie,* in: *Kritische Theorie* ..., Bd. 2, Frankfurt 1968, S. 137–191).
Die Differenz zeigt sich beispielsweise am Begriff der Kunst. Dazu heißt es bei Fügen: »›Kunst‹ als menschliche Tätigkeit und deren Produkte (ist) in der kulturellen Realität nirgends vorzufinden, sondern immer nur einzelne Künste. Was immer das Gemeinsame aller verschiedenen Künste auch sein mag, zu einer Vorstellung von Kunst ist nicht ohne ein hohes Maß von Abstraktion zu gelangen. Das Wort ›Kunst‹ bezeichnet nicht einen empirisch feststellbaren Sachverhalt, sondern den durch Abstraktion gewonnenen Begriff verschiedener Sachverhalte.« Und zwar sei in diesem Begriff die erlaubte Abstraktionsgrenze »nach oben« überschritten. (Fügen 57) Das Gegenmodell zu solchem Nominalismus bietet Marx' Darlegung zum Begriff der Arbeit: »Die Gleichgültigkeit gegen die bestimmte Arbeit entspricht einer Gesellschaftsform, worin die Individuen mit Leichtigkeit aus einer Arbeit in die andre übergehn und die bestimmte Art der Arbeit ihnen zufällig, daher gleichgültig ist. Die Arbeit ist hier nicht nur in der Kategorie, sondern in der Wirklichkeit als Mittel zum Schaffen des Reichtums überhaupt geworden, und hat aufgehört als Bestimmung mit den Individuen in einer Besonderheit verwachsen zu sein ... Hier also wird die Abstraktion der Kategorie ›Arbeit‹, ›Arbeit überhaupt‹, Arbeit sans phrase, der Ausgangspunkt der modernen Ökonomie, erst praktisch wahr ... Dies Beispiel der Arbeit zeigt schlagend, wie selbst die abstraktesten Kategorien, trotz ihrer Gültigkeit – eben wegen ihrer Abstraktion – für alle Epochen, doch in

von den realen Antagonismen wegabstrahieren. Für die Klassifikationen seiner Wissenschaft hat das Bürgertum Kreide gegessen; sie sind, wie es Adorno einmal über Mannheims Wissensoziologie sagte, von der Sorte »abgesehen von der Konzentration und Zentralisation des Kapitals.« [234] Bei Fügens Definitionen von Literatur, Autorstatus und »sozialem Grundverhältnis« springt das ebenso ins Auge wie bei Epochenbezeichnungen: Feudalismus, Früh- und Spätkapitalismus kommen als »stabil-geschlossen(e)«, »mobil-offen(e)« und »mobil-nivelliert(e)« Gesellschaft [235] aus der positivistischen Mühle; der Frühkapitalismus wird von der klapprigen Mähre eines Strebens »in anscheinend unendliche Offenheit« [236], in die »unendlich offen geglaubte Welt« [237], einer »Intention, die unendlich offene Welt zu erschließen« [238] gezogen, während doch jenes Offene als vornehme Metonymie auch das deckt, wohin die Bauern von Grund und Boden vertrieben wurden und die handels- wie industriekapitalistischen Profite sich entwickelten [239].

Unter derartigen Klassifikationen sind die verschiedensten Gesellschaftsformen zu subsumieren; soweit sie überhaupt teilrichtig sind, enthalten sie nur, wie die bürgerliche Ökonomie, wenn sie die »allgemeinen Bedingungen aller Produktion« abhandelt, »einige sehr einfache Bestimmungen, die in flachen Tautologien breitgeschlagen werden« [240]. So kann Fügen von seinem Schema, das die verschiedenen Literaturtypen in ihrer »abstrakt-formalen Einfachheit« festhält, stolz statt beschämt sagen, seine Anwendbarkeit auf die Literatur der ganzen »christlich-abendländischen Kultur« dürfe als nachgewiesen, die auf andre Kulturen, soweit es dort Literatur gebe, als wahrscheinlich gelten [241]. Von seinem »sozialen Grundverhältnis« vermutet er, daß es schon fürs schriftlose Erzählen zugetroffen habe [242].

Es ist methodisch lehrreich, sich hier einmal zu vergegenwärtigen, was bei Marx »Grundform« heißen darf. Handels- und Wucherkapital, die historisch vorgängigen Kapitalformen, nennt er im *Kapital* »sozusagen antedilu-

der Bestimmtheit dieser Abstraktion selbst ebensosehr das Produkt historischer Verhältnisse sind und ihre Vollgültigkeit nur für und innerhalb dieser Verhältnisse besitzen.« (Karl Marx, *Grundrisse* ..., l. c., S. 25) Der Arbeitsbegriff ist dabei kein bloßes Beispiel dafür, wie der der Kunst zu handhaben wäre; dieser ist u. a. eben durch die Teilhabe aller Künste an jener Quantifizierung und Rationalisierung der Arbeit real fundiert: »Der Primat des Allgemeinen übers Besondere«, sagt Adorno, »meldet sich in allen künstlerischen Medien an und erstreckt sich auch auf ihr Verhältnis zueinander. Die bis heute geachteten Unterschiede von Musik, Dichtung und Malerei werden herabgemindert, als wären sie solche bloßer Stoffe ...« (Th. W. Adorno, *Einleitung*, l. c., S. 193) Wesentliche Gemeinsamkeiten der Kunstarten resultieren aber auch aus der Zugehörigkeit zum kulturellen Überbau; aus ihrer Verkehrsweise als Waren und ihrer Funktion im Verwertungsprozeß des Kapitals; vollends aus der – keineswegs nur technologisch zu definierenden – Standardisierung durch Produktion und Distribution im Monopolkapitalismus. Dies alles erlaubt übrigens der Literaturtheorie auch, ihre Demonstrationsobjekte nicht nur aus literarischen Werken zu wählen.

vianische Gestalten« oder auch »abgeleitete Formen« und bezeichnet als Grundform des Kapitals diejenige »Form, worin es die ökonomische Organisation der modernen Gesellschaft bestimmt ...« [243] Fragen nach dem »Ursprung der Literatur«, die Fügen interessieren, weil sie »implizite auch etwas über die Entstehung des besonderen Wirklichkeitsanspruchs der Literatur aussagen« [244], sind für die Bestimmung von Literatur heute nur von Bedeutung, wenn der historische auch der begriffliche Ausgangspunkt ist, das heißt, Ausgangspunkt auch in den späteren Strukturen bleibt: für die richtige Darstellung ist die Reihenfolge der Kategorien nach Marx bestimmt »durch die Beziehung, die sie in der modernen bürgerlichen Gesellschaft aufeinander haben.« [245] Das reflektiert Adorno für die Kunst: »Wollte man die Kunst auf Urphänomene künstlerischen Verhaltens wie den Nachahmungstrieb, das Ausdrucksbedürfnis, die magischen Bilder reduzieren, so geriete man ins Partikulare und Willkürliche ... Ästhetik hat nicht auf die vergebliche Jagd nach den Urwesen von Kunst auszuziehen, sondern derlei Phänomene in geschichtlichen Konstellationen zu denken.« [246] Auch einzelne gleichbleibende Sachverhalte ändern ihre Funktion historisch und damit strenggenommen sich selbst: »Hunger ist Hunger, aber Hunger, der sich durch gekochtes, mit Gabeln und Messer gegeßnes Fleisch befriedigt, ist ein andrer Hunger als der rohes Fleisch mit Hilfe von Hand, Nagel und Zahn verschlingt.« [247] So ist gegen die in Literatur über die Kulturindustrie verbreitete Methode, deren Formen und Inhalten die Reputation des immer schon Dagewesenen zu verleihen, die Comics etwa als Geschwister von Höhlenzeichnungen auszugeben, darauf zu verweisen, daß »(d)ie gesellschaftliche Betrachtung des qualitativ neuen Phänomens ... sich ... durch den Hinweis auf das ehrwürdige Alter von dessen Bestandteilen und dem darauf basierenden Argument der Befriedigung angeblicher Urbedürfnisse nicht (darf) düpieren lassen. Denn nicht auf diese Bestandteile kommt es an und nicht darauf, daß die primitiven Züge der heutigen Massenkultur durch die Zeitalter einer unmündigen Menschheit hindurch sich gleichblieben, sondern darauf, daß sie heute allesamt in Regie genommen, daß aus dem Ganzen ein geschlossenes System gemacht worden ist.« [248]

Zwar hütet sich Fügen, von ewigen Bedürfnissen und immergleichen Strukturen zu reden: er hält »die These von einer kulturspezifischen Entwicklung« des sozialen Grundverhältnisses der Literatur für wenigstens »nicht zu widerlegen« [249] und sieht im Abbau dieses »gesamtabendländischen« Kulturmusters durch den Sozialismus immerhin »ein Argument gegen die Versuchung, im sozialen Grundverhältnis ein archetypisch fundiertes Verhalten zu sehen.« [250] Gleichwohl überwiegt eine immer noch weit genug gespannte Statik; die Arbeit soll eben doch das Ziel haben, einen bestimmten Vorgang »von seiner jeweiligen geschichtlichen Besonderheit losgelöst, als spezielle(n) Typus zwischenmenschlichen Verhaltens« zu sehen »und auf seine sicher fixierbaren und sich immer wiederholenden Merkmale hin« zu untersuchen [251]. Im typologischen Schema »soll ... von jeglichen Geschehenstatsachen abgesehen und (scil.: sollen, B. J. W.) rein die Wiederholungstatsachen hervorgehoben werden«, während »(i)n der konkreten Darstellung der drei literarischen Typen ... notwendigerweise auf die historischen Umstände (!) näher eingegangen werden« mußte [252]. Doch selbst damit ist es nicht weit her; auch im historischen Teil mißachtet die methodologische Präferenz fürs sich Wiederholende die entscheidende Entwicklung. So werden etwa der Georgekreis zusammen mit dem um Klopstock sub specie beider umfassender Merkmale dargestellt [253]; eine Schrift, in der Cervantes auf seinen Don Quixote hinwies [254], wird neben der Reklame in Massenmedien einrangiert. Besonders offen zeigt sich dies Verfahren bei Escarpit, wenn er bei der Besprechung des – kapitalistischen – Verlegers bemerkt: »Jedoch seit grauer Vorzeit gab es auch Fachleute für die Verbreitung« [255]; anderswo erfährt man gar: »... der Deutsche, der sich Kantianer nennt, drückt damit einen nicht viel anderen Begriff aus als der Wilde, der sagt, daß er zum Clan der Leoparden gehört.« [256]

Die geschichtsfeindlichen subjektiven Ordnungsschemata erscheinen schließlich als Struktur des Geordneten selber. Implizit zumindest herrscht dann die Vorstellung, die Hauptkennzeichen verharrten, nur Akzidentien änderten sich [257]. Von einem Strukturalismus, dem sich, wie Lévi-Strauss schreibt, »hinter der empirischen Vielfalt der menschlichen Gesellschaften« gleichbleibende Muster, »Invarianten« verbergen, welche den sozialen Prozeß zum »sekundären Bezugssystem« herabsetzen [258], grenzt sich die Lehrmeinung Fügens, wonach sich einem »seiner Form nach invariablen ›sozialen Grundverhältnis‹ ... die verschiedensten gesellschaftlichen Funktionen anheften« können, kaum ab [262] – ebenso wenig übrigens eine Linguistik, welche im Anschluß an die Trennung von langue und parole die diachronische, historische Sprachbetrachtung zugunsten des Versuchs, »das zur Sprache als solcher Gehörige rein darzustellen« [263], also einer statisch-synchronischen Methode, hintangestellt hat. Mag ein solcher strukturalistischer Zugriff wesentliche Andersheit von Grundstrukturen auch zugeben, meint er damit doch keine Dynamik, sondern ein Aufeinanderfolgen von Immobilitäten, so wie Lévi-Strauss behauptet, Wissenschaft und Kunst seien »Funktion nicht etwa ungleicher Stadien der Entwicklung des menschlichen Geistes, sondern zweier strategischer Ebenen ..., auf denen die Natur mittels wissenschaftlicher Erkenntnis angegangen werden kann.« [264]

Solch ahistorisches Denken ist wesentlich im Fetischismus der Ware fundiert; im entwickelten Kapitalismus ist dann »die Mystifikation der kapitalistischen Produktionsweise, die Verdinglichung der gesellschaftlichen Verhältnisse, das unmittelbare Zusammenwachsen der stofflichen Produktionsverhältnisse mit ihrer geschichtlich-sozialen Bestimmtheit« vollendet [265].

Escarpits Formulierung, daß zu einer gewissen Zeit »an Stelle der handwerksmäßigen die kapitalistische Unternehmerform« [266] trete, bildet genau jenes falsche Bewußtsein ab, das Marx in den *Grundrissen* beschrieb: »Das Kapital ist unter andrem auch Produktionsinstrument, auch vergangne, objektivierte Arbeit. Also ist das Kapital ein allgemeines, ewiges Naturverhältnis; d. h., wenn ich grade das Spezifische weglasse, was »Produktionsinstrument«, »aufgehäufte Arbeit« erst zum Kapital macht.« [267] Eine solche Vermischung »entspricht zugleich dem Interesse der herrschenden Klassen, indem sie die Naturnotwendigkeit und ewige Berechtigung ihrer Einnahmequellen proklamiert und zu einem Dogma erhebt.« [268] Diese Ideologie reicht bis zur ausgesprochenen Projektion. So wertet etwa Keynes »den Pyramidenbau im alten Ägypten und den Bau von Kathedralen im mittelalterlichen Europa in Ausdrücken, die für ein Programm von öffentlichen Arbeiten im England des 20. Jahrhunderts passend wären« [269]; es verhält sich zum Beispiel, wie Werner Hofmann zeigte, »›der Mensch‹ der neueren Ökonomie in seiner antlitzlosen Allgemeinheit gleichzeitig durchaus unternehmerhaft« [270]. Bei Fügen hypostasiert die starre Rollentrennung von Autor und Leser bürgerliche Verhältnisse, verallgemeinert eine Behauptung wie die, der Leser verlängere den Werkeindruck auf den Autor [271], die personalistische Denkweise und der Akzent auf der Fiktionalität eine verbreitete, ihrem Gehalt aber oft nicht entsprechende schäbige Unterhaltungsfunktion von Literatur heute. Die typologische Methode überhaupt, die – wie nach Lévi-Strauss der Strukturalismus – versucht, »hinter dem Chaos der Regeln und Bräuche ein einheitliches Schema wiederzufinden, das in den verschiedenen örtlichen und zeitlichen Zusammenhängen gegenwärtig ist und wirkt«, beschreibt, wie Alfred Schmidt bemerkte, mehr noch als ihr jeweiliges Objekt »den Zustand der gegenwärtigen Welt, die in der Tat alle individuellen Regungen in ›ein identisches soziales Schema‹ preßt [272]; zu recht hat Lucien Goldmann die Entstehung solcher »unhistorischer Soziologie« [273] mit dem – von ihm freilich in seinen Erfolgschancen überschätzten – Versuch eines »organisierten Kapitalismus« in Verbindung gebracht, die Phase der anarchischen Konkurrenz zu überwinden und eine in ihren Grundgesetzen beherrschte, von den Produktionsverhältnissen her wesentlich statische Gesellschaftsverfassung herzustellen. Diesem neuen gesellschaftlichen Stadium entspreche »im Bereich des Denkens die Ersetzung einer Philosophie, die entweder auf Angst und Tod oder im Gegenteil auf historische oder tranzendente Hoffnung ausgerichtet war, durch ein wissenschaftsgläubiges, rationalistisches und unhistorisches Denken. Dieses unterscheidet sich indes vom Rationalismus der Aufklärung, der die Philosophie des aufsteigenden dritten Standes konstituierte, insoweit, als es die humanistischen und individualistischen Werte preisgibt, die den alten Rationalismus kennzeichneten.« [274] Der Schlußabschnitt wird auf diese Hinweise zurückkommen.

Perspektiven der Kunst- und Kommunikationswissenschaften im Monopolkapitalismus

Trotz vorpositivistischer Rückstände und einem Mangel an prompt für die empirische Forschung anwendbaren Daten, Merkmalen, die auf die spezielle ideologische Intention der Arbeit wie den Entwicklungsstand der westdeutschen Kulturindustrie und Wissenschaft Anfang der sechziger Jahre zurückzuführen sind, vertritt Fügen doch bereits Tendenzen, die sich erst seit kurzem in Reformprogrammen auch für die Literaturwissenschaft niedergeschlagen haben. Danach wird die bloß geisteswissenschaftliche Betrachtungsweise und die Beschäftigung mit »hoher Literatur« über kurz oder lang erheblich zurückgedrängt werden. Was diesem Wandel zugrundeliegt, ist ausführlicher darzulegen.

Bis vor wenigen Jahren, schrieb Karl Heinz Roth, seien die Kulturwissenschaften in der Bundesrepublik vorwiegend Pseudowissenschaften gewesen, die »monopolkapitalistische Herrschaft zwar ideologisch verschleiert, aber nicht inhaltlich vermittelt« hätten [275]. Auch das konnte der Kapitalverwertung in gewisser Weise ziemlich direkt dienen, etwa indem Literaturwissenschaft der Pseudoindividualisierung des kulturindustriellen Warenangebots objektiv in die Hände spielte: »Die Germanistik, die nicht in dem Maße wie die Presse und der moderne Wissenschaftsbetrieb kapitalisiert ist«, schrieb eine Frankfurter Basisgruppe im Streik 1968, »hat die ideologische Funktion, die Gewalt und die geistige Produktion nivellierende Tendenz der Kulturindustrie zu leugnen. Indem sie die Individualität und Originalität von literarischen Produkten, ihren Mittlern und Konsumenten suggeriert und von der persönlichen Freiheit und Voraussetzungslosigkeit der Produktion und Aneignung von Kultur spricht, erfüllt sie den Zweck der Kulturindustrie, die Anonymität ihrer Waren vermittels der scheinbar individuellen Qualität von Bildung mit dem Schleier des persönlich Vertrauten und damit Akzeptablen zu überziehen.« [276] Solche Effekte, die vom Deutschunterricht ebenso wie den – direkt oder indirekt werbenden – Publikationen über Literatur ausgehen, sind freilich nicht bewußt oder im Auftrag erzielt worden; das ihnen zentrale Ideologem der Geistautonomie entspringt spontan aus der kapitalistischen Form der Teilung in materielle und geistige Arbeit [277]. Aber ein traditionsorientierter, in seiner Organisation weit hinter der in der materiellen Produktion zurückbleibender Bereich wie die Germanistik wird von der anarchischen Entwicklung der gesellschaftlichen Arbeit in ihren verschiedenen Sparten zwar ermöglicht, ist aber – wie Ungleichzeitiges meist – kein bloßes Relikt, sondern kann sich nur infolge eines bestimmten Standes des gegenwärtigen Systems der Bedürfnisse immer wieder neu reproduzieren. Dazu schrieb Wittfogel 1922 in seiner Kritik der bürgerlichen Wissenschaft: »Die Bank- und Industrieherren wissen sehr wohl, wie kindisch unzureichend die idyllische Gesellschaftsbetrachtung ihrer bezahlten Vögelchen ist ...«; aber so, wie die deutsche Bourgeoisie keine bürgerliche Revolution gewollt habe, da sie wußte, daß diese »zu weit« gehen würde, wolle sie auch keine »moderne großbürgerliche Ideologie (im Sinne des Positivismus) mehr, denn sie weiß, daß auch diese geistige Revolution »zu weit« gehen und ins Fahrwasser des Marxismus geraten muß.« [278]

Wittfogel meint also, die Maxime des Kapitalismus sei bezüglich der Kulturwissenschaften ein Hilfts nichts, so schadets nichts: als Desorientierungsmittel halte man sie für weniger gefährlich denn einen Mangel an positivem Wissen [279]. Seitdem hat Wittfogels Analyse zu veralten begonnen. Sicher produziert die kapitalistische Produktionsweise auch in Zukunft notwendige Ideologie und bedarf ihre partikulare Rationalität auch spontaner irrationalistischer Prädispositionen, welche bewußt manipulative Sozialtechniken zum Anknüpfungspunkt haben müssen. Ohne die Sozialisation in einer vorkapitalistischen Einrichtung wie der Familie z. B. wären die Menschen kaum bei der Stange zu halten; daß die Masse selbst nicht zur Monopolbourgeoisie zählender Lehrer zynisch eine von ihnen durchschaute Ideologie ungebrochen übermitteln könnte, ist wohl nicht denkbar. Gleichwohl benötigt der heutige Kapitalismus eine Form der Ideologie, der gegenüber schon jetzt für die Vertreter althergebrachter Germanistik gelten dürfte, was Brecht über die letzten Saurier sagte: »Es steht nichts mehr hinter ihnen, aber sie werden noch gegrüßt.« [280] Verlangt wird, wie Hofmann sagt, »nach einer Ideologie ..., die handhabbar ist – und die handhabbar macht –, die in der Welt der ›nüchternen Tatsachen‹ das praktische Handeln selbst anleiten soll, mit einem Wort: nach einer aktivistischen Ideologie.« [281] Bereiche, in denen privilegierte ideologische Stände sich über die Macht der Innerlichkeit hatten Illusionen machen können, werden immer mehr pragmatischen Erfordernissen unterstellt. Der hohe Entwicklungs- und Vergesellschaftungsgrad der Produktivkräfte erfordert die Indienstnahme des gesamten Überbaus zur Organisierung nicht nur der ökonomischen Sphäre, sondern aller zur Reproduktion der kapitalistischen Produktionsweise nötigen Gesellschaftsfunktionen.* Auch die Kunst- und Kommunikationswissenschaften haben sich zu diesem Zweck Arbeitsformen und Methoden anzueignen, welche die Entwicklung praktischer Strategien ermöglichen.** Sie werden nicht nur als Manipulationswissenschaften und als Marktforschung im engeren

* Damit ist nicht gemeint, daß diese Wissenschaften nun bloß noch angewandte Forschung betrieben und nur Lösungen für Einzelaufträge von Staat oder Unternehmern zu liefern hätten. Nötig ist v. a. auch die Bereitstellung vielfältig disponibler Forschungskapazitäten und umfassender Langzeitprogramme, zu der das Privatkapital aufgrund seiner begrenzten Ressourcen und seines kurzfristig orientierten Profitinteresses nicht imstande ist.

** Es muß dabei beachtet werden, daß der akademische Betrieb dreierlei integriert: die Ausbildung von Arbeitskräften, die formell freie Forschung und direkte Dienstleistungen. Es genügt also nicht zu sagen, daß die Germanistik vor allem Deutsch-

Sinn benötigt, sondern dienen auch der Verwissenschaftlichung der Produktion selbst und vor allem der Steigerung der Qualifikation der Arbeitskraft [282]. Ihre im folgenden skizzierten möglichen Funktionen entsprechen aber – das sei gegen verbreitete Mißverständnisse von vornherein gesagt – weder Ausführungsbestimmungen in einem widerspruchsfreien, geschlossenen System »totaler Manipulation« noch sind sie Ergebnis einer Verschwörung, wie das bürgerliche Antikritik ihrer eignen personalistischen Denkweise folgend unterstellt; vielmehr ergibt sich das Ensemble der neuen Sozialtechniken aus einem Zusammenwirken verschiedener objektiver ökonomischer und politischer Erfordernisse des heutigen Kapitalismus.

Was zunächst den Bereich staatlicher Sozialisation betrifft, so scheinen neuere Leitlinien wie die *Rahmenpläne für Unterricht und Erziehung in der Berliner Schule* oder Überlegungen zu neuen literaturwissenschaftlichen Studienmodellen wie der sogenannte *Iser-Plan* [283] zu belegen, daß es zu funktionalem Agieren in der gegenwärtigen Gesellschaft – und dem jeweiligen Beruf – nicht mehr ausreicht, im Deutschunterricht, wie noch die erwähnte Frankfurter Basisgruppe meinte, »anhand der ›schönen Literatur‹ das Bild einer konfliktlosen Gesellschaft und daran orientierte Verhaltensmuster zu entwickeln.« [284] Als Aufgabe der Schule wird es in den *Rahmenplänen* angesehen, »die Jugend auf das Leben in der Gesellschaft vorzubereiten. Daraus ergibt sich, daß Erziehung nicht allein auf zeitlos gültigen Gedanken beruht; sie ist vielmehr auch eine zeitbedingte gesellschaftliche Realität.« [285] Entsprechend ist in den Lehrplanvorschlägen nicht mehr, wie in denen von 1954, noch nahezu ausschließlich vorgesehen, die »Werte, die für die Formung deutschen Geistesgepräges wesensbestimmend geworden sind«, zu vermitteln und »für die Gegenwart fruchtbar« zu machen; vielmehr sind jetzt, wie Daerr berichtet, »auch nichtliterarische Formen einbezogen worden: Gesetzestexte, Zeitungsartikel, Lehrbuchtexte, technische Anweisungen, Werbe- und Propagandatexte, Sachbücher – für die Hauptschule auch Jugendbücher und ›positive Beispiele aus der Trivialliteratur‹ ...« [286]. Nach Isers Vorstellungen soll »ein Literaturunterricht nicht ein Unterricht für die Literatur, sondern ein solcher an ihr sein. An der Literatur können bestimmte Verhaltensweisen erkannt, ja auch geübt werden, auf die wir in der täglichen Erfahrung angewiesen sind.« [287] Es scheint, als würden direkt Fertigkeiten angesprochen, die in der Arbeitssphäre heute verlangt werden: »Überhaupt läßt sich an der Literatur studie-

lehrer ausbilde; das vergäße auch die Studenten, welche später Berufe wie Bibliothekar, Lektor, Schriftsteller, Publizist, Universitätslehrer usw. ergreifen und dabei, wenn ihre Anzahl auch die der Gymnasiallehrer bei weitem nicht erreicht, oft wichtige Funktionen einnehmen. Hinzu kommt aber die Bedeutung der Forschungsergebnisse der Germanistik, welche, so wenige sie erarbeiten, ja doch die Richtung auch der Lehre bestimmen.

ren, welche Vorgänge ablaufen, wenn eine Spannung entsteht, eine Harmonie hergestellt, ein Wagnis unternommen wird, wenn Ergänzungen und Improvisationen gefordert sind.« [287 a] Auch nach den *Rahmenplänen* sollen die Texte als Demonstrationsobjekte fungieren; sie haben unter anderem »die formale Aufgabe, technische Fertigkeiten zu vermitteln: »Sachverhalte erfassen (klären), Zusammenhänge erfassen (finden, durchschauen), Wichtiges von Unwichtigem unterscheiden. [288]« Begriffe wie »Sachlichkeit« und »Erziehung zum partnerschaftlichen Verhalten« tauchen auf [289] – Silbermann sah, wie erwähnt, schon den Zweck der Kunsterziehung darin, über das gemeinsame Kunsterlebnis »eine soziale Anwesenheit, Gegenwärtigkeit und Teilnahme am Leben der Gesellschaft zu schaffen« [290]; insgesamt, heißt es, habe »der Deutschunterricht rationale, schöpferische und soziale Fähigkeiten zu wecken und zu fördern und diese an Sachverhalten der Wirklichkeit und an literarischen Gegenständen zu erproben.« [291]
Bezeichnend für die neuen Richtlinien sind nach Daerr »(a)mbivalente Aussagen und antithetische Forderungen«; einige, die später noch interpretiert sein wollen, seien in seiner Darstellung zitiert: »Man macht es den Schülern nicht leicht, sich in dieser Gesellschaft zurechtzufinden. Sie sind eindeutig überfordert, wenn verlangt wird: ›Jugendliche sollen ermutigt werden, für das von ihnen als wahr und wertvoll Erkannte einzutreten und sich zugleich offenzuhalten für neue Einsichten. Denn niemand ist im Besitz der ganzen Wahrheit.‹ ... Einzige Lösung, die man ihnen anbietet, ist, ›diesen Gegensatz innerlich zu verarbeiten› ..., (was sich in diesem konkreten Fall auf das Auseinander-›Klaffen‹ von ›personaler Existenz‹ und ›berufliche(r) Tätigkeit‹ bezieht). Andererseits wiederum sollen sie ›die Konflikte aushalten‹, denn ›autoritäres Unterdrücken von Konflikten führt zu nur scheinbarer Anpassung, verkürzendes Harmonisieren wäre gleichfalls verfehlt, weil es die Wirklichkeit verharmlost.‹« [292] Ziel des Unterrichts sei die »Befähigung zu kritisch angepaßtem Sozialverhalten« [293] da »die dynamische Gesellschaft ... Mitglieder« brauche, »die sich ihren Ordnungen gegenüber zugleich loyal und kritisch verhalten können.« [294]

In der Formulierung kündigt sich – das Konstanzer Technologiepapier hat darauf verwiesen – nicht nur ein im Positivismus immer schon angelegter radikal reduzierter Kritikbegriff an, nach dem Kritik dazu tendiert, »eine (billigere) Form des Kontroll-Feed-Backs im Handlungsprozeß« zu werden [294 a]; die ausgehaltene Diskrepanz von »loyal und kritisch« zeugt von Kompromissen mit den Berufs- und Gesellschaftsvorstellungen der zukünftigen Lehrer und damit auch von gravierenden Widersprüchen im derzeitigen Kapitalismus. Zuerst sei der zwischen dem Bedürfnis nach besserer Qualifikation der Arbeitskraft und dem nach systemkonformer Sozialisation genannt. Nicht erst heute befindet sich ja der Kapitalismus auf einem »Höhegrad der Entwicklung der Produktion, auf dem Aneignung der Produktionsmittel und

Produkte, und damit der politischen Herrschaft, des Monopols der Bildung und der geistigen Leitung durch eine besondre Gesellschaftsklasse nicht nur überflüssig, sondern auch ökonomisch, politisch und intellektuell ein Hindernis der Entwicklung geworden ist.« [295] Der »Bildungsnotstand« zeigt die bürgerliche Gesellschaft in einem Dilemma. Einmal sieht sich die Bourgeoisie gezwungen, »zu einem Teil auf die eigene Wahrnehmung (der) produktiven Seite der Wissenschaft (zu verzichten). Das bedeutet nicht, daß sie sich von der höheren Bildung selbst ausschließt und verzichtet, zu den ›Gebildeten‹ gezählt zu werden, doch ist die Bildung bei ihr zunehmend eine Form parasitären Konsums. Die Wissenschaft produktiv zu nutzen, fällt in wachsendem Maße den werktätigen Klassen und Schichten zu, wenngleich sich die Art und Weise der Nutzung gegen sie selbst richtet.« [296] Weiterhin bedarf, nach Helmut Steiner, auch der bisherige Handarbeiter »eines zunehmenden Fach- und Allgemeinwissens zur Bedienung seiner modernen Maschinen und Aggregate ...« [297] Behält also die Bourgeoisie »ihr herkömmliches und rückständiges Bildungswesen bei, liegt sie im ökonomischen Wettbewerb mit dem Sozialismus hoffnungslos im Hintertreffen; verändert sie ihr Bildungswesen zugunsten eines höheren Bildungsstandes der werktätigen Bevölkerung, so hilft sie mit, die Arbeiterklasse zu befähigen, die Leitung der Wirtschaft und Gesellschaft selbständig und sachgerecht zum Wohle der Gesamtgesellschaft in ihre Hände zu nehmen. Die monopolkapitalistische Aufhebung des bürgerlichen Bildungsprivilegs, die durch den gegenwärtigen Stand und die weitere Entwicklung der Produktivkräfte, den kapitalistischen Konkurrenzkampf sowie durch den sich zuspitzenden ökonomischen Wettbewerb mit dem sozialistischen Weltsystem bedingt wird, verschärft die Widersprüchlichkeit und erhöht die Labilität des kapitalistischen Systems.«* Das heißt keineswegs, daß Bildungsprivilegien innerkapitalistisch irgend aufzuheben wären oder daß zuletzt fast nur noch Akademiker benötigt würden; technischer Fortschritt wie Besserqualifikation der Arbeitskraft unterliegen in diesem System

* l. c., S. 91. – Zu fragen ist, wieweit Bildungswege, die technische und spezialistische Ausbildung überhaupt von der Vermittlung von Einsichten über die Gesellschaft oder zumindest der Vermittlung der prinzipiellen Fähigkeit zu solchen Einsichten – welche der organisierte Kapitalismus ja in steigendem Maße benötigt – so gut wie möglich zu trennen versuchen, dieser Entwicklung die Spitze abbrechen können (vgl. dazu André Gorz, *Studium und Facharbeit heute*. in: *Wider die Untertanenfabrik. Handbuch zur Demokratisierung der Hochschule*. Hrsg. Stephan Leibfried, Köln 1967, S. 42–51; v. a. S. 48) So etwas wie ein Modell der Lösung findet man übrigens täglich in der kapitalistischen Presse: nicht nur ist sie in Führungs- und Massenpresse geteilt, sondern sie informiert auch im einzelnen quasi über alles und nichts: atomistisch, gegen Kontinuität der Erfahrung und das Begreifen von Zusammenhängen abgedichtet, präsentiert sie eine Fülle hingetupfter und ungeordneter Einzeltatsachen, die gleichwohl die zu einzelnen Handlungen ernötigte Orientierung bieten.

immanenten Hindernissen. Aber auch wenn die Arbeitsplatzstruktur im einzelnen noch viele uneinheitliche und auch kaum ausreichend untersuchte Bewegungen aufweist, dürfte die hier konstatierte Tendenz doch langfristig wirksam werden.

Der Widerspruch ist einer der zentralen der sich steigernden von Produktivkräften und Produktionsverhältnissen, welche Manipulation ebenso notwendig machen, wie sie sie gleichzeitig erschweren. So entwirrt der Monopolkapitalismus die sozialen Verhältnisse derart, daß die bürgerliche Proklamation von Gleichheit und Freiheit für alle, von Privatinitiative und persönlichem Privateigentum durch die Konzentration und Zentralisation des Kapitals in wenigen Händen für die Mehrheit der Bevölkerung als Phrase offenbar zu werden droht; diese Entwicklung verlangt hinwieder verstärkte Public Relations [298] zur Gewinnung des Wohlwollens der Öffentlichkeit; andererseits führt das Trommelfeuer der Reklame – wenn auch vor allem der unverhüllten im Distributionssektor – wieder zu größerer Reserve der Adressaten. Des weiteren muß zum Beispiel das traditionelle »Mittelstandsdenken« angesichts sich ausweitender und verdeutlichender Lohnabhängigkeit, nämlich zunehmender formeller und reeller Subsumtion unters Kapitalverhältnis [299], durch verdoppelte Beeinflussung – unter anderem durch die Massenmedien – abgestützt werden, damit sich kein Kollektivbewußtsein der ökonomisch Gleichgestellten herausbilde [300]. Nicht zuletzt hat das Entstehen sozialistischer Gesellschaften mit hohem Niveau der Produktionsentwicklung die Selbstverständlichkeit kapitalistischer Verhältnisse auch von außen infrage gestellt. Da also – beim Fortbestehen der ökonomischen Basis für spontanes falsches Bewußtsein – keine stabile Ideologie im Sinne einer systematischen Erklärung und Rechtfertigung der bürgerlichen Gesellschaft mehr besteht [301], die Etablierung eines Systems offener Gewalt jedoch beim Stand der Produktivkräfte und der innen- wie außenpolitischen Machtverhältnisse inopportun oder aber nur der letzte, risikoreiche Ausweg ist – auch im anderen Fall wäre der bloß äußre Zwang unzureichend und labil [302] –, bedarf es einer Art von Sozialisationsmethoden, die konfliktsteigernde Herrschaftsäußerungen ebenso zu vermeiden suchen muß wie die Übermittlung von nicht nur für effektives Handeln unbrauchbaren [303], sondern auch durch die Adressaten falsifizierbaren Ideologemen. Argumentative Ideologie wird tendenziell durch Verhaltensregeln abgelöst. [304]

Die Aufgaben der Kunst- und Kommunikationswissenschaften in der Entwicklung solcher Sozialtechniken bestehen nun einmal, neben der erwähnten Lehrerausbildung, in der Vorbereitung von Gesetzen, Erlassen usw. für die Lehrplangestaltung: »Und wenn sich zur Zeit«, sagt Silbermann für einen kleinen Sektor dieser Tätigkeit, »gewisse Landesregierungen um Musikerziehung und Musikausübung Sorge machen, wird man wieder an den Kunstsoziologen herantreten müssen, um empirisch abgesicherte Daten zu erhalten.« [305] Sodann sind sämtliche vom Staat direkt oder indirekt kontrollierten kulturellen wie kulturpolitischen Instanzen von Bundes- bis Kommunalebene auf wissenschaftlich geschulte Arbeitskräfte sowie die Ergebnisse der genannten Fächer angewiesen; insbesondere die öffentlich-rechtlichen Medien, die sich überdies zunehmend der Marktforschung bedienen und dazu auch eigene Referate schaffen. Über die Bereiche staatlicher Repräsentation und Propaganda reicht der Bedarf bis hinüber zur Ausübung von Exekutivfunktionen: ein interessantes, wenn auch quantitativ bisher unerhebliches Beispiel bietet die bereits erfolgreich eingesetzte Gruppe 47 der Berliner Polizei, das sogenannte Diskussionskommando, die bei Demonstrationen und Streiks spektakuläre Machtausübung durch abwiegelndes Debattieren ersetzen soll; hierzu forderte ein interner Erfahrungsbericht der Gruppe: »Es wäre jedoch wünschenswert, Rhetorik, Debattier-, Diskutier-, Agitationstaktik und die psychologische Beschulung stärker zu betonen.« [306]

In weit größerem Umfang werden die Kulturwissenschaften natürlich bereits von den Einzelkapitalen genutzt. Was die Kulturindustrie angeht, ist sie nicht nur auf die schon öfters erwähnte Absatzförderung angewiesen, für welche – oft schon in eigenen Instituten – Kunstsoziologen und literaturwissenschaftlich ausgebildete Publizisten gebraucht werden; zudem bedarf es – neben der technischen Intelligenz, mit der die hier besprochenen Berufe auch funktional nicht vermischt werden dürfen – von Lektoren bis zu Regieassistenten immer mehr des wissenschaftlich ausgebildeten Personals. Was die Industrie insgesamt betrifft, wird sie in ihrem Versuch, »die Kunden durch ansprechende Verpackung und Beschriftung, durch das Halten eines ganzen Stabes von Verkäufern und Publizisten anzuziehen, und, was vielleicht noch wichtiger ist, sie durch fortlaufendes Überschütten mit ungeheuren Mengen von Reklame durch Zeitung, Magazin und Radio zu beeindrucken« [307], Abnehmer der Kulturwissenschaften, wobei zu bedenken ist, daß ja nicht nur für einzelne Waren, sondern ganze Firmen, Branchen und Unternehmervereinigungen, ja die Produktionsverhältnisse überhaupt geworben wird, wozu noch die Vergabe von Stipendien, Literaturpreisen und die Unterstützung und Organisation kultureller Veranstaltungen zu zählen sind.

In der Produktionssphäre selbst werden nicht nur ästhetische – wenn auch, von gelegentlichen Lesungen, Theaterveranstaltungen usw. abgesehen, weniger literarische – Techniken, wie etwa die Arbeitsmusik, zur Freisetzung »mentaler Leistungsreserven«, also zur Erhöhung des relativen Mehrwerts eingesetzt, sondern auch bereits soziolinguistische Erkenntnisse: »Schritt für Schritt«, schreibt Roth wenn auch etwas übersteigernd, »werden gegenwärtig die bisherigen ›Geistes‹- und Kulturwissenschaften zugunsten des Primats der Leistungsoptimierung der verschiedenen Qualifikationsschichten der Arbeiterklasse herangezogen, ein Prozeß, der als Anpassung an die seit längerem schon kapitalisierten Methoden der Erfahrungswissenschaften imponiert. So traditionsreiche Fachsparten kleinbürgerlicher Pseudowissenschaft [308] wie Psychologie, Soziologie, Erziehungswissenschaften bis hinüber zur Literaturwissenschaft operieren mehr und mehr zugunsten der »Aufstellung eines Katalogs gesicherter Wenn-Dann-Beziehungen über das Verhalten des Menschen, der es gestattet, vorgegebenes, nicht auserlesenes Menschenmaterial ebenso zuverlässig für vorgegebene Zwecke einzusetzen, wie dies die traditionelle Technik mit konventionellen Materialien zustande bringt.« [309]

Die ästhetischen Wissenschaften tendieren also ebenfalls dahin, von sporadisch genutzten Gratisproduktivkräften des Kapitals zu Verwertungswissenschaften zu werden. Mögen sie als solche auch die Produktivität der Arbeit steigern und zur Realisation des Waren- und damit, bei kapitalistischer Produktion, auch Mehrwerts beitragen, sind sie dennoch »nicht Produktivkräfte selbst, sondern lediglich Rezepte zu ihrer weiteren Entwicklung und produktiveren Verwendung.« [310] Angesichts der hohen Kosten, welche wissenschaftliche Ausbildung und Forschung dem Einzelkapital und noch mehr dem Staat, der die kapitalistischen Gattungsgeschäfte führt, verursacht, ist denn auch die Forderung nach praxisbezogener, möglichst sofort nutzbarer Wissenschaft und die Kompression des Ausbildungssektors durch die gegenwärtige Schul- und Hochschulreform als Maßnahme zu verstehen, »um möglichst viel an Qualifikationen und wissenschaftlichen Resultaten herauszuholen, ohne die Verwertung des Kapitals durch zu hohe Mittel im unproduktiven Sektor zu verschleudern.« [311] Auch die Literaturwissenschaft soll nun das Konzept des Philosophen Avenarius befolgen: Denken der Welt gemäß dem Prinzip des kleinsten Kraftmaßes. Damit entsteht aber für den Kapitalismus dadurch ein neuerliches Problem, daß nun die zu seiner Reproduktion direkt herangezogenen Wissenschaftler zunehmend Arbeitsweisen unterliegen, welche sie denen manueller Arbeiter nicht nur von ferne anähneln. Schon in der Qualifikationszeit unterwirft das »Verlangen nach Studienzeitverkürzung (im Verein mit der von der Privatwirtschaft geforderten Abschaffung des neunten Gymnasialjahres), der Ausbau des Zwischenprüfungswesens, der Ruf nach ›exemplarischer‹ Unterweisung und allgemeiner Durchforstung des akademischen Unterrichtsstoffes, nach Straffung der Lehrpläne« [312] auch die nichttechnische Intelligenz spürbar den Interessen effizienter Kapitalausnutzung. Im Beruf selber verstärkt sich dies: in immer mehr Sparten wird die geistige Arbeit in Detail- und Routinearbeit zerlegt. Mit einer solchen Veränderung der Arbeitsweise verbessert sich aber die Möglichkeit der Überwindung von Ständeideologien und der Entwicklung eines angemessenen Klassenbewußtseins.

Nun sind die beschriebenen Tendenzen gewiß noch nicht Wirklichkeit geworden; insbesondere für die Literaturwissenschaft wäre es vermessen zu behaupten, sie habe die von ihren Reformern zweideutig genug beklagte »mangelnde Anpassung gegenüber der Komplexität der Industriegesellschaft« [313] bereits überwunden. Worauf diese aber hinauslaufen dürfte, kann bereits jetzt deshalb nicht genug betont werden, weil es zu verhindern gilt, daß eine Kritik der alten Germanistik bloß, wie Joscha Schmierer einmal in allgemeinerem Zusammenhang meinte, emanzipatorisches Geschwätz als Ornament zum Werk der Technokraten beisteuert [314]. Haug hatte in seiner Analyse der im Band *Germanistik – eine deutsche Wissenschaft* versammelten Beiträge von Killy, Lämmert, Polenz und Conrady, die als Teil der nicht zuletzt von Studenten initiierten Ringvorlesungen über Universität und Nazismus 1966 entstanden waren, schon 1967 solche Bedenken angemeldet: »Unter dem Aspekt des Minderwertigen, Niveaulosen, Absonderlichen und der Simplizität mögen disfunktionale Ideologeme ausgeschieden werden. Sie sind durch die politische und soziale Entwicklung überholt und damit objektiv untauglich geworden, wodurch der Nebeneffekt entsteht, daß sie ästhetisch auffällig und unmöglich geworden sind. Ihre Ausscheidung kann dann als Anpassungsvorgang verstanden werden, der ein bürgerliches Bezugssystem wieder funktionsfähig – und das heißt auch: unangreifbar – machen soll. Unter dem Namen der Entideologisierung würde mithin, um den Verdacht einmal hypothetisch zu formulieren, ein Modernisierungsvorgang ablaufen, der eine funktionelle Kontinuität mit dem Kritisierten aufrechterhielte. Freilich wären die zitierten Belege überinterpretiert, wollte man sie auf eine solche Tendenz festlegen.« [315] Deutlich tritt eine partielle, wie auch immer ungewollte Koinzidenz von Parolen der ersten Phasen der Studentenbewegung, die ja von den gesellschaftswissenschaftlichen Fächern ausging, und Interessen von Kapital und Staat daran, alte Zöpfe abzuschneiden, zum Beispiel bei der Verwendung des Begriffs »Luxuswissenschaft« für die bisherige Germanistik zutage. Ungeschieden ist darin die Kritik an für die Mehrheit der Bevölkerung unnützer, aber aus ihrer Arbeit bezahlter Klopffechterei und die an einer »Verschwendung von Kapital«, wie es eine ad-hoc-Gruppe Germanistik an der FU Berlin 1968 formulierte [316]: unter dies letztere fiele auch das Verrichten »konkreter und möglicherweise nützlicher Arbeiten, die bei dieser Wirtschaft verloren sind.« [317]

Dieselbe Ambivalenz zeigen Meinungen, wie sie im Band *Ansichten einer künftigen Germanistik* vertreten werden, der Aufsätze von Assistenten, Studenten und Professoren politisch eigentlich recht verschiedener Richtung vereint. [318] Dort wird von der Germanistik als einem Fach gesprochen, »in dessen Dienst so viele Jahrzehnte staatsbürgerlich (?) irrelevanten Fleißes investiert werden« [319] oder forsch geschrieben: »Die Germanistik als Prestigefach für höhere Töchter hat ausgelitten.« [320] Argumente wie die von der »Esoterik einer Literatur, die längst nur noch Kommunikationsinstrument einer elitären und faktisch einflußlosen Minderheit ist« [321], können umstandslos gegen die Verbreitung marxistischer Theorie verwendet werden; und drückt nicht der Satz, »daß eine Germanistik, die bei internen

Komplettierungen so weitermacht wie bisher, zu einem Metier für Sonderlinge verkommt« [322], neben der Sorge um sinkendes Sozialprestige die Formierungstendenzen im westdeutschen Kapitalismus aus?

Es fehlt denn auch hier nicht an doppelbödigen Formulierungen wie der, man solle nicht glauben, »daß die sog. hohe Literatur oder Belletristik ... noch irgendwelche Relevanz besäße«, oder Anklagen, daß die U-Literatur »stets verschämt und überheblich als Trivialliteratur klassifiziert« und eine »bis in die jüngste Zeit gänzlich verachtete und vernachlässigte« Sparte geblieben sei [323]. »Mittlerweile ist es unter Kulturpolitikern, auch Soziologen üblich geworden«, schrieb Adorno 1963, »unter Hinweis auf die große Wichtigkeit der Kulturindustrie für die Bildung des Bewußtseins ihrer Konsumenten davor zu warnen, sie zu unterschätzen. Man sollte sie frei von Bildungshochmut ernst nehmen ... Der unvermerkt sich einschleichende Doppelsinn von Bedeutsamkeit wäre zunächst zu bezeichnen. Die Funktion einer Sache, beträfe sie auch das Leben ungezählter Menschen, ist keine Bürgschaft ihres eigenen Ranges.« [324] In ähnlicher Sache bemerkte Marx gegen Proudhon: »Behaupten wollen, daß, weil die wenigst teuren Dinge mehr im Gebrauch sind, sie deshalb von größerem Nutzen sein müssen, heißt behaupten, daß der infolge der geringen Produktionskosten desselben so verbreitete Gebrauch des Branntweins der zwingendste Beweis seiner Nützlichkeit ist; heißt, dem Proletarier vorreden, daß die Kartoffel ihm heilsamer ist als das Fleisch; heißt, den gegenwärtigen Stand der Dinge akzeptieren ...« [325]

Ohne das Bildungsbürgertum hochkapitalistischer Zeit zu verklären, ist doch daran zu erinnern, daß die Rede von der Autonomie des Geistes nicht bloß Ideologie war, sondern sich in der Distanz zu direkten Aufträgen der kapitalistischen Gesellschaft doch auch diese – in welch schüchterner oder mystifizierender Form auch immer – transzendierende Gedanken entwickeln konnten. Eine Roßkur, welche mit dem Privilegcharakter substantieller Literatur und kritischer Theorie diese selbst abschaffen wollte, wäre unter den vorwaltenden Umständen nicht zu begrüßen. Gegen eine den praktischen Aufgaben in der kulturellen Kommunikation sich zuwendende Literaturwissenschaft wäre nur dann nichts einzuwenden, wenn mit jener Zuwendung nicht, wie Werner Hofmann schrieb, »zugleich die um so engere Bindung an die herrschenden Interessen einherginge, die nun einmal die Sphäre der Praxis in unserer Gesellschaft bevölkern.« [326]

* Von einer so gezielten Erforschung des kulturellen Bereichs schreibt Horkheimer: »Im Kampf um die Verbesserung der menschlichen Zustände gibt es Zeiten, in denen das Faktum, daß die Theorie alle diese Verhältnisse nur höchst summarisch berücksichtigt, praktisch nicht besonders wichtig ist. Das sind jene Augenblicke, in denen infolge des ökonomischen Niedergangs einer bestimmten Produktionsweise die dazugehörigen kulturellen Lebensformen bereits so aufgelockert sind, daß die

Aber auch die Dringlichkeit einer kritischen Literaturwissenschaft sei nicht einfach unterstellt. Ihre Relevanz wechselt historisch. Einmal entscheidet sie sich daran, welche Bedeutung dem Brechen kultureller Manipulation des Bewußtseins zugesprochen wird *; dem – freilich reformistischen und nicht marxistischen – Programm bloßer Inangriffnahme direkt politisch-ökonomischer Veränderungen wurde die Notwendigkeit einer umfassenden, allerdings nicht ihrerseits zu isolierenden und »einstweilen vorziehbaren« Kulturrevolution zu recht entgegengehalten. In deren Zusammenhang bleibt die wissenschaftliche Behandlung der Möglichkeiten agitatorischer Kunst ebenso zu nennen wie die Erforschung und Tradierung des in etwas zu behaglichem Ton »kulturelles Erbe« Genannten [327]. Was zum andern eine Hinwendung zu zeitgenössischer Belletristik angeht, die an ihr etwas über Gesellschaft, und nicht nur die Ideologie von jener, ausmachen will, muß die Frage der geschichtlichen Notwendigkeit und Möglichkeit solcher Kunst ernst nehmen; nicht darf der Literatur, wie jüngst bei Paul Gerhard Völker, nobel und naiv als verbürgte Funktion zugesprochen werden, daß sie eine besondere Art menschlicher Bedürfnisse befriedige und »in ihrer allgemeinsten Form schon, der Überschreitung gegebener Verhältnisse durch Phantasie, auf den Zwiespalt von möglichgewordener Bedürfnisartikulation und Produktionsverhältnissen, die deren Befriedigung verhindern, hinweist.« [328] Zu prüfen ist jeweils historisch die Antwort Adornos auf den selbst geäußerten Einwand gegen seine »Philosophie der neuen Musik«, es müsse »zynisch erscheinen, nach dem, was in Europa geschah und was weiter droht, Zeit und geistige Energie an die Enträtselung esoterischer Fragen der modernen Kompositionstechnik zu verschwenden« [329]: daß in der Kunst die antagonistische Gesellschaftsverfassung in einer Weise widerscheinen könne, welche die partiell und zeitweise mögliche Verschleierung der Widersprüche in anderen Bereichen Lügen strafe [330]: »Während gegenwärtig alles Kulturelle, auch die integren Gebilde, zu ersticken droht im Kulturgewäsch, ist doch, zur gleichen Stunde, den Kunstwerken aufgebürdet, wortlos festzuhalten, was der Politik versperrt ist« [331], schrieb er 1962, ohne doch die Prämisse zu hypostasieren oder das Postulat als erfüllt zu behaupten. Keine Beschäftigung mit Kunst ist freizusprechen, die sich nicht jederzeit selbst den Prozeß wegen Ablenkung vom Wesentlichen zu machen bereit ist.

Not des größten Teils der Gesellschaft leicht in Empörung umschlägt und es nur des entschlossenen Willens fortschrittlicher Gruppen bedarf, um über die bloße Stärke der Waffen, auf der das gesamte System dann wesentlich noch beruht, den Sieg davonzutragen. Aber diese Augenblicke sind selten und kurz, die schlecht gewordene Ordnung wird rasch notdürftig ausgebessert und scheinbar erneuert, die Restaurationsperioden dauern lang, und in ihnen gewinnt der veraltete kulturelle Apparat sowohl als seelische Beschaffenheit der Menschen wie auch als Zusammenhang ineinandergreifender Institutionen neue Macht. Dann bedarf es seiner genauen Durchforschung.« (Max Horkheimer, *Autorität und Familie*, l. c., S. 290).

1 Erschienen Bonn [1]1964, [4]1970; in der Folge nur mit »Fügen« und Seitenzahl zitiert. Ergänzend werden Fügens Einleitung zu dem von ihm edierten Sammelband *Wege der Literatursoziologie,* Neuwied und Berlin 1968, S. 13–38, sowie sein Aufsatz *Demokratie und Literatur. Literatursoziologie bei Alexis de Tocqueville,* Kölner Zeitschrift für Soziologie und Sozialpsychologie (fortan aufgeführt als: KZfS), 17. Jg. 1965, S. 106–117, herangezogen werden. Die ebenfalls verbreitete Arbeit von Robert Escarpit, *Das Buch und der Leser. Entwurf einer Literatursoziologie,* Köln und Opladen 1961 (frz.: *Sociologie de la littérature,* Paris 1960), gehört wie Fügen der positivistischen Wissenschaft an, eignet sich aber wegen ihrer Begriffslosigkeit weniger zur Besprechung und wird nur punktuell zu erwähnen sein. Häufiger werden wir auf methodologische Bemerkungen von Alphons Silbermann zurückkommen, dem sich Fügen (cf. Fügen 20) und Escarpit verbunden erklären. So schreibt Escarpit, Silbermann, dem er die deutsche Ausgabe seiner Literatursoziologie danke, habe »im Felde der Soziologie der Musik und des Rundfunks diejenigen Richtpunkte geschaffen ... die ich auf dem Gebiete der Literatur zu schaffen bestrebt bin.« (Escarpit, ebd., S. 18).

1a Engels konnte zum *Antidühring* noch schreiben: »Immerhin gab mir die systematische Weitläufigkeit meines Opponenten Gelegenheit, in Opposition zu ihm und in einer zusammenhängenderen Form, als dies früher geschehn war, die von Marx und mir vertretnen Ansichten über diese große Mannigfaltigkeit von Gegenständen zu entwickeln.« (Friedrich Engels, *Einleitung zur englischen Ausgabe der »Entwicklung des Sozialismus von der Utopie zur Wissenschaft«,* MEW 22, S. 288).

2 In neueren Einführungen zur Germanistik wird unterm Stichwort Literatursoziologie Fügens Beitrag meist mit an erster Stelle aufgeführt. Von Seiten der Soziologie lobt der Kunstsoziologe Alphons Silbermann unter anderem »Fügens vorzügliche Darstellung der marxistischen Literaturbetrachtung« und nennt das Buch einen »in seiner Art einmalige(n) Beitrag zur Literatursoziologie.« (KZfS, 19. Jahrgang 1967, S. 790 f.) Zur bisherigen Kritik an Fügen vgl. Helmut Lamprecht, Neue Rundschau 1966, S. 530–532; Hans-Peter Gente, Argument Nr. 41, 1966, S. 506–508; Jost Hermand, *Synthetisches Interpretieren,* München 1968, S. 104; Dietrich Steinbach, *Literatursoziologie und Deutschunterricht,* in: Der Deutschunterricht, Heft 3, 1970, S. 6; Hilmar Kallweit/Wolf Lepenies, *Literarische Hermeneutik und Soziologie,* in: *Ansichten einer künftigen Germanistik,* ed. Jürgen Kolbe, München 1969, S. 131–133; Manon Maren-Grisebach, *Methoden der Literaturwissenschaft,* Bern und München 1970, S. 81–83.

3 Fügen 14. 4 Fügen 74.

5 Fügen 68.

6 Alphons Silbermann, *Ist Kunst nur Spiegel der Gesellschaft?* 2. Teil: Methoden und Ziele der empirischen Kunstsoziologie. Rundfunkvortrag vom 23. 6. 1970 im 2. Programm des Bayrischen Rundfunks, 22.20–23.00 Uhr. Rundfunkmanuskript S. 16.

7 A. Silbermann, *Ist Kunst nur Spiegel der Gesellschaft?* 1. Teil: Plädoyer für eine empirische Kunstideologie (scil.: Kunstsoziologie, B. J. W.) Rundfunkvortrag vom 16. 6. 1970 im 2. Programm des Bayrischen Rundfunks, 22.20–23.00 Uhr. Rundfunkmanuskript S. 13. (der zweiteilige Vortrag stützt sich z. T. auf Formulierungen des Silbermannschen Aufsatzes *Die Ziele der Musiksoziologie,* KZfS 14. Jg. 1962, S. 322–335).

8 Zitiert nach Kurt Lenk, *Die Rolle der Intelligenzsoziologie in der Theorie Mannheims,* KZfS 15. Jg. 1963, S. 323–337, S. 326.

9 Theodor W. Adorno, *Einleitung in die Musiksoziologie,* Hamburg 1968, S. 168 f. (fortan als »Adorno, *Einleitung*« zitiert).

10 Fügen 118. 11 Fügen 115. 12 Fügen 116 f.

13 Fügen, *Demokratie und Literatur,* ebd., S. 116. Dabei verweist Fügen auf eine Arbeit von W. Beeger, *Die entscheidenden sozialen Prozesse und sozialen Beziehungen in dem Roman ›Der Richter‹ von Charles Morgan,* KZfS 6. Jg. 1953/54, S. 564–586.

14 Escarpit, ebd., S. 19.

15 Karl Otto Conrady, *Einführung in die Neuere deutsche Literaturwissenschaft,* Hamburg 1966, S. 55.

16 ebd., S. 104.

17 Eberhard Lämmert, *Germanistik – eine deutsche Wissenschaft;* im gleichnamigen Sammelband, Frankfurt 1967, S. 32.

18 Vgl. dazu Karl Korsch, *Karl Marx,* Frankfurt und Wien 1967, darin: Basis und Überbau II: Die sogenannten Wechselwirkungen, S. 189–196; Friedrich Tomberg, *Basis und Überbau,* Neuwied und Berlin 1969, v. a. S. 36–74.

19 So ein von Fügen zustimmend zitierter Autor (Fügen 29).

20 Fügen 106. 21 Escarpit, ebd., S. 10.

22 ebd., S. 12.

23 Vgl. Th. W. Adorno, *Zur Logik der Sozialwissenschaften,* in: *Der Positivismusstreit in der deutschen Soziologie,* Neuwied und Berlin 1969, S. 140.

24 Fügen 96.

25 An kürzeren Einführungen in die marxistische Ökonomie, deren Begriffe hier verwendet werden, empfehlen sich: Paul M. Sweezy, *Theorie der kapitalistischen Entwicklung,* Köln 1959, jetzt auch Frankfurt 1970; Walter Schellenberg, *Wie lese ich »Das Kapital«,* Frankfurt 1969; W. S. Wygodski, *Die Geschichte einer großen Entdeckung. Über die Entstehung des Werkes »Das Kapital« von Karl Marx,* Berlin/ DDR 1967. Mit Vorbehalten: Werner Hofmann, *Ideengeschichte der sozialen Bewegung des 19. und 20. Jahrhunderts,* Berlin 1968; Ernest Mandel, *Einführung in die marxistische Wirtschaftstheorie,* Frankfurt 1967. Als Nachschlagewerke sind u. a. geeignet: *Philosophisches Wörterbuch,* 2 Bände, Hrsg. Georg Klaus und Manfred Buhr, Leipzig 1969; *Marxistische Philosophie,* Lehrbuch. Berlin 1967; *Grundlagen des Marxismus-Leninismus,* Berlin 1960. Einführend in die Fragen der Überbauanalyse: Franz Jakubowski, *Der ideologische Überbau in der materialistischen Geschichtsauffassung,* Frankfurt 1968.

26 M. L. Gansberg, *Zu einigen populären Vorurteilen gegen materialistische Literaturwissenschaft,* in: Gansberg/Völker, ebd., S. 25.

27 Eberhard Lämmert, *Das Ende der Germanistik und ihre Zukunft,* in: *Ansichten einer künftigen Germanistik,* S. 98; ähnlich P. G. Völker, S. 101.

28 Vgl. Rolf Tiedemann, *Studien zur Philosophie Walter Benjamins,* Frankfurt 1965, S. 107.

29 Fügen 105. Die weitere Fehler hinzufügende Fortführung »... von Herrschaftsansprüchen« sei hier einmal ausgeklammert.

30 Fügen 118.

31 cf. P. G. Völker, *Die inhumane Praxis einer bürgerlichen Wissenschaft,* in: Gansberg/Völker, ebd., S. 68.

32 Fügen, Einleitung zu *Wege der Literatursoziologie,* S. 18.

33 Th. W. Adorno, *Erpreßte Versöhnung,* in: *Noten zur Literatur II,* Frankfurt 1961, S. 155. Vgl. ebd., S. 164, 167, 175.

34 »... vielfach verhalten (die Positivisten, B. J. W.) sich fremd oder feindselig zur radikalen Moderne, die vom Bildrealismus sich abkehrt: auch was nicht

Wissenschaft ist, messen sie insgeheim nach wissenschaftlichen Modellen wie dem des Tatsächlichen oder gar jener Abbildlichkeit, die in der Wissenschaftslehre Wittgensteins seltsam geistert. Hier wie dort ist bei ihnen der Gestus des »Das verstehe ich nicht« automatisiert. Kunst- und Theoriefeindschaft sind im Kern identisch.« (Th. W. Adorno, Einleitung zu: *Der Positivismusstreit* ..., S. 57) Verwiesen sei hierzu auf Fügens Charakteristik der Darstellungsweise »gesellschaftsabgewandter«, d. h. moderner Literatur: im Gegensatz zur vorhergegangenen, der Fügen nicht »Ausmalen«, sondern euphemistisch »ausmalende Realistik« zuspricht (vgl. dazu Th. W. Adorno, *Balzac-Lektüre,* in: *Noten zur Literatur II,* Frankfurt 1961, S. 29 f.), sei sie von »einer überbetonten (oft manieristischen) Form.« (Fügen 167).

35 Fügen 97.

36 Nach Fügen 118.

37 Rolf Tiedemann, Nachwort zu: *Walter Benjamin, Charles Baudelaire,* Frankfurt 1969, S. 177.

38 Zum Problem der Verdinglichung vgl. Karl Marx, *Der Fetischcharakter der Ware und sein Geheimnis,* in: *Das Kapital,* Bd. I, MEW Bd. 23, S. 85–98; cf. auch Karl Marx, *Das Kapital,* Bd. III, MEW 25, S. 835–839; Georg Lukács, *Die Verdinglichung und das Bewußtsein des Proletariats,* in: ders., *Geschichte und Klassenbewußtsein,* Berlin 1923, S. 94–228; Hans-Georg Backhaus, *Zur Dialektik der Wertform,* in: *Beiträge zur marxistischen Erkenntnistheorie,* ed. Alfred Schmidt, Frankfurt 1969, S. 128–152; Friedrich Tomberg, *Der Begriff der Entfremdung in den »Grundrissen« von Karl Marx,* in: *Das Argument,* 11. Jg. 1969, Heft 52, S. 187–223, abgedruckt auch in Friedrich Tomberg, *Basis und Überbau,* l. c., S. 131–181.

39 Fügen 4; vgl. Fügen, Einleitung zu: *Wege* ..., l. c., S. 18 und 21.

40 Vgl. zum Beispiel Nicolai Hartmann, *Ästhetik,* Berlin 1953, S. 38. Zur Kritik Hans Koch, *Marxismus und Ästhetik,* Berlin 1962, S. 92.

41 Fügen 180.

42 Vgl. S. 17.

43 Fügen ebd.

44 Fügen 135.

45 Max Horkheimer, *Egoismus und Freiheitsbewegung,* in: ders., *Kritische Theorie der Gesellschaft,* Bd. 2, Frankfurt 1968, S. 47. Aus dem Profitprinzip resultierende Konstituentien der Unterhaltungsfunktion von Kunst wie die Art der Ausbildung und Reproduktion der Arbeitskraft können hier nicht besprochen werden.

46 Escarpit, l. c., S. 10; vgl. ebd., S. 24.

47 Th. W. Adorno, *Ästhetische Theorie,* S. 323.

48 Fügen 134 f.

48a Aus *Der Hase und der Igel.*

49 Th. W. Adorno, *Bürgerliche Oper,* in: *Klangfiguren. Musikalische Schriften I,* Frankfurt 1959, S. 49.

50 Th. W. Adorno, *Ästhetische Theorie,* S. 347.

51 Fügen 99.

52 Arnold Hauser, *Sozialgeschichte der Kunst und Literatur,* München 1953, S. 772 f.

53 Th. W. Adorno, *Rede über Lyrik und Gesellschaft,* in: *Noten zur Literatur I,* Frankfurt 1958, S. 76.

54 Art. »Wahrheit, künstlerische« in *Kulturpolitisches Wörterbuch,* Berlin/DDR 1970, S. 568.

55 Fügen, *Einleitung* zu: *Wege* ..., S. 18.
56 Th. W. Adorno, Einleitung zu: *Der Positivismusstreit*, S. 57.
57 Th. W. Adorno, *Versuch über Wagner*, München-Zürich 1964, S. 84 f.
58 Th. W. Adorno, *Ästhetische Theorie*, S. 122 f.
59 Fügen 118.
60 ebd.
61 Fügen 65.
62 ebd.
63 »Die empfindsame Reaktion von Schriftstellern auf eine ihren politischen Äußerungen folgende Antikritik«, schreibt Fügen, »ist teilweise darauf zurückzuführen, daß sie im politischen Bereich die Immunitätsgarantie vermissen, die der Kritik innerhalb des literarischen Systems zugestanden sind.« (Fügen, Einleitung zu: *Wege* ..., S. 26) – »(D)er Dichter steht hoch im Kurs, aber er hat nichts zu melden. Seine Epiphanie erlebt er in der Dichterlesung, man geht in sich, ist bewegt, ergriffen (oder verstockt), aber sobald er sich zu Tagesfragen äußert, zeigt sich, wie wenig er ernst genommen wird ...« (Karl Markus Michel, *Ein Kranz für die Literatur*, in: Kursbuch 15, 1968, S. 174). Ähnlich schrieb Alfred Döblin: »›Die Kunst ist heilig‹ bedeutet aber praktisch nichts weiter als: der Künstler ist ein Idiot, man lasse ihn ruhig reden ... Ich warne in summa vor der Verkrüppelung der Kunst, die im Satz von der Freiheit der Kunst ihren Ausdruck findet ...« (Alfred Döblin, *Aufsätze zur Literatur*, Olten und Freiburg i. Br. 1963, S. 99 u. 103; zitiert nach Gansberg, l. c., S. 21).
64 Fügen 99.
65 Fügen 101.
66 ebd.
67 Fügen 102.
68 Karl Marx/Friedrich Engels, *Über Kunst und Literatur*, Bd. I, Berlin 1967, S. 200 f.
69 ebd., S. 178.
70 ebd., S. 172.
71 ebd., S. 178.
72 Vgl. dazu Georg Lukács, *Die Sickingendebatte zwischen Marx, Engels und Lassalle*, in: ders., *Karl Marx und Friedrich Engels als Literaturhistoriker*, Berlin 1948, S. 5–62.
73 Th. W. Adorno, *Engagement*, in: *Noten zur Literatur III*, Frankfurt 1965, S. 118.
74 Th. W. Adorno, *Einleitung*, l. c., S. 151.
75 Karl Marx, *Grundrisse* ..., S. 80.
76 Th. W. Adorno, *Funktionalismus heute*, in: *Ohne Leitbild. Parva Aesthetica*, Frankfurt 1967, S. 127.
77 Th. W. Adorno, *Kultur und Verwaltung*, in: Max Horkheimer/Th. W. Adorno, *Sociologica II*, Frankfurt 1962, S. 56 f.
78 Vgl. nächstes Kapitel.
79 Dem entspricht die Rezeptionsweise, der bürgerliche »Kunstgenuß«: »Das rein ästhetische Gefühl ist die Reaktion des atomistisch gewordenen privaten Subjekts, das Urteil eines Individuums, das von vorherrschenden gesellschaftlichen Maßstäben abstrahiert. Die Bestimmung des Schönen als eines Gegenstands ›interesselosen Wohlgefallens‹ geht auf diesen Zusammenhang zurück.« (Max Horkheimer, *Neue Kunst und Massenkultur*, in: ders., *Kritische Theorie der Gesellschaft*, Bd. 2, Frankfurt 1968, S. 313.

80 Th. W. Adorno, *Das Altern der Neuen Musik,* in: ders., *Dissonanzen,* Göttingen 1956, S. 141.
81 Th. W. Adorno, *Neue Musik, Interpretation, Publikum,* in: ders., *Klangfiguren,* S. 67.
82 Fügen 14.
83 Brigitte Steinbeck, *Einige Aspekte des Funktionsbegriffs in der positiven Soziologie und in der kritischen Theorie der Gesellschaft,* in: *Soziale Welt,* 15. Jg. 1964, S. 123.
84 Fügen, Einleitung zu: *Wege . . .,* S. 28.
85 Fügen 114.
86 Fügen, Einleitung zu: *Wege . . .,* S. 28.
87 ebd., S. 29.
88 Th. W. Adorno, Artikel »Gesellschaft« im *Evangelischen Staatslexikon,* Hrsg. Hermann Kunst und Siegfried Grundmann, Stuttgart und Berlin 1966, Sp. 637 (Jetzt auch abgedruckt in Th. W. Adorno, *Aufsätze zur Gesellschaft und Methodologie,* Frankfurt 1970).
89 Karl Marx, *Grundrisse,* S. 111.
90 Th. W. Adorno, *Soziologie und empirische Forschung,* in Max Horkheimer/ Th. W. Adorno, *Sociologica II,* S. 217; wieder abgedruckt in: *Der Positivismusstreit . . .,* S. 95.
91 Fügen 163.
92 Fügen 30.
93 René König, Artikel »Gruppe« im Fischer-Lexikon *Soziologie,* Ffm. 1968, S. 104.
94 Th. W. Adorno, Art. »Gesellschaft«, l. c., Sp. 638.
95 Fügen 29.
96 Wilhelm Dilthey, *Gesammelte Schriften,* Bd. V, Stuttgart 1957, S. 144.
97 Th. W. Adorno, l. c., Sp. 638. Zur Gruppensoziologie allgemein cf. den Artikel »Gruppe« in *Soziologische Exkurse,* hrsgg. vom Institut für Sozialforschung, Frankfurt 1956, S. 55–69; Th. W. Adorno, *Zum gegenwärtigen Stand der deutschen Soziologie,* l. c., v. a. S. 259–261.
98 Fügen 84.
99 ebd.
100 Fügen 108.
101 ebd.
102 Zum Problem der produktiven und unproduktiven Arbeit und des Status der Intelligenz und insbesondere der Autoren siehe Karl Marx, *Theorien über den Mehrwert,* MEW 26.1, v. a. die Seiten 125–138, 255–271 und 377; Fritz Behrens, *Produktive Arbeit und technische Intelligenz,* Raubdruck in der Reihe »politökonomie« der »roten texte«, 1969; Elmar Altvater/Freerk Huisken, *Produktive und unproduktive Arbeit als Kampfbegriffe, als Kategorien zur Analyse der Klassenverhältnisse und der Reproduktionsbedingungen des Kapitals,* in: Sozialistische Politik, 2. Jg. 1970, Heft 8, S. 47–92; Hannelore May, *Über die Produktion von Literatur. Versuch einer sozio-ökonomischen Einordnung der Literaturproduzenten,* in: Benseler, May, Schwenger, *Literaturproduzenten!* Berlin 1970, S. 41–56.
103 Fügen 108.
104 Fügen 107.
105 Escarpit l. c., S. 17.
106 Fügen 109.
107 Fügen 120. – Vgl. auch Sätze wie: »Indem aber ein entscheidender Teil der Literatur und der sie produzierenden Schriftsteller an der einmal übernom-

menen Funktion festhielten, weil sie von ihr nicht lassen konnten oder wollten ...« (Fügen 152).

108 Fügen 108.

109 Fügen 109.

110 Werner Hofmann, *Das Elend der Nationalökonomie,* l. c., S. 131.

111 Werner Hofmann, *Zum Gesellschaftsbild der Nationalökonomie von heute,* in: ders., l. c., S. 95 f. – Auch historisch spezifizierte sozialpsychologische Dispositionen sind nicht einfach als »Motive« anzusehen. Der Vorrang objektiver Zusammenhänge vor den Individuen wiederholt sich in dem der Gründe vor den Beweggründen. Psychologie kann aber erklären, wie die objektive Situation subjektiv vermittelt wird. Relative psychodynamische Eigengesetzlichkeiten werden vom historischen Materialismus nicht geleugnet. Ohne den »Kitt« psychischer Mechanismen wie etwa die Internalisierung von Zwang hätte sich z. B. die von Wilhelm Reich so benannte Schere zwischen den objektiven und subjektiven Interessen der Lohnabhängigen, die dem faschisierten Kapitalismus zur Massenbasis verhalf, kaum bilden können. – Zum Stellenwert der Sozialpsychologie innerhalb der Gesellschafts- und also auch Literaturtheorie sei auf folgende Literatur verwiesen: *Psychoanalyse und Marxismus,* Beiträge von Bernfeld, Jurinetz, Reich, Sapir, Stoljarov. Frankfurt 1970; *Marxismus Psychoanalyse Sexpol,* 1, ed. Hans-Peter Gente, Frankfurt und Hamburg 1970 (u. a. Aufsätze von Bernfeld, Fenichel, Sapir, Fromm, Teschitz); Erich Fromm, *Analytische Sozialpsychologie und Gesellschaftstheorie,* Frankfurt 1970; Wilhelm Reich, *Dialektischer Materialismus und Psychoanalyse,* Raubdrucke; ders., *Massenpsychologie des Faschismus,* Raubdrucke (darin v. a. »Die Ideologie als materielle Gewalt«); Max Horkheimer, *Geschichte und Psychologie,* in: ders., *Kritische Theorie der Gesellschaft,* Bd. I, Frankfurt 1968, S. 9–30; ders., *Autorität und Familie,* l. c., S. 277–360; Th. W. Adorno, *Zum Verhältnis von Soziologie und Psychologie,* in: ders., *Aufsätze zur Gesellschaftstheorie und Methodologie,* Frankfurt 1970, S. 7–54; ders., *Postscriptum,* l. c., S. 55–62; ders., *Die revidierte Psychoanalyse,* in: Max Horkheimer/Th. W. Adorno, *Sociologica II,* l. c., S. 94–112; Klaus Horn, Politische Psychologie: *Erkenntnisinteresse, Themen und Materialien,* in: *Politikwissenschaft. Eine Einführung in ihre Probleme,* Hrsgg. Gisela Kress und Dieter Senghaas, Frankfurt 1969, S. 215–268; ders., *Probleme einer psychoanalytischen Sozialpsychologie,* in: Psyche, 22. Jg. 1968, S. 896–911.

112 Alphons Silbermann, *Zur Soziologie der Kunsterziehung,* in: KZfS, 16. Jg. 1964, S. 343. – Vgl. zu diesem Aufsatz Rolf Tiedemann, *Kunst, Erziehung, Kunsterziehung,* in: Das Argument, 8. Jg. 1966, Heft 37, S. 121–134.

113 ebd.

114 l. c., S. 344.

115 l. c., S. 348.

116 Alphons Silbermann, *Musik, Rundfunk und Hörer,* Köln und Opladen 1959, S. 176.

117 A. Silbermann, *Zur Soziologie der Kunsterziehung,* l. c., S. 343.

118 Artikel »Kunst- und Musiksoziologie« in *Soziologische Exkurse,* l. c., S. 95.

119 Fügen 144.

120 Vgl. zur »freischwebenden Intelligenz« Kurt Lenk, *Die Rolle der Intelligenzsoziologie in der Theorie Mannheims,* l. c., S. 323–337; Adalbert Fogarasi, *Die Soziologie der Intelligenz und die Intelligenz der Soziologie,* in: *Unter dem Banner des Marxismus,* IV. Jg. 1930, Heft 3, S. 359–375.

121 Fügen 152.

122 ebd.
123 Fügen 156.
124 Fügen 162.
125 Karl Marx, *Das Elend der Philosophie,* MEW Bd. 4, S. 139.
126 Fügen 120.
127 Fügen 166 f.
128 Fügen 120.
129 Fügen 163.
130 Wissenssoziologie bezieht Aussagen über Gesellschaft nur relativistisch auf als partikular gefaßte soziale Standorte und ihnen entsprechende Gruppeninteressen, nicht aber aufs Objekt der Aussage und will daher eine – durch die eigene Klassenlage freilich vermittelte – richtige oder falscher Erkenntnis des Objekts nicht unterscheiden. Man begnügt sich dann mit der – an die Neidpsychologie Arrivierter erinnernde – These: »... der Hauptinhalt radikaler Ideologien leitet sich ab von der gesellschaftlichen Mißintegration.« – cf. H.-M. Johnson, *Sociology,* New York 1960, S. 609; zitiert nach dem – den kritisierten Ansatz teilenden – Buch von Martin Doehlemann, *Junge Schriftsteller: Wegbereiter einer antiautoritären Gesellschaft?* Opladen 1970, S. 13.
131 »Das Adjektiv ›gesellschaftlich‹ wird bei uns wohl überwiegend mit Bezug auf die sogenannte »gute« oder »bessere Gesellschaft« gebraucht, um so mehr, wenn von einem großen gesellschaftlichen Ereignis die Rede ist. Man ist verblüfft, wenn man liest, daß Ulbricht von einem großen ›gesellschaftlichen‹ Ereignis spricht und damit seinen Vertrag mit Polen über die »Oder-Neiße-Friedensgrenze« meint.« (*Die Spaltung der deutschen Sprache.* Die SED errichtet sprachliche Barrikaden – Das Alltagsvokabular drüben, in: Deutsches Monatsblatt 7/70, S. 22).
132 Th. W. Adorno, *Einleitung,* l. c., S. 226.
133 entfällt
134 Th. W. Adorno, *Rede über Lyrik und Gesellschaft,* S. 75.
135 Th. W. Adorno, *Einleitung,* l. c., S. 109 f.
136 A. Silbermann, *Ist Kunst ...?,* 2. Teil, l. c., S. 22.
137 l. c., S. 15.
138 l. c., S. 23.
139 l. c., S. 15.
140 l. c., S. 23.
141 Vgl. Th. W. Adorno, *Einleitung,* l. c., S. 208.
142 A. Silbermann, l. c., S. 17. – Anderswo heißt es: »Es gilt also, sich der Kunstsoziologie als einer wissenschaftlichen Disziplin zu bedienen, die ihre Aufgabe keineswegs darin sucht, die Funktionen der Kunst« – das sind aber deren heutige im Kapitalismus – »zu verdrängen oder zu ersetzen, sondern die ihre Existenzberechtigung darin sieht, ein notwendiger Beitrag zu verantwortungsvollen Studien über den Menschen zu sein.« (A. Silbermann, l. c., S. 16).
143 l. c., S. 21.
144 Th. W. Adorno, *Aldous Huxley und die Utopie,* in: *Prismen, Kulturkritik und Gesellschaft,* Frankfurt 1969, S. 133.
145 Karl Marx, *Das Elend der Philosophie,* l. c., S. 76.
146 ebd., S. 75.
147 Th. W. Adorno, *Thesen über Kunstsoziologie,* in: *Ohne Leitbild,* S. 94; vgl. auch ders., *Einleitung,* l. c., S. 213.
148 Th. W. Adorno, *Vorlesungen zur Ästhetik* im Wintersemester 1968/69; unauto-

risierter Druck einer Tonbandaufzeichnung (mit offensichtlichen Fehlern in der Textlegung), S. 108.

149 Ziermann, l. c., S. 15.

150 ebd.

151 Walter Nutz, *Der Trivialroman. Seine Formen und seine Hersteller. Ein Beitrag zur Literatursoziologie,* Köln und Opladen 1962, S. 18.

152 Karl Marx, *Das Kapital,* Bd. I, MEW 23, S. 421 f.

153 Max Horkheimer/Th. W. Adorno, *Kulturindustrie,* in: *Dialektik der Aufklärung,* Amsterdam 1947, S. 146.

154 G. W. F. Hegel, *Grundlinien der Philosophie des Rechts,* Werke Band 7, Frankfurt 1970, S. 451 (§ 280, Zusatz).

155 Th. W. Adorno, *Einleitung,* l. c., S. 49.

156 A. Silbermann, Artikel »Kunst« im Fischer-Lexikon *Soziologie,* ed. René König, Frankfurt 1967, S. 166.

157 G. W. F. Hegel, *Vorlesungen über die Ästhetik I,* Werke Band 13, Frankfurt 1970, S. 52–54.

158 Th. W. Adorno, *Anmerkungen zum deutschen Musikleben,* in: *Impromptus,* Frankfurt 1967, S. 23.

159 Darüber hinaus wäre zu fragen, ob der – stets nur relativ adäquaten – Vorstellung eines auswählenden Geschmacks im Monopolismus von Produktion und Distribution überhaupt noch Realität zukommt, ob nicht die Allgegenwart der kulturindustriellen Produktion und der Reklame für sie den Akt der Wertung überspringt: »... ihn mögen«, sagt Adorno vom Schlager, »ist fast geradeswegs dasselbe wie ihn wiedererkennen.« (Th. W. Adorno, *Über den Fetischcharakter in der Musik und die Regression des Hörens,* in: ders., *Dissonanzen,* Göttingen 1956, S. 9.

160 Den Zusammenhang erfaßt spontan eine Nestroysche Pointe: »Der Mensch hat einen unausstehlichen Scharfsinn –! Das sollte streng verboten sein, es ist ein Eingriff in das geistige Eigentum, wenn einen jemand so durchschaut.« (Johann Nestroy, *Kampl,* Gesammelte Werke Bd. 5, Wien 1962, S. 667.

161 A. Silbermann, *Ist Kunst ...?,* 1. Teil, l. c., S. 3.

162 Escarpit, l. c., S. 119.

163 Th. W. Adorno, *Soziologie und empirische Forschung, in:* Max Horkheimer/Th. W. Adorno, *Sociologica II,* l. c., S. 212; cf. Th. W. Adorno, *Thesen über Kunstsoziologie,* l. c., S. 97 f.

164 A. Silbermann, Artikel »Kunst«, l. c., S. 167.

165 Karl Marx, *Das Kapital,* Bd. I, MEW 23, S. 72.

166 cf. Jindrich Zeleny, *Die Wissenschaftslogik und »Das Kapital«,* Frankfurt-Wien 1968, S. 38 f.

167 Th. W. Adorno, *Über die musikalische Verwendung des Radios,* in: ders., *Der getreue Korrepetitor. Lehrschriften zur musikalischen Praxis.* Frankfurt 1963, S. 229.

168 Walter Benjamin, *Eduard Fuchs, der Sammler und Historiker,* in: ders., *Angelus Novus,* Ausgewählte Schriften 2, Frankfurt 1966, S. 303.

168a Hier wäre das jüngst von Jauß vorgelegte Programm einer »Rezeptions- und Wirkungsästhetik« zu diskutieren, das – wie an andrer Stelle zu beweisen sein wird – trotz mancher Differenzierungen den hier kritisierten Prinzipien noch verhaftet ist (cf. Hans Robert Jauß, *Literaturgeschichte als Provokation,* Frankfurt 1970). cf. hierzu jetzt *Argument* Nr. 72, April 1972, S. 360–366.

169 Herbert Singer, *Literatur, Wissenschaft, Bildung,* in: *Ansichten einer künftigen Germanistik,* S. 57 f.

170 Th. W. Adorno, *Thesen über Kunstsoziologie,* l. c., S. 96.
171 ebd.
172 Fügen 56.
173 Escarpit, l. c., S. 13; cf. A. Silbermann, *Ist Kunst ...?,* 2. Teil, S. 6.
174 Fügen 40f.
175 Fügen 41.
176 Th. W. Adorno, *Der mißbrauchte Barock,* in: ders., *Ohne Leitbild,* l. c., S. 150; cf. dazu auch Max Horkheimer, *Zum Problem der Wahrheit,* in: ders., *Kritische Theorie der Gesellschaft,* l. c., Bd. I, S. 228–276; z. B. S. 262.
177 Karl Marx, *Ökonomisch-philosophische Manuskripte aus dem Jahre 1844,* MEW, Ergänzungsband, 1. Teil, S. 550f.
178 Fügen 42.
179 Fügen 36.
180 Fügen 34.
181 Fügen 102.
182 ebd.
183 Zitiert nach Max Horkheimer, *Montaigne und die Funktion der Skepsis,* in: *Kritische Theorie ...,* Bd. 2, S. 214.
184 Vgl. Max Horkheimer, *Der neueste Angriff auf die Metaphysik,* in: ders., *Kritische Theorie ...,* Bd. 2, S. 114.
185 Jürgen Habermas, l. c., S. 186.
186 l. c., S. 185. – Die Konsequenz daraus ist eindeutig: »(W)enn die erkenntnisleitenden Interessen bloß formalisiert, aber nicht suspendiert werden können, dann müssen diese unter Kontrolle gebracht, als objektive Interessen aus dem gesamtgesellschaftlichen Zusammenhang kritisiert oder legitimiert werden ...« (l. c., S. 190f.). »(Z)ur Objektivität der Wissenschaft«, schrieb Adorno, »hilft allein Einsicht in die ihr innewohnenden gesellschaftlichen Vermittlungen ...« (Th. W. Adorno, Einleitung zu: *Der Positivismusstreit,* S. 27) Fügen dreht das um, wenn er von der »marxistischen Literaturbetrachtung« behauptet: »Die ... Orientierung der Theorie an der Praxis bedeutet für sie nicht eine Orientierung an den im eigenen Sachbereich empirisch gewonnenen Erkenntnissen, sondern an den Notwendigkeiten der sachfremden politischen Situation. Soweit die marxistische Literaturtheorie sich in dieser Weise nach der Praxis richtet, verfährt sie nicht empirisch, sondern opportunistisch.« (Fügen 74) Es ist bezeichnend, daß Fügen sich die Praxisausrichtung nur als systemkonform bzw. fremdbestimmt vorstellen kann.
187 Th. W. Adorno, *Über Statik und Dynamik als soziologische Kategorien,* in: Max Horkheimer/Th. W. Adorno, *Sociologica II,* S. 232.
188 Fügen 86. – Ein pragmatisches Interesse hat die Arbeit von Escarpit, der dem Marx-Engelsschen Beitrag zur Literaturtheorie nur einen Satz widmet: »Der Sammelband der Schriften von Marx und Engels *Über Kunst und Literatur* ist recht enttäuschend.« (Escarpit, l. c., S. 12).
189 Fügen, Einleitung zu: *Wege ...,* S. 17.
190 Th. W. Adorno, *Marginalien zu Theorie und Praxis,* in: ders., *Stichworte,* Frankfurt 1969, S. 186.
191 Vgl. S. 69.
192 A. Silbermann, *Ist Kunst ...?,* 1. Teil, l. c., S. 13f.
193 Abg. Wörner, CDU/CSU, l. c.
194 Fügen 59f.
195 Fügen 66.
196 Fügen 67.

197 Fügen 65.
198 ebd.
199 Fügen 64.
200 Fügen 76 u. 60f.
201 Fügen, Einleitung zu: *Wege* ..., l. c., S. 17.
202 Karl Marx/Friedrich Engels, *Die deutsche Ideologie,* MEW 3, S. 20.
203 Getreu der 2. Maxime des Aufsatzes *Von Taschenspielkunst und Taschenspielerphilosophie* in der »Berliner Monatsschrift« vom September 1783: »Der Taschenspieler zieht jederzeit die Aufmerksamkeit auf das, was bei der Sache unerheblich ist, um sie von seinen eigentlichen Kunstgriffen abzulenken.« (nach: Carl Graf von Klinckowstroem, *Die Zauberkunst,* München 1968, S. 16).
204 Vgl. Wolfgang Fritz Haug, *Der hilflose Antifaschismus,* Frankfurt 1967.
205 »Der Versuch, den Nationalsozialismus wesentlich bei der nordischen Physik, der Rassenlehre oder der Machtphilosophie, anstatt stets zugleich in seinem ›Quellpunkt‹, den er mit dem Liberalismus gemein hat, anzupacken, ist oberflächlich, wie gut gemeint er sei. Der Nationalsozialismus kann es sich gestatten, in der idealistischen Philosophie ein Stümper zu sein, weil er in der kapitalistischen Realität ein Meister ist.« (Max Horkheimer, *Die Philosophie der absoluten Konzentration,* in: ders., *Kritische Theorie* ..., Bd. 2, S. 269).
206 Max Horkheimer, *Montaigne und die Funktion der Skepsis,* S. 240f.
207 Th. W. Adorno, *Einleitung,* l. c., S. 211.
208 Fügen 114.
209 Fügen, Einleitung zu: *Wege* ..., S. 18.
210 G. W. F. Hegel, *Wissenschaft der Logik II,* in: ders., *Werke,* Bd. 6, Frankfurt 1969, S. 516.
211 Fügen 14.
212 Fügen, Einleitung zu: *Wege* ..., l. c., S. 29.
213 Der bereits genannte Aufsatz von Gansberg geht zum Beispiel an »Vorurteilen gegen materialistische Literaturwissenschaft« entlang. Der Begriff des Vorurteils, das denn auch mit Mitscherlich als »stabil gewordene Wahrnehmungstäuschung« definiert wird (Gansberg, l. c., S. 10), beschreibt aber höchstens die sozialpsychologische Vermittlung dessen, was der marxische Ideologiebegriff zentral meinte – nämlich eben den objektiven Schein der Produktionsweise. Was am falschen Bewußtsein in den bürgerlichen Meinungen über Materialismus gesellschaftlich notwendig ist, gerät in dieser Fassung ebenso aus dem Blick wie das Moment bewußter Verdrehung, das in ihnen enthalten sein kann. Der Rückfall in eine frühaufklärerische Irrtumspsychologie dürfte u. a. auf den Optimismus zurückzuführen sein, einen Gesinnungswandel in Forschung und Lehre ohne grundlegenden Wandel der die Universität umspannenden Bedingungen herbeiführen zu können.
214 Georg Lukács, *Geschichte und Klassenbewußtsein,* S. 19.
215 l. c., S. 116.
216 l. c., S. 116 und 127.
217 Alfred Schmidt, *Der Begriff der Natur in der Lehre von Marx,* Frankfurt 1962, S. 99.
218 G. Lukács, l. c., S. 179.
219 l. c., S. 170.
220 ebd. – Vgl. zum Problem des Abstrakten und Konkreten u. a. G. W. F. Hegel, *Phänomenologie des Geistes,* Werke Bd. 3, Frankfurt 1970, S. 82–92; vgl. dazu Herbert Marcuse, *Vernunft und Revolution,* Neuwied und Berlin 1962, v. a.

S. 98–102; Th. W. Adorno, *Erfahrungsgehalt,* in: ders., *Drei Studien zu Hegel,* Frankfurt 1963, v. a. S. 72–80; Jindrich Zeleny, l. c., v. a. S. 51–109; E. W. Iljenkow, *Die Dialektik des Abstrakten und Konkreten im »Kapital« von Marx,* in: *Beiträge zur marxistischen Erkenntnistheorie,* ed. Alfred Schmidt, Frankfurt 1969, S. 87–127.

221 Th. W. Adorno, Einleitung zu: *Der Positivismusstreit ...,* S. 19.

222 Karl Marx, *Grundrisse ...,* l. c., S. 82.

223 Fügen 85.

224 »Vulgärökonomen« (s. Fußnote der MEW-Ausgabe).

225 Friedrich Engels, *Ludwig Feuerbach und der Ausgang der klassischen deutschen Philosophie,* MEW 21, S. 293.

226 Vgl. Karl Marx, *Grundrisse ...,* l. c., S. 945.

227 Die Vorstellung einer Naturdialektik soll, da sie recht Verschiedenes decken kann, nicht abgetan werden; vgl. zur Debatte darüber: *Existentialismus und Marxismus.* Eine Kontroverse. Frankfurt 1965, darin v. a. Alfred Schmidt, *Zum Verhältnis von Geschichte und Natur im dialektischen Materialismus,* S. 101–155; Abram Deborin/Nikolai Bucharin, *Kontroversen über dialektischen und mechanistischen Materialismus.* Einleitung von Oskar Negt, Frankfurt 1969; *Die ›Frankfurter Schule‹ im Lichte des Marxismus,* Frankfurt 1970, darin die Beiträge von Josef Schleifstein, Oskar Negt und Alfred Schmidt.

228 Fügen 105.

229 ebd.

230 Besser: ausgedrückte, affirmierte.

231 Th. W. Adorno, *Über Statik und Dynamik als soziologische Kategorien,* in: Max Horkheimer/Th. W. Adorno, *Sociologica II,* l. c., S. 227 f.

232 Georg Lukács, l. c., S. 171.

233 Th. W. Adorno, *Soziologie und empirische Forschung,* l. c., S. 207.

234 Th. W. Adorno, *Das Bewußtsein der Wissenssoziologie,* in: ders., *Prismen,* l. c., S. 42.

235 Fügen 166 f.

236 Fügen 134.

237 Fügen 154.

238 Fügen 145.

239 Frühkapitalismus und -kolonialismus sind bei Fügen in einem Kinderton dargestellt, dem gegenüber Märchen wie »Sechs kommen durch die ganze Welt« schockierenden historischen Realismus bedeuten. Expansionspolitik und Kapitalsuche maskieren sich bei ihm als »Entdeckerlust«; was entdeckt wird, sind »Handelswege«. Wer auf diesen mit wem oder was woher und wohin fuhr, erfährt man nicht (vgl. Fügen 133). Man lese zu jenem Geschichtsabschnitt Karl Marx, *Die sogenannte ursprüngliche Akkumulation,* in: ders., *Das Kapital,* Bd. I, MEW 23, S. 741–791.

240 Karl Marx, *Grundrisse ...,* l. c., S. 8.

241 Fügen 165.

242 Fügen 110.

243 Karl Marx, *Das Kapital,* Bd. I, MEW 23, S. 178 f.

244 Fügen 111.

245 Karl Marx, *Grundrisse ...,* l. c., S. 28.

246 Th. W. Adorno, *Ästhetische Theorie,* l. c., S. 523.

247 Karl Marx, l. c., S. 13. – Horkheimer sagt für die Anthropologie: »Selbst soweit menschliche Züge verharren, ist dies als Ergebnis sich erneuernder Prozesse anzusehen, in welche die Individuen einbezogen sind, und nicht als Äußerung

des Menschen an und für sich.« (Max Horkheimer, *Bemerkungen zur philosophischen Anthropologie,* in: *Kritische Theorie* ..., Bd. 1, S. 201.

248 Artikel »Ideologie« in *Soziologische Exkurse,* l. c., S. 177.

249 Fügen 111.

250 Fügen 112.

251 Fügen 25.

252 Fügen 165.

253 Fügen 187–192.

254 Fügen 174.

255 Escarpit, l. c., S. 70.

256 l. c., S. 106.

257 Dies, wohlgemerkt, unter Ausschaltung durchaus brauchbarer Kategorien wie Arbeit, Ausbeutung usw.

258 cf. Claude Lévi-Strauss, *Das wilde Denken,* Frankfurt 1968, S. 284; ders., *Les Structures élémentaires de la parenté,* Paris 1949, zitiert nach Günter Schiwy, *Der französische Strukturalismus,* Hamburg 1969.

259–261 entfallen.

262 Fügen 118 f. – Zur Kritik einer Trennung von Wesen und Erscheinung, welche jenes als fix annimmt und diese als demnach nur quantitativ veränderlich, siehe Zeleny, l. c., S. 26–35, wo u. a. über Marx' Kritik an Ricardos Theorie dreier feststehender Klassen gehandelt wird, welche die Produkte nur verschieden unter sich verteilen könnten. – cf. weiter Zeleny, l. c., S. 35–50; G. W. F. Hegel, *Phänomenologie des Geistes,* Werke Bd. 3, Frankfurt 1970, S. 11–67; Herbert Marcuse, l. c., v. a. S. 116–119 und 130–138; ders., *Zum Begriff des Wesens,* Zs. f. Sozialforschung, 5. Jg. 1935, S. 1–37; Karl Korsch, *Karl Marx,* Frankfurt 1967, S. 8–22.

263 André Martinet, *Grundzüge einer allgemeinen Sprachwissenschaft,* Stuttgart 1963, S. 10; cf. Schiwy, l. c., S. 37–45; cf. Alfred Schmidt, *Der strukturalistische Angriff auf die Geschichte,* in: *Beiträge zur marxistischen Erkenntnistheorie,* l. c., S. 194–265, auf dessen Kritik sich diese Bemerkungen stützen.

264 Claude Lévi-Strauss, *Das wilde Denken,* l. c., S. 27.

265 Karl Marx, *Das Kapital,* Bd. III, MEW 25, S. 838.

266 Escarpit, l. c., S. 73.

267 Karl Marx, *Grundrisse* ..., S. 7.

268 Karl Marx, *Das Kapital,* Bd. III, MEW 25, S. 839.

269 Paul M. Sweezy, l. c., S. 28.

270 Werner Hofmann, *Das Elend der Nationalökonomie,* l. c., S. 126.

271 Fügen 174.

272 Vgl. Alfred Schmidt, l. c., S. 220. – Die Zitate stammen aus Claude Lévi-Strauss, *Strukturale Anthropologie,* Frankfurt 1967, S. 36 f.

273 Vgl. Lucien Goldmann, *Zur Entstehung einer unhistorischen Soziologie,* in: alternative 54, 1967, S. 126–128.

274 l. c., S. 126.

275 Karl Heinz Roth, *Theoretische und kritische Anmerkungen zur »Analyse der Studentenbewegung« von J. Schmierer,* in: Rotes Forum 1/1970, S. 43.

276 Basisgruppe des Walter-Benjamin-Instituts, *Schafft die Germanistik ab!,* in: *Universität und Widerstand. Versuch einer politischen Universität in Frankfurt.* Hrsg. Detlev Claussen und Regine Dermitzel, Frankfurt 1968, S. 160.

277 Vgl. dazu u. a. Karl Marx/Friedrich Engels, *Die deutsche Ideologie,* MEW 3, v. a. S. 30–32; Friedrich Engels, *Ludwig Feuerbach* ..., l. c., S. 302; Karl Marx,

Der achtzehnte Brumaire des Louis Bonaparte, MEW 8, S. 139; Friedrich Engels, Brief an Franz Mehring vom 14. 7. 1893, MEW 39, S. 97.

278 Karl August Wittfogel, *Die Wissenschaft der bürgerlichen Gesellschaft,* Berlin 1922, S. 30.

279 l. c., S. 33.

280 Bertolt Brecht, *Flüchtlingsgespräche,* Gesammelte Werke Bd. 14, Frankfurt 1967, S. 1399.

281 Werner Hofmann, *Hochschule und Herrschaft,* in: ders., *Abschied vom Bürgertum,* Frankfurt 1970, S. 64.

282 Daß sie die Produktivkraft der Arbeit erhöhen, gilt, wie Hofmann ausführt, »natürlich nicht für alle akademischen Fächer in gleicher Weise: sicher nicht für die Byzantinistik oder die Religionsgeschichte; solche Disziplinen dürfen auch weiterhin das Bibelwort für sich in Anspruch nehmen: ›Der Geist weht, wo er will.‹ Nicht gleichgültig für die Fortbildung des produktiven Potentials unserer Gesellschaft ist aber etwa die Ausbildung von Lehrern.« (Werner Hofmann, l. c., S. 68).

283 cf. Berthold Daerr, *»Kritisch angepaßt«. Die neuen Richtlinien für den Deutschunterricht an Berliner Gymnasien,* in: alternative 61, 11. Jg. 1968, S. 132–139, dessen Bericht diesen Bemerkungen zugrundeliegt; und cf. Wolfgang Iser, *Überlegungen zu einem literaturwissenschaftlichen Studienmodell,* in: Konstanzer Blätter zu Hochschulfragen, VII, 1. 2. 1969, S. 25–39; dazu: Ansätze einer technologischen Wende in der Literaturwissenschaft. Zum Iser-Plan, in: Konstanzer Technologiepapier, S. 31–35. Die nach Iser nur »leicht revidierte« Fassung des Modells, die später in *Ansichten einer künftigen Germanistik,* I. c., S. 193–207 abgedruckt wurde, hat die hier zitierten Passagen interessanterweise entscheidend verändert (cf. Anm. 287 und 287 a).

284 Basisgruppe des Walter-Benjamin-Instituts, l. c., S. 161 f.

285 Zitiert nach Berthold Daerr, l. c., S. 132.

286 l. c., S. 134.

287 W. Iser, *Überlegungen ...,* l. c., S. 29. In der neuen Fassung (cf. Anm. 283) heißt es: »nicht nur ... für die Literatur, sondern auch ... an ihr«; »ja auch geübt werden« ist gestrichen. (*Ansichten einer künftigen Germanistik,* l. c., S. 197).

287a W. Iser, *Überlegungen ...,* l. c., S. 29. In der Neufassung gestrichen.

288 l. c., S. 135.

289 l. c., S. 136. – »Die für den Deutschunterricht geforderte ›Sachlichkeit‹«, meint Daerr, »schließt Kritikfähigkeit nicht, wie behauptet, ein – sondern aus. Die Ablösung der Ausdrücke ›Achtung‹ und ›Hingabe‹ durch ›Sachbezogenheit‹ und ›Kritikfähigkeit‹ ist tautologisch: ›Sachbezogenheit‹ und ›Hingabe‹ sind austauschbar.« (Daerr, l. c., S. 138).

290 A. Silbermann, *Zur Soziologie der Kunsterziehung,* l. c., S. 348.

291 l. c., S. 135.

292 l. c., S. 139. Ähnlich verlangt der *Entwurf für das Berliner Programm der CDU,* 2. Fassung vom 21. 6. 70, »eine wirklichkeitsbezogene Gestaltung der Unterrichtsstoffe und der didaktischen Formen. Bildung muß zur Toleranz hinführen und auf ein Leben mit Konflikten vorbereiten.«

293 l. c., S. 139.

294 ebd.

294a *Konstanzer Technologiepapier,* S. 34. – cf. Anm. 289.

295 Friedrich Engels, *Herrn Eugen Dührings Umwälzung der Wissenschaft,* MEW 20, S. 263.

296 Helmut Steiner, *Soziale Strukturveränderungen im modernen Kapitalismus,* Berlin/DDR 1967, S. 87.

297 l. c., S. 120. Wichtig ist hierbei, daß die Arbeiter nicht nur auf eine bestimmte Verrichtung, sondern einen häufigen Wechsel der Betätigung vorbereitet werden müssen.

298 »Diese Praxis stammt wie der Terminus selbst aus den USA. Man führt ihre Anfänge auf Ivy Lee zurück, die ›publicity techniques on a policymaking level‹ zur Rechtfertigung des big business, vor allem der damals von gewissen Sozialreformern attackierten Standard Oil Company und der Pennsylvania Rail Road entwickelte.« (Jürgen Habermas, *Strukturwandel der Öffentlichkeit,* Neuwied und Berlin 1962, S. 211).

299 »Das allgemein Charakteristische der formellen Subsumtion bleibt, id est die direkte Unterordnung des Arbeitsprozesses, in welcher Weise technologisch immer betrieben, unter das Kapital. Aber auf dieser Basis erhebt sich eine technologisch und sonstig spezifische, die reale Natur des Arbeitsprozesses und seine realen Bedingungen umwandelnde Produktionsweise, – kapitalistische Produktionsweise. Erst sobald diese eintritt, findet statt reale Subsumtion der Arbeit unter das Kapital.« (Karl Marx, *Resultate des unmittelbaren Produktionsprozesses,* Frankfurt 1969, S. 60).

300 Vgl. Helmut Steiner, l. c., S. 158, S. 163 f.

301 »Mit der Entwicklung des sozialistischen Weltsystems wächst die Anziehungskraft der sozialistischen Ideologie; deren Richtigkeit wird durch die gesellschaftliche Praxis ständig bewiesen. Ihr kann die Bourgeoisie nichts Gleichartiges entgegensetzen. Ein innerer Zusammenhalt der konkurrierenden Richtungen ist nur im Negativen, in der Ablehnung und im Kampf gegen den Kommunismus gegeben, während eine positive Perspektive des kapitalistischen Systems letzten Endes nicht gezeigt werden kann. So werden die einzelnen ideologischen Systeme stets von der gesellschaftlichen Praxis widerlegt und damit für die Beeinflussung großer Menschenmassen nicht mehr brauchbar. Der Verschleiß von Ideologien vollzieht sich in immer kürzeren Zeitabständen.« (Günter Scholze, l. c., S. 126 f.) cf. hierzu die zitierte Passage der »Berliner Rahmenpläne«: »Jugendliche sollen ermutigt werden, für das von ihnen als wahr und wertvoll Erkannte einzutreten und sich zugleich offenzuhalten für neue Einsichten. Denn niemand ist im Besitz der ganzen Wahrheit.« (Daerr, l. c., S. 139). Die neue Toleranz (cf. Anm. 292) resultiert auch daraus, daß heutige Didaktik eine Arbeitskraft ausbilden muß, welche sowohl wegen zu erwartender Fremdbestimmung als auch wegen häufigen Wechsels der Arbeitsweise flexibel zu sein hat. (cf. *Konstanzer Technologiepapier,* S. 24).

302 Vgl. die zitierten Berliner Rahmenpläne: »... autoritäres Unterdrücken von Konflikten führt zu nur scheinbarer Anpassung ...« (Daerr, l. c., S. 139).

303 Vgl. wiederum die Rahmenpläne, S. 139: »... verkürzendes Harmonisieren wäre gleichfalls verfehlt, weil es die Wirklichkeit verharmlost.«

304 Vgl. u. a. Max Horkheimer/Th. W. Adorno, *Dialektik der Aufklärung,* l. c., S. 175 f.; Th. W. Adorno, Einleitung, l. c., S. 63.

305 A. Silbermann, *Ist Kunst ...?,* 2. Teil, l. c., S. 15.

306 Berliner Extra-Dienst vom 31. 10. 1970, S. 10.

307 Paul M. Sweezy, *Theorie der kapitalistischen Entwicklung,* Köln 1959, S. 222. ZurFunktion der Absatzwerbung cf. Paul A. Baran/Paul M. Sweezy, *Monopolkapital,* Frankfurt 1967, darin: Die Absorbierung des Surplus: Die Verkaufsförderung, S. 114–141; auch Wolfgang Fritz Haug, *Zur Kritik der Warenästhetik,* in: Kursbuch 20, Frankfurt 1970, S. 140–158.

308 Der pauschale Titel für die genannten Sparten ist wohl kaum glücklich.
309 Karl Heinz Roth, l. c., S. 41 f. Das Zitat im Zitat entstammt dem *Konstanzer Technologiepapier,* S. 4.
310 Elmar Altvater, *Produktivkraft Wissenschaft.* Referat Fachbereich Wirtschaftswissenschaften Universität Regensburg, 24. 2. 1970; abgedruckt in Rote Blätter 5/6, 1970, S. 4; cf. ebd., S. 5.
311 l. c., S. 8.
312 Werner Hofmann, l. c., S. 69. – cf. Heinz Bolsenkötter, *Brauchen wir eine Betriebswirtschaftslehre der Hochschule?* in: Zs. für betriebswirtschaftliche Forschung, Heft 4, 1968, S. 214 ff. (mehrmals zitiert bei Werner Hofmann, l. c., S. 69).
313 cf. Klaus Hartung, *Analyse der Widerstände gegen einen politischen Begriff von Wissenschaft,* in: alternative 55, 1967, S. 181.
314 Vgl. Joscha Schmierer, *Die theoretische Auseinandersetzung vorantreiben und die Reste bürgerlicher Ideologie entschieden bekämpfen,* in: Rotes Forum 1/1970, S. 34.
315 W. F. Haug, l. c., S. 126 f.
316 alternative Nr. 61, 11. Jg. 1968, S. 98.
317 Max Horkheimer, *Traditionelle und kritische Theorie,* l. c., S. 155.
318 *Ansichten einer künftigen Germanistik,* ed. Jürgen Kolbe, München 1969.
319 Hans-Wolf Jäger, *Gesellschaftskritische Aspekte der Germanistik,* l. c., S. 63.
320 Michael Pehlke, *Aufstieg und Fall der Germanistik – von der Agonie einer bürgerlichen Wissenschaft,* l. c., S. 36.
321 l. c., S. 38.
322 Hans-Wolf Jäger, l. c., S. 71.
323 Herbert Singer, l. c., S. 53.
324 Th. W. Adorno, *Résumé über Kulturindustrie,* l. c., S. 64 f.
325 Karl Marx, *Das Elend der Philosophie,* MEW 4, S. 93.
326 Werner Hofmann, l. c., S. 64.
327 »›Die Wahrheit wird uns nicht davonlaufen‹ – dieses Wort das bei Gottfried Keller steht, bezeichnet im Geschichtsbild des Historismus genau die Stelle, an welcher es vom historischen Materialismus durchschlagen wird. Denn es ist ein unwiederbringliches Bild der Vergangenheit, das mit jeder Gegenwart zu verschwinden droht, welche sich nicht als in ihm gemeint erkannte.« (Walter Benjamin, *Eduard Fuchs, der Sammler und Historiker,* l. c., S. 303 f.).
328 P. G. Völker, *Skizze einer marxistischen Literaturwissenschaft,* l. c., S. 95.
329 Th. W. Adorno, *Philosophie der neuen Musik,* l. c., S. 7.
330 Vgl. auch Th. W. Adorno, *Anmerkungen zum deutschen Musikleben,* l. c., S. 12; ders., *Kulturkritik und Gesellschaft,* in: *Prismen,* l. c., S. 19 f.; ders., *Philosophie der neuen Musik,* l. c., S. 93, S. 124.
331 Th. W. Adorno, *Engagement,* l. c., S. 134.

Peter Hahn

Kunst als Ideologie und Utopie

Über die theoretischen Möglichkeiten eines gesellschaftsbezogenen Kunstbegriffs*

A. Einleitung

I. Probleme und Möglichkeiten gesellschaftsbezogener Ästhetik

Wenn diese Arbeit nach theoretischen Möglichkeiten eines durch seine Beziehung auf Gesellschaft und Geschichte wesentlich mitkonstituierten Kunstbegriffs fragt, so ist ihr Rahmen abgesteckt durch kritische Ideologietheorie einerseits, philosophische Ästhetik andererseits. Ihr theoretischer Ausgangspunkt ist das Marxsche Ideologiekonzept und das Problem seiner Anwendung auf die Kunst. Die Themenstellung deutet die äußersten Möglichkeiten einer Interpretation der Kunst als Ideologie und als Utopie an. In diesem Zusammenhang ist sowohl nach der Bedeutung der Gesellschaft für die Kunst wie umgekehrt nach der Bedeutung der Kunst für die Gesellschaft zu fragen.

Ein theoretischer Klärungsversuch kann eine ontologisch präjudizierte Scheidung von Sachgebieten ebensowenig als gegeben hinnehmen wie die übliche Arbeitsteilung der bezogenen Wissenschaften. Diese Arbeitsteilung hat es mit sich gebracht, daß die Kontakte der idealistisch als heteronom, seins- oder wesensverschieden gedachten Bereiche der Kunst einerseits, der Gesellschaft und Geschichte andererseits lange Zeit nur schwach entwickelt waren. Hier hat offenbar nicht zuletzt die Diskussion materialistischer Positionen in den letzten Jahren eine Änderung erzwungen. Traditionell orientierte Geisteswissenschaft jedoch stand und steht weithin noch heute kunstsoziologischen oder sozialgeschichtlichen Bestrebungen gleich welcher Provenienz eher skeptisch gegenüber; wobei sie nicht einfach die gesellschaftliche Relevanz ihres Gegenstandes abstreitet, vielmehr dessen Profanierung durch Funktionalisierung fürchtet. [1] Zwar wird man L. Löwenthals 1932 in bezug auf die Literaturwissenschaft ausgesprochenem Verdikt heute nur noch bedingt zustimmen können, deren Abwehrtendenzen seien so sehr auf die Spitze getrieben, daß »die metaphysische Verzauberung ihrer Gegen-

* Dieser Beitrag ist die überarbeitete Fassung einer Dissertation der Philosophischen Fakultät der Freien Universität Berlin, 1969, dort unter dem Titel *Kunst zwischen Ideologie und Utopie. Studien über die theoretischen Möglichkeiten eines gesellschaftsbezogenen Kunstbegriffs.*

stände ... sie an der sauberen Betrachtung ihrer wissenschaftlichen Aufgaben« hindere [2], wohl aber spürt man auch heute noch die Reserve, »das Werk in Bezüge zu außerdichterischen Phänomenen« zu stellen: »es stellt sich die Frage«, schreibt W. Kayser in seiner vielbenützten Einführung in die Literaturwissenschaft *Das sprachliche Kunstwerk*, »ob damit nicht das Wesen des sprachlichen Kunstwerks vernachlässigt und die eigentliche Aufgabe literarischer Forschung übersehen wird. Eine Dichtung lebt und entsteht nicht als Abglanz von irgend etwas anderem, sondern als in sich geschlossenes sprachliches Gefüge.« Anliegen der Forschung solle es demnach sein, »die schaffenden sprachlichen Kräfte« in ihrem Zusammenwirken zu verstehen und »die Ganzheit des einzelnen Werkes durchsichtig zu machen« [3] E. Staiger zufolge kommt alle Funktionalisierung nur bis zur Pforte der Dichtung und verhält sich blind gegenüber dem ästhetischen Ausdruck: das Schöne sei soziologisch nicht zu erfassen. [4]

Dieser weit verbreiteten Tendenz seitens der Literaturwissenschaft, ihren Gegenstand zu isolieren und gegenüber äußeren Einflüssen zu immunisieren, steht eine positivistische Kunst- und Literatursoziologie gegenüber, die, im Kreise der etablierten Sozialwissenschaften ohnehin marginal, sich ästhetischer Stellungnahme methodisch enthält. Nur soziale Kategorien sind ihr relevant. [5] Damit freilich scheint sie eben das Verdikt der Kunstwissenschaften, die Soziologie bleibe dem ästhetischen Gegenstand äußerlich, zu bestätigen. Zutreffen würde darauf die polemische Frage L. Strauss', ob man »einen Menschen nicht auslachen würde, der eine Soziologie der Kunst geschrieben zu haben beansprucht, in Wirklichkeit aber eine Soziologie des Kitsches geschrieben hat?« [6]

Der hier nur grob umrissenen Hauptlinie eher idealistischer Kunst- und Literaturwissenschaft stehen einige weitschauende Wissenschaftler und Künstler gegenüber, die sich von dieser durchaus vorherrschenden Tradition den Blick für die materialistische Seite ihres Gegenstandes nicht verbauen ließen. [7] Vor allem aber sind es die im weitesten Sinne von Marx und darüberhinaus von Hegel beeinflußten Denkansätze, die, schon vermöge ihres Totalitätsprinzips, die reinliche Abscheidung von Wissenschaftsgebieten negieren und damit auch für unsere interdisziplinäre Fragestellung relevant sind. Wenn man freilich erwägt, welch breites Spektrum ›marxistischen‹ Denkens sich etwa zwischen Stalin und Adorno auftut – um nur zwei krasse Antipoden zu nennen –, so ergibt sich zwingend die Notwendigkeit, auf Marx selbst zurückzugehen. Es muß dies für unsere Problematik vor allem ein Rekurs auf den Marxschen Ideologiebegriff und die Frage seiner Anwendbarkeit auf Kunst sein. Dem dient ein zweiter Abschnitt dieser Einleitung.

In den Marxschen Frühschriften findet sich – um dies vorwegzunehmen – die Möglichkeit einer kritischen Entwicklung seiner kunsttheoretischen Ansätze ebenso angelegt wie die Möglichkeit ihrer Dogmatisierung; und es scheint, neben der Möglichkeit, Kunst als Ideologie aufzufassen, auch die einer Interpretation der Kunst als Utopie vorbereitet. Dafür ist es bezeichnend, daß Marx selbst offenbar gewisse Zweifel an einer zu rigiden Fixierung der Kunst an ihren klassenmäßigen Ursprung hegt, wenn er auch von diesem Ursprung überzeugt ist. »Aber die Schwierigkeit liegt nicht darin, zu verstehn, daß griechische Kunst und Epos an gewisse gesellschaftliche Entwicklungsformen geknüpft sind. Die Schwierigkeit ist, daß sie für uns noch Kunstgenuß gewähren und in gewisser Beziehung als Norm und unerreichbare Muster gelten.« [8] Wenn ein Teil des Überbaus nicht nur vorübergehend – was etwa durch Ungleichzeitigkeit noch im Rahmen dieser Stelle zu erklären wäre [9] – sondern schlechthin vom Umwälzungsprozeß der Basis ausgenommen ist, so scheinen die Folgerungen der hier angelegten Eigendynamik für die Differenz von ideologischer Genesis und nicht prinzipiell überhistorischer, aber doch den historischen Augenblick überdauernder Geltung äußerst weittragend. Die zitierte Passage aus der Einleitung zur Kritik der politischen Ökonomie wurde denn auch immer wieder zum Schlüsseltext marxistischer Ästhetik. [10]

Freilich wurden Marxens Skrupel erst 1902 wiederentdeckt [11] und konnten demnach auf die erste Phase marxistischer Ästhetik keinen Einfluß ausüben, die man, was ihr theoretisches Instrumentarium angeht – und nur das steht hier wie in der gesamten Arbeit in Frage –, als eine Phase relativ unkritischer Anwendung des Ideologiebegriffs auf die Kunst bezeichnen kann. So überträgt etwa F. Mehring das Basis-Überbau-Schema unproblematisiert auf die Literatur, die dergestalt etwas zu bündig zur ideellen Spiegelung der Klassenkämpfe gerät. [12] Geradezu naiv klingt heute W. Hausensteins Überzeugung, daß »der positive Stil ... immer den Zeiten positiver Gesellschaftsorganisation« entsprach. [13] Plechanow schließlich schwankt zwischen einer Auffassung der Kunst als Widerspiegelung des Lebens und deren utilitaristischer Interpretation, die, zur ›Parteilichkeit‹ gewendet, eine so bedeutsame Zukunft haben sollte. [14]

In der Folge, will es scheinen, sind es vor allem zwei Wege, welche die extremen Möglichkeiten marxistischer Ästhetik markieren: Deren einer führt zur allmählichen Dogmatisierung der Marxschen Theorie, insbesondere zur Ontologisierung des Basis-Überbau-Schemas und der Ausarbeitung der Widerspiegelungsthese auch für die Kunst; an seinem stalinistischen Ende wird, im Rahmen des Prozesses, in dem die Marxsche Theorie zum Herrschaftsinstrument degeneriert, auch die Kunst schließlich zum epiphänomenalen Reflex der durch die Partei kontrollierten Politik und zu deren Propagandawerkzeug. [15]

Der entgegengesetzte Weg führt auf dem Gebiet der Ästhetik über die Revision gewisser Marxscher Positionen zur Anerkennung einer Eigendynamik des Überbaus bis hin zur Anerkennung der Kunst als autonomer Wahrheit oder als Antizipation der Wahrheit. So scheint für die kritische Theorie der Gesellschaft – und in anderer Weise für Bloch – die Basis-Überbau-Theorie hinsichtlich der Kunst im Grunde aufgehoben. »Die kritische Theorie der Gesellschaft rechnet die Kunstwerke dem Überbau zu und hebt sie dadurch von der materiellen Produktion ab. Allein schon das antithetische, kritische Element, das dem Gehalt bedeutender Kunstwerke essentiell ist und sie in Gegensatz wie zu den Verhältnissen materieller Produktion so zur herrschenden Praxis insgesamt rückt, verbietet es, unreflektiert von Produktion hier wie dort zu reden ...« [16] Das antithetisch-kritische Element der Kunst kommt freilich bei Adorno, von dem die Bestimmung stammt, in anderer Weise zum Zuge als bei Benjamin und vollends bei Bloch. Während für Adorno Kunst nicht heißt, »Alternativen pointieren, sondern, durch nichts anderes als ihre Gestalt, dem Weltlauf widerstehen« [17], während ihm »die ästhetische Qualität der Werke, ihr Wahrheitsgehalt ... mit dem gesellschaftlich Wahren« konvergiert [18], während also die Wahrheit der Kunst einen zum Verhängnis treibenden Prozeß mittels dessen Darstellung allenfalls zu hemmen vermag, enthalten für Benjamin authentische Kunstwerke ein Moment vorweggenommener Freiheit [19]: »indem sie perennierend die immanente Teleologie der Geschichte durchbrechen, sind die Kunstwerke zugleich auch über Geschichte hinaus, markieren die Gebilde des Überbaus im Geist einen Zustand, der von den materiellen Verhältnissen erst noch einzuholen wäre«. [20] Kunst also kann, gegenüber der materiellen Welt, wahreres, wenngleich immaterielles Dynamisches sein, jedoch ist ihre Wahrheit Utopie [21]. Auch für Bloch schließlich ist Kunst, als Utopie, wahrer Vorschein des Kommenden. Offenkundig weist der hier relevante, auf Kunst bezogene Wahrheitsbegriff vor Marx zurück auf Hegel. Wir werden dem im Rahmen eines Rekurses Rechnung tragen.

Von dem weiten Feld marxistischen Denkens über Kunst konnten hier nur die äußersten Begrenzungslinien gegeben werden. Einen mittleren Weg würde etwa Lukács mit seiner Theorie der ästhetischen Widerspiegelung repräsentieren [22]; einen anderen A. Hauser mit seiner Anwendung des Ideologiebegriffs auf die gesamte Kunstgeschichte bei gleichzeitiger Anerkennung der Eigenvitalität der Kunst. Was vorab die Anwendung des Ideologiebegriffs auf Kunst angeht, so scheinen uns folgende Probleme relevant:

Wenn es die Aufgabe einer umfassenden Sozialgeschichte der Kunst ist, »die künstlerischen Formen mit allen Vermittlungen und in aller Differenziertheit aus sozialen Bedingungen, und zwar denen der Arbeit ebenso wie denen der Herrschaftsverhältnisse auf verschiedenen historischen Stufen« [23] zu entwickeln, so verbirgt sich darin – außer der Schwierigkeit einer kaum zu bewältigenden Materialfülle – das Problem der historischen Immanenz von Kategorien. Zwar mag man Löwenthals Aussage zustimmen, »die Aufgabe der Literaturgeschichte« sei »zu einem großen Teil Ideologienforschung« [24], nicht jedoch, ohne zuvor darauf zu reflektieren, ob der Ideologiebegriff überhaupt sinnvoll auf alle Epochen der Literaturgeschichte anwendbar sei.

Während sich Dialektiker wie Adorno oder Lukács, auf der anderen Seite Sozialhistoriker wie O. Brunner in ihren ideologiekritischen wie in ihren ästhetischen Analysen zumeist auf das bürgerliche Zeitalter beschränken [25], muß A. Hauser, auf dessen umfassenden sozialgeschichtlichen Ansatz sich der obige Hinweis der *Soziologischen Exkurse* bezog, über dieses bürgerliche Zeitalter notwendig hinausgreifen. Einer umfassenden Anwendung des Ideologiebegriffs inhäriert aber die Gefahr eines Anachronistisch-Werdens dieser an und für sich ebenso konkret historischen wie kritischen Kategorie; ihr inhäriert damit die Gefahr, entweder die gesamte Geschichte über den kategorialen Leisten der bürgerlichen Klassengesellschaft zu schlagen, oder das Verhältnis von Kunst und sozialer Wirklichkeit soweit zu enthistorisieren, daß es, zur Leerformel erstarrt, mit nahezu beliebigen inhaltlichen Variationen gefüllt werden kann. Nicht daß der historische Materialismus an den Kapitalismus gebunden wäre und in dieser Bindung seine objektive Grenze fände, soll damit behauptet werden [26], wohl aber die Notwendigkeit, die Relation einer Kunst zu einer gesellschaftlichen Realität historisch konkret herauszuarbeiten. Es liegt auf der Hand, daß sich diese Relation auf den geschichtlichen Stufen einer primitiven, theokratischen, despotisch managerialen, feudalen usw. Gesellschaft äußerst verschiedenartig gestaltet. Kunst mag Praxis sein, Herrschaftsmittel oder bewußte gesellschaftliche Fiktion, Instrument der Rechtfertigung oder Waffe der Kritik, verklärender Schein oder autonome Produktion, schließlich Wahrheit oder Moment vorweggenommener Freiheit: Kaum dürften diese Relationen zureichend auf den Nenner von Basis und Überbau zu bringen sein. Solange etwa Kunst von unmittelbar und unverschleiert praktischer Bedeutung ist – was für den überwiegenden Teil der Kunstgeschichte zutreffen dürfte –, solange ferner Herrschaft unverklärt auftritt, muß die Anwendung des Ideologiebegriffs problematisch erscheinen. Wohl ließe sich post festum im Hinblick auf sehr verschiedenartige politische Organisationsformen die eminent praktische Funktion der Kunst z. B. für die Aufrechterhaltung und Legitimation von Herrschaft erhärten. Ihren eigentlich kritischen Sinn gewinnt die Ideologiekategorie, also auch die Rede von einer ideologischen Funktion der Kunst hingegen erst dann, wenn die Notwendigkeit der Verschleierung das Vorhandensein einer Krise indiziert. Ideologie setzt ja »ebenso die Erfahrung eines bereits problematischen gesellschaftlichen Zustandes voraus, den es zu verteidigen gilt, wie andererseits die Idee der Gerechtigkeit selbst, ohne die eine solche apologetische Notwendigkeit nicht bestünde ...« [27] Das Bewußtsein aber der Differenz von Norm und Realität, von Politik und Moral, oder gar das Bewußtsein von der Veränderbarkeit einer Gesellschaftsordnung ist keineswegs universal, sondern, zumindest in seiner radikalen Ausprägung, ein charakteristisches Phänomen der europäischen Neuzeit seit der zweiten Hälfte des 18. Jahrhunderts.

Hinzu kommt als für unseren Zusammenhang relevante Überlegung, daß sich ungefähr gleichzeitig mit der allmählichen Herausbildung des Ideologiekonzepts auch ein neuer Kunstbegriff durchsetzt. Kunst ist bis zum 17. Jahrhundert in einer Bedeutung gebräuchlich, die Wissen und weltliche Wissenschaft ebenso umfaßt wie Können, Fertigkeiten und Geschicklichkeiten aller, wenn auch zumeist höherer Art. Erst später kommt die allmähliche Trennung von ›Kunst‹ und ›Wissenschaft‹ einerseits, von ›gebundener‹ und ›freier‹ Kunst andererseits auf; und erst seit der zweiten Hälfte des 18. Jahrhunderts, seit Lessing, Winckelmann, Herder, Schiller und Goethe, bedeutet Kunst in dem bis fast in die Gegenwart hinein gebräuchlichen Sinne schöne Kunst. [28] Etwa um diese Zeit etabliert sich auch eine Ästhetik als Philosophie der Kunst [29]; von autonomer Kunst im vollen Wortsinn kann offenbar erst spät die Rede sein. Gadamer zufolge wird erst mit der ästhetischen Abstraktion »Kunst als Kunst des schönen Scheins der praktischen Wirklichkeit entgegengesetzt und aus diesem Gegensatz verstanden. An die Stelle des Verhältnisses positiver Ergänzung ... tritt jetzt der Gegensatz von Schein und Wirklichkeit.« [30] Einen Gegensatz von Schein und Wirklichkeit unterstellt aber auch der seit der Aufklärung entwickelte Ideologieverdacht. Kaum zufällig, so will es scheinen, tritt die theoretische Formulierung der Verselbständigung des ›Ästhetischen‹ – Inbegriff des Wesens der Kunst – gegenüber einer ›Wirklichkeit‹ in eben dem historischen Augenblick hervor wie die theoretische Formulierung einer ›Verselbständigung‹ ideologischer Gebilde gegenüber ihrem materiellen Ursprung. »Wie die Kunst des ›schönen Scheins‹ der Wirklichkeit entgegengesetzt ist, so schließt das ästhetische Bewußtsein eine Entfremdung von der Wirklichkeit ein – es ist eine Gestalt des ›entfremdeten Geistes‹, als den Hegel die Bildung erkannt hat.« [31] Damit sind, so scheint uns, beide Probleme, das ideologietheoretische wie das ästhetische, in ihren philosophischen Kontext gestellt: Ohne Bezug auf die Entfremdungskategorie wird weder die eine noch die andere Problematik einer Lösung näherzuführen sein.

Dies alles legt den Gedanken nahe, daß ein Rekurs auf die klassische deutsche Ästhetik die hier thematisierten ästhetisch-soziologischen Überlegungen klären helfen kann. Wenn wir uns dabei exemplarisch – denn eine ideen- oder gar sozialgeschichtlich vollständige Rekonstruktion kann hier nicht geleistet werden – auf Herder, Schiller und Hegel beziehen, so darum, weil sich bei ihnen schon jene Einheit von Geschichtsphilosophie und Ästhetik präformiert findet, die einen gesellschaftsbezogenen Kunstbegriff allererst ermöglicht, und zwar in eben den klassischen Texten, die der traditionellen Kunstwissenschaft, die sich gegenüber dem marxistischen Totalitätsprinzip von Kunst und Gesellschaft so gerne sperrt, zur Rechtfertigung ihres Immanenzprinzips dienen. Unsere Hinweise sind daher als Korrektiv gemeint: Korrektiv angesichts einer ›reinen‹ Geistes- oder Ideengeschichtsschreibung, welche die ›materialistische‹ Seite ihres Gegenstands methodisch an den Rand ihres Interesses rückte und dergestalt verkennen mußte – eine zweifellos ideologisch bedingte Verdrängung.

Der erste Rekurs gilt Herder, weil hier das historisch-ästhetische Bewußtsein sich erstmals Bahn brach, und zwar, wie sich zeigen soll, mit einem historisch-konkreten Totalitätsprinzip, welches die materiale Bedingtheit von Kunst einschließt, ebenso verknüpft wie mit Elementen utopischer Transzendenz auf die Verwirklichung von Humanität.

Wie Herder eine ›kunst-soziologische‹ Betrachtungsweise begründet, so wird diese bei Schiller gesellschaftskritisch pointiert. Wir finden hier eine Ästhetik in politisch-antizipierender Absicht, die sich auf eine Geschichtsphilosophie zur Aufhebung der Entfremdung gründet und es ermöglicht, Kunst als Utopie zu begreifen.

Im Denken Hegels, hier gleichermaßen relevant als Vollendung der klassischen deutschen Ästhetik wie als Quelle materialistischer Ansätze, finden sich nicht nur Grundlagen eines auf Kunst bezogenen Wahrheitsbegriffs, sondern zugleich der konkrete Zusammenhang von Kunst und Weltformen, mithin zentrale kunstsoziologische Prolegomena.

Die Entwicklungslinien im Hinblick auf einen gesellschaftsbezogenen Kunstbegriff, die man von diesen Autoren über Marx zur neueren marxbeeinflußten Ästhetik ziehen kann und deren äußerste Möglichkeiten oben angedeutet wurden, sollen schließlich an den Positionen Arnold Hausers und Ernst Blochs wieder aufgegriffen werden.

Die theoretischen Arbeiten des Kunst- und Sozialhistorikers A. Hauser stehen unter dem Primat der Anwendung des Ideologiebegriffs auf Kunst und Kunstgeschichte. Gleichsam kontrapunktisch dazu, nämlich unter dem Primat einer Interpretation der Kunst als Utopie, steht die kunstphilosophische Position E. Blochs, wie sie im *Prinzip Hoffnung* ausgeführt ist.

II. Kunsttheoretische Ansätze in der Marxschen Philosophie

Marx hat sich, unter dem unbedingten Primat revolutionärer Theorie und Praxis, mit ästhetischen Problemen im Rahmen seines Denkens nur beiläufig befassen können; die uns überkommenen Äußerungen enthalten keine systematischen Ansätze. [1] Man ist auf seine allgemeine Theorie verwiesen, will man die wichtigsten Aspekte einer Anwendung des Ideologiebegriffs auf die Kunst thematisieren.

Kunst – davon kann in erster Annäherung ausgegangen werden – gehört dem Bereich der Ideologie an, wobei Ideologie einen Komplex von Vorstellungen meint, die sich Individuen »über ihr Verhältnis zur Natur oder über ihr Verhältnis untereinander oder über ihre eigene Beschaffenheit« machen und die »der – wirkliche oder illusorische – bewußte Ausdruck ihrer wirklichen Verhältnisse und Betätigung, ihrer Produktion, ihres Verkehrs, ihres gesellschaftlichen und politischen Verhaltens sind.« [2] Denn es sind »die ihre materielle Produktion und ihren materiellen Verkehr entwickelnden Menschen«, die auch ihre Ideen und Vorstellungen produzieren, Vorstellungen, welche damit den »Schein der Selbständigkeit« verlieren. Es sind die Menschen, die »mit dieser ihrer Wirklichkeit auch ihr Denken und die Produkte ihres Denkens (ändern). Nicht das Bewußtsein bestimmt das Leben, sondern das Leben bestimmt das Bewußtsein.« [3] Oder – in der Sprache des reifen Marx –: Die ökonomische Struktur der Gesellschaft »bedingt den sozialen, politischen und geistigen Lebensprozeß überhaupt«, und mit ihrer Veränderung »wälzt sich der ganze ungeheure Überbau langsamer oder rascher um.« [4]

Aus der bündigen Formulierung des Basis-Überbau-Theorems hat man – unter dem Eindruck eines vulgarisierten Marxismus – nicht selten eine allzu einseitige Abhängigkeit des Geistigen herausgelesen, die dem komplexen Zusammenhang, den das Ideologiekonzept aufschlüsseln soll, schon darum nicht gerecht wird, weil es dessen am Modell der bestimmten Negation gewonnene kritisch-dialektische Konstruktion zu einem strikten Kausalmechanismus vereinfacht. [5]

Zu den Konstituentien Marxschen Denkens gehört das Verfahren der immanenten Kritik, die Forderung, wie er sie schon 1837 im Brief an den Vater ausspricht, »im konkreten Ausdruck lebendiger Gedankenwelt ... muß das Objekt selbst in seiner Entwicklung belauscht, willkürliche Einteilungen dürfen nicht hineingetragen« werden. [6] Vielmehr gilt es, »im Wirklichen selbst die Idee zu suchen.« [7] Aus dieser Spannung zwischen der Idee und ihrer Realität gewinnt das Marxsche Immanenzprinzip seine Stoßkraft: »Es ist die Kritik, die die einzelne Existenz am Wesen, die besondere Wirklichkeit an der Idee mißt.« [8] Der Kritiker kann »an jede Form des theoretischen und praktischen Bewußtseins anknüpfen und aus den eigenen Formen der existierenden Wirklichkeit die wahre Wirklichkeit als ihr Sollen und ihren Endzweck entwickeln.« [9] Dabei ist es wichtig festzuhalten, daß die Marxsche Kritik nicht primär auf Erkenntnis im Sinne von Interpretation abzielt, sondern auf Veränderung – und man verändert die »versteinerten Verhältnisse« eben dadurch, »daß man ihnen ihre eigene Melodie vorsingt!« [10] »Die Kritik hat die imaginären Blumen an der Kette zerpflückt, nicht damit der Mensch die phantasielose, trostlose Kette trage, sondern damit er die Kette abwerfe und die lebendige Blume breche.« [11] Die Kritik also »ist eine Waffe. Ihr Gegenstand ist ihr Feind, den sie nicht widerlegen, sondern vernichten will« [12] – und sei es mittels der »Kritik der Waffen«. [13]

Wenn es nun um Ideologie geht und um Kunst als Ideologie, so ist im Auge zu behalten, daß Ideologie einen der Kritik im skizzierten Sinne unterworfenen Sachverhalt meint: Sie ist eine im Hinblick auf die praktische Revolutionierung der ideologieproduzierenden Welt entworfene Kategorie, und das kann nicht ohne Folge für eine Auffassung der Kunst als Ideologie bleiben. Es müßte nämlich allen Interpretationen die Berufung auf Marx bestritten werden, die – an seiner Intention vorbei – ein mehr oder weniger friedliches Nebeneinander von Ideologie und Wirklichkeit und mithin auch von Kunst und sozialer Realität – oder gar eine Isoliertheit der Kunst gegenüber dieser Realität – insinuieren.

Hinzu kommt als wichtiges Moment, daß im Ideologiebegriff Wahrheit und Falschheit als vermittelt gedacht sind. Ideologie wird nicht total – etwa als schlichte Lüge – sondern bestimmt negiert: Sie ist, wenn auch verklärender, insofern falscher, so doch notwendiger, Ausdruck realer Verhältnisse; sie kann aber auch dem Kritiker die Wahrheit dieser Verhältnisse verraten.

Beispielsweise ist die Religion »die phantastische Verwirklichung des menschlichen Wesens, weil das menschliche Wesen keine wahre Wirklichkeit besitzt... Das religiöse Elend ist in einem der Ausdruck des wirklichen Elendes und in einem die Protestation gegen das wirkliche Elend.« [14] Religion also ist nicht einfach Illusion, nicht Opium ›fürs‹ Volk – wie das so häufig und charakteristisch mißverstanden wird: etwa im Sinne eines von außen verordneten Betrugs, was dem aufklärerischen Ideologiebegriff näherkäme als dem Marxschen – sondern »Opium des Volks«. [15] Sie ist ›notwendig falsches Bewußtsein‹: falsch, nicht nur weil verklärend und illusionär, sondern zugleich, weil notwendiger Ausdruck eines falschen, d. h. der Verklärung und Illusion bedürftigen Seins. Daher ist »die Kritik der Religion ... im Keim die Kritik des Jammertales, dessen Heiligenschein die Religion ist.« [16]

Die Philosophie demgegenüber hat schon ein Bewußtsein von der wahren Gesellschaft und der freien Selbstbestimmung des Individuums hervorgebracht, und sie kann damit im Hinblick auf die praktische Herbeiführung dieser wahren Gesellschaft zur geistigen Waffe in der Hand des Proletariats werden. [17] Die Welt nämlich, die der »in sich totalen Philosophie« gegenübertritt, ist – als industrielle Gesellschaft – »eine zerrissene«. [18] In dem dergestalt aufgebrochenen Konflikt wird, »was innerliches Licht war, ... zur verzehrenden Flamme, die sich nach außen wendet. So ergibt sich die Konsequenz, daß das Philosophisch-Werden der Welt zugleich ein Weltlich-Werden der Philosophie, daß ihre Verwirklichung zugleich ihr Verlust« ist. [19] Auch Philosophie wird demnach nicht total verneint, sondern nur in ihrer herkömmlichen Weise als Interpretation, d. h. für Marx »Negation ... der Philosophie als Philosophie«. [20]

Denn, was in der Hegelschen Philosophie als jenseitiger Geist der Menschheit konzipiert war, [21] soll für Marx diesseitige Wirklichkeit werden, und was in der Religion als »Jenseits der Wahrheit« Bedingung bisheriger Geschichte war, ist als »Wahrheit des Diesseits zu etablieren«. [22]

Was diesseits etablierbar ist, hängt freilich in letzter Instanz von den realen Möglichkeiten ab, die bei Marx als ökonomische bestimmt sind. Die Hegelsche Philosophie faßte, und das rühmt Marx als das Große an ihr, »die Selbsterzeugung des Menschen als einen Prozeß, ... als Entäußerung und als Aufhebung dieser Entäußerung«; mithin den wirklichen Menschen »als Resultat seiner eigenen Arbeit«. [23] Die Ökonomie nimmt sie beim Wort, faßt nur Arbeit nicht länger als geistige, sondern als Produktion des realen, praktischen Lebens. Der Akteur der Geschichte ist demnach nicht länger der sein Selbstbewußtsein erzeugende Geist, sondern der sinnlich-praktische, sich entäußernde und d. h. arbeitende Mensch. Seine Arbeit vollzieht sich jedoch – und auf die Schlüsselrolle dieses Konzepts kann nicht eindringlich genug hingewiesen werden – im bisherigen Geschichtsprozeß unter der Bedingung der Selbstentfremdung, deren unmittelbarster Ausdruck die Arbeitsteilung ist [24]. Die Teilung, vor allem die ungleiche Verteilung der Arbeit, wie sie zunächst naturwüchsig entsteht, verselbständigt sich später gegenüber den Individuen, die sie doch hervorgebracht haben [25] und findet schließlich im bürgerlichen Privateigentum ihre umfassendste, schlechthin weltbeherrschende Ausprägung. Dabei wird »die Teilung der Arbeit ... erst wirklich Teilung von dem Augenblick an, wo eine Teilung der materiellen und geistigen Arbeit eintritt. Von diesem Augenblicke an kann sich das Bewußtsein wirklich einbilden, etwas anderes als das Bewußtsein der bestehenden Praxis zu sein, wirklich etwas vorzustellen, ohne etwas Wirkliches vorzustellen – von diesem Augenblicke an ist das Bewußtsein imstande, sich von der Welt zu emanzipieren und zur Bildung der ›reinen Theorie‹, Theologie, Philosophie, Moral etc. (und man wird sinngemäß ergänzen dürfen: Kunst, P. H.) überzugehen.« [26] In diesem Sinne wären – nebenbei bemerkt – das l'art pour l'art-Prinzip ebenso wie die Abwehrtendenzen der traditionellen Kunstwissenschaften gegenüber soziologischen Relativierungen falsches Bewußtsein. Erst die Aufhebung der Arbeitsteilung, deren ökonomische und philosophische Möglichkeit die bürgerliche Gesellschaft bereitstellt [27], bricht den ideologischen Schein der Selbständigkeit, kann den Menschen wirklich zum Herrn seiner Geschichte machen, befähigt ihn zu allseitiger Produktion wie zu allseitigem Genuß, macht die unterbrochene Rücknahme der Entäußerung im Genuß wieder möglich und emanzipiert alle seine Sinne [28] – auch, wie sich zeigen soll, seine künstlerischen.

Fragt man nun nach den Konsequenzen der hier in groben Zügen skizzierten Überlegungen für die Möglichkeiten eines gesellschaftsbezogenen Kunstbegriffs, so sind deren zumindest folgende bei Marx präformiert:

(1) Kunst als Ideologie

Die wirkliche Geschichtsbewegung verläuft auf der Seite der materiellen Produktion, ihr gegenüber gewinnen die ideologischen Sphären nur den Schein von Selbständigkeit: Diese Bestimmung muß sinngemäß auch für eine Interpretation der Kunst als Ideologie Anwendung finden. Die Bewegung des Überbaus ist Scheinbewegung; und so hat auch Kunst, konsequenterweise, keine eigene Geschichte. [29] Ihre Produktion ist eine des Scheins; darin mag manches angelegt sein, was in der stalinistischen Epoche zur Einschränkung der Kunst auf Reflex- und Propagandafunktionen führen sollte. Freilich wäre vorab weiterzufragen, welcher Art der künstlerische Schein sei. Sollte man ihn nicht – unter Rekurs auf Hegel und darüber hinaus auf Schiller – als wahren Schein interpretieren können – wobei ihm ›Wahrheit‹ gegenüber einer ›falschen‹, d. h. entfremdeten Realität zukäme?

Zwar steht auch Kunst gegenwärtig unter der Herrschaft der Entfremdung und ist unter den Bedingungen des entfremdeten menschlichen Lebens nur eine besondere Weise der Produktion, fällt mit unter deren allgemeines G-setz. [30] Auch der Poet wird zum bezahlten Lohnarbeiter [31] und seine Kunst zur Ware. In der entfremdeten Gesellschaft ist daher, wie Marx das am Beispiel Raffaels andeutet, die Kunst »bedingt durch die technischen Fortschritte der Kunst, die vor ihm gemacht waren, durch die Organisation der Gesellschaft und die Teilung der Arbeit in seiner Lokalität, und endlich durch die Teilung der Arbeit in allen Ländern mit denen seine Lokalität im Verkehr stand.« [32] Selbst die »exklusive Konzentration des künstlerischen Talents in Einzelnen und seine damit zusammenhängende Unterdrückung in der großen Masse ist Folge der Teilung der Arbeit.« [33]

Aber – und das wäre vielen zu kurz schließenden kunstsoziologischen Mißverständnissen entgegenzuhalten – diese Bedingtheit kann sowenig als unentrinnbare Kausalität gedacht werden wie die Bedingtheit der politischen und ökonomischen Theorie. Gewiß sind die Individuen und ihre Vorstellungen unter ihre Klasse subsumiert [34]; daß Ideologie jedoch – was wir oben am Beispiel von Religion und Philosophie skizzierten – Wahrheit und Falschheit vermittelt, ermöglicht in der Sphäre der Kunst, etwa ein ›Durchsetzen‹ des Wahren gegenüber den subjektiven Ideologien der künstlerischen Urheber zu denken – was Engels und später Lukács als deren Realismus rühmen. [35]

(2) Aufhebung der Kunst

Während Religion in einer ihrer Verzauberung nicht mehr bedürftigen freien Zukunftsgesellschaft aufhört zu existieren, während Philosophie aufgehoben, weil Realität geworden ist, stellt sich der Zusammenhang von Wahrheit und Falschheit im Bereich der Kunst noch komplexer: Auch sie mag, als Ausdruck trügerischer Verbergung und zugleich Abglanz des Wahren, in doppeltem Sinne scheinhaft für die gegenwärtige, entfremdete Gesellschaft sein – und nichts anderes kann im engeren Sinne ›Kunst als Ideologie‹ heißen. Wie aber verhält es sich mit ihrer Rolle in der Zukunftsgesellschaft? Zwei Möglichkeiten bieten sich hier an:

(2 a) Kunst ist ›aufgehoben‹ im Sinne von beendet.
(2 b) Kunst ist ›aufgehoben‹ im Sinne von aufbewahrt.

(ad 2 a) Eine Aufhebung im ersteren Sinne entspräche etwa der Hegelschen These vom Ende der Kunstperiode: Kunst wäre demnach in der Zukunftsgesellschaft noch reflexiv, d. h. in Beziehung auf schon vorhandene ältere Kunst und deren philosophisch-kritische Aufarbeitung möglich, nicht jedoch als notwendiger Ausdruck dieser Gesellschaft. So etwa könnte man es auffassen, wenn Marx in der Auseinandersetzung mit Hegel davon spricht, daß diesem das Wesen erst im Denken zum Vorschein komme, womit u. a. »mein wahres künstlerisches Dasein das kunstphilosophische Dasein« ist [36]. »Ebenso ist die wahre Existenz von Religion, Staat, Natur, Kunst: die Religions-, Natur-, Staats-, Kunstphilosophie« [37], und Marx führt weiter aus, daß Hegel die Religion dergestalt zwar aufhebt, aber doch zugleich bestätigt. Obwohl für die beiläufig erwähnte Kunst weitere Hinweise fehlen – eine Kalamität, welche diese Stelle mit vielen anderen Belegen teilt – scheint es doch unwahrscheinlich, daß Marx auch der Kunst, wie eben der Religion, die ›Bestätigung‹ – impliziert für die heutige entfremdete wie für die Zukunftsgesellschaft – verweigern möchte. Denn mag auch Kunst eine ideologische Form sein, und Ideologie etwas zu Beendendes, so wird doch Kunst auf der anderen Seite in der Zukunftsgesellschaft erst eigentlich befreit.

(ad 2 b) Für die Interpretation der Kunst als Ideologie ist es von außerordentlicher Bedeutung, daß in der befreiten Gesellschaft und gerade in ihr Raum für die Künste ist – während ja Philosophie und Religion in ihrer überkommenen Form aufgehoben sind. Es wird in ihr künstlerische Entäußerung geben – wie übrigens auch andere Arbeit: das Reich der Notwendigkeit bleibt ja Basis des Reichs der Freiheit [38] –, doch ist diese Entäußerung nicht mehr entfremdet; die Künste sind nicht länger arbeitsteilig organisiert, alle Beschränkungen von Produktion und Rezeption fallen weg, »es gibt keine Maler, sondern höchstens Menschen, die unter anderem auch malen«. [39] Vor allem aber ist es die allseitige Emanzipation der Sinne, die auch die künstlerische Produktion und Rezeption voll befreit – und man hat schon die gesamte Produktion der emanzipierten Gesellschaft als künstlerische interpretiert, den ›allsinnigen Menschen‹ als das künstlerische Universalgenie. [40]

Die freie künstlerische Produktion setzt – wie die materielle – die Möglichkeiten der bisherigen menschlichen Entwicklung voraus. »Die Bildung der fünf Sinne ist eine Arbeit der ganzen bisherigen Weltgeschichte.« [41] Dabei sind Produktion und Rezeption vermittelt, »erst die Musik (erweckt) den musikalischen Sinn des Menschen« [42], und erst vermittels solcher Dialektik »produziert die gewordene Gesellschaft den Menschen in diesem ganzen

Reichtum seines Wesens, den reichen und tief allsinnigen Menschen als ihre stete Wirklichkeit.« [43] Die Rezeptivität konstituiert das Werk mit: »Der Kunstgegenstand – ebenso jedes andere Produkt – schafft ein kunstsinniges und schönheitsgenußfähiges Publikum. Die Produktion produziert daher nicht nur einen Gegenstand für das Subjekt, sondern auch ein Subjekt für den Gegenstand.« [44]

(3) Kunst und utopische Transzendenz

Sollte man schließlich auch für eine Interpretation der Kunst als Utopie, als Antizipation des wahren menschlichen Wesens im Denken Marxens gewisse Ansätze sehen dürfen? Dem steht freilich nicht nur entgegen, daß Marx, dem es darauf ankommt, »der Welt aus den Prinzipien der Welt neue Prinzipien« zu entwickeln [45], seinen Hohn über abstrakte Utopisten ausgießt, dem steht auch unser eigener Ausgangspunkt einer Interpretation der Kunst als Ideologie, d. h. als Ausdruck wirklicher Verhältnisse entgegen: Totalität stünde hier versus historische Transzendenz. Auf der anderen Seite kommt ja auch Ideologiekritik ohne utopisches Element, ohne einen Begriff von Fortschritt nicht aus. [46] Und auch schöner Schein wäre ja ideologisch im strengen Sinne nur dann, wenn er sich als schon verwirklichter gäbe, nicht aber, wenn er als schöner seine Differenz zur Realität pointierte. Hier nun, so glauben wir, kann man eine Verbindungslinie zur klassischen deutschen Ästhetik ziehen: Die Realität, von der sich z. B. Schillers und Hegels Kunstbegriff absetzt, ist keine abstrakt allgemeine, sondern – wie zu zeigen sein wird – eben entfremdete Realität, genauer: Kunst stellt, wo sie eine nichtentfremdete Realität nicht mehr oder noch nicht abbilden kann, diese im Unterschiede zur entfremdeten dar. Sollte sie von diesem Gedanken her als jener »Traum von einer Sache« Marxens interpretierbar sein, den die Welt längst besitze und von dem sie nur das Bewußtsein besitzen müsse, um sie wirklich zu besitzen? [47] Sollte sie also den Traum einer nichtenfremdeten Gesellschaft anschaubar machen und damit ihre Bindung an eine geschichtliche Totalität transzendieren können? Diese Denkmöglichkeit wurde in der Tat später bei Bloch aktualisiert.

Wir besitzen nun einige Bemerkungen Marxens, die sich auf die damit zusammenhängende ›Ungleichzeitigkeit‹ beziehen: »Ist Achilles möglich mit Pulver und Blei? Oder überhaupt die Iliade mit der Druckerpresse oder gar Druckmaschine? Hört das Singen und Sagen und die Muse mit dem Preßbengel nicht notwendig auf, also verschwinden nicht notwendige Bedingungen der epischen Poesie? Aber die Schwierigkeit liegt nicht darin, zu verstehn, daß griechische Kunst und Epos an gewisse gesellschaftliche Entwicklungsformen geknüpft sind. Die Schwierigkeit ist, daß sie für uns noch Kunstgenuß gewähren und in gewisser Beziehung als Norm und unerreichbare Muster gelten.« [48] Diese ›Vitalität‹, die Kunstwerke, mithin Phänomene des Überbaus, und zwar des Überbaus einer historisch längst überholten Basis, zeigen, verweist auf eine Ungleichzeitigkeit der Kunst, die weit über das hinausgeht, was Marx sonst unter dem ›Anachronismus‹ historischer Gegebenheiten versteht. Wenn die deutschen Zustände von 1843 »unter dem Niveau der Geschichte« sind [49] so gibt es doch noch die deutsche Philosophie als »die einzige mit der offiziellen modernen Gegenwart al pari stehende deutsche Geschichte.« [50] Die Ungleichzeitigkeit der ›deutschen Zustände‹ ist also eine nur relative zur Gegenwart Westeuropas, sie ist zudem eine nur partielle. Hingegen ist die Ungleichzeitigkeit der genießenden und verpflichtenden Aufnahme von Kunst über mehrere historische Schwellen hinweg mit keiner noch so retardierten Umwälzung des Überbaus mehr erklärbar: das macht ja eben für einen Ansatz, der den Überbau durch die Basis bedingt sein läßt, ›die Schwierigkeit‹ aus, von der Marx oben spricht.

Es ist eine Schwierigkeit, die vielleicht mit der Ausweitung, gleichsam der ›Verräumlichung‹ der kritisch-dynamischen und d. h. doch wohl auch Wahrheit und Falschheit, ideologische Bindung und utopischen Überschuß diskriminierenden Ideologiekategorie zum umfassenden Überbau zusammenhängt, [51] was zugleich eine Ausweitung der an der bürgerlichen Gesellschaft gewonnenen Kategorie auf die Gesamtgeschichte ist.

Prinzipiell sind ja Kategorien für Marx historische Produkte. Der historische Materialismus ist eben kein »Rezept oder Schema, wonach die geschichtlichen Epochen zurecht gestutzt werden können«, vielmehr seien »erst aus dem Studium des wirklichen Lebensprozesses und der Aktion der Individuen jeder Epoche« die Schwierigkeiten zu beseitigen, die sich bei der Darstellung ergeben. [52] Keineswegs darf die Geschichte »nach einem außer ihr liegenden Maßstab geschrieben werden«, wie das Marx für die bisherige Geschichtsauffassung konstatiert, der »die wirkliche Lebensproduktion ... als ungeschichtlich (erscheint), während das Geschichtliche als das vom gemeinen Leben Getrennte, Extraüberweltliche erscheint.« [53] Der Rekurs auf die ›wirkliche Basis der Geschichte‹ und ihre Bewegung muß denn auch gegen eine vergleichende Geschichte sprechen, die »zwischen dem Buchdrucker von heute und dem Buchdrucker des Mittelalters, zwischen dem Arbeiter der riesigen Hüttenwerke des Creuzot und dem Hufschmied auf dem Lande, zwischen dem Schriftsteller unserer Tage und dem Schriftsteller des Mittelalters« Parallelen zieht. [54]

Freilich hält sich Marx selbst nicht streng an seine eigene Maxime. Durch die letztliche Identifizierung von Entfremdung, Arbeitsteilung und Privateigentum wird expressis verbis die »bürgerliche Gesellschaft der wahre Herd und Schauplatz aller Geschichte« [55] – eine Bemerkung, die zwar, gegen eine Geschichtsschreibung der ›hochtönenden Haupt- und Staatsaktionen‹ polemisierend, sicher zu Recht auf die bewegenden Produktivkräfte verweist, der aber doch, ebenso wie dem Initialsatz des Kommunistischen Manifests, »Die Geschichte aller bisherigen Gesellschaft ist die Geschichte von

Klassenkämpfen« [56], eine gewisse Tendenz auf Generalisierung einmal und an einer Gesellschaft analysierter Prozesse inhäriert. [57]

Wir können unsere einleitende Skizze hier abbrechen. Ihr kam es einzig auf den Hinweis an, daß die Auseinanderentwicklung der marxistischen Ästhetik bei Marx schon keimhaft angelegt ist: Ebenso wie ›Ideologie‹, als keineswegs unabänderliches Denkmerkmal, deren Kritik an der utopischen Antizipation einer ihrer nicht mehr bedürftigen Gesellschaft orientiert ist, wurde auch die umfassendere Bedeutung als ›Überbau‹ relevant, der alle Produktionsverhältnisse begleitet; ebenso wie das an eine je historisch-konkrete Totalität gebundene Moment des Ideologischen konnte auch dessen antipizierend-utopisches Moment pointiert und eine Eigendynamik des Überbaus anerkannt werden. Gemeinsamer Nenner des Ideologischen wie des Utopischen und einer Interpretation der Kunst unter diesen Gesichtspunkten bleibt freilich die Beziehung auf Entfremdung und deren Aufhebung. Diese Beziehung spielt aber auch, wie sich zeigen soll, in der klassischen deutschen Ästhetik eine bedeutsame Rolle.

B. Rekurs: Elemente einer gellschaftsbezogenen Ästhetik bei Herder, Schiller und Hegel

Vorbemerkung

Es scheint demnach sinnvoll, nach Elementen zu fragen, die sich in der älteren ästhetischen Theorie im Hinblick auf einen gesellschafts- und geschichtsbezogenen Kunstbegriff, auf den Wahrheitscharakter der Kunst und schließlich auf deren antizipierende Funktion auffinden lassen.

Wir rekurrieren dabei auf die vormarxistische Tradition nicht, um eine ideengeschichtliche Kausalität herzustellen wie das, in desavouierender Absicht, in der ideengeschichtlich herleitenden Marxismuskritik z. B. Topitschs, Poppers u. a. vielfach der Fall ist [1]; unser Vorhaben geht eher von der Vermutung aus, daß hier einige ›Bedingungen der Möglichkeit‹ einer ›soziologischen‹ Ästhetik bereitliegen. Sie sind u. E. im wissenschaftlichen Bewußtsein weithin verschüttet, obwohl sie in ›klassischen‹ Texten offen zu Tage liegen. Demgegenüber geht es hier um Reaktualisierung. Es stellt sich nämlich heraus, daß eine Synopsis von Kunst, Gesellschaft und Wahrheit einer früheren Ästhetik durchaus eigen war. Sie wäre darum auch gegenwärtiger Geisteswissenschaft, die ja in der Tradition dieser Ästhetik steht, wieder zuzumuten.

Die Bezugnahme auf eine Abfolge markanter ästhetischer Schlüsseltexte Herders, Schillers und Hegels [2] kann vorläufig damit begründet werden, daß sie es sind, die, geistige ebenso wie künstlerische Individualität zwar anerkennend, sie doch zur Gesellschaft hin transzendieren; mehr noch, sie im Hinblick auf eine mögliche Perfektionierbarkeit der Welt transzendieren: Gewiß nicht mehr einsinnig-fortschrittsoptimistisch wie noch die Aufklärung [3], jedoch , das historische Bewußtsein in sich aufnehmend, dialektisch. Es erscheint im Anschluß an die genannten Denker möglich, Kunst als eine ebenso mit Realität – und zwar menschlich-gesellschaftlicher Realität – vermittelte, wie diese Realität transzendierende Form des Geistes zu begreifen.

I. Herder und das historisch-ästhetische Bewußtsein

1. Zum Begriff des historischen Sinnes

Historisches Bewußtsein – eine der Bedingungen der Möglichkeit gesellschaftsbezogener Ästhetik – meint, folgt man seinem prominentesten Geschichtsschreiber Meinecke [4], gegenüber jeder normativen Generalisierung das Bewußtsein für die Individualität, die spezifische Genese, aber auch für die Relativität von geschichtlichen Entitäten im weitesten Sinne – etwa von Staaten, Sprachen oder Kunstformen. Diese allgemeine Bestimmung reicht freilich für unsere Zwecke nicht aus: Allenfalls vermöchte uns der genetische Aspekt weiterzuhelfen; der Sinn für Individualität – interpretiert im Sinne des ›individuum est ineffabile‹ – scheint sich einem soziologischen Ansatz auf den ersten Blick eher zu entziehen, und die Relativismusproblematik reicht weit über den soziologischen Bereich hinaus. Es ist demnach ratsam, in Anwendung des historistischen Prinzips selbst, kurz auf die Genese des geschichtlichen Bewußtseins zu reflektieren.

Man wird von dessen Voraussetzungen zumindest nennen müssen: gesellschaftlich-politische (z. B. die Bildung von Nationalstaaten, die in die Revolution ausmündende Krise des ausgehenden 18. Jahrhunderts und die Auseinandersetzung mit ihr), philosophische (z. B. Zweifel in den universalgeschichtlichen christlichen Heilsplan sowie in den säkularisierten rationalistischen Fortschrittsoptimismus der Aufklärung), schließlich ästhetische (z. B. das Gefühl für Reize, die vom normativ gesetzten Geschmack abweichen). [5]

Dabei ist es für uns von großer Bedeutung, daß es gerade diese erweiterte *ästhetische* Rezeptionsfähigkeit, der Sinn für das Eigenrecht der verschiedenartigsten künstlerischen Produktionen ist, was dem historischen Bewußtsein die Bahn brach: so bei Vico, Herder, Burke und Möser. [6] Die beiden letzten Namen lassen zugleich ahnen, wie affin der historisch-ästhetische Sinn zum Irrationalismus konservativer, ja reaktionärer Theorie ist oder doch sein kann: Ästhetischer Eigenwert, insofern Nicht-Rationales, konnte leicht, gegenüber dem rationalistischen Fortschrittsanspruch, zur Rechtfertigung eines, nunmehr gesellschaftlich interpretierten, Anti-Rationalen herangezogen werden. Die hierin anklingende Ideologieproblematik bricht ja kaum zufällig im gleichen Zeitalter der ›Krise‹ auf, die auch den Historismus hervorbringt.

Wenn es nun darum geht, Elemente einer soziologisch-historischen Ästhetik zu gewinnen und zu diesem Zweck auf die Genesis des historischen Bewußtseins selbst zu rekurrieren, so erscheint es geboten, dessen die Möglichkeit einer solchen Ästhetik theoretisch bedingende Implikationen von ihren im Sinne gesellschaftlicher Regression gefährlichen zu trennen. Eine solche Trennung, immanent im Rahmen des historischen Denkens selbst durchgeführt, ist freilich nicht ohne weiteres zu bewerkstelligen. Nehmen wir z. B. den für das historische Bewußtsein so zentralen Begriff der ›Intuition‹, so müssen wir uns zugestehen, daß seine vorab wiederum nicht so sehr antirationalistische als transrationalistische Stoßrichtung bahnbrechend für den ästhetischen wie den geschichtlichen Sinn war. [7] Was jedoch hier ›befreiend‹ im Sinne einer Bewußtseinserweiterung wirkte, konnte später zum Werkzeug irrationalistischer Ideologie werden. Der Intuitionsbegriff, in die deutsche historistische Tradition eingeführt unter Rekurs auf Shaftesbury, hat bei jenem, darauf sei kurz hingewiesen, überaus interessante Implikationen: Kunst ist ihm Wahrheit, jedoch Wahrheit höherer Art, die sich nicht begrifflich erfassen, »sondern nur unmittelbar nachleben und intuitiv verstehen läßt« [8]. Sie ist damit im Grunde nur einem intellectus intuitivus zugänglich [9]. Kunstmimesis »bildet nicht das bloße Produkt, sondern den Akt der Produktion, nicht das Gewordene, sondern das reine Werden nach.« [10] Mit dieser Konzeption, welche die Wahrheit der Kunst an die Dynamik der ›Schöpfung‹ verweist, wird Shaftesbury zum bedeutsamen Vorläufer sowohl der nachaufklärerischen Ästhetik wie dialektischer Philosophie.

Wenn also, um an den Gedanken einer ›kritischen Aneignung‹ des historischen Sinnes wieder anzuknüpfen, der Sinn für die ›Bedingtheit‹ oder ›Gewachsenheit‹ der geschichtlichen Welt ohne Zweifel eine wichtige Voraussetzung für die ›kunst-soziologische‹ Zuordnung von Kunstformen zu Umwelten ist, die mindestens unter anderem sozial determiniert sind, so erscheint es sinnvoll, Herder, der ja eben nicht ›verteidigen‹, sondern nur ›erklären‹ will [11] zum Modell zu nehmen. Es sind zudem gerade die bei Meinecke bedauerten »unüberwundenen Reste von Transzendenz« [12], die Herder besonders interessant machen: Sein Bewußtsein für Genese und Individualität historischen Seins ist erkennbar mit einer Fortschrittskonzeption verbunden, oder – überspitzt ausgedrückt – sein ›Realismus‹ des Gewordenen mit einer ›Utopie‹ des Werdenden.

2. Die materielle Bedingtheit des Ästhetischen

Ästhetisch-historisches Bewußtsein fassen wir unter dem doppelten Aspekt, daß es einmal das Individuelle, Unvergleichbare, Einzigartige einer Epoche, einer ›Nation‹, einer Kunstform, eines Kunstwerks usw. bewußtmacht, und doch zum andern eben im Bewußtsein für die Verschiedenheit und Verschiedenartigkeit seiner Objekte diese Objekte im Prinzip, d. h. vor seinem Urteil, in grundsätzlicher Simultaneität, nun doch vergleichbar und d. h. in gewisser Weise ›gleichmacht‹. [13]

Die Methode dieses Urteils – wie schon angedeutet – ist Intuition, entspringend vorab an der Erfahrung von Kunst. [14] Meinecke hat, ohne Zweifel zu Recht, auf den ästhetischen Grundcharakter des Herderschen Denkens – und zwar auch seines historischen Denkens – hingewiesen [15]; Stadelmann argwöhnt gar, »daß die Geschichte für ihn (Herder) nur der Gegenstand seiner Einfühlungsfähigkeit d. h. des ästhetischen Genusses ist.« [16] Ob Einfühlung auf Genuß ausgeht, sei einmal dahingestellt; kommt es doch hier auf etwas anderes an: daß nämlich Einfühlung eine in die geistig-sinnliche Totalität des geschichtlichen Menschen, seiner Welt wie seiner Produktionen, kurzum: auch und gerade in die ›materielle‹ Seite des Lebens ist. Mag nun auch die Zuordnung von Künsten, Formen des Geistigen zu Weltgegebenheiten und -bedingungen – darunter gesellschaftlich-geschichtlichen – zumeist in biologischen Termen formuliert sein, so ändert das nichts an ihrem prinzipiellen Charakter. Das sei zunächst an der Geschichtsphilosophie von 1774, sodann am Shakespeare-Aufsatz von 1773 kurz aufgewiesen.

a) Auch eine Philosophie der Geschichte zur Bildung der Menschheit

Der Titel dieses ›historistischen Grundbuchs‹ [17] hat, worauf Gadamer verweist, »gewiß einen ironischen Ton. Herder grenzt sich dadurch provozierend gegen die Philosophie der Geschichte ab, die im stolzen Fortschrittsbewußtsein der siegreichen Aufklärung alle Vergangenheit auf die Vollkommenheit der eigenen Gegenwart bezieht.« Aber: »ein Beitrag zur Bildung der Menschheit soll auch diese Schrift sein.« [18]

Wenn nun Herder feststellt, daß der »Geist« älterer Zeiten »anders ist« [19], so rekurriert diese historistische Grundüberzeugung, wie zu zeigen ist, auf ein konkret-materiell ›Anderes‹; so, wenn in Ägypten »der Sinn des strengen Fleißes, der Sicherheit und Ordnung« auf die Notwendigkeit zurückgeführt wird, Länder auszumessen und zu sichern, die nicht mehr (wie in der ›Patriarchen‹-Zeit) wandernd durchstreift werden, eine »Industrie« aufzubauen, »Künste« zu erfinden usw. [20] Es ist die prinzipielle Forderung historischen Denkens, den Repräsentanten einer anderen Zeit »auf seiner Stelle zu sehen« [21] und nicht unkritisch die Maßstäbe seiner eigenen Zeit zu verabsolutieren: Warum denn könne die virtuell vielleicht vorhandene »Anlage«, »Treue und Künstlerfleiß haben zu können, wie sie der Ägypter besaß: phönizische Regsamkeit, griechische Freiheitsliebe, römische Seelenstärke«, warum denn könne sich diese Anlage nicht entwickeln? Es fehlt eben »an Zeit, an Gelegenheit«. [22] »Man bildet nichts aus, als wozu Zeit, Klima, Bedürfnis, Welt, Schicksal Anlaß gibt.« [23] Es sind mithin durchaus konkret-reale Bedingungen, durch die der Mensch, »dies verborgne Doppelgeschöpf tausendfach modifiziert werden könne und nach dem Bau unserer Erde fast müsse«. [24]

Die Veränderung des Gesichtspunkts, wie sie Herder im Hinblick auf individuelle und, wie sich zeigte, materielle Genese erreichen will [25], bezieht sich – übrigens in Vorwegnahme einer ›Plastizitäts‹-Anthropologie – nicht nur auf den historischen Menschen selbst, sondern – und das soll ja dieser Rekurs erbringen – wesentlich auch auf seine Produkte, darunter an erster Stelle künstlerische. Nicht »Muster der schönen Kunst nach deinem Ideal« sind zu fordern, sondern die Werke stehen eben »im Ideal ihrer (eigenen, P.H.) Absicht.« [26] Das Grunderfordernis immanenter Kritik ist damit auch für die Ästhetik aufgerichtet, und vorerst gegen ihre normative Ausprägung in Anschlag gebracht. Hatte noch Winckelmann den Versuch gemacht, Kunst »auf Eins und auf das Wahre zu bestimmen, zur Regel im Urteilen und im Wirken« [27], so betont Herder den spezifischen Unterschied von Kunstformen nach ihrer Genese: Wie er in der Geschichtsphilosophie 1774 die »Torheit« schilt, »mit dem Maßstabe einer andern Zeit zu messen« [28], so will er in dem gewiß »für alle moderne Ästhetik bahnbrechenden« [29] Shakespeare-Aufsatz von 1773 dem Dichter sein Recht werden lassen und ihn damit vor seinen Feinden, vor allem aber seinen Freunden retten. [30]

b) Der Shakespeare-Aufsatz von 1773

Wiederum ist es das Verfahren ›materialer‹ Zuordnung von Geistigem zu je geschichtlich konkreter Welt, das hier – ich brauche nicht mehr zu sagen: als Modell – interessiert.

»Der Kern«, so schreibt er in bezug auf die Kunst, »würde ohne Schlaube nicht wachsen« [31]. Was ist nun ›die Schlaube‹, d. h. der Ursprung, im Beispiel vorab: des griechischen Dramas? Die aristotelisch wie klassizistisch geforderte »Simplicität der Fabel lag würklich so sehr in dem, was Handlung der Vorzeit, der Republik, des Vaterlandes, der Religion, was Heldenhandlung hieß« [32]. Wir bemerken, daß ›Handlung‹, d. h. in klassischer philosophischer Sprache so viel wie Praxis, in dieser Aufzählung an erster Stelle steht. Und weiter: »das Künstliche« der griechischen Regeln war »keine Kunst! war Natur! – Einheit der Fabel – war Einheit der Handlung, die vor ihnen (den griechischen Künstlern, P. H.) lag« [33]. Hier wird, so müssen wir feststellen, etwas ausgesprochen, das einer ›kunst-soziologischen‹ Zuordnung doch schon recht nahe kommt. Man muß sich dabei vor Augen führen, daß ›Natur‹ in diesem Zusammenhang weithin sinnkongruent mit ›Geschichte‹ ist.

Denn »wie sich Alles in der Welt ändert, so mußte sich auch die Natur ändern, die eigentlich das Griechische Drama schuf. Weltverfaßung, Sitten,

Stand der Republiken, Tradition der Heldenzeit, Glaube, selbst Musik, Ausdruck, Maas der Illusion (!) wandelte ...« [34]. Ohne die griechische Welt – die, wie wir sehen, an erster Stelle mittels ›soziologischer‹ Kategorien charakterisiert wird – ohne diese konkret-bedingende Umwelt wird die ›griechische Simplicität‹, unkritisch übertragen wie ins klassizistische Frankreich, zur ›Puppe‹ [35]. Und dieser Puppe fehlt eben »Geist, Leben, Natur, Wahrheit« [36] – wobei wir den letzten Punkt besonders akzentuieren, denn es ist eine nicht zuletzt gesellschaftlich geprägte Wahrheit, deren Absenz die Puppenhaftigkeit einer auf »todte Regeln« [37] gebauten Kunst ausmacht.

In einer geschichtlich veränderten Umwelt – denn darauf läuft Herders Argument hinaus – »Griechisches Drama zu fodern, daß es natürlich (wir reden von keiner Nachäffung) entstehe, ist ärger, als daß ein Schaaf Löwen gebären solle. Es wird allein erste und letzte Frage: ›wie ist der Boden? worauf ist er zubereitet? was ist in ihn gesäet? was sollte er tragen können?‹« [38] Es verschlägt hier nicht, daß Herder, wie überhaupt gerne, mit organizistischem Gleichnis arbeitet, auch wenn diese Seite in der späteren Romantik verhängnisvoll aktualisiert wurde [39]; der auf gesellschaftlich-geschichtliche Zuordnung zielende Sinn seiner Aussage ist doch wohl unbestreitbar.

Das gilt auch für die Kategorien, mittels derer Shakespeare als ein vom Griechischen radikal unterschiedener Künstler gewürdigt werden soll. Er nämlich, anders als die griechischen Tragödiendichter, »fand keinen so einfachen Volks- und Vaterlandscharakter, sondern ein Vielfaches von Ständen, Lebensarten, Gesinnungen, Völkern und Spracharten ...: er nahm Geschichte, wie er sie fand ...« [40]. Für die künstlerische Invention als einem durch und durch historischen Phänomen gilt, »daß Zeit und Ort, wie Hülsen um den Kern immer mit gehen« [41]: anders käme, wie es Herder paradox ausdrückt, der »Trug der Wahrheit« [42] nicht zustande. Zeit und Ort, »Umstände«, gehen in das »Individuelle jedes Stücks« [43] ein und sind untrennbar mit ihm verbunden.

Der Beweiswert dieser Stellen ist wohl nicht zu hoch eingeschätzt, wenn man feststellt, daß hier, am Ursprung des historisch-ästhetischen Sinnes zugleich mit diesem ein klares Bewußtsein für die materialen Bedingtheiten der Kunst aufscheint; materiale Bedingtheiten, die freilich nur am Rande und gefaßt mittels naturalistischer Kategorien [44] als im engeren Sinne gesellschaftliche thematisch werden. Keine Ideengeschichte wird ja bei Herder gegeben, sondern »die ganze Menschengeschichte ist eine reine Naturgeschichte menschlicher Kräfte, Handlungen und Triebe nach Ort und Zeit« [45]. Diese ›Kräfte‹ und ›Handlungen‹ aber sind, wie wir glauben gezeigt zu haben, als menschlich-gesellschaftliche aufzufassen.

Das historische Bewußtsein Herders stellt also die Möglichkeit bereit, eine von Raum, Zeit, Gesellschaft abstrahierende Ästhetik abzuweisen. Wir halten fest, daß im Prinzip – und nur darauf, nicht auf die Vollständigkeit geistesgeschichtlicher Analyse konnte es uns hier ankommen – der Ansatz des frühen Herder unabdingbar einen gesellschaftsbezogenen Kunstbegriff impliziert.

3. Historisches Bewußtsein und utopische Transzendenz

Der zwingende Rekurs auf materielle Entstehungsbedingungen der Kunst, wie ihn Herder demonstriert, dürfte insofern aktuell sein, als das ästhetische Bewußtsein gemeinhin gerade eine von den realen Entstehungsbedingungen abstrahierende Rezeptivität mitmeint. Bei Herder hingegen, dem Stammvater des ästhetischen Bewußtseins, ist die Relativierung des *einen* Geschmacks, der *einen* Kunst, der *einen* Schönheit zugleich die Relationierung auf deren Ursprung. »So allgemeines Abgeschöpfte, ist's nicht auch Schaum vielleicht, der in der Luft aller Zeiten und Völker zerfließt?« [46] Oder, polemisch zugespitzt: »Der ganze Erdboden wird Misthaufe, auf dem wir Körner suchen und krähen!« [47]

Wie sich also Herder der Problematik der ästhetischen Egalisierung durchaus bewußt ist – »denn ich mag gar nicht vergleichen!« [48] – so auch der Tatsache, daß der Rezipierende nicht außerhalb der Geschichte steht, daß der »aufgeklärte Mensch der spätern Zeit« gar nicht anders kann, als »Allhörer« – und das heißt ja wohl: universal Aufnehmender – zu sein. [49] Darin liegt Chance wie Gefahr. Dies historisch bewußte Zeitalter ist, indes »wir Körner suchen«, zugleich »edel nutzbar«: »seine Späte, seine Höhe, seine Aussicht« erlauben es dem Philosophen, »das Buch der Vorgeschichte« [50] zu lesen – und Folgerungen zu ziehen. In der umfassenden Bildung gewinnt die Gegenwart ihr Selbstbewußtsein – im Hinblick auf die Zukunft. Es gibt in der Geschichte »Entwickelung, Fortgang, Stufen der Leiter!« [51] Trotz der bitteren Kritik, die Herder an seiner Gegenwart übt und die wir hier überschlagen, sehen wir in seiner Konzeption doch noch einen bedeutsamen Rest von Fortschrittstranszendenz, auf den abschließend hingewiesen sei.

Herders Rekurs auf die strukturelle Einheit einer Gesamtkultur – bedeutsam auch für das Stilkonzept [52] – räumt der Gegenwart eine Stelle ein, die auf eine bessere Zukunft verweist. »Geschichte der Menschheit im edelsten Verstande – du wirst werden« [53]: Das ist keine bloß utopische Überzeugung, sondern ein durch Geschichte und Gegenwart vermitteltes Werden: »wenn einmal alle die Keime aufwachen, zu denen auch der edlere Teil unseres Jahrhunderts still und schweigend beitrug – in welche selige Zeit verliert sich mein Blick!« [54]

Herder also hält – bei allem Sinn dafür, daß jede Nation »ihren Mittelpunkt der Glückseligkeit in sich (hat) wie jede Kugel ihren Schwerpunkt« [55] – an der Idee einer zu verwirklichenden Humanität fest: »Es ist keine Schwärmerei zu hoffen, daß, wo irgend Menschen wohnen, einst auch vernünftige, billige und glückliche Menschen wohnen werden, glücklich nicht nur durch ihre eigene, sondern durch die gemeinschaftliche Vernunft ihres ganzen Brudergeschlechts.« [56] Die überaus schwierige Frage nach der Art und Weise der Verbindung von ›Fortschrittsglauben‹ und ›historischem Gleichgewichtsgefühl‹ muß hier dahingestellt bleiben, doch sei festgehalten, daß ein in dieser Hinsicht »doppelter Gedankenstrom« vorliegt [57].

Es ist eine Doppelheit, die schon auf den 20 Jahre späteren Schillerschen geschichtsphilosophisch-ästhetischen Ansatz hinzudeuten scheint.

II. Schillers Ästhetik in politischer Absicht

1. Geschichtsphilosophie zur Aufhebung der Entfremdung

Kunst und ihre Formen verweisen unabdingbar auf die geschichtlich-gesellschaftliche Welt, eine Welt zudem, deren Formen, obzwar je eigenen Rechts, doch zugleich als Stufen eines Progressionsprozesses auf Humanität hin gedacht sind – dies fanden wir bei Herder. In Schillers Ästhetik stellt sich die Frage nach der Vermittlung von Kunst durch Gesellschaft wie die nach dem Überschreiten des geschichtlich Vermittelten gleichsam radikalisiert: Kunst selbst wird zum Vehikel und in gewisser Weise zum Modell gesellschaftlicher Veränderung.

Um die exemplarische Bedeutung Schillers für eine gesellschafts*bezogene* wie gesellschafts*kritische* Ästhetik deutlich zu machen, scheint es allerdings, um mit Marcuse zu sprechen, in der Tat geboten, Schillers Auffassung »vor der wohlwollenden ästhetischen Behandlung zu retten, die traditionsgemäße Darstellung ihr zuteil werden ließ.« [1] Ausschließlich als Korrektiv soll denn auch dieser Versuch verstanden werden, einen unter philologischen, philosophisch-methodengeschichtlichen, philosophisch-ideengeschichtlichen, ästhetischen bis hin zu sozial- und politikgeschichtlichen Gesichtspunkten so vielberedeten Schlüsseltext wie die Briefe *Über die ästhetische Erziehung des Menschen* im Hinblick auf unsere Problemstellung zu befragen [2]. Unser Versuch hält sich zudem im Wesentlichen an den prinzipiellen Ansatz der ›Briefe‹, und bezieht deren Durchführung [3] ebenso wie andere relevante Texte, vor allem *Über naive und sentimentalische Dichtung* und *Die Schaubühne als eine moralische Anstalt betrachtet,* nur am Rande mit ein.

Schiller faßt, im zweiten der ästhetischen Briefe, deren Intention in dem programmatischen Wort zusammen, daß man, um das »politische Problem in der Erfahrung zu lösen, durch das ästhetische den Weg nehmen muß, weil es die Schönheit ist, durch welche man zu der Freyheit wandert.« [4] Es geht hier mithin um durchaus Anderes als um eine unverbindliche esoterische Studie: warum sonst sollte Schiller es denn für nötig erachten, sich mittels der gegebenen Bestimmung gegenüber dem dialogisch-rhetorischen Einwand zu rechtfertigen, ob es nicht außer der Zeit sei, »sich nach einem Gesetzbuch für die ästhetische Welt umzusehen, da die Angelegenheiten der moralischen ein so viel näheres Interesse darbieten und der philosophische Untersuchungsgeist durch die Zeitumstände so nachdrücklich aufgefordert wird, sich mit dem vollkommensten aller Kunstwerke, mit dem Bau einer wahren politischen Freyheit zu beschäftigen?« [5] Diese ›Zeitumstände‹ [6] tragen alle Merkmale der Krise: Die Gegenwart wird als eine »Wunde« empfunden, von der Kultur selbst geschlagen [7], und daher, wie Marcuse folgert, auch nur durch eine neue Kultur zu heilen [8]; »auseinandergerissen« sind Staat, Kirche, Gesetze und Sitten [9]; die Individuen sind gegeneinander abgesondert und leiden unter der »Zerstückelung ihres Wesens« [10]; der »Nutzen ist das große Idol der Zeit« [11]; kurzum: man kann sagen, die Gegenwart ist durch eine allgemeine und radikale Zerrissenheit und Entfremdung stigmatisiert.

Gewiß unsystematisch, aber doch mit deutlicher Einsicht werden deren Ursachen – 50 Jahre vor Marx – auch schon im ökonomischen Bereich gesehen [12], man höre nur den Satz: »der Genuß wurde von der Arbeit, das Mittel vom Zweck, die Anstrengung von der Belohnung geschieden. Ewig nur an ein einzelnes kleines Bruchstück des Ganzen gefesselt, bildet sich der Mensch selbst nur als Bruchstück aus, ewig nur das eintönige Geräusch des Rades, das er umtreibt, im Ohre, entwickelt er nie die Harmonie seines Wesens, und anstatt die Menschheit in seiner Natur auszuprägen, wird er bloß zu einem Abdruck seines Geschäfts, seiner Wissenschaft.« [13]

Um diese Harmonie des menschlichen Wesens aber geht es Schiller [14], ihm gilt es, wie er kantisch formuliert, »den Menschen endlich als Selbstzweck zu ehren und wahre Freyheit zur Grundlage der politischen Verbindung zu machen« [15]; dazu aber ist »Totalität des Charakters« [16] Voraussetzung, und diese gilt es daher herzustellen [17]. Das Ziel Schillers ist, mit einem Wort, der nichtentfremdete Mensch. Es ist nun sicher so, daß eine teleologische Konzeption angesichts des radikalen Charakters der Entfremdung »nur noch dialektisch vollzogen, die Gegenwart nur als Antithesis verstanden werden« kann [18], als Antithesis zur heilen griechischen Welt und ihrer »Simplicität« [19].

Man muß sich vergegenwärtigen, daß hier zugleich Schlüssel und Schwierigkeit seiner Theorie liegen: Ist das telos des nichtentfremdeten Menschen für Schiller nicht utopisch im Sinne eines unerreichbaren Ideals? Bekanntlich ist der Schillersche Idealbegriff in der Tat dergestalt konzipiert; seine Idee des Menschen ist »ein Unendliches, dem er (der Mensch) sich im Laufe der Zeit immer mehr nähern kann, aber ohne es jemals zu erreichen.« [20]

Man hat Schiller seitens des Marxismus seit je »Philisterschwärmerei für unrealisierbare Ideale« [21] vorgeworfen – so Engels unter Berufung auf

Hegel; Hegel indes gesteht Schiller »das große Verdienst« zu, »die Kantische Subjektivität und Abstraktion des Denkens durchbrochen und den Versuch gewagt zu haben, über sie hinaus die Einheit und Versöhnung denkend als das Wahre zu fassen und künstlerisch zu verwirklichen.« [22] Hier kommt es dabei vorerst nur darauf an, daß man, nach dem Zeugnis Hegels, bei dem Vorwurf der »abstrakten Allgemeinheit« [23] ebensowenig stehen bleiben kann wie beim Etikett ›Idealismus‹. Sind die Ideale wirklich nichts anderes als »Sterne, die zu weit waren, um erreichbar zu sein, also Sterne der Velleität, nicht der Tat« [24] – wie auch Bloch meint, der doch nun wirklich in Schiller den geistigen Vorvater grüßen könnte; oder sollte es nicht möglich sein, das Ideal als »die einzig mögliche zukünftige Wirklichkeit« zu interpretieren? [25] Es will ja durchaus nicht bloß innere Freiheit, »sondern Freiheit *in* der Realität« [26]. Schillers theoretische Bestrebungen sind doch wohl, zumindest im Ansatz der Briefe, nicht so völlig praxisfern und intendieren in gewisser Weise, was Heine von Schillers Dichtungen sagt, sie »bringen die That hervor« [27]. Schiller reflektiert ja expressis verbis auf die »physische Möglichkeit« zur Einrichtung des »Staat(s) der Freyheit« [28].

»Dem Menschen, der in der Kultur begriffen ist«, schreibt er in der Dichtungsabhandlung, »liegt ... unendlich viel daran, von der Ausführbarkeit jener Idee (eines menschlichen Zustandes »der Harmonie und des Friedens mit sich selbst«, P. H.) in der Sinnenwelt, von der *möglichen Realität* jenes Zustandes eine sinnliche Bekräftigung zu erhalten ...« [29]. Einer Interpretation, die zu ausschließlich vom Idealbegriff ausgeht, steht des weiteren entgegen, daß Schiller die Entfremdung des gegenwärtigen Zeitalters, so eindringlich er sie geißelt, doch als eine zugleich notwendige begreift, »daß, so wenig es auch den Individuen bei dieser Zerstückelung ihres Wesens wohl werden kann, doch die Gattung auf keine andere Art hätte Fortschritte machen können.« [30] »Also nichts von Klagen«, schreibt er in der Dichtungsabhandlung, »über die Erschwerung des Lebens, über die Ungleichheit der Konditionen, über den Druck der Verhältnisse, über die Unsicherheit des Besitzes, über Undank, Unterdrückung, Verfolgung; allen Übeln der Kultur mußt du mit freyer Resignation dich unterwerfen, mußt sie als die Naturbedingungen des Einzig Guten respektiren« [31]: der letzte Teil des Satzes verweist doch wohl darauf, daß es die Aufhebung der Krise ist, die aus der äußersten Entfremdung als ihrer Vorbedingung entspringt, daß darum die ›Resignation‹ – dem Wortlaut scheinbar entgegen – nicht im Sinne quietistischer Ethik interpretiert werden darf, wie das eine zu kurz greifende Schillerkritik gelegentlich insinuiert.

Jedenfalls ist dies nicht die Sprache eines abstrakten Utopisten, und wenn schon das Ideal Utopie in dem von Marx vielfach kritisierten schlechten Sinne ist, so steht diese ›Utopie‹ doch zu Schillers ›Realismus‹ – wenn es erlaubt ist, die beiden Tendenzen so zusammenzufassen – in fruchtbarer

Spannung, einer Spannung, der zugleich das Schillersche Kunstprinzip entspringt. Es kennzeichnet Schillers realistischen geschichtsphilosophischen Ernst kaum etwas besser als das Bedenken, »daß die physische Gesellschaft in der Zeit keinen Augenblick aufhören darf, indem die moralische in der Idee sich bildet, daß, um der Würde des Menschen willen seine Existenz nicht in Gefahr gerathen darf.« [32] Und es kennzeichnet seinen durchaus unidealistischen Realismus auch die Frage, woher denn »diese noch so allgemeine Herrschaft der Vorurtheile und diese Verfinsterung der Köpfe bey allem Licht, das Philosophie und Erfahrung aufsteckten?« [33] »Das Zeitalter ist aufgeklärt«, konstatiert Schiller, die Kenntnisse zur Berichtigung unserer »praktischen Grundsätze« gefunden, »der Geist der freyen Untersuchung hat die Wahnbegriffe zerstreut«, kurzum: die theoretischen Voraussetzungen zur Verbesserung der Welt sind gegeben – »woran liegt es, daß wir noch immer Barbaren sind?« [34] Schillers Antwort verdient der Sache nach ideologiekritisch genannt zu werden: Es fehlt die »Energie des Muths« zum Denken, denn »der zahlreichere Theil der Menschen wird durch den Kampf mit der Noth viel zu sehr ermüdet und abgespannt, als daß er sich zu einem neuen und härtern Kampf mit dem Irrthum aufraffen sollte. Zufrieden, wenn er selbst der sauren Mühe des Denkens entgeht, läßt er Andere gern über seine Begriffe die Vormundschaft führen« [35]. Und auch die nicht arbeitenden Menschen erliegen dem »Blendwerk ihrer Träume« [36].

Wie aber, so lautet die alles entscheidende Frage, entgeht man dem – übrigens noch für Marx relevanten – »Zirkel«, daß die »theoretische Kultur ... die praktische herbeyführen (soll), und die praktische doch die Bedingung der theoretischen seyn?« [37]

2. Kunst versus Realität

Dies nun ist genau der archimedische Punkt, an dem der Ästhetiker wie der Geschichtsphilosoph Schiller seinen Hebel ansetzt: »Alle Verbesserung im politischen soll von der Veredlung des Charakters ausgehen – aber wie kann sich unter den Einflüssen einer barbarischen Staatsverfassung der Charakter veredeln?« [38] Man müßte zur Herbeiführung der praktischen Kultur ein ungeachtet aller »politischen Verderbniß« lauteres »Werkzeug« aufsuchen, und »dieses Werkzeug« – so Schillers Antwort – »ist die schöne Kunst« [39]; oder, mit einem anderen Wort: »die Schönheit müßte sich als eine nothwendige Bedingung der Menschheit aufzeigen lassen.« [40]

›Menschheit‹, d. h. in diesem Zusammenhang Menschlichkeit, Humanität; und es kann nach dem Gesagten nicht mehr zweifelhaft sein, daß es sich nicht – oder besser: noch nicht – um eine empirisch-gegenwärtige, sondern um die ›wahre‹, erst intendierte Humanität handelt. Hält man sich nämlich »einzig nur an das, was die bisherigen Erfahrungen über den Einfluß der Schönheit lehren, so kann man in der That nicht sehr aufgemuntert seyn, Gefühle auszubilden, die der wahren Kultur des Menschen so gefährlich sind« [41] – gefährlich, wie Schiller ausführt, im Sinne der Erschlaffung, der trügerischen Verfeinerung der Sitten. Andererseits, während die Menschheit selbst ihre Würde verlor, hat »die Kunst ... sie gerettet und aufbewahrt in bedeutenden Steinen; die Wahrheit lebt in der Täuschung fort« [42].

Wenn man sich für einen Augenblick erinnert, daß ja auch der Marxsche Ideologiebegriff ›Wahrheit in der Täuschung‹ aufsucht; wenn man ferner an das Konzept des ›Erbes‹, vor allem des künstlerischen, denkt, das es sich kritisch anzueignen gilt – und kritisch heißt ja nicht zuletzt ›Wahrheit‹ und ›Täuschung‹ diskriminierend –, so finden sich diese Gedanken bei Schiller in bedeutsamer Weise schon ausgeformt.

Die ›Wahrheit‹, wie sie hier – ganz in einer Linie mit Hegel und schließlich Marx – gemeint ist, lebt aus der spezifischen Spannung zur ›Wirklichkeit‹: »wer sich über die Wirklichkeit nicht hinauswagt, der wird nie die Wahrheit erobern.« [43] Zur Wahrheit gehört »innere Nothwendigkeit des Daseyns«, »Antheil des selbständigen Vermögens an jeder Äußerung ...« [44]; wahr, vereinfacht gesagt, ist das telos des selbstbestimmten, in sich totalen Menschen, und an dieser Wahrheit wird die Wirklichkeit gemessen, diese Wahrheit ist es auch, die sich in der Kunst aufbewahrt hat: Die Kunst, dürfen wir sagen, war einmal Ausdruck der menschlichen ›Würde‹, sie bewahrt diese Würde auch in einer entfremdeten Realität auf und vermag eben darum gleichsam zur Vorschule des ›Staats der Freiheit‹ zu werden. Wenn also im gegenwärtigen Zustand Wirklichkeit und Kunst radikal auseinanderfallen, wenn gegenüber einer entfremdeten Realität das Schöne eben nichts anderes sein kann als ›Schein‹, so ergibt sich daraus keineswegs ein Unverbindlichwerden der Kunst [45].

Zwar gibt die Schönheit »schlechterdings kein einzelnes Resultat weder für den Verstand noch für den Willen, sie führt keinen einzelnen weder intellektuellen, noch moralischen Zweck aus, sie findet keine einzige Wahrheit, hilft uns keine einzige Pflicht erfüllen, und ist, mit einem Worte, gleich ungeschickt, den Charakter zu gründen und den Kopf aufzuklären.« [46] Was sie jedoch leistet, ist nichts mehr und nichts weniger, als daß sie es dem Menschen ermöglicht, »aus sich selbst zu machen, was er will – daß ihm die Freyheit, zu seyn, was er seyn soll, vollkommen zurückgegeben ist.« [47] Der ästhetische Zustand allein »ist ein Ganzes in sich selbst, da er alle Bedingungen seines Ursprungs und seiner Fortdauer in sich vereinigt.« [48] Man zieht diese berühmte Definition klassischer Kunst nicht selten zur Begründung einer radikalen Abtrennung des Reichs der Kunst vom Reich der profanen Wirklichkeit und mithin zur Begründung des im Prinzip autochtonen, wirklichkeitsunabhängigen Charakters der Kunst heran. Das aber scheint uns, vor dem Hintergrund von Schillers politischem Ansatz, schief:

Denn eben, weil »Freyheit zu geben durch Freyheit« das Grundgesetz im »ästhetischen Staat« ist [49], vermag Kunst zum Modell des *politischen* ›Freiheitsstaats‹ zu werden. Kunst bleibt zwar, das ist am obigen Dualismus richtig, der *bestehenden* Wirklichkeit entgegengesetzt, aber diese Entgegensetzung hat einen politisch-kritischen Sinn; Kunst wird, in der *Schaubühne*, geradezu »Antipode der bestehenden Herrschaft«, welche sie ihrem moralischen Urteil unterwirft [50], einem moralischen Urteil, das auf die Wahrheit eines nichtentfremdeten Zustandes gründet, dessen Einlösung von der Zukunft erwartet wird. Diese Vorstellung mag nun – was hier nicht zur Debatte steht – zu Schillers Zeit so bürgerlich-utopisch gewesen sein, wie man will: fest steht doch wohl die kritische Intention der Schillerschen Ästhetik; zu vermuten steht ferner ihr – obzwar nicht direktes, sondern über Hegel vermitteltes – Hineinwirken in marxistische Philosophie und Kunsttheorie.

Freilich stand diesem Hineinwirken seit je Schillers antizipierend-utopischer Kunstbegriff einerseits und die Dominanz des Realismus-Begriffs in der marxistischen Kunsttheorie andererseits entgegen [51]. Es darf jedoch nicht vergessen werden, daß auch Schiller realistische Kunst kennt, ja daß ihm realistische Kunst in gewisser Weise das ersehnte Ideal ist. Es darf des weiteren nicht übersehen werden, daß die Kunstformen – Schiller unterscheidet bekanntlich ›naive‹ und ›sentimentalische‹ Kunst – bestimmten, geschichtlich geprägten Weltformen zugeordnet werden; im Prinzip ähnlich, wie wir dies schon bei Herder fanden, jedoch von einer radikaleren Geschichtsphilosophie getragen.

›Naiv‹ ist vorab die griechische Kunst; sie ist »ein treuer Abdruck« der griechischen Natur, mithin realistisch [52]. Sie ist realer Ausdruck einer idealen, wie wir gesehen haben, nicht-entfremdeten Welt. Dies vermag die ihr gegenüberstehende ›sentimentalische‹ Kunst des entfremdeten Zeitalters nicht mehr zu sein; sie kann das Ideal der Naivität nur noch im Gegensatz zur Wirklichkeit ausdrücken. Denn »naiv muß jedes wahre Genie seyn, oder es ist keines.« [53] Aber während die eine Kunst die ›Natur‹ im Sinne vollendeter Eudaimonie [54] abbildend darzustellen vermag, kann dies die andere nur antizipierend. »Der Dichter«, sagt Schiller, »ist entweder Natur, oder er wird sie suchen. Jenes macht den naiven, dieses den sentimentalischen Dichter.« [55] Der Dichter, möchte man sagen, ist entweder realistisch, wo eine nichtentfremdete Welt ihm Schönheit ohne Wahrheitsverlust darzustellen erlaubt, oder er ist utopisch, wo die Darstellung von Schönheit als einer gegenwärtigen Lüge wäre und Wahrheit nur im Vorgriff sein kann. Der Mensch als Natur wirkt »als ungetheilte sinnliche Einheit, und als ein harmonirendes Ganze.« [56] Im Kulturmenschen ist »jene sinnliche Harmonie ... aufgehoben, und er kann nur noch als moralische Einheit, d. h. als *nach Einheit strebend*, sich äußern. Die Übereinstimmung zwischen seinem Empfinden und Denken, die in dem ersten Zustand wirklich stattfand, existirt jetzt bloß idealisch; ... als ein Gedanke, *der erst realisiert werden soll,* nicht mehr als Thatsache seines Lebens. Wendet man nun den Begriff der Poesie, der kein andrer ist, als der *Menschheit ihren möglichst vollständigen Ausdruck zu geben,* auf jene beyden Zustände an, so ergiebt sich, daß dort in dem Zustande natürlicher Einfalt, wo der Mensch noch, mit allen seinen Kräften zugleich, als harmonische Einheit wirkt, wo mithin das Ganze seiner Natur sich in der Wirklichkeit vollständig ausdrückt, die möglichst vollständige Nachahmung des Wirklichen – daß hingegen hier in dem Zustande der Kultur ... die Darstellung des Ideals den Dichter machen muß.« [57]

Es kann nicht ausreichen, diese Position mit dem Maße eines zu engen Realismus-Begriffes zu messen [58]; eher schließen wir uns der Auffassung Tombergs an, der die sentimentalische Dichtung als die »Antizipation einer zukünftig wirklichen Eudaimonie« interpretiert [59]. Die geschichtsphilosophisch begründete Weltbezogenheit und Weltkritik der Kunst und ihrer Formen scheint jedenfalls nicht dementierbar.

Sie reicht bis in die Begriffsbestimmung einzelner Dichtungsformen hinein. So wird in der Satire »die Wirklichkeit als Mangel, dem Ideal als der höchsten Realität gegenüber gestellt«, Satire ergibt sich aus einem »Widerspruch der Wirklichkeit mit dem Ideale« [60]. Sie ist m. e. W. ein Konfrontationsverfahren, welches man geradezu als Ideologiekritik im Medium der Kunst bezeichnen möchte. – Einen anderen Wirklichkeitsbezug hat die Idylle, ein weiterer Zentralbegriff sentimentalischer Dichtung: Sie ist bestrebt, »den Menschen im Stand der Unschuld, d. h. in einem Zustand der Harmonie und des Friedens mit sich selbst und von außen darzustellen. Aber ein solcher Zustand findet nicht bloß vor dem Anfange der Kultur statt, sondern er ist es auch, den die Kultur ... als ihr letztes Ziel beabsichtigt. Die Idee dieses Zustandes allein und der Glaube an die mögliche Realität derselben kann den Menschen mit allen den Übeln versöhnen, denen er auf dem Wege der Kultur unterworfen ist, und wäre sie bloß Schimäre, so würden die Klagen derer, welche die größere Societät und die Anbauung des Verstandes bloß als ein Übel verschreyen und jenen verlassenen Stand der Natur für den wahren Zweck des Menschen ausgeben, vollkommen gegründet seyn.« [61] Sie sind es nicht, Schiller ist kein naiver Rousseauist. Die ›Übel‹ des gesellschaftlichen Prozesses sind, ähnlich wie später im Marxismus, doch zugleich notwendige Voraussetzung für die wahre Praxis eines nichtentfremdeten Zustandes, den Kunst in der Form der Idylle antizipiert. Dabei klingt es fast wie die Vorwegnahme des Blochschen Prinzips, wenn Schiller beklagt, daß die traditionellen Idyllen uns »bloß das traurige Gefühl eines Verlustes, nicht das fröhliche der Hoffnung einflößen« [62].

Diese Hoffnung, und zwar als gesellschaftliche interpretiert, ist gleichsam die vis vitalis der Schillerschen Ästhetik, einer Ästhetik, die Kunst und kommende Humanität unabdingbar aufeinander verweist. Ihre Gesellschaftsbezogenheit scheint auch und gerade in der Artikulation des Widerspruchs gegen eine ›schlechte‹ Realität unbestreitbar. Das radikale Modell Schillers bleibt in einem ganz anderen Sinne aktuell, als es die Vertreter eines wirklichkeitsneutralen Kunstbegriffs meinen.

III. Zum Verhältnis von Kunst und Gesellschaft in der Hegelschen Ästhetik

1. Kunst als Wahrheit

Wenn wir uns schließlich, nach Herder und Schiller, mit der Frage nach den Möglichkeiten eines gesellschafts- und geschichtsbezogenen Kunstbegriffs an Hegel wenden, so aus dem doppelten Interesse, in seiner Gestalt zugleich den Kulminationspunkt klassischer deutscher Ästhetik und den ideellen Ausgangspunkt marxistischer Philosophie anzutreffen. Die reaktualisierende Absicht, der sich dieser Rekurs unterstellt, kann auch hier nur darauf ausgehen, korrektiv die ›soziologische‹ Relevanz des Hegelschen Kunstbegriffs aufzuzeigen, dessen kunsttranszendierende Dialektik im Verlaufe eines überwiegend kunstimmanenten Denkens über Kunst weithin verlorengegangen ist.

Dabei, so scheint uns, ist es vorab die Hegelsche Theorie von der Wahrheit der Kunst, die neue Bedeutung gewinnen könnte:

– wenn sie die Möglichkeit eröffnet, Kunst als freies geistiges Spiel zu denken, das zugleich einer geschichtlich-sozial verfaßten Realität vermittelt ist;
– wenn sie gestattet, in dieser Vermittlung die Erfahrung der Realitätsverhüllung durch Kunst ebenso mitzureflektieren wie die von Realitätsenthüllung;
– wenn sie schließlich diese Enthüllung als Konfrontation des Schlecht-Wirklichen mit einem Nicht-Entfremdeten denkt, Kunst mithin als Darstellung dieses Nicht-Entfremdeten.

Ästhetik ist für Hegel »Philosophie der schönen Kunst« [1]; sie hat nicht Regeln zu geben, sondern auszumachen, »was das Schöne überhaupt ist und wie es sich im Vorhandenen, in Kunstwerken gezeigt hat« [2]. Ihr Gebiet ist das »vom Menschen gemacht(e)« Schöne [3], das wesentlich »Frage« ist, »Anrede an die widerklingende Brust«, »Ruf an die Gemüter und Geister.« [4] Diesem Schönen gegenüber erscheint das Naturschöne »nur als ein Reflex« [5]. Philosophie der Kunst ist mithin Erkenntnis des im Medium menschlicher Produktion und Rezeption gedachten Schönen, und zwar eines Schönen, das selbst wiederum als Erkenntnis und Ausdruck von Wahrheit gedacht ist – einer Wahrheit freilich im Medium des Scheines.

Denn das Schöne hat allerdings »sein Leben in dem Scheine.« [6] Doch – wie Hegel im Anklang an den Goetheschen Satz formuliert – »der Schein selbst ist dem Wesen wesentlich, die Wahrheit wäre nicht, wenn sie nicht schiene und erschiene« [7]. Darum ist »die besondere Art und Weise des Scheins, in welchem die Kunst dem in sich selbst Wahrhaftigen Wirklichkeit gibt« [8], genauer zu untersuchen.

Kunst mag – verglichen mit der »äußerlichen Welt der Erscheinungen« – »Täuschung« sein, jedoch: »diese ganze Sphäre der empirischen inneren und äußeren Welt ist nicht die Welt wahrhafter Wirklichkeit, sondern vielmehr in strengerem Sinne als die Kunst ein bloßer Schein und eine härtere Täuschung« [9]. Wahrhaft ist nur die Totalität des Geistigen, das die Geschichte durchwaltet. Das idealistische Prinzip wird dabei in der Ästhetik vorausgesetzt oder doch nur skizzenhaft ausgeführt: »die Idee ist das allein wahrhaft Wirkliche. Das Erscheinende nämlich ist nicht dadurch schon wahr, daß es inneres oder äußeres Dasein hat und überhaupt Realität ist, sondern dadurch allein, daß diese Realität dem Begriff entspricht. Erst dann hat das Dasein Wirklichkeit und Wahrheit.« [10] In diesem (und nur in diesem!) Sinne ist Kunst – sich keineswegs in bloßer Richtigkeit erschöpfend – das wahrere Sein. »Die Kunst hat keinen anderen Beruf, als das Wahre, wie es im Geiste ist, seiner Totalität nach mit der Objektivität und dem Sinnlichen versöhnt vor die sinnliche Anschauung zu bringen.« [11]

So entmutigend spekulativ dies klingt, vermag Kunst doch eben durch dieses Zur-Anschauung-Bringen des Wahren – das sei besonders hervorgehoben – gegenüber »dieser schlechten, vergänglichen Welt« enthüllend zu wirken: Deren »Schein« und »Täuschung« nämlich nimmt sie »von jenem wahrhaften Gehalt der Erscheinungen fort und gibt ihnen eine höhere, geistgeborene Wirklichkeit. Weit entfernt also, bloßer Schein zu sein, ist den Erscheinungen der Kunst der gewöhnlichen Wirklichkeit gegenüber die höhere Realität und das wahrhaftigere Dasein zuzuschreiben.« [12] In diesem Sinne ist der »durch den Geist produzierte Schein das Wunder der Idealität, ein Spott, wenn man will, und eine Ironie über das äußerliche natürliche Dasein.« [13] Es kennzeichnet die hohe Stellung der Kunst der Vorzug, daß ihr Schein »durch sich hindurchdeutet und auf ein Geistiges, welches durch ihn soll zur Vorstellung kommen, aus sich hinweist, dahingegen die unmittelbare Erscheinung sich selbst nicht als täuschend gibt« [14] – was sie doch offenbar ist.

Dem Schein der Kunst also inhäriert ein höheres Moment von Wahrheit als der empirischen Realität. Ist jedoch dieser Wahrheitsanspruch nicht an eben den Gegensatz der Kunst zur Wirklichkeit gebunden, den wir – wenigstens soweit sich aus ihm ein Immunisierungsanspruch für die künstlerische Sphäre herleitet – in Frage stellen wollen? Gebunden an einen, wie es scheint, ›hybriden Idealismus‹? [15]

Kunst ist für Hegel allerdings Geist, mehr noch: »Das Reich der schönen Kunst ist das Reich des absoluten Geistes«, worin sich der Geist »den beengenden Schranken seines Daseins (enthebt), indem er sich aus den zufälligen Verhältnissen seiner Weltlichkeit und dem endlichen Gehalte seiner Zwecke und Interessen zu der Betrachtung und dem Vollbringen seines Anundfürsichseins erschließt.« [16] Gibt es einen Weg von der idealistischen Spekulation zu jenem Spannungsfeld von Geist und Wirklichkeit, Kunst und Realität, auf das es hier ankommt? Er ist, so glaube ich, am ehesten aus der ineins historischen und systematischen Intention des Hegelschen Denkens, aus der gleichsam wirklichkeitsgesättigten Konkretheit seines Geistbegriffs selbst zu gewinnen.

Kunst nämlich ist absoluter Geist im Medium des realen Geschichtsprozesses, als dessen »schönste Seite« sie Hegel zu Ausgang seiner Ästhetik apostrophiert [17]. Das Bedürfnis, Kunstwerke zu produzieren – und das meint die wirkliche, historisch je vorfindliche Produktion – entspricht offenbar einem »höheren Triebe«; die Kunst, »indem sie an die allgemeinsten Weltanschauungen und die religiösen Interessen ganzer Epochen und Völker gebunden ist«, vermag, wenn auch nur »zuzeiten«, »höchsten und absoluten« Bedürfnissen Genüge zu tun. Dies »findet seinen Ursprung darin, daß der Mensch denkendes Bewußtsein ist, d. h., daß er, was er ist und was überhaupt ist, aus sich selbst für sich macht.« [18] Bewußtsein von sich – und darauf kommt es entscheidend an – erlangt der Mensch in theoretischer und praktischer Tätigkeit [19].

In der *Phänomenologie des Geistes* ist das Selbstbewußtsein, mit dessen Diskussion Hegel »in das einheimische Reich der Wahrheit« [20] eintritt, zunächst »Begierde« [21] – es »erreicht seine Befriedigung nur in einem andern Selbstbewußtsein.« [22] Entscheidend, wenn auch hier nicht genauer nachzuvollziehen, ist die konkrete Weise, in der Hegel die Genese des Selbstbewußtseins denkt [23]. Der wirkliche Mensch nämlich ist durch den anderen vermittelt; vorab im »Kampf«, als dessen Folge sich das Verhältnis von Herr und Knecht – jenes Urmodell gesellschaftlicher Dialektik – etabliert, vor allem aber in der Arbeit: erst durch die praktische Arbeit kommt das Bewußtsein eigentlich »zu sich selbst«. [24]

So ist es, um zur Ästhetik zurückzukehren, der praktische »Trieb« des Menschen, »in demjenigen, was ihm unmittelbar gegeben, was für ihn äußerlich vorhanden ist, sich selbst hervorzubringen und darin (wie in der theoretischen Reflexion, PH) gleichfalls sich selbst zu erkennen« [25]: Dieser Satz könnte in der *Phänomenologie* stehen und sich dort auf die Arbeit beziehen; in der Ästhetik ist die Kunst als Vermittlung von Wahrheit und Produktion gedacht. Mag immerhin Kunst als »Luxus« erscheinen [26]: »Das allgemeine Bedürfnis zur Kunst ... ist das vernünftige, daß der Mensch die innere und äußere Welt sich zum geistigen Bewußtsein als einen Gegenstand zu erheben hat, *in welchem er sein eigenes Selbst wiedererkennt.* Das Bedürfnis dieser geistigen Freiheit befriedigt er, indem er einerseits innerlich, was ist, für sich macht, ebenso aber dieses Fürsichsein *äußerlich realisiert* und somit, was in ihm ist, *für sich und andere* in dieser Verdoppelung seiner *zur Anschauung und Erkenntnis bringt.*« [27]

Es handelt sich mithin um ›Realisation‹ in dem doppelten Sinne von Erkenntnis und Herstellung, von Theorie und Praxis. Selbsterkenntnis ist zwar das Bedürfnis der geistigen Freiheit, das Kunst befriedigt. Sie ist aber kein rein theoretischer Akt, sondern kommt erst in der praktischen Herstellung zustande. Diese Dialektik von realer Produktion und (im Medium der Kunst: anschaulicher) Wahrheit – nicht nur für die Hegelsche Ästhetik von fundamentaler Bedeutung – ist im Auge zu behalten, will man die Definition der Kunst als »sinnliche Darstellung des Absoluten« [28] adäquat auffassen. ›Sinn‹ meint bei Hegel einmal »die Organe der unmittelbaren Auffassung« und zugleich, dem entgegengesetzt, »die Bedeutung, den Gedanken, das Allgemeine der Sache« [29]. Das ›Absolute‹, auf der anderen Seite, ist Geist und, als dessen höchste Bestimmung, ›Freiheit‹ [30]. Zwischen beiden Sphären nun, Sinnlichkeit und Geist, ist Kunst »das erste versöhnende Mittelglied.« [31] Das Kunstwerk ist »nicht nur für die sinnliche Auffassung«, sondern »zugleich wesentlich für den Geist« [32]. Mit anderen Worten: Seine Sinnlichkeit ist nur »Oberfläche und Schein« [33], es ist als Kunstprodukt »nur vorhanden, insofern es seinen Durchgangspunkt durch den Geist genommen hat und aus geistiger produzierender Tätigkeit entsprungen ist.« [34]

Das möchte nun scheinen, als wäre Kunst wiederum nur aus dem Gegensatz zur Sinnlichkeit wie oben zur empirischen Realität verstanden. Es ist jedoch erst die *Versöhnung* der Gegensätze – neben dem angegebenen die von Freiheit und Notwendigkeit, Geist und Natur, Wissen und Gegenstand usw. [35] –, in der sich »höchste Wahrheit« darstellt; höchste Wahrheit, welche mithin die Gegensätze als Momente aufbewahrt, deren »erste Form ... unmittelbares und eben darum sinnliches Wissen« Kunst ist [36].

Von Freiheit war oben die Rede als der höchsten Bestimmung des Geistes, welche Kunst zu befriedigen hat. Diese Freiheit kann nur eine ihrerseits freie Kunst zur Anschauung bringen; in ihrer Freiheit »ist die schöne Kunst erst wahrhafte Kunst« [37]. Das kann vorab auf »die Freiheit der Produktion und der Gestaltungen« bezogen werden, »welche wir in der Kunstschönheit genießen. ... Quelle der Kunstwerke (ist) die freie Tätigkeit der Phantasie«, und nur die »in ihrem Zwecke wie in ihren Mitteln freie Kunst« steht hier zur Diskussion heran [38].

Das Argument einer wie auch immer verstandenen ›Freiheit der Kunst‹ ist, insbesondere in seiner romantischen Form, so häufig gegen die scheinbar konträre Position einer Bindung der Kunst an materielle Gegebenheiten ins Feld geführt worden, daß der Gedanke naheliegt, auch Hegel sei im skizzierten Zusammenhang dieser Argumentation verpflichtet. Müssen wir nicht, eine kunstsoziologische Kategorienlehre intendierend, auch eine ›dienende‹ Rolle der Kunst annehmen, während Hegel die Tatsache, »daß die Kunst überhaupt auch anderen Zwecken dienen und dann ein bloßes Beiherspielen sein kann« ebenso wie die entsprechende Tatsache beim Gedanken gleichsam als Randphänomen abzutun scheint? [39] Oder ist die Abwehr einer bloß ›äußeren‹ Bindung mit unserer Intention vereinbar – dann nämlich, wenn erst die freie und damit wahrhafte Kunst »die tiefsten Interessen des Menschen« ausspricht? [40]

Den ›Außenaspekt‹ der Kunst zunächst beiseitegelassen – auch ihn verkennt Hegel keineswegs – eröffnet gerade der Freiheitsbegriff eine ungleich tiefere Möglichkeit, die Kunst als eine mit der Geschichte der Menschheit vermittelte zu begreifen; wobei nur an die historisch gesättigte Konkretheit der Hegelschen Begriffe ›Geist‹, ›Freiheit‹, ›Wahrheit‹ erinnert sei. »In Kunstwerken haben die Völker ihre gehaltreichsten Anschauungen und Vorstellungen niedergelegt, und für das Verständnis der Weisheit und Religion macht die schöne Kunst oftmals, und bei manchen Völkern sie allein, den Schlüssel aus.« [41] Dieser Ausdruck von Wahrheit aber ist mit der Freiheit der Kunst aufs engste verbunden, denn nur die freie Kunst vermag den höchsten, d. h. wahren Interessen der Menschheit zu entsprechen. Darum polemisiert Hegel ebenso gegen die Auffassung der Romantik, Kunst könne »in wilder Fessellosigkeit der Phantasie umherschweifen« [42], wie, auf der anderen Seite, gegen eine bloße Geschmacksästhetik [43], wie, schließlich, gegen das »Benutzen« der Kunst »zu endlichen Bedürfnissen und Absichten« [44]. Keineswegs, was den letzteren Punkt angeht, ist ja damit gesagt, daß es dergleichen nie gegeben habe; keineswegs auch werden die ›endlichen Bedürfnisse‹ total negiert – denn das ›schöne Objekt‹ in Hegels Sinne zeichnet sich eben durch die Vermittlung von Freiheit und Notwendigkeit aus, einer Notwendigkeit, welche darin als Moment anerkannt ist; keineswegs schließlich denkt Hegel die Kunst ohne Beziehung auf die ›Not des Lebens‹ – auch wenn er deren Bewältigung als eine Vorbedingung künstlerischen Schaffens nennt. [45]. Vielmehr ist es der ›versöhnte Gegensatz‹, den Kunst darzustellen berufen ist.

Dieser Gegensatz ist ganz konkret gedacht: ihn hat »nicht etwa der Witz der Reflexion oder die Schulansicht der Philosophie sich erfunden.« Vielmehr sieht Hegel den Menschen als »Amphibie« zweier Welten, »einerseits ... in der gemeinen Wirklichkeit und irdischen Zeitlichkeit befangen, von dem Bedürfnis der Not bedrückt ...; andererseits erhebt er sich zu ewigen Ideen, zu einem Reiche des Gedankens und der Freiheit ...«. Solche »Unruhe des Herüber und Hinüber« ist es, die Kunst versöhnt, und in solcher »Darstellung und Enthüllung« findet sie ihren Endzweck [46].

Kunst also, so dürfen wir sagen, enthüllt Wahrheit, die Wahrheit der Freiheit, in der Spannung zur Notwendigkeit; ihre Wahrheit ist die Versöhnung dieses Gegensatzes im Medium des Sinnlichen. Diese Feststellung drängt uns freilich – sub specie Marx – sogleich die Frage auf, wie denn solche Versöhnung zu denken sei: Kunst als Darstellung *schon vollzogener* Versöhnung wäre, angesichts des fortbestehenden realen Gegensatzes, im Marx'schen Sinne als Ideologie zu bezeichnen. Kunst hingegen als Darstellung *möglicher* Versöhnung könnte solchem Verdikt entgehen; insbesondere Bloch hat später, wie wir zeigen wollen, Kunst interpretierend als Antizipation, als Vorschein eines Nicht-Entfremdeten, diesen Denkweg beschritten. Dabei ist im Auge zu behalten, daß ja Hegel Kunst als ›Darstellung des Ideals‹ nicht in abstrakter Entgegensetzung zur ›Wirklichkeit‹ denkt, sondern den Widerspruch von ›Wahrheit‹ und ›Wirklichkeit‹ im Bewußtsein hält – Kunst stellt den »ideale(n) Weltzustand« ausdrücklich »im Unterschiede der prosaischen Wirklichkeit« dar [47]. Ihre ›Versöhnung‹ ist ›Aufhebung‹ des Widerspruchs, und das heißt ja auch: dessen Konservierung. So kann und muß der ›Weltzustand‹ zu einem entscheidenden Moment der Hegelschen Ästhetik werden – und zum Anknüpfungspunkt für Kunstsoziologie.

2. Kunst und Weltzustand

Hegel, darauf kommt es hier vor allem an, sucht Kunst, ihre Produktion wie ihre Rezeption, aus der historischen Dimension zu begreifen. Dazu gehört als Moment die Reflexion auf den ›allgemeinen Weltzustand‹, in dem sich der Kunstproduzierende wie der Rezipierende – das ›Publikum‹ – konkret vorfinden [48]. Jedes Kunstwerk gehört »seiner Zeit, seinem Volke, seiner Umgebung an und hängt von besonderen geschichtlichen und anderen Vorstellungen und Zwecken ab« [49] – eine Tatsache, die Hegel angelegentlich der Gelehrsamkeit zur Beachtung empfiehlt: Die »Kenntnis der historischen, das Kunstwerk äußerlich bedingenden Umstände« ist Voraussetzung seines Philosophierens [50].

Diese »äußerliche Bestimmtheit des Ideals« muß untersucht werden, weil »zum wirklichen Dasein des Menschen . . . eine umgebende Welt« gehört [51]. Hegel trägt dem mit großer Entschiedenheit Rechnung, wohl wissend, daß es sich um »eine fast unüberschauliche Breite der Verhältnisse und Verwicklung in Äußerliches und Relatives« handelt [52]. Denn der Anschein, »als wenn die Kunst allen Zusammenhang mit dieser Welt des Relativen abschneiden müsse, indem die Seite der Äußerlichkeit das ganz Gleichgültige, ja dem Geist und seiner Innerlichkeit gegenüber das Niedrige und Unwürdige sei«, dieser Anschein ist »teils nur eine vornehme Abstraktion moderner (d. i. romantischer, PH) Subjektivität, welcher es an Mut gebricht, sich mit der Äußerlichkeit einzulassen, teils ist es eine Art der Gewalt, die das Subjekt sich antut, um sich über diesen Kreis durch sich selber hinauszusetzen« [53].

Man darf wohl ohne Übertreibung sagen, daß diese Sätze des Idealisten Hegel ins Herz der idealistischen Theorien treffen, welche die Sphäre der Kunst vor allem Äußeren und Äußerlichen abzuschirmen bestrebt sind; und das umso mehr, als Hegel nicht selten im Sinne immanenter Geistigkeit als ›Dogmatiker des absoluten Geistes‹ oder ›hybrider Idealist‹ mißverstanden wird [54].

»Das echte Ideal« – so Hegel – »bleibt nicht beim Unbestimmten und bloß Innerlichen stehen, sondern muß in seiner Totalität auch bis zur bestimmten Anschaulichkeit des Äußeren nach allen Seiten hin herausgehen. Denn der Mensch, dieser volle Mittelpunkt des Ideals, lebt, er ist wesentlich jetzt und hier, Gegenwart, individuelle Unendlichkeit, und zum Leben gehört der Gegensatz einer umgebenden äußeren Natur überhaupt und damit ein Zusammenhang mit ihr und eine Tätigkeit in ihr.« [55] Diese Tätigkeit ist für Hegel historisch bedingend und bedingt. Das soll aus der Zuordnung der Kunstformen zum Weltzustand erhärtet werden.

Die ›beiden Welten‹ des Menschen, von denen oben die Rede war, stehen »in wesentlicher Beziehung und machen in ihrem Zusammenhange erst die konkrete Wirklichkeit aus, deren Darstellung den Inhalt des Ideals abgibt.« [56] So gewinnt der Weltzustand als Moment für die Ableitung der Kunstformen entscheidende Bedeutung.

Hegel unterscheidet bekanntlich drei Formen, in denen sich das Ideal des Kunstschönen entwickelt: symbolische, klassische und romantische [57]. In diesem Schema meint – in grober Annäherung – die symbolische Kunstform die »abstrakte« Darstellung des Ideals: hier ist die Idee den Naturerscheinungen gegenüber noch »fremd«, noch nicht voll vermittelt [58]; ›symbolisch‹ wäre – auch den von Hegel gegebenen Beispielen nach – etwa mit ›archaisch‹ oder ›primitiv‹ in eine modernere Terminologie zu übersetzen. Dieser Kunstform folgt die ›klassische‹, der erstmals die Einigung von Idee und Realität gelingt [59]. Die ›romantische‹ schließlich löst diese Einheit wieder auf, und zwar »weil sie einen Inhalt gewonnen hat, der über die klassische Kunstform und deren Ausdrucksweise hinausgeht« [60] – d. i. die (christliche) Religion. Das dialektische Schema besteht mithin »im Erstreben, Erreichen und Überschreiten des Ideals als der wahren Idee der Schönheit« [61], d. h. dessen, was Kunst als ›wahre Idee der Schönheit‹ überhaupt zu leisten vermag.

Dieser Bezug auf die Überholbarkeit von Kunst verweist auf ein Theorem, das zu den umstrittensten und anstößigsten der Hegelschen Ästhetik gehört: den sog. Satz vom Ende der Kunst [62]. Kunst nämlich, als die »erste Form« des absoluten Geistes, wird gefolgt von einer zweiten, Religion – »das vorstellende Bewußtsein« –, und schließlich einer dritten, Philosophie – »das freie Denken des absoluten Geistes« [63]. Kunst wird mithin, in all ihrer Vortrefflichkeit, das Absolute sinnlich anschaubar zu machen, doch selbst wieder zum Durchgangspunkt [64]. Sie ist »weder dem Inhalte noch der Form nach die höchste und absolute Weise . . ., dem Geiste seine wahrhaften Interessen zum Bewußtsein zu bringen.« [65] Unserer heutigen Welt »erscheint der Geist ... als über die Stufe hinaus, auf welcher die Kunst die höchste Weise ausmacht, sich des Absoluten bewußt zu sein. Die eigentümliche Art der Kunstproduktion und ihrer Werke füllt unser höchstes Bedürfnis nicht mehr aus; (...) Der Gedanke und die Reflexion hat die schöne Kunst überflügelt.« [66] Kurz: »Uns gilt die Kunst nicht mehr als die höchste Weise, in welcher die Wahrheit sich Existenz verschafft.« [67]

Man muß an diesen Bestimmungen hervorheben, daß die Kunst nur im Hinblick auf die ›höchste Weise‹, Wahrheit auszusagen, überholbar erscheint, keineswegs schlechthin; und so fügt denn Hegel dem letzteren Zitat hinzu: »Man kann wohl hoffen, daß die Kunst immer mehr steigen und sich vollenden werde« [68] – womit sich im Grunde das depravierende Etikett ›Ende der Kunst‹ von selbst erledigt hat: Es handelt sich bei Hegel nicht so sehr um ein Ende, als um eine Auffassung der Kunst mittels differenzierender Begriffe. Kunst wird im Verlaufe des historischen Prozesses vom absoluten Geist gleichsam zum partialen. Darauf weist auch die Abfolge der Kunstformen [69].

Die Fähigkeit der Kunst zur Wahrheit hängt aufs engste mit dem Weltzustand zusammen, dem sie entspringt und den sie zum Bewußtsein bringt. Die klassische Kunstform kann nur darum »das Höchste« erreichen, »was die Versinnlichung der Kunst zu leisten vermag« [70], weil sie eine Welt ausdrückt, die sich noch zur »plastischen Totalität« rundet [71]: Das ›heroische Zeitalter‹, das der klassischen Kunst zugeordnet wird, hat für diese den Vorteil, »daß der einzelne Charakter und das Individuum überhaupt ... das Substantielle, Sittliche, Rechtliche noch nicht als gesetzliche Notwendigkeit sich gegenüber findet und dem Dichter insofern das unmittelbar vorliegt, was das Ideal fordert« [72]. Sicher, »wir haben es hier nur mit dem Ideal der Kunst zu tun«, nicht mit der Frage, welcher Weltzustand der bessere sei [73] – aber sollte man nicht aus Hegels Worten schließen dürfen, daß die klassische Kunst als der volle Ausdruck des Ideals das Bild einer nicht entfremdeten Welt entwirft und nur einer solchen Welt gegenüber gemäß ist?

Nur hier nämlich »hat der Mensch in allem, was er benutzt und womit er sich umgibt, das Gefühl, daß er es aus sich selber hervorgebracht und es dadurch in den äußeren Dingen mit dem Seinigen und nicht mit entfremdeten Gegenständen zu tun hat, die außer seiner eigenen Sphäre, in welcher er Herr ist, liegen. Allerdings muß dann die Tätigkeit für das Herbeischaffen und Formieren des Materials nicht als eine saure Mühe, sondern als eine leichte, befriedigende Arbeit erscheinen, der sich kein Hindernis und kein Mißlingen in den Weg stellt. – Solch einen Zustand finden wir z. B. bei Homer.« [74]

Ob dem in der historischen Realität wirklich so ist (was man füglich bezweifeln kann) braucht hier, wo es um das theoretische Instrumentarium geht, das auch für eine an idealistische Systemzwänge nicht gebundene materialistische Rezeption seine Relevanz behält, nicht debattiert zu werden [75].

Wichtig bleibt an diesen Passagen die kategoriale Konstruktion: Es erhellt ganz klar, daß es sich in der idealen Kunst des ›heroischen Zeitalters‹ um die Darstellung einer idealen, d. h. eben nicht-entfremdeten Welt handelt. Das kann noch erhärtet werden, wenn man den Gegensatz hinzunimmt, den das ›prosaische‹, d. i. bürgerliche Zeitalter zum heroischen bildet: Hier nämlich ist das dort noch schlummernde »Ungeheuer der Entzweiung« [76] erwacht; das Individuum findet den Ursprung seiner Zwecke »statt in seiner Individualität – in Verhältnissen, welche außer dem Bezirk seiner Macht liegen«; es gehört »einer bestehenden Ordnung der Gesellschaft an und erscheint nicht als die selbständige, totale und zugleich individuell lebendige Gestalt dieser Gesellschaft selber, sondern nur als ein beschränktes Glied derselben.« [77] Und eben weil der Spielraum »für die Selbständigkeit partikulärer Entschlüsse« gering ist, »ist in der jetzigen Wirklichkeit der Kreis für ideale Gestaltungen nur sehr begrenzter Art.« [78]

Damit, so meine ich, ist nichts weniger gegeben, als eine Begründung der Möglichkeiten von Kunst aus der Spannung zur ihr korrespondierenden Gesellschaft, die vor allem darum als Modell kunstsoziologischer Erwägungen neu zu reflektieren wäre, weil sie konkret bleibt, ohne in die Einseitigkeiten eines monokausal argumentierenden Materialismus zu verfallen.

Denn wenn Kunst den idealen Weltzustand des heroischen Zeitalters, seine plastische Totalität, nicht mehr vor Augen hat, so ist sie dazu berufen, ihn »im Unterschiede der prosaischen Wirklichkeit darzustellen.« [79] D. h. doch wohl, daß Kunst in die Dialektik des gesellschaftlich-historischen Prozesses eingebunden bleibt – sonst hätten sich ihre Möglichkeiten nicht auf Grund dieses Prozesses verändern können –, d. h. aber auch, daß sie zugleich diesem Prozeß, dieser Welt, die schlechthin nicht so ist, wie sie sein soll, den Spiegel ihrer idealen Gestaltung, ihrer besseren Möglichkeiten vorhält. Freilich muß an dieser Stelle zugleich davor gewarnt werden, in Hegel den Vertreter einer explizit-utopischen Interpretation von Kunst zu sehen. Was hier behauptet wird, ist lediglich die implizite Möglichkeit einer derartigen Interpretation: sie allerdings scheint mir schon aus Hegels spezifischem Wahrheitsbegriff, wie er oben skizziert wurde, begründbar. Zugleich freilich wird es dann nötig, die Kunstwahrheit aus der Vergangenheit, in der sie bei Hegel ihren Ort hatte, in die Zukunft zu projizieren.

Hegel selbst sieht die Möglichkeiten, innerhalb der »vorgefundenen Verhältnisse der neueren Zeit die verlorene Selbständigkeit der Gestalten wiederzugewinnen«, nur als solche der Rekonstruktion [80]. Darum muß der heutige Künstler, innerhalb einer »reflektierenden Welt und ihrer Verhältnisse« stehend, selbst zum reflektierenden werden [81]; und dasselbe gilt für den Betrachter.

Die Notwendigkeit der Reflexionsbildung besteht heute auch für den Kunstrezipierenden. Denn »was durch Kunstwerke jetzt in uns erregt wird, ist außer dem unmittelbaren Genuß zugleich unser Urteil, indem wir den Inhalt, die Darstellungsmittel des Kunstwerks und die Angemessenheit und Unangemessenheit beider unserer denkenden Betrachtung unterwerfen. Die Wissenschaft der Kunst ist darum in unserer Zeit noch viel mehr Bedürfnis als zu den Zeiten, in welchen die Kunst für sich als Kunst schon volle Befriedigung gewährte.« [82] Sie muß auch fragen, wie wir, die Kinder eines zerrissenen Zeitalters, die Kunst anderer Epochen aufnehmen.

Ebenso nämlich, wie jedes Kunstwerk seiner Zeit angehört, faßt »jeder Mensch Kunstwerke oder Charaktere, Handlungen und Begebenheiten nach dem Maße seiner Einsichten und seines Gemüts« auf [83]. Die erstaunliche »Empfänglichkeit und Freiheit ..., auch die längst vorhandenen großen Kunstwerke der modernen Welt, des Mittelalters oder auch ganz fremder Völker des Altertums ... zu genießen und anzuerkennen« [84], d. h. das ›ästhetische Bewußtsein‹ wird zwar von Hegel prinzipiell damit erklärt, daß der Geist es »in den Kunstprodukten nur mit dem Seinigen zu tun« hat [85], aber doch zugleich auch problematisiert: Eben durch die »Anerkennung überhaupt von Kunstwerken, welche aus dem Kreise und Formen derjenigen heraustreten, die vornehmlich für die Abstraktion der (sc. vorhegelschen Kunst-) Theorie zugrunde gelegt wurden« – gleichsam also durch das ästhetische Bewußtsein selbst, welches einen fremden Geschmack nicht länger als schlechten abqualifiziert – ist es ja »nötig geworden, den Begriff und die Natur des Schönen auf eine tiefere Weise zu fassen« [86].

Dazu gehört schon für Hegel dessen »Verhältnis zum Publikum« [87]. Das Kunstwerk nämlich ist »als wirkliches, vereinzeltes Objekt nicht für sich, sondern für uns« [88]. Wie sich nun aber »die vielfach bedingende Außengestalt« der Welt wesentlich ändert, so werden dem Auffassenden auch die »Charaktere und Handlungen« früherer Kunst »fremd«: »Die echten, unsterblichen Kunstwerke zwar bleiben allen Zeiten und Nationen genießbar, aber auch dann gehört zu ihrem durchgängigen Verständnis für fremde Völker und Jahrhunderte ein breiter Apparat geographischer, historischer, ja selbst philosophischer Notizen, Kenntnisse und Erkenntnisse.« [89]

Es kann weder hinreichen »aus der Unkenntnis der Vergangenheit« die ›eigene Zeitbildung‹ unhistorisch zu verallgemeinern [90], noch, auf der anderen Seite, »bei dem ganz Formellen der historischen Richtigkeit und Treue« stehenzubleiben – denn solcher ›Historismus‹ sieht »sowohl von dem Inhalte und dessen substantiellen Gewicht als auch von der Bildung und dem Gehalte der gegenwärtigen Anschauung und des heutigen Gemüts« ab [91]. Nun beziehen sich diese Sätze zwar primär auf die Kunst*produktion* ›später‹ Epochen und die Umarbeitung oder gleichsam ›Inszenierung‹ älterer Inhalte und Formen, welche sie vornehmen darf oder muß (denn »auch das Vortrefflichste bedarf ... einer Umarbeitung« [92]) – aber es ist doch offenbar, daß auch die Objektivität der Kunst*rezeption* weder unhistorisch verallgemeinernd noch historistisch vereinzelnd gedacht werden kann. Zur »wahren Aneignungsweise« und »zur wahren Objektivität des Kunstwerks« gehört, daß dies »uns die höheren Interessen des Geistes und Willens ... aufschließen (muß); und daß dieser Gehalt durch alle Äußerlichkeiten der Erscheinung durchblicke (...), das ist die Hauptsache« [93].

Philosophie der Kunst also, so kann man zusammenfassen, ist bei Hegel Erkenntnis des im Medium menschlicher Produktion und Rezeption gedachten Schönen, eines Schönen, dem zugleich Wahrheit, wenn auch Wahrheit höherer Art, zukommt. Kunst ist zwar Schein, jedoch dergestalt, daß sie, gegenüber einer falschen, weil entfremdeten Wirklichkeit das Wahre gleichsam zum Aufscheinen bringend, enthüllend zu wirken vermag. Es inhäriert ihr mithin ein radikal-kritisches Potential. Wenn auch Kunst als Geist gedacht ist, zumal als absoluter, so doch nicht in abstrakter Entgegensetzung zur Wirklichkeit: Wie sich die Genese des Selbstbewußtseins in der konkreten Arbeit vollzieht, so bringt die Kunst in theoretischer und praktischer Tätigkeit, d. h. ineins erkennend und produzierend, das menschliche Selbstbewußtsein im Äußeren realisierend, das Wahre hervor. Kunst versöhnt nicht nur Sinnlichkeit und Geist, sondern auch Freiheit und reale Notwendigkeit, beide dabei als Momente in sich aufhebend. Das höchste Interesse des Geistes ist Freiheit; dem vermag nur eine frei spielende Kunst zu entsprechen. Die Abwehr endlicher Bindungen bedeutet indes keine Abschirmung der Kunst vor der Wirklichkeit, sondern ist Vorbedingung ihrer höchsten Aufgabe, diese, im freien sinnlichen Spiel, mit dem Reich der Freiheit zu versöhnen.

Der ›Weltzustand‹ geht als Moment in die Kunst ein, interpretiert insbesondere aus seiner historischen Dimension. Die äußerliche Bestimmtheit der Kunst erhellt nicht nur aus der konkreten Auffassung des Menschen als eines in der Natur tätigen, sondern aus der Art und Weise, wie die Kunstformen historischen Weltzuständen zugeordnet werden. So ist die klassische Kunstform nur darum die höchste, weil sie gleichsam die Darstellung einer plastisch totalen, nichtentfremdeten Welt ist. Demgegenüber vermag sich die moderne, zerrissene Welt nicht mehr voll, sondern nur noch partial in Kunst zu vermitteln. Damit ist zugleich der sogenannte Satz vom Ende der Kunst auf seinen substantiellen Gehalt zurückgebracht: Es handelt sich weniger um ein ›Ende der Kunst‹ als um deren differenzierende Bestimmung hinsichtlich ihrer Möglichkeiten, und zwar in konkreter Relation auf die historische Epoche, der sie angehört.

C. Kunst als Ideologie und Utopie

Vorbemerkung

Wenn wir uns nun mit der Frage nach den Modellen eines gesellschaftsbezogenen Kunstbegriffs ›zwischen Ideologie und Utopie‹ von der klassischen deutschen Ästhetik ab- und der Moderne zuwenden, so können wir auch hier nur bedeutsame und charakteristische Denkmöglichkeiten aufzeigen. Nicht mehr fraglich erscheint nach dem Ausgeführten, daß sich bei Herder, Schiller und Hegel ein Kunstbegriff findet, der ebenso gesellschaftsbezogen wie – am radikalsten bei Schiller – gesellschaftskritisch akzentuiert ist. Der deiktische Charakter der bisherigen Ausführungen, die sich ja bewußt auf klassische Texte der Ästhetik beschränkten, gilt, obschon in anderer Weise, auch für unsere Ausführungen zur Moderne. Einleitend wurde im Ausgang von Marx die Problematik einer Anwendung seiner Philosophie auf Kunst und Literatur skizziert. Als äußerste Möglichkeit ergaben sich die einer Interpretation der Kunst als Ideologie und demgegenüber die einer Interpretation der Kunst als Utopie. Beide Möglichkeiten fanden wir in der klassischen deutschen Ästhetik schon angelegt. Nun geht es darum, sie an zwei Beispielen in der modernen, marxbeeinflußten Kunsttheorie wieder aufzusuchen. Für A. Hauser, den Autor der bisher einzigen umfassenden *Sozialgeschichte der Kunst und Literatur* ist »der Begriff der Ideologie in der Kunstgeschichte« [1] ausdrücklich Grundproblem seiner kunst- und erkenntnistheoretischen Überlegungen; für E. Bloch demgegenüber wird Utopie zum kunstphilosophischen Zentralbegriff.

I. Arnold Hausers Anwendung des Ideologiebegriffs auf Kunst und Kunstgeschichte und ihre theoretische Begründung

Wenn es vorab opportun erscheint, den Autor einer *Sozialgeschichte der Kunst und Literatur,* den Autor zumal einer *Philosophie der Kunstgeschichte* [2] auf seine Grundbegriffe – darunter an erster Stelle ›Ideologie‹ – zu befragen, auf seine geschichtsphilosophischen Prämissen und seine Theorie historischer Erkenntnis, so ist ein derartiges Unternehmen im Falle Arnold Hausers zwiespältig: Seine Stärke ist gewiß mehr die des Historiographen als die des originellen Theoretikers; die Selbständigkeit seiner philosophischen Position besteht am ehesten in der Auswahl verschiedenartigster Meinungen. Diese Position ist durch ihr Freiheitspathos nicht weniger als durch die Kategorien, mittels derer sie ihren Gegenstand, die Kunst, zu erschließen versucht – wie ›Ideologie‹, ›Entfremdung‹, ›Verdinglichung‹ – der aufklärerisch-kritischen Wissenschaftstradition verpflichtet. Sie verbindet einen dialektischhistorischen Grundansatz – freilich unter der höchst bemerkenswerten Ausklammerung Hegels – mit kantischer und aufklärerischer Philosophie, mit Freudscher Psychoanalyse, mit wissenssoziologischen Theoremen; Denkfiguren Nietzsches, Diltheys, Simmels, E. Lasks, Max Webers, des frühen Lukács sind ebenso spürbar wie solche K. Fiedlers, der französischen Sozialgeschichte oder des englischen Empirismus; kurzum: Hausers theoretische Position läßt eine solche Fülle der heterogensten Einflüsse vermuten, daß es praktisch ins Uferlose führen würde, sie alle bis zu ihren Quellen zu verfolgen oder gar die Adäquatheit ihrer Rezeption durch Hauser zu überprüfen. Da wir jedoch an einer philologisch-geistesgeschichtlichen Studie ohnehin nicht primär interessiert sind, bietet sich als anderer Weg an, Hausers offenbar eklektische, aber doch historisch gesättigte Überlegungen selbst eklektisch im Hinblick auf unsere Fragestellung in Anspruch zu nehmen. Für Hauser, von dessen *Sozialgeschichte der Kunst und Literatur* die *Soziologischen Exkurse* rühmen, daß sie »mit außerordentlicher Energie und Subtilität ... innerästhetische und gesellschaftliche Momente wechselfältig auseinander entwickelt« [3], ist der soziologische Gesichtspunkt nur einer unter anderen und keineswegs für eine Kunstgeschichte der einzig mögliche [4]. Das ist im Auge zu behalten, wenn wir im folgenden die Anwendung des Ideologiebegriffs auf Kunst und Kunstgeschichte, nicht zuletzt in Reflexion auf die Struktur historischer Erkenntnis thematisieren.

1. Modifikationen des Ideologiekonzepts

Hauser beruft sich bei der Konstruktion seines Ideologiebegriffs prinzipiell auf Marx. Ihm zufolge war Marx »der erste, der den Gedanken aussprach, daß die geistigen Werte politische Waffen sind. Er lehrte, daß jedes geistige Gebilde, jeder wissenschaftliche Gedanke und jede Vorstellung von der Wirklichkeit ihren Ursprung in einem besonderen, interessenmäßig begrenzten und perspektivisch verzerrten Aspekt der Wahrheit haben, und daß, solange die Gesellschaft in Klassen geteilt bleibt, nur eine solche einseitige, perspektivische Sicht der Wahrheit möglich sei.« [5] Der Akzent auf die ›perspektivische Verzerrung der Wahrheit‹ legt die Vermutung nahe, daß Hauser den Marxschen Ideologiebegriff nicht unmodifiziert übernimmt. Das wird in seinem einige Jahre jüngeren Manierismus-Buch noch deutlicher. Inzwischen nämlich hat sich Hauser offenbar von Marx entfernt, denn Marx ist ihm nun nicht mehr der erste, sondern der letzte Vertreter des Ideologiegedankens, »der aber zugleich seine Bedeutung so wesentlich einengte, daß aus der Ideologie, als der perspektivischen Verschiebung der Dinge, die die verschiedensten Gründe haben mochte, eine besondere Verzerrung des Weltbildes, nämlich die hauptsächlich durch wirtschaftliche Interessen bedingte Sicht, mit dem Unterton der Fälschung der Wahrheit, geworden ist.« [6]

Diese Interpretation des Ideologiekonzepts läßt es interessant erscheinen, die ›Ahnenreihe‹ aufzusuchen, die Hauser für seine Position requiriert. Danach hat Kopernikus den »ersten Schritt zur Erkenntnis der perspektivischen Natur des Denkens und damit der Relativität der Wahrheit« getan [7]. Von Macchiavelli stamme »die früheste unmißverständliche Formulierung des Ideologiegedankens« [8], eines Ideologiegedankens, der sich aus dem »Relativismus der Standpunkte und Wertungen« ergebe [9]. Vor allem jedoch sei es Kants Erkenntnislehre, die sich, in einer von ihm selbst als kopernikanisch bezeichneten Wendung, »auf den Begriff der Ideologie in dem oben angedeuteten Sinne (gründet), nämlich auf den Gedanken, daß die Erkenntnis durch den Apparat des Erkennens selbst bedingt sei.« [10] Die Interpretation des Prinzips der Transzendentalphilosophie als ›Ideologiegedanken‹ ist schon darum nicht unproblematisch, weil sie die spezifische, durch veränderbare Umstände bedingte und darum selbst veränderbare Verzerrung, wie sie der Marxsche Ideologiebegriff meint, verfehlt. Auf die philosophiegeschichtliche Korrektheit der Hauserschen Behauptungen kann es indessen hier nicht ankommen, sondern einzig auf den Ideologiebegriff, der sich aus ihnen ergibt. Es ist ein Ideologiebegriff, der offenbar im wesentlichen auf Perspektivität und Relativismus des Denkens abstellt, damit aber die konkrete und kritische Bestimmung des Marxschen Konzepts eben preisgibt [11].

Das gilt auch dann, wenn Hauser, in marxistischer Terminologie, ausführt, »daß die geistigen Haltungen sich von vornherein in den Kategorien der jeweiligen Produktionsverhältnisse und der mit diesen verbundenen Interessen, Bestrebungen und Aussichten bewegen« [12]; Interessen, die nicht psychologisch definiert sind, sondern soziologisch, als einem Klassenbewußtsein entsprechende [13]. Hauser hält Marx das Versäumnis vor, nicht bemerkt zu haben, »daß wir gegen die verzerrenden Tendenzen in unserem Denken einen beständigen Kampf führen, und daß wir, trotz der unvermeidlichen Voreingenommenheit unseres Geistes, die Fähigkeit besitzen, uns beim eigenen Denken kritisch zuzuschauen und die Einseitigkeit und Fehlerhaftigkeit unseres Weltbildes in gewissem Maße zu korrigieren«, »freilich«, so fügt er hinzu, »bewegen sich auch die Korrekturen ... noch in den Grenzen des standortmäßig Denkbaren« [14]. Diese Bestimmungen lassen doch wohl eher an die Wissenssoziologie als an Marxens revolutionäre Theorie denken. Dieser Verdacht erhärtet sich noch, wenn Hauser schreibt: »Von einer Ideologie läßt sich sinnvoll überhaupt nur in Bezug auf eine bestimmte soziale Gruppe reden ... In einem sozialgeschichtlich fortgeschritteneren Zeitalter gibt es keine Ideologie, nur Ideologien; so wie es keinen Stil, sondern nur Stile gibt« [15]. Die Parallelisierung mit dem Stilbegriff – laut Hauser »der kunstgeschichtliche Grund- und Zentralbegriff« [16] – ist dabei keineswegs zufällig: wenn nämlich Kunst-, Wirtschafts- oder Denkstile individuelle Bestrebungen zu einer überindividuellen Tendenz zusammenfassen, so leisten

Ideologien offenbar dasselbe; auch hier wird die kritische Intention des Marxschen Konzepts offenbar zugunsten eines bloßen Zurechnungsverfahrens neutralisiert [17]. Wenn er dem soziologischen Gesichtspunkt zur Anerkennung verhelfen will, so nur wie bemerkt, als einem unter anderen möglichen – wenn auch einem, den er für besonders relevant hält; der »soziologischen Deutung der Kulturschöpfungen« [18] gilt ja sein Hauptwerk, die *Sozialgeschichte der Kunst und Literatur*.

Für Hauser »bilden die verschiedenen Kulturgebilde eine nach dem Grade ihrer ideologischen Saturiertheit vielfach abgestufte Reihe. In dieser Rangordnung steht die Kunst in der unmittelbarsten Nähe zur gesellschaftlichen Wirklichkeit.« [19] Wenn es ein ideologisches Kontinuum zwischen ›Wahrheit‹ und totaler gesellschaftlicher Bindung gibt, so gibt es Gebilde, die mindestens vergleichsweise ideologiefrei sind. »In der Reihe, die von der Kunst zu den exakten Wissenschaften und der Mathematik führt, wächst die Autonomie der geistigen Gebilde je nach der Entfernung von den unmittelbaren Erlebnissen des lebendigen, seinsverbundenen Individuums ... Je näher andererseits das Subjekt, das den einzelnen Kulturschöpfungen entspricht, dem Menschen der konkreten Wirklichkeit steht, je weniger es depersonalisiert und enthistorisiert wird, um so stärker wird die soziale Abhängigkeit und die ideologische Bestimmtheit seines Denkens sein.« [20] Das unterstellt freilich die Frage, wie denn bei den ideologischen oder ideologienahen Objektivationen Wahrheit festzustellen sei, als schon gelöst. Der Rekurs aber auf einen offenbar naturwissenschaftlich-positivistischen Wissenschafts- und Wahrheitsbegriff und das Absetzen des Ideologischen von einem dergestalt definierten Wahren fallen hinter die theoretischen Möglichkeiten wieder zurück, die im Ideologischen selbst Wahrheit und Falschheit differenzieren.

Eine weitere Differenzierung des Ideologiekonzepts ergibt sich aus der Art und Weise, in der Hauser den historischen Materialismus mit Freudscher Psychoanalyse, und zwar vermittels Analogisierung von ›Ideologie‹ und ›Rationalisierung‹, in Verbindung bringt: Wie nämlich der Einzelne seinen Gedanken und Handlungen eine sozial akzeptable Deutung zu geben bemüht sei, indem er sie ›rationalisiere‹, so »erklären auch die sozialen Gruppen ... die natürlichen und die historischen Vorgänge, hauptsächlich aber die eigenen Meinungen und Wertungen, ihren materiellen Interessen, Machtbestrebungen, Prestigerücksichten oder sonstigen gesellschaftlichen Zielen entsprechend« [21] – was freilich ein logisch inkonsistenter Gedankengang ist, da das tertium comparationis entweder die Unanstößigkeit der rationalisierten resp. ideologisch verklärten Inhalte oder die Rückbeziehung dieser Inhalte auf ein biologisches resp. soziales Sein wäre. Nun inhäriert dem Ideologiebegriff in der Tat jene doppelte Bestimmung, sofern er eben einerseits Verschleierung meint, die andererseits sozial bedingt ist; man darf also wohl die Hausersche Analogie richtigstellen: Wie der Einzelne seine Handlungen usw.

rationalisiert, so verklärt auch die Gesellschaft als Ganze die ihren; und wie die Gesellschaft dieses verklärenden Scheins bedürftig ist, so auch das Individuum. »Genauso wie der Einzelne«, führt Hauser weiter aus, »von seinem Verhalten nicht alles zu rationalisieren hat, ... enthalten auch die Kulturschöpfungen der kollektiven Einheiten Darstellungen und Deutungen der Wirklichkeit, die ›harmlos‹ sind und ›objektiv‹ sein können, da sie mit den Interessen der betreffenden Gruppen in keinem direkten Zusammenhang stehen und mit den Interessen anderer Gruppen nicht kollidieren.« [22]

Wenn man erwägt, daß ›Rationalisierung‹ [23] bei Freud nichts anderes meint als eine lockere, oberflächliche, ja sogar bewußte »sekundäre Bearbeitung« eines unbewußten Motivs [24]; wenn man daran denkt, daß ihre Begründungen ›vorgeschoben‹ [25] sind und zudem »ohne stark affektive Konsequenzen« [26] bleiben; wenn man also feststellt, daß der Vergleich der »sekundären Motivierung« [27] der Rationalisierung mit der gewiß ›primären‹, weil in den substantiellen Kern zielenden des Marxschen Ideologiekonzepts sachlich nicht zutrifft, so wirft die Hausersche Analogisierung doch ein bezeichnendes Licht auf seine eigene Position: Wenn sich nämlich Ideologie zu Gesellschaft verhält wie Rationalisierung zu Individuum, wenn die Wahrheit einer Aussage durch ihre ideologische Funktion nur ebenso marginal affiziert erscheint, wie das der Mechanismus der Rationalisierung unterstellt, dann steht zu vermuten, daß Hausers Ideologiebegriff – entgegen seiner Berufung auf Marx und den historischen Materialismus – eher enthüllungspsychologisch als soziologisch akzentuiert ist. Ohnehin subsumiert Hauser Marx, Nietzsche und Freud unter dem Aspekt je gleicher enthüllender Denktechnik [28].

2. Kunst als Ideologie und das Problem von Genesis und Geltung

Wenn bislang Ideologie prinzipiell immer noch unter dem Gesichtspunkt ihrer Kritikwürdigkeit und Kritikfähigkeit erscheint, so steht dem freilich Hausers Denunziation des Wunsches nach Ideologiefreiheit als philosophischer Erlösungsidee religiöser Herkunft entgegen. Ideologie nämlich ist ihm »nicht nur Irrtum, Verhüllung oder Fälschung ..., sondern zugleich eine Forderung, der Ausdruck eines Begehrens, Wollens und Strebens, der die Form von scheinbar objektiven, leidenschaftsfreien Aussagen wählt.« [29] Wenn »Lebensunmittelbarkeit« und »lebenssteigernde Kraft unseres Denkens« derart betont werden [30], so indiziert das die entscheidende Funktion des Hauserschen Ideologiebegriffs: Dessen wie man feststellen darf pragmatistischer Wendung werden schließlich alle im Konzept ursprünglich angelegten kritischen Bestimmungen untergeordnet. Ideologie wird bei Hauser letztlich allein unter dem Gesichtspunkt der Kunst als einem positiv beurteilten Überbauphänomen gesehen, um dessen Interpretation, nicht kritische

Aufhebung es geht. Der Konsens über die positive Einschätzung der Kunst wird freilich nur vorausgesetzt, das Werturteil selbst nicht weiter begründet.

Die Hinweise, die Hauser auf seinen Kunstbegriff gibt, sind ohnehin spärlich und vage. Kaum etwas lasse sich von der Kunst behaupten, »wovon in gewisser Beziehung nicht auch das Gegenteil behauptet werden könnte.« [31] Was über die allgemeine Aussage hinausgehe, Kunst sei schön, führe in Geschichte und Relativität – womit freilich auch nur ein ungeklärter Begriff durch den anderen substituiert wird [32]. Die Elemente von creatio und imitatio seien zwar seit der Entstehung der Kunst aus magisch-animistischen Ursprüngen von ihrem Begriff nicht mehr zu trennen [33], jedoch wandle sich dieser Begriff selbst durchgreifend in der Geschichte [34], und gar die Vergleichbarkeit verschiedenartiger Kunst sei eine späte Eigenschaft, wie sie erst in Museen und Bibliotheken zustande komme [35]. Dementsprechend scheint eine generalisierende Bestimmung allenfalls von der Seite der Rezeption aus möglich: Wir sind uns »als ästhetisch genießende und urteilende Subjekte bewußt, objektiven Gebilden gegenüberzustehen, die unserem Verhalten die Richtung weisen und die Kriterien ihrer adäquaten Aufnahme enthalten«, wobei sich das gelungene Werk dadurch auszeichne, daß es als »wahr oder richtig, seinem eigenen Ziel, seiner Idee und seinen Mitteln angemessen« erscheine [36]. Finden sich also bei Hauser Elemente eines historisch differenzierenden Kunstbegriffs? Kunst ist ihm zufolge etwa »Magie, Seelenbeschwörung, Votivgabe oder Propaganda«, aber auch »Versuch der Verwirklichung der Schönheit um ihrer selbst willen« – so erstmals im ionischen Griechenland [37]; sie vermag beschwichtigend oder als Ferment gesellschaftlicher Kritik zu wirken [38]; sie ist »eine Form nicht nur der Enthüllung, sondern auch der Verhüllung«, »Selbstbekenntnis und Mitteilung«, »Täuschung und Selbsttäuschung«, »Dichtung und Wahrheit« [39], schließlich sogar Utopie, interpretiert als Glücksverheißung [40]. Wenn Hauser freilich die Behauptung aufstellt, die Kunst sei »viel unverhohlener und unverkennbarer ideologische Waffe, Panegyrikus oder Propaganda, als die objektiven Wissenschaften« [41], so inhäriert der kategorischen Allgemeinheit dieser Formulierung doch die Gefahr, das Verhältnis von Kunst und sozialer Wirklichkeit als historisch undifferenziertes zu denken, d. h. als das eines heterogensten Wirklichkeiten je zugeordneten Überbaus, angesichts dessen den oben gegebenen Bestimmungen nur die Rolle von nahezu beliebigen inhaltlichen Variationen zukommt.

Hinzu kommt – und auch dies muß im Hinblick auf die Umfunktionierung des Ideologiebegriffs für die Bedürfnisse von Kunst und Kunstgeschichte gesehen werden – »daß der Überbau eine eigene Vitalität besitzt und daß die geistigen Gebilde die Fähigkeit und die Neigung zeigen, sich von ihrem Ursprung abzulösen und ihren eigenen Weg zu gehen.« [42] Damit ist die für Hauser entscheidende Adaptation des Ideologiebegriffs als eine an die spezifischen Zwecke der Kunstsoziologie gegeben. Die Kunst, die doch, laut Hauser, in der unmittelbarsten Nähe zur gesellschaftlichen Wirklichkeit festzumachen ist, weist in ihrer Wirkung und Geltung gleichwohl ein Höchstmaß phänomenaler ›Überhistorizität‹ auf. Damit aber erscheint die kunstsoziologische Zuordnung der Kunst zu je konkreten historischen Totalitäten prinzipiell durchbrochen. Denn in Frage steht ja nicht so sehr ein vergleichsweise kurzfristiger Anachronismus, wie ihn Marx etwa für die »unter dem Niveau der Geschichte« stehenden deutschen Zustände von 1843 konstatiert [43], sondern die schlechthinnige Ablösungsfähigkeit des Überbaus und sein Wirksambleiben über mehrere historische Schwellen hinweg. Diese Frage betrifft naturgemäß vor allem die künstlerische und literarische Wertung.

Kaum etwas scheint für die kunstsoziologische Diskussion von größerer Relevanz als die These des Unterschieds von historischer Genesis und überhistorischer oder doch den historischen Augenblick überdauernder Geltung. »Das Werk ist zwar an seinen geschichtlichen Ursprung gebunden ..., und doch ist es als Werk ... bei jeder Konkretisation geschichtsenthobenes Ereignis ›für uns‹« [44]. Solcher Doppelcharakter impliziert philosophische Kontroversen, wie sie sich etwa im Gegensatz von Idealismus und Materialismus artikulieren. Wird aus der Tatsache des Überlebens historisch gewordener Werte einerseits gefolgert, daß diese »im Grunde doch absolut« sind [45], so muß eben diese ›absolute‹ Geltung von einer materialistischen Position bestritten werden, wenn anders diese ihrem Anspruch auf Priorität der Materie genügen will. Tut sich, wie ich glaube, die idealistische Doktrin mit der Genesis schwer, d. h. mit der Frage, wie denn der absolute Wert historisch-konkret vermittelt werde, so wird der materialistischen die Geltung, d. h. eben die scheinbare Abhebbarkeit relativer historischer Werte zum Problem. Die Lösung wäre demzufolge durchaus darin zu suchen, »weder allein nach ›zeitlosen‹ Normen noch allein nach der historischen Bedingtheit und damit absoluten Relativität zu werten, sondern eine Synthese zu finden, in der das Geschichtliche und das Übergeschichtliche der dichterischen Werke zugleich erhalten und aufgehoben wäre.« [46]

Der Unterschied von Genesis und Geltung findet, in der Formulierung Hausers, »Ausdruck in der These von der Belanglosigkeit der Entstehung für den Inhalt geistiger Gebilde und in der Betonung, daß keine geistige Schöpfung, keine kulturelle Leistung oder Einrichtung aus ihren Motiven, den persönlichen Beweggründen ihrer Urheber oder den besonderen Bedürfnissen der sozialen Gruppen, in deren Mitte sie entstehen, erklärbar sind« [47], – oder anders ausgedrückt – »daß gewisse Sinngehalte von ihren Trägern unabhängig gedacht werden können« [48]. Daraus folge jedoch, insbesondere für das Gebiet der Kunst, keine absolute Geltung, sondern lediglich, »daß besondere, in einer bestimmten, sich nie wiederholenden geschichtlichen Situation entstandene Schöpfungen auch in anderen Situationen einen Wert darzustellen und den Gegenstand des Nacherlebens zu bilden vermögen.« [49] Sie befriedigen »konkrete, historisch und psychologisch bedingte, aktuelle und veränderliche Ansprüche« [50]. Wechseln aber die Ansprüche, so verändert die Geltung ihren Charakter, oder: eine neue Geltung tritt an die Stelle der alten. Der Widerspruch von Geschichtlichkeit der Entstehung und Beständigkeit der Wirkung, wie ihn Marx in der Einleitung zur *Kritik der politischen Ökonomie* umschrieben habe, sei jedoch für die Kunst – anders als etwa für die Logik – verhältnismäßig leicht lösbar: Denn würde man seinsmäßig-zufälligen Bedingungen entscheidende Bedeutung für das Denkergebnis einräumen, so stelle man auch das eigene Denken in Frage. »Nehmen wir dagegen für die Schöpfungen der Kunst und ihre jeweilige Geltung solche seinsverbundene, mit der Zeit und den Umständen sich wandelnde Bedingungen an, verwickeln wir uns in keinen Widerspruch. Es gehört geradezu zum Wesen der Kunst, daß sie gleichzeitig verschiedene Einstellungen und Zielsetzungen zuläßt. ... Kunstwerke widersprechen einander nicht, wie verschieden sie auch voneinander sein mögen, und kunstkritische Urteile sind eher symptomatisch als wahr oder unwahr.« [51] Diese Sätze mögen auch für Hausers ungenaue Denkweise symptomatisch sein, geht es doch hier nicht um ›Widersprüche‹ verschiedener Kunstwerke, sondern um die verschiedenartige oder widersprüchliche Rezeption eines Kunstwerks oder einer Kunstform.

Dabei kann man die Abstraktion von den genetischen Bedingungen, die ästhetische Reduktion selbst als Beispiel für eine radikale Veränderung der Geltung nehmen. Ein Altarbild, hergestellt als kultisches Objekt, ein Text, geschrieben als politische Agitation: versetzt in die museale Sphäre, dort allererst vergleichbar und verfügbar gemacht, wird ihre ursprüngliche Wertintention neutralisiert und eine neue, nunmehr ›rein ästhetische‹ etabliert. Die Möglichkeit derartiger Abstraktion und Reduktion ist aber selbst eine historisch gewordene – und spät gewordene –, sie hat Voraussetzungen und ist – wie wir zeigten – an den Durchbruch des historischen Bewußtseins gebunden. ›Absolute Werte‹ wurden bezeichnenderweise in dem Moment fragwürdig, als dieser Durchbruch eine bis dahin unerhörte Breite der Wertrezeption bewirkt hatte. Solche erweiterte Wertrezeption bezog sich nicht mehr nur auf Objekte, die mit dem Rezipierenden mehr oder weniger im gleichen historischen Prozeß standen, was die Rezeption immerhin leichter verständlich machte, sondern beispielsweise auf Produkte fremder und exotischer Kulturen. Eine andere Frage ist es freilich, wieweit hier eine ›adäquate‹ Wertrezeption möglich sei.

Welche Erklärung gibt nun Hauser für das kunstsoziologische factum brutum der ›Eigendynamik des Überbaus‹? »Die geistigen Gebilde«, schreibt er programmatisch, »treten uns in ihrer Selbständigkeit, ihrer Autonomie und Immanenz, mit ihren formalisierten, überhistorisch gewordenen Werten, als ebenso ›wesensfremde Naturmächte‹ entgegen, wie Marx die Schöpfungen der kapitalistischen Gesellschaftsordnung beschreibt«; das aber sei dem »Prozeß der Verdinglichung nahe verwandt.« [52] Wir müssen, mißtrauisch gemacht durch unsere Analyse des Hauserschen Ideologiebegriffs, davor warnen, die Kategorie Verdinglichung ohne weiteres im Marxschen oder Lukács'schen Sinne aufzufassen: Kann denn Verdinglichung, das Stigma entfremdeter Verhältnisse – und zwar konkret-ökonomisch entfremdeter Verhältnisse –, kann der ›Fetischismus‹, wie Marx schreibt, daß »den Menschen die gesellschaftlichen Charaktere ihrer eigenen Arbeit als gegenständliche Charaktere der Arbeitsprodukte selbst« zurückgespiegelt werden [53], kann die zur Analyse einer ganz bestimmten historischen Periode, der kapitalistischen, konzipierte Kategorie überhaupt zur Erklärung eines so umfassenden Phänomens herangezogen werden, wie es die ›Ablösungsfähigkeit des Überbaus‹ darstellt? Hauser äußert sich dazu nicht präzise; es will allerdings scheinen, daß er auch hier die radikal-kritische marxistische Kategorie ausweitet und neutralisiert, und zwar dergestalt, daß ›Verdinglichung‹ in ihrer Bedeutung mit Kategorien wie ›Ausdruck‹ oder ›Objektivation‹ weithin verschmilzt.

Es ist anzunehmen, daß diese Neutralisierungstendenz, die sich bei der Übernahme marxistischer Kategorien durch Hauser allgemein beobachten läßt, damit zusammenhängt, daß er die besondere Relation von Wahrheit und Falschheit, wie sie insbesondere der Marxsche Ideologiebegriff meint, nicht zureichend thematisiert. Wenn Hauser ausführt, daß sich das Ideologieproblem in der Kunst anders stelle als in den Wissenschaften, »weil der Begriff der Wahrheit hier ein wesentlich anderer ist als in der Theorie« [54], so ist das ohne Zweifel richtig, nur betrifft es nicht die Problematik des künstlerischen Wahrheitsbegriffs, wie sie aus einer marxistischen Ideologiekonzeption zu gewinnen wäre; einer Konzeption die ja – wie wir oben zeigten – Wahrheit und Falschheit als Momente des Ideologischen einbegreift. Deren Möglichkeiten aber verbaut sich Hauser eben dadurch, daß er den Ideologiebegriff repsychologisiert und zugleich zu einem allgemeinen und letztlich unverbindlichen Standpunkt-Perspektivismus verflacht. Damit jedoch werden seine theoretischen Überlegungen zu dieser Frage von eigentümlicher Hilflosigkeit: Wo die Wahrheit nicht bezweckt werde, schreibt er, könne von ihrer Umgehung nicht die Rede sein; jeder künstlerische Aspekt sei schließlich perspektivisch. Und doch könne man auch der Kunst den Wahrheitsanspruch nicht verweigern [55]. Dem wäre beizupflichten – nur möchte man gerne erfahren, wie er sich definiere und worauf er gegründet sei. In der Abgrenzung gegenüber einem naturwissenschaftlichen Wahrheitsbegriff jedenfalls vermag er sich nicht zu erschöpfen.

Trotz Hausers verbaler Insistenz auf den soziologischen Charakter des Ideologiebegriffs repsychologisiert er diesen doch allenthalben; wenn Hauser etwa in bezug auf die modernen Massenmedien schreibt: »Die breiten Schichten haben jedenfalls insoweit teil am politischen Leben, als man sich die Mühe nehmen muß, sie irrezuführen« [56], so ist das zwar ein hübsches Bonmot, verrät aber einen Ideologiebegriff, der sein Modell eher an der Priestertrugtheorie der Aufklärung findet als an genuin soziologischer Ideologietheorie. Ihr vermöchte allenfalls die Maxime zu entsprechen, daß »religiöse, moralische und psychologische Motive ... höchstens Rückwirkungen auf die wirtschaftliche Praxis aus(üben), ... aber zum Teil selber von wirtschaftlichen und gesellschaftlichen Verhältnissen abhängig (sind)« [57] – nur daß Hauser noch auf derselben Seite den soziologischen Ansatz wieder dementiert und fragt, was denn Ideologie sei, »wenn nicht Zweideutigkeit, Doppelzüngigkeit und letzten Endes Selbstbetrug?« [58].

Daß Hauser insbesondere den Ideologiebegriff zu bloßem Standpunkt-Perspektivismus neutralisiert und damit, was Niveau und Konkretheit seiner Theorie angeht, weit hinter das bei Marx Erreichte zurückfällt, kann nach dem Ausgeführten nicht mehr zweifelhaft sein. Dieses Zurückfallen äußert sich besonders kraß in seiner Begründung, warum der ›vulgäre Materialismus‹ dem verwickelten Prozeß der Ideologienbildung nicht gerecht werde: »Denn wie kompliziert, gebrochen und widerspruchsvoll bedingt auch immer der Weg ist, der vom sozialen Sein zum geistigen Wert ... führt, schließlich muß man sich doch für oder gegen die Relevanz einer solchen Beziehung entscheiden. Man kann die Entscheidung hinausschieben und die Stellungnahme verschleiern, von Dualismus und Dialektik, von Wechselwirkung und gegenseitiger Abhängigkeit zwischen Geist und Materie sprechen, im Grunde ist man Spiritualist oder Realist.« [59] Hatte Hauser noch wenige Seiten zuvor postuliert, daß auch die Korrekturen der »ideologischen Fälschungen der Wahrheit (sich) noch in den Grenzen des standortmäßig Denkbaren« bewegen und daß damit der letzte Ausweg versperrt sei, »der sozialen Kausalität zu entrinnen« [60], so erweist sich diese ›soziale Kausalität‹ hier als keineswegs ›unentrinnbar‹, sondern der bloßen und unverbindlichen Dezision unhistorisch dichotomisierter Typen von Beurteilern überlassen.

3. Hauser zur Theorie der Geschichte und der historischen Erkenntnis

a) Geschichtsphilosophische Prämissen

Ideologietheorie verweist, fragt man nach ihrer Begründung, auf Geschichtsphilosophie. Hauser nun geht in seinen theoretischen wie in seinen historiographischen Ausführungen von dem Grundsatz aus, »daß in der Geschichte alles die Leistung von Individuen ist, daß die Individuen sich aber stets in einer zeitlich und räumlich bestimmten Situation befinden, und daß ihr Verhalten das Ergebnis sowohl ihrer Anlagen wie dieser Situation ist. Dies bildet zugleich den Kern der Lehre von der dialektischen Natur der historischen Vorgänge.« [61] Demnach wären Individualität, Historizität, Totalität und Dialektik das Maß, unter das sich seine Arbeit stellt und an dem sie darum gemessen werden kann. Nun ist freilich zu vermuten, daß diese Prinzipien, die ja, grob zuordnend gesagt, historistischer Tradition einerseits, historisch-dialektischer Tradition andererseits entstammen können, bei Hauser eine eigene Färbung gewinnen.

Der Primat des Individualitätsprinzips ist bei Hauser allenthalben spürbar. Seine Polemik gegen »diese ganze sakrosankte Objektivität, diese absoluten Werte, diese unbedingte Geltung, diese Legende vom Ewig-Menschlichen, Ewig-Guten, Ewig-Schönen, diese Gesetze ohne Gesetzgeber, diese Kunst ohne Künstler, diese Kunstgeschichte ohne Namen und persönliche Freiheit« [62] indiziert doch wohl einen Individualitätsbegriff liberaler Prägung: Das Individuum ist »die Quelle einer unerschöpflichen, sich stets erneuernden Spontaneität« [63]; Kunst stellt, trotz aller meta-individuellen Bedingtheiten, deren Untersuchung ein Kernstück jeder Kunstsoziologie ist, »das Prinzip der Freiheit dar« [64]; ja selbst der Kunststil, dessen Begriff es für Hauser allererst ermöglicht, »die Tendenz der jeweiligen geistigen Entwicklung von seinen persönlichen Trägern theoretisch abzusondern und die individuellen Bestrebungen in der Form einer kollektiven Bewegung zusammenzufassen« [65], entsteht aus der »Akkumulation« und der gegenseitigen »Anpassung von individuellen Bestrebungen und Leistungen« [66]. Die Problematik der Konstruktion einer gesellschaftlich-geschichtlichen Struktur, wie sie Hausers Stilbegriff nicht zuletzt meint, aus der Akkumulation und Interaktion von Individuen einmal dahingestellt, so erhellt daraus doch Hausers primär auf Individualitäten gerichtetes Interesse. Das gilt nicht so sehr im Sinne der von ihm mit Recht als Simplifikation bezeichneten traditionellen Gegenüberstellung von ›individualisierenden‹ Geisteswissenschaften und ›generalisierenden‹ Naturwissenschaften [67], als im Sinne eines fast emphatischen Protestes gegen die »Geringschätzung des Individuums« seitens ›kollektivistischer‹ Theorien [68]; dieser Geringschätzung werden auch Hegel und Marx geziehen [69]. Der Individualismus sei demgegenüber ein »Produkt der Aufklärung« [70]. Das ist nun ebenso falsch wie für Hauser bezeichnend: es ist falsch, weil ja Individualität gerade das *gegen* das generalisierende Prinzip der Aufklärung gerichtete historistische Fanal ist; es ist bezeichnend, weil Hauser völlig übersieht, daß bei Hegel und Marx schon eine Vermittlung von aufklärerischem und historischem Denken geleistet ist, hinter die Hauser mit seiner bloßen Option für Aufklärung wieder zurückfällt.

Ohne Zweifel ist die Überzeugung von der durch und durch historischen Prägung des Menschen, seiner Welt und seiner Objektivationen eine Voraussetzung Hauserschen Denkens, die alle hier vorgelegten Reflexionen tangiert, doch wird diese Überzeugung von seiner Historismus-Auffassung und seiner Abwertung Hegels und Marxens unvermeidbar affiziert [71]. Historismus ist für Hauser gekennzeichnet von einer »mystifizierenden, die geschichtlichen Vorgänge auf einen überindividuellen ... Ursprung zurückführenden Methode«, welche »die prinzipielle Unvergleichbarkeit der geschichtlichen Erscheinungen hervortreten läßt, um schließlich den Standpunkt einzunehmen, daß jede historische Leistung, und somit auch jeder Kunststil, einzig und allein mit dem eigenen Maßstab zu messen sei.« [72] Das ergibt nun insofern einen schiefen Historismusbegriff, als Hauser nicht nur das tragende historistische Prinzip fälschlich der Aufklärung vindiziert bzw. vernachlässigt, und das Moment des ›Mystifizierens‹ zum historistischen Hauptmerkmal hochsteigert [73]. Demgegenüber wurde oben gezeigt, daß der frühe Historismus Herders und seine geschichtlichen Bedingungsanalysen durchaus mit einem Progressionsgedanken verbunden war.

Einer Geschichtsphilosophie der Kunst inhäriert schon vom Begriff her die Frage, ob denn Kunst überhaupt Geschichte, genauer: eigene Geschichte habe. Diese Frage mag prima facie absurd erscheinen; es ist jedoch daran zu erinnern, daß nicht nur Marx der Kunst wie dem gesamten Überbau eine eigene Geschichte im Prinzip verweigert und zur Erklärung der phänomenalen Kunstveränderungen auf die Umwälzung der Basis verweist, sondern daß wir auch bei Hegel und sogar schon beim Stammvater des Historismus, Herder, die Geschichte der Kunst an die Geschichte der Welt gebunden finden. Dieser Tradition steht freilich eine Kunst- und Literaturgeschichtsschreibung gegenüber, der es selbstverständlich geworden ist, ihren Gegenstand im Sinne eines immanent ablaufenden, eigenständigen Prozesses aufzufassen. Der Gegensatz von Totalitätsprinzip und Immanenzprinzip, wie wir ihn kurz bezeichnen dürfen, ist zugleich der Ausgangspunkt der Hauserschen Überlegungen zur Theorie historischer Kunsterkenntnis. Wenn sich dartun ließe, daß eine Geschichtsschreibung der Kunst überhaupt nicht sinnvoll ohne Bezug auf die Geschichte der Gesellschaft durchführbar ist, so wäre damit ein Ansatzpunkt gegeben, den immanent argumentierenden Geisteswissenschaften die Beweislast für eine Geschichtsschreibung unter dem Gesichtspunkt der historischen Totalität erneut aufzubürden.

Der Titel ›Kunstgeschichte ohne Namen‹ [74] verweist auf Hausers Ausgangspunkt: die Auseinandersetzung mit Wölfflin. In ihm und Riegl sieht er die letzten Vertreter des späten Historismus in der Kunstgeschichte [75]. »Die wichtigste Voraussetzung der ›Kunstgeschichte ohne Namen‹«, so faßt Hauser die von ihm attackierte Position zusammen, »besteht darin, daß die Geschichte des ›Sehens‹ sich nach einer inneren Logik, nach eigenen, immanenten Entwicklungsgesetzen richtet und von äußeren Einflüssen, zu welchen unter diesem Gesichtspunkt nicht nur die sozialen Lebensbedingungen, sondern auch die individuellen psychologischen Anlagen des Künstlers gehören, unabhängig bleibt. In dieser Immanenz der Entwicklung ist Wölfflins anonyme Kunstgeschichte begründet«, deren Zweck es sei, »die Entwicklung der

Kunst dem Zufall und der Willkür zu entrücken und ihr den Anschein einer strengeren Gesetzmäßigkeit und inneren Notwendigkeit zu geben.« [76] Freilich, auch Wölfflin müsse das reine Immanenzprinzip durchbrechen und den ›äußeren Verhältnissen‹ – wenn auch nur beim Phänomen des Stilbruchs resp. des Zurückspringens der künstlerischen Entwicklung – eine Einwirkungsmöglichkeit zugestehen. Sein letztes Wort bleibe jedoch, daß »der Zusammenhang der Kunst mit der allgemeinen Kultur nur lose sei«, und daß die Kunst »ihr eigenes Leben und ihre eigene Geschichte habe.« [77]

Es kennzeichnet Hauser das Bemühen, die so umrissene Gegenposition nicht totaliter zu negieren: die Kunst enthalte in der Tat »eine ganze Reihe von handwerksmäßigen, technisch gearteten, d. h. sich progressiv entwickelnden und allmählich vervollkommnenden Darstellungsmitteln ..., die ihre eigene, im großen und ganzen kontinuierliche und immanent bedingte Geschichte haben.« [78] Dem Künstler stehe jedoch in der Wahl seiner Darstellungsmittel stets mehr als nur eine Möglichkeit offen [79]; »jeder Schritt in der Geschichte der Kunst ist mit einem alogischen, systemjenseitigen, die ästhetische Sphäre überschreitenden Entschluß verbunden – mit einem Willensakt, der zwischen den zur Verfügung stehenden Möglichkeiten eine Wahl trifft.« [80] Welche Wahl getroffen werde, sei »erst im Zusammenhang mit kunstjenseitigen Umständen begreiflich.« [81] Wenn für Wölfflin »alles, was von formjenseitigen Bedingungen herrührt, eine Unterbrechung und Störung des normalen entwicklungsgeschichtlichen Prozesses darstellt«, so zeige sich darin eine unkritisch-biologistische Übertragung des Organismusmodells, interpretiert als »immanenter, von außen wesentlich unbeeinflußter und unaufhaltsamer Vorgang« [82], auf historische Prozesse, die schon darum unangemessen sei, »weil in einem Organismus von inneren Gegensätzen und Konflikten nur im uneigentlichen Sinne die Rede sein kann, während das Dasein einer sozialen Gruppe stets mit Interessengegensätzen und Konkurrenzkämpfen verbunden ist.« [83] Wenn Hauser ohne weiteres Hegel mit romantisch-reaktionärem Organizismus in Zusammenhang bringt [84], so erweist sich daran, mit welchem Schaden für seine eigene Sache er die in Hegels Denken gelegenen Möglichkeiten versäumt: Stellt man die Verwechslung von organizistisch interpretierter ›Ganzheit‹ und ›Totalität‹ einmal dahin [85], so wäre hier vor allem die oben aufgezeigte Verwiesenheit der Kunst auf den ihr zugehörigen Weltzustand anzuführen, die eine konkrete Begründung gegen die auch von Hauser negierten Immanenztheorien gibt.

Wölfflins Grundformel »Nicht alles ist zu allen Zeiten möglich« [86] ist ja eine historistische Formel par excellence, wobei freilich zu fragen bleibt, welche Art von Bedingungen dieses ›möglich‹ meint. Wölfflin zufolge »läßt sich in der Stilgeschichte eine untere Schicht von Begriffen aufdecken, die sich auf die Darstellung als solche beziehen, und es läßt sich eine Entwicklungsgeschichte des abendländischen Sehens geben, für die die Verschiedenheit des individuellen und nationalen Charakters von keiner großen Bedeutung mehr ist.« [87] Die konkret historischen Bestimmungen also, so könnte man paraphrasieren, sind für Wölfflin marginal; und wenn nicht alles zu allen Zeiten möglich ist, so doch viel Gleichartiges zu sehr verschiedenen Zeiten: Denn die Abfolge der Stile, wie sie Wölfflin aus der Entwicklung von der Renaissance zum Barock konstruiert, wird von ihrem historischen Ursprung abgezogen und auf andere Epochen, etwa die Antike oder gar die Gotik, übertragen [88]. Der historische Prozeß wird, explizit nach dem Bilde einer Spiralbewegung [89], zur Wiederholung eines stets gleichartigen Abfolgemechanismus. Dergestalt jedoch wird der historistische Ansatz zu einer ahistorischen Konsequenz getrieben.

Es ist einleuchtend, daß diese Position die Kritik eines Theoretikers herausfordern muß, für den die Geschichtswissenschaft »zwischen allem Gleichzeitigen einen Zusammenhang herzustellen« sucht, »jedoch auf Parallelen zwischen zeitlich geschiedenen Epochen keinen besonderen Wert« legt [90]. Die Stoßrichtung der Hauserschen Kritik gegen einen als romantisch, organizistisch und emanatistisch pointierten Späthistorismus zugunsten einer liberal, wo nicht dezisionistisch konzipierten ›offenen Geschichte‹ ist deutlich. Seine Vorwürfe gegenüber Wölfflin lassen sich vielleicht in drei Punkten zusammenfassen: (1) Wölfflin sei einer mystifizierenden, gegenrevolutionären Geschichtsphilosophie verpflichtet, die (2) auf Biologismus und Organizismus begründet sei und (3) auf geistesgeschichtlichen Emanatismus hinauslaufe. In einer derart ausgeformten Lehre von der Immanenz der geistigen Sphären seien die Züge eines »Konformismus und Fatalismus in eine vollkommene, weil vollkommen unbewußte Ideologie verwandelt.« [91] Hausers Fazit ist – wie er in einer der für ihn so charakteristischen ›sowohl-als auch‹-Formulierungen schreibt – »daß die Kunstgeschichte überall, wo eine wirkliche Entwicklung in Frage kommt, immanente Zusammenhänge, nirgends aber eine restlose Immanenz der Entwicklung aufweist.« [92]

b) Zum Problem historischer Erkenntnis

Für Hauser stellt die geschichtliche Entwicklung »einen dialektischen Prozeß« von geistig-materiellen Interdependenzen dar [93], dem der historische Materialismus insofern gerecht werde, als sich auch die geistigen Haltungen – sowenig von einer bloß äußeren Bindung oder einsinnigen Determination die Rede sein könne – von vornherein in den Kategorien der jeweiligen Produktionsmittel bewegten [94]. Gleichwohl erscheint nach dem Ausgeführten fraglich, was die *Soziologischen Exkurse* von ihm rühmen, nämlich, daß seine Methode »dialektisch im genauesten Sinne« sei, »sie entwickelt die künstlerischen Formen mit allen Vermittlungen und in aller Differenziertheit aus sozialen Bedingungen, und zwar denen der Arbeit ebenso wie denen der

Herrschaftsverhältnisse auf verschiedenen historischen Stufen.« [95] Zumindest theoretisch ist bei ihm Dialektik kaum qualifizierter gefaßt denn als Wechselwirkung, Dualismus oder Dynamik, was in der Hauptsache eine Folge seines – gewiß berechtigten – Mißtrauens gegenüber jeder monistischen prima philosophia sein dürfte. Soviel immerhin wird man sagen können, daß, wenn Kunst notwendig auf den ›kunstjenseitigen‹ historischen Prozeß verweist, die ihrer Erkenntnis dienende Begriffsbildung nicht ahistorisch sein darf. Auch Wölfflins *Grundbegriffe* gelten ja vorab nur für begrenzte Perioden, werden erst später zu kunsthistorischen Typen und enthistorisieren damit die Geschichte zu einem bloßen Nebeneinander wiederkehrender Figuren und Abläufe [96]. Freilich ist, wie auch Hauser weiß, das Problem der historischen Begriffsbildung damit nicht geklärt und auch ohne den Bezug auf die Dialektik von historischem, genauer: historisch früherem Objekt und historischem, genauer: historisch späterem rezeptivem Subjekt nicht zu klären.

Die Produkte der Geschichte, wie Kunst und Literatur, bilden als Dokumente, die sie sind, »den Gegenstand einer mehrfachen Deutung« [97], und zwar einer Deutung durch Rezipienten, die selbst im historischen Prozeß begriffen sind. »Wir erfassen sie nicht direkt, sondern in der Form unserer eigenen Denkkategorien«, d. h. nach Maßgabe von Gesichtspunkten und Begriffen, die nicht im Gegenstand liegen, »sondern aus einer besonderen Einstellung und Begriffsbildung stammen« [98]. Eine hermeneutische Rückübersetzung auf den Produzenten – etwa eine Künstlerästhetik – erscheint Hauser demnach nicht als hinreichend, »wir gelangen zu einem ›Verstehen‹ der Kulturschöpfungen der Vergangenheit oft überhaupt erst, indem wir ein Motiv aus seinem ursprünglichen Zusammenhang herausreißen und in den eigenen Weltanschauungszusammenhang stellen.« [99] Offenbar kann sich Objektivität nicht im Rekurs darauf beschränken, ›wie die Dinge eben waren‹.

Mit Recht verweist Hauser darauf, daß »Quellenforschung und historische Kritik, Darstellung und Deutung des historischen Materials ... voneinander in der Praxis gar nicht zu trennen« sind [100] – nur daß er selbst seine Einsicht wieder preisgibt, wenn er anderer Stelle den »Tatsachen, soweit sie vorliegen oder ermittelbar sind, den unbedingten Vorrang vor jedem stilkritischen Urteil und jeder formgeschichtlichen Konstruktion« vindiziert [101]: gerade die vorgängige Vermittlung der Tatsachen hätte demgegenüber das vorzügliche Objekt erkenntnistheoretischer Reflexion zu sein. Immerhin, auch wenn Tatsachenforschung den Vorrang hat, ist das Ausgehen von der Sache selbst nur *eine* Seite kunst- und literaturhistorischer Arbeit, die durch die Reflexion auf die historische Dimension des rezeptiven Bewußtseins zu ergänzen wäre. Auch der Kunsthistoriker ist ja mit seinen Formbegriffen und Wertkategorien »an die Sehformen und Geschmackskriterien der zeitgenössischen Kunst gebunden. Dies trifft zumindest auf die Neuentdeckungen und Umwertungen zu, die er durchzuführen imstande ist« [102] und bei denen zeitgeschichtliche Umstände eine entscheidende Rolle spielten: ohne die Krise der klassisch-romantischen Kunstperiode, so Hauser, hätte es keine Rettung der spätrömischen Kunst gegeben, ohne die impressionistische Dynamisierung des Sehens keine Rechtfertigung des Barock, ohne Expressionismus und Surrealismus keine Neuentdeckung des Manierismus [103].

Wäre also die freie Disponibilität des ästhetischen Bewußtseins über ›die‹ Kunst als dem Inbegriff ästhetischer Wesensmerkmale doch nur eine scheinbar freie? Warum denn sollte für die Kunst*übung* gelten, daß ›nicht alles zu allen Zeiten möglich‹ ist, und demgegenüber für die Kunst*geschichte* alle Stile gleichwertig sein? [104] Wenn erst die ästhetische und kunsthistorische Begriffsbildung die heterogensten Werke in vergleichbare Objekte verwandelt [105], muß sie dann nicht als Konstituens des ästhetischen und kunsthistorischen Urteils begriffen werden? Offenbar geht es Hauser um eine historische Dynamisierung der Kantianischen Behandlung des Erkenntnisproblems. Objektivität wird durch den historischen Prozeß vermittelt, dem das objektkonstituierende Subjekt selbst angehört. Das erhellt schon aus der für die Objekte der Kunst besonders augenfälligen Notwendigkeit einer permanenten Neufassung und Uminterpretation des geschichtlich Überlieferten, wie sie Hauser etwa damit illustriert, daß es »nicht die Findung von neuen ›Tatsachen‹« war, »die zur Unterscheidung der zwischen 1500 und 1700 feststellbaren Stilrichtungen führte, sondern die Entwicklung einer neuen Sensibilität, die viel weniger mit der Erforschung der Vergangenheit als mit dem Erlebnis der Gegenwart zu tun hatte.« [106] Die Übertragung der Denkkategorien und Sehformen der Gegenwart auf die Vergangenheit gehöre zu den unumgänglichen Voraussetzungen jeder historischen Deutung [107]. Wie könne man jedoch, angesichts solcher historisch bedingter Aspekt- und Akzentverschiebungen, »noch von einem adäquaten Verstehen der Werke sprechen? Sind es noch die gleichen Dinge, von denen da durch die Jahrhunderte die Rede ist?« [108]

Ist angesichts dieser Erkenntnislage Objektivität Schimäre? Die Schwierigkeit bestünde eben darin, die Einsicht in die historische Dimension des objektkonstituierenden Subjekts festhaltend, gleichwohl mehr oder weniger willkürliche Postulate zu vermeiden. Hauser versucht dem in weitgehend pragmatistischer Weise Rechnung zu tragen, Relevanz als »die eigentliche Form der Wahrheit in den Geisteswissenschaften« setzend [109]. Ein geschichtliches Ereignis habe immer mehrere Ursachen, die bei der Erklärung teils vernachlässigt, teils übermäßig betont würden; vor allem jedoch treffe jede Generation ihre eigene Auswahl der Motive, die sie mit den historischen Erscheinungen in Zusammenhang bringe. »Die Charakterisierung einer geschichtlichen Persönlichkeit oder die Deutung eines Kunstwerkes ist darum nicht einfach richtig oder unrichtig, sondern vielmehr relevant oder irrelevant, evident oder unverbindlich, an aufschlußreichen Gesichtspunkten reich oder arm.« [110]

Die Vergangenheit, so Hauser, sei an und für sich sinn- und gestaltlos; Sinn gewinne sie erst in bezug auf eine Gegenwart, ›teleologisch‹ [111]. Einerseits nun ist »die Betrachtung der Vergangenheit ... ein Produkt der Geschichte selbst« [112], d. h. der historische Sinn ist selbst historisch geworden; andererseits ist »die Vergangenheit ... ein Produkt der Gegenwart«, d. h. sie konstituiert sich allererst in bezug auf die Gegenwart und aus deren, mit Nietzsche zu sprechen, ›rückwirkender Kraft‹ [113]. Von prinzipieller Bedeutung für die Kunstgeschichte sei in diesen Überlegungen das Moment, »daß durch die Entstehung einer neuen künstlerischen Konzeption die älteren Werke einen neuen Wertcharakter zu gewinnen vermögen.« [114] Nicht zuletzt darum könne keine Kunstgeschichte je als abgeschlossen gelten. »Jede stellt die Beschreibung einer offenen, unfertigen, stets modifizierbaren Entwicklung dar, eines Vorgangs, dessen Elemente zum Ursprung der verschiedenartigsten Wirkungen werden können. Dieser Spontaneität verdankt die Kunst ihr eigentliches Nachleben« [115].

c) Der ›soziologische Gesichtspunkt‹

Hausers Überlegungen zur Theorie der Kunsterkenntnis als einer historischen, wie sie hier erörtert wurden, stellen, im wesentlichen der späten Lebensphilosophie verpflichtet, zwar keine befriedigende Lösung der angeschnittenen Fragen bereit, dürfen aber als relevanter Problemkatalog doch wohl Aufmerksamkeit beanspruchen. Sie bilden den Hintergrund dessen, was er als ›soziologischen Gesichtspunkt‹ [116] an die Kunstgeschichte heranträgt.

Für die Kunstgeschichte kann, Hauser zufolge, keine einheitliche Methode allgemeinen Erfolg versprechen; neben Tatsachenforschung im weitesten Sinne trete Stilkritik [117], und sie könne, insbesondere angesichts des Phänomens Stilwandel, »den Sprung vom geschlossenen Kunstwerk in die offene, außerkünstlerische Wirklichkeit keineswegs vermeiden.« [118] Wie aber kann dieser ›Sprung‹, so wäre für eine Kunstsoziologie zu fragen, dieser Übergang von der ›gesellschaftlichen Realität‹ zum künstlerischen Werk methodisch sicher nachgewiesen werden? Was bedeutet die Rede von der Literatur als dem ›Ausdruck‹ der Gesellschaft? Welchen Sinn hat der Terminus ›entsprechen‹ – besagt er Kausalität, Interdependenz, Parallelität, Korrelation oder Analogie? Hauser konstatiert, daß »die Verwandlung der wirtschaftlichen Bedingungen in Ideologien ... ein nicht restlos erforschbarer Prozeß« bleibt, der »irgendwo mit einem Sprung verbunden« ist [119]. So unermeßlich dieser Sprung zwischen Materiellem und Geistigem scheine, er erfolge »bereits im Gebiete des Sozialen, ja, schon in dem der Wirtschaft selbst. Denn auch die primitivste Wirtschaft ist bereits organisierte Wirtschaft und kein Naturzustand.« [120] In der Tat ist organisierte Wirtschaft, so müßte man den Gedanken weiterführen, planvolle, d. h. ›geistige‹ Arbeit: das ›materielle‹ und das ›ideelle‹ Element sind hier schon untrennbar verbunden. Sozialgeschichte der Kunst versuche nie, »die Kunst als einen homogenen, umfassenden und direkten Ausdruck der jeweiligen Gesellschaft darzustellen.« [121] Vielmehr bestehe der eigentliche Sinn des historischen Materialismus »in der Einsicht, daß die historische Entwicklung ihren Ursprung nicht in Formprinzipien, Ideen und Entitäten hat, nicht in Substanzen, die sich entfalten und im Laufe der Geschichte nur die ›Modifikationen‹ ihres im Grunde unhistorischen Wesens hervorbringen, sondern daß die Entwicklung einen dialektischen Prozeß darstellt, in welchem jeder Faktor in Bewegung begriffen und einem fortwährenden Bedeutungswandel unterworfen ist, in welchem es nichts Statisches, nichts zeitlos Geltendes, aber auch nichts einseitig Wirkendes gibt, sondern sämtliche Faktoren, materielle und geistige, wirtschaftliche und ideelle, in einer unauflösbaren Interdependenz miteinander verbunden sind« [122]. Eine vollkommene Übereinstimmung von Kunst und Gesellschaft könne schon darum nicht stattfinden, »weil keine historische Periode mit ihrer Kunst von vorn anfängt, sondern sozusagen mit erblich belasteten Formen operiert, die ihre eigene Geschichte, ihre eigene Tradition haben und ihrer Verwendung im gesellschaftlichen Konkurrenzkampf in verschiedenem Maße entgegenkommen oder auch Widerstand leisten.« [123] Die wirtschaftlichen Produktionsverhältnisse drückten sich, wie es schon der historische Materialismus betont habe, in den Kulturgebilden nicht unmittelbar aus, sondern nähmen erst »durch eine lange Reihe von Vermittlungen die Form einer wissenschaftlichen Aussage, einer moralischen Norm oder einer künstlerischen Schöpfung« an [124]. Demgemäß könne es auch kein allgemeines Gesetz der Sozialgeschichte der Kunst geben, und sie könne darum bloß behaupten, »daß die künstlerischen Formen nicht nur optisch oder akustisch bedingte Erlebnisformen, sondern zugleich die Ausdrucksformen einer sozial bestimmten Weltanschauung sind.« [125] Parallelismen zwischen verschiedenen Künsten, zwischen Kunst und Philosophie, zwischen Kunst und Wissenschaft seien häufig nicht mehr als Äquivokationen; was demgegenüber für Hauser offenbar den Vorzug des soziologischen Gesichtspunkts ausmacht, ist, daß es die Gesellschaft ist, auf deren Boden »die verschiedenen Kulturgebilde sich am engsten miteinander berühren. ... Kulturgebilde sind soziale Gebilde, Vehikel der Selbsterhaltung der Gesellschaft und der gegenseitigen Verständigung ihrer Mitglieder; und als solche bleiben sie miteinander stets vergleichbar, stets im gleichen Sinne deutbar.« [126] Wenn es daher einen ›Transmissionsriemen‹ gebe, der die Kulturgebiete verbinde, so sei er hier zu suchen [127].

Leider verfehlt Hauser die Möglichkeiten dialektischer Theorie für die von ihm behandelten Fragen immer wieder. Das macht insbesondere die diffuse Rede vom ›Sprung‹ zwischen Kunst und außerkünstlerischer Wirklichkeit deutlich, deren vorgängige Vermittlung, wie er sie in seiner eigenen *Sozialgeschichte* nicht selten überzeugend darstellt, ja gerade zu begründen wäre. Hier ist der Rückfall in ein dichotomisierendes Denken von Kultur- bzw. Seinsbereichen, deren Verbindung letzten Endes unklar bleibt, doch wohl evident.

II. Ernst Blochs Interpretation der Kunst als Utopie – Zum Kunstbegriff im ›Prinzip Hoffnung‹

Wenn Cassirer in bezug auf die Aufklärung von einer »Personalunion zwischen Philosophie und literarisch-ästhetischer Kritik« spricht [1], so ist man versucht, Analoges von wichtigen Repräsentanten marxistischer Philosophie zu behaupten: Implizit schon bei Marx, explizit dann bei Mehring, Plechanow, Lukács, Bloch – um nur einige zu nennen – findet sich eine so augenfällige Affinität zu ästhetischen Fragen, daß es schwerfallen dürfte, sie mit persönlichen, individuellen Neigungen oder Vorlieben zu erklären. Vielmehr könnte diese Affinität systematische Ursachen haben, die in der Relevanz des Phänomens ›Kunst‹ für die allgemeine Theorie ebenso aufgesucht werden müßten wie in der Relevanz jener für die Kunsttheorie [2].

Wenn wir bei der Erörterung Hausers von seinem Ideologiebegriff ausgegangen waren und diesen Ideologiebegriff als einen für die spezifischen Zwecke der Kunstinterpretation umkonstruierten kennengelernt hatten, so steht demgegenüber bei Bloch Kunst unter dem Primat seines Utopiekonzepts und ist als Phänomen der ›Ungleichzeitigkeit‹ oder als ›Vor-Schein‹ für sein *Prinzip Hoffnung* von ebenso zentraler Bedeutung wie dieses selbst für seine Ästhetik. Dabei ist, wie sich versteht, dieser Ausdruck nicht im Sinne einer abgezirkelten philosophischen Fachdisziplin zu verwenden, die Bloch in seinem Buche kaum anstrebt; auch hier wird ja nur nach Teilaspekten eines philosophisch-soziologischen Kunstbegriffs, eben dessen Gesellschaftsbezogenheit, gefragt. Für diese Teilaspekte allerdings erscheint Bloch von großer Relevanz. Wenn Bloch Kunst als ideologietranszendierende Utopie interpretiert, so entgeht er damit insbesondere – unter welchen Umständen wird zu klären sein – dem von uns mehrfach thematisierten Marxschen Dilemma von fortwirkender Geltung der Kunst bei Festhalten der Einsicht in ihre ideologische Genesis. Seine Kunsttheorie ist mithin, wie Habermas bemerkt, komplementär zu der Adornos, demzufolge Kunst Wahrheit hat, wenn sie die Widersprüche der bestehenden Gesellschaft in sich austrägt und eben nicht überspringt [3]; und sie steht des weiteren im Gegensatz zur

Kunsttheorie Lukács', die, an einer strengen Widerspiegelungsdoktrin festhaltend, nicht bereit ist, »der Kunst ein Überschreiten der Wirklichkeit durch eine bloß ideale Darstellung zu erlauben.« [4]

1. Ideologische Bindung und utopischer Überschuß

Wir behaupten, daß eine Differenzierung – um nicht zu sagen: Revision – des marxistischen Ideologiebegriffs conditio sine qua non der Blochschen Hoffnungsästhetik ist [5]. Geht alles Schöne – wenn man es in eine vielleicht überspitzte Alternative bringen darf – ebenso in Ideologie auf, wie alle Ideologie verschönt? Oder kann Schönes verstanden werden als Gegenzug zu einer ›schlechten Welt‹, d. i. Antizipation einer besseren – mithin geradezu als ›Anti-Ideologie‹? »Im *Prinzip Hoffnung* ist ... ein historisch weiter ausholendes und weniger konkret-zeitkritisches Fragen nach dem verpflichtenden Erbe in Theater, Musik, Malerei, Literatur, Magie, Religion und Philosophie bestimmend.« [6] Dieser erkenntnisleitende Gesichtspunkt des ›Erbes‹ tangiert den Ideologiebegriff zutiefst.

Apologetisch mit einem Schlecht-Vorhandenen zu versöhnen: so definiert Bloch die Absicht der Ideologie [7], in erster Annäherung – die gesellschaftliche Analyse allerdings voraussetzend – gewiß nicht unzutreffend. Entscheidend ist jedoch die Wendung, die das Konzept alsbald nimmt: Auch Ideologie nämlich kann nicht versöhnen ohne zu verschönern, und sie kann nicht verschönern ohne ein »Übersteigen des Vorhandenen«, was wiederum nicht möglich ist ohne ›utopische Funktion‹ [8]. Ideologien, im Wortlaut durchaus Marxisch als ›Gedanken der herrschenden Klasse‹ interpretiert, enthalten mithin außer dem zum Gesamtwohl hypostasierten Klasseninteresse »jenes Vermissungs- und Überholungsbild einer Welt ohne Entfremdung, das vor allem im Bürgertum Kultur heißt und das die utopische Funktion zum Teil auch in jener Klasse am Werk zeigte, die sonst in ihrer Entfremdung sich wohlfühlte. (...) Ohne die utopische Funktion ist überhaupt kein geistiger Überschuß übers jeweils Erreichte und so Vorhandene erklärbar, sei dieser Überschuß auch noch so voll von Schein statt von Vor-Schein.« [9]

Ideologie, m. e. W., ist prinzipiell unter dem Aspekt des Schönen gesehen, das da die an ihre Zeit gebundenen Klasseninteressen ›verschönt‹; und diesem Schönen inhäriert offenbar der Hang, die Klasseninteressen zu transzendieren. Mündet hier das Blochsche Bemühen »in eine ontologische Eschatologie aus«? [10] Ideologie jedenfalls, so setzt Bloch die »Begegnung der utopischen Funktion mit Ideologie« fest, ist »mit der bloßen Bindung an ihre Zeit nicht erschöpft ... Und auch nicht mit dem bloßen falschen Bewußtsein über ihre Zeit, das alle bisherigen Kulturen begleitet hat.« [11] Es gibt einen ›Überschuß‹ über Ideologie, der aus der ›utopischen Funktion‹ stammt, und er ist es, auf den es Bloch ankommt; dabei verbirgt es eher die sprengende Kraft seiner Revision, wenn diese bei ihm nur als die »andere Seite der Ideologie« Erwähnung findet, »die mit bloß falschem Bewußtsein und mit der Apologetik einer bloßen, historisch abgetanen Klassengesellschaft nicht im ganzen Umfang« zusammenfällt [12].

Die Betrachtung von Ideologie sub specie utopiae legt zugleich den Weg zum ›Erbe‹ frei. Wenn es Marx zum Problem geworden sei, »wieso Werke des Überbaus auch nach Wegfall ihrer gesellschaftlichen Grundlagen im Kulturbewußtsein sich fortschreitend reproduzieren«, so statuiert Bloch: Hier eben werde der ›kulturelle Überschuß‹ sichtbar: »die Blüten der Kunst, Wissenschaft, Philosophie bezeichnen allemal noch mehr als das falsche Bewußtsein, das eine Gesellschaft jeweils über sich selber hatte und zu ihrer Verschönerung standortgebunden verwandte.« Das Ideologieproblem wird mithin entscheidend »nach Seite des kulturellen Erbproblems« verschoben [13].

So ist es denn auch, im Hinblick auf die Kunst, das ›Zertrümmern‹ des »bloß kulturhaft-ideologischen Zusammenhangs«, das dessen utopischen ›Grund‹ freilegt [14]. Damit jedoch scheint die ideologische Totalität nicht nur modifiziert, sondern prinzipiell durchbrochen. Wenn, wie sich Bloch auf Marx beruft, die »Reform des Bewußtseins« nichts anderes ist als die »Vollziehung der Gedanken der Vergangenheit«, so führen auch »die Klassenideologien, worin die Großwerke der Vergangenheit stehen, ... genau auf jenen Überschuß über das standortgebundene falsche Bewußtsein, der fortwirkende Kultur heißt« [15]. Aus dieser Linie wird nicht nur der erwähnte Marxsche Gedanke, sondern im Grunde der gesamte Marx interpretiert. In Summa, wiederum auf Marx anspielend: »ohne utopische Funktion hätten es die Klassenideologien nur zur vergänglichen Täuschung gebracht, nicht zu den Mustern in Kunst, Wissenschaft, Philosophie. Und es ist eben dieser Überschuß, der das Substrat des Kulturerbes bildet«, und der mithin transideologisch definiert ist: »Alle bisherige große Kultur ist Vor-Schein eines Gelungenen« [16].

Es erhellt, daß der Aspekt des Kulturerbes [17], der Impuls gleichsam zur Rettung des ›fortwirkenden Kultursubstrats‹, das Gleichgewicht des Ideologiekonzepts in bedeutsamer Weise verändert: Aus der Marxschen Einheit von Theorie und Praxis, unter deren Primat die sozialen Bedingungen des verselbständigten ideologischen Scheins zugleich untersucht und aufgehoben werden sollen, aus der Marxschen Unterscheidung von Wahrheit und Falschheit, die sich auf den konkreten gesellschaftlichen Zustand und dessen Verklärungsbedürftigkeit bezieht, wird bei Bloch die Unterscheidung von Kulturgebundenheit und Kulturtranszendenz. Damit wird dasselbe Element der Ungleichzeitigkeit aktualisiert und zum prinzipiellen Postulat hochgesteigert, das Marx noch ausdrücklich als eine Schwierigkeit für seine Theorie empfunden hatte. Bloch demgegenüber muß alles darauf ankommen, den Menschen als ›offenes Wesen‹ zu begreifen, das die historischen Totalitäten, in denen es sich vorfindet, prinzipiell ›nach vorne‹ zu durchbrechen vermag. So ist es auch in der Tat Blochs fundamentale Bestrebung, zu begründen, was er programmatisch formuliert: »Erwartung, Hoffnung, Intention auf noch ungewordene Möglichkeit: das ist nicht nur ein Grundzug des menschlichen Bewußtseins, sondern ... eine Grundbestimmung innerhalb der objektiven Wirklichkeit insgesamt.« [18]

Die Problematik der Blochschen Ontologie [19] soll hier nicht weiter verfolgt werden; wenn jedoch die Welt selbst nur ›Anlage‹, ›reale Möglichkeit‹ ist, so finden wir in dieser Auffassung einen ersten Hinweis auf die eingangs behauptete Affinität seiner philosophischen Theorie zur Kunst: die ›utopische Phantasie‹ ist ja Vehikel gleichermaßen der Kunst wie der Weltveränderung; Kunst selbst, als Konkretisierung und Erweiterung von Möglichkeiten gedeutet, gewinnt damit einen eminent wichtigen Modellcharakter für das Marxsche telos ›humanisierte Natur‹. »Schönheit, gar Erhabenheit sind derart stellvertretend für ein noch nicht gewordenes Dasein der Gegenstände« [20].

2. Kunst als Vor-Schein

Kunst also geht in Ideologie nicht auf; »jedes große Kunstwerk (ist), außer seinem manifesten Wesen, auch noch auf eine Latenz der kommenden Seite aufgetragen, soll heißen: auf die Inhalte einer Zukunft, die zu seiner Zeit noch nicht erschienen waren, ja letzthin auf die Inhalte eines noch unbekannten Endzustands. Nur aus diesem Grund haben die großen Werke jeder Zeit etwas zu sagen, und zwar Neues, das die vorige Zeit an ihnen noch nicht bemerkt hatte.« [21] Sie haben implizit einen utopischen Hintergrund, der das Überleben der Werke garantiert und der allein es erlaubt, Kunst als Erbe zu rezipieren [22]. Die utopische Funktion der Kunst sei bisher freilich weithin unentdeckt [23]; ihrer Entdeckung widmet Bloch seit je besondere Aufmerksamkeit, vom *Geist der Utopie* bis zum *Prinzip Hoffnung*. Odysseus, Faust, Don Giovanni sind ihm »Figuren menschlicher Grenzüberschreitung«; [24] das Genie ist ihm »Pionier an den Grenzen einer vorrückenden Welt«, [25] »an der Front der Welt« [26]; die Kunst ist mit »Vollkommenheitssymbolen« gefüllt [27], die bildende Kunst stellt »Wunschlandschaften« dar [28].

In dem Abschnitt »Künstlerischer Schein als sichtbarer Vor-Schein« [29] finden sich die wichtigsten theoretischen Bestimmungen des Blochschen Kunstbegriffs – übrigens an so prominenter Stelle im Werk, dem philosophisch zentralen Kapital über die Kategorie ›Möglichkeit‹ vorgeschaltet, daß sein Kunstbegriff geradezu als Schlüssel zu seinem Utopiebegriff erscheinen muß. Wenn Kunst Vor-Schein eines Kommenden sein soll, so wäre vorab ihr Wahrheitscharakter zu bestimmen. Ist jedoch Kunst mehr als »scheinendes Spiel«, mehr als »Erscheinung der Idee« (Plotin und Hegel), gar »Lüge« (Nietzsche)? Gehört sie nicht zu den idola theatri Bacons? [30] Sind nicht, so fragt Bloch, »Künstler von Anfang bis Ende dem Schein verschworen«, haben sie »keinen Hang zur Wahrheit, sondern den entgegengesetzten«? [31] In allen Einwänden gegenüber der Kunstwahrheit – deren Bloch empirische, rationalistische und spirituell-religiöse unterscheidet – »tritt der Wahrheitsanspruch *gegen* das Schöne hervor.« [32] Demgegenüber könne einmal verwiesen werden auf die bildhafte Wahrheit »in den Beschreibungen und Erzählungen großer realistischer Dichter. Das nicht nur in der Schicht sinnlicher Gewißheit, sondern auch in derjenigen breit eröffneter gesellschaftlicher Zusammenhänge, naturhafter Prozesse.« [33]

Es ist durchaus bezeichnend, daß dieser Bereich – ohne Zweifel ein Kernstück marxistischer Kunstsoziologie, von den Bemerkungen Engels an bis hin zu Blochs großem Antipoden Lukács – nur en passant Erwähnung findet. Denn auch und gerade das realistische Kunstwerk »ist als Kunstwerk doch noch etwas anderes als ein Quell historischer, naturkundlicher Kenntnisse, gar Erkenntnisse. ... Ein Schein des Rundens, Überrundens ist ... auch in noch so realistischen Kunstgebilden ... unübersehbar. Und ganz ›überbietend‹ wirkt großer Schein in jenen Kunstwerken, die sich selbst nicht als primär realistisch anbieten« [34]. Bloch also transzendiert – ungeachtet seiner Realismushuldigung [35] – wesentliche Elemente marxistischer Ästhetik, vielleicht ähnlich, wie er »die soziologisch-historische Untersuchung der aus dem gesellschaftlichen Prozeß dialektisch hervorgetriebenen objektiven Möglichkeiten (überspringt)« [36].

Dementsprechend muß er auch die Frage nach der Wahrheit der Kunst in völlig anderer Weise als in der marxistischen Tradition stellen und beantworten: sie wird ihm philosophisch zur Frage »nach der gegebenenfalls vorhandenen Abbildlichkeit des schönen Scheins, nach seinem Realitätsgrad in der keineswegs einschichtigen Realität der Welt.« [37] Diese Welt ist eine prozeßhaft-offene, schreibt er an anderer, wegen ihrer Spitze gegen Lukács besonders interessanten Stelle: darum ist »eine Begriffstapete bloßer, auf alles angewandter und gleichförmiger Betrachtung ... selbst für manche marxistisch versuchte Ästhetiken eine Gefahr«, selbst die sich realistisch gebenden [38]. »Inhaltlich-materielle Kunst samt ihrer Theorie (kann) gar nicht umhin ..., eine perspektivenhafte, eine des wirklichen, statt des bloß behaupteten Prozesses ..., eine ungeschlossene zu sein, sondern eine in der Weise des zu Ende getriebenen Vor-Scheins geschehende Darstellung der Tendenz und Latenz ihrer Gegenstände.« [39]

Blochs Kunsttheorie und seine Utopietheorie verweisen unabdingbar aufeinander. »Utopie als Objektbestimmtheit, mit dem Seinsgrad des Realmöglichen« [40], das an anderer Stelle als »dialektische Materie« definiert wird [41], diese Utopie erlangt »an dem schillernden Kunstphänomen ein besonders reiches Problem der Bewährung.« [42] Und Blochs Antwort auf die ästhetische Wahrheitsfrage lautet: »Künstlerischer Schein ist überall dort nicht nur bloßer Schein, sondern eine in Bilder eingehüllte, nur in Bildern bezeichenbare Bedeutung von Weitergetriebenem, wo die Exaggerierung und Ausfabelung einen im Bewegt-Vorhandenen selber umgehenden und bedeutenden Vor-Schein von Wirklichem darstellen, einen gerade ästhetisch-immanent spezifisch darstellbaren.« [43]

Gerade die letzte Wendung ist besonders aufschlußreich: ›Ästhetische Immanenz‹ gilt im Rahmen der marxistischen Tradition geradezu als Paradebeispiel ideologischer Verselbständigung einer geistigen Sphäre. Die Privation einer Beziehung von Kunst auf Außerkünstlerisches, eher Kennzeichen traditioneller Geisteswissenschaft, ist freilich bei Bloch auch nicht gemeint. Die Immanenz der Kunst in der Zeit in Richtung auf Gesellschaft ebenso durchbrechend – oder vielleicht: als durchbrochen voraussetzend – wie die Immanenz der Zeit in Richtung auf Utopie, ist Bloch gewiß keinem l'art pour l'art-Prinzip zuzurechnen. Auf der anderen Seite gestattet es sein Ansatz, die – wenn man es paradox formulieren will – ›immanente‹ Vollendung der Kunst als Ausdruck ihrer ›Transzendenz‹ aufzufassen: Der Vor-Schein, die utopisch-transzendierende Relevanz der Kunst, wird eben dadurch erlangbar, »daß Kunst ihre Stoffe, in Gestalten, Situationen, Handlungen, Landschaften zu Ende treibt, sie in Leid, Glück wie Bedeutung zum ausgesagten Austrag bringt. Vor-Schein selber ist dies Erlangbare dadurch, daß das Metier des Ans-Ende-Treibens in dem dialektisch offenen Raum geschieht, worin jeder Gegenstand ästhetisch dargestellt werden kann. Ästhetisch dargestellt, das bedeutet: immanent gelungener, ausgestalteter, wesenhafter als im unmittelbar-sinnlichen oder unmittelbar-historischen Vorkommen dieses Gegenstandes.« [44]

Bloch also ist weder einfach einer Ästhetik zuzuordnen, die Kunst aus einem abstrakt aufgefaßten Gegensatz zur Wirklichkeit versteht, noch einer wirklichkeitsintegrierten Totalitätsästhetik. Der Rekurs auf das ›immanente‹ Gelungensein des Gegenstandes meint ja keine Abschließung von der Realität, sondern deren Vollendung, gedeutet als Vorwegnahme eines Real-Werdenden. Damit jedoch, so scheint uns, schließt Bloch im Grunde an den älteren Kunstbegriff etwa im Sinne einer Umgestaltung der Natur zum menschlichen Gebrauch an, einen Kunstbegriff, vor dessen Hintergrund auch schöne Kunst »eine Perfektionierung der Wirklichkeit und nicht ihre scheinhafte Maskierung, Verschleierung oder Verklärung« darstellt [45]. Diese ›Perfektionierung der Wirklichkeit‹ kann für den Blochschen Kunstbegriff in der Tat angenommen werden, auch dann, wenn er auf dem ›Schein‹-Charakter der Kunst einer bestehenden Wirklichkeit gegenüber insistiert, wenn also Kunst nach dieser Seite ›Ideologie‹ bleibt. Die Modifikation des Ideologiekonzepts hat jedoch, wie sich zeigt, unmittelbare Folgen für den Kunstbegriff. Nicht so sehr ›Schein‹ ist Kunst, sondern eben ›Vor-Schein‹; ›ästhetisch‹ bedeutet ›gelungener‹ als die empirische Realität, Gelungenheit aber bezeichnet die ›noch ausstehende Seinsart‹, eine Seinsart, die in Kunst als der in einzelnen Darstellungen vollendeteren Realität vorweggenommen wird; Kunst, m. e. W., läßt auf ein gelungeneres Sein hoffen [46]. »Also treibt Kunst Weltgestalten, Weltlandschaften, ohne daß sie untergehen, an ihre entelechetische Grenze: nur die ästhetische Illusion löst sich vom Leben los, der ästhetische Vor-Schein dagegen ist gerade einer, weil er im Horizont des Wirklichen selber steht.« [47] Kunst ist »Nicht-Illusion, denn sie wirkt in einer Verlängerungslinie des Gewordenen, in seiner gestaltet-gemäßeren Ausprägung.« [48]

Dem Scheincharakter der Kunst schließlich entspricht ihr Traumcharakter: Kunst ist, wie sie Schein ist, auch Traum; jedoch kein Nacht-Traum – »denn Nachtträume speisen sich allermeist aus zurückliegendem Triebleben, ... es geschieht nichts Neues unter ihrem bloßen Mond« [49] – sondern ›Tag-Traum‹: ästhetisch gesteigerter [50] gestalteter ›Traum nach vorne‹ [51]. Bezeichnend ist dabei, daß auch dem Traum, wie dem Schein, Wahrheit zukommt, »die Wahrheit des Utopisch-Kreativen, des ins gute Neue gerichteten Bewußtseins« [52]. Wiederum verweist die Kunsttheorie zentral auf die allgemeine: »die bessere Welt ohne weiteres auch als die schönere« setzend intendiert »der Tagtraum als Vorstufe der Kunst ... besonders sinnfällig Weltverbesserung«; ›Wachtraum‹ und ›Welterweiterung‹, »als tunlichst exaktes Phantasieexperiment der Vollkommenheit«, ist »dem ausgeführten Kunstwerk vorausgesetzt; ja nicht nur dem Kunstwerk.« [53]

Kunst ist, m. e. W., als jener »Traum von einer Sache« Marxens interpretiert, von der die Welt »nur das Bewußtsein besitzen muß, um sie wirklich zu besitzen« [54]; sie ist ›Traumutopie‹, ›weltverbessernde Phantasie‹ [55], wie sie als gestalteter Schein der Vor-Schein einer ›humanisierten Natur‹ im Sinne Marxens ist. Kunst ist, wie das Wissen, zukunftsbezogen, und diese Zukunftsbezogenheit ist zugleich der ›archimedische Punkt‹ der Blochschen Theorie wie seiner Marx-Interpretation [56]. Zum telos einer ›human vollkommenen Welt‹ stehen zudem alle ästhetischen Kategorien in Relation – »als l'art pour l'espoir« [57].

L'art pour l'espoir: In dieser Formel läßt sich der Blochsche Kunstbegriff vielleicht am besten zusammendrängen. Es ist ein Kunstbegriff, der ganz auf die Offenheit, ja Gebrochenheit seines Gegenstandes abstellt. Darum auch bezeichnet Bloch die ›Autarkie‹ der Kunst als eine falsche, denn der Schein der Abgeschlossenheit verdecke den Vorschein; darum auch wird ihm das Fragment zur Kunstform schlechthin.

›Fragment‹ meint dabei ein doppeltes: zum einen das Werk, dessen »Immanenz nicht bis zur formalinhaltlichen Geschlossenheit getrieben ist« [58], wofür ihm Michelangelo das große Exempel bietet [59]. Zum andern aber entsteht das Fragment durch »Zertrümmern der Oberfläche wie weiter auch des bloß kulturhaft-ideologischen Zusammenhangs, worin die Werke gestanden haben« [60]. Damit gewinnt der Fragmentbegriff eminente Bedeutung für die Differenzierung von ideologischen und utopischen Elementen an Kunst und für die ›Aneignung des Erbes‹. Bloch spricht geradezu von einem »Zerfall zur Verwesentlichung«, in dem große Kunst zum »nachträgliche(n) Fragment« wird: »denn der utopische Grund geht auf, in den das Kunstwerk eingetragen war. Wenn die Aneignung des Kulturerbes immer kritisch zu sein hat, so enthält diese Aneignung, als besonders wichtiges Moment, die Selbstauflösung des zum musealen Objet d'art Gemachten, aber auch der falschen Abgeschlossenheit, die das Kunstwerk an Ort und Stelle haben mochte« [61]. Mithin, so kann man mit Bloch zusammenfassen, »das Fragment steckt in der Sache selber, es gehört, rebus sic imperfectis et fluentibus, noch zur Sache der Welt.« [62] Künstlerischer Vor-Schein ist konkret in dem Maß, »als ihm das Fragmentarische in der Welt letzthin die Schicht und das Material dazu stellt, sich als Vor-Schein zu konstituieren.« [63]

Im Fragmentbegriff Blochs ist die Affinität von Kunst und seinsollender Welt fast bis zur Kongruenz getrieben. Dasselbe kann von der Affinität von Schönheit und Wahrheit behauptet werden. Die Definition, die Bloch von Kunst und ihrem Wahrheitswert gibt, lautet: »Kunst ist ein Laboratorium und ebenso ein Fest ausgeführter Möglichkeiten, mitsamt den durcherfahrenen Alternativen darin, wobei die Ausführung wie das Resultat in der Weise des fundierten Scheins geschehen, nämlich des welthaft vollendeten Vor-Scheins.« [64]

D. Resume

Das Bemühen dieser Arbeit ging darauf aus, Aspekte und Möglichkeiten eines Kunstbegriffs zu erarbeiten, der, Kunst als eine vielfältig mit historisch-sozialer Realität vermittelte und auf diese Realität verweisende Form begreifend, durch diese Beziehung wesentlich mitkonstituiert ist. Die Forderung nach einem derartigen Kunstbegriff erscheint – will man den noch immer weithin kurrenten starren, neutralisierenden und isolierenden Dualismus von ›Kunst‹ und ›Wirklichkeit‹ überwinden – unabweisbar. Eine derartige Forderung aber wäre die Voraussetzung einer Kunst-Soziologie, die nicht sowohl nach ›Außenaspekten‹ ihres Gegenstandes, der Kunst, fragt, sondern die dessen Vermittlung mit ›Äußerem‹ bis in seinen substantiellen ästhetischen Kern verfolgt.

Für diese interdisziplinäre Problematik mußte in erster Linie die von Marx und darüber hinaus von Hegel beeinflußte Wissenschaftstradition relevant erscheinen. Und das – was Hegel betrifft – in doppelter Hinsicht: denn in ihm treffen wir nicht nur den Ausgangspunkt dessen, was man verkürzend dialektische Totalitätsbetrachtung nennen darf, sondern zugleich den Kulminationspunkt der klassischen deutschen Ästhetik an. Der Versuch lag nahe, diese Koinzidenz für unsere Fragestellung fruchtbar zu machen und die von Marx ausgehenden Entwicklungslinien nicht nur – wenn auch in begrenzten Ausschnitten – in die Moderne zu verfolgen, sondern zugleich dem nachzuspüren, was an Möglichkeiten für unsere Thematik im älteren, auf Hegel gravitierenden ästhetischen Denken – das ja in vieler Hinsicht ein ebensowohl geschichtsphilosophisches Denken war – bereitliegen mochte.

Es fanden sich vorab bei Marx mehrere kunsttheoretische Möglichkeiten schon angelegt. Was zunächst die Anwendung seines Ideologiebegriffs auf Kunst angeht, so pointierten wir, daß sich, da Ideologie einen radikaler Kritik unterworfenen Sachverhalt meint, ein ontologisiertes Neben- oder auch Übereinander von künstlerischem und gesellschaftlichem Bereich ebensowenig auf Marx berufen könne wie eine monokausal interpretierte Dependenz des Ideologischen vom ›Unterbau‹. Freilich wurde in diesem Zusammenhang zugleich das Problem von Genesis und Geltung relevant, denn obschon Kunst nicht einsinnig determiniert ist, gehört sie, als ideologische Form, doch letzten Endes einer konkreten historischen Totalität zu. Dem aber scheint die Abhebbarkeit historisch gewordener künstlerischer Werte und ihre phänomenal ›überhistorische‹ Rezipierbarkeit eben zu widersprechen. Auf der andern Seite machte es das im ideologischen Schein enthaltene Moment von Wahrheit erwägenswert, den schönen Schein der Kunst als ›wahren‹ gegenüber einer entfremdeten, insofern ›falschen‹ Realität aufzufassen. Wichtig erschien zudem, daß für Kunst – anders als für den ideologischen Schein der Religion und Philosophie – auch in der emanzipierten Gesellschaft Raum ist. Das ließ die Möglichkeit offen, Kunst, auch wo sie noch unter den Bedingungen der menschlichen Selbstentfremdung steht, als Antizipation des ›wahren menschlichen Lebens‹ zu interpretieren. Schlüssel zu einem Kunstbegriff ›zwischen Ideologie und Utopie‹ ist somit diese Beziehung auf eine gegenwärtig entfremdete und antizipiert nichtentfremdete Gesellschaft. Diese Beziehung aber ist auch in der klassischen deutschen Ästhetik Schillers und Hegels nachweisbar.

Wir konnten an Hand repräsentativer Texte zeigen, daß Herder, Schiller und Hegel einen geschichtsphilosophisch begründeten Kunstbegriff entwikkelt hatten, aus dem die Beziehung – nicht zuletzt die kritische Beziehung – auf Gesellschaft und Geschichte schlechterdings nicht wegzudenken ist. Diese im wissenschaftlichen Bewußtsein weithin verschütteten Aspekte waren zu reaktualisieren.

Vorab bei Herder ist ›geschichtliches Bewußtsein‹ ein Bewußtsein für den Eigenwert historischer Totalitäten einschließlich der ihnen zugehörigen ästhetischen Produktionen. Diese ästhetischen Produktionen sind material bedingt, und diese materiale Bedingtheit ist nicht zuletzt als eine gesellschaftliche gedacht. Eine von Raum, Zeit und Gesellschaft abstrahierende Ästhetik ist demnach mit dem historischen Bewußtsein zumindest Herders unvereinbar. Zudem finden sich bei Herder schon Ansätze, die über ein bloßes Zuordnungsverfahren – mag dies immerhin eine Minimalbedingung kunstsoziologischer Relationierung darstellen – hinausgehen; und dies schon vermöge der Verbindung seiner geschichtsphilosophisch begründeten Ästhetik mit einer Humanitätsutopie.

Diese Verbindung fand sich bei Schiller in radikalisierter Form: Hier erstmals ist ein Kunstbegriff nicht nur auf Gesellschaft und Geschichte bezogen, sondern zugleich gesellschaftskritisch akzentuiert. Schöne Kunst wird nun zwar einer Wirklichkeit entgegengesetzt und aus diesem Gegensatz verstanden, jedoch ist dieser Gegensatz kein abstrakt-allgemeiner; vielmehr ist Kunst nur von einer konkret-entfremdeten, mit allen Merkmalen der Krise ausgestatteten Welt radikal abgesetzt. Kunst konnte einmal – so das dialektische Modell – wo eine nichtentfremdete Welt ihr Schönheit und Wahrheit zugleich darzustellen erlaubte, ›realistisch‹ sein; nun, gegenüber einer entfremdeten Welt, kann sie Schönheit nur als Utopie, als Vorgriff auf intendierte Humanität darstellen. Mehr noch: sie wird, Wahrheit in der Täuschung festhaltend, zum Vehikel im Hinblick auf deren Verwirklichung.

Bei Hegel schließlich ist Kunst als theoretische und praktische Tätigkeit gedacht, die, ineins erkennend und produzierend, im Äußeren das Wahre realisiert. Dieses Wahre jedoch vermag, gegenüber einer in sich unwahren Realität in Anschlag gebracht, enthüllend zu wirken. Somit ergibt sich von Hegel her die Möglichkeit, Kunst nicht sowohl im Medium des Ideologischen, als im Medium der Ideologiekritik zu interpretieren: Der Schein der Versöhnung von Freiheit und Notwendigkeit, den zu leisten ihr aufgegeben ist, wäre nur dann Ideologie, wenn er sich als schon verwirklichter gäbe, nicht jedoch als Darstellung möglicher Versöhnung. Dies findet auch darin seinen Niederschlag, daß Kunst den idealen Weltzustand ausdrücklich im Unterschied zur Wirklichkeit darstellen soll. Ohnehin ist die Reflexion auf den Weltzustand für Hegels Kunstauffassung konstitutiv, und dies schon vermöge der konkret historischen Sättigung seines Geistbegriffs. Die ›plastische Totalität‹ der nichtentfremdeten Welt vermag sich voll in Kunst auszudrücken, indes die ›prosaische‹ Welt nur begrenzter Kunstwahrheit fähig ist. Damit weist der Hegelsche Kunstbegriff eine historisch differenzierende Komponente auf, die durchaus erneut fruchtbar zu machen wäre.

Wenn wir demnach in der klassischen deutschen Ästhetik Modelle für eine ebenso gesellschaftsbezogene wie gesellschaftskritische Kunsttheorie antrafen, so verfolgten wir die über Marx laufende Linie schließlich an zwei Beispielen der Moderne.

Arnold Hauser schien relevant als der Autor der bislang einzigen umfassenden *Sozialgeschichte der Kunst und Literatur,* deren Grundbegriff ihm zufolge ›Ideologie‹ ist. Freilich zeigte sich in der Analyse die eklektische Konstruktion dieser Hauserschen Kategorie, die, ›Ideologie‹ nicht nur repsychologisierend, sondern zugleich zu purem Standpunktperspektivismus verflachend, und Ideologiekritik als Enthüllungstechnik interpretierend, die kritische Intention des Marxschen Konzepts ebenso verfehlte wie deren konkrete. ›Ideologie‹ erwies sich insbesondere als primär auf Kunst hin umfunktionierte Kategorie, die, Kunst als ›positives‹ Überbauphänomen präjudizierend, alle im Konzept ursprünglich angelegten kritischen Bestimmungen preisgab. Unter diesem Aspekt ist schließlich auch das Postulat einer ›Eigenvitalität des Überbaus‹ zu sehen, die das Marxsche Dilemma angesichts der ideologischen Genesis bei transideologischer Geltung der Kunst ontologisch, ja letztlich dezisionistisch behandelt.

Bei Bloch schließlich wird das Ideologiekonzept selbst entscheidend nach der Seite des kulturellen Erbproblems verschoben. Kunst insbesondere – obschon ideologischen Ursprungs – ist stets mehr als Ideologie, und dieser Überschuß wird als antizipatorisch-utopischer interpretiert. Damit entgeht Bloch zugleich dem Dilemma von Genesis und Geltung, freilich letztlich nur auf Grund ontologischer Setzung. Da utopische Phantasie sowohl das Vehikel der Weltveränderung wie die Substanz der Kunst ist, vermag diese Modellcharakter auch für die ›humanisierte Natur‹ einer emanzipierten Zukunft zu gewinnen: Welt neu und immanent gelungener gestaltend als in der empirischen Realität ist Kunst nicht so sehr – wie sonst marxistischer Theorie – ›realistisch‹, vielemehr überholt sie bestehende Realität im Hinblick auf eine erst erhoffte, nichtentfremdete. Dieses Hoffnungsprinzip ist, wie für die Blochsche Theorie überhaupt, so auch für seine Kunstauffassung bestimmend.

Es ist klar, daß mit dem Vorgetragenen nur ein Ausschnitt der für die Möglichkeiten eines gesellschaftsbezogenen Kunstbegriffs relevanten Entwicklung gegeben werden konnte. Naturgemäß kann auch von einer kohärenten Begriffsbildung bei den hier herangezogenen Autoren nicht die Rede sein. Was es gleichwohl rechtfertigt, sie im Hinblick auf unsere Problemstellung zusammenzufassen, ist eine gewisse geschichtsphilosophisch begründete Gemeinsamkeit nicht nur durch die Relationierung der Kunst auf die ihr korrespondierende historisch-soziale Welt, sondern darüber hinaus durch die Auffassung dieser Welt als einer entfremdeten und mithin, in der Konsequenz, der Emanzipation bedürftigen. Ob allerdings der emanzipatorische Impuls, wie er sich aus jenem Denken für die Kunst herleiten läßt, – mit Bloch zu sprechen – »auch nur einigermaßen praktisch wird ..., darüber wird nicht in der Poesie entschieden, sondern in der Gesellschaft.« [65]

Wenn man die herangezogenen Aspekte eines gesellschaftsbezogenen Kunstbegriffs stark abstrahierend zusammenfassen will, so läßt sich etwa sagen, daß Kunst stets einer geschichtlich-gesellschaftlichen Totalität zugehört; sie bezieht sich auf die ihr korrespondierende Realität etwa ergänzend, aber auch antithetisch-kritisch. Diese Realität andererseits bringt Kunst als ihren Ausdruck, aber auch zu ihrer ideologischen Rechtfertigung hervor. Wie sich die Realität im sozio-ökonomischen Progreß findet, so entwickelt sich auch die Kunst – obzwar, gemessen an der Entwicklung dieser Realität, ›ungleichzeitig‹. Diese Ungleichzeitigkeit ergibt sich zum Einen aus der kunstimmanenten Tradition, d. h. aus der Übernahme ›verdinglichter› Formen, die Ausdruck einer früheren Realität gewesen sein mögen. Sie ergibt sich zum anderen daraus, daß Kunst die historische Totalität ›nach vorne‹ zu durchbrechen vermag: dem entspräche wiederum einerseits der Gedanke, daß Kunst als Utopie eine zukünftige Realität antizipiert, andererseits die Möglichkeit historisch späterer Epochen, die Kunst früherer als ›Erbe‹ zu rezipieren. Es wären dies Gesichtspunkte eines gesellschaftsbezogenen Kunstbegriffs, deren Konkretisierung man von einem komplex gesellschaftsbezogenen Denken über Kunst zu erwarten hätte. Vorarbeiten dazu wollte diese Arbeit leisten.

Probleme und Möglichkeiten gesellschaftsbezogener Ästhetik

1 Die Angst, Kunst könne, wenn mitbestimmt durch soziale Faktoren, ihre Selbständigkeit verlieren, ist offenbar tief verwurzelt. Vgl. dazu die einen älteren Diskussionsstand repräsentierende Arbeit von Clemens Lessing, *Das methodische Problem der Literatursoziologie,* Phil. Diss. Bonn 1950, S. 3. Zur neueren Diskussion vgl. etwa den Sammelband Jürgen Kolbe (Hrsg.), *Ansichten einer künftigen Germanistik,* München 1969, sowie Hans Magnus Enzensberger (Hrsg.), Kursbuch 20, *Über ästhetische Fragen,* Frankfurt/M. 1970.

2 Leo Löwenthal, *Zur gesellschaftlichen Lage der Literatur,* in: Zeitschrift für Sozialforschung, Jg. I/1932, S. 88. – Bei dieser Gelegenheit sei darauf hingewiesen, daß wir im allg. ›Kunst‹ und ›Literatur‹ zu einem etwas laxen Oberbegriff zusammenfassen. Der weitaus überwiegende Teil der relevanten theoretischen Bestimmungen – nicht nur bei den herangezogenen Autoren – bezieht sich allerdings auf Literatur und Literaturwissenschaft.

3 Alle Zitate Wolfgang Kayser, *Das sprachliche Kunstwerk,* 11. Aufl., Bern und München 1965, S. 5.

4 Emil Staiger, *Die Zeit als Einbildungskraft des Dichters,* Zürich-Leipzig 1939, S. 13.

5 Diese Bedingung wird bei H. N. Fügen genannt, *Die Hauptrichtungen der Literatursoziologie und ihre Methoden,* Bonn 1964, S. 14 (Vgl. dazu den Beitrag von Warneken in diesem Band). Ähnlich äußert sich A. Silbermann im Art. ›Kunst‹, Fischer-Lexikon Soziologie, Frankfurt/M. 1958, S. 157f.

6 Leo Strauss, *Naturrecht und Geschichte,* Stuttgart 1956, S. 52 Vgl. kritisch gegenüber der positivistischen Kunstsoziologie – insbesondere gegenüber A. Silbermann – Th. W. Adorno, *Thesen zur Kunstsoziologie,* in: *Ohne Leitbild,* Frankfurt/M. 1967, S. 94ff.

7 Im 19. Jahrhundert etwa Semper, Morris, aber auch Burckhardt. Im 20. Jahrhundert sind die Werkbund- und schließlich die Bauhausbewegung der akademischen Selbstisolierung der Künste entgegengetreten. Vgl. H. M. Wingler, *Das Bauhaus,* 2. erw. Aufl., Bramsche 1968.

8 Karl Marx in: Karl Marx, Friedrich Engels, *Werke,* hrsg. v. Institut für Marxismus-Leninismus beim ZK der SED, Bd. 13, Berlin 1961, S. 641.

9 Die Stelle steht im Rahmen von Überlegungen Marxens über »Das unegale Verhältnis der Entwicklung der materiellen Produktion z. B. zur künstlerischen«, a.a.O., S. 640.

10 Hans Barth hat – mit welchem Recht kann hier nicht untersucht werden – die Stelle zum Angelpunkt seiner Kritik des Marxschen Ideologiekonzepts gemacht; *Wahrheit und Ideologie,* Erlenbach-Zürich und Stuttgart, 2. erw. Aufl., 1961, S. 148 ff. Ähnlich äußert sich Peter Demetz, *Marx, Engels und die Dichter,* Stuttgart 1959. Vgl. zur Auseinandersetzung mit dieser Stelle auch Georg Lukács, *Literatur und Kunst als Überbau,* in: *Beiträge zur Geschichte der Ästhetik,* Berlin 1954, S. 424; ders., *Kunst und objektive Wahrheit,* in: *Probleme des Realismus,* Berlin 1955, S. 33 f.; Bertolt Brecht, *Werke,* Bd. 19, Frankfurt/Main, 1967, S. 549 f.; Ernst Bloch, *Das Prinzip Hoffnung,* Frankfurt/Main 1959, S. 176; Arnold Hauser, *Philosophie der Kunstgeschichte,* München 1958, S. 192 f. (Die Stellungnahmen der beiden letztgenannten Autoren werden in unserem Teil C erörtert.) Michail Lifschitz, *Karl Marx und die Ästhetik,* Dresden 1960, S. 144 f.

11 Die Einleitung *Zur Kritik der politischen Ökonomie,* geschrieben 1857 und unvollendet geblieben, wurde 1902 wieder aufgefunden, 1903 in *Die neue Zeit* veröffentlicht und erst 1939 als *Grundrisse der Kritik der politischen Ökonomie (Rohentwurf)* herausgegeben. Vgl. Anm. 402, Marx, Engels, *Werke,* a.a.O., Bd. 13, S. 707.

12 Franz Mehring, *Zur Literaturgeschichte,* Bd. 1, Berlin 1929, S. 16, vgl. 18 ff.

13 Wilhelm Hausenstein, *Die Kunst und die Gesellschaft,* München o. J., S. 24.

14 G. W. Plechanow, *Kunst und Literatur,* Berlin 1954, S. 195 f.

15 Vgl. zur sowjetischen Entwicklung Herman Ermolaev, *Soviet Literary Theories 1917–1934,* Berkeley und Los Angeles 1963; W. I. Lenin, *Parteiorganisation und Parteiliteratur,* in: *Über Kultur und Kunst,* Berlin 1960, S. 59 ff.; Gleb Struve, *Geschichte der Sowjetliteratur,* München 1957, S. 13, S. 247 ff., E. J. Simmons, *Sowjetliteratur und staatliche Kontrolle,* in: *Der Mensch im Spiegel der Sowjetliteratur,* hrsg. v. E. J. Simmons, Stuttgart 1956, S. 9 ff.

16 Theodor W. Adorno, *Einleitung in die Musiksoziologie,* Frankfurt/Main 1962, S. 211; vgl. ders., *Noten zur Literatur II,* Frankfurt/Main 1961, S. 163. Vgl. zu diesem Zusammenhang auch Herbert Marcuse: »Die Kunst steht gegen die Geschichte, leistet ihr Widerstand, einer Geschichte, welche stets die der Unterdrückung gewesen ist; denn die Kunst unterwirft die Wirklichkeit Gesetzen, die andere als die etablierten sind: den Gesetzen der Form, welche eine andere Wirklichkeit hervorbringt – die Negation der etablierten selbst dort, wo Kunst die etablierte Wirklichkeit abschildert.« (*Repressive Toleranz,* in: R. P. Wolff u. a., *Kritik der reinen Toleranz,* Frankfurt/Main 1966, S. 100). Auch Ernst Fischer vindiziert der Kunst – allerdings nur der Kunst der Moderne – ein kritisches Potential (*Kunst und Koexistenz,* Reinbek bei Hamburg, 1966, S. 165).

17 Th. W. Adorno, *Noten zur Literatur III,* Frankfurt/Main 1965, S. 114.

18 Ders., *Einleitung in die Musiksoziologie,* a.a.O., S. 222.

19 Rolf Tiedemann, *Studien zur Philosophie Walter Benjamins,* Frankfurt/Main 1965, S. 87.

20 A.a.O., S. 106.

21 A.a.O., S. 101.

22 »Die Theorie der Widerspiegelung ist die gemeinsame Grundlage für sämtliche Formen der theoretischen und praktischen Bewältigung der Wirklichkeit durch das menschliche Bewußtsein. Sie ist also die Grundlage auch für die Theorie der

künstlerischen Widerspiegelung der Wirklichkeit ...«, Georg Lukács, *Kunst und objektive Wahrheit,* in: *Probleme des Realismus,* a.a.O., S. 105.

23 *Soziologische Exkurse,* hrsg. v. Institut für Sozialforschung, Frankfurt/Main 1956, S. 94.

24 Löwenthal, a.a.O., S. 94.

25 Vgl. jedoch die Einwände Otto Brunners gegenüber einer die bürgerliche Gesellschaft transzendierenden Anwendung des Ideologiebegriffs: *Das Zeitalter der Ideologien,* in: *Neue Wege der Verfassungs- und Sozialgeschichte,* 2. verm. Aufl. Göttingen 1968, S. 45 ff., insbes. S. 50.

26 Rolf Gutte, *Marxistische Literaturbetrachtung,* Phil. Diss. Marburg 1951, S. 17 f.; H. Althaus hat das ›Angewiesensein marxistischer Kritik auf Bürgerlichkeit‹ zum Thema eines Essays gemacht: *Georg Lukács oder Bürgerlichkeit als Vorschule einer marxistischen Ästhetik,* Bern 1962, vgl. z. B. S. 43 und 57.

27 *Soziologische Exkurse,* a.a.O., S. 168.

28 Vgl. J. u. W. Grimm, *Deutsches Wörterbuch,* 5. Bd., Leipzig 1873, Art. ›Kunst‹, Sp. 2666–2684.

29 Alexander Baumgartens *Aesthetica* erschien Frankfurt 1750.

30 Hans-Georg Gadamer, *Wahrheit und Methode,* 2. Aufl., Tübingen 1965, S. 78.

31 A.a.O., S. 80.

Kunsttheoretische Ansätze in der Marxschen Philosophie

1 Vgl. den Sammelband Karl Marx, Friedrich Engels, *Über Kunst und Literatur,* hrsg. v. Michail Lifschitz, 2. Aufl., Berlin 1949.

2 Karl Marx, *Die Frühschriften,* hrsg. v. Siegfried Landshut, Stuttgart 1953, S. 348. Wir zitieren die Marxschen Frühschriften möglichst nach der Ausgabe der Werke, hrsg. v. H.-J. Lieber u. P. Furth, Bd. 1, Stuttgart 1962, sonst nach der Landshutschen Auswahl.

3 Marx (Landshut), a.a.O., S. 349.

4 Marx, Engels, *Werke,* a.a.O., Bd. 13, S. 8 f.

5 Benjamin weist darauf hin, »daß Marx sich nirgends eingehender darüber ausgelassen hat, wie man sich das Verhältnis des Überbaus zum Unterbau im einzelnen zu denken habe. Fest steht nur, daß er eine Folge von Vermittlungen, gleichsam Transmissionen, im Auge hatte, die sich zwischen die materiellen Produktionsverhältnisse und die entfernteren Domänen des Überbaus, zu denen die Kunst zählt, einschalten.« (Anm. zu *Eduard Fuchs, der Sammler und der Historiker,* in: *Das Kunstwerk im Zeitalter seiner technischen Reproduzierbarkeit,* Frankfurt/Main 1963, S. 151). Kritisch gegenüber einer Simplifizierung des Basis-Überbau-Schemas äußert sich auch Georg Lukács, *Die Eigenart des Ästhetischen,* 1. Halbband, Neuwied-Berlin 1963, S. 21; sowie ders., *Einführung in die ästhetischen Schriften von Marx und Engels,* in: *Beiträge zur Geschichte der Ästhetik,* Berlin 1954, S. 193 f.

6 Karl Marx, *Frühe Schriften,* 1. Bd., hrsg. v. Hans-Joachim Lieber u. Peter Furth, Stuttgart 1962, S. 9.

7 A.a.O., S. 13.

8 A.a.O., S. 71.

9 A.a.O., S. 448.

10 A.a.O., S. 492.

11 A.a.O., S. 489.

12 A.a.O., S. 491.

13 A.a.O., S. 497.

14 A.a.O., S. 488.
15 Ebd.
16 A.a.O., S. 489.
17 Vgl. Marx (Landshut), *Manifest der Kommunistischen Partei,* S. 425 ff.
18 Marx (Lieber), a.a.O., S. 103.
19 A.a.O., S. 71.
20 A.a.O., S. 496.
21 A.a.O., S. 767.
22 A.a.O., S. 489.
23 A.a.O., S. 645.
24 Vgl. a.a.O., S. 594 u. 623.
25 Vgl. Marx (Landshut), a.a.O., S. 412 f.
26 A.a.O., S. 358.
27 Vgl. a.a.O., S. 362.
28 Vgl. Marx (Lieber), a.a.O., S. 599.
29 Vgl. Marx (Landshut), a.a.O., S. 349. »Es gibt keine Geschichte der Politik, des Rechts, der Wissenschaft etc., der Kunst, der Religion etc. –«, a.a.O., S. 412.
30 Vgl. Marx (Lieber), a.a.O., S. 594.
31 Vgl. Marx (Landshut), a.a.O., S. 528.
32 A.a.O., S. 474.
33 A.a.O., S. 475. »Die Differenz der natürlichen Talente unter den Individuen ist nicht sowohl die Ursache als der Effekt der Teilung der Arbeit.« Marx (Lieber), a.a.O., S. 624 f.
34 Marx (Landshut), a.a.O., S. 395.
35 »Daß Balzac ... gezwungen wurde, gegen seine eigenen Klassensympathien und politischen Vorurteile zu handeln ... betrachte ich als einen der größten Triumphe des Realismus«, Friedrich Engels, Brief an Margaret Harkness, in: Marx, Engels, *Über Kunst und Literatur,* a.a.O., S. 106. Vgl. zu diesem Problem Georg Lukács, *Vorwort zu Balzac und der französische Realismus,* in: *Schriften zur Literatursoziologie,* ausgew. und eingel. v. Peter Ludz, 2. Aufl. Berlin-Neuwied 1963, S. 249.
36 Marx (Lieber), a.a.O., S. 656.
37 Ebd.
38 Marx, Engels, *Werke,* a.a.O., Bd. 25, S. 828.
39 Marx (Landshut), a.a.O., S. 475.
40 Vgl. Ernst Kux, *Karl Marx – Die revolutionäre Konfession,* Erlenbach-Zürich und Stuttgart 1967, S. 14.
41 Marx (Lieber), a.a.O., S. 601.
42 Ebd.
43 A.a.O., S. 602.
44 Marx, Engels, *Werke,* a.a.O., Bd. 13, S. 624.
45 Marx (Lieber), a.a.O., S. 449.
46 Vgl. H. J. Lieber, *Philosophie – Soziologie, Gesellschaft,* Berlin 1965, S. 7.
47 Marx (Lieber), a.a.O., S. 450.
48 Marx, Engels, *Werke,* a.a.O., Bd. 13, S. 641.
49 Marx (Lieber), a.a.O., S. 491.
50 A.a.O., S. 495.
51 Vgl. Lieber, a.a.O., S. 42.
52 Marx (Landshut), a.a.O., S. 350.
53 A.a.O., S. 369.
54 A.a.O., S. 515 f.; die Bemerkung bezieht sich auf Proudhon.

55 A.a.O., S. 364.
56 A.a.O., S. 525.
57 Diese Tendenz, wie sie sich bei Marx selbst etwa in der Anwendung des Proletariatbegriffs auf die feudalistische Gesellschaft zeigt (a.a.O., S. 509), hat im Marxismus leider mancherlei Nachfolge gefunden. Es ist aber ebenso unsinnig, den Geltungsbereich von auf die bürgerliche Gesellschaft bezogenen Klassenbegriffen historisch zu sehr auszuweiten, wie, um ein anderes Beispiel zu geben, mit dem Feudalismusbegriff alles abzudecken, was es an gesellschaftlichen Formationen zwischen dem späten Rom und der frz. Revolution gab.

Gesellschaftsbezogene Ästhetik bei Herder, Schiller und Hegel

1 Vgl. Ernst Topitsch, *Marxismus und Gnosis,* in: *Sozialphilosophie zwischen Ideologie und Wissenschaft,* Neuwied 1961, S. 235 ff.; K. R. Popper, *Die offene Gesellschaft und ihre Feinde,* 2. Bd., *Falsche Propheten. Hegel, Marx und die Folgen,* Bern 1958; Ernst Kux, a.a.O., insbesondere S. 31 ff.
2 Herders *Auch eine Philosophie der Geschichte zur Bildung der Menschheit* erschien 1773/74; 20 Jahre später entstand Schillers *Über die ästhetische Erziehung des Menschen in einer Reihe von Briefen,* und 1817 ff. hielt Hegel seine Ästhetik-Vorlesung.
3 Vgl. Ernst Cassirer, *Philosophie der Aufklärung,* 2. Aufl., Tübingen 1932, S. 359.
4 Vgl. Friedrich Meinecke, *Die Entstehung des Historismus,* 4. Aufl., München 1965, S. XXXIX u. XLI.
5 Vgl. dazu außer den o. a. Werken von Cassirer und Meinecke auch Rudolf Stadelmann, *Der historische Sinn bei Herder,* Halle/Saale 1928 und Reinhart Koselleck, *Kritik und Krise,* Freiburg/München 1959.
6 Vgl. zum Begriff des ästhetischen Bewußtseins Hans-Georg Gadamer, *Wahrheit und Methode,* a.a.O., insbesondere S. 77 ff. und 84 ff.
7 Vgl. Meinecke, a.a.O., S. 385 und Stadelmann, a.a.O., S. 19 f.
8 Cassirer, a.a.O., S. 420.
9 A.a.O., S. 424.
10 A.a.O., S. 425.
11 Johann Gottfried Herder, *Auch eine Philosophie der Geschichte zur Bildung der Menschheit,* Frankfurt/Main 1967, S. 64.
12 Hans-Georg Gadamer, Nachwort zu Herder, *Auch eine Philosophie* ..., a.a.O., S. 151; diese Bemerkung Gadamers bezieht sich auf Meinecke, a.a.O., S. 408.
13 Vgl. Gadamer, *Wahrheit und Methode,* a.a.O., S. 81.
14 Der Begriff ›Einfühlung‹ wurde, nach dem Zeugnis Meineckes (a.a.O., S. 357), von Herder in die wissenschaftliche Sprache eingeführt.
15 Meinecke, a.a.O., S. 357 u. 385.
16 Stadelmann, a.a.O., S. 109.
17 A.a.O., S. 28.
18 Gadamer, *Nachwort zu Herder,* a.a.O., S. 148.
19 Herder, *Auch eine Philosophie* ..., a.a.O., S. 16, vgl. auch S. 62.
20 A.a.O., S. 19.
21 A.a.O., S. 22.
22 A.a.O., S. 37.
23 A.a.O., S. 40.
24 A.a.O., S. 103; vgl. auch S. 50 über die charakterverändernden ›schweren Bedürfnisse‹ des Nordens, oder S. 73, wo materielle Änderungen solche der Sitten bewirken: »Geschütz erfunden: und siehe! die alte Tapferkeit ... weg«.

25 Herders *Sämmtliche Werke,* hrsg. v. Bernhard Suphan, 5. Bd., Berlin 1891, S. 209.
26 Herder, *Auch eine Philosophie* ..., a.a.O., S. 24.
27 Joh. Winckelmann, *Werke,* Einzig rechtmäßige Originalausgabe, Bd. 1, Stuttgart 1847, S. 117.
28 Herder, *Auch eine Philosophie* ..., a.a.O., S. 22.
29 Meinecke, a.a.O., S. 364.
30 Vgl. Herder (Suphan), a.a.O., 5. Bd., S. 208 f.
31 A.a.O., S. 209.
32 A.a.O., S. 210 f.
33 A.a.O., S. 211.
34 A.a.O., S. 213.
35 A.a.O., S. 214.
36 A.a.O., S. 216.
37 A.a.O., S. 210.
38 A.a.O., S. 217.
39 Vgl. Gadamer, *Nachwort zu Herder,* a.a.O., S. 151.
40 Herder (Suphan), a.a.O., 5. Bd., S. 218.
41 A.a.O., S. 222.
42 A.a.O., S. 222 f.
43 A.a.O., S. 224.
44 Vgl. Stadelmann, a.a.O., S. 45 ff.
45 Herder, zitiert nach Gadamer, *Nachwort zu Herder,* a.a.O., S. 167.
46 Herder, *Auch eine Philosophie* ..., a.a.O., S. 84.
47 A.a.O., S. 100, vgl. auch S. 89.
48 A.a.O., S. 27.
49 A.a.O., S. 106.
50 A.a.O., S. 107.
51 A.a.O., S. 21.
52 Vgl. dazu Stadelmann, a.a.O., S. 82 ff.
53 Herder, *Auch eine Philosophie* ..., a.a.O., S. 114.
54 A.a.O., S. 121.
55 A.a.O., S. 45.
56 Herder (Suphan), a.a.O., Bd. 14, S. 249.
57 Stadelmann, a.a.O., S. 65.

Schillers Ästhetik in politischer Absicht

1 Herbert Marcuse, *Triebstruktur und Gesellschaft,* Frankfurt/Main 1965, S. 185.
2 Cassirer sieht Schillers Leistung als eine der Methodik und ihn selbst »genau auf dem Punkte, an welchem die transzendentale Methode Kants in die dialektische Methode seiner Nachfolger überzugehen beginnt.« (Ernst Cassirer, *Die Methodik des Idealismus in Schillers philosophischen Schriften,* in: *Idee und Gestalt,* Berlin 1921, S. 79 ff., Zit. S. 94). Gadamer demgegenüber bezeichnet die bei Schiller vollzogene Wende als eine inhaltliche, nämlich als eine der radikalen Subjektivierung der Ästhetik (*Wahrheit und Methode,* a.a.O., S. 77). Meinecke gilt Schiller als das ›ergreifendste Beispiel‹ für den Konflikt von normativer und individualisierender Denkweise (Friedrich Meinecke, *Schiller und der Individualitätsgedanke,* in: *Zur Theorie und Philosophie der Geschichte,* 2. Aufl., Stuttgart 1965, S. 285 f.). Während die genannten Autoren Schiller überwiegend unter geistesgeschichtlichem Aspekt sehen, kommt neuerdings der

politisch-soziale Stellenwert seines Denkens stärker ins Spiel; so bei Koselleck (a.a.O., S. 82 ff.), Heinrich Popitz (*Der entfremdete Mensch,* Frankfurt/Main 1967, S. 33 ff.), Marcuse (a.a.O.) und schließlich Friedrich Tomberg (*Mimesis der Praxis und abstrakte Kunst,* Neuwied und Berlin 1968, S. 25 ff.).

3 Gadamer nennt es bezeichnend, daß sich Schillers Ansatz in der Durchführung der Briefe wandle: aus der Erziehung *durch* die Kunst werde eine Erziehung *für* die Kunst (*Wahrheit und Methode,* a.a.O., S. 78).

4 Schillers *Werke,* Nationalausgabe, 20. Bd., Philosophische Schriften, 1. Teil, hrsg. v. Benno v. Wiese, Weimar 1962, S. 312.

5 A.a.O., S. 311. Anders als beim ›schönen‹ und beim ›mechanischen‹ Künstler, die kein Bedenken tragen, ihrem Material Gewalt anzutun, »verhält es sich mit dem pädagogischen und politischen Künstler, der den Menschen zugleich zu seinem Material und zu seiner Aufgabe macht.« A.a.O., S. 317.

6 Vgl. dazu insbesondere den 5. bis 7. Brief, a.a.O., S. 319 ff.

7 A.a.O., S. 322.

8 Marcuse, a.a.O., S. 184.

9 Schiller, a.a.O., S. 323.

10 A.a.O., S. 326.

11 A.a.O., S. 311.

12 Dies entgegen Lukács: »Bei Schiller fehlt diese ökonomische Einsicht Hegels« (*Schillers Theorie der modernen Literatur,* in: *Schriften zur Literatursoziologie,* a.a.O., S. 163). Vgl. im übrigen zur Frage der Zeitkritik bei Schiller sowie zur Frage des Verhältnisses von Schiller und Marx Popitz, a.a.O., S. 23, 34, 38.

13 Schiller, a.a.O., S. 323.

14 Der Gedanke ist Gemeingut der Zeit. Cassirer schreibt in bezug auf Baumgarten und Herder »Der Philosoph ist und bleibt ... in einem Grundzug seines Denkens, in seinem Willen zur Totalität, dem Künstler verwandt« (*Philosophie der Aufklärung,* a.a.O., S. 472).

15 Schiller, a.a.O., S. 319.

16 A.a.O., S. 318.

17 A.a.O., S. 328 ff.

18 Popitz, a.a.O., S. 24.

19 Schiller, a.a.O., S. 321.

20 A.a.O., S. 353.

21 Friedrich Engels, in: Marx, Engels, *Über Kunst und Literatur,* a.a.O., S. 229. Vgl. jedoch die Aufsätze F. Mehrings über Schiller, in: *Aufsätze zur deutschen Literatur, Gesammelte Schriften,* Band 10, Berlin 1961, S. 91 ff. und mehrere andere.

22 G. W. F. Hegel, *Vorlesungen über die Ästhetik,* Theorie-Werkausg. Frankfurt/Main 1970, Bd. 13 = Ästhetik Bd. I, S. 89.

23 Lukács, *Schriften zur Literatursoziologie,* a.a.O., S. 162.

24 Bloch, *Das Prinzip Hoffnung,* a.a.O., S. 196 (ohne Schillers Namen zu nennen, aber in deutlicher Anspielung).

25 Tomberg, a.a.O., S. 28.

26 Marcuse, a.a.O., S. 186.

27 Heinrich Heine, *Die romantische Schule,* in: *Sämtliche Werke,* hrsg. v. Elster, Leipzig-Wien o. J., Bd. 5, S. 254.

28 Schiller, a.a.O., S. 318 f.

29 Schiller, *Über naive und sentimentalische Dichtung, Werke,* a.a.O., S. 467 f.

30 A.a.O., S. 326.

31 A.a.O., S. 428.

32 A.a.O., S. 314.
33 A.a.O., S. 331.
34 Ebd.
35 Ebd.
36 A.a.O., S. 332.
37 Ebd.
38 Ebd.
39 A.a.O., S. 333.
40 A.a.O., S. 340, vgl. auch S. 363: »mit dem Ideale der Menschheit war zugleich auch das Ideal der Schönheit gegeben«.
41 A.a.O., S. 340.
42 A.a.O., S. 334.
43 A.a.O., S. 341.
44 A.a.O., S. 476.
45 Vgl. Koselleck, a.a.O., S. 83.
46 Schiller, a.a.O., S. 377.
47 A.a.O., S. 377 f.
48 A.a.O., S. 379.
49 A.a.O., S. 410.
50 Koselleck, a.a.O., S. 83 ff.
51 Neben Engels kann dafür Lukács genannt werden, *Schriften zur Literatursoziologie,* a.a.O., S. 165 u. 170.
52 Schiller, a.a.O., S. 429.
53 A.a.O., S. 424.
54 Vgl. dazu Tomberg, a.a.O., S. 28.
55 Schiller, a.a.O., S. 436.
56 Ebd.
57 A.a.O., S. 437.
58 Lukács, *Schriften zur Literatursoziologie,* a.a.O., S. 164 f.
59 Tomberg, a.a.O., S. 28.
60 Schiller, a.a.O., S. 442.
61 A.a.O., S. 467 f.
62 A.a.O., S. 469.

Zum Verhältnis von Kunst und Gesellschaft in der Hegelschen Ästhetik

1 G. W. F. Hegel, *Vorlesungen über die Ästhetik,* Frankfurt/M. 1970 (im folgenden zitiert als *Ästhetik,* Bd. I, II, III = Bd. 13, 14, 15 der Theorie-Werkausgabe), Bd. I, S. 13. Darin ist Hegel – Gadamer zufolge – Repräsentant seiner Epoche. Während jedoch die Romantik Kunst als freie Produktion der Subjektivität denkt, begegnet sich für Hegel in der Kunst »der Mensch selbst, Geist dem Geiste« (Wahrheit und Methode, a.a.O., S. 55); darin, in dieser Teilhabe der Kunst an Wahrheit, sei Hegel zugleich Ausnahme seiner Epoche.
2 Hegel, a.a.O., S. 35.
3 A.a.O., S. 50.
4 A.a.O., S. 102.
5 A.a.O., S. 15. Noch Kant hatte in der *Kritik der Urteilskraft* dem Naturschönen eine überragende Stellung eingeräumt. Vgl. dazu Gadamer, *Wahrheit und Methode,* a.a.O., S. 55.
6 Hegel, a.a.O., S. 17.

7 A.a.O., S. 21.
8 Ebd.
9 A.a.O., S. 22.
10 A.a.O., S. 150 f.
11 A.a.O., Bd. II, S. 257.
12 A.a.O., Bd. I, S. 22.
13 A.a.O., S. 215.
14 A.a.O., S. 23.
15 Vgl. zur Entgegensetzung von Kunst und Wirklichkeit Gadamer, *Wahrheit und Methode,* a.a.O., S. 80.
16 Hegel, a.a.O., S. 130 f.
17 A.a.O., Bd. III, S. 573.
18 A.a.O., Bd. I, S. 50 f.
19 A.a.O., S. 51.
20 G. W. F. Hegel, *Phänomenologie des Geistes,* hrsg. v. J. Hoffmeister, 6. Aufl., Hamburg 1952, S. 134.
21 A.a.O., S. 135.
22 A.a.O., S. 139.
23 A.a.O., S. 141 ff. Vgl. Alexandre Kojève, *Hegel,* Stuttgart 1958.
24 Hegel, *Phänomenologie,* a.a.O., S. 144 u. 148.
25 Hegel, *Ästhetik,* I, a.a.O., S. 51.
26 A.a.O., S. 16.
27 A.a.O., S. 52, Hervorhebung PH.
28 A.a.O., S. 100.
29 A.a.O., S. 173.
30 A.a.O., S. 134.
31 A.a.O., S. 21.
32 A.a.O., S. 57.
33 A.a.O., S. 60.
34 A.a.O., S. 61.
35 A.a.O., S. 137 f.
36 A.a.O., S. 139.
37 A.a.O., S. 20.
38 A.a.O., S. 18 u. 20.
39 A.a.O., S. 20.
40 A.a.O., S. 21.
41 Ebd.
42 A.a.O., S. 28.
43 Vgl. a.a.O., S. 55 und vgl. zur Frage der Geschmacksästhetik auch Gadamer, *Wahrheit und Methode,* a.a.O., S. 50 ff.
44 Hegel, *Ästhetik,* a.a.O., I, S. 155 f.
45 A.a.O., S. 333.
46 Alle Zitate, a.a.O., S. 80 ff.
47 A.a.O., S. 257.
48 Lukács weist in seinem Hegel-Essay darauf hin: »Die Formen der Kunstgattungen sind nicht willkürlich. Sie wachsen, im Gegenteil, aus der konkreten Bestimmtheit des jeweiligen gesellschaftlichen und geschichtlichen Zustands (Weltzustands) heraus« (*Hegels Ästhetik,* in: *Beiträge zur Geschichte der Ästhetik,* Berlin 1954, S. 108).
49 Hegel, *Ästhetik,* a.a.O., I, S. 30.
50 A.a.O., S. 38.

51 A.a.O., S. 316f.
52 A.a.O., S. 317.
53 A.a.O., S. 317f.
54 Mit Recht weist Lukács darauf hin, daß es nicht ausreicht, »Hegel einfach umzustülpen, um zu richtigen Ergebnissen zu gelangen« (*Hegels Ästhetik,* a.a.O., S. 110). Freilich rügt er Hegels ›idealistische Verzerrung‹ nicht ganz zu Unrecht und versucht sie durch seine Widerspiegelungstheorie zu korrigieren.
55 Hegel, *Ästhetik,* a.a.O., I, S. 318.
56 A.a.O., S. 319.
57 A.a.O., S. 106ff.
58 A.a.O., S. 107f.
59 A.a.O., S. 109f.
60 A.a.O., S. 111.
61 A.a.O., S. 114.
62 Vgl. zu dieser Frage W. Oelmüller, *Hegels Satz vom Ende der Kunst und das Problem der Philosophie der Kunst nach Hegel,* in: *Philosophisches Jahrbuch,* Bd. 73/1965, S. 75ff.
63 Hegel, *Ästhetik,* a.a.O., I, S. 139.
64 Vgl. a.a.O., S. 103.
65 A.a.O., S. 23.
66 A.a.O., S. 24.
67 A.a.O., S. 141.
68 A.a.O., S. 142.
69 Vgl. dazu Oelmüller, der die Einwände gegen Hegel vor allem durch den Hinweis auf religiöse, romantische und christliche Kunst zu entkräften sucht.
70 Hegel, *Ästhetik,* a.a.O., I, S. 139.
71 A.a.O., S. 248.
72 A.a.O., S. 249. »Die Kunst und ihr Ideal ist eben das Allgemeine, insofern es für die Anschauung gestaltet und deshalb mit der Partikularität und deren Lebendigkeit noch in unmittelbarer Einheit ist.« (a.a.O., S. 243).
73 A.a.O., S. 243.
74 A.a.O., S. 338.
75 Bemerkenswert scheint in diesem Zusammenhang die Andeutung einer Relativierung: »... mag nun Homer wirklich als dieser eine Dichter der Iliade und Odyssee gelebt haben oder nicht ...« (a.a.O., S. 342). Vgl. zur Frage materialistischer Rezeption Hegels i. Ü. genauer die Arbeit von Th. Metscher in diesem Band.
76 A.a.O., S. 258.
77 A.a.O., S. 254f.
78 A.a.O., S. 253.
79 A.a.O., S. 257.
80 A.a.O., S. 255.
81 A.a.O., S. 25.
82 A.a.O., S. 25f.
83 A.a.O., S. 32.
84 A.a.O., S. 37.
85 A.a.O., S. 27.
86 A.a.O., S. 37f.
87 A.a.O., S. 341ff.
88 A.a.O., S. 341.
89 A.a.O., S. 343.
90 A.a.O., S. 344.
91 A.a.O., S. 349.
92 A.a.O., S. 358.
93 A.a.O., S. 360f.

Arnold Hausers Anwendung des Ideologiebegriffs

1 Arnold Hauser, *Philosophie der Kunstgeschichte,* München 1958, S. 19ff. – Die

Philosophie der Kunstgeschichte ist als ungekürzte Sonderausgabe auch unter dem Titel *Methoden moderner Kunstbetrachtung* (München o. J.) erschienen.

2 Vgl. ders., *Sozialgeschichte der Kunst und Literatur,* 2 Bde., 2. Aufl., München 1958, sowie ders., *Der Manierismus,* München 1964. Der Band *Philosophie der Kunstgeschichte* enthält die wichtigsten theoretischen Arbeiten Hausers, auf denen unsere Analyse basiert, insbesondere ›Das soziologische Grundproblem: Der Begriff der Ideologie in der Kunstgeschichte‹, S. 19ff., und das zentrale Kapitel ›Geschichtsphilosophie der Kunst: Kunstgeschichte ohne Namen‹, S. 127ff. Wir müssen darauf hinweisen, daß es in diesem Zusammenhang ausschließlich um die Untersuchung seines theoretischen Instrumentariums geht, und daß wir auch seine o. a. historiographischen Arbeiten nur zu diesem Zweck heranziehen, nicht jedoch im Hinblick auf deren materiale Richtigkeit. Vgl. dazu Hugo Kuhn, *Eine Sozialgeschichte der Kunst und Literatur. Kritische Reflexionen zu A. Hauser, Sozialgeschichte ...,* Vierteljahresschrift für Sozial- und Wirtschaftsgeschichte, Bd. 43, 1950, S. 19ff.

3 *Soziologische Exkurse,* a.a.O., S. 93.

4 Hauser, *Philosophie ...,* a.a.O., S. 10.

5 A.a.O., S. 6.

6 Hauser, *Der Manierismus,* a.a.O., S. 89. Die erste Stelle entstammt einem Vortrag, der erstmals 1955 in *Sociologica I,* Frankfurt/Main 1955, erschien; das Manierismus-Buch kam deutsch 1964 heraus.

7 Hauser, *Der Manierismus,* a.a.O., S. 45.

8 A.a.O., S. 89.

9 A.a.O., S. 84.

10 A.a.O., S. 45. In prinzipiell ähnlicher Weise leitet Plessner den Ideologieverdacht von Kant her. (*Die verspätete Nation,* Stuttgart 1959, S. 106ff.).

11 Insbesondere das Moment der notwendigen Selbsttäuschung, also das Plus des Marxschen gegenüber dem aufklärerischen Ideologiebegriff (Vgl. dazu Lieber, a.a.O., S. 85), geht bei Hauser bezeichnenderweise wieder verloren.

12 Hauser, *Philosophie ...,* a.a.O., S. 27.

13 A.a.O., S. 29f.

14 A.a.O., S. 6.

15 A.a.O., S. 32.

16 A.a.O., S. 229.

17 Die Verwandtschaft zum Denken Karl Mannheims, dem ja der kunstgeschichtliche Stilbegriff in gewisser Weise Vorbild wissenssoziologischer Begriffsbildung ist, liegt auf der Hand. Vgl. Karl Mannheim, *Ideologie und Utopie,* 3. verm. Aufl., Frankfurt/M. 1952, S. 263. Freilich ist Hausers Ideologiebegriff nicht der totale Mannheims. Hauser gehörte 1918/19 zu der Gruppe um Lukács und Mannheim, die während der ungarischen Revolution eine bedeutsame kulturpolitische Rolle spielte (David Kettler, *Marxismus und Kultur,* Neuwied und Berlin 1967, S. 19 u. 29). Diese biographische Anmerkung ist insofern nicht ohne Interesse, als sich in Hausers theoretischem Werk Einflüsse der Lebensphilosophie und des Neukantianismus (vermittelt durch Lukács?), der Wissenssoziologie und des Marxismus in eigentümlicher Weise vermischen.

18 Hauser, *Philosophie ...,* a.a.O., S. 1.

19 A.a.O., S. 20.

20 A.a.O., S. 21.

21 A.a.O., S. 19.

22 A.a.O., S. 19f.

23 Der Terminus wurde 1908 von E. Jones in die psychoanalytische Theorie eingeführt, vgl. Sigmund Freud, *Gesammelte Werke,* Bd. 14, 3. Aufl., Frankfurt/Main 1963, S. 554.
24 Sigmund Freud, a.a.O., Bd. 8, S. 74.
25 A.a.O., Bd. 10, S. 340.
26 A.a.O., Bd. 8, S. 284.
27 A.a.O., Bd. 7, S. 414.
28 Hauser, *Sozialgeschichte . . .,* Bd. 2, S. 472. Wir betonen, daß es an dieser Stelle vorab nur um Hausers Ideologiebegriff geht, daß also das Problem einer sachvermittelten Berührung der genannten Autoren hier dahingestellt bleiben muß. Für die Kunsttheorie – wie auch Hauser weiß (*Philosophie . . .,* a.a.O., S. 43 ff.) – ist Freuds Sublimierungskategorie bei weitem wichtiger. Jedenfalls, so dürfen wir festhalten, ist Hausers Begriff der Ideologie *in* der Kunstgeschichte ein Ideologiebegriff *für* die Kunstgeschichte. Das geht gelegentlich so weit, daß die primäre Theorie (Hauser spricht in einem Atem von Marxens Ideologiebegriff, Freuds ›Rationalisierung‹ und Nietzsches ›Ressentiment‹) aus kunstgeschichtlichen Analogien erklärt wird. »Der impressionistische Charakter dieser Ideen und Theorien ist unverkennbar. Denn der Gedanke, daß die Menschen ihr Leben vor sich selbst und anderen verhüllt verbringen, daß die Wahrheit der menschlichen Erkenntnis im besten Fall eine einseitige Wahrheit ist und daß die Wirklichkeit sich uns in stets wandelnden und nie allgemeingültigen Formen zu erkennen gibt, ist nichts als impressionistisches Denken.« (Arnold Hauser, *Der Begriff der Zeit in der neueren Kunst und Wissenschaft,* in: Merkur, 9. Jg., 1955, S. 808 f.).
29 Hauser, *Philosophie . . .,* a.a.O., S. 41.
30 Ebd.
31 A.a.O., S. 405.
32 A.a.O., S. 154.
33 Vgl. ders., *Sozialgeschichte . . .,* a.a.O., Bd. 1, S. 8, 14, 24; sowie ders., *Philosophie . . .,* a.a.O., S. 405.
34 Ders., *Philosophie . . .,* a.a.O., S. 249.
35 A.a.O., S. 164.
36 A.a.O., S. 188 f. Entsprechend formuliert er die Forderung, »künstlerische Leistungen nach dem Maßstab ihrer eigenen Ziele zu beurteilen.« Ders., *Der Manierismus,* a.a.O., S. 40.
37 Ders., *Philosophie . . .,* a.a.O., S. 35.
38 A.a.O., S. 68 und *Sozialgeschichte . . .,* a.a.O., Bd. 1, S. 92.
39 Ders., *Philosophie . . .,* a.a.O., S. 113.
40 A.a.O., S. 41 u. 68.
41 A.a.O., S. 21.
42 A.a.O., S. 34.
43 Marx (Lieber), a.a.O., S. 491.
44 Hans-Egon Hass, *Das Problem der literarischen Wertung,* in: Studium Generale, 12. Jg., 1959, S. 731.
45 Nicolai Hartmann, *Ästhetik,* Berlin 1953, S. 362.
46 Hass, a.a.O., S. 754.
47 Hauser, *Philosophie . . .,* a.a.O., S. 184.
48 A.a.O., S. 186.
49 A.a.O., S. 192.
50 A.a.O., S. 190.
51 A.a.O., S. 193 f.

52 A.a.O., S. 34.
53 Marx, Engels, *Werke,* a.a.O., Bd. 23, S. 86.
54 Hauser, *Philosophie* ..., a.a.O., S. 22.
55 A.a.O., S. 23.
56 Ders., *Sozialgeschichte* ..., a.a.O., Bd. 2, S. 483.
57 Ders., *Der Manierismus,* a.a.O., S. 69.
58 Ebd. – In prinzipiell ähnlicher Weise wird auch Entfremdung zwar als »wesentlich soziologischer Begriff« postuliert, »der seine eigentliche Bedeutung verliert ..., wenn man ihn ohne weiteres auf die psychologische Ebene überträgt« (a.a.O., S. 114), beschrieben aber wird er gleichwohl unter psychologischen Termen als »Erlebnis der Entwurzeltheit, Ziellosigkeit und Substanzlosigkeit des Individuums«, als »Bewußtsein, den Zusammenhang mit der Gesellschaft und die Verbundenheit mit der eigenen Arbeit verloren zu haben«. (a.a.O., S. 93).
59 Ders., *Philosophie* ..., a.a.O., S. 11. Ein ähnliches dezisionistisches Grundmodell schimmert bei Hauser immer wieder durch. »Es handelt sich beim Wechsel von einer naturalistischen zu einer formalistischen Stilrichtung stets um die gleiche Wahl zwischen einem Aufgehen in der Welt und einem Verzicht auf sie, zwischen ihrer Bewahrung und ihrer Zerstörung.« (*Philosophie* ..., a.a.O., S. 118). Vgl. auch a.a.O., S. 142.
60 A.a.O., S. 6.
61 A.a.O., S. VIII.
62 A.a.O., S. 225.
63 A.a.O., S. 218.
64 A.a.O., S. 208.
65 Ders., *Der Manierismus,* a.a.O., S. VIf., vgl. ders., *Philosophie* ..., a.a.O., S. 203 u. 136, wo der künstlerische Stil als Institution aufgefaßt wird.
66 Ders., *Philosophie* ..., a.a.O., S. 218.
67 A.a.O., S. 215.
68 A.a.O., S. 227.
69 A.a.O., S. 219.
70 A.a.O., S. 227.
71 Vgl. Hauser, *Philosophie* ..., a.a.O., S. 148f. u. 219.
72 A.a.O., S. 128.
73 Vgl. dazu Waldemar Besson, Art. ›*Historismus*‹, in: Fischer-Lexikon Geschichte, Frankfurt/Main 1961.
74 Hauser, *Philosophie* ..., a.a.O., S. 127ff.
75 A.a.O., S. 128.
76 A.a.O., S. 130f.
77 Heinrich Wölfflin, *Gedanken zur Kunstgeschichte,* zit. nach Hauser, *Philosophie* ..., S. 134.
78 Hauser, *Philosophie* ..., a.a.O., S. 134. Aber dergleichen hatte ja auch Marx schon zugestanden.
79 A.a.O., S. 140.
80 A.a.O., S. 142.
81 A.a.O., S. 140.
82 A.a.O., S. 142.
83 A.a.O., S. 146. Weitere Argumente vgl. a.a.O., S. 196f.
84 A.a.O., S. 143.
85 Vgl. dazu Th. W. Adorno, *Drei Studien zu Hegel,* Frankfurt/Main 1963, S. 16.
86 Heinrich Wölfflin, *Kunstgeschichtliche Grundbegriffe,* 13. Aufl. Basel/Stuttgart

1963, S. 24. Auf Wölfflin ist hier natürlich nur insoweit einzugehen, als es zur Verdeutlichung der Hauserschen Position, die sich an der des großen Kunsthistorikers kritisch abarbeitet, geboten erscheint.

87 A.a.O., S. 25. ›Entscheidend‹ ist für Wölfflin der ›Glaube‹ an eine »innerlich weiterarbeitende Formengeschichte«, a.a.O., S. 269.

88 A.a.O., S. 268.

89 A.a.O., S. 272.

90 Hauser, *Philosophie* ..., a.a.O., S. 215.

91 A.a.O., S. 147. Hauser diagnostiziert die Wiederkehr der gleichen Stilrichtungen, die innere Logik der Sehformen usw. als Ergebnisse emanatistischen Denkens. Emanatismus meint die Interpretation des historisch Konkreten als Spiegelung, Artikulation eines allgemeineren metaphysischen Prinzips. Vgl. zum Begriff des Emanatismus Emil Lask, *Fichtes Idealismus und die Geschichte,* Gesammelte Schriften, Bd. 1, Tübingen 1923, S. 44 u. 61 ff.

92 Hauser, *Philosophie* ..., a.a.O., S. 205. »Der Sinn des Kunstwerks«, schreibt er an anderer Stelle, »schwankt beständig zwischen diesen beiden Aspekten, zwischen einem immanenten, vom Leben und jeder werkjenseitigen Wirklichkeit abgeschnürten Sein, und einer durch das Leben, die Gesellschaft, die Praxis bedingten Funktion.« (*Sozialgeschichte* ..., a.a.O., Bd. 2, S. 260).

93 Ders., *Sozialgeschichte* ..., a.a.O., Bd. 2, S. 180.

94 Ders., *Philosophie* ..., a.a.O., S. 27.

95 *Soziologische Exkurse,* a.a.O., S. 94.

96 Hauser, *Philosophie* ..., a.a.O., S. 151 und 158. Vgl. dazu Hans Freyer, *Diltheys System der Geisteswissenschaften und das Problem Geschichte und Soziologie,* in: *Kultur- und Universalgeschichte,* Walter Goetz zu seinem 60. Geb., Leipzig/Berlin 1927, S. 492.

97 Hauser, *Philosophie* ..., a.a.O., S. 162.

98 A.a.O., S. 162 f.

99 A.a.O., S. 265. »Bei den einzelnen Umwertungen und Umdeutungen spielten ... zeitgeschichtliche Umstände die entscheidende Rolle.« A.a.O., S. 240.

100 A.a.O., S. 165.

101 A.a.O., S. 281.

102 A.a.O., S. 261.

103 A.a.O., S. 240 f.

104 A.a.O., S. 260.

105 A.a.O., S. 164.

106 A.a.O., S. 283.

107 A.a.O., S. 265.

108 A.a.O., S. 264.

109 A.a.O., S. 55.

110 Ebd.

111 Vgl. dazu die Kategorie der ›Kulturbedeutsamkeit‹ bei Max Weber, in: *Soziologie, Weltgeschichtliche Analysen, Politik,* 2. Aufl., Stuttgart 1956, S. 217 ff.

112 Hauser, *Philosophie* ..., a.a.O., S. 269.

113 A.a.O., S. 271.

114 A.a.O., S. 272 f.

115 A.a.O., S. 273.

116 A.a.O., S. 279 ff.

117 A.a.O., S. 279 f.

118 A.a.O., S. 285.

119 A.a.O., S. 11.

120 A.a.O., S. 12.
121 A.a.O., S. 297.
122 Ders., *Sozialgeschichte* ..., a.a.O., Bd. 2, S. 179 f.
123 Ders., *Philosophie* ..., a.a.O., S. 297.
124 A.a.O., S. 298.
125 A.a.O., S. 299.
126 A.a.O., S. 293.
127 A.a.O., S. 294. Mit Recht warnt Hauser vor kurzschlüssigen kunstsoziologischen Bestimmungen. »Nichts ist leichter, als zwischen den verschiedenen Kunststilen und den jeweiligen sozialen Seinsformen frappante Zusammenhänge zu konstruieren, die letzten Endes auf einer Metapher beruhen, und nichts ist verführerischer, als mit solchen gewagten Analogien zu glänzen. Sie sind aber ebenso verhängnisvolle Fallen für die Wahrheit wie jene Trugbilder, die Bacon aufzählt, und sie verdienen, als idola aequivocationis, auf seine Warnungsliste gesetzt zu werden.« (*Sozialgeschichte* ..., a.a.O., Bd. 1, S. 19).

Ernst Blochs Interpretation der Kunst als Utopie

1 Cassirer, *Philosophie der Aufklärung*, a.a.O., S. 368.
2 Vgl. Anm. 10/A. I. Auch für Lukács wurde die Relevanz seiner ästhetischen Theorie für seine politische pointiert (Peter Ludz, *Die philosophischen Grundlagen der Partisanentheorie von Georg Lukács*, in: Praxis, 3. Jg., 1967, insbes. S. 386 f.
3 Jürgen Habermas, *Ein marxistischer Schelling – Zu Ernst Blochs spekulativem Materialismus*, in: *Theorie und Praxis*, Neuwied und Berlin 1963, S. 348. – Habermas kritisiert an Bloch, er unterstelle die Analyse der geschichtlichen Entwicklung und ihrer gesellschaftlichen Triebkräfte, welche die Bedingungen einer möglichen Verwirklichung von Utopie aufzuweisen hätte, »schlicht als erbracht« (a.a.O., S. 337). – Zu Adornos Utopiekritik vgl. Th. W. Adorno, *Prismen*, München 1963, S. 115.
4 Tomberg, a.a.O., S. 32.
5 Vgl. dazu Lieber, *Utopie und Selbstaufklärung der Gesellschaft – Reflexionen zu Ernst Blochs ›Das Prinzip Hoffnung‹*, in: *Philosophie* ..., a.a.O., S. 164 f.
6 A.a.O., S. 172 f.
7 Ernst Bloch, *Das Prinzip Hoffnung*, a.a.O., S. 169.
8 A.a.O., S. 170.
9 Ebd.
10 Lieber, a.a.O., S. 180.
11 Bloch, a.a.O., S. 174.
12 A.a.O., S. 175.
13 A.a.O., S. 176.
14 A.a.O., S. 253.
15 A.a.O., S. 177. Die Bemerkung bezieht sich auf Marx (Lieber), a.a.O., S. 450.
16 Bloch, a.a.O., S. 178
17 Vgl zu der insbesondere im sowjetischen Bereich vieldiskutierten Kategorie des ›Erbes‹ Anatoli Lunatscharski, *Das Erbe*, Dresden 1965, S. 5 ff.
18 Bloch, a.a.O., S. 5.
19 Vgl. zur Problematik der Blochschen Ontologie außer den angegebenen Arbeiten von Habermas und Lieber Hans Dieter Bahr, *Ontologie und Utopie*, in: Praxis, 4. Jg., 1968, S. 164 ff.
20 Bloch, a.a.O., S. 248.

21 A.a.O., S. 110.
22 Vgl. a.a.O., S. 7, 175 f. u. 180.
23 A.a.O., S. 14.
24 A.a.O., S. 15.
25 A.a.O., S. 142.
26 A.a.O., S. 143.
27 A.a.O., S. 13.
28 A.a.O., S. 12. Vgl. insbesondere im 4. Teil Kap. 38 u. 40, im 5. Teil Kap. 48 bis 51.
29 A.a.O., S. 242 ff.
30 A.a.O., S. 242 f.
31 A.a.O., S. 243.
32 A.a.O., S. 245.
33 Ebd.
34 A.a.O., S. 246.
35 A.a.O., S. 256 ff.
36 Habermas, a.a.O., S. 344.
37 Bloch, a.a.O., S. 247.
38 A.a.O., S. 946.
39 A.a.O., S. 946 f.
40 Bloch, a.a.O., S. 247.
41 A.a.O., S. 237. Vgl. zur Problematik des Blochschen Materiebegriffs Habermas, a.a.O., S. 344 f. und Lieber, a.a.O., S. 180 ff.
42 Bloch, a.a.O., S. 247
43 Ebd.
44 Ebd.
45 Gadamer, *Wahrheit und Methode,* a.a.O., S. 78.
46 Der »bürgerlich-klassizistischen Ästhetik« hält Bloch eben vor, daß ihr Grundzug »nicht Hoffnung . . ., sondern Betrachtung« sei (Bloch, a.a.O., S. 945), ein Urteil, das in bezug auf Schiller nicht aufrechtzuerhalten ist.
47 Bloch, a.a.O., S. 948.
48 A.a.O., S. 248.
49 A.a.O., S. 97.
50 A.a.O., S. 105.
51 A.a.O., S. 86 ff. Es liegt auf der Hand, daß sich Bloch in seiner Traumkonzeption wie in seiner Trieblehre scharf gegen Freud absetzen muß; vgl. vor allem die Kategorie des ›Noch-Nicht-Bewußten‹ gegenüber Freuds Unbewußtem, Bloch, a.a.O., S. 129 ff.
52 A.a.O., S. 105.
53 A.a.O., S. 106.
54 Marx (Lieber), a.a.O., S. 450; vgl. Bloch, a.a.O., S. 106.
55 Bloch, a.a.O., S. 110.
56 Vgl. a.a.O., S. 8, 160, 328; vgl. Lieber, a.a.O., S. 173 f.
57 Bloch, a.a.O., S. 198.
58 A.a.O., S. 252.
59 A.a.O., S. 254.
60 A.a.O., S. 252 f.
61 A.a.O., S. 253. In dieser Frage äußert sich Adorno ähnlich, vgl. *Philosophie der neuen Musik,* Frankfurt/Main 1958, S. 120.
62 Bloch, a.a.O., S. 255.
63 Ebd.
64 A.a.O., S. 249.
65 Ebd.

G. Katrin Pallowski

Die dokumentarische Mode

Praktische Arbeit

Um die
Stammler
als einer
der ihren
reden
zu lehren

lernte ich fließend stammeln

Warum
verprügeln
sie mich?

Erich Fried

Einleitung

»Die Wirtschaftsrezession der Jahre 1966 und 1967 hat auf die Bundesrepublik wie ein Schock gewirkt. Die gesellschafts- und innenpolitischen Auswirkungen werden noch jahrelang nachhallen. Die traumatischen Ergebnisse auf psychologischem und ideologischem Gebiet (...) dürften (...) weit tiefer gehen, als die Schwankungen in den Wahlergebnissen erkennen lassen. Eine Legende ist in diesen Jahren zusammengebrochen: jene der krisenfesten und einen steten Fortschritt des Lebensstandards gewährleistenden ›sozialen Marktwirtschaft‹« [1]. Die Krise mußte um so nachhaltiger wirken, als sich der Kapitalismus angesichts seiner tatsächlichen Entwicklung mit der »Idee einer bürgerlichen Gesellschaft, die sich von Herrschaft emanzipiert und Macht neutralisiert« [2], in den Augen der Massen nicht mehr legitimieren konnte; damit trat, wie Habermas meint, »an die Stelle der Ideologie des freien Tausches eine *Ersatzprogrammatik,* die an den sozialen Folgen nicht der Institution des Marktes, sondern einer die Dysfunktion des freien Tauschverkehrs kompensierenden Staatstätigkeit orientiert ist. Sie verbindet das Moment der bürgerlichen Leistungsideologie (...) mit der Garantie von Wohlfahrtsminima, der Aussicht auf Sicherheit des Arbeitsplatzes sowie der Stabilität des Einkommens.« [3] Nicht zuletzt ob der Erfahrungen zweier Inflationen und der Weltwirtschaftskrise besteht für den Monopolkapitalismus »die permanente Gefahr, daß seine Legitimationsbasis bereits durch relativ geringe Arbeitslosigkeit in Frage gestellt und im politischen Protest der Massen zerstört wird« [4]. Diese Möglichkeit wurde in der westdeutschen

»Rezession« spontan aktuell. Die Tatsache, daß Hunderttausende von Arbeitern ihre Arbeitsplätze durch die Krise und die ihr folgende Teilautomation in einzelnen Industriezweigen, wie etwa der Hüttenindustrie, verloren, führte nicht nur zu heftigen Reaktionen in Betriebsversammlungen, zu betrieblich organisierten Streiks, Demonstrationen mit vereinzeltem Absingen der »Internationale«, sondern setzte einen bis heute nicht zum Stillstand gekommenen – und von neuerlichen krisenhaften Erscheinungen gestützten – Prozeß der Bewußtwerdung in Gang; zusammen mit der permanenten Unruhe der Lohnabhängigen über die manifeste Entstehung einer Reservearmee und die damit verbundene Tendenz zur Senkung der Reallöhne scheint diese Entwicklung stark genug, um das Bild des Arbeiters als Bürger einer »klassenlosen Konsumgesellschaft« und damit die Ideologie eines durch Staatsinterventionen letztlich zu stabilisierenden, ja gar per staatliche Einkommensverteilung in eine Gesellschaft materieller Gleichheit zu überführenden Kapitalismus zu zerstören. Seither zeigen die Massenmedien ein deutliches Interesse am Arbeiter, der sonst nicht oder nur als Objekt bei Lohnverhandlungen, als Arbeitnehmer erschien. Der Boom der Arbeiterliteratur und Dokumentarliteratur, die sich insgesamt mit der Situation von Lohnabhängigen und gesellschaftlichen Strukturproblemen – eben den vom staatsmonopolistischen Kapitalismus nicht zu bewältigenden »Gemeinschaftsaufgaben«, wie die SPD es im Wahlkampf 1965 nannte – beschäftigen, ist aus dieser Situation zu erklären. Günter Wallraffs *Industriereportagen,* die 1966 erschienen und 1970 allein drei Auflagen erlebten [5], und Erika Runges *Bottroper Protokolle,* die 1970 bereits in 36000 Exemplaren vorliegen [6], waren nur die ersten Titel einer – freilich in sich vielfach gegliederten – Gattung, die nicht nur auf dem Buchmarkt, sondern ebenso in Film, Fernsehen und Rundfunk reüssierte.

Zur Vorbemerkung der Bottroper Protokolle

Im Verständnis ihrer Autoren ist die dokumentarische Literatur »aggressive Publizistik« und als solche kontrovers zur herrschenden Publizistik wie zur Kunst, indem sie dieser mangelnde »Authentizität«, jener Versäumnisse vorhält: sowohl sollen herkömmliche Informationsbarrieren durchbrochen werden als auch endlich Personen und Sachen, über die bisher nur geredet worden sei, selber reden.

Einen Überblick über ihre Problematik zu geben, können die achteinhalb Zeilen helfen, welche – neben einer kurzen Einleitung von Martin Walser – den *Bottroper Protokollen* als einziger begleitender Text beigegeben sind. An jenen Bemerkungen des Waschzettels, so scheint uns, sind zentrale Momente nicht nur des Selbstverständnisses der Dokumentaristen über ihre

Arbeit und wohl auch der herrschenden Ideologie über diese, sondern in diesem Fall auch des in den Protokollen tatsächlich Vorliegenden getroffen. Die kurzen Fragen, mit denen wir jenen Text versehen, werden in der Folge einzeln zu besprechen sein, wobei wir uns, dem Anspruch dieser Gattung gemäß, nicht Literatur, sondern Realität zu sein, wesentlich auch ihrem Gegenstand zuwenden und sie nicht bloß einer wie immer literaturimmanenten, ästhetischen Beurteilung unterwerfen werden. Die Untersuchung will die marxistische Theorie von den in der Dokumentarliteratur geschilderten Zusammenhängen mit der herrschenden Tendenz dieser Literatur vergleichen, ohne sich immer ausgesprochen auf einzelne Passagen zu berufen – dazu bedürfte es überdies eines ganzen dokumentarischen Anhangs. Weder will sie sich auf akzidentelle Fehler versteifen, noch behaupten, daß die Dokumentaristik zuweilen über jene Grundtendenz nicht hinauskäme. Die Ausführlichkeit, mit der wir dabei auf ökonomische Fragen eingehen, will nicht nur der Kritik der Dokumentargattungen die – beispielsweise in Lukács' Auseinandersetzung mit Ottwalts Reportageroman [7] zu konstatierende – methodologische Allgemeinheit nehmen, sondern auch einfach eine Anleitung zur Lektüre dokumentarischer Literatur bieten, die keineswegs abgelehnt, sondern auf ihren Stellenwert hin untersucht werden soll, auf das, was sie bisher leistete, was sie leisten könnte und wo sie versagen muß.

Der genannte Waschzettel der *Bottroper Protokolle* lautet: »Die Beiträge zu diesem Buch sind aus Interviews hervorgegangen. Die Autorin protokolliert Entwicklungen im Ruhrgebiet, Lebensumstände und Ausdrucksweise der Bewohner einer kleinen Stadt, die fast völlig von der benachbarten Zeche abhängt. Arbeiter, Zechenangestellte, ein Beatsänger, eine Putzfrau berichten ihr Leben. Das entscheidende Ereignis, die Stillegung der Zeche, und die Veränderung im Bewußtsein der Betroffenen zeigen eine Belegschaftsversammlung und das daraus sich ergebende Gespräch zweier Bergarbeiter-Ehepaare.« [8] Zunächst ist festzustellen, daß die Formulierungen »Die Beiträge zu diesem Buch sind aus Interviews hervorgegangen« und »Die Autorin protokolliert Entwicklungen« nicht zueinander passen wollen. Das objektivistische »Hervorgehen« statt etwa »Produziertwerden« wäre selbst für die Bearbeitung von Protokollen unangemessen; zudem werden aber Protokoll und Interview nebeneinandergesetzt, so daß verschwimmt, ob nun ein passiver Beobachter in der einer unsichtbaren Kamera vergleichbaren Funktion oder ein evozierender Gesprächspartner am Werk war, eine Reporterin nämlich, welche mit den Leuten redete und damit auch Form und Inhalt des Gesagten mitbestimmte. Selbst dann aber träfe der Begriff »Autorin«, wie man doch hoffen darf, die vorliegende Arbeitsweise nicht.

Parallel aufgeführt werden eine Belegschaftsversammlung und das Gespräch zweier Ehepaare, also die Debatte eines Kollektivs am Arbeitsplatz und eine private Unterhaltung von Arbeiterfamilien mit der Interviewerin.

In der Art und Weise wie der letzte Satz Gespräch und Belegschaftsversammlung zusammenfügt, wird verschleiert, daß die Äußerungen hier und dort gänzlich verschiedenen Bedingungen unterliegen. Es ist unrichtig, daß das Gespräch »sich aus der Belegschaftsversammlung ergibt«: einer anderen Situation entspringend, mit anderen Gesprächspartnern, handelt es nur von ihr. Liest man die jeweiligen Texte, wird der Unterschied daran deutlich, daß, wo die Arbeiter mit ihren Kollegen und den Vertretern des Kapitals diskutieren, eine aggressive Haltung gegenüber Unternehmern und Staat, die über ihre Köpfe hinweg entschieden hätten, sowie Vorschläge zu gemeinsamen Aktionen überwiegen, während in der Interviewsituation oder beim Gespräch in der Kneipe die Arbeiter als ohnmächtige Einzelne, wirklich nur – wie es denn auch heißt – als »Betroffene« erscheinen und Redensarten wie »Die Kleinen sind immer die Dummen« vorherrschen.

Zu fragen ist, was diese Gleichsetzung von Erzählungen, Diskussionen, Reden und Gesprächen, seien sie öffentlich oder privat, bedeutet. Tertium comparationis sind vorab die Menschen; deshalb könnte in der Formulierung »Personen berichten ihr Leben« das »ihr« ungewollt einen Possessivcharakter gewinnen, den es nicht hat: Einzelne über ihr Leben sprechen zu lassen – nicht etwa über Arbeitsprozeß oder Parteiarbeit – erzeugt allein durch die Perspektive eine scheinhafte Konsistenz der Individuen. Nach Erika Runges Bemerkung zum Biographienband *Frauen. Versuche zur Emanzipation* »entsteht ein Mosaik von etwa siebzig Jahren deutscher Geschichte im Zusammenhang mit den Entwicklungs- und Emanzipationsmöglichkeiten der Frauen« [9]: es scheint, als sei der gesellschaftliche Zwangszusammenhang ein Kaleidoskop, die Menschen das feste Zentrum. Der Gesellschaftsprozeß wird nur als deren »Lebensumstände« (!) eingeführt, während doch umgekehrt dem Kapitalismus die Einzelnen in ihrer Arbeit das Akzidentelle und Austauschbare sind, bloße Lebensumstände der kapitalistischen Produktionsverhältnisse.

Von jenen herrschen insgesamt falsche Vorstellungen; eingeführt werden sie in geographischen statt gesellschaftspolitischen Begriffen: wir hören vom »Ruhrgebiet« und, als werde ein Bühnenbild beschrieben, einer »kleinen Stadt« mit einer »benachbarten Zeche«.

Fetischistisch werden die bestimmten gesellschaftlichen Beziehungen, in denen die Produktionsmittel heute stehen, die kapitalistischen Produktionsverhältnisse, als inhärente Eigenschaften dieser Produktionsmittel gesehen; nichts anderes enthält die Ausdrucksweise, die Stadt hänge von der »Zeche« ab. Der Kapitalismus wird zur Industriegesellschaft und zum natürlichen Gewächs des Ruhrgebiets.

Ebenso verdinglicht ist die Redeweise über die Rezession, zu deren Erkenntnis die Protokolle doch wesentlich beitragen sollen: die Überproduktionskrise der westdeutschen Schwerindustrie wird in beinahe meteorologischer Nomenklatur als »Entwicklungen im Ruhrgebiet« gemeldet; aktiv Handelnde, welche in dieser Krise die Zentralisation des Kapitals fortsetzen, scheint es nicht zu geben; wir sehen ein »entscheidendes Ereignis«, aber keine Entscheidenden; nur Menschen und Dinge, mit denen gehandelt wird: die Zeche, der die Stillegung widerfährt und die Bewohner der Kleinstadt, die als wiederum hiervon Betroffene noch tiefer im Passiv sitzen.

Der Einwand, in solchen Formulierungen drücke sich lediglich die Verselbständigung der gesellschaftlichen Gesetze gegenüber den Individuen und das Bewußtsein der Agierenden davon aus, das keineswegs als angemessen unterstellt werde, sticht kaum, denn jene Objektivation ist gleichzeitig nur notwendiger Schein, nicht aber ein losgelassener Automatismus, den keiner mehr beeinflussen kann. Die herrschende Klasse mag zwar immer noch ohne Bewußtsein der gesamtgesellschaftlichen Prozesse handeln, aber sie handelt; und nur dadurch, nämlich durch die auf Privateigentum an Produktionsmitteln basierende Produktion, die gleichwohl als gesellschaftliche sich darstellen muß, entsteht eine scheinbar unbeeinflußbare Welt der Marktgesetze. Daß die Protokolle nur das falsche – und notwendig falsche – Bewußtsein von jenen Prozessen auszustellen beabsichtigen, wäre, ohne Hinweis aufs richtige – wie es ja in den Editionen der Fall ist –, nur ein esoterisches Vergnügen, verständlich bloß den ohnehin schon Wissenden.* Es bleibt nicht beim bloßen Versäumnis. »Das entscheidende Ereignis (...) und die Veränderungen im Bewußtsein der Betroffenen«, so steht es in der bereits zitierten Passage, »zeigen eine Belegschaftsversammlung und das (...) Gespräch zweier Bergarbeiter-Ehepaare«. Die Gespräche werden demnach nicht als solche *über* das Geschehende eingeführt; nicht herrscht die ideologiekritische Perspektive, daß das Ereignis sich in ihnen zeige, sondern angeblich zeigen sie das Ereignis selbst. Daß das Mitschneiden von Reden über die Krise mit dem Satz »Die Autorin protokolliert *Entwicklungen*« bezeichnet wird, bestätigt diese Interpretation. Mit dieser Identifikation von Sein und Bewußtsein reihen sich die *Bottroper Protokolle* in die Tradition des bürgerlichen

* In überraschend offenem elitären Ästhetizismus schreibt Walser zu dem von ihm herausgegebenen Lebensbericht der Strafgefangenen Ursula Trauberg: »Lebensgeschichten sind immer noch interessant«; nur habe uns die Romanliteratur der letzten 150 Jahre, »die in ihren Kompositionen die Bedeutung wie Ostereier leicht auffindbar versteckte, (...) den Geschmack an Lebensläufen fast verdorben«. In: Ursula Trauberg, *Vorleben. Mit einem Nachwort von Martin Walser*, Frankfurt/M. 1968, S. 269.
So könnte auch, was Dieter Stäcker an Egon Monks Fernsehstück *Industrielandschaft mit Händlern* kritisiert, beinahe wörtlich einer Besprechung dokumentarischer Literatur entstammen: »Die Zusammenhänge des Geschehens, das im Stück scheinbar doch so objektiv realistisch abrollt, werden nur dem Kenner der ökonomischen Verhältnisse – so wie Monk sie versteht – recht verständlich sein. Für diese Eingeweihten allerdings ist dieser Film ein ästhetisches Vergnügen.« (Frankfurter Rundschau v. 7. 12. 1970).

Idealismus ein, der 1844 in Marx' Kritik der Hegelschen Rechtsphilosophie geschichtsphilosophisch sein Ende gefunden hatte.

Selbst Leser mit sozialistischem Vorwissen erhalten – für einen immerhin über 160 Seiten starken Text – die denkbar wenigsten sicheren Informationen auch nur über den Bewußtseinsstand von westdeutschem Proletariat und Kleinbürgertum. Dafür sorgt die Ziellosigkeit der Interviews: sie versammeln sich zu keinen thematisch strengen Stellungnahmen. Es gilt, was ein zeitgenössischer Komponist vielleicht zu Unrecht von Webern sagte: man höre immer nur Webern, was man aber hören wolle, sei der Ton. Man ist in der Dokumentarliteratur, wie in bestimmten psychohygienischen gruppendynamischen Verfahren, schon zufrieden, wenn die Leute sich ausdrücken. Daß sie, wenn sie reden, ebenso gut über etwas Bestimmtes zu reden und an dessen sachlichem Anspruch sich zu messen angehalten werden könnten, ist vergessen; es gilt wohl als autoritär oder verletzt die Stilreinheit. Zuletzt manifestiert sich in dieser Abstinenz die bürgerliche Furcht vor proletarischem Klassenbewußtsein und das Bestreben, die anheimelnde Unmündigkeit nicht zu zerstören.

Nicht einmal die von der Einleitung versprochenen Einsichten in »die Veränderungen im Bewußtsein der Betroffenen« können von den bloß punktuellen, einmaligen Äußerungen vermittelt werden. Indem aber die Objekte, auf welche sie sich beziehen, ausgespart, wir durch keine statistischen Handreichungen – begriffliche wagt man schon gar nicht zu verlangen – über den Stellenwert der edierten Meinungen auch nur innerhalb der herrschenden Klassen- und Schichtenideologien, geschweige denn der kapitalistischen Wirklichkeit unterrichtet werden, schrumpft, was unter der protokollierten »Ausdrucksweise der Bewohner einer kleinen Stadt« verstanden werden kann, von der Darstellungsweise eines objektiven Zusammenhangs zum Ruhrdialekt. Die Sprache verweist tautologisch auf sich selbst; nicht die Differenz zur gesellschaftlichen Wahrheit, sondern jene zum Sprachniveau des Lesers – oder das Erstaunen über deren Fehlen – kann von einem in der kritischen Theorie von der Gesellschaft ungeschulten Publikum noch konstatiert werden. In Erika Runges Lob, die Arbeiter sprächen »eine Art Literatur« [10], ist der bürgerlichen – und von Walser dann nicht bloß zu Recht beklagten – Rezeptionsweise [11], welche die dokumentarische Gattung im Feuilleton der Zeitungen bespricht, sie in den Bestsellerlisten der Belletristik zurechnet und damit in den einstweiligen Ruhestand versetzt, objektiv vorgearbeitet.

Darstellung der Klassengesellschaft?

Die *Bottroper Protokolle* führen – anders als die Lebensberichte einzelner Personen – die Autoren des Buchs nicht mit vollem Namen auf: vorgestellt werden vielmehr Betriebsratsvorsitzender Clemens K., Pfarrer Johannes L.,

Hausfrau Erna E., ebenso Rektor, Verkäufer, Putzfrau, Beatsänger und eine Kaufmännische Angestellte; hinzu kommt »Aus der Belegschaftsversammlung ›Möller/Rheinbaben‹«. Die Bemühung um gesellschaftliche Objektivierung der Personen landet also in der Nomenklatur offizieller Statistik; die Sprecher sind nach ihrer konkreten Arbeit definiert, nicht nach ihrem sozioökonomischen Status. Die Aufzählung versammelt die Einzelnen nicht unter Begriffen wie produktiver Lohnarbeiter oder aus dem Mehrwert ernährte unproduktive Dienstleistende (Putzfrau, Pfarrer etc.), sondern lediglich unter der schlechten Abstraktheit der Formulierung »Bewohner einer kleinen Stadt«, wie es denn auch im Waschzettel heißt; die Bezeichnung »Ruhrgebietsmenschen«, wie sie *Der Spiegel* benutzt [12], wird Erika Runge demnach kaum als unangemessen abwehren können. Nicht viel anders hatte es Jürgen Neven-du Mont in seinem *Bericht aus einer kleinen Stadt* [13] gehalten, wobei die 42 Interviewten, unter anderem auch Arbeiter, zuletzt als »42 Deutsche« firmierten. Die Einteilung bleibt bei der Bevölkerung, jener »chaotische(n) Vorstellung eines Ganzen« [14], stehen, welche dem empirischen Vorurteil das Unmittelbare zu sein scheint: die Pluralismusdoktrin kann sich auf den objektiven Schein einer vielfach gegliederten, aus Gruppen und Schichten bestehenden Gesellschaft stützen, demgegenüber die Hervorhebung der entscheidenden Sozialbeziehungen und damit des Klassencharakters der Gesellschaft ein Schritt in die falsche Abstraktion zu sein scheint. Vollzogen wird dieser Schritt in den *Bottroper Protokollen* nicht analytisch, sondern nur in einer unvermittelten Geste: daß dem Inhaltsverzeichnis die das Vorwort anzeigende Zeile vorangeht »Martin Walser, Berichte aus der Klassengesellschaft«, ist angesichts des darauf folgenden Berufskalenders bloß wortradikal und kann vom bürgerlichen Publikum als dichterische Freiheit, eben als Ausdruck moralischer Empörung verstanden und geduldet werden. So zeugt es auch lediglich von der Stärke der Verblendung über den Charakter der »sozialen Marktwirtschaft«, nicht aber für die der Dokumentarliteratur, wenn beeindruckte Leser den *Bottroper Protokollen* nachrühmen, sie hätten den Euphemismus von den eingeebneten Klassengegensätzen zerstört [15]. Zerstören konnten sie lediglich Illusionen über den Wohlstand und die Zufriedenheit der Werktätigen in der BRD; und es ist nicht zu leugnen, daß schon die bloßen unbegriffenen Erscheinungen, wie verschiedene Einkommensniveaus, psychophysische Auswirkungen von Bergmanns- und Schichtarbeit und von der bürgerlichen differierende Sprache imstande sind, das Selbstverständnis der monopolkapitalistischen Gesellschaft zumindest in den Augen derer, die nicht Mitglieder der Monopolbourgeoisie und des Proletariats sind – denn diesen brauchen solche rudimentären Einsichten nicht erzählt zu werden – ernstlich zu erschüttern. Die bei den Einzelerscheinungen stehenbleibende Methode aber führt die Beweise für das Vorhandensein von Klassen nicht nur nicht, sondern denunziert implizit andere Belege als die aus der

Wahrnehmung der empirischen Oberfläche genommenen; wenig hilft es, Klasse als eine Art deftige Vokabel, nicht aber als Begriff einzuführen: »Die Bevölkerung ist eine Abstraktion, wenn ich z. B. die Klassen, aus denen sie besteht, weglasse. Diese Klassen sind wieder ein leeres Wort, wenn ich die Elemente nicht kenne, auf denen sie beruhen. Z. B. Lohnarbeit, Kapital etc. ...« [16] Einer solchen Feststellung geht es keineswegs darum, der bereits geballten Faust des Revolutionärs ein Buch hinzuhalten und zu sagen, der theoretisch nicht exakt begriffene Sieg im Klassenkampf werde von der Parteihochschule nicht als Schulabschluß anerkannt; vielmehr führt eine falsche Analyse, welche die Existenz von Klassen falsch faßt und sie damit auch falschen Ursachen zurechnet, zu einer entsprechend hilflosen, bestenfalls anarchistischen oder reformistischen Praxis: die Faust – unterstellt, sie sei bereits geballt – ist aus Pappmaché, wenn sie kein Wo, Wann und Wohin kennt.

Bezeichnend für einen falschen Klassenbegriff, den die *Bottroper Protokolle* zumindest nicht ausräumen, ist die auch in Rezensionen häufige Formulierung, es gebe *noch* ein Proletariat. Sie suggeriert, die Marxsche Klassenanalyse habe so recht nur fürs 19. Jahrhundert gegolten, für Zeiten also, die man in Deutschland als früh-, ja vorkapitalistisch anzusehen versucht ist; selbst wenn die Frage *Gibt es noch ein Proletariat?*, die auch als Titel einer von Marianne Feuersenger herausgegebenen Vortragsreihe [17] gestellt wurde, mit Ja beantwortet wird, kann demnach die Meinung herrschen, jenes alte Proletariat sei eben auch vom Spätkapitalismus immer noch ziemlich bis völlig ungenügend *versorgt*. Nicht gesehen wird, daß der Kapitalismus jenes Proletariat – wenn auch nicht »arme Leute« – erst produzierte und nur in dessen erweiterter Reproduktion die seine vollziehen kann; die Klassen werden dann, wie in der bürgerlichen Ökonomie eines Ricardo, »als selbständige (ökonomische, K. P.) Einheiten« gesehen, »die sich bekämpfen oder auch zeitweise friedlich gegenüberstehen« [18] mögen, womöglich sogar nur als Gebilde der sozialen oder politischen Sphäre, die eigene Standorte auf einem Sozialatlas und bestimmte Ebenen in Schichtenmodellen innehaben, statt daß sie durch ihre Stellung im Produktionsprozeß des Kapitals bestimmt würden, welche wesentlich durch Besitz oder Nichtbesitz von Produktionsmitteln definiert ist. Sie sind vielmehr zu analysieren »als Ausfluß des Kapitalverhältnisses. Dies ist der Grund dafür, daß Marx die Klassen erst im letzten (unvollendeten) Kapitel des dritten Bandes des Kapitals systematisch zu behandeln beginnt, nachdem die Kategorien des Kapitals im Allgemeinen und seiner Erscheinungsformen bis hin zu den Distributionsverhältnissen entwickelt worden sind. Die Analyse von Marx beschreibt also einen Zirkel: von der begrifflich-historischen Genesis des Kapitalverhältnisses als des Widerspruchs von Lohnarbeit und Kapital über die Produktion der Formen, in denen das Kapital sich in seinem Gesamtprozeß entfaltet, bis hin zu den verschiedenen Formen, in denen sich das Wertprodukt in Revenue aufteilt, zur

Darlegung des im Kapitalismus grundlegenden Klassenwiderspruchs von Lohnarbeit und Kapital.« [19] Wo dies nicht beachtet wird, ist die Grenze zu revisionistischen bis bürgerlichen Ideologien verwischt, deren Methode darin besteht, »das Wesentliche zu leugnen und Unwesentliches zum Wesentlichen zu erheben. In ihren theoretischen Auffassungen von den Klassen kommt dies darin zum Ausdruck, daß sie z. B. die nicht wegzuleugnenden ökonomischen, sozialen und politischen Unterschiede und Gegensätze zwischen den Klassen der kapitalistischen Gesellschaft aus der *Rolle* der Menschen in der gesellschaftlichen Organisation der Produktion und der ungerechten Verteilung des gesellschaftlichen Reichtums erklären. Die grundlegenden Ursachen der kapitalistischen Ausbeutung können somit verwischt werden, die Notwendigkeit des proletarischen Klassenkampfes zur Beseitigung des kapitalistischen Eigentums an den Produktionsmitteln läßt sich leugnen und theoretisch die kapitalistische Gesellschaftsordnung stützen.« [20]

In der fehlenden oder falschen Bestimmung der Klassen zeigt sich aber nur eine der Folgen dessen, daß die Perspektive der Dokumentaristik die Präponderanz der Produktionsweise – die übergreifende Bestimmung für die gesellschaftliche Organisation – überhaupt zu unterschlagen tendiert. Nicht mehr erscheint sie als der den gesellschaftlichen Zusammenhang und damit jedes Einzelne erst setzende objektive Prozeß, der den Menschen ihr Verhalten als fremde Zwangsgesetze aufnötigt und sie zu bloßen Personifikationen ökonomischer Funktionen degradiert.

In den *Bottroper Protokollen* wird der Produktionsbereich nur gestreift; insofern er aber überhaupt behandelt wird, »kommt er ins Bild«: er erscheint lediglich als Ort der Schikane oder bestenfalls einer historisch indifferent gefaßten »Ausbeutung«, deren objektive Basis, Konsequenzen und damit Heilmittel höchstens fragmentarisch erfaßt werden; dabei schafft zum Beispiel jener Unterschied zwischen Sklave und Arbeiter, der darin besteht, daß letzterer Privateigentümer seiner Arbeitskraft ist und nicht einem einzelnen Kapitalisten, sondern nur der Bourgeoisieklasse insgesamt gehört, für beide verschiedene Kampfbedingungen. Kaum wird die Verteilungsweise der Produktionsmittel selbst als durch den Entwicklungs- und Vergesellschaftungsgrad der Produktivkräfte historisch überholt gezeigt; kritisiert wird die demgegenüber ephemere und per se nicht wesentlich änderbare der Produkte und damit der Einkommen. Wie in der bürgerlichen Wissenschaft wird der Blick von der Produktion – deren Arbeitsbedingungen ja auch kaum die herzhaft proletarische Atmosphäre und Plauderei zulassen, welche den besprochenen Gattungen als realistisch gilt – auf die Verteilungssphäre gelenkt; die Folge ist, daß der Unterscheidung der Klassen nurmehr Wörter wie privilegiert und unterprivilegiert, arm und reich bereitstehen: »Die Regisseurin und Autorin Erika Runge«, schreibt Eva Brockmann zum Lehrlingsfilm *Ich heiße Erwin und bin 17 Jahre,* hat durch ihre sozialkritischen dokumentarischen Arbeiten

›Bottroper Protokolle‹ und ›Frauen – Versuche zur Emanzipation‹, durch ihren mehrfach ausgezeichneten Film ›Warum ist Frau B. glücklich?‹ und ihr Fernsehfeature über Frauen in der Bundesrepublik den Blick der Öffentlichkeit auf Menschen in benachteiligten Klassen, Gruppen und Schichten unserer Gesellschaft gelenkt ...« [21] Das Proletariat erscheint so gleichrangig mit Alten, Kranken, Vorbestraften und Flugplatzanwohnern unter den »sozial benachteiligten Gruppen«. Statt einer antagonistischen Gesellschaft bleiben »ungerechte Unterschiede«, die auch als »Klassenunterschiede« unerklärt sind und durch die von den Dokumentargattungen an die Hand gegebenen Beobachtungsmaterialien, vor allem eben über das Benehmen der Leute, dem ungeschulten Publikum sogar falsche Erklärungen suggerieren: etwa solche von Charaktereigenschaften wie fleißig oder faul, auch aus Glück und Unglück bei Schicksalsschlägen: »Die vom Ganzen losgelöste, starr auf sich gestellte Teilwahrheit, die Teilwahrheit, die sich als ganze Wahrheit gibt, schlägt notwendig in die Entstellung der Wahrheit um.« [22] Ausführlich soll das am Problem des Lebensstandards demonstriert werden.

Falsche Schlüsse aus der Beschreibung der Konsumverhältnisse

Wird der Aspekt des Lebensstandards isoliert betrachtet, stellt sich wie selbstverständlich die Behauptung ein, der Lohn übersteige durchweg das Existenzminimum, gewähre also dem Arbeiter »eine zeitgemäße Lebenshaltung« [23]; er sei, nach seiner »ökonomischen Situation« – dieser Begriff deckt demnach nurmehr die Einkommenshöhe – kein Proletarier mehr [24]. Dabei ist es durchaus die Absicht der von Feuersenger edierten Vortragsreihe, der Überschätzung der Lohnhöhe zu opponieren (als Durchschnittslohn der Mehrheit der männlichen Arbeiter in Westdeutschland wird fürs Jahr 1960 weniger als 500 DM brutto angegeben); sie scheint sich in der Definition von Proletariat und Verelendung sogar buchstabengetreu an die marxistische Analyse zu halten, wenn es heißt, es sei gelungen, »typische Merkmale der Proletarität abzubauen«, da das Elendsproletariat in hochindustrialisierten Ländern verschwunden sei [25]. Dabei wird aber nun einmal das Existenzminimum als quasi natürliche Konstante gefaßt, jedenfalls der Umfang der Bedürfnisse von Proletariern nach Maßstäben des Frühkapitalismus bestimmt; dagegen sind »(d)ie natürlichen Bedürfnisse selbst, wie Nahrung, Kleidung, Heizung, Wohnung usw. (...) verschieden je nach den klimatischen und anderen natürlichen Eigentümlichkeiten eines Landes. Andererseits ist der *Umfang sogenannter notwendiger Bedürfnisse,* wie die Art ihrer Befriedigung, selbst ein *historisches Produkt* und hängt daher großenteils von der Kulturstufe eines Landes, unter anderem auch wesentlich davon ab, unter welchen Bedingungen, und daher mit welchen Gewohnheiten und Lebensansprüchen die Klasse der freien

Arbeiter sich gebildet hat« [26]. Zum zweiten wird die entscheidende Frage nicht beachtet, ob die Lebensmittel, welche der Arbeiter für seinen Lohn kaufen kann, hinreichen, ihn »als *arbeitendes* Individuum in seinem normalen Lebenszustand zu erhalten« [27]; die Frage lautet nicht, »welche Bedürfnisse ›an sich‹ oder vom Standpunkt der Physiologie notwendig sind« [28], sondern ob der Lohn dem Wert der Arbeitskraft entspricht, die von Marx als »der *Wert* der zur Erhaltung ihres Besitzers *notwendigen Lebensmittel*« definiert wird: »Die Arbeitskraft verwirklicht sich jedoch nur durch ihre Äußerung, betätigt sich nur in *der Arbeit*. Durch ihre Betätigung, die Arbeit, wird aber ein bestimmtes Quantum von menschlichem Muskel, Nerv, Hirn usw. verausgabt, das wieder ersetzt werden muß. Diese vermehrte Ausgabe bedingt eine vermehrte Einnahme. Wenn der Eigentümer der Arbeitskraft heute gearbeitet hat, muß er denselben Prozeß morgen unter denselben Bedingungen von Kraft und Gesundheit wiederholen können.« [29] In die notwendigen Lebensmittel sind die Kosten der Qualifikation der Arbeitskraft eingeschlossen, die zu Marx' Zeit nur einen Bruchteil der heutigen betrugen. [30] Hinzu kommt, daß die »durch Abnutzung und Tod dem Markt entzogenen Arbeitskräfte (...) zum allermindesten durch eine gleiche Zahl neuer Arbeitskräfte beständig ersetzt werden (müssen). Die Summe der zur Produktion der Arbeitskraft notwendigen Lebensmittel schließt also die Lebensmittel der Ersatzmänner ein, d. h. der Kinder der Arbeiter, so daß sich diese Race eigentümlicher Warenbesitzer auf dem Warenmarkt verewigt.« [31] Befunde wie: »Der amerikanische Arbeiter kann sich zum Beispiel heute mit seinem Jahreseinkommen mehr als dreimal soviel kaufen als vor 50 Jahren« [32], oder das in Dokumentarsendungen geübte Abfahren von Arbeiterwohnungen mit der Kamera, wobei der Blick auf den Fernsehapparat und das Auto vor der Tür fällt, bleiben notwendig oberflächlich, »solange nicht die Bedingungen untersucht werden, die den *Wert* der Arbeitskraft und seiner Veränderungen bestimmen« [33]; ganz abgesehen davon, daß solche Informationen häufig aussparen, inwieweit die angedeutete höhere Kaufkraft durch Überstunden und die Mitarbeit von Familienmitgliedern zustandekommt und inwieweit dies wiederum die Notwendigkeit zur vermehrten Inanspruchnahme von Dienstleistungen und zum Kauf »höherer Konsumgüter« impliziert.* Überhaupt

* »Die Arbeitskraft des Mannes wird in dem Maße entwertet, wie nicht mehr er allein, sondern mehrere Familienmitglieder ihre Arbeitskraft verkaufen. An die Stelle der ›unproduktiven‹ Dienste an sich selbst tritt Lohnarbeit für das Kapital und als deren Folge die erhöhte Ausgabe von Revenue der Arbeiterklasse für Dienste. Statt selbst die Wäsche zu waschen, muß sie zum Waschen gebracht werden, statt selbst die Möbel zu reparieren, müssen Handwerker geholt werden (...). Der scheinbare Wohlstand, das ›Wirtschaftswunder‹ in der BRD dokumentieren zu einem großen Teil diese Entwicklung. Der Kühlschrank, die Waschmaschine, Fernsehgerät und Küchenmaschine und – als Konkurrenten zu diesen Waren – der expandierende Dienstleistungssektor sind nicht Ausdruck von Wohlstand, sondern immer *auch*

läßt sich an einer Ausweitung des privaten Konsums der Arbeiter nichts über ihre Proletarisierung ausmachen: »Die völlige Eigentumslosigkeit des Arbeiters zur Zeit der industriellen Revolution, ist gar nicht so typisch, sondern nur charakteristisch für alle Epochen der [34] ursprünglichen Akkumulation, allenfalls für die Habgier und geringe Weitsicht der Akkumulierenden.« [35] Auch die These von der subjektiven Korrumpiertheit durch erhöhten Konsum, welche im *Erwin*-Film durch den von Runge protokollierten Wunsch junger Arbeiter nach einem Auto – vielleicht unbeabsichtigt – Unterstützung finden könnte, wohingegen sie bei Max von der Grün in *Irrlicht und Feuer* ausdrücklich vertreten wird, ist angesichts der in der Produktionssphäre beibehaltenen Arbeitsbedingungen bereits fragwürdig; wie sehr erst die von der objektiven: »›Nicht die Kartoffel, sondern der Pflug bestimmt den Menschen.‹ Dieser Ausspruch Hegels gibt zu denken. Alle heutigen Diskussionen um die angebliche Entproletarisierung des Arbeiters als Folge der gesteigerten Lohnhöhe – wobei auch diese propagandistisch falsch eingeschätzt wird« [36] – mißachteten, daß die Arbeiterschaft im Klassenverhältnis immer »ärmer« wird, ohne daß es deshalb einzelnen Arbeitern, punktuell gesehen, schlechter zu gehen braucht; das ist die notwendige Folge der vom Arbeiter geleisteten Mehrarbeit, die wir an dieser Stelle wenigstens kurz charakterisieren müssen. Der Lohn, den der Arbeiter erhält, entspricht bestenfalls dem Wert seiner Arbeitskraft. »Ist dieser Wert produziert, so darf der Arbeiter nicht etwa aufhören zu arbeiten, seine Arbeitskraft wurde ja für den ganzen Tag gekauft, und so produziert er die übrige Zeit noch Wert zu demjenigen hinzu, den er in Form von Lohn bekommen hat. Diesen Mehrwert steckt der Kapitalist in die eigene Tasche. (...) Insofern er den Mehrwert realisieren konnte, ist er reicher geworden, das Kapital, über das er verfügt, hat sich vermehrt. Gleichwohl geht auch der neue Tausch nach den alten strengen Regeln der Gleichheit vor sich: der Arbeiter bekommt für seine Arbeitskraft, was er braucht, um zur Arbeit fähig bleiben zu können, ist sein Bedarf auf Grund des gestiegenen Lebensstandards gewachsen, so bekommt er – wenn alles mit rechten Dingen zugeht – das Dementsprechende. Aber gerade, weil er bleibt, der er ist, bedeutet das Anderswerden des Kapitalisten auch sein Anderswerden: Da er an dem Reichtum, den er im Produktionsprozeß des Kapitals hervorbringt, nicht teil hat, geht er, je mehr dieser Reichtum in der Hand des Kapitalisten anwächst, um so ärmer aus diesem Prozeß heraus.« [37]

Daß sich durch den Lohn die Arbeitskraft bloß reproduziert, der Kapitalist sie aber wegen ihrer Fähigkeit, ihm Mehrwert zu schaffen, bezahlt, verdeut-

Ausdruck von zunehmendem Arbeitskräftebedarf, Frauenarbeit usw. Die entlastende Funktion der Technisierung des Haushalts wird im Kapitalismus pervertiert, denn ihre Kehrseite ist nicht mehr Freizeit, (...) sondern vermehrte Subsumtion von Arbeitskräften unter das Kapital.« (Altvater/Huisken, *Produktive und unproduktive Arbeit* ..., S. 82).

licht bereits an der Kategorie des Lohns den Widerspruch zwischen Kapital und Arbeit: er ist enthalten in der doppelten Funktion dieses Wertteils, »der für den Kapitalisten variables *Kapital,* für den Arbeiter *Einkommen* (Lohn) ist.« [38] Hier liegt der Grund für die ökonomische Verschärfung der Klassengegensätze, so sehr der vom Proletariat geführte politische Klassenkampf auch stagnieren mag. Da nämlich, solange die Arbeit nicht nur die Funktion hat, den Arbeiter am Leben zu erhalten, sondern Mehrwert zu produzieren, »(d)ie Erhöhung des Arbeitspreises (eingebannt bleibt) in Grenzen, die die Grundlagen des kapitalistischen Systems nicht nur unangetastet lassen, sondern auch seine Reproduktion auf wachsender Stufenleiter sichern« [39], produziert der Arbeiter immer mehr Produktionsmittel, die sich der Kapitalist aneignet; entsprechend schreibt Marx »über die ihrer Produktionsmittel entäußerte menschliche Arbeit, sie sei ›(...) die absolute Armut: die Armut, nicht als Mangel, sondern als völliges Ausschließen des gegenständlichen Reichtums‹«. [40] Indiz für die damit steigende Macht der Kapitalisten über die Arbeiter ist die zunehmende Zahl von Lohnabhängigen.

Indem man nun aber gebannt aufs Häuschen starrt, das sich eine kleine Zahl von Arbeitern unter besten Bedingungen kaufen kann, um, wie Bahrdt schreibt, »dort einen behäbigeren Lebenszuschnitt« [41] als viele Bürger zu pflegen, fällt die Analyse sogar hinter Ricardo zurück, von dem Marx sagte, er habe den Arbeiter erstmals nicht als Tier gesehen, als ein Wesen also, das sich bloß am Leben erhält, sondern als Produzenten des gesellschaftlichen Reichtums, dem sein Produkt vorenthalten wird [42]. Hiernach wäre Ricardo der Begründer der *relativen Lohntheorie,* welche besagt, daß selbst das Steigen der Löhne ein vermehrtes Steigen des Profits bedeuten kann. Das Klassenverhältnis erhellt somit weniger der Real- oder gar der Nominallohn, als das Verhältnis von Wert der Arbeitskraft zum neugeschaffenen Wert [43]. Während der physischen Verelendung der Arbeiterklasse weitgehend vorgebeugt werden konnte, hat sich die relative Verelendung, damit auch die Distanz zwischen Lohnarbeitern und Kapitalisten vergrößert. Bedingt durch die Zunahme der Lohnabhängigen, hat sich, wie Mandel belegte, »das Marxsche Gesetz der relativen ›Verelendung‹ der Arbeitskraft in der Bundesrepublik bewahrheitet (...), d. h., daß der Anteil der Lohnabhängigen an dem von ihnen geschaffenen Nettoprodukt beträchtlich gesunken ist«*.

* »Auf den ersten Blick ist die ›Lohnquote‹ seit der Währungsreform (d. h. 1950) ununterbrochen gestiegen. (...) Ein solcher langfristiger Vergleich ist aber sinnlos, wenn nicht gleichzeitig die Verschiebung in der Struktur der Beschäftigten berücksichtigt wird. Es ist offensichtlich, daß eine ›Steigerung‹ des Anteils der Lohnabhängigen am Volkseinkommen von 33 auf 66 %, die gleichzeitig von einer Steigerung des Anteils der Lohnabhängigen an der gesamten erwerbstätigen Bevölkerung von 40 auf 80 % begleitet ist, keinerlei ›Steigerung‹, sondern nur eine absolute Stagnation der Lohnquote darstellt.« (E. Mandel, *Wirtschaftskrise,* S. 17. Vgl. auch dazu S. 18f. und 44). Weiteres Zahlenmaterial findet sich bei Jörg Huffschmid,

Ohne Kenntnis der Lehre vom relativen Lohn könnte es so scheinen, als entstehe das ungleiche Verhältnis von Lohnarbeitern und Kapitalisten erst durch die »ungerechte Verteilung« von Einkommen und Produkten, was sich irgendwie rechtlich oder politisch korrigieren lasse. So schreibt Burkart Lutz u. a. in bezug auf die gesteigerte Güterproduktion in den USA und Japan: »Freilich war dieser Reichtum zunächst höchst ungleich verteilt. Viele Jahrzehnte hindurch stiegen die Reallöhne der Arbeiter weit langsamer als das Sozialprodukt.« [44] Behauptet wird also implizit, heute nehme der Lohn im gleichen Maß wie die Produktivität der Arbeit zu [45]. »Wäre dies die Regel, dann könnte die Mehrwertrate nie steigen, – dann wäre die Produktion des ›relativen Mehrwerts‹, und damit der Kapitalismus selbst unmöglich.« [46] Die Lohnhöhe ist demgegenüber durch Angebot und Nachfrage auf dem Arbeitsmarkt und durch den Lohnkampf der Arbeiterklasse bestimmt; Steigerung des Sozialprodukts und Lohnerhöhung sind völlig getrennte Vorgänge, was freilich nicht heißt, daß in Ländern mit hoher Produktivität nicht auch die Arbeitslöhne am höchsten wären [47]. Diese Tatsache folgt schon aus der einfachen Notwendigkeit für das Kapital, als wesentliches Mittel zur Vermeidung von Überproduktionskrisen die Arbeiter in steigendem Maß als Konsumenten zu gewinnen: »Übrigens (...) verlangt jeder Kapitalist zwar, daß seine Arbeiter sparen sollen«, schreibt Marx, »aber nur *seine,* weil sie ihm als Arbeiter gegenüberstehn; beileibe nicht die übrige *Welt der Arbeiter,* denn sie stehn ihm als Konsumenten gegenüber.« [48]

In der absoluten physischen Verelendung sah Marx demnach kein Konstituens der arbeitenden Klasse; der Wert der Arbeitskraft ist die unterste Grenze, die die Löhne auf die Dauer nicht unterschreiten können, will sich das Kapital nicht selber durch die Vernichtung von Teilen der Arbeiterklasse seiner Mehrwertquelle berauben [49]. Freilich mußte und muß dem einzelnen Kapitalisten diese Einsicht, daß es in seinem eigenen Interesse liegt, die Löhne nicht unter ein bestimmtes Quantum fallen zu lassen, erst im Klassenkampf abgerungen werden; keine geschichtliche Vernunft garantiert, daß dies immer gelingt. Noch heute wird, trotz allem Gerede vom geplanten Kapitalismus, das Kapital »in seiner praktischen Bewegung durch die Aussicht auf zukünftige Verfaulung der Menschheit und schließlich doch unaufhaltsame Entvölkerung so wenig und so viel bestimmt als durch den möglichen Fall der Erde in die Sonne. In jeder Aktienschwindelei weiß jeder, daß das Unwetter einmal einschlagen muß, aber jeder hofft, daß es das Haupt seines Nächsten trifft, nachdem er selbst den Goldregen aufgefangen und in Sicherheit gebracht hat. Après moi le déluge! ist der Wahlruf jedes Kapitalisten und jeder

Die Politik des Kapitals. Konzentration und Wirtschaftspolitik in der Bundesrepublik, Frankfurt/M. 1969, siehe u. a. S. 11–35. Über die Veränderung in der Sozialstruktur der BRD, vergleiche Wolfgang Abendroth, *Wirtschaft, Gesellschaft und Demokratie in der Bundesrepublik,* Frankfurt/M. 1965, S. 45–73.

Kapitalistennation. Das Kapital ist daher rücksichtslos gegen Gesundheit und Lebensdauer des Arbeiters, wo es nicht durch die Gesellschaft zur Rücksicht gezwungen wird. Der Klage über physische und geistige Verkümmerung, vorzeitigen Tod, Tortur der Überarbeit, antwortet es: Sollte diese Qual uns quälen, da sie unsere Lust (den Profit) vermehrt?« [50] »Was könnte«, fragt Marx, »die kapitalistische Produktionsweise besser charakterisieren als die Notwendigkeit, ihr durch Zwangsgesetz von Staats wegen die einfachsten Reinlichkeits- und Gesundheitsvorrichtungen aufzuherrschen?« [51] Noch heute zeigt sich, in der Absicht, in der lediglich verlagerten Konkurrenz bestehen zu können, bei den einzelnen Kapitalen die Tendenz, die zur Reproduktion der Arbeitskraft notwendigen Mittel zu unterschreiten, indem sie die Löhne niedrig halten oder bei der Steigerung der Arbeitsintensität »keine Rücksicht auf die Gesundheit und das Leben der Arbeiter (nehmen). Die Folge davon ist ein ungeheurer physischer, psychischer und nervlicher Verschleiß der Arbeitskraft« [52]. Wenn »die Statistik im Westberliner Zweigwerk des Boschkonzerns, nach Einführung des MTM-Rationalisierungssystems, des Method-Time-Measurement-Systems« ergibt, daß »die Zahl der Unfälle um fünfzig Prozent« gestiegen ist, »die Zahl der Unfälle von der Arbeit nach Hause sogar um hundert Prozent« [53]; wenn sich weiterhin zeigt, daß »zwei Drittel aller Werktätigen im Bundesgebiet zur Zeit reif für eine Krankenbehandlung (sind) und jeder fünfte (...) einen Sanatoriumsaufenthalt nötig (hätte)« – sofern dieses von Arbeitsminister Hirrlinger veröffentlichte Ergebnis aus umfassenden Voruntersuchungen über den Gesundheitszustand der Werktätigen in Baden-Württemberg auf die ganze BRD sich übertragen läßt – [54] und das durchschnittliche Invaliditätsalter der männlichen Arbeiter 1966 bei 54 Jahren lag [55], so heißt das nicht einfach, »daß die Produktionsleistung der Menschen zwar von Jahr zu Jahr größer wird, aber ›von einem organischen Zusammenspiel des arbeitenden Menschen mit seiner spezifischen Umwelt nicht die Rede sein kann‹, wie der Wiener Ingenieur Ferdinand Schaffner formulierte«, der denn auch von »Anpassungsmängeln« sprach, »deren Ursache noch weitgehend unerforscht sei« [56]; sondern diese, Öffentlichkeit wie Kapital alarmierenden Daten machen deutlich, daß sich die Arbeitszeit gerade nicht, wie Paul Jostock behauptet, »auf ein gesundes Maß normalisiert« hat und »der Lohn durchweg das Existenzminimum (übersteigt)« [57]. Zwar sind Arbeit und Armut heute keine synonymen Begriffe mehr [58], zwar hat sich der Arbeitstag verkürzt, doch haben die jüngsten Rationalisierungsmaßnahmen zur Steigerung der Intensität der Arbeit einen so frühzeitigen Verschleiß der Arbeitskraft zur Folge, daß die jeweilige Wiedergewinnung der Arbeitskraft nicht gewährleistet ist. Entscheidendes über das Existenzminimum der Werktätigen läßt sich, ohne Hinzunahme einer Analyse des Verwertungsprozesses und unter Vernachlässigung des wichtigsten Aspekts zur Bestimmung jener untersten Grenze, der Erhaltung der Arbeitskraft, heute weniger denn je feststellen. Angesichts der angedeuteten Entwicklung der relativen Mehrwertschöpfung bleibt die noch so detaillierte realistische Schilderung der Konsumverhältnisse der Arbeiter verklärende Poesie.

Konkretismus in den Industriereportagen

Bleiben die Arbeiter in den *Bottroper Protokollen* in ihrer zentralen Funktion, der von in der Produktionssphäre Ausgebeuteten, fast gänzlich unbekannt, so machen *Industriereportagen* wie die von Günter Wallraff jene Sphäre zum Ausgangspunkt. Dem der Erkenntnis günstigeren Standort entspricht aber keine ebenso günstige Methode: diese beschränkt sich gleich den Protokollen, im empiristisch eingeschränkten Verständnis von »Dokument«, auf die Beschreibung von Beobachtungen, so daß der Anspruch der Reporter, »in die Betriebe zu gehen und einen konkreten Begriff von der Arbeiterklasse und vom Kampf im Betrieb zu entwickeln«, *statt!* »sich hinter einem Berg von Büchern (zu verschanzen)« [59], nur partiell eingelöst werden kann.

In der Herausstellung der kasernenmäßigen Fabrikdisziplin, des Charakters der innerbetrieblichen Hierarchie, der Arbeitshetze, der Unfallhäufigkeit, der Erschöpfung der Arbeitenden erfaßt die Dokumentaristik wesentliche Tatsachen, welche etwa die Behauptung, durch die Rationalisierung der Produktion müßten »(ü)ber kurz oder lang (...) nicht nur Schmutz, Lärm und körperliche Schwerarbeit, sondern auch der Druck des Akkordes, die Hast des Fließbandes und die Monotonie der Maschinenbedienung immer seltener werden« [60], als seichten Optimismus belegen und wirkungsvoll darauf hinweisen können, daß innerhalb des Kapitalismus die Entwicklung der technischen Produktivkräfte den Arbeitern nicht einmal als Humanisierung des Arbeitsprozesses zugute gekommen ist; das wesentliche Spezifikum des gezeigten Arbeitsprozesses aber, daß er nicht bloß – wie die Arbeit von leibeigenen Bauern oder von Sklaven – der herrschenden Klasse Gebrauchswerte schafft, sondern Teil eines tendenziell unendlichen Prozesses der Kapitalverwertung ist, kann mit jenen Mitteln nicht gezeigt werden. Damit aber fällt die Erkenntnis dessen, was im Kapitalismus Ausbeutung heißt, weg. Die Antreiberei durch Abteilungsleiter und Meister, die verschiedenen Methoden zur Erlangung von Mehrarbeit wie das MTM-System [61], die geschildert werden, entspringen zwar direkt diesen Profitinteressen, sind aber nicht selber schon Exploitation; indem ihr Zweck verdeckt bleibt, können sie falschen Ursachen – zum Beispiel autoritären Charakterstrukturen der Vorgesetzten – zugeschrieben werden. Darüber hinaus aber entsteht der Eindruck, die körperlich und nervlich am meisten Belasteten seien zugleich auch die am höchsten Ausgebeuteten. Damit wird die marxische Kapitalismusanalyse zugunsten wie immer ehrenwerter moralischer Anklagen aufgegeben. Es kann auf diese Weise zwar angedeutet werden, wo Hilfe am raschesten nottäte, nicht aber, wodurch das System sich vor allem reproduziert und womit es demnach am wirkungsvollsten angegriffen werden könnte.

Kapitalistisch ausgebeutet ist lediglich die produktive Arbeit. Diese nun definiert sich nicht durch ihre Eigenschaft, materielle Produkte herzustellen: Bauer und Hausfrau, insofern sie sich für den Eigenbedarf ihrer Familie und seis zu Tode hetzen, arbeiten unproduktiv. Ebenso selbständige Handwerker oder Händler, mögen sie auch Tag und Nacht in der Werkstatt oder hinter dem Ladentisch stehen: »Dadurch, daß die Produktivkräfte nicht unmittelbar im Produktionsprozeß wirken als Produktionsmittel und Arbeitskraft in ihrem natürlichen stofflichen Charakter, sondern daß sie – weil der Produktionsprozeß unter kapitalistischen Verhältnissen ein über einen bestimmten Punkt hinaus verlängerter Wertbildungs-, d. h. Verwertungsprozeß ist – nur als Werte, als konstantes und variables Kapital wirken, verliert auch die produktive Arbeit ihren natürlichen stofflichen Charakter und bekommt einen historisch-gesellschaftlichen Charakter. Nicht die Arbeitsteilung, sondern das private Eigentum an den Produktionsmitteln und insbesondere das kapitalistische Eigentum bringt dieses Resultat hervor.« [62] Produktive Arbeit ist »im Sinne der kapitalistischen Produktion (...) die Lohnarbeit, die im Austausch gegen den variablen Teil des Kapitals nicht nur diesen Teil reproduziert (oder den Wert ihrer eigenen Arbeitskraft), sondern außerdem Mehrwert für den Kapitalisten produziert ...« [63] Der Kapitalist eignet sich fremde Arbeit nicht wegen deren konkretem, nützliche Gegenstände schaffenden Charakter an, sondern ist lediglich am Wert interessiert, den das Arbeitsprodukt darstellt – und natürlich am Mehrwert, den dieser Wert einschließt. Der Grad ihrer Ausgebeutetheit bestimmt sich ausschließlich daran, wieweit die Lohnarbeit diese Funktion erfüllt. Daß psychophysische Verelendung und Leistung von Mehrarbeit durchaus nicht zu konvergieren brauchen, zeigt am deutlichsten das Beispiel der technischen Intelligenz, die im Kapitalverhältnis steht: nach Helmut Steiner »besitzt die Arbeit der Intelligenz* beispielsweise an langfristigen Forschungs- und Entwicklungsvorhaben, zur Lenkung und Leitung des hochgradig vergesellschafteten Produktionsprozesses sowie zur Bedienung und Inbetriebnahme außerordentlich kapitalintensiver Anlagen einen derart hohen Verwertungsgrad für den gesamten Produktionsprozeß, der die Feststellung gestattet, die angestellte Intelligenz als den mit der höchsten Mehrwertrate ausgebeuteten Teil der Beschäftigten in der modernen kapitalistischen Industrie anzusehen« [64]. Daß das Gehalt des

* Nicht die Intelligenz überhaupt ist gemeint. Steiners und unsere Darlegung entspricht deshalb nicht den Thesen, wie sie z. B. H. J. Krahl vorgetragen hat, nach denen auch die geisteswissenschaftlich Arbeitenden tendenziell zur produktiven Arbeiterschaft zu zählen seien.

Ingenieurs dabei das des Handarbeiters weit übersteigt und er mit seiner Tätigkeit unter Umständen zufrieden ist, ändert hieran nichts; ebensowenig, daß auch die Methoden der Arbeitsintensifikation bei diesen hochqualifizierten Arbeitern eine Gestalt annehmen können, welche aus der dokumentarischen Perspektive bloß als Privileg, nicht als Ausbeutungsmittel verstanden werden: »Die Integration der Wissenschaft in den Produktionsprozeß, ihre produktive Nutzung und ihr Eindringen in das gesellschaftliche Leben überhaupt, bedingen für die angestellte Intelligenz andere Tätigkeitsmerkmale, Funktionen, Bildungsanforderungen und weitere Merkmale im Produktionsprozeß, weshalb auch der Ausbeutungsprozeß an der Oberfläche in anderen Formen als bei den manuellen Arbeitern erscheint, wobei selbst soziale und materielle Privilegien und Besserstellungen keinerlei Aussage über das Ausmaß und die Höhe der Ausbeutung zulassen.« [65]

Im Selbstbewußtsein eines großen Teils der Handarbeiter – die in der Industrieforschung und auch in der Arbeiterliteratur gern als Inbegriff der Arbeiterschaft erscheinen – definiert sich produktive Arbeit aber anders; hier herrscht, wie Popitz, Bahrdt, Jüres und Kesting zeigten, die Auffassung, daß »die Arbeiterschaft (...) etwas zu bieten (hat), das dem Kapital – dem ›toten Kapital‹ – zumindest ebenbürtig, wenn nicht überlegen ist: die Arbeit – die ›menschliche Arbeit‹. Sie wird verstanden als *körperliche* Arbeit, das heißt diejenige menschliche Tätigkeit, die am sinnfälligsten ›Arbeit‹ ist; als *produktive* Arbeit, das heißt eine unmittelbar wertschaffende Leistung; als *primäre* Arbeit, das heißt eine Funktion, die für die anderen, für die Gesellschaft, eine fundamentale Voraussetzung ihrer Existenz schafft.« [66] Darin ist nun in der Tat die mehrwertschaffende Arbeit als gebrauchswertschaffende, die produktive Arbeit als gesellschaftlich nützliche verstanden; als Kapital wird nur das konstante, nicht das variable gefaßt, mit dem die Arbeitskraft gekauft ist, als ob das Kapital überhaupt ohne die Aneignung der fremden Arbeit Kapital sein könnte; und als Arbeit in jenem eigentlichen Sinn gilt nur jene, welche sichtbar mit der Herstellung eines materiellen Produkts beschäftigt ist. Diese Tendenz, die oft als genuin marxistisch verstanden wird*, entspricht der der Dokumentaristen, die ja, wenn sie – wie Wallraff und Schneider – in Betrieben arbeiten, auch selbst als ungelernte oder bestenfalls angelernte Arbeiter fungieren. Marianne Herzog etwa schreibt nach ihren Betriebserfahrungen bei AEG-Telefunken in Berlin: »Die Arbeiterinnen leisten die produktive Arbeit. Die Arbeiter sind als Spezialisten, Meister, Einrichter, Werkzeugmacher, Zubringer im Zeitlohn tätig. Die Arbeite-

* »Es ist bekannt, daß die Kritik behauptet, der Marxismus erkenne *nur* die Handarbeit als produktive Arbeit an. Alle andere Arbeit sei nach der Lehre von Marx und seiner Schüler unproduktiv, so insbesondere die schöpferische Tätigkeit der ›Intelligenz‹. Robert Meyer behauptet sogar, daß der Sozialismus zugunsten der ›gewerblichen Hilfsarbeiter‹ denkt.« (F. Behrens, a.a.O., S. 72).

rinnen stellen Radio-, Fernsehröhren und Halbleiter im Akkord her.« [67] Bereits genauere Beobachtung könnte die Unrichtigkeit dieses interpretierenden Berichts erbringen: die genannten Arbeiterinnen löten lediglich Fertigteile zusammen; sie stellen also nicht einmal, wie Marianne Herzog behauptet, Fernsehröhren – geschweige denn Fernsehapparate – her. Es zeigen sich hier die Schwierigkeiten, auf welche ein Selbstbewußtsein von Produktivität stoßen muß, das an einer bestimmten Arbeitsweise orientiert ist: »Die Körperlichkeit der Arbeit, als hervorragendes Merkmal aller Arbeitertätigkeiten aufgefaßt, wurde zur Basis des Leistungsbewußtseins der Arbeiterschaft: Körperliche Kraft, Ausdauer und Geschicklichkeit galten als entscheidender Beitrag der Arbeiter zur Produktion und gewannen so zentrale Bedeutung für ihr kollektives Selbstbewußtsein. Dieses geschlossene Arbeiterbewußtsein muß aber problematisch werden, wenn durch Veränderungen im Arbeitsbereich neue Arbeitertätigkeiten entstehen, deren Anforderungen an körperlichen Einsatz gering sind und die sich damit dem herkömmlichen Leistungsbegriff der Arbeiterschaft entziehen« [68]. Die wachsende organische Zusammensetzung des Kapitals, d. h. die vermehrte Einführung vergegenständlichter Produktivkräfte, läßt eine immer blindere oder gar fehlende Vorstellung vom Grad der eigenen Ausgebeutetheit entstehen. Verdeckt in der Lohnarbeit bereits die Form des Lohnes die Spaltung der Arbeitszeit in bezahlte und unbezahlte*, so entsteht vollends durch die Subsumtion der lebendigen Arbeit unter die tote, dadurch, daß die von den Arbeitern geschaffenen Produktionsmittel ihnen als fremde Macht des Kapitals gegenübertreten, der Eindruck, als sei der Produktionsprozeß ein Austauschprozeß zwischen zwei Dingen, der Ware Arbeitskraft und den Produktionsmitteln, welche beide gleichermaßen Wert zu produzieren scheinen**: die bei Popitz u. a. zitierte

* »Der Wert von 3 sh., worin sich der bezahlte Teil des Arbeitstags, d. h. sechsstündige Arbeit darstellt, erscheint als Wert oder Preis des Gesamtarbeitstags von 12 Stunden, welcher 6 unbezahlte Stunden enthält. Die Form des Arbeitslohns löscht also jede Spur der Teilung des Arbeitstags in notwendige Arbeit und Mehrarbeit, in bezahlte und unbezahlte Arbeit aus. Alle Arbeit erscheint als bezahlte Arbeit. Bei der Fronarbeit unterscheiden sich räumlich und zeitlich, handgreiflich sinnlich, die Arbeit des Fröners für sich selbst und seine Zwangsarbeit für den Grundherrn. Bei der Sklavenarbeit erscheint selbst der Teil des Arbeitstags, worin der Sklave nur den Wert seiner eignen Lebensmittel ersetzt, den er in der Tat also für sich selbst arbeitet, als Arbeit für seinen Meister. Alle seine Arbeit erscheint als unbezahlte Arbeit. Bei der Lohnarbeit erscheint umgekehrt selbst die Mehrarbeit oder unbezahlte Arbeit als bezahlt.« (K. Marx, *Das Kapital I,* S. 562).

** Das gilt auch für den Blickwinkel des Kapitalisten. Ihm, den nur der Profit interessiert und für den Arbeitskraft und Produktionsmittel bloße Kostenfaktoren sind, »ist es gleichgültig, die Sache so zu betrachten, daß er das konstante Kapital vorschießt, um aus dem variablen Gewinn zu schlagen, oder das variable vorschießt, um das konstante zu verwerten (...) Obgleich nur der variable Teil des Kapitals Mehrwert schafft, so schafft er ihn unter der Bedingung, daß auch die andren Teile vorgeschossen werden, die Produktionsbedingungen der Arbeit. Da der Kapitalist

Auffassung, die lebendige Arbeit sei dem toten Kapital »zumindest ebenbürtig, wenn nicht überlegen«, ist demnach schon eine Konzession an die Ideologie der kapitalistischen Produktionsweise. Ja, angesichts der gewaltigen Produktivkräfteentwicklung unterm Kapitalismus, wo »(d)as Detailgeschick des individuellen, entleerten Maschinenarbeiters (...) als ein winzig Nebending vor der Wissenschaft, den ungeheuren Naturkräften und der gesellschaftlichen Massenarbeit, die im Maschinensystem verkörpert sind«, zu verschwinden scheint [69], ist es schwierig, überhaupt noch zu jener Halbbewußtheit durchzudringen: die der gesellschaftlichen Form der Arbeit geschuldete Produktivkraft erscheint kaum mehr als die des Arbeiters, sondern immer mehr als eine, die dem Kapital von Natur aus zukommt. »Mit der Entwicklung des relativen Mehrwerts in der eigentlichen spezifisch kapitalistischen Produktionsweise, womit sich die gesellschaftlichen Produktivkräfte der Arbeit entwickeln, erscheinen diese Produktivkräfte und die gesellschaftlichen Zusammenhänge der Arbeit im unmittelbaren Arbeitsprozeß als aus der Arbeit in das Kapital verlegt. Damit wird das Kapital schon ein sehr mystisches Wesen, in dem alle gesellschaftlichen Produktivkräfte der Arbeit als ihm, und nicht der Arbeit als solcher, zukommende und aus seinem eignen Schoß hervorsprossende Kräfte erscheinen.« [70] Daß die Maschinerie nichts als die Reinkarnation des von der lebendigen Arbeit geschaffenen Mehrwerts ist, daß sie ihren Wert lediglich auf die Produkte übertragen kann, die Schöpfung eines Wertzuwachses aber allein der lebendigen Arbeit möglich ist, bleibt der Betrachtung des bloßen jeweiligen Arbeitsvorgangs fast notwendig verborgen. Man kann dann immer noch das Gefühl haben, zu niedrig bezahlt zu werden; dabei herrscht freilich die bloße Unzufriedenheit mit bestimmten Lohndifferenzierungen zwischen verschiedenen konkreten Arbeiten mit Leistungszulagen und Ergebnissen der analytischen Arbeitsplatzbewertung vor. Die grundsätzliche Differenz zwischen dem Wert der geschaffenen Produkte und dem der Arbeitskraft ist aus dem Blick geraten. Der Gedanke an die Maschinerie, welche neben der eigenen Handarbeit Wert produziere, hat den an eine Gesamtarbeiterschaft, deren Produkt jener Wert allein ist, verdrängt. Dabei ist es das Charakteristische kapitalistischer Industrieproduktion, daß sich das Produkt »aus dem unmittelbaren Produkt des individuellen Produzenten in ein gesellschaftliches, in das gemeinsame Produkt eines Gesamtarbeiters, d. h. eines kombinierten Arbeitspersonals (verwandelt), dessen Glieder der Handhabung des Arbeitsgegenstandes näher oder ferner stehn«. [71]

die Arbeit nur exploitieren kann durch Vorschuß des konstanten Kapitals, da er das konstante nur verwerten kann durch Vorschuß des variablen, so fallen ihm diese in der Vorstellung alle gleichmäßig zusammen, und dies um so mehr, als der wirkliche Grad seines Gewinns bestimmt ist nicht durch das Verhältnis zum variablen Kapital, sondern durch die Rate des Profits«. (K. Marx, *Kapital III,* MEW 25, S. 52).

Nach Marx erweitert sich »(m)it dem kooperativen Charakter des Arbeitsprozesses selbst (...) daher notwendig der Begriff der produktiven Arbeit und ihres Trägers, des produktiven Arbeiters. Um produktiv zu arbeiten, ist es nun nicht mehr nötig, selbst Hand anzulegen; es genügt, Organ des Gesamtarbeiters zu sein, irgendeine seiner Unterfunktionen zu vollziehn.« Die ursprüngliche Bestimmung der produktiven Arbeit, die »aus der Natur der materiellen Produktion selbst abgeleitet« ist, solange diese eine rein individuelle, Hand- und Kopfarbeit vereinende ist, »bleibt immer wahr für den Gesamtarbeiter, als Gesamtheit betrachtet. Aber sie gilt nicht mehr für jedes seiner Glieder, einzeln genommen.« [72] Detaillierter noch ist dies in den *Resultaten des unmittelbaren Produktionsprozesses* ausgeführt: »Da mit der Entwicklung der *reellen Subsumtion der Arbeit unter das Kapital* oder der *spezifisch kapitalistischen Produktionsweise* nicht der einzelne Arbeiter, sondern mehr und mehr ein *sozial kombiniertes Arbeitsvermögen* der *wirkliche Funktionär* des Gesamtarbeitsprozesses wird, und die verschiedenen Arbeitsvermögen, die konkurrieren, und die gesamte produktive Maschine bilden, in sehr verschiedener Weise an dem unmittelbaren Prozeß der Waren- oder besser hier Produktbildung teilnehmen, der eine mehr mit der Hand, der andere mehr mit dem Kopf arbeitet, der eine als manager, engineer, Technolog etc., der andere als overlooker, der dritte als direkter Handarbeiter, oder gar bloß Handlanger, so werden mehr und mehr *Funktionen von Arbeitsvermögen* unter den unmittelbaren Begriff der *produktiven Arbeit* und ihre Träger unter den Begriff der *produktiven Arbeiter,* direkt vom Kapital ausgebeuteter und seinem Verwertungs- und Produktionsprozeß überhaupt *untergeordneter* Arbeiter einrangiert. Betrachtet man den *Gesamtarbeiter,* aus dem das Atelier besteht, so verwirklicht sich materialiter seine *kombinierte Tätigkeit* unmittelbar in einem *Gesamtprodukt,* das zugleich eine *Gesamtmasse von Waren* ist, wobei es ganz gleichgültig, ob die Funktion des einzelnen Arbeiters, der nur ein Glied dieses Gesamtarbeiters, ferner oder näher der unmittelbaren Handarbeit steht.« [73]

Die Schwierigkeit für den Gesamtarbeiter, sich als solchen zu erkennen, resultiert objektiv daraus, daß »(d)ie Assoziation der Arbeiter, wie sie in der Fabrik erscheint, (...) nicht von ihnen, sondern vom Kapital gesetzt (ist). Ihre Vereinigung ist nicht *ihr* Dasein, sondern das *Dasein* des Kapitals. Dem einzelnen Arbeiter gegenüber erscheint sie zufällig. Er bezieht sich auf seine eigne Vereinigung mit andren Arbeitern und Kooperation mit ihnen als *fremde,* als Wirkungsweisen des Kapitals« [74]. Der Kapitalist zwingt als Besitzer der Arbeitsmittel den Produktionsagenten auch eine Organisation der Arbeit auf, in welcher nicht sie es sind, die ihre Zusammenarbeit planen, sondern in der sie vom Kapital je nach dessen Bedürfnissen in ungelernte, angelernte, qualifizierte und hochqualifizierte Arbeiter mit isolierten Aufgabenbereichen unterteilt werden. Insbesondere müssen so Kopf- und Handarbeit als feindliche Gegensätze erscheinen, tritt doch dem manuellen Arbeiter die Leistung des Kopfarbeiters in der Maschine vergegenständlicht gegenüber, als eigenständige, ihm fremde und ihn bestimmende Wirklichkeit: »Die Wissenschaft, die die unbelebten Glieder der Maschinerie zwingt, durch ihre Konstruktion zweckgemäß als Automat zu wirken, existiert nicht im Bewußtsein des Arbeiters, sondern wirkt durch die Maschine als fremde Macht auf ihn, als Macht der Maschine selbst.« [75]

Bis vor kurzem bildete auch der Status leitender Arbeiter ein ausreichendes Hindernis, den produktiven Charakter ihrer Tätigkeit zu entdecken. Der Werkmeister war neben dem Prokuristen einer der ersten Angestellten, an den Unternehmerfunktionen delegiert wurden und der daher trotz seines Lohnabhängigkeitsverhältnisses eine Reihe von Privilegien genoß; meist stand er in einer vertrauten, oft verwandtschaftlichen Beziehung zum Kapitaleigentümer und hatte gegenüber der Mehrzahl der Arbeiter eine herausragende berufliche Qualifikation [76]. »Die Tatsache, daß er (...) zu der mehr oder weniger ›besser bezahlten Klasse von Lohnarbeitern‹ gehört und er anfangs ein Verwandter oder individuell persönlich Vertrauter des Kapitalisten war, ließ dieses grundsätzlich bestimmende Lohnarbeiterverhältnis in der Vergangenheit oftmals nicht so klar und eindeutig in Erscheinung treten« [77]. Einen ähnlich breiten, seiner eigenen Verantwortung unterstellten Aufgabenbereich und das Vertrauen des Kapitalisten hatte der Prokurist [78]. Im Fortgang der technischen Entwicklung und der mit ihr einhergehenden Arbeitsteilung haben diese Berufe eine Dequalifizierung erfahren; Mechanisierung und Teilautomation bewirkten eine Zergliederung der kaufmännischen- und Bürotätigkeiten in routinemäßige Spezialausführungen, die dem hier Arbeitenden »kaum noch Gelegenheit (geben), irgend etwas über die Arbeitsweise des Betriebes und seine Zusammenhänge« zu erfahren [79]. Analog sind die verantwortlichen Aufgaben des Meisters durch die Entwicklung vom Meister- zum Ingenieurbetrieb und durch die Versachlichung der Herrschaftsausübung weitgehend entfallen: »Der eigenen Autoritätsausübung im Arbeitsinhalt als vom Kapital übertragene Unternehmerfunktion in wachsendem Maße enthoben, konzentriert sich die Arbeit der Meister zunehmend auf die unmittelbare Autoritäts*repräsentation* des Kapitals« [80]. Der Meister, neben den einfachen Büroangestellten der unterste Rang in der Angestelltenhierarchie, rekrutiert sich nicht nur – im Gegensatz zu früher – fast ausschließlich aus der Arbeiterklasse [81]; da er bloß noch »Experte in einem Segment der bislang in einer Hand vereinten Kenntnisse, der Macht über das Management wie über die Untergebenen beraubt« ist, dient seine Position nurmehr »als vermittelnde Stelle für den Willen des Arbeitsbüros« [82].

Helmut Steiner spricht von einer »Annäherung von manuellen und geistigen Arbeitern hinsichtlich ihrer Klassenmerkmale, ihrer Produktions- und Arbeitsbedingungen sowie der Art ihrer individuellen Einkünfte« [83].

Damit wird es aber nicht nur politisch verkehrter, sie rigoros von anderen Arbeitern zu trennen, sondern auch fürs Kapital immer schwieriger, das Entstehen eines angemessenen Klassenbewußtseins dieser Berufsgruppen zu verhindern; die zunehmende Beteiligung der technischen Intelligenz an Klassenkämpfen, etwa in Frankreich, Belgien und Italien*, könnte als Indiz dafür gewertet werden, daß Teile dieser Arbeiterkategorie begonnen haben, sich »als Glied des produktiven Gesamtarbeiters zu begreifen»**.

Auch in der BRD reichen bereits heute das traditionelle Angestelltendenken*** und die überkommenen Berufsleitbilder der Angestellten [84] ebenso wie ihre spezifischen Funktionen im Produktionsprozeß nicht mehr aus, eine stabile Mittelstandsideologie zu gewährleisten; es bedarf dazu eines ganzen Ensembles von sekundären Gratifikationen und manipulativen Beeinflussun-

* Vgl., E. Mandel, *Die Rolle der Intelligenz im Klassenkampf*, Basispresse, H. 3/4, Bonn 1970, S. 18–27. Ferner S. Herkommer, *Entwicklungstendenzen ..., SoPo*, H. 3, S. 12 f.; und Altvater/Huisken, *Produktive und unproduktive Arbeit ..., SoPo*, H. 8, S. 18 f.; W. Abendroth, *Wirtschaft ...*, S. 60, der u. a. darauf verweist, daß Lenins Polemik gegen die Arbeiteraristokratie in *Der Imperialismus als höchstes Stadium des Kapitalismus* (vgl. W. I. Lenin, *Ausgewählte Werke in 3 Bd.*, Bd. 1, S. 851 ff.) heute nicht mehr unverändert zu übernehmen sei, obwohl, wer sich auf jene Sätze Lenins beruft, doch auch seine Ausführungen kennen sollte, der Intellektuelle schließe sich den Lohnarbeitern »in dem Maße (an), wie der Kapitalismus (ihn) immer mehr und mehr seiner selbständigen Stellung beraubt, ihn in einen abhängigen, besoldeten Angestellten verwandelt und sein Lebensniveau zu senken droht«. (zitiert nach H. Steiner, a.a.O., S. 174).

** Altvater/Huisken, a.a.O., S. 19. Altvater und Huisken möchten die Fähigkeit zur Herausbildung proletarischen Klassenbewußtseins nicht einmal auf den produktiven Gesamtarbeiter beschränken. Sie fordern, »die Bedingungen für Klassenbewußtsein und Klassenkämpfe nicht nur auf der Seite der Arbeiterklasse zu suchen, wobei das Klassenverhältnis als fixe Größe sozusagen mitschwingt, sondern gerade auf beiden Seiten des Kapitalverhältnisses, d. h. auch auf der Ebene der konkret-historischen Reproduktionsbedingungen des Kapitals selbst« und stellen die Frage, welche Bedeutung die Kategorie der Lohnarbeit überhaupt, also nicht unterschieden nach produktiver und unproduktiver Arbeit, für die gegenwärtige Klassenanalyse erhält: »Verschlechtern sich die Verwertungsbedingungen einzelner Kapitale im Laufe eines solchen Prozesses, dann besteht auch die Möglichkeit, daß die verschlechterte Lage sich für alle Lohnarbeiter des jeweiligen Einzelkapitals gleich oder beinahe gleich auswirkt. Es wird hier nicht die Differenzierung von produktiver oder unproduktiver Arbeit virulent, sondern die Tatsache, als Lohnarbeiter vom Schicksal des einzelnen Kapitals mit Haut und Haaren abhängig zu sein.« (Altvater/Huisken, a.a.O., S. 69).

*** Das ›Angestelltendenken‹ »beinhaltet die Illusion einer sozialökonomischen Zwischenstellung und Mittelposition zwischen Kapitalisten und Arbeitern oder zumindest eine Höherstellung gegenüber den Arbeitern und ist ein ideologischer Ausdruck der objektiven Spezifika der Aufgaben und Funktionen der Angestellten im Arbeitsprozeß, der durch die besonderen Traditionen der kapitalistischen Angestelltenfunktionen die kapitalistische Unternehmerpolitik und die bürgerliche Ideologie zu erhalten sowie zu erweitern versucht.« (H. Steiner, a.a.O., S. 163).

gen: »Die gesamte betriebspolitische und -ökonomische Unternehmerpolitik ist darauf ausgerichtet, die sich von den Arbeitern abhebende Selbstbewertung der Angestellten zu konservieren. Die (...) arbeits- und sozialrechtliche Sonderstellung der Angestellten gegenüber den Arbeitern mit ihren verschiedenen kleinen Privilegien (Urlaub, Kündigungsfrist, Kranken- und Invalidenversicherung usw.) zeigt sich besonders an der Oberfläche des kapitalistischen Arbeitsalltags. Die in einigen Unternehmen bereits durchgeführten und in großem Ausmaß vorgesehenen diesbezüglichen Angleichungen von Arbeitern und Angestellten können sowohl bei den Angestellten als auch bei den Arbeitern das Bewußtsein ihrer gemeinsamen Interessen wecken, sie sind in ihrer bisherigen und auch weiter vorgesehenen Form jedoch voll und ganz darauf ausgerichtet, durch verschiedenartigste Abstufungen neue und zusätzliche Trennungslinien zu schaffen. Auszeichnungen und Ehrungen anläßlich von Dienstjubiläen, Prämien, Gratifikationen, Werkzeitungen und -zeitschriften, betriebliche Altersversorgung sowie die gesamte ›human-relations‹-Praxis sind darauf ausgerichtet, bei allen Beschäftigten ein ›Angestelltendenken‹ herauszubilden.« [85]

»Die ›Herausstellung‹ der Angestellten gegenüber den Arbeitern innerhalb des kapitalistischen Betriebes *ergibt zusammengenommen ein ganzes System:* getrennte Speisesäle, und zwar das ›Kasino‹ für Angestellte, die ›Kantine‹ für Arbeiter; unterschiedliche Geschirrqualität in den Speisesälen; im Kasino Bedienung, während sich die Arbeiter ihr Essen selbst holen müssen; bessere Garderobenschränke und Waschanlagen für Angestellte – sind einige solcher bewußtseins*bildender* Äußerlichkeiten« [86]. Auf der Ebene unqualifizierter Arbeiter und in gewissen Erscheinungsformen werden solche sekundären Unterschiede der Arbeitsbedingungen von den Dokumentaristen noch durchaus richtig analysiert. So berichtet Peter Schneider, wie die Werksleitung des Betriebes, in dem er gearbeitet hat, sich bemühe, »(d)as Mißtrauen der deutschen gegen die ausländischen Arbeiterinnen« wachzuhalten, etwa »dadurch, daß sie die ausländischen Frauen überall dort einsetzt, wo die deutschen erste Formen des Kampfes und der Verweigerung entwickeln: wenn schärfere Arbeitszeiten boykottiert, Überstunden verweigert, Stückzahlen abgesprochen werden, versucht die Geschäftsleitung den Widerstand jeweils durch ausländische Frauen, die den Akkord aus Unwissenheit brechen und bereitwillig Überstunden machen, zu spalten. Die derart organisierten Gegensätze zwischen den Frauen nützt die Firma dann wieder zur Diskriminierung der ausländischen Frauen aus. Zum Beispiel wurde bei der Verlegung der Abteilung Autoantenne nach Spandau ein Werkbus für die deutschen Frauen bereitgestellt. Die ausländischen Arbeiterinnen dagegen sollten die öffentlichen Verkehrsmittel benutzen.« [87] Nehmen die Privilegierungen aber ein stärkeres Ausmaß an, sitzen die Reportagen der Manipulation selber auf. Während Helmut Steiner meint, die »kleinen Privilegien« der Angestellten, welche die echten abgelöst hätten, könnten auf die Dauer »die zunehmende materielle Angleichung an die Arbeiter« nicht verdecken [88], so belegt die Dokumentaristik in ihrer Unkenntnis der Funktion dieser Gratifikationen deren einstweiligen Erfolg. Ihre Schilderung nimmt in den Reportagen breiten Raum ein: so registriert Wallraff »Angestelltentoiletten und Arbeiterklos. Als Angestellter genießt man den ›Luxus‹ verschließbarer Türen und Brillen auf den Toiletten. Die ›Toiletten‹ für Arbeiter kann man nicht als sanitäre Anlagen bezeichnen, selbst das Wort ›Abtritt‹ ist dafür noch zu vornehm. Keine Türen und keine Brillen, Dreckslöcher« [89]; er konstatiert weiterhin: »Die Meister haben einen Speiseraum für sich. Auch den Angestellten mutet man nicht zu, mit den Arbeitern zusammen zu essen. Sie sind nach unserer Abfütterung an der Reihe. Sie speisen an gedeckten Tischen, und das Essen wird ihnen serviert.« [90] Die Folgerung aus diesen Beobachtungen, welche die Dokumentaristik ausspricht oder nahelegt, entspricht genau der vom Kapital beabsichtigten Wirkung: die Arbeiter davon abzuhalten, »sich um diese ›Weißkittel‹ für die gewerkschaftliche und politische Arbeit (...) weiter zu bemühen, da das bestimmend gleiche Produktionsverhältnis als Ausbeutungsverhältnis an der Oberfläche hinter diesen Äußerlichkeiten in den Hintergrund tritt« [91].

Auch in der Produktionsweise selbst hat die Angleichung der verschiedenen Qualifikationsschichten nicht jenes optische Ausmaß erreicht, das es dem dokumentarischen Augenschein ermöglicht hätte, die reelle Funktion der qualifizierteren Arbeitergruppen zu erkennen: als wesentlich werden die – freilich keineswegs leicht zu nehmenden – Unterschiede der Arbeitsweise notiert. »Die Frauen«, schreibt z. B. Peter Schneider, »sind von den Männern (...) durch einen Gang getrennt: diesseits des Ganges, an den Maschinen, wo die eigentliche produktive Arbeit gemacht wird, sitzen die Frauen, jenseits des Ganges, dort, wo man aufpaßt, telefoniert, vielleicht mit wichtiger Miene ein mißratenes Teil betrachtet, sitzen in immer frischen und hellen Kitteln die Männer: Meister, Einrichter, Reparateure.« [92] Die Beschreibung nichtmanueller Arbeiten läßt das Bild nutzlos herumlungernder Faulenzer entstehen: »Während die Arbeiterinnen den ganzen Tag an ihren Maschinen kleben, um ihren Akkord zu schaffen«, schreibt Marianne Herzog, »umschwirren sie die Vorarbeiterinnen, Meister, Einrichter und Abteilungsleiter wie Hornissen« [93]; analog heißt es bei Wallraff: »(Der Meister) stand da – weißes Hemd und Schlips blinkten aus der Lederjacke hervor, die Hände in den Hosentaschen vergraben – und sah zu, wie wir uns abrackerten.« [94] Besonders bissig formuliert Peter Schneider: »Während die Frauen Kisten bis zu 30 Kilo in die Halter heben, nach hundertstel Sekunden arbeiten, sieht man die Meister und Einrichter mit tadellosen Bügelfalten an den Tischen stehen, mit gepflegter Hand den Telefonhörer aufheben oder mit federnden Schritten durch die Reihen der schuftenden Frauen gehen, immer ein Lächeln, eine kokette Bemerkung auf den Lippen.« [95]

Als Arbeiter mag man jene Gruppe nicht mehr anerkennen*; bezeichnend falsch ist dabei zum Beispiel Wallraffs Verwendung des Begriffs der »Reproduktion der Arbeitskraft«: er scheint ihn nur für jene Arbeiter gelten lassen zu wollen, welche am Feierabend zu erschöpft sind, um neben der bloßen physischen Regeneration etwas unternehmen zu können: »Essen, trinken, schlafen zur Erhaltung der Arbeitskraft. Was darüber hinausreicht, ist Luxus, den man sich bei dieser Arbeit nicht oft leisten kann.« [96] Nicht mehr als Reproduktion soll dagegen gelten, etwa Briefmarken zu sammeln oder sich als Amateurfotograf zu betätigen: die Meister, die in ihrer Freizeit derlei Beschäftigungen nachgehen, scheinen dabei vielmehr – wie bereits in der Arbeit selber – ihre Persönlichkeit zu entfalten: »Die Selbstbestätigung, die sie in ihrer Arbeit finden, überträgt sich auf ihre Freizeitbeschäftigung. Mein Meister zum Beispiel hat etliche Preise als Amateurfotograf erhalten. Obendrein sammelt er noch Briefmarken.« [97] Auch wo Arbeitskraft nur als körperliche zu fassen ist, gälte als Definition der Reproduktion immerhin, daß sie den Arbeitenden »in die Lage versetzt, sich die Mittel zu verschaffen, die er braucht, um das bleiben zu können, was er ist: ein zu körperlicher Arbeit genügend kräftiger und williger (!) Mensch« [98]; sie ist aber umfassender zu bestimmen: als Ensemble der physischen und geistigen Fähigkeiten, die bei der jeweiligen Arbeitstätigkeit in Bewegung gesetzt werden**. Spricht Steiner bei der höchsten Stufe der Angestelltenhierarchie von einer »Rolle in der gesellschaftlichen Organisation der Arbeit, die der Tätigkeit des obersten Managers den zwieschlächtigen Charakter der produktiven Leistungsfunktionen scheinbar nimmt und ihr an der Oberfläche den Charakter einer ausschließlich despotischen Unterdrückungsfunktion verleiht« [99], so neigen die Dokumentaristen selbst beim Meister, der neben leitenden und koordinierenden Aufgaben, wie sie bei jeder arbeitsteiligen Produktionsweise erforderlich sind, auch Disziplinierungs- und Antreiberfunktionen erfüllt, dazu, ihn lediglich als Quelle von Willkürmaßnahmen zu beschreiben; gelegentliche Bemerkungen etwa bei Wallraff, daß auch jene Meister unter Druck stünden,

* Vgl. G. Wallraff, *Industriereportagen,* S. 17, wo es heißt, die Meister gehörten nicht mehr zu den Arbeitern.

** »Dazu gehören also nicht nur die *physiologisch-biologischen Faktoren,* etwa die *Muskelkraft* des Menschen und ihre Dressur; es gehören dazu die Ausbildung der menschlichen *Sinnesorgane,* seine *Geschicklichkeit oder Fertigkeit* zu jeweils bestimmten Verrichtungen, seine *Produktionserfahrungen,* sein *Gedächtnis,* seine Fähigkeiten zur Aufnahme und Verwertung von Zeicheninformationen; vor allem müssen ferner erwähnt werden: *sein Wissen um die Naturgesetze und die Gesetzmäßigkeiten des Produktionsprozesses, seine Fähigkeiten zur wissenschaftlichen Analyse und zur Umsetzung seiner wissenschaftlichen Kenntnisse in technologische Prozesse und die Organisation und Leitung von Arbeitsprozessen und -kollektiven* sowie seine *Fähigkeiten zu disziplinierter kollektiver Zusammenarbeit.*« (*Marxistische Philosophie.* Lehrbuch, Berlin (Ost) 1967, S. 180).

verblassen vor ausführlichen Beschreibungen, in denen nicht der verordnete Zweck der Mehrwertvergrößerung, sondern – zweifellos auch vorhandene – bloße sadistische Mentalität die Ursache des Geschehenden zu sein scheint: »Einem Inspekteur scheint es Spaß zu machen, seine Lackierer auf Trab zu bringen. Wenn er scharf pfeift, dann weiß der Betroffene gleich, daß er anzutanzen hat.« [100]

Indem die Kritik an den Vorarbeitern, Meistern usw. es nicht leistet, den Betroffenen ebenso wie den Agierenden jene Handlungsweisen aus dem Charakter der kapitalistischen Produktion zu erklären und die qualifizierten Arbeiter nicht an eine auf gleichen materiellen und gesellschaftspolitischen Interessen beruhende Solidarität erinnert, sondern sie aus dieser geradezu ausschließt, operiert sie objektiv zugunsten des Kapitals, das an Konflikten zwischen den Arbeiterfraktionen insofern interessiert ist, als damit der Reaktion auf die Widersprüche, welche der Klassenantagonismus mit sich bringt, ein Ventil geöffnet wird, ohne daß die Produktionsverhältnisse selbst touchiert würden.

Personalismus

Der am Arbeitsplatz gegen die Vorgesetzten angezettelte Konflikt traf im Frühkapitalismus den Kapitaleigentümer selber: er war noch Leiter des Produktionsprozesses; inzwischen ließ »(d)ie durch die Konzentration und Zentralisation des Kapitals bedingte Vergesellschaftung der Produktion und damit der Leitungstätigkeit (...) an die Stelle der unmittelbaren Eigentümer-Lohnarbeiter-Beziehungen des frühen Kapitalismus eine weitverzweigte Struktur von Managern, Ober- und Unteroffizieren sowie angestelltem Verwaltungspersonal unter der Botmäßigkeit vor allem des Monopolkapitals treten. Dieses gut funktionierende Instrumentarium läßt die wahren Beherrscher für den täglichen Klassenkampf in den Hintergrund und an deren Stelle an der Oberfläche eine weithin anonyme, allein von den Gegebenheiten der Produktionsstruktur bestimmte Angestelltenhierarchie in Erscheinung treten, hinter der sich die hochgradig zentralisierte Privatherrschaft des Monopolkapitals verbirgt.« [101] Das bestätigt auch Wallraff: »(D)er eigentliche Herrscher über die Rußstadt«, schreibt er in seiner Reportage *»Sinter zwo« – im Stahlwerk,* »lebt anderswo. In südlichen Ländern hat er seine verschiedenen Wohnsitze. (...) Die meisten Arbeiter haben ihn noch nie zu Gesicht bekommen. Sein letzter Besuch der Werkhallen liegt mehrere Jahre zurück.« [102] Gleichwohl fordert Wallraff an anderer Stelle, man solle »(d)em ›Chef aufs Maul schauen‹ und das Vorgegebene messen am Wirklichen. Meist kann eine solch verblüffende Konfrontation stärker entlarven, Respektlosigkeit erzeugen und den ersten Schritt zur Solidarisierung tun.« [103] Wer aber ist dieser Chef und was bedeuten solche Konfrontationen? »Allenfalls«, schreiben

Adorno und Jaerisch über solche innerbetrieblichen Konflikte, »reiben (die Arbeiter) sich an Vorarbeitern, Meistern, Vorgesetzten in einer nach oben unabsehbaren Hierarchie. Die Streitigkeiten mit jenen sind Prototypen von sozialem Konflikt heute und von dessen Verschiebung. Sie ereignen sich an falscher Stelle; die präsumtiven Gegner stehen ihrerseits unter dem Druck, für das Soll der Produktion zu sorgen.« [104]

Daß die Arbeiter »(m)it fortschreitender technischer Rationalisierung, mit der Versachlichung der Autoritätsstruktur (...) im Betrieb keinen greifbaren Gegner mehr vor sich (sehen)« [105], erzeugt ein gedoppeltes Bewußtsein, das einerseits dazu neigt, die Technik selber als den Gegner zu erfahren*, andererseits kompensatorisch die sichtbaren Befehlshandlungen des quantitativ zunehmenden, in seiner Verfügungsgewalt aber abnehmenden mittleren Personals zum primum movens zu machen geneigt ist. Die dann angegriffenen Vorarbeiter, Meister usw. sind »(e)igentlich... Phantome, Personalisierungen, durch welche die Abhängigen das Abstrakte und Undurchdringliche der Verhältnisse in ihre lebendige Erfahrung zurückzuübersetzen trachten«**. Empiri-

* Der Fetischismus, welcher die Produktionsverhältnisse, in denen die Produktivkräfte existieren, als deren natürliche Eigenschaft erscheinen läßt, ergibt, gestützt von der die gesellschaftlich Verfügenden verdeckenden Perspektive des Arbeitsprozesses, die Möglichkeit, das Gezeigte im Sinne reaktionärer Technikkritik zu interpretieren. Formulierungen wie »Die Maschine hat ihre Körper unterworfen, ihre Gesichter gefaltet, ihre Hände wehrlos gemacht« (P. Schneider, a.a.O., S. 100), die sich ähnlich auch bei Wallraff häufen, tun das sogar ausdrücklich. Dagegen hatte Marx an seinen Satz, daß »die objektiven Bedingungen der Arbeit eine immer kolossalere Selbständigkeit (...) gegen die lebendige Arbeit annehmen, und der gesellschaftliche Reichtum in gewaltigern Portionen als fremde und beherrschende Macht der Arbeit gegenübertritt«, unmittelbar angeschlossen: »Der Ton wird gelegt nicht auf das *Vergegenständlichtsein,* sondern das *Entfremdet-,* Entäußert-, Veräußertsein, das Nicht-dem-Arbeiter-, sondern den personifizierten Produktionsbedingungen-, i. e. dem Kapital-Zugehören der ungeheuren gegenständlichen Macht, die die gesellschaftliche Arbeit selbst sich als eins ihrer Momente gegenübergestellt hat.« (K. Marx, *Grundrisse ...,* S. 715 f.). Wird dieser gesellschaftliche Charakter der Entfremdung im Arbeitsprozeß nicht gesehen, ist es zu Theorien der Konvergenz kapitalistischer und sozialistischer »Industriegesellschaften« nicht mehr weit. Die Kritik an den Arbeitsbedingungen, die den Arbeiter anwenden, statt daß er sie anwendete, wird dann zur Maschinenstürmerei: der Bourgeois, der die Gegner der kapitalistischen Anwendung der Maschine immer als Gegner der Maschine und damit des Fortschritts hingestellt hat, wird ins Recht gesetzt.

** Adorno/Jaerisch, a.a.O., S. 11 f. Das häufig zitierte »dichotomische Bewußtsein« der Arbeiter, von Popitz u. a. ausführlich dargestellt (vgl. Popitz u. a., *Gesellschaftsbild,* S. 184 ff.), will denn wohl auch eher die Inkommensurabilität der Verhältnisse mit den Individuen kompensieren, als daß es sie wirklich begriffe, wie dies Walser im Vorwort zu den *Bottroper Protokollen* auffaßt, wenn er Popitz vorwirft: »Da verringert sich die Realität dieser Klasse zu solchen Sätzen: ›Arbeiter erleben die Gesellschaft dichotomisch.‹ Also nicht: unsere Gesellschaft ist geteilt in oben und unten, sondern Arbeiter *erleben* sie so.« (*BP,* S. 9). Ähnlich urteilt Helmut Lethen, wenn er zu der Tatsache, daß Wallraff in seinem zeitweiligen Beruf als Industrie-

sche Untersuchungen bestätigen, daß nicht nur die Verfügungsgewalt der unmittelbaren Vorgesetzten von den Untergeordneten vielfach überschätzt wird [106], sondern sogar die Kollegen oft als Sündenböcke für ein schlechtes Betriebsklima herhalten müssen: an erster Stelle werden einmal Meister und Vorarbeiter, an zweiter die Kollegen und erst an dritter der »oberste Chef« für die »Atmosphäre« verantwortlich gemacht [107]; auch Betriebssoziologie will der Öffentlichkeit einreden, von den zwischenmenschlichen Beziehungen am Arbeitsplatz hänge die Zufriedenheit der Arbeiter ab. Der Soziologe Schmölders kann die Gewerkschaften auffordern, die Klassenkampfparolen aufzugeben, da diese »ollen Kamellen« erwiesenermaßen nicht mehr ankämen. Das Unternehmerbild hat sich in der Tat in den letzten Jahren wesentlich gebessert: nur jeder vierte Westdeutsche denkt nach einer Untersuchung der von Schmölders geleiteten Forschungsstelle für empirische Sozialökonomik beim Wort Unternehmer an ›Kapitalist‹ oder ›Ausbeuter‹; negativ sei, nach Schmölders, nur noch »die Meinung der Intellektuellen und vor allem der Lehrer über die Unternehmer« [108]. Wallraff bestätigt selbst von dem aus der Sicht gekommenen Werksbesitzer: »Wenn seine Arbeiter von ihm sprechen, klingt Hochachtung und zuweilen Ehrfurcht aus ihrer Rede. Einerseits lieben und verehren sie jenes allmächtige Wesen, andererseits fürchten sie es.« [109] Weiß man auch von ihm als Besitzer der Produktionsmittel, kennt man doch nicht seine Funktionen: für das, was im Betrieb geschieht, können sich so Stoßseufzer analog einem »Ah! si le roi le savait!« einbürgern. Auch wo ein Fabrikbesitzer bei Weihnachts- und Jubiläumsfeiern einmal auftauchen mag, fällt es den Arbeitern, denen er die Hand schüttelt, nicht wie Schuppen von den Augen. Vielmehr läßt ihn das Bild, das er im Unterschied zu den fluchenden und strafenden Meistern abgibt, nur womöglich noch sympathischer werden. »Während oben das Verhältnis zwischen der ausbeutenden Person und der ausbeuterischen Tätigkeit höchst vermittelt sein kann«, schreibt Horkheimer, »drücken sich auf den niederen Stufen die unmenschlichen Qualitäten notwendig unmittelbar in den Personen aus. Ein Millionär oder gar seine Frau können sich selbst einen sehr geraden und

arbeiter die Gesellschaft zwangshaft im Modell von oben und unten, Macht und Ohnmacht erfahre, bemerkt: »Dieser Zwang zur Identifizierung mit dem Arbeiterbewußtsein bezeugt den rationalen Kern des scheinbar vereinfachten Gesellschaftsbildes. In ihm schlägt sich die objektive Polarisierung der Klassengesellschaft nieder.« [Helmut Lethen, *»Wir brauchen dich«. Als Arbeiter in deutschen Industriebetrieben* (zu Günter Wallraffs Industrie-Reportagen), in: alternative, H. 51, Berlin 1966, S. 197]. Das dichotomische Denken ist keine bloße Vereinfachung – als solche wäre es relativ unproblematisch –, sondern setzt eben da ein, wo die Verhältnisse sich der sinnlichen Erfahrung – für deren unmittelbaren Ausdruck manche es wohl ausgeben möchten – entziehen und es theoretisch noch nicht weit genug ist, sie zu durchschauen. Dieses Bewußtsein wie Lethen als adäquate Widerspiegelung der ökonomischen Lage zu sehen, ist fragwürdig.

noblen Charakter leisten, sie können alle möglichen bewundernswerten Eigenschaften ausbilden« [110]. Je tiefer jedoch die Charge, desto mehr muß der Charakter nach behavioristischen Kriterien brutale Züge ausbilden: »Bei der Konkurrenz der Werkmeister untereinander trägt der am wenigsten moralisch Gehemmte, unter Umständen einfach der Brutalste, auf die Dauer den Sieg davon, d. h. *er* kann avancieren. Man denke, daß die gepflegte Hand eines Ministers, der eine geringe Ausführungsbestimmung des Strafvollzugs verfügt, noch einem ›Schöngeist‹ gehören kann, und schaue sich die Zuchthausknechte an, die jene Bestimmung ausführen.« [111]

Es wäre freilich noch immer personalistisch, in der Kritik nun beim Verhalten der einzelnen Kapitalisten stehenzubleiben. War es in der Feudalgesellschaft dem Fronherrn, für dessen persönlichen Konsum gearbeitet wurde, noch in gewissem Rahmen möglich, die Höhe der verlangten Naturaldienste und Naturalleistungen selbst zu bestimmen – wenn auch das Feudalsystem überhaupt nicht eine auf Gier beruhende »Erfindung« war, sondern dem Stand der Produktivkräfte entsprach –, so hängt es im Kapitalismus »nicht vom Kapitalisten als moralischem Individuum ab, in welchem Grad er die Arbeiter ausbeutet, wie sehr er an der Zerstörung der Gesellschaft und seiner eigenen Existenzgrundlage mitarbeitet bzw. die Mitarbeit verweigert. Daher ergibt sich aus dem Kapitalverwertungsprozeß selbst auch keine moralische Schranke. Als Kapitalist, als personifiziertes Kapital ist er zur maßlosen Ausbeutung gezwungen. Ein Handeln als moralisches Individuum ist für ihn nur möglich, wenn er seine Existenz als Kapitalist aufgibt. Wenn ein Kapitalist bei gesellschaftlicher Durchschnittsarbeitszeit von 12 Stunden nur 6 Stunden arbeiten läßt, macht er pleite, d. h. er hört auf, Kapitalist zu sein.« [112] Das Spezifikum der kapitalistischen Ausbeutung ist gerade, daß sich die Aneignung fremder Arbeit zum Zweck der Mehrwertproduktion nach rein ökonomischen Gesetzmäßigkeiten vollzieht: »Sämtliche Methoden und Organisationsformen der Ausbeutung, die in der Geschichte des Kapitalismus praktiziert worden sind, zusammen mit den Krisen und dem mit ihnen verbundenen Elend der Gesamtbevölkerung, entspringen dem Zwang, unter dem jeder einzelne Kapitalist steht, sein Kapital verwerten zu müssen als Bedingung seiner Existenz.« [113] Nach Marx hängen »physische und geistige Verkümmerung, vorzeitige(r) Tod, Tortur der Überarbeit ... (i)m großen und ganzen ... nicht vom guten oder bösen Willen des einzelnen Kapitalisten ab. Die freie Konkurrenz macht die immanenten Gesetze der kapitalistischen Produktion dem einzelnen Kapitalisten gegenüber als äußerliches Zwangsgesetz geltend«.*

* K. Marx, *Das Kapital I,* S. 286. »Auch von ihnen«, schrieb Horkheimer über die Unternehmer, »wird die gesellschaftliche Wirklichkeit als ein an sich seiendes, fremdes Prinzip erfahren, und die Freiheit besteht für sie wesentlich darin, sich diesem Schicksal durch aktive oder passive Methoden anzupassen, anstatt es nach einem

Am ekelhaftesten muß sich dabei der aufführen, dessen Profit wegen der geringen organischen Zusammensetzung des Kapitals am kleinsten ist: der Kleinunternehmer, der selber in der Gefahr der Proletarisierung steht: »Je größer die Unternehmung, umso mehr läßt sie sogar einen gewissen Spielraum für ›arbeiterfreundliche‹ und am Verhalten der Fachgenossen gemessen humane Maßnahmen zu, ohne daß sie unrentabel wird. Der kleine Fabrikant ist auch hier im Nachteil. Bei ihm sind schon persönlich ausbeuterische Züge vonnöten, um bestehen zu können.« [114] Es ist evident, daß dokumentarischer Konkretismus angesichts dieser Zusammenhänge zu einer falschen Politik zu verleiten droht.

DIE DEM DOKUMENTARISMUS ENTSPRECHENDE PRAXIS

Bezeichnend ist der Glaube der Dokumentaristen an die Überzeugungskraft ihres Materials, dem bereits die Qualität des Arguments zugesprochen wird. Nach Wallraff hat die durch Reportage vermittelte Wirklichkeit »durchschlagende Aussagekraft« [115], welche einen »Willen zur Veränderung« aufstachle [116]. Der Voluntarismus dieser Ausdrucksweise hängt mit der Widerspiegelungsweise der Reportage aufs engste zusammen. Von ihr schreibt Kracauer in den *Angestellten:* »Seit mehreren Jahren genießt in Deutschland die Reportage die Meistbegünstigung unter allen Darstellungsarten, da nur sie, so meint man, sich des ungestellten Lebens bemächtigen könne. Die Dichter kennen kaum einen höheren Ehrgeiz als zu berichten; die Reproduktion des Beobachteten ist Trumpf. Ein Hunger nach Unmittelbarkeit, der ohne Zweifel die Folge der Unterernährung durch den Deutschen Idealismus ist. Der Abstraktheit des idealistischen Denkens, das sich durch keine Vermittlung der Realität zu nähren weiß, wird die Reportage als die Selbstanzeige konkreten Daseins entgegengesetzt. Aber das Dasein ist nicht dadurch gebannt, daß man es in einer Reportage bestenfalls noch einmal hat. Sie ist ein legitimer Gegenschlag gegen den Idealismus gewesen; mehr nicht. Denn sie verliert sich nur in dem Leben, das dieser nicht finden kann, das ihm und ihr gleich unnahbar ist. Hundert Berichte aus einer Fabrik lassen sich nicht zur Wirklichkeit der Fabrik addieren, sondern bleiben bis in alle Ewigkeit hundert Fabrikansichten. Die Wirklichkeit ist eine Konstruktion. Gewiß muß das Leben beobachtet werden, damit sie entstehe. Keineswegs jedoch ist sie in der mehr oder minder zufälligen Beobachtungsfolge der Reportage enthalten (...)« [117]. Danach ist diese Gattung in Gefahr, documentum, das doch einmal Beweis hieß, bloß mit »Wirklichkeitspartikel« zu übersetzen. Dafür aber gilt Walter Benjamins Satz, »(...) wer ›an Hand der Fakten‹ sich ent-

einheitlichen Plan zu bestimmen. Die Gesellschaft erscheint unter der gegenwärtigen Wirtschaftsweise so blind wie die bewußtlose Natur ...« (M. Horkheimer, *Autorität und Familie,* in: *Kritische Theorie,* Bd. 1, Frankfurt/M. 1968, S. 312).

scheiden will, dem werden diese Fakten ihre Hand nicht bieten« [118]. Die Methode der Dokumentaristen führt zu einem idealistischen Dualismus von Sein und Sollen: sie können »nur einzelne isolierte Tatsachen (oder bestenfalls Tatsachenkomplexe) abgetrennt von der bewegt-widerspruchsvollen Einheit des Gesamtprozesses erkennen und über solche Tatsachenkomplexe moralische Werturteile fällen« [119].

Die eingeengte Wirklichkeitsauffassung fällt hinter Hegels Begriff der »realen Möglichkeit« zurück, wonach, wie Marcuse schrieb, »(d)as Mögliche (...) die als die ›Bedingung‹ einer anderen Wirklichkeit begriffene gegebene Wirklichkeit (ist). Die Totalität der gegebenen Existenzformen ist gültig nur als eine von Bedingungen für andere Existenzformen. Dies ist Hegels Begriff der realen Möglichkeit, der als eine konkret-historische Tendenz und Kraft dargestellt wird, um so definitiv dem zuvorzukommen, daß er als idealistische Zuflucht vor der Wirklichkeit benutzt wird. Hegels berühmter Satz, daß ›die Sache *ist, eh' sie existiert*‹, kann jetzt seine strenge Bedeutung erhalten. Ehe sie existiert, ›ist‹ die Sache in Gestalt einer Bedingung innerhalb der Konstellation existierender Daten.« [120] Nur jene objektive Tendenz, daß nämlich der Kapitalismus nicht bloß er selbst ist, sondern die Bedingungen in sich trägt, welche auf den Sozialismus als seine neue Wirklichkeit hintendieren, bildet die Basis eines »Prinzips Hoffnung«: »Wo der prospektive Horizont ausgelassen ist, erscheint die Wirklichkeit nur als gewordene, als tote, und es sind die Toten, nämlich Naturalisten und Empiristen, welche hier ihre Toten begraben. Wo der prospektive Horizont durchgehends mit visiert wird, erscheint das Wirkliche als das, was es in concreto ist: als Wegegeflecht von dialektischen Prozessen, die in einer unfertigen Welt geschehen, in einer Welt, die überhaupt nicht veränderbar wäre ohne die riesige Zukunft: reale Möglichkeit in ihr. Mitsamt jenem Totum, das nicht das isolierte Ganze eines jeweiligen Prozeßabschnitts darstellt, sondern das Ganze der überhaupt im Prozeß anhängigen, also noch tendenzhaft und latent beschaffenen Sache. Das allein ist Realismus (...)« [121]. Demgegenüber sieht der Dokumentarismus, ähnlich wie der utopische Sozialismus, gern »im Elend nur das Elend, ohne die revolutionäre umstürzende Seite darin zu erblicken, welche die alte Gesellschaft über den Haufen werfen wird.« [122] Heiko Blum berichtete zum Beispiel über eine Diskussion, welche Erika Runge mit Lehrlingen über ihren *Erwin*-Film führte: »Der Hauptvorwurf gegen Erika Runges Film lautet: er vermittelt zu wenig exakte Hinweise, zu wenig Information darüber, wie man sich als Lehrling gegen die unhaltbaren Verhältnisse wehren kann.« [123] Immerhin hatte Runge als Abschluß ihres Films eine Lehrlingsdemonstration gezeigt; aber auch dies geschah unvermittelt: »Obzwar reine Dokumentation«, schrieb Eckart Spoo dazu, »ist dieser Schluß doch weniger realistisch als die vorangegangenen arrangierten Szenen.« [124] Was hier als Stilbruch wahrgenommen wurde, entspricht dem Auseinanderfallen von Beschreibung und Aufruf. Das Programm, eine Wirklichkeit abzubilden, die man verändern müsse, fällt hinter das brechtsche zurück, die Wirklichkeit als veränderbare darzustellen; es läßt dem Betrachter nur die Alternative, entweder zu resignieren oder die Leninsche Antwort auf die Frage »Was tun?« durch ein bloßes »Was tun!« zu ersetzen.

Schließt die Praxis aber nicht an die Erkenntnis von Widersprüchen der kapitalistischen Produktionsweise als ganzer und deren objektive Entwicklungstendenz an, bleibt sie im Kampf gegen letztlich unbegriffene *Mißstände* und in hilflosen Akten der Empörung stecken. Nun können freilich auch solche begrenzten Einsichten, ja daraus resultierende falsche Programmatiken progressiven Charakter erhalten: gerade das Scheitern spontaner Einzelaktionen kann zu weitertreibender Erkenntnis und besseren Organisationsformen führen; selbst über Rebellionen objektiv reaktionären, etwa maschinenstürmerischen Charakters sagte Lenin: »(Sie) brachten schon ein gewisses Erwachen des Bewußtseins zum Ausdruck: die Arbeiter verloren den uralten Glauben an die Unerschütterlichkeit der sie unterdrückenden Ordnung, sie begannen die Notwendigkeit einer kollektiven Abwehr ... ich will nicht sagen zu verstehen, so doch zu empfinden, und brachen entschieden mit der sklavischen Unterwürfigkeit vor der Obrigkeit.« [125] Weiter heißt es bei Lenin: »Waren die Rebellionen lediglich eine Auflehnung unterdrückter Menschen, so stellten die systematischen Streiks bereits Keimformen des Klassenkampfes dar, aber eben nur Keimformen.« [126] Ebensowenig wird von ihm der agitatorische Wert einer Literatur bestritten, die »Enthüllung der Mißstände in irgendeinem zurückgebliebenen ›Gewerbe‹« [127], »über die Zustände in den Fabriken und den einzelnen Berufen« [128] erbringt: diese könne »zum Ausgangspunkt für das Erwachen des Klassenbewußtseins, für den Beginn des gewerkschaftlichen Kampfes und der Verbreitung des Sozialismus« werden [129]. Insofern ist es auch von Nutzen, wenn Wallraff »Reaktionäres und Illegales«: Mißstände anzuprangern vorhat [130]; in diesem Rahmen verzeichneten seine Reportagen auch praktische Erfolge, die freilich über die so partikulare wie unentbehrliche gewerkschaftliche Zielsetzung, günstigere Bedingungen für den Verkauf der Arbeitskraft zu erreichen, nicht hinausgingen*.

* »Günter Wallraffs Arbeitspraxis hat verschiedene Aktionsbeispiele erbracht. Im Fall der Firma Benteler in Paderborn, dessen (scil.: deren, K. P.) Inhaber keine gewerkschaftliche Organisierung seiner Arbeiter duldete, arbeitete er mit der Bezirksleitung der IG-Metall zusammen (...). Als Erfolg der Aktion traten 200 der 2700 Beschäftigten der Firma der Gewerkschaft bei, die IG-Metall konnte erstmals eine eigene Liste zur Wahl des Betriebsrates aufstellen, erhielt die Mehrheit der Stimmen und konnte dadurch eine wirksame Kontrolle in den Betrieb bringen. Eine Reihe der Mißstände wurde beseitigt, den Entlassenen wurden in Arbeitsgerichtsverfahren mit Hilfe der Gewerkschaft neue Arbeitsplätze vermittelt. Ein anderes Modell lieferte

Über dieses gewerkschaftliche Bewußtsein kann die beschriebene Methode nicht gelangen und gelangen lassen; die Dokumentaristen kommen den Arbeitern nicht als Sozialisten zu Hilfe, wie es Lenin für notwendig erachtete [131], indem sie zur Schulung in Theorie und Praxis des Klassenkampfes weiterschreiten; vielmehr notieren sie, wie die bloßen unvermittelten facts, nur das Nebeneinander von verschiedenen Meinungen und Erklärungsversuchen, wie sie es am Tatort vorfinden. Ein Beispiel geben die *Bottroper Protokolle,* welche als weitestgehende Aktionsvorschläge der Betriebsversammlung den Antrag verzeichnen, »eine große Delegation nach Düsseldorf zu schicken (...) und die Regierung und die Fraktionen auf ihre Pflicht aufmerksam zu machen, uns in dieser Stunde zu helfen.« [132] Höchstens reicht es zu verbaler Aggressivität: »Die Herrn da oben in Bonn und Düsseldorf machen doch, was sie wolln. Ich kann euch versichern, wenn wir wirklich auf die Straße gehn (...), wie die Studenten in Köln (...), dann flattern ihnen die Unterhosen.« [133] Letztlich bleibt das Gefühl der Ohnmacht und die Desorientierung über den Charakter der Krise beherrschend. Erklärungen wie »Verantwortlich (...) für diese Misere ist einfach die falsche und konzeptionslos gesteuerte Energie-Politik aus Bonn« [134], belegen das ebenso wie Vorschläge an die Unternehmer, man solle einfach jeweils weniger Kohle fördern, statt die Produktion auf wenige, rentablere Zechen zu konzentrieren [135]. Die Funktion der Stillegungsmaßnahmen in der Rezession besteht freilich darin, »durch Ausschaltung der weniger rentablen Betriebe, der Entwertung eines Teils des veranlagten Kapitals, der Beschleunigung der Kapitalkonzentration und der Rationalisierung die allgemeinen Verwertungsbedingungen des Kapitals (zu) verbessern, d. h. eine Steigerung der Profitrate (zu) gewährleisten.« [136] Jedoch gilt es, die Dialektik dieser Entwicklung nicht aus den Augen zu verlieren: »Es ist die Sache der Bourgeoisie, Trusts zu entfalten, Kinder und Frauen in die Fabriken zu jagen, sie dort zu ruinieren und zu schinden und sie zur äußersten Not zu verurteilen. Wir ›fordern‹ eine solche Entwicklung nicht, wir ›unterstützen‹ sie nicht, sondern wir kämpfen dagegen. Aber wie kämpfen wir? Wir wissen, daß Trusts und Fabrikarbeit der Frauen ein Fortschritt sind. Wir wollen nicht rückwärts schreiten zum Handwerk, zum Kapitalismus ohne Monopolstellung, zur Heimarbeit der Frauen zurück. Vorwärts durch die Trusts und anderes und über sie hinaus

der Fall der Kettenfabrik Thiele, deren als äußerst autoritär bekannter Inhaber gerade den Betriebsratsvorsitzenden entlassen hatte. Wallraff recherchierte am Ort (...). Auch hier berichtete die Lokalpresse ausführlich über den gesamten Vorgang, die Polizei kontrollierte die verwahrlosten Gastarbeiterunterkünfte der Firma, die Löhne der Gastarbeiter wurden denen der deutschen Arbeiter angeglichen. Dauerschichten (bis zu 25 Stunden), Nachtarbeit von Frauen und weitere Mißstände wurden abgestellt.« (Peter Kühne, Erasmus Schöfer, *Schreiben für die Arbeitswelt,* in: Akzente, H. 4, 1970, S. 341 f.).

zum Sozialismus!« [137] Der »Kampf um die Erhaltung der Schachtanlagen« [138], wie ihn die *Bottroper Protokolle* darstellen, ist demgegenüber ebenso aussichtslos wie naiv. Der Kapitalismus ist – dies wäre deutlich zu machen – infolge der Konkurrenz zu einer Entwicklung der Produktivkräfte in Form von Technisierung und Vergesellschaftung der Arbeit gezwungen, welche die kapitalistischen Produktionsverhältnisse zu sprengen imstande ist. Daher ist die Einsicht, daß dieser Fortschritt im Kapitalismus notwendig auf dem Rücken der arbeitenden Klasse ausgetragen wird, nicht mit Forderungen verknüpfbar, dieser Tendenz grundsätzlich zu opponieren; unberührt ist davon natürlich der notwendige Kampf um ein Höchstmaß an innerkapitalistisch erreichbarem Rationalisierungsschutz. Richtiger Agitation ist die schwierige Aufgabe gestellt, den Weg zu finden, »wie man einerseits (...) den instinktiven Klassenhaß der Arbeiter gegen die industriellen Bourgeois, nicht nur beibehalten, sondern noch erweitern, entwickeln und der aufklärenden Propaganda zugrundelegen kann, – und andererseits doch progressiv sein, den reaktionären Gelüsten der Arbeiter und ihren Vorurteilen entgegentreten« kann [139].

Dokumentarliteratur dagegen ist distanzlos zu ihrem jeweiligen Objekt. Eine Differenz von subjektivem Bewußtsein der Redenden und angemessenem Klassenbewußtsein wird von ihr ebensowenig vermittelt, wie der Zusammenhang von Einzelproblemen und -kämpfen zum gesamtgesellschaftlich vorgehenden Klassenkampf. Schon in der Stoffwahl – der erste der subjektiven Eingriffe, welche das naturalistische Stilideal leugnen will – neigt sie dazu, die Frage der Systemnotwendigkeit und entsprechend die des Stellenwerts des Gezeigten für den Klassenkampf an Kriterien sinnlicher Drastik, sei es des Bekämpften oder der Kampfgebärden, zu messen. Das führt dann nicht nur zu den geschilderten Fehlgriffen in den Betriebsreportagen, sondern kann zum Anlaß werden, die Fabriken überhaupt zu verlassen, insofern dort Widersprüche nicht mehr sinnlich evident seien und die Arbeiter zu im behavioristischen Verstand radikalen Aktionen auch gar nicht imstande. Ein Report der Stadtteilbasisgruppe Bornheim behauptet beispielsweise, »daß (...) Betriebsarbeit notwendig auf reformistische Projekte beschränkt ist. Das falsche Bewußtsein der Lohnabhängigen kann heute nicht durch das Provozieren von Herrschaftskonflikten im Betrieb aufgebrochen werden, weil dies radikale Aktionen voraussetzte, die wegen der mangelnden Solidarität der Lohnabhängigen im Keim erstickt wären.« [140] Gefolgert wird, daß eine revolutionäre Strategie gar nicht mehr in der Produktionssphäre und bei den Arbeitern einzusetzen habe: man hofft auf die »Möglichkeit von Emanzipation durch radikale Aktionen kleiner autonomer Gruppen« [141]. Diese sollen dort agieren, wo die »Irrationalität des Monopolkapitalismus« am leichtesten sich zeigen lasse: in der Konsumsphäre [142].

Abgeleitete Widersprüche werden den Grundwidersprüchen gleichgeordnet; quantitativ überwiegt sogar die Beschreibung der ersteren: »Die Berichte der Tübinger Werkstatt über die Zustände in den Ersatzdienstlagern, die konkrete Zusammenarbeit der Westberliner mit Betriebsgruppen und Lehrlingskomitees, die Veröffentlichungen der Hamburger in Betriebszeitungen und kommerziellen Stadtteilblättern, die Kölner Altersheimanalysen, dies waren beispielhafte Ansätze zu der (vom Gelsenkirchner Treffen der Werkkreise, K. P.) programmatisch geforderten Praxis« [143]. Randgruppen und Deklassierte werden als »besonders auffällige Opfer (des Ausbeutungssystems)« bezeichnet [144]; entsprechend leichter seien diese zu mobilisieren. Abgesehen davon, daß Solidaritätsaktionen von Obdachlosen und zu ungünstigem Tausch gezwungenen – nicht »ausgebeuteten«! – Mietern die proletarische Aktion nicht ersetzen, ist es fragwürdig, zu behaupten, jene Gruppen könnten – falls das überhaupt noch für nötig gehalten wird* – ebenso gut wie das Proletariat revolutionäres Bewußtsein entwickeln [145]; denn zweifellos ist »solidarisches« Handeln und Denken, von dem in Berichten über jene Gruppe immer die Rede ist [146], noch nicht unbedingt richtiges: vor allem nicht, wenn es nur als solidarisches Bewußtsein innerhalb einer »ganz bestimmte(n) Zielgruppe« gefaßt wird [147].

Mit dem Leidensdruck, dem die Randgruppen und vor allem deklassierte Proletarier ostentativer ausgesetzt sein können als das in der Produktion beschäftigte Proletariat, braucht die Erkenntnis – und Aktionsfähigkeit nicht zu korrelieren. Sämtliche Faktoren, welche Bevölkerungsgruppen nicht bloß zur proletarischen Reservearmee, sondern zum von Marx so genannten Lumpenproletariat herabdrücken, erschweren vielmehr die Herausbildung von Klassenbewußtsein: die Herkunft aus bankrotten nichtkapitalistischen Oberschichten, aus bereits deklassierten Familien, Heimerziehung und nicht zuletzt physische und psychische Arbeitsunfähigkeit [148] tragen dazu bei, jene unorganisierten Gruppen eher zu individuellen, nach bürgerlichem Maßstab »kriminellen« und doch typisch kleinbürgerlichen Rebellionsakten als zur proletarischen Aktion geneigt zu machen, für welche sie, kontinuierlicher und kooperativer Arbeitsweise ungewohnt, allein schon die Disziplin schwer aufbringen. Vor allem aber stehen eben jene, denen es am dreckigsten geht, meist gar nicht in dem für die kapitalistische Produktionsweise konstitutiven

* So schreibt Manfred Delling im »Deutschen Sonntagsblatt«: »Worum es einem bestimmten Typ von jüngeren Filmemachern, zu denen auch Erika Runge gehört, geht: nicht um sogenannte Autorenfilme, in denen ein Regisseur (. . .) mit Hilfe eines Teams allein seine persönlichen Vorstellungen realisiert, sondern um gemeinsame Filme einer Gruppe mit solidarischem Bewußtsein (. . .)« (a.a.O. vom 17. 5. 1970). Hier ist nurmehr von antiautoritärem Verhalten und Gewährenlassen – man könnte die dokumentarische durchaus als die »antiautoritäre Kamera« bezeichnen – die Rede, nicht mehr davon, bei den Laiendarstellern eventuelle falsche gesellschaftspolitische Vorstellungen zu korrigieren.

Ausbeutungsverhältnis. Entsprechend fern stehen sie seiner Erkenntnis und der zu seiner Aufhebung nötigen und effektiven Methoden. Deshalb wäre es für einen in der Tat realistischen Dokumentarstil notwendig, ihre Situation mit jenen in Beziehung zu setzen und die immer bessere Einsicht ins System nicht von der parataktischen Anhäufung immer neuer Scheußlichkeiten zwischen Bodensee und Nordsee, sondern von einer für die Praxis Prioritäten setzenden Hierarchie der Begriffe zu erhoffen. Nur so wäre auch zu verhindern, daß der Kampf gegen einzelne Übel und Mißstände nicht nur dysfunktionale Auswüchse in einer Weise abzuschaffen sucht, welche, ohne die grundlegenden Widersprüche des Kapitalismus anzugreifen, das Profitsystem nur stabilisiert und effektiver macht.

Unter diesem Aspekt wären die sogenannten Strukturprobleme des westdeutschen Kapitalismus näher zu untersuchen, die einen Großteil der dokumentarischen Gattungen füllen: Fragen des Verkehrs und Städtebaus, der Wasser- und Luftverschmutzung, der Wohnverhältnisse und Gesundheitsfürsorge, der Versorgung der Alten und der Frauenemanzipation, der Fürsorgeerziehung und Resozialisierung, des Bildungsnotstands, der Lehrlingsausbildung, des Unfallschutzes am Arbeitsplatz. Die vier letzteren Themen seien exemplarisch herausgegriffen.

In der Zeitschrift *Fernsehen und Film* berichtete Ilona Perl von den Problemen einer Wiedereingliederung deklassierter Schichten in die Gesellschaft, die ihr Obdachlosenfilm *Jeder ist seines Glückes Schmied oder Recht hat, wer stärker ist* behandelt: »Ich bin dann zur Behörde gegangen und habe mir die Lebensläufe, geschrieben von Fürsorgerinnen, durchgesehen. Im Negativen waren diese Lebensläufe wichtig, um ein Modell zu konstruieren, wie so ein Abstieg vor sich geht. (...) Der allgemeine Fall ist der, daß aus der Hilfsarbeiterschicht – Gelegenheitsarbeiter, nicht heruntergekommene Bürger, das ist der Unterschied zu dem früheren Begriff Lumpenproletariat – daß die durch Krankheit, durch Alkohol, durch Heiratenmüssen, durch dauerndes Kinderkriegen mit ihrem Geld nicht zurechtkommen und mit ihrer Stellung nicht zurechtkommen. Der existenzielle Abstieg beginnt.« [149] Die Analyse, auf deren Ebene eine Flut von Dokumentarliteratur – Lebensberichte und Interviews – liegt, und die Bemühung um die Resozialisierung der beschriebenen Gruppen, einschließlich der straffällig Gewordenen, gingen von einem falschen Selbstverständnis aus, wenn sie meinten, ihre Absichten seien mit denen des Kapitals a priori nicht konform. Dieses ist vielmehr selber nicht gewillt, »Verbrecher durchzufüttern«; es benötigt Arbeitskräfte, die ausbeutbar sind. So sind auch Strafgefangene ein Teil der Reservearmee, der allzeit arbeitsfähig sein und nicht aus Krüppeln, Alkoholikern, psychisch Desintegrierten bestehen sollte. Georg Rusche hat den Zusammenhang von *Arbeitsmarkt und Strafvollzug* am Beispiel der USA verdeutlicht: Danach waren zur Zeit des Arbeitskräftemangels im 19. Jahrhundert die Zuchthäuser rentable

Produktionsstätten, und dienten zudem der Resozialisierung. Es gab Unterricht, Körperpflege, Bewährungspflicht, Fürsorge nach der Strafverbüßung, gesonderte Behandlung von Jugendlichen und Ersttätern; ganze Wissenschaftszweige waren mit Untersuchungen über die Gründe der Kriminalität beschäftigt [150]. Dieser »humane Strafvollzug« brach um 1930, in den Jahren der Arbeitslosigkeit, zusammen [151]. In der Bundesrepublik koinzidiert der Bedarf an qualifizierten Arbeitern mit den Bestrebungen, Gefangenen, vor allem jugendlichen Strafgefangenen, die Erlernung eines Berufs zu ermöglichen.

Damit ist der Komplex des Bildungsnotstands angesprochen. Wallraff zum Beispiel berichtet anklagend von der »konstante(n) Größe von nur 5 Prozent der Studierenden, die aus Arbeiterfamilien stammen.« [152] Fast entsteht der Eindruck, das Kapital und seine Vertreter hätten, einigermaßen mutwillig, ein ausschließliches Interesse an der Dummheit der Arbeiter; Zweifel daran müssen aber schon deshalb aufkommen, da kein anderer als ein führender Repräsentant der technokratischen Hochschulreform, Ralf Dahrendorf, die Zahlen bereitstellte, auf die Wallraff sich beruft. Auch das Schlagwort vom Bildungsnotstand entstammt nicht der Linken; es zeigte vielmehr an, daß »die herkömmlichen Bildungsschranken und die traditionellen Bildungsschichten des Kapitalismus, wonach sich die Intelligenz im Kapitalismus vorwiegend aus der mittleren Bourgeoisie, dem selbständigen Kleinbürgertum, den oberen und mittleren Angestellten- und Beamtenpositionen sowie vor allem aus der bürgerlichen Intelligenz selbst rekrutierte, (...) in keiner Weise mehr den neuen Anforderungen (genügen). Es ist daher in den letzten Jahren bereits zu beobachten (...), daß *der Anteil der Arbeiter und der Arbeiterklasse überhaupt an der Gesamtzahl der Studierenden sowohl absolut wie auch prozentual in bestimmten Grenzen wächst.*« [153] Die Konkurrenz auf dem Weltmarkt verlangt eine verstärkte Entwicklung der Produktivkräfte und damit auch ein immer stärkeres Eindringen der Wissenschaft in die Produktion und »eine schnelle Erhöhung des Bildungsniveaus der gesamten werktätigen Bevölkerung.« [154]

Daß die Bourgeoisie diese Notwendigkeit erst spät einsah – in den USA bedurfte es zum Beispiel des »Sputnikschocks« –, resultiert aus der Planlosigkeit ihrer Reproduktion; daß die Gegenmaßnahmen bis heute völlig ungenügend sind – wie man ja auch von einer wesentlichen Verbesserung des Strafvollzugs noch wenig zu spüren bekommen hat – hängt mit dem Widerspruch zwischen dem direkten Profitinteresse der Einzelkapitale und den langfristigen Interessen des ideellen Gesamtkapitalisten, des Staats, an der Systemerhaltung zusammen: beides kann also nicht zum Beweis dienen, daß dem Kapitalismus mit dem Gelingen solcher Reformen nicht objektiv gedient sei. Die Frage, ob dieses Gelingen systemimmanent überhaupt möglich sei, ist freilich zu stellen und wird von Fall zu Fall verschieden zu beantworten sein; Dokumentarliteratur jedenfalls, punktualistisch wie sie vorgeht, beantwortet sie nicht und weiß, wo sie auf Mißstände stößt, nicht, ob diese relativ problemlos abschaffbar sind oder, den einzelnen tendenzliterarischen Vorstoß narrend, wenigstens in der spektakulären Äußerung unterdrückt bzw. auf andere Gebiete verschoben werden können.

Prüfen läßt sich dies an der Vernichtung von Arbeitskraft durch Unfälle im Betrieb. Mögen Schutzvorrichtungen und vorsichtigeres Arbeiten den Mehrwert fürs Einzelkapital zunächst senken, so zeigt sich doch beispielsweise an den Prämien, die den Arbeitern bei geringer Unfallquote gezahlt werden, daß die Borniertheit auch auf diesem Gebiet, freilich bisher nur vereinzelt, abzunehmen beginnt. Ein notwendiger Kommentar zu den Verbesserungen des Unfallschutzes und der »Atmosphäre am Arbeitsplatz« insgesamt, welche nach dem Wegfall der analytischen Behandlung der Produktionssphäre den Hauptgegenstand der Betriebsreportagen bildet, sind die innerbetrieblichen Einrichtungen der Ford-Werke. Henry Ford erkannte schon früh Fabrikhygiene und Unfallschutz – »deren Behandlung auch in den arbeitswissenschaftlichen Publikationen von heute breiten Raum einnimmt« [155] – als zusätzliche Leistungsquellen: »Beide stellen sich als Determinanten der Betriebskosten dar und werden entsprechend behandelt; die Fabrikhygiene als mögliche Quelle leistungssteigernder Zufriedenheit, der Unfallschutz als Ausschaltung eines Störungsfaktors im genau abgestimmten Fluß der Produktion (...) Solche Prinzipien werden nicht als Ausdruck allgemeiner Humanität in die Produktion eingebracht, sondern aus deren Erfordernissen erst abgeleitet. Ein kommunistischer Autor beschreibt Fords Erwägungen als dieselben, die etwa einen modernen Schweinezüchter veranlassen, auf gesunde, saubere Stallungen zu achten.« [156] Ford ging von der Erkenntnis aus, daß größere Leistungsbereitschaft nicht durch Druck zu erzwingen sei [157], sondern – außer durch relativ hohe Löhne [158] – vor allem durch die weitgehende Befreiung »von dem permanenten psychischen Druck der Unfallgefahr« sich erreichen lasse [159]: »Das Funktionieren des Systems wurde durch die Einsicht Fords gewährleistet, (...) daß normalerweise ›die Erleichterung der Arbeit für den Arbeiter zugleich eine Verminderung der Produktionskosten mit sich bringt‹« [160] – soweit diese Erleichterungen mit der Steigerung des relativen Mehrwerts vereinbar waren; die Dokumentarliteratur, welche wie erwähnt in eben diesem Sektor ihre Erfolge erzielte, müßte sich deshalb jeweils fragen, inwieweit sie die Unternehmen nur zur Besinnung gebracht hat. Gewiß dreht es sich hierbei nicht um eine bloß im Sinne des Kapitals, zur Hebung von Arbeitsfreude und damit Arbeitsintensität, vollzogene Reform; vielmehr fallen die Interessen der Lohnabhängigen mit denen des Kapitals in diesem Fall nachträglich zusammen [161]. Die Verbesserung der Bedingungen, unter denen sich die Arbeitskraft verkaufen muß, ist für die Fortexistenz des Kapitals wie des Proletariats notwendig; wir hatten das beim Komplex der Verelendung diskutiert [162]. Dennoch ist daran zu erinnern, daß ein solcher Kampf zwar das Abhängigkeitsverhältnis in erträglichere Formen kleidet, es andererseits aber auch verstärkt. Das gilt selbst für den Lohnkampf: »Statt intensiver zu werden mit dem Wachstum des Kapitals, wird es nur extensiver, d. h. die Exploitations- und Herrschaftssphäre des Kapitals dehnt sich nur aus mit seiner eigenen Dimension und der Anzahl seiner Untertanen. Von ihrem eigenen anschwellenden und schwellend in Zusatzkapital verwandelten Mehrprodukt strömt ihnen ein größerer Teil in der Form von Zahlungsmitteln zurück, so daß sie den Kreis ihrer Genüsse erweitern, ihren Konsumtionsfonds von Kleidern, Möbeln usw. besser ausstatten und kleine Reservefonds von Geld bilden können. So wenig aber bessere Kleidung, Nahrung, Behandlung und ein größeres Peculium das Abhängigkeitsverhältnis und die Exploitation des Sklaven aufheben, so wenig die des Lohnarbeiters. Steigender Preis der Arbeit infolge der Akkumulation des Kapitals besagt in der Tat nur, daß der Umfang und die Wucht der goldnen Kette, die der Lohnarbeiter sich selbst bereits geschmiedet hat, ihre losere Spannung erlauben.« [163] Entspräche es auch nicht dieser realen Dialektik, zwischen systemerhaltenden und systemsprengenden Veränderungen zu trennen, kommt doch alles darauf an, welches Bewußtsein bei jenen einzelnen Kämpfen um Verbesserungen geweckt wird: »Gewerkschaften tun gute Dienste als Sammelpunkte des Widerstands gegen die Gewalttaten des Kapitals«; dagegen, sagt Marx, »verfehlen (sie) ihren Zweck gänzlich, sobald sie sich darauf beschränken, einen Kleinkrieg gegen die Wirkungen des bestehenden Systems zu führen, statt gleichzeitig zu versuchen, es zu ändern, statt ihre organisierten Kräfte zu gebrauchen als einen Hebel zur schließlichen Befreiung der Arbeiterklasse, d. h. zur endgültigen Abschaffung des Lohnsystems.« [164]

Aus eigner Kraft kommt die Reportage über diesen Kleinkrieg nicht hinaus; sie erfüllt damit meist nur Funktionen, die bürgerlicher Öffentlichkeit seit je zukamen: »(...) ein bürgerlich-kritisches Bewußtsein (zu) entwickeln, das auf die Probleme aufmerksam macht, die dem Kapital in seiner praktischen Geschäftigkeit notwendig entgehen müssen (...) Eine besonders wichtige Funktion der unabhängigen Öffentlichkeit ist es, auf die Bedrohung der Existenzgrundlagen der Gesellschaft, d. h. ihrer kapitalistischen Form, und auf drohenden offenen Klassenkampf aufmerksam zu machen. Marx erwähnt die Warnungen über den ›unglaublich gespannten Klassenantagonismus‹, die die Fabrikinspektoren an die Regierung übermitteln; sie haben damit eine ähnliche Aufgabe wie heute die Gewerkschaftsfunktionäre, die die Stimmung unten nach oben weitergeben sollen, um etwa erforderliche Eingeständnisse einzuleiten.« [165] Berichte über Unzufriedenheit, die deren eigene Richtungslosigkeit nicht korrigieren, können noch am ehesten wie betriebspsychologische und -soziologische dazu dienen, neue Befriedigungstechniken entwickeln zu helfen. Als notwendiges Übel mag man es dabei ansehen, daß die Berichterstatter einen Überschuß an Intention, an Identifikation mit den Interviewten und Beobachteten besitzen*; solange Kritik und Kampfaufruf wie in Runges Fernsehfilm bloßer Nachspann bleiben, Satyrspiel, welche an den verdoppelnden Naturalismus abstrakt angehängt werden, mahnen sie nur wiederum den Unternehmerstaat an die Dringlichkeit der Gegenmaßnahmen, ohne den Unternommenen selbst weiterzuhelfen.

Lebensberichte und Interviews. Wiedergabe falschen Bewusstseins

Die Kritik an der Darstellung der »gesellschaftlichen Oberfläche«, der »isolierten Tatsachen« ist nicht mißzuverstehen; sie meint keineswegs, es genüge zum Begreifen des Kapitalismus, die »innere Organisation der kapitalistischen Produktionsweise, sozusagen in ihrem idealen Durchschnitt zu behandeln« [166]. Ist es zur Erkenntnis des Wesens dieser Gesellschaft auch notwendig, etwa die Realabstraktionen des Wertgesetzes, das sie beherrscht, mitzumachen und methodologisch dabei zum Beispiel die vereinfachte Annahme zu machen, daß die Waren sich zu ihren Werten austauschten, muß doch von hier dann wieder zur begriffenen Erscheinung zurückgegangen werden, welche keineswegs durch einfache Subsumtion unter den Allgemeinbegriff zu erklären, sondern vielfach über Mittelglieder mit diesen verbunden ist: so kritisierte Marx an Ricardo einerseits, »daß er nicht weit genug, nicht vollständig genug in der Abstraktion ist, (...) anderseits, daß er die Erscheinungsform nun *unmittelbar* (...) auffaßt, keineswegs sie *entwickelt.«* [167] Eine ungenügende Abstraktion wäre es etwa zu meinen, Angebot und Nachfrage seien die nichthinterfragbare Basis der Preise, oder die kapitalistischen Profite würden durchs Übervorteilen der Tauschpartner auf dem Markt erzielt. Ebenso falsch aber wäre es, die Preise so unmittelbar aus den Werten herzuleiten, daß dabei die Mittelglieder, die u. a. deren Differenz bewirken, vergessen würden; so wie sich der Profit der Einzelkapitalisten nicht aus dem im Betrieb erarbeiteten Mehrwert, sondern erst aus der Durchschnittsprofitrate, zu der sich die verschiedene Profitrate der Kapitale ausgleichen, herleiten läßt.

Weder ist also die Erscheinung aus dem Wesen deduzierbar, noch gibt sie dieses Wesen unverstellt heraus: beide sind nicht nur quantitativ getrennt; die gesellschaftliche Totalität ist keine bloße Summe.

»Wenn die Erscheinungsform und das Wesen der Dinge unmittelbar zu-

* Vgl. K. Marx, *Der Kampf um den Normalarbeitstag* (*Kapital I,* Kap. 8, 6). Über den Tenor der Berichte der Fabrikinspektoren und ihrer erbitterten Kämpfe mit den Unternehmern.

sammenfielen«, schreibt Marx, »(wäre) alle Wissenschaft (...) überflüssig ...« [168]. Antagonistisch getrennt aber sind sie erst im Kapitalismus in der Konsequenz einer Produktionsweise, in der private Arbeit sich auf dem Markt doch als gesellschaftliche darstellen muß, um austauschbar zu sein. Daraus resultiert schließlich im entwickelten Kapitalismus die Kristallisation von objektiven ökonomischen Gesetzen, welche, obwohl aus dem Handeln der Gesellschaftsmitglieder entspringend, von ihnen als fremde Macht empfunden werden. Aufklärung, bis hin zu Nietzsche, machte es sich zu leicht, wenn sie diese Auffassung nicht aus objektiven Verhältnissen erklärte, sondern das Wesen als eine Hinterwelt hinter den Erscheinungen verspottete, das von kritischem Denken als Aberglaube zu entlarven sei; ein Unwesen wäre dieses Wesen nur, wenn es nicht erschiene: so wenig Wert und Preis sich im einzelnen decken müssen, muß doch die Summe aller Preise der Summe aller Werte gleich sein, damit das Wertgesetz gültig sei. »Zu erwarten steht«, sagen Adorno und Jaerisch, »daß im einzelnen Moment die Struktur (der Gesellschaft, K. P.) und ihre Veränderungen sichtbar werden, die als ganze nicht zu greifen sind, als allbeherrschende jedoch das Gesetz jeglicher Konkretion bilden. Gelänge es nicht, Gesellschaft aus ihren Phänomenen zu interpolieren, so wäre ihr Begriff wahrhaft der Aberglaube, als den manche Positivisten ihn verfemen.« [169] Das gilt nicht nur für objektive Erscheinungen, sondern auch das Verhalten der Einzelnen: erkennbar selbst an deren privatesten Reaktionen, »präsentiert die Gesellschaft den Lebendigen die Rechnung für ihre verkehrte Gestalt (...) und für das, was sie aus ihnen gemacht hat.« [170] Auch das Bewußtsein wird noch in seinen abenteuerlichsten Verirrungen vom Marxismus nicht der »reinen Phantasie« oder des Irrtums geziehen, sondern als Ideologie, das heißt aber als, wenn auch verzerrter, Widerschein der kapitalistischen Produktionsweise erkannt, über welche von jener etwas zu erfahren ist. Solches Bewußtsein »erscheint einerseits als etwas *subjektiv* aus der gesellschaftlich-geschichtlichen Lage heraus Berechtigtes, Verständliches und Zu-Verstehendes, also als ›richtiges‹, und zugleich als etwas *objektiv* an dem Wesen der gesellschaftlichen Entwicklung Vorbeigehendes, sie nicht adäquat Treffendes und Ausdrückendes, also als ›falsches Bewußtsein‹. Andererseits erscheint dasselbe Bewußtsein in derselben Beziehung als *subjektiv* die selbstgesetzten Ziele verfehlend und zugleich ihm unbekannte, ungewollte *objektive* Ziele der gesellschaftlichen Entwicklung fördernd und erreichend.« [171] Die Art der objektiven Herleitung falschen Bewußtseins läßt erkennen, daß auch die Arbeiterklasse seinem Einfluß unterliegt. Das Bewußtsein der herrschenden Klasse kann das herrschende Bewußtsein werden, weil die »Illusionen der bürgerlichen Ideologie (...) durch bestimmte Momente der alltäglichen kapitalistischen Wirklichkeit ständig reproduziert (werden). Diese Momente vor allem erklären die Befestigung und Verwurzelung der bürgerlichen Kategorien nicht nur im Denken der herrschenden Klasse.« [172]

Sie sind Erscheinungen des Wesens kapitalistischer Warenproduktion, welche »die wirklichen Verhältnisse unsichtbar (machen) und ihr Gegenteil (zeigen). Das Wesen wird durch die Erscheinung verdreht, entstellt.«

»Im Bewußtsein der Individuen setzen sich gerade diese Erscheinungsformen fest. Als Denkformen, die ›gang und gäbe‹ sind, reproduzieren sie unmittelbar, spontan die objektiven Erscheinungsformen der bürgerlichen Produktionsverhältnisse, während das Wesen verborgen im Hintergrund bleibt, durch die Wissenschaft erst entdeckt werden muß. Die Erfahrung der Subjekte findet an diesen sachlichen Erscheinungen eine Grenze.« [173] Hinzu kommt, daß die Bourgeoisie als Besitzer der Produktionsmittel auch die zur geistigen Produktion und damit ein Instrument in der Hand hat, mit dem sie ihre systematisierte, zur rechtfertigenden Weltanschauung verkleisterte Ideologie über die Gesamtgesellschaft ausbreiten kann.

Freilich ist es dem Proletariat objektiv erleichtert, dieses falsche Bewußtsein zu durchbrechen. Es erlebt zwar in der Zirkulationssphäre, in der es als Besitzer seiner Arbeitskraft auftritt, seine Beziehung zum Kapital als eine von Sachen, im Produktionsprozeß aber muß sich ihm der gesellschaftliche Charakter seiner Arbeit zumindest rudimentär verdeutlichen: so ist »die Veränderung der Arbeitszeit (...) für ihn als Ware nur eine quantitative Veränderung seiner Verausgabung als Arbeitskraft; zugleich ist sie aber für den arbeitenden Menschen eine qualitative Veränderung, indem sie die Gestaltung seines Lebens ändert.« [174] »Das doppelte Erlebnis seiner Beziehungen als Objekt und als Subjekt gibt dem Proletarier die Möglichkeit, den fetischistischen Schein der Ware Arbeitskraft zu durchschauen.« [175] Allerdings nur die Möglichkeit; die Arbeiterklasse bedarf, um von einer Klasse an sich zu einer Klasse für sich – zu ihrer Funktion bewußten Klasse – zu werden, der Organisation und Agitation, der Theorie und Praxis einer Arbeiterpartei. Das völlige Zusammenfallen von Klassenerfahrung als Klassenideologie und wirklichkeitsadäquatem Klassenbewußtsein erfolgt dennoch erst beim Sturz der kapitalistischen Produktionsweise: »Die Arbeiterklasse«, schreibt Franz Jakubowski zusammenfassend, »kann als Ganzes deshalb noch kein richtiges, nicht ideologisches Bewußtsein haben, weil sie der Selbstentfremdung und damit der Verdinglichung unterworfen ist. Erst die Aufhebung der menschlichen Selbstentfremdung läßt sie zum sozialistischen Bewußtsein gelangen. In diesem Sinne sagt Marx, ›daß (...) zur massenhaften Erzeugung dieses kommunistischen Bewußtseins (...) die massenhafte Veränderung der Menschen nötig ist, die nur in einer praktischen Bewegung, in einer Revolution vor sich gehen kann, daß also die Revolution nicht nur nötig ist, weil die herrschende Klasse auf keine andere Weise gestürzt werden kann, sondern auch weil die stürzende Klasse nur in einer Revolution dahin kommen kann, sich den ganzen alten Dreck vom Halse zu schaffen ...‹« [176].

Indem der Marxismus aber keinen durch ökonomische Prozesse verbürgten Umschlag in die befreite Gesellschaft, keine naturgesetzliche Notwendigkeit kennt, welche den Zusammenbruch des Kapitalismus gleichzeitig zum Beginn des Sozialismus machte*, gewinnt für ihn die quantitativ und qualitativ möglichst umfassende Ausbildung von proletarischem Klassenbewußtsein zentrale Bedeutung. Die Information über die aktuelle Bewußtseinslage des potentiellen Subjekts der Revolution stellt insofern eine wesentliche Basis für die Erarbeitung der politischen Strategie dar; das schließt sozialpsychologische Studien ein, die freilich nicht den Anspruch erheben können, der Ursachen etwa eines Streiks habhaft zu werden, sondern lediglich den, zu erfahren, warum ein solcher Streik nicht stattgefunden hat [177], das heißt, die Differenz von objektiven und subjektiven Interessen des Proletariats theoretisch zu erhellen.

Erkenntnisse dieser Art anhand dokumentarisch festgehaltener Äußerungen, an Interviews und Lebensberichten ausmachen zu können, bedarf es aber außer bestimmten Voraussetzungen beim Leser einer Darstellungsweise, in der das Bewußtsein zugleich mit seinen objektiven Bedingungen vorgeführt wird; die Kenntnis der ökonomischen Gesetze selbst wie der psychischen Vermittlungsmechanismen muß bereits vorhanden sein oder ermöglicht werden. Sonst dürfte der Leser Ideologemen gegenüber zur nur logischen Falsifikation neigen, wie sie positivistischer Ideologiekritik eignet, oder, wo er sie mit ihrer realen Basis vergleichen will, kaum imstande sein, das im jeweiligen Bewußtsein notwendig und spontan aus der Produktionsweise und der Lage im Produktionsprozeß Resultierende von dem zu trennen, was durch bürgerliche Propaganda und deren kompensierende Deutungen oder gar jene vielfältigen psychoanalytisch zu fassenden Techniken zustande gekommen ist, welche als Verdrängungen, Verschiebungen, Reaktions- und Ersatzbildungen, Rationalisierungen und Projektionen die auch hier vorhandene Wirklichkeitsabbildung an der Oberfläche völlig unkenntlich machen. Zu zeigen ist, daß die Dokumentarliteratur jene analytischen Instrumente nicht an die Hand gibt und dort, wo sie – in Reportagen und Selbstinterpretationen – sich um eine begriffliche Durchdringung des Materials bemüht, eine der objektiven Tendenz ihres Stilisationsprinzips entsprechende falsche Vorstellung von Ideologie und Bewußtsein, deren Zusammenhang mit gesellschaftlichen Bedingungen sowie über deren Struktur vermittelt.

* »Die objektive Wirtschaftsentwicklung vermochte bloß die Stellung des Proletariats im Produktionsprozeß, die seinen Standpunkt bestimmt hat, zu schaffen; sie vermag dem Proletariate nur die Möglichkeit und die Notwendigkeit zur Verwandlung der Gesellschaft in die Hand zu geben.« (G. Lukács, *Geschichte* ..., S. 228).

Milieu- und Faktorentheorie

Dokumentarliteratur, vor allem autobiographische Berichte wie die der Ursula Trauberg [178] und der Rosalka [179] präsentieren eine Erkenntnis, welche bürgerliche Autonomieideologie und individualistischen Narzißmus zerstören soll: daß das Individuum nicht autark, sondern in all seinen Regungen von der Umwelt beeinflußt sei. In einer neuen, eindringlichen Darstellungsweise soll damit für ein neues Publikum – etwa das des Fernsehens – nachgeholt werden, was nicht nur die Wissenschaft in Zweigen wie Psychologie, Anthropologie und Soziologie, sondern auch die Kunst z. B. im Entwicklungs- und Gesellschaftsroman seit dem 18. Jahrhundert aktenkundig gemacht hatte, ohne daß die Folgerungen daraus überall gezogen worden wären: das verdeutlicht am besten der Stand der Rechtsprechung. An deren Schuldverständnis appelliert ein Buch wie Ursula Traubergs *Vorleben* denn auch wesentlich: »In dem Buch konnte man dann lesen«, führt Martin Walser aus, »daß sie in der DDR unter sehr, sehr unglücklichen Familienverhältnissen aufgewachsen war, ohne Vater; das führte dann auch dazu, daß sie die DDR verließ und in die Bundesrepublik kam, und wir haben dann mit der Kamera all diese Plätze besucht, an denen sie arbeitete, wo sie lebte und wohnte. Wir wollten die Bedingungen kennenlernen, die dann acht Jahre später zu dieser Tat führten.« [180] Konsequent in diesem Fall das Stilmittel des Fernsehfilms: »In unserem Film tritt diese Frau selbst nicht auf. Wir beschäftigten uns lediglich mit der Umwelt, mit den Verhältnissen.« [181]

Wie kritisch sich diese Erzählweise auch gegenüber immer noch verbreiteten philosophischen, religiösen und juristischen Doktrinen ausnimmt, teilt sie doch in ihren Redensarten von »Umwelt« und »Einflüssen« die bürgerliche Befangenheit und kommt in ihrer Gesellschaftstheorie über Einsichten der Aufklärung nicht hinaus. Wenn die Frankfurter Rundschau in der Ankündigung zu jenem Film Walsers über die Strafgefangene Gisela Kreutzmann von einer »Verknotung von gesellschaftlichen und privaten Umständen« spricht, die für »Gisela Kreutzmann unentwirrbar (scheinen)« [182] und Gottfried Just an der dokumentarischen Autobiographie Ursula Traubergs »die unentwirrbare Verknotung von gesellschaftlichen und privaten Lebensumständen« – als eine nun sogar für die Leser undurchschaubare Verquikkung von Privatem und Öffentlichem im Individuum – »faszinierte« [183], fällt dies hinter Marxens Feuerbachkritik zurück, nach welcher das menschliche Wesen nichts als »das ensemble der gesellschaftlichen Verhältnisse« ist [184]: »Die Trennung zwischen dem Menschen und der sozialen Umwelt«, mußte Adorno noch gegen Popper argumentieren, »scheint mir doch etwas äußerlich, allzusehr an der nun einmal gegebenen Landkarte der Wissenschaften orientiert, deren Hypostasis *Popper* grundsätzlich ablehnt. Die Subjekte, welche die Psychologie zu untersuchen sich anheischig macht, werden nicht bloß, wie man das so nennt, von der Gesellschaft beeinflußt, sondern sind bis ins Innerste durch sie geformt. Das Substrat eines Menschen an sich, der der Umwelt entgegenstünde – es ist im Existentialismus wiederbelebt –, bliebe ein leeres Abstraktum.« [185] Angesichts der latent metaphysischen Gegenüberstellung von Mensch und Umwelt in der verbreiteten Interpretation der Dokumentarliteratur, steht es dieser keinesfalls an, wie geschehen, etwa die Frauen zu belächeln, welche im Fernsehbericht über Gisela Kreutzmann von einem Guten in jenem Mädchen sprachen, das gegen die Verhältnisse, die an sein Triebleben appelliert hätten, sich nicht gänzlich habe behaupten können. Jener Film ließ auch objektiv Interpretationen zu, wie sie seinerzeit Engels verspottet hat: »Der Philister versteht unter Materialismus Fressen, Saufen, Augenlust, Fleischeslust und hoffärtiges Wesen, Geldgier, Geiz, Habsucht, Profitmacherei und Börsenschwindel, kurz, alle die schmierigen Laster, denen er selbst im stillen frönt; und unter Idealismus den Glauben an Tugend, allgemeine Menschenliebe und überhaupt eine ›bessere Welt‹, womit er vor andern renommiert, woran er selbst aber höchstens glaubt, solange er den auf seine gewohnheitsmäßigen ›materialistischen‹ Exzesse notwendig folgenden Katzenjammer oder Bankerott durchzumachen pflegt und dazu sein Lieblingslied singt: Was ist der Mensch – halb Tier, halb Engel.« [186]

Die Meinung aber, daß hier ein Individuum existiere, dort eine Gesellschaft, die auf jenes von außen einwirke, beschränkt den Geltungsbereich des Materialismus ebenso, wie sie ihn verfälscht, indem sie nicht nur das Produziertsein des Individuums durch die Gesellschaft unrichtig faßt, sondern auch die Tatsache des Produziertseins der Gesellschaft durch die Individuen vernachlässigt. Auch hier treffen sich Tendenzen der Dokumentarliteratur mit der Theorie der frühbürgerlichen Aufklärung; daß sie mit jener den Milieubegriff teilt, ist keine bloße Äußerlichkeit. Unter Milieu wurde vom französischen Materialismus sowohl die äußerliche natürliche, insbesondere die geographische, als auch die soziale Umgebung, die Sitten, Gebräuche, Gesetze usw. verstanden [187]; erste und zweite Natur sind darin vereint, so wie sich für die Dokumentarliteratur die spezifischen gesellschaftlichen Gesetze zu »Verhältnissen« verbacken, denen dann »Betroffene« gegenüberstehen: wie sehr diese Ideologie auch in der Absicht der Dokumentaristen bekämpft werden mag, wird sie doch von der Perspektive jener Lebensberichte Einzelner suggeriert. Es ist für diesen Fall wiederum an die Feuerbachthesen zu erinnern, welche kritisieren, »daß der Gegenstand, die Wirklichkeit, Sinnlichkeit nur unter der Form des *Objekts oder der Anschauung* gefaßt wird; nicht aber als *sinnlich menschliche Tätigkeit, Praxis,* nicht subjektiv.« [188] Dazu führt Kurt Lenk aus: »Wird das Vorstellungsleben zum Produkt der Umstände erklärt, so verschwindet die Tatsache, daß diese gleichen Umstände stets bereits das Ergebnis praktischer Tätigkeit der Menschen darstellen.

Dem entspricht die Tendenz des sensualistischen Denkens zu einer statisch-mechanischen Deutung des Verhältnisses der Milieufaktoren zu psychischen Vorgängen.« [189] Die teilprogressive Tendenz der Milieutheorie des 18. Jahrhunderts, die immerhin »der feudaltheologischen Lehre von der göttlichen Bestimmtheit des menschlichen Schicksals entgegenstand und die Entwicklung des Menschen aus natürlichen, vernünftigen Gesetzen zu erklären versuchte« [190], wurde deshalb im Laufe der Entwicklung des Kapitalismus immer mehr zurückgedrängt: die fehlende Erkenntnis der Historizität der Gesellschaft, erst bloßer, durch den niedrigen Entwicklungsstand der Produktivkräfte und damit der Naturbeherrschung bedingter Mangel, wurde zur bloßen Ideologie, welche nicht nur spontan vom Fetischismus der kapitalistischen Produktionsweise und der aus ihr resultierenden Verdinglichung gesellschaftlicher Beziehungen zu natürlichen Eigenschaften von Dingen sich ergab, sondern die Heteronomie der Massen von ihnen verschleierten Verhältnissen befestigte und verklärte. Für die Wissenssoziologie des 20. Jahrhunderts sind schließlich die »ökonomischen und die gesellschaftlichen Lebensprozesse (...) schlechthin vorgegeben; man hat mit ihnen zu rechnen, muß sie registrieren. Im Milieubegriff, dessen Mannheim sich bedient, um das zu beschreiben, was ›Sein‹ bedeutet, liegt bereits der Charakter des Unabänderlichen, des Schicksalhaften, den das soziale Leben im Bewußtsein der Menschen seit je besaß.« [191]

Entsprechend wird dann auch das Bewußtsein nur als passiver Ausdruck der äußeren Verhältnisse – und der inneren Triebnatur – gefaßt. »Die einzelnen Formen des Bewußtseins, vor allem das sinnliche Bewußtsein, erscheinen unmittelbar, als Ergebnis der unmittelbaren Verbindung zwischen dem äußeren Gegenstand und den menschlichen Sinnesorganen. Dieser unmittelbare, passive und individuelle Charakter der sinnlichen Erkenntnis ist bloßer Schein. Der Mensch muß auch seine geistige Nahrung entsprechend zubereiten: das heißt, die Gegenstände müssen als Elemente des Bewußtseins geistig angeeignet werden (...). Das menschliche Bewußtsein ist in allen seinen Formen eine aktive, auf die Aneignung der Natur abzielende Tätigkeit.« [192] Dieser Schein ist freilich objektiv: er entspringt der Tatsache, daß in der kapitalistischen Produktionsweise die gegenständlichen Arbeitsbedingungen die lebendige Arbeit anwenden und nicht umgekehrt; ebenso richtig ist die Beobachtung, daß die Menschen wesentlich heteronom agieren und die gesellschaftlichen Prozesse noch nicht in ihre bewußte Planung genommen haben; dem entspricht, daß auch im Handeln des Einzelnen unbewußte Antriebe ihre Stärke bisher behalten haben, Es noch nicht Ich geworden ist. Alles aber hängt in der Darstellung dieses Zustandes davon ab, daß seine gesellschaftliche Genese – und damit seine gesellschaftliche Abschaffbarkeit – erklärt werden; sonst wird Interpretationen Raum gelassen, welche konservativem Vulgärmaterialismus und Entlarvungspsychologien vom

Schlage Paretos in die Hände arbeiten: das Bewußtsein, auch das antikapitalistische, »löst sich auf in bloße Rationalisierungen von Interessenlagen, Rechtfertigungen aller erdenklichen gesellschaftlichen Gruppen. Aus der Kritik der Ideologie ist ein Dschungelrecht des Geistes geworden: Wahrheit zur bloßen Funktion der je sich durchsetzenden Macht.« [193] Es wird, wie Lenk formulierte, »die Schwäche der Vernunft zum Einwand gegen sie« [194]: was allein Realität hat, ist der wie immer pseudomaterialistisch oder idealistisch als natürliche Zuchtwahl oder Machtpolitik gefaßte objektive Prozeß: »Real und wahr werden identisch« [195]; noch Rühmkorf lobt den Realismus, der den Hinterhof nicht verklärt, sondern als die Wirklichkeit erkennt, aber auch anerkennt, und verwirft die Gedanken, die darüber hinausgehen, als idealistisches Brimborium.* »Menschliche Spontaneität, die auf Glück und Freiheit zielt, wird dann von vornherein als vergeblich denunziert. Zusammen mit der schwachen Vernunft ist sie Gegenstand der Verachtung. Damit aber verkehrt sich die ursprünglich aufklärerische Tendenz der Ideologiekritik in ihr Gegenteil: sie wird zur Gegenaufklärung.« [196]

Auch wo diesen Deutungen des dokumentarischen Materials über die hilflos Rationalisierenden, Stammelnden, Betroffenen, denen der Gesellschaftsprozeß zweite Natur, Dickicht, geworden ist, keine Chance gelassen wird, wird gesellschaftliche Bedingtheit oft nur pauschal und damit abstrakt behauptet; sind aber die konkreten Vermittlungen in der jeweiligen Produktionsweise nicht aufgedeckt, kann die Erkenntnis historischen Gewordenseins nicht in angemessene politische Strategien umgemünzt werden. Die

* Peter Rühmkorf, *Über das Volksvermögen, Exkurse in den literarischen Untergrund,* Reinbek bei Hamburg 1967. Rühmkorf nennt die »Subpoesie« eine »ehrlich und offen auf das Niedrige, Gemeine, Ordinäre, das heißt auf den Mann im Hemd, den Gummibusen und das Holzbein rekurrierende Gattung«, die »ihren Abnehmern, Teilnehmern, Anteilnehmern weder jenen ganzen Menschen in Aussicht stellt, zu dem sie es niemals bringen werden, noch sie in eine heile Welt entrückt, die nicht von dieser Erde ist ...« (S. 115). In der »Entlarvung unseres hochtrabenden deutschen Idealismus« (S. 152 f.), der »gezielte(n) Wendung gegen den künstlichen Heilsentwurf« (S. 153), zeige sie »Ansätze einer materialistischen Kulturkritik« (S. 153). Gegenüber dem »Exkurs ins Himmlisch-Ungewisse« kennt er nur den gelobten »Rekurs aufs Landläufige« (S. 191); anderes solle man »in einer Welt unheilbar zerhäckselter Interessen« (S. 170) von »hoffnungslos Angeketteten« (S. 229) nicht verlangen. Von solchem Materialismus sagte Horkheimer: »Indem sie der Betonung, daß es auch andere Bedürfnisse und andere Qualitäten gebe als den Hunger und die Macht, durch den Hinweis auf die nüchterne Realität, in der sich alles um die Befriedigung der primitivsten Bedürfnisse dreht, begegnen, neigen sie dazu, die Bitterkeit dieser Feststellung in eine Apologie zu verwandeln. Die Behauptung, daß in der gegenwärtigen Wirklichkeit das Ideelle nur die ideologische Verschleierung einer üblen materialistischen Praxis ist, schlägt dann leicht um in die Realitätsgerechtigkeit gewisser Journalisten und Reporter: ›laßt uns mit der Kultur zufrieden, wir wissen, daß das Schwindel ist‹. Sie sind mit diesem Zustand ganz zufrieden und ausgesöhnt.« (M. Horkheimer, *Dämmerung,* S. 60).

wesentlich kontemplative Betrachtungsweise der Dokumentarliteratur, welche den Einzelnen nur als Objekt, kaum als Subjekt oder wenigstens mögliches Subjekt der gegenständlichen Prozesse vorführt, ist als Verlust des Gesichtspunktes der Totalität selber Folge der kapitalistischen Organisation der Gesellschaft: »Die gesellschaftliche Arbeitsteilung«, sagt Jakubowski über diese, »schafft nicht nur in der Wirtschaft, sondern im ganzen gesellschaftlichen Leben und Denken einer (scil: eine, K. P.) Reihe von speziellen Teilgebieten, die ihre eigene, von den anderen Gebieten unabhängige Gesetzlichkeit entwickeln.« [197] Wie den erst auf dem Markt aufeinanderstoßenden Privatproduzenten der gesellschaftliche Charakter ihrer Arbeit als gegenständlicher Dingcharakter erscheint, so dem Bewußtsein in jedem der einzelnen, blind gegeneinander abgeteilten Bereiche das in ihm Erscheinende als unmittelbar gegeben; bei der Unerkanntheit des Gesamtprozesses erscheinen die einzelnen Tatsachen als das Primäre, ihre Beziehungen und Bewegungen als das Sekundäre; dem entsprechen Empirismus und Positivismus: »Die ›Tatsachen‹, aus ihrem Totalzusammenhang herausgerissen, erscheinen als der eigentliche Gegenstand der Erkenntnis. Ein solches Denken ist daher wesentlich analytisch, gliedert die Buntheit der konkreten Totalität und entwickelt die einzelnen Teile. Das Ganze wird nun als Summe der einzelnen Teile aufgefaßt.« [198] Statt der Abhängigkeit von der besonderen Weise der Produktion tritt damit eine von unzähligen, parataktischen Faktoren ins Bild, eben »die Verhältnisse«, die keineswegs mehr zum Begriff »Produktionsverhältnisse« zusammenschießen. Wie sich die bürgerliche Wissenschaft mit Handbüchern und Enzyklopädien statt systematischen Darstellungen zufriedengibt, führt zum Beispiel Erika Runge in ihrem Buch zur Frauenemanzipation für die Unterdrückung der Frau einen ganzen Katalog von locker verbundenen Gründen an: die Erziehung in Rollenvorstellungen; ihre Rolle als Konsum- und Sexualobjekt; das Fehlen einer qualifizierten Ausbildung, die Unterprivilegierung bei der Arbeit; die Situation in der Ehe, die fehlenden Kindergärten, die zusätzliche Unterdrückung durch den Mann [199]. Von den Auffassungen der Frauen, die ihre Lebensgeschichten erzählen, schreibt sie, diese seien »mitbestimmt (sic!) durch das Milieu (sic!), aus dem sie stammen, und (sic!) das, in dem sie jetzt leben (...); durch den Mann, mit dem sie zusammen sind oder von dem sie sich getrennt haben; durch die Ansichten, die sie vertreten, und (sic!) durch die Bedingungen, die ihnen von der Gesellschaft diktiert werden.« [200] Auf der Umschlagseite der *Bottroper Protokolle* wurde einmal die Zeche, von der die Menschen »abhängen«, als nicht weiter entwirrter und dann auch hinterfragter Faktor genannt; hinzu kam die Zechenstillegung. Für die atomistische, die Dinge aus dem Gesamtprozeß isolierende Methode, »muß sich (...) jede wirkliche Veränderung als etwas Unbegreifliches darstellen. Das unleugbare Faktum des Verändertseins spiegelt sich für die Bewußtseinsformen der Unmittelbarkeit als Katastrophe, als plötzlicher, von außen kommender, Vermittlungen ausschließender jäher Wechsel. Um den Wechsel überhaupt begreifen zu können, muß das Denken über die starre Abgeschlossenheit seiner Gegenstände gegeneinander hinausgehen, muß ihre Beziehungen zueinander, die Wechselwirkung dieser ›Beziehungen‹ und der ›Dinge‹ auf dieselbe Ebene der Wirklichkeit setzen. Je größer diese Entfernung von der bloßen Unmittelbarkeit ist, je weiter gespannt das Netz dieser ›Beziehungen‹, je restloser die ›Dinge‹ in das System dieser Beziehungen eingehen, desto mehr scheint der Wechsel seine Unbegreifbarkeit, sein katastrophenartiges Wesen abzulegen und damit begreifbar zu werden.« [201] Statt einem Mosaik von Bedingungen setzt der Marxismus deshalb die konkrete Totalität der ökonomischen Struktur: »Während die Theorie der Faktoren, die behauptet, daß ein privilegierter Faktor – die Ökonomie – alle anderen Faktoren – den Staat, das Recht, die Kunst, die Politik und die Moral – bestimme, die Frage außer acht läßt, wie das gesellschaftliche Ganze, d. h. die Gesellschaft als ökonomische Formation entsteht und gebildet wird, und während sie die Existenz dieser Formation als gegebenes Faktum voraussetzt, als unbeteiligte Form oder als Arena, in der ein privilegierter Faktor alle anderen Faktoren bestimmt, geht die materialistische Theorie von der Anschauung aus, daß *das gesellschaftliche Ganze (die gesellschaftlich ökonomische Formation) durch die ökonomische Struktur gebildet und konstituiert wird.*« [202] Nur durch die guten Absichten ihrer Verbreiter ist die Faktorentheorie vorm offenen Antimarxismus geschützt. Das zeigt sich bei einem Vergleich mit bürgerlichen, insbesondere wissenssoziologischen Klassentheorien. »Die bürgerliche Soziologie bestimmt die Gesellschaftsstruktur nicht nach ihrem objektiven Klasseninhalt, sondern teilt die Gesellschaft in beliebige Schichten ein, und zwar nach einem sogenannten typischen ›Status‹ ihrer Mitglieder. Der Begriff ›Status‹ umfaßt Lebensstandard, Chancen und Risiken, Glücksmöglichkeit, Privilegien, Rang, Ansehen usw. Der von der bürgerlichen Soziologie benutzte Schichtbegriff ist für die Analyse grundlegender Fragen der sozialen Struktur einer Gesellschaftsordnung wertlos.« [203]

Dem Pluralismus einer Bevölkerungsaufteilung in solche Schichten entspricht ein Relativismus in der Unterscheidung von Bewußtsein und Ideologie. Fehlt der Begriff gesellschaftlicher Totalität, so gibt es nur einen Haufen von Gruppen, von denen jede ein ihrem Standpunkt entsprechendes Bewußtsein hat; da die Wahrheit oder Unwahrheit einer Gesellschaftstheorie ja nur daran abzulesen ist, ob sie den Gesellschaftszusammenhang begreift, gibt es für die Wissenssoziologie, die jene Totalität nicht kennt, als einzigen Bezugspunkt die Herkunft des Sprechenden. Jedes Denken ist seinsgebunden nicht von seinem Objekt her, sondern vom Subjekt: eben einer Schicht, die ihre subjektiven Interessen darin ausdrückt. »(I)n Fortbildung des Schopenhauerschen und Nietzscheschen Vitalismus, demzufolge alles Geistige bloßes Werkzeug des irrationalen Willens zum Dasein ist, wird der Marxsche Ideologiebegriff erweitert und zugleich neutralisiert. (...) Weil (...) jedes Denken seinsgebunden ist, verliert der Ideologiebegriff selbst seine kritische Bedeutung und wird wertfrei: die wissenssoziologische Analyse hat darum nicht mehr aufklärende, entlarvende Funktion, sondern muß sich darauf beschränken, wie Mannheim sagt: den jeweiligen ›Zusammenhang zwischen jeweiliger Seinslage und Sicht‹ herauszustellen.« [204] Die dokumentarische Bemühung um ›Echtheit‹, authentisches Milieu um jeden Preis und das Sichverkneifen des Kommentars kann sich, wo es – wie es kaum vorkommt – ums Interview klassenbewußter Arbeiter geht, noch als besonders orthodoxe, nur eben gegen kleinbürgerliche Intellektuelle skeptische marxistische Handlungsweise ausgeben; wo aber ein bunt zusammengewürfeltes Ensemble, das nur unter dem Begriff »Kleinstadtbewohner« oder »Frau« zusammengefaßt ist, sich derart äußert, nähert sich der Dokumentarismus offen jener wissenssoziologischen Ansicht, jeder spreche am angemessensten über seine eigene Situation: die Formulierung, hier stelle jemand »seine« Wirklichkeit dar, ist denn auch weniger ideologiekritisch als relativistisch. Erika Runge begründet an einer Stelle den Verzicht auf Kommentar so: »Ich glaube, wenn ich (...) meine eigene Meinung immer zwischendurch äußern würde – was soll das? Wenn ich über mich selbst etwas sagen will oder über meine eigene Situation, dann formuliere ich das auch selber.« [205] Die Möglichkeit, etwas zur Sache zu sagen, taucht gar nicht auf; Echtheit und Wahrheit haben hier nichts miteinander zu schaffen. Daß etwas echt und doch verfälscht sei, wird zum Unsinn.

In solcher Fassung werden die Meldungen über soziale Antagonismen, welche die Dokumentarliteratur einer bürgerlichen Öffentlichkeit präsentiert, dieser akzeptabel. Marxistische Einsichten etwa sagen nichts mehr über einen objektiven Widerspruch von Produktivkräften und Produktionsverhältnissen im Kapitalismus und ebenso wenig über die bürgerliche Ideologie aus, sondern sind eben, wie es Scheler schon meint, eine »typische Ideologie der Unterklasse« [206]. Daß es jene gibt und Widersprüche sozialer Art bestehen, läßt sich sowieso gegenwärtig nicht leugnen; die theorielose Dokumentarliteratur aber ermöglicht, jene Tatsachen in einer positivistischen Konflikttheorie aufgehen zu lassen, wie sie für die Bundesrepublik exemplarisch Ralf Dahrendorf entwickelt hat [207]. Daß wir eine Klassengesellschaft seien, kann dort ruhig eingestanden werden, wird nur dieser Begriff seiner exakten marxistischen Bedeutung entfremdet und der Klassenkampf zu einem bejahten Mittel gemacht, die Gesellschaft dynamisch zu halten*: »Auf einer

* »Das Wort sozialer Konflikt lenkt ab von dessen tödlichem Schrecken wie von seiner objektiven Basis in ökonomischen Antagonismen. Diese werden neutralisiert entweder zu Verhaltensweisen einzelner Individuen – etwa an die sogenannte Kultur, in der sie sich finden, nicht Angepaßter – oder zum Handel zwischen Gruppen,

solchen Basis«, schreibt Dahrendorf, »erscheint der Konflikt als notwendiger Faktor in allen Prozessen des Wandels. Darüber hinaus schließt eine solche Orientierung den utopischen Gedanken des gleichgewichtig funktionierenden, stabilen Sozialsystems, der ›klassenlosen Gesellschaft‹, des ›Paradieses auf Erden‹ aus – und ist damit sowohl der Wirklichkeit der Gesellschaft als auch (auf der Ebene der politischen Theorie) der Idee der Freiheit näher als die Consensus-Theorie«. [208] Es wird also, wie Adorno und Jaerisch kommentieren, der »antagonistische Charakter der Gesellschaft, der soziale Konflikt produziert, (...) unverhüllt zugestanden, freilich wiederum zur Invariante gemacht (...)« [209] Der Konflikt wird bejaht und zugleich ideologisch entschärft: über die Unhaltbarkeit des gegenwärtigen Systems sagt er nichts aus; vielmehr dient er diesem – nach der alten liberalen These »private vices – public benefits«: daß aller Kampf, alles Elend im Einzelnen der Lebendigkeit, der Entwicklung des Ganzen zum Guten ausschlage. Freilich geht es den Konflikttheoretikern, wie dem staatsmonopolistischen System, darum, jenen Konflikten nicht nur begrifflich, sondern real die Zähne zu ziehen: »Die gängigen Theorien vom sozialen Konflikt (...) treffen nur das an ihm, was diesseits der perennierenden Gewalt, die hinter der Reproduktion der Gesellschaft sich verbirgt, in Rollen und Institutionen artikuliert und versachlicht ist. Implizit wird bereits die soziale Kontrolle der Konflikte mitgedacht, die zu ›Regeln‹, ›eingreifen‹ zu ›steuern‹ und zu ›kanalisieren‹ wären.« [210] Die Dokumentarliteratur, insofern sie nur empiristisch, passiv bleibend, berichtet, liefert deshalb eher dem crisis management und denen Material, die von der Gefahr erst wissen müssen, bevor sie sie durch Palliative und Institutionalisierungen zu bannen versuchen könne, als den in jenen Konflikten Unterliegenden, welche nicht erst von ihnen erfahren müssen.

Mitleid als Publikumsreaktion

Nun erreichen die dokumentarischen Gattungen keineswegs den Informationsgrad sozialwissenschaftlicher Erhebungen; das dürfte sie als Übermittler konkreter Informationen für die Ausarbeitung von konfliktkanalisierenden Herrschaftstechniken auch relativ unbrauchbar machen und ihnen höchstens den Charakter von erste Aufmerksamkeit weckenden »Stimmungsbildern« geben. Insbesondere die Interviewgattungen, die Protokolle und Lebensberichte ge-

Organisationen und was immer es sei. (...) Konstatierbare und klassifizierbare soziale Phänomene werden, weil sie dem Zugriff empirischer Forschung umstandslos sich darbieten, mit deren letztem Substrat verwechselt. Die Frage nach ihrer Vermittlung durch die Klassenstruktur ist eskamotiert.« (Adorno/Jaerisch, S. 6).

horchen Stilprinzipien und erfüllen eher Funktionen, die stets schon bürgerlicher Kunst zukamen.

Ihr fast durchgängiges Merkmal ist Individualisierung und Intimisierung. Von Angesicht zu Angesicht erzählt ein Einzelner sein Leben; aufs Privatleben, bis zum Sexuellen, wird vor allem Wert gelegt. Es erscheint, wie Marx sagt, »der Mensch im Arbeiter statt der Mensch als Arbeiter.« Stockendes, improvisiertes Sprechen und kaum zu vergessende Dialektfärbung schaffen Intimität und lullen ein; unverständlich, wie Runge den Dialekt als eine »für den Leser ungewohnte Ausdrucksweise« und erkenntnisförderndes Verfremdungsmittel sehen konnte [211]: mögen immer einzelne Wörter unverständlich sein, die Mundart verbreitet die Atmosphäre von Sichgehenlassen und Eingewiegtwerden; die Personen rücken einem, im Film durch Kamera- und Tontechnik noch unterstützt, zentimeternah auf den Leib. Das Prinzip heißt Einfühlung in die Individualschicksale. Die Einzelnen werden nicht etwa als Dividuen gezeigt, als Galy Gays, denen es nicht gelang, Reflexe auf äußere Einwirkungen zu kontinuierlicher Erfahrung zu biegen und ein festes Ich auszubilden; vielmehr schafft das Verharren auf dem menschlichen Antlitz eine Aura, welche eher tragische Helden entstehen läßt und, ob sie nun untergehen oder, ihre Wunden leckend, zäh bis verbissen weitermachen wie Hemingways Alter Mann, dem Scheitern noch den tieferen Sinn, der Verzweiflung den großen Glanz aus innen zu verleihen scheint. Falsche Nähe täuscht über »die reale Entfremdung zwischen den Menschen und zwischen Menschen und Dingen« hinweg [212]; restituiert wird verlorengegangene Unmittelbarkeit, Stallwärme und Mutterlaut. Damit gehorcht die Dokumentaristik der Pseudoindividualisierung, wie sie bürgerliche Erzählkunst und Lyrik mit sich führt und wie sie von der Kulturindustrie planvoll beibehalten wird: »Vor jeder inhaltlich ideologischen Aussage ist ideologisch schon der Anspruch des Erzählers, als wäre der Weltlauf wesentlich noch einer der Individuation, als reichte das Individuum mit seinen Regungen und Gefühlen ans Verhängnis noch heran, als vermöchte unmittelbar das Innere des Einzelnen noch etwas: die allverbreitete biographische Schundliteratur ist ein Zersetzungsprodukt der Romanform selber.« [213]

Die Identifikationsmöglichkeiten, welche die Dokumentaristik bietet, dürften zu ihrem breiten Erfolg wesentlich beigetragen haben. Sie erfüllt Bedürfnisse, die avancierte Kunst, spröde gegen Kunstgenuß und sich behaglich im Werk Einrichten, hinterließ: so das Interesse an menschlicher Wärme, wie noch die Freude an satten Farben und handfesten Reizen – damit man, wie es bei Büchner einmal heißt, das Maul voll habe – es enthält. Dokumentarliteratur fungiert demnach als Kompromiß zwischen dem Entspannungs- und Unterhaltungsbedürfnis, dem – der Änderung des Arbeitsprozesses entsprechend – auch zunehmend Bürgertum und Intelligenz ausgesetzt sind, und dem bildungsbürgerlichen Unbehagen daran, sich mit Groschenromanen, Krimis und dergleichen zu beschäftigen; Lebensberichte sind anheimelnd, spannend und doch, wie es im Kulturbetrieb heißt, »Problemliteratur« – freilich ohne die abschreckenden Attribute, welche diese in der Kunst der Moderne angenommen hat. Über Erika Runges *Erwin*-Film heißt es in einer Rezension, er »macht ein komplexes Stück Alltag sichtbar, und dieser Alltag erweist sich ganz und gar nicht als grau, sondern als farbiger, abenteuerlicher als ein ganzes Dutzend landläufiger Abenteuer-Farbfilme«.* Was als fiktionale Gattung unterm Titel »Brigittes Liebschaften« oder »Ein Kapitän erzählt« verpönt ist, darf unterm Titel »Sexprotokoll der Brigitte Sch.« oder »Berufsprotokoll« genossen werden.

Über die Wirkung, welche solche Bekanntschaft mit persönlichen Leiden und kleinen Freuden beim bürgerlichen Publikum hervorruft, lassen sich triftige Vermutungen anstellen. »Schon beim ersten Bericht«, beschreibt Helga M. Nowak ihre Reaktion bei der Lektüre der Bottroper Protokolle, »in dem der Betriebsratsvorsitzende Clemens K. sein Leben, seine Arbeit beschreibt, war ich nahe am Heulen. Als ich bei der Putzfrau Maria B. angelangt war, habe ich das Buch weggelegt. Daß mir zum Heulen war, lag durchaus nicht an meiner Sentimentalität traurigen Geschichten gegenüber. Die Sprechweise der Interviewten, die Monotonie der gar nicht berechneten, gar nicht akzentuierten Berichte hatten mich erschlagen.« [214] Die Strategien von Mitleid und Philantropie, in Werken und Schriften bei Lessing und Schiller exemplarisch niedergelegt, kennen nur Identifikation mit Einzelnen; nicht mit der Klasse. Auch dieser Einzelne ist in der Dokumentarliteratur selten genug klassenbewußter Proletarier: die »Reste der alten Angst vor dem anwachsenden, die bürgerliche Gesellschaft in ihrem Bestand bedrohenden revolutionären Proletariat« [215] werden abgebaut, indem das von Bahrdt so benannte »ältere Klischee von der grauen, zum Kollektivismus und zum Aufruhr neigenden Proletariermasse« [216] auf die Weise umgangen wird, daß man die arbeitende Klasse nur in Form von isolierten Einzelnen, Betroffenen, meist in

* Eckart Spoo, Frankfurter Rundschau vom 24. 4. 1970. – Wird hier die Sozialenquete, die Statistik, Interviewtechnik der Sozialwissenschaften etc. zur Unterhaltung hin geöffnet, so findet sich z. B. in Produktionen öffentlich-rechtlicher Medien der umgekehrte Vorgang, etwa soll das Genre Fernsehspiel »in den Dienst sozialkritisch gemeinter Denkanstöße« gestellt werden. Das geschah in der sechsteiligen Familienserie *Familie Mack verändert sich,* welche die Folgen der Gefängnishaft eines Familienvaters behandelte. »Die Spielfilme mit ihrer sozialkritischen Absicht fanden ein erstaunliches Echo. Das veranlaßte das ZDF, eine neue Serie dieses Genres in sein Programm aufzunehmen. Diesmal dient das Schema der Polizeiserie als formale Vorlage. Alle Storys dieser Reihe beginnen am Hauptbahnhof München. Hier ereignen sich ›Fälle‹, deren Ursachen in bestimmten unzureichenden Strukturen der Gesellschaft zu suchen sind. Das Milieu ist das der gesellschaftlichen Außenseiter: Obdachlose, Kriminelle, Trinker, Streuner, alte und einsame Menschen.« (»Das Parlament« vom 21. 11. 1970).

kleinbürgerlichem Bewußtsein Befangenen verharmlosend vorführt. Das Opfer, das hier rührte, wird man unter Umständen als revolutionären Proletarier beschimpfen.

Gewiß können Selbstaussagen von Personen – wobei die Dokumentaristik wie die bürgerliche Kunst Dirne und Sträfling, den Außenseiter also, dem Arbeiter vorzieht – für ein über die Verhältnisse gänzlich uninformiertes, noch gar nicht an die Notwendigkeit des Klassenkampfes denkendes Publikum eine Initiationsfunktion haben; für jenes erste Interessiertwerden mag es auch taktisch erlaubt sein, der Überlegung nachzugeben, daß sich einer theoretisch nicht geschulten Leserschaft »die reineren Begriffe von Glückseligkeit und Elend um so nachdrücklicher in die Seele prägen, als die sinnliche Anschauung lebendiger ist, denn nur Tradition und Sentenzen.« [217]

Für ein Publikum, das der Bourgeoisie im engeren Sinne angehört, hat auch diese Strategie freilich keine Geltung: für jene trifft heute zu, was Schiller von der Wirkung des bürgerlichen Dramas auf den Adel schrieb: »Wenn Odoardo den Stahl, noch dampfend vom Blute des geopferten Kindes, zu den Füßen des fürstlichen *armen Sünders* wirft, dem er seine Mätresse *so* zugeführt hat – welcher Fürst gibt dem Vater seine geschändete Tochter wieder? – Glücklich genug, wenn euer Spiel sein getroffenes Herz unter dem Ordensbande zwei – oder dreimal stärker schüttelt.« [218]

Denn zum einen muß die herrschende Klasse über die Tatsache, daß es eine Klassengesellschaft gibt, nicht erst aufgeklärt werden, zum anderen antwortet sie auf Enthüllungen mit Zynismus: »Die soziale Theorie der großen Arbeitgeberverbände z. B. ist oft ein offen, sogar zynisch ausgesprochener Klassenkampfstandpunkt. Die imperialistische letzte Phase des Kapitalismus äußert sich überhaupt ideologisch in Methoden, die die ideologischen Hüllen zerreißen, die in den herrschenden Schichten der Bourgeoisie immer klarer ein offenes Aussprechen dessen, ›was ist‹ zeitigen. (Man denke etwa an die Machtstaatideologie des imperialistischen Deutschland, auch daran, daß die Kriegs- und Nachkriegswirtschaft die Theoretiker der Bourgeoisie gezwungen hat, in den ökonomischen Formen nicht nur rein fetischistische Beziehungen zu sehen, sondern den Zusammenhang zwischen Ökonomie und menschlicher Bedürfnisbefriedigung ins Auge zu blicken usw.). Nicht als ob hierdurch die Schranken, die der Bourgeoisie ihre Stellung im Produktionsprozeß auferlegt, wirklich durchbrochen wären, als ob sie nunmehr, wie das Proletariat, von der wirklichen Erkenntnis der wirklichen treibenden Kräfte der Entwicklung ausgehen könnte. Im Gegenteil. Diese Klarheit über Einzelprobleme oder Einzelphasen offenbart nur noch stärker die Blindheit der Totalität gegenüber.« [219] Jene Totalität aber wird ja auch in der Dokumentarliteratur nicht entwickelt; insofern muß sie sich Horkheimers Kritik stellen, der 1934 schrieb: »Manche radikalen Schriftsteller schenken sich die Theorie. Sie glauben, wenn die grauenvolle Wirklichkeit dargestellt wäre, sei es in Form eines Abhubs aus illustrierten Zeitungen, also als bloße Reihe von ›faits divers‹, sei es in Gestalt krasser Einzelheiten oder in der Verhöhnung des schlechten Niveaus der reichen Leute, hätten sie schon genug getan. Ihre Schilderungen scheinen als Unterschrift stets den Vermerk zu tragen: ›Kommentar überflüssig.‹ Sie haben wenig vom Umwandlungsprozeß der Ideologie erfahren und meinen, daß Ungerechtigkeit heute immer noch ein Argument *gegen* eine Sache sei. Sie akzeptieren stillschweigend den Harmonieschwindel vergangener Jahrzehnte, nachdem trotz verschiedener materieller Interessen ein gemeinsames Gewissen die Menschheit eine, und werden daher, anstatt Vorkämpfer einer neuen Realität zu sein, selbst zu Affen einer alten Ideologie. Die Moral, an welche sie appellieren, ist von der imperialistisch gewordenen Bourgeoisie längst abgelegt.« [220]

Auf Mitleid wird der dokumentarische Appell nur bei gewissen Fraktionen des Kleinbürgertums und der Intelligenz stoßen, bei Gruppen, welche bisher das Opfer bürgerlicher Illusionen über Freiheit, Gleichheit und Wirtschaftswunder gewesen und an der Aufrechterhaltung dieser Irrtümer, sind diese einmal als solche erkannt, nicht interessiert sind. Dabei hat die Schilderung der Situation von Lohnabhängigen und »schlecht Weggekommenen« eben deshalb eine Chance, vom Leser lebhaft verfolgt zu werden, weil dieser dabei nicht nur ästhetisch-spielerisch »sein eigen Schicksal in fremdem Schicksal verträumt, seinen Muth an Scenen des Leidens erhärtet und seine Empfindung an Situationen des Unglücks übet.« [221] Selber vom Abstieg zur Lohnarbeit oder ins sogenannte Lumpenproletariat bedroht, lernt der kleinbürgerliche Leser im Dokumentarismus, freilich unbemerkt, nicht nur Zukunftsperspektiven kennen, vielmehr erlebt er in ihr bereits seine eigene Gegenwart, der akzidentellen Privilegien und versöhnlichen Ornamente entkleidet. Das scheinbar so unmittelbare Dokument taugt also für dieses Publikum – das solange jenes in Buchform verbreitet wird, auch sein einziges sein dürfte – nicht als naturalistische Verdoppelung zur Einsicht, sondern eben deshalb, weil es die Wirklichkeit jener Bürger in einem wahrheitsdienlichen Zerrspiegel, einer Verfremdung zeigt, die nicht dem erkenntnisfördernden Kunstgriff der Autoren und Herausgeber, sondern der Art der Beziehung von dokumentarisch notierter Wirklichkeit zu der des Publikums zu danken ist.

Kunstcharakter des Dokumentarismus

Nicht nur durch die beschriebenen Konzessionen an Unterhaltungsbedürfnisse nähert sich die Dokumentarliteratur der bürgerlichen Kunst, von der sie sich doch ums Ganze getrennt wähnt. Insbesondere gilt für die Lebensberichte, daß angesichts der dort geschilderten, kaum überprüfbaren Privatschicksale die Grenze zu fiktionalen Gattungen fließend wird: »Es wäre zu fragen«, schreibt Dieter E. Zimmer, »inwieweit sich für den Leser die belegbaren Beschreibungen der Dokumentar-Literatur von den erfundenen Beschreibungen überhaupt unterscheiden. Ist eine erfundene Person für ihn irrealer als eine, die tatsächlich gelebt hat? Wird im individuellen Bewußtsein nicht alles vermittelt Erfahrene zu einem planen Konglomerat von Fiktion und Faktum? Wird Joyces Leopold Bloom wirklicher, wenn wir erfahren, daß er nicht der (sowieso undenkbaren) reinen Einbildungskraft seines Erfinders entsprungen, sondern aus realen Figuren zusammengesetzt ist? Würde er noch wirklicher, wenn er genau so gelebt hätte? Welcher Realitätsunterschied besteht für den Leser zwischen Bielers erfundener Maria Morzeck und Ursula Trauberg – mit Ausnahme des Umstands, daß er zusätzlich erfährt: diese soll es wirklich geben?« [222] Während in der Kunst der Moderne der Fiktionscharakter immer mehr von der bewußten Handhabung des Materials, der Reflexion aufs Erzählte, der Hereinnahme des Widerspruchs des ästhetischen Scheins zur Wirklichkeit in den künstlerischen Gehalt selber zersetzt wird, transportieren jene Interviews und Berichte den Schein in sich abgeschlossener Wirklichkeit; die Stimmen sollen unmittelbar zum Leser reden. Die Editionen geben nicht nur keine Hilfen über den Verwendungszweck an die Hand; nichts deutet an, wie sie gelesen sein wollen, von wem und zu welchem Ende: das widerspräche offenbar ihrem Pathos, daß die Sache zu jedem zu reden beginnt, der sich vor sie hinstellt; sondern es wird auch, wie bei der bürgerlichen Kunst vor allem des 19. Jahrhunderts, die gesellschaftliche Arbeit vertuscht, die dem Produkt zugrunde liegt. Wo avancierte Kunst heute den Akt des Machens geradezu hervorzukehren pflegt, verführt der Dokumentarismus zum Eindruck einer unabgeleiteten Sache an sich: als lägen voces ipsissimae vor und aller sichtbare Eingriff und Kommentar könne nur rationalistisch verschandeln. Mit der Wirklichkeit des Stoffs kann sich aber nicht herausreden, wer die Realität des Produzierens verbirgt; wie gravierend die subjektive Zutat ist, kommt in manchen Äußerungen der Herausgeber zum Vorschein: »Ich habe ja nicht auf eigene Aktion verzichtet«; sagt Runge in einem Rundfunkinterview über ihre Arbeitsweise, »ich habe die ziemlich spontanen und assoziativen Äußerungen dramaturgisch geordnet, gerafft, und in dieser Arbeit zeigt sich mein politischer Kommentar oder meine Haltung.« [223] »Es kommt wirklich darauf an«, sagt sie an derselben Stelle, »wen man fragt, und welche Fragen man stellt.« [224] All diese Eingriffe, deren Unumgänglichkeit die naiven Vorstellungen eines subjektfrei abgebildeten Objekts widerlegt, sind in den Texten selbst nicht sichtbar. Eklatant wirkt sich das beispielsweise beim Weglassen der Interviewerfragen aus. Dem Leser ist damit ein wichtiges Erkenntnismittel entzogen: das Verhältnis des Stils und der Intentionen der Fragen zum Charakter der Antworten könnte etwa Einsichten in die Angemessenheit der Fragen wie die Art und Weise des Ausweichens, Nichtverstehens, Assoziierens oder präzisen, sachgerechten, auch ideologische Prämissen in den Fragen korrigierenden Reagierens auf Seiten der Antwortenden vermitteln. Stattdessen entsteht nun der Anschein, es habe gar kein Gespräch stattgefunden, als plaudere jemand unveranlaßt vor sich hin: der monologue intérieur am Schluß des *Ulysses* wird im Schein eines gegenüber den Bedingungen seines Zustandekommens autonomen Stücks Literatur übertroffen. Zudem ist im freigelassenen Redestrom der Interviewten und Berichtenden auch der Subjektivismus bürgerlicher Erlebnislyrik und -epik erhalten, den die heutige Kunst, wo sie den Gesetzen ihres künstlerischen Materials folgt, längst hinter sich gelassen hat. Den puren Solipsismus freilich, der auf nichts Objektives reagiert haben sollte, hat es nie gegeben: insofern irrt Walser nicht nur für die Gegenwart, wenn er schreibt: »Jeder Autor ist sein Gegenstand, das ist klar. Und er kann nur noch mit sich selber was anfangen. Und Mitteilungen machen nur noch von sich selbst.« [225] Nimmt diese Äußerung das ideologiehafte Selbstverständnis der Autoren, isolierte und freischwebende schöpferische Individualität zu sein, nach Jean Pauls Formulierung »ein kleines Aseitätchen«, auch fälschlich für bare Münze, so ist es freilich wahr, daß jene Subjektivität unter Umständen nur unbewußt und verzerrend etwas über die Gesellschaft berichtete. Das latente Axiom der Dokumentarliteratur ist, daß es sich bei Mitgliedern der Arbeiterklasse damit anders verhalte: daß deren private Erzählungen, Eindrücke und Gefühle näher zur Gesellschaft, womöglich aus deren Objektivität unverfälscht entsprungen seien.

Vor allem zeigt sich das an der Beurteilung der »Arbeitersprache«: »Derartige Tonbandabschriften«, sagt Wallraff, »weisen oft erstaunliche Sprachkraft auf, sind der reinen Schreibsprache an Intensität, Informationsgehalt und sozialer Wahrheit überlegen (...)«* Erasmus Schöfers Versicherung, die Kriterien, nach denen die Werkkreise die Literatur von Arbeitern beurteilten, würden »nicht auf einen neuen Proletkult oder die naive Bewunderung exotisch-proletarischer Ausdrucksweisen hinauslaufen« [226], wird vom Bewußtsein bei Produktion und Rezeption dieser Literatur noch häufig desavouiert. Dabei enthält die häufige Anerkennung der »Sprachkraft« der dokumentierten Texte, welche von den dargestellten Problemen und ihrer Erfassung

* G. Wallraff, *Wirkungen* ..., S. 317. Ähnlich klingt es, wenn Runge begründet, weshalb sie die Interviews, die sowohl im Fall der Bottroper Protokolle wie in dem des Buchs über Frauenemanzipation zunächst als Rohmaterial für Fernsehfilme gedacht waren, in der vorliegenden Weise ediert hat: »Ich bin also hingefahren und habe den Leuten einen Inhalt abverlangt, und hinterher merkte ich dann, daß dort Formulierungen drin sind (...), daß sie mir eigentlich eine Art Literatur geben.« (K. Birkenhauer, *Nur keine Romane* ..., S. 27). Und von ihrem Lehrlingsfilm sagt Runge, hier werde deutlich, »wieviele produktive und gestalterische Fähigkeiten in den sogenannten einfachen Leuten stecken.« (Fernsehen und Film, März 1970, S. 22).

schweigt, das Eingeständnis, daß hier von keinem entwickelten Bewußtsein des Proletariats gesprochen werden kann. Zugleich wird aber imputiert, außer bürgerlichem und sozialistischem Denken und Reden gebe es noch ein drittes: das proletarische, das bloß wissenssoziologisch-genetisch, als von Arbeitern kommend, definiert wird. Selbsthaß der Intellektuellen, kulinarisches, von Brecht schon denunziertes Verlangen nach Schwarzbrot und romantisch-antikapitalistische Sehnsucht nach Unverfälschtem, Bodenständigem gegenüber den »sauerstoffarmen« Floskeln der bürgerlichen Konvention*, führen zur Glorifizierung einer angeblich von der gesamten kapitalistischen Gesellschaft und der herrschenden Ideologie unberührten »Flora«, wie Rühmkorf seine »Volkskultur« des öfteren nennt; Unkenntnis der Dialekte und Sprachgewohnheiten von Nichtbürgerlichen hilft mit, als schlagfertig anzusehen, was oft eher fertig als schlagend ist, nämlich Formeln, die dem bürgerlichen Leser auf den ersten Blick originell und griffig vorkommen, bis er ihre bewußtlose Repetition miterlebt hat und auch hier der Verdinglichung und Regression gewahr wird, der das politisch noch nicht organisierte Proletariat sogar eher als die Intelligenz unterliegen dürfte. Die Sympathie für den einfachen Kumpel, auch für den kleinbürgerlich denkenden Proletarier trägt die Spuren eines Desinteressements an seiner sozialistischen Agitation und die latente Furcht vor dem kämpfenden Proletariat; die Behauptung, sozialistisch sei nur, was aus der Arbeiterklasse selbst komme, ist zu gut geeignet, diese in ihrer kernigen Unbeholfenheit zu belassen und die revolutionäre Theorie von ihr abzuhalten. Proletariat und Klassenkampf sind zwar die Voraussetzungen für den Marxismus; deshalb ist dieser, wie Trotzkij betonte, aber nicht Produkt einer »proletarischen Kultur«**: die Arbeit der Intelligenz ist vielmehr von der Bewußtwerdung der Arbeiter nicht wegzudenken.*** Ebensowenig sind nur Arbeiter dazu fähig, sozialistische

* »Ich habe versucht«, schreibt Runge, »das Wesentliche des gesprochenen Stils zu bewahren. Er unterscheidet sich von dem, was man in Schulen und Amtsstuben gewohnt ist (...)« (*Frauen* ..., S. 271); an anderer Stelle präzisiert sie: Literatur sei dies »in dem Sinne, daß ihre Formulierungen die Wirklichkeit viel genauer treffen, als zum Beispiel das Beamtendeutsch oder das, was man in der Schule im Aufsatz zu schreiben hat.« (K. Birkenhauer, *Nur keine Romane* ..., S. 27).

** Leo Trotzkij, *literatur und revolution,* Berlin 1968, S. 167. »Die Lehre des Sozialismus«, schreibt Lenin, »ist (...) aus den philosophischen, historischen und ökonomischen Theorien hervorgegangen, die von den gebildeten Vertretern der besitzenden Klassen, der Intelligenz, ausgearbeitet wurden. Auch die Begründer des modernen wissenschaftlichen Sozialismus, Marx und Engels, gehörten ihrer sozialen Stellung nach der bürgerlichen Intelligenz an. Ebenso entstand auch in Rußland die theoretische Lehre der Sozialdemokratie ganz unabhängig von dem spontanen Anwachsen der Arbeiterbewegung, entstand als natürliches und unvermeidliches Ereignis der ideologischen Entwicklung der revolutionären sozialistischen Intelligenz.« (*Was tun?*, a.a.O., S. 166 f.).

*** »(D)ie Situation des Proletariats bildet in dieser Gesellschaft keine Garantie der

Kunst zu schaffen, wie Kalinin es meinte, der schrieb, die Intelligenz könne zwar eine Theorie zur Begründung politischer und ökonomischer Aktionen liefern, nicht aber »die Gefühls- und Erlebniswelt eines Arbeiters verstehen, deren Wurzeln in der Vergangenheit, im Sein, im Milieu liegen. Selbst der aufmerksame und sympathisierende Beobachter habe keinerlei Möglichkeit, in die Sphäre des Unterbewußtseins, die durch den proletarischen Alltag geprägt werde, einzudringen.« [227] Auch wenn man nicht so weit geht wie Runge, welche ausruft: »Denn diese ganze ›Kunst‹, das ist ja eine Erfindung der bürgerlichen Gesellschaft, ja!« [228] »Die Sache mit der ›Kunst‹ ist wirklich großer Mist, um es sanft auszudrücken.« »Es ist Scheiße!«, wie Ilona Perl ergänzt [229], und immerhin eine proletarische Kunst – nicht nur Dokumentarismus – zuläßt, bedeutet eine so geartete Ablehnung der traditionellen bürgerlichen Kultur, wie es bereits Lunatscharski, eigentlich Befürworter des Proletkults, aussprach, ein Pendant zur Maschinenstürmerei vergangener Jahrhunderte [230]. Lenin hat den Versuch, »daß die Arbeiter sich (...) in dem künstlich eingeengten Rahmen einer *›Literatur für Arbeiter‹* abschließen«, scharf kritisiert: »Es wäre sogar richtiger anstatt ›sich (...) abschließen‹ zu sagen: (...) abgeschlossen werden, denn die Arbeiter selbst lesen alles und wollen alles lesen, auch das, was für die Intelligenz geschrieben wird, und nur einige (schlechte) Intellektuelle glauben, ›für Arbeiter‹ genüge es, wenn man ihnen von den Zuständen in der Fabrik erzählt und längst bekannte Dinge wiederkäut.« [231]

Ist es schon falsch, die bürgerliche Literatur lediglich als Ausdruck von falschem Bewußtsein zu definieren und dabei zu vergessen, daß dieser Bereich auch an der allseitigen Entwicklung der Produktivkräfte partizipiert und die bürgerlichen Autoren, so reaktionär sie gesinnt sein mögen, doch an den Stand der Materialien und Techniken gebunden sind, geht es auch nicht an, Unbe-

richtigen Erkenntnis. Wie sehr es die Sinnlosigkeit als Fortbestehen und Vergrößerung der Not und des Unrechts an sich selbst erfährt, so verhindert doch die von oben noch geförderte Differenzierung seiner sozialen Struktur und die nur in ausgezeichneten Augenblicken durchbrochene Gegensätzlichkeit von persönlichem und klassenmäßigem Interesse, daß dieses Bewußtsein sich unmittelbar Geltung verschaffe. (...) Eine Haltung, welche seine wahren Interessen und damit auch die der Gesellschaft im ganzen nicht auch ihm selbst entgegenzusetzen imstande wäre, sondern ihre Richtschnur von Gedanken und Stimmungen der Massen bezöge, geriete selbst in sklavische Abhängigkeit vom Bestehenden. Der Intellektuelle, der nur in aufblickender Verehrung die Schöpferkraft des Proletariats verkündigt und sein Genüge darin findet, sich ihm anzupassen und es zu verklären, übersieht, daß jedes Ausweichen vor theoretischer Anstrengung, die er in der Passivität seines Denkens sich erspart, sowie vor einem zeitweiligen Gegensatz zu den Massen, in den eigenes Denken ihn bringen könnte, diese Massen blinder und schwächer macht, als sie sein müssen. Sein eigenes Denken gehört als kritisches, vorwärtstreibendes Element mit zu ihrer Entwicklung.« (M. Horkheimer, *Traditionelle und Kritische Theorie,* in: *Kritische Theorie,* Bd. 2, Frankfurt/M. 1968, S. 162 f.).

holfenheit und Naivität, welche hinter diesen zurückfällt, als progressiv gegen Kunst auszuspielen: »Gebt uns. – so heißt es – und sei es auch etwas ungefüges, aber etwas eigenes, gemäßes ... Das ist heuchelei, lüge. Ungefüge kunst ist keine kunst und darum für die werktätigen unnötig. Die .ungefüge. methode schließt im grunde genommen ein gut teil verachtung der masse gegenüber ein und ist kennzeichnend für eine gewisse sorte von politikastern, die ein organisches mißtrauen gegenüber der kraft einer klasse hegen, sie aber schmeichlerisch rühmen, wenn .alles zum besten steht. .Diese formel pseudoproletarischer simplifizierung plappern auch aufrichtige einfaltspinsel den demagogen nach. Das ist kein marxismus, sondern reaktionäres narodnikitum, eben mal so auf .proletarische. ideologie zurechtgestutzt.« [232] Bei dieser empfohlenen Simplizität handelt es sich keineswegs um die einfache Darstellung der ja auch in ihren zentralen Erkenntnissen gar nicht schwierigen Wahrheit über den Kapitalismus; nicht um Volksausgaben des *Kapital* oder populäre parteiliche Kunst*, gegen die nicht nur nichts einzuwenden ist, sondern die sogar dringend notwendig sind. Mit Naivität oder vordekadenter Biederkeit hat diese Einfachheit aber noch weniger zu tun, sie ist vielmehr eine Folge kultureller Verelendung [233]: »Die intellektuelle Verödung (...)«, schreibt Marx, ist »künstlich produziert durch die Verwandlung unreifer Menschen in bloße Maschinen zur Fabrikation von Mehrwert, und sehr zu unterscheiden von jener naturwüchsigen Unwissenheit, welche den Geist in Brache legt ohne Verderb seiner Entwicklungsfähigkeit, seiner natürlichen Fruchtbarkeit selbst (...)« [234]. Die Dokumentarliteratur aber legt Urteile nahe, wie sie nicht nur in einer Besprechung der Interviews in Runges Emanzipationsbuch zu finden sind: »Die Erzählung der Münchner Volksschülerin – ebenso wie die 16 weiteren Gesprächsprotokolle von Frauen zwischen 14 und 84 Jahren in dem Buch von Erika Runge – ist kunstlos und direkt, ›wie ihnen der Schnabel gewachsen ist‹; sie ist dicht und einleuchtend, wie eben dokumentarische Literatur sein kann.« [235] Von natürlichem Wachstum kann dabei keine Rede sein: die Sprache der Unterworfenen »spiegelt extreme Verdinglichung wider« [236], in ihr hat, wie Adorno schrieb, »einzig Herrschaft ihren Ausdruck hinterlassen und sie noch der Gerechtigkeit beraubt, die das unverstümmelte, autonome Wort all denen verheißt, die frei genug sind, ohne Rancune es zu sagen (...). Selbst das Beste der Dialekte des Berliner Nordens oder der Cockneys, Schlagfertigkeit und Mutterwitz, krankt noch daran, daß es, um verzweifelte Situationen

* So schreibt Adorno: »Der agitatorische Wert und damit das politische Recht proletarischer Gemeinschaftsmusik wie etwa der Eislerschen Chöre steht außer Frage, und nur utopisch-idealistisches Denken könnte an ihrer Statt eine innerlich der Funktion des Proletariats angemessene, ihm selber aber unverständliche Musik fürs Proletariat fordern.« (Th. W. Adorno, *Zur gesellschaftlichen Lage der Musik*, in: Zs. f. Sozforsch., Jg. 1, Leipzig 1932, S. 124).

ohne Verzweiflung überstehen zu können, mit dem Feind zugleich auch sich selbst verlacht und so dem Weltlauf rechtgibt. Wenn die Schriftsprache die Entfremdung der Klassen kodifiziert, dann läßt diese nicht durch Regression auf die gesprochene sich widerrufen, sondern nur in der Konsequenz der strengsten sprachlichen Objektivität. Erst das Sprechen, das die Schrift in sich aufhebt, befreit die menschliche Rede von der Lüge, sie sei schon menschlich«.* Intellektuelle, welche selber angesichts der Anstrengung des Begriffs, der sie sich zu unterwerfen haben, zu ermüden drohen und dann in der Unterklassensprache sozusagen ein frisches Bad nehmen wollen**, vergessen, daß »(d)ie Glorifizierung der prächtigen underdogs (...) auf die des prächtigen Systems heraus(läuft), das sie dazu macht.« [237]

Was an der Kultur der Unterklassen, jener angeblichen Subkultur und Subpoesie, nach Abzug der avancierten bürgerlichen Kultur und ohne Schulung in antikapitalistischem Bewußtsein bleibt, ist gar nicht unpervertierte Frische sondern der schlimmste Abhub eben jener bürgerlichen Ideologie. Daß jene Gruppen im Kapitalismus auch nur die Möglichkeit zur Herausbildung einer polemischen Gegenkultur gehabt hätten, wäre bereits eine beschönigende Behauptung [238]: Wie Reiche ausführt, besitzen sie kein konsistentes eigenes Ichideal, sondern orientieren sich meist starr an dem der Mittelklassen [239], das durch Internalisierung bürgerlicher Moral und Arbeitsdisziplin geprägt ist; an diese (die von ihren Leistungen innerhalb der kapita-

* Th. W. Adorno, *Minima Moralia,* S. 129 f. »Müßte man wirklich erst die Psychologie eines Alfred Adler sich zu eigen machen«, fragt Walter Benjamin, »um die berühmte ›Berliner Schnauze‹ als Überkompensierung eines Minderwertigkeitskomplexes zu erkennen, als den Krakeel, der nur die innere Stimme übertönen soll? Wir wagen jedenfalls diese Deutung.« (W. Benjamin, »Wat hier jelacht wird, det lache ick«, in: Frankfurter Zeitung und Handelsblatt, Berliner Beilage, vom 5. 5. 1929, S. 13).

** »Es gibt einen amor intellectualis zum Küchenpersonal, die Versuchung, für theoretisch oder künstlerisch Arbeitende, den geistigen Anspruch an sich selbst zu lockern, unter das Niveau zu gehen, in Sache und Ausdruck allen möglichen Gewohnheiten zu folgen, die man als wach Erkennender verworfen hat. Da keine Kategorie, ja selbst die Bildung nicht mehr dem Intellektuellen vorgegeben ist und tausend Anforderungen der Betriebsamkeit die Konzentration gefährden, wird die Anstrengung, etwas zu produzieren, was einigermaßen stichhält, so groß, daß kaum einer ihrer mehr fähig bleibt.« (Adorno, *Minima Moralia,* S. 26). »Das intellektuelle Gewissen«, heißt es bei Adorno weiter, »(...) hat ein gesellschaftliches Moment so gut wie das moralische Überich. Es bildet sich an einer Vorstellung von der richtigen Gesellschaft und deren Bürgern. Läßt einmal diese Vorstellung nach – und wer könnte noch blind vertrauend ihr sich überlassen –, so verliert der intellektuelle Drang nach unten seine Hemmung, und aller Unrat, den die barbarische Kultur im Individuum zurückgelassen hat, Halbbildung, sich Gehenlassen, plumpe Vertraulichkeit, Ungeschliffenheit, kommt zum Vorschein. Meist rationalisiert es sich auch noch als Humanität, als den Willen, anderen Menschen sich verständlich zu machen, als welterfahrene Verantwortlichkeit.« (Ebd., S. 27).

listischen Gesellschaft nicht wegzudenken sind) sind eher die Beherrschten gebunden, als die, welche sie setzten, die Oberklassen: »Deren von Zinseszinsen oder Grundrente etc. zehrender, genießender Teil bedarf einer solchen Moral für sich selbst keineswegs, allenfalls für die Aufrechterhaltung von Ordnung und Unterwürfigkeit des gesellschaftlichen Betriebs, dessen Erträge er sich weiter ungestört und ohne eigene Arbeit aneignen möchte. Das für die Gesamtklasse der Kapitalisten Funktionelle der herrschenden Sexualmoral liegt nicht darin, daß sie ihre eigene Moral und Triebstruktur um jeden Preis in den unteren und mittleren Klassen reproduzieren wollen.« [240] Riesman, später Kinsey konstatierten die größere sexuelle Liberalität der herrschenden Klasse. Noch in den Beschreibungen von Perversionen spiegelt sich dagegen bei den auch materiell Unterdrückten Prüderie und Gestörtheit; insofern dürfte es nicht richtig sein, wenn Peter W. Jansen meint, Ursula Traubergs Ekel vor Prostitution, Homosexualität, Gruppensexualität und Striptease, ihre Scham, sich mit ihrem Freund zu zeigen, wenn dieser betrunken ist, sei bloß pflichtschuldige Konzession ans bürgerliche Lesepublikum [241]; ähnlichen Ekel findet man sowohl bei Wolfgang Werner wie bei Rosalka, deren Lebensbericht Bernhard Schütze herausgab.

Auch sprachlich und stilistisch setzen die Autoren den Normen bürgerlicher Ausdrucksweise und Kunst keine eigenen entgegen. Vielmehr verfällt der Versuch, tabula rasa zu machen und antitraditionell hier und heute neu anzufangen, gerade den gängigsten Gemeinplätzen des bürgerlichen Formenschatzes; meist werden aber bürgerliche Kunstformen – wenn auch eben nicht die avancierten – bewußt imitiert: geschieht dies, wie bei Max von der Grün, indem der bürgerliche Roman mit seinem problematischen Helden übernommen wird, hat man sich auf eine Ebene begeben, von der aus formale Mängel nicht, was häufig vorkommt, als irrelevant toleriert oder gar goutiert werden können. Ungeschick ist dann nämlich nicht kritische plebejische Pointe gegen bürgerlichen Schöngeist, sondern bloß noch verunglückte Anpassung.

Gegen Belletristik gezielte Äußerungen über Ursula Traubergs Buch zum Beispiel, hier werde »endlich einmal berichtet, nichts als berichtet« [242] und »Gott sei Dank nicht kunstvoll, also ohne Ambitionen, ohne Profiglätte, ohne Könnerschaft« erzählt [243], werden schon vom ersten Satz dieses Lebensberichts desavouiert, welcher lautet: »Ich wurde in eine unfreundliche Welt hineingeboren, wie es nun einmal im Kriege ist.«* »Schon dieser erste Satz«, bemerkt Peter W. Jansen, »ist ›Literatur‹, anspruchsvoll, erfüllt vom Ehrgeiz,

* U. Trauberg, *Vorleben,* S. 7. Ein Mitautor des Films zu diesem Buch, Gottfried Just, Journalist und nicht zum Proletariat zählend, bedient sich in seiner Besprechung des gleichen Tremolo: »Ein Mädchen, in einer freudlosen Zeit zur Welt gekommen . . .« (WdL, a.a.O.).

dazuzugehören zur Schar derer, die sich ›besser‹ und bedeutender ausdrücken als jemand, der schriebe: Ich wurde im Krieg geboren.« [244] Walsers Bemerkung über Ursula Traubergs Schreibweise, es komme ihm so vor, »als entstehe durch die Art ihrer Erzählung eine Glaubwürdigkeit, die man nur erreichen kann, wenn man sie nicht beabsichtigt« [245], hält Jansen denn auch zu Recht entgegen, daß bereits dieser Anfang versuche, »den Leser einzustimmen, ihm die Richtung anzugeben, in der seine Sympathie sich engagieren soll.« [246] Nicht nur verraten Formeln wie »Ich wollte mich erst restlos in der Hochzeitsnacht verschenken« oder »Nimm mich jetzt in die Arme und küß mich, du schlimmer Verführer, du« [247], daß sich die Erzählerin »auf die bürgerliche Gegenposition (versteht)« und auf einen »Hang zum Höheren« keineswegs verzichtet wird, sondern es finden sich in diesem Lebensbericht auch eine Reihe epischer Tricks und »erzählerisches Kalkül« [248], Stilmittel, die – absichtlich oder nicht – sehr wohl bestimmte, vom Stoff nicht schlicht vorgezeichnete Effekte beim Leser erzielen. Walser, der das Buch initiierte und herausgab, ist dabei vorzuwerfen, daß er, der »die Trauberg zu kennen vorgibt, (...) nicht die geringste Aufklärungshilfe darüber (leistet), ob diese Frau in der Tat ein Produkt aus Klischees ist oder ob sie die Klischees im nachhinein benutzt, um ihr Leben zu schildern, es einzuordnen, sich (und anderen) zu erklären« [249].

Auch apologetischen Kommentaren ist zu entnehmen, daß die Autorin schlicht überfordert wurde: »Sie hat es nicht in der Hand, ob ihr eine Passage zur Selbstverteidigung oder zur Selbstanklage wird. Sie scheint ganz einfach dem Diktat der Erinnerung folgen zu müssen. Und selbst, wenn sie dem Gedächtnis wertend dreinpfuschen möchte, der Sachverhalt scheint immer durch, stellt sich immer dar.« [250] Kritisch gegen das Unternehmen wendet das Jürgen Becker, der zur Funktion der Sprache bemerkt, sie sei »ja im Falle Ursula Trauberg nur insofern aufschlußreich (...), als man an ihr eine gewisse Unfähigkeit erkennt, außerhalb der durch die Tageslektüre vorgeprägten Formulierungsbräuche etwas zu sagen, was sich der Stummheit des dahingelebten Lebens endlich entäußern soll.« [251] Uwe Nettelbeck, sein Stil soll uns hierbei nicht bekümmern, notiert als Erkenntnisse, die das Buch vermittle: »Die Entdeckung, daß einem Mädchen, das schriftstellerisch nichts in der Hand hat, schriftstellerische Manöver mißlingen. Die Entdeckung, daß Sachverhalte auch durch eine ohnmächtige Sprache scheinen. Die Entdekkung einer ohnmächtigen Sprache. Die Entdeckung eines dümmeren Menschen.« [252]

Damit wird deutlich, daß die Interviews und Autobiographien die Mitglieder der Unterklasse nicht nur vorstellen, sondern auch bloßstellen. »Das erstaunliche Ergebnis«, heißt es in einer Kritik des Films »Ausweglos« zu den dort vorgeführten, ebenfalls kleinbürgerlichen bis proletarischen Zeugen: »Man erfährt mehr über die sich selbst darstellenden Auskunftgeber und ihr entlarvend selbstgerechtes Besserseinwollen als über das Beschreibungsobjekt. Die Motivforschung wendet sich unter der Hand auf die Motivforscher an. Also nicht nur die Mordschützen als Opfer des Systems, sondern auch die unschuldig ›Normalen‹ als von Grund auf deformierte Charaktermasken.« [253] Die Dokumentaristik reflektiert weder, wie ein bürgerliches Publikum reagiert, dem unvorbereitet die Psychologie von Proletariern und Deklassierten vorgeführt wird, noch, daß jene Sprecher in Film, Fernsehen und literarischem Protokoll für quasi offizielle Stellen sprechen und sich dabei kaum ihrer gewohnten Redeweise bedienen.

Was sie dabei produzieren, ist nicht, wie der ›Spiegel‹, Sympathie und Verachtung gleichermaßen ausdrückend, es einmal nannte: »authentisches Stammeln des Volksmunds« [254]. Denn einmal finden sich Proletarier und Lumpenproletarier in ihrem eigenen Idiom durchaus zurecht; zum andern greifen die Dokumentaristen sich, wie erwähnt, mit Vorliebe Partner mit kleinbürgerlichem Bewußtsein heraus und führen sie durch die bereitgestellten Fragen und literarischen Gattungen eher von den Gebieten und Einsichten ab, in denen sie – auch in noch so partiellem Klassenbewußtsein und wie immer regrediertem Denken – dem Bürgertum bereits jetzt überlegen sind*; wo in den *Bottroper Protokollen* der ehemalige Betriebsrat Clemens K. nur so allgemein über individuelle Erlebnisse berichtet, operiert er umständlich, konkretistisch und mit häufiger Verwendung direkter Rede. Wo er aber als klassenbewußter Arbeiter etwa über die Notwendigkeit der Sozialisierung spricht, wird die Syntax komplizierter; die Sprache ist hier auch mehr von der Schriftsprache geprägt [255], nicht aber von Floskeln bürgerlicher Provenienz. Ins Stammeln** oder in exhibitionistische stilistische Eskapaden gerät vornehmlich der politisch ungeschulte einzelne Arbeiter, der vergeblich Verhaltensmuster und Vorbilder der Oberklasse zu imitieren sucht [256]; diese Merkmale zeugen weniger von plebejischer Knorrigkeit, welche sich die Sprache zurechtbiegt, als von Unsicherheit. Die Authentizität, welche Kamera und Mikrophon einfangen, ist klassenmäßig höchst verschieden zu beurteilen: »Eine eitle Geste, eine unbeherrschte Physiognomie, ein vorschnelles Wort; das passiert den Anfängern, den Laiendarstellern«, schreibt Otto Gmelin [257] – nicht den im Umgang mit diesen Medien Geübten. Wenn Runge »die Lebendigkeit des gesprochenen Stils« dadurch bewahren will,

* Angesichts der Tatsache, daß im Klassenkampf die Minorität klassenbewußter Arbeiter entscheidenden Einfluß gewinnt und das psychologische Bewußtsein der Arbeiterklasse insgesamt sich in Kampfsituationen entsprechend schnell ändern kann, ist das desolate Bild von ihrer politischen Kraft, welche die von sozialistischer Theorie geradezu wegdrängende dokumentarische Darstellungsweise bietet, auch prognostisch ziemlich unbrauchbar.

** Dies Stammeln ist auch von jenem zu trennen, das etwa Woyzeck bei Büchner eignet. Es drückt dort unverarbeitete, übermächtige Erlebnisse aus und nicht die mißglückte Übersetzung von Gemeintem in eine ungewohnte Sprechweise.

daß sie Versprecher, Denkpausen, diskontinuierliche Gedankengänge notiert, die Pausen sogar öfters mit »äh« wiedergibt, so taugt dies nur zur – bei solchen undifferenzierten Stilmitteln auch klassenindifferent anwendbaren – Diffamierung der sprechenden Person; abgesehen davon, daß es »Atmosphäre« schafft und dadurch wieder zur ästhetisierenden Rezeption beiträgt. Wallraff und Schöfer haben sich in deutlicher Anspielung auf Runges und Walsers Editionen deshalb auch dagegen gewandt, »was so krud ankommt, dann einfach nur protokollarisch weiter(zu)geben.« [258] Als Sprecher des *Werkkreises Literatur der Arbeitswelt* sagt Schöfer: »(W)ir finden, daß das nicht gut ist, daß man hier etwa einen Arbeiter mit allen Fehlern grammatischer und syntaktischer Art, die er begeht, (...) einfach so dokumentiert und dann doch mehr oder weniger dem Gespött der bürgerlichen Öffentlichkeit aussetzt.« [259] Wallraff schlägt deshalb für die Praxis des Werkkreises vor: »Bei der Auswertung solcher Tonbandgespräche keine besessene Sprachkolorit-Genauigkeit an den Tag legen. Versprecher ruhig korrigieren und nicht jede Sprachunbeholfenheit, die einen sonst ernsten Sachverhalt leicht in unfreiwilligen Humor abgleiten läßt, auf sich beruhen lassen. Auf keinen Fall sollte sich ein kulinarischer Effekt einschleichen.« [260]

Runge und Walser lehnen solche Eingriffe als Verfälschungen ab; der initiierende Interviewer und Herausgeber soll möglichst nur Medium sein, »Katalysator«, wie Runge sagt. [261] Wo sie dennoch verändern, verteidigen sie sich: »Beide Autoren haben mich zu Kürzungen ermächtigt«, schreibt Walser im Nachwort zu seiner zweiten Edition von Strafgefangenen-Biographien; »(i)n dem Buch von Wolfgang Werner habe ich die Stellen bezeichnet, an denen größere Kürzungen vorgenommen wurden (...). Keines der beiden Manuskripte habe ich ›stilistisch‹ manipuliert. Ich habe auch die aus dem Dialekt stammenden Sprachgewohnheiten Wolfgang Werners und seine mehr dem Ohr als dem Duden verpflichtete ›Rechtschreibung‹ stehenlassen. Seine Art, Wörter und Sätze zu schreiben, ist ja weniger ein Stück von ihm als ein Produkt der Ausbildung in all diesen Heimen.« [262]

Wie wenig aber in dokumentarischen Texten auch immer von Bearbeitern eingegriffen wird, sind sie doch in einer Weise gefiltert, welche es nicht mehr zuläßt, einen auch nur einigermaßen strengen Begriff von »Protokoll der Wirklichkeit« auf sie anzuwenden. Das gilt zunächst vor allem für die in Buchform gebrachten Berichte. Nach Benjamin ist »der Film das erste Kunstmittel, das in der Lage ist zu zeigen, wie die Materie dem Menschen mitspielt. Er kann daher ein hervorragendes Instrument materialistischer Darstellung sein.« [263] Er allein macht wenigstens mit der Empirie ernst: bildet ab, wie die Leute sich schinden müssen, wie erschöpft und krank oder auch vergnügt sie sind; zeigt, wie die Materie von den Werktätigen bearbeitet wird – und damit diese bei den Beschäftigungen, für die sie kompetent sind.

Noch die »Klangprotokolle« der Neuen Musik tragen ihren Titel mit mehr Recht als die dokumentarischen. Während sie Schmerz unmittelbar wiedergeben, ja mehr noch: den Ton des Leidens nicht nur jeweils punktuell abbilden, sondern zu ihrem Stilprinzip machen, verharmlosen die literarischen Dokumentargattungen – radikal höchstens ohnehin obsoleter Naturlyrik und schwärmerischer Innerlichkeit gegenüber – die Tatsachen, von denen sie handeln. Die Personen werden in eine von gesellschaftlichen Widersprüchen gereinigte Erzählsituation gebracht; kein Widerstand der Wirklichkeit stellt sich dem Redefluß entgegen. Auch wenn, wie im Film über Gisela Kreutzmann, Aufnahmen beispielsweise aus einer Fabrik zu sehen sind, fungieren sie nicht als Kontrast oder jedenfalls Kommentar zum Gesagten, sondern dienen, bloß additiv, als Hintergrund, zur Vervollständigung des Milieus.

Aber selbst die Sprechweise ist nicht so radikal empiristisch festgehalten, wie die Proklamationen der Dokumentaristen es suggerieren. Würde nämlich mit diesem Prinzip ernst gemacht, wäre es aus mit dem herkömmlichen naturalistischen Kunstideal, das diesen Dokumentarformen latent zugrundeliegt: wir hätten dann Fetzen von Handlungen, Dingen, Geräuschen und nicht – noch in der Erzählung vom Arbeitsprozeß behäbigen – »Realismus«. Der »Rohabdruck« eines von Erika Runge aufgenommenen Tonbandprotokolls läßt das ahnen; dort liest sich ein Gespräch mit Rostocker Künstlern und Kulturhausvertretern etwa so: »Für uns geht es natürlich – äh – im – äh – Theaterleben darum, äh – bei der Spielplan-Gestaltung auf die Ausgewogenheit zu achten. Denn – äh – da soll ... wir müssen und wir sagen immer, wir sind – äh – Erbe des Geistig-Kulturellen (...)« [264]. Natürlich wurde selbst hier nicht Wirklichkeit ins Buch geklebt; es liegt keine Mimeographie vor, nur die Laute in den Sprechpausen sind ja in den Text hereingenommen. Indem die Dokumentaristen die reale Dissoziiertheit kaum zulassen – schon die Tatsache, daß sie Sprechwillige auswählen, schränkt die Realistik ein –, erklären sie den Bankrott des von ihnen selbst statuierten Formprinzips, von dem sie freilich nicht einmal zugestehen, daß es eines sei. Sich selbst als Vertreter der Realität und alles andere als »künstlich« zu bezeichnen, ist ein Selbstmißverständnis, das Adorno schon für den Naturalismus konstatierte: »Der Naturalismus war durch Neuerungen wie den Verzicht auf traditionelle Formkategorien, etwa geschürzte, in sich geschlossene Handlung, bei Zola zuweilen sogar den empirischen Zeitverlauf, avancierter als sein Begriff. Rücksichtslose, gleichsam begriffslose Darstellung empirischer Details wie im Ventre de Paris destruiert die gewohnten Oberflächenzusammenhänge des Romans, gar nicht unähnlich seiner späteren monadologisch-assoziativen Form. Dafür regrediert der Naturalismus, wo er nicht ins Extrem sich wagt. Intentionen zu verfolgen, widerspricht seinem Prinzip. Naturalistische Stücke abundieren von Stellen, denen die Absicht anzumerken ist: die Menschen sollen reden, wie ihnen der Schnabel gewachsen sei, und reden auf Anweisung des regieführenden Dichters, wie nie einer reden würde. Auf dem realistischen Theater ist es bereits unstimmig, daß die Menschen, ehe sie nur den Mund öffnen, so genau wissen, was sie sagen wollen. Vielleicht ließe sonst ein realistisches Stück gar nicht nach seiner Konzeption sich organisieren und würde contre coeur dadaistisch (...)« [265].

Nicht ist zu bedauern, daß das naturalistische Ideal sich nicht realisieren läßt, sondern daß die Verfahrensweisen, die in Naturalismus wie Dokumentarismus nun mit dem Stoff schalten, die verkehrten sind: nämlich die alten künstlerischen, äußerlich zusammenkleisternden, die Risse übertünchenden Stilformen der bürgerlichen Biographie, des bürgerlichen Romans und vor allem auch des Gesprächs, in dem – nach subjektiv-idealistischer Vorstellung – die Sachen selber deutlich würden, wenn nicht bereits auf den Gedanken objektiver Erkenntnis in dem kommentarlos wiedergegebenen Gespräch verzichtet wurde [266].

Ausgespart sind sämtliche Mittel der Verfremdung und damit jene Effekte, die es dem Leser ermöglichen, mehr zu wissen oder zu merken als die handelnde bzw. redende Person; auch Lukács, kein Freund der Brechtschen Dramentechnik, sah die Beschränkung auf die Perspektive der Betroffenen als wesentlichstes Stigma des Naturalismus an [267]. Der Ausfall einer wie immer vorgestellten Kommentarebene im dokumentarischen Realismus, der »die Vorkommnisse und Zustände für sich sprechen lassen« will [268], überläßt die Deutung des Gezeigten dem gesunden Menschenverstand, dem, wie Engels sagte, »ärgsten Metaphysiker«. Die Empfehlung, »selbst aus dem ausgebreiteten Material Schlußfolgerungen zu ziehen« [269], setzt ein klassenbewußtes Publikum voraus: »Eine bewußtlose, blinde Niederschrift macht andere Blinde nicht sehend.« [270]

Auch Montage, die in den behandelten Dokumentarprodukten nicht vorzufinden ist, genügte dem Erkenntnisanspruch nicht, dem auf realistische Schilderung. Gegenüber Wallraff, der sie als »(h)ervorragendes Mittel der Dokumentation« empfiehlt, da sie »über die bloße Wiedergabe von zufälligen Realitätsausschnitten hinausgehen« soll und sich so »der Zusammenhang für den Leser (...) durch die Anordnung und Kombination der Realitätspartikel herstellen (kann)« [271], ist Kritik am Platz: »Montage aber schaltet mit Elementen der Wirklichkeit des unangefochten gesunden Menschenverstands, um ihnen eine veränderte Tendenz abzuzwingen oder, in den gelungensten Fällen, ihre latente Sprache zu erwecken. Kraftlos jedoch ist sie insofern, als sie die Elemente selbst nicht aufsprengt. Gerade ihr wäre ein Rest von willfährigem Irrationalismus vorzuwerfen, Adaption an das von außen dem Gebilde fertig gelieferte Material.« [272] Gewiß ist eine Methode förderlich, die zum Beispiel nicht nur, nach Art der Dokumentaristik, die Situation und Perspektive der Arbeiter wiedergibt, sondern diese, wie etwa bei Gallehr und Schübel geschehen, durch Stellungnahmen der Unternehmer beleuchtet: das Fernsehfeature *Zwischen Wohlstand und Klassenkampf* zeigte nicht nur die Angst der Arbeiter um ihren Arbeitsplatz, die sich in der Krise verstärkte, sondern auch das Lob der Kapitalisten über die hierdurch gesteigerte Arbeitsdisziplin [273]. Dennoch addiert sich die kapitalistische Produktionsweise nicht aus beiden Stellungnahmen zusammen; insofern, wie wir darzulegen versuchten, Wesen und Erscheinung im Kapitalismus auch Gegensätze, keine Ergänzungen sind, geht die etwa von Wallraff vertretene Meinung fehl, das »Prototypische« sei eine Summe von Einzelfällen [274]. Nicht bloßer formaler Realismus bedürfte daher letztlich immer der »dialektische(n) Konstruktion, die das in der geschichtlichen Erfahrung ursprünglich uns Betreffende gegen die zusammengestoppelten Befunde des Tatsächlichen abhebt.« [275] Dazu sind zwei Arbeitsgänge notwendig: Forschung und Darstellung. »Die ›Forschung‹, von der Marx im *Kapital* spricht*, hat es mit einer erdrückenden Fülle von Materialien wirtschafts- und sozialgeschichtlicher, soziographischer, statistischer und ähnlicher Art zu tun. Ihr Verfahren ist, hegelianisch gesprochen, das des ›isolierenden‹, analytischen Verstandes. Die ›Darstellung‹ dagegen muß den zergliederten, mannigfaltigen Stoff zur ›konkreten‹ Einheit bringen. Sie reproduziert das lebendige Ganze, das in den Produkten der Einzelwissenschaften jeweils nur einseitig ›erscheint‹, nicht wirklich begriffen wird. Letztere ›liefern nur die Elemente zur theoretischen Konstruktion des geschichtlichen Ablaufs, und diese bleiben in der Darstellung nicht, was sie in den Einzelwissenschaften waren, sondern erhalten neue Bedeutungsfunktionen, von welchen vorher noch keine Rede war.‹« [276]

Dokumentarismus als Mode

Im Verzicht auf die Reflexionsebene der gesellschaftlichen Totalität nähert sich die Dokumentaristik wieder der bürgerlichen Presse, deren kritisches Gegenstück sie doch sein wollte. Diese betreibt, wie Adalbert Fogarasi es formulierte, »die systematische Beförderung der Unwissenheit unter der Form der Mitteilung einer Fülle von Kenntnissen. (...) Um diese zu erreichen, muß das Bewußtsein des Lesers im Zustand der fortwährenden Unsicherheit, der Verwirrung, des schwindelnden Chaos gehalten werden. Tatsächlich ist die gan-

* »Die Forschung hat den Stoff sich im Detail anzueignen, seine verschiednen Entwicklungsformen zu analysieren und deren inneres Band aufzuspüren. Erst nachdem diese Arbeit vollbracht, kann die wirkliche Bewegung entsprechend dargestellt werden. Gelingt dies und spiegelt sich nun das Leben des Stoffs ideell wider, so mag es aussehn, als habe man es mit einer Konstruktion a priori zu tun.« (K. Marx, *Kapital I,* S. 27).

ze Einrichtung der kapitalistischen Presse darauf eingestellt, diesen Zustand hervorzurufen. Der Verzicht auf jedes geordnete Zusammenhalten der Fülle von Einzeltatsachen, das Zerfallen, ja Zerstauben der gesellschaftlichen Welt in ein unübersehbares wirbelndes Durcheinander, das alles ist nicht so sehr Entgegenkommen dem Bewußtseinszustand und den Bedürfnissen des Lesers, (...) als Mittel, um das Aufkommen jeder Fähigkeit zur kritischen Kontrolle im Bewußtsein des Lesers zu verhindern.« [277]

Die schlechte Unendlichkeit der Abbildung der empirischen Welt kommt dabei einem ebenfalls potentiell Unendlichkeit bezweckenden Prozeß zugute: dem Profitprinzip. Verzicht auf Analyse, welche es unnötig machen würde, daß die Materialfuhren vom hundertsten ins tausendste kommen, Nichtauslastung der geistigen Kapazität der Dokumentaristen also ermöglicht die Auslastung der Produktionskapazität der Kulturindustrie. Dem Leser wird eingeredet, es sei die Fülle der Informationen, die ihm die Augen öffne; schon da sein Erkenntnisinteresse aber jeweils nicht befriedigt sein kann, verlangt er nach Neuem. Bereits im Vorwort zu den *Bottroper Protokollen* schrieb Walser: »Wer diese Aussagen und Erzählungen gelesen hat, wird wünschen, daß Erika Runge sich wieder auf den Weg macht mit ihrem Tonbandgerät, um weitere Bottrops aufzunehmen, weitere von böser Erfahrung geschärfte Aussagen, weitere Seufzer, Flüche, Sprüche und Widersprüche, weitere Zeugnisse einer immer noch nach minderem Recht lebenden Klasse.« [278] Wäre zuzugestehen, daß die dokumentarischen Gattungen als Erstinformationen, Initiatoren öffentlicher Diskussion und theoretischer wie praktischer Weiterungen legitim gewesen sind, ist die bloß quantitative – und für verschiedenste Lesergruppen und in verschiedensten Medien immer nur dasselbe reproduzierende – Ausweitung der Produktion nurmehr ökonomisch ganz funktional: sie erinnert ans Prinzip des Geplanten Veraltens, die Herstellung absichtlich schnell sich vernutzender Güter, und an jenes der ästhetischen Innovation, welche zum Wegwerfen des wesentlich gleiche Funktionen erfüllenden alten Produkts zugunsten eines nur neu verpackten animiert. Es wäre dabei überhaupt zu fragen, inwieweit Dokumentarliteratur – politisch unter Umständen nicht zuletzt Feierabendlektüre für Leute, denen das Herz links schlägt, ohne daß sie in ihrer gesellschaftlichen Situation daraus die nötigen politischen Folgerungen ziehen könnten – eine Lücke ausfüllt, welche das zum Teil durch bürgerliche Pragmatik bedingte, sich ausbreitende Desinteresse auch der Intelligenz an moderner Kunst hinterlassen hat. Als Rühmkorfs Buch *Über das Volksvermögen* erschien, frohlockte die FAZ darüber als über die Entdeckung eines neuen, abbaufähigen Rohstoffs: »Gewisse Anzeichen deuten (...) darauf hin, daß der Rohstoff des literarischen Souterrains interessant zu werden beginnt.« [279] In der Verarbeitung ist jenes Material billig wie schicke Findlinge, die kaum behauen werden, im Gegensatz zu Edelsteinen, die erst sorgfältig geschliffen an den Verbraucher kommen: »Wir haben schneller gedreht, als geplant war«, sagte Erika Runge über einen ihrer Fernsehfilme. »Wir haben schneller geschnitten als geplant war. Der Mann, der das Geld zu verwalten hat, findet die Methode deshalb gut (...). Wir haben immer pünktlich Feierabend gemacht.« [280] Weder lange Arbeitszeit noch teure Ateliers und ausgebildetes Personal – seien es Darsteller oder Produzenten – werden benötigt. Produzenten mit geringem Kapital hilft das nur partiell, denn die Produktionsmittel zur Vervielfältigung und Verbreitung – Druckereien, Fernsehstudios, Filmvertriebe usw. – besitzen sie doch nicht.

Mit diesen Feststellungen ist freilich nicht gemeint, auch die Dokumentaristik sei eben als Ware und Konsumgut bereits integriert; solch pseudokritischer Purismus, der die Linke auf spontane Aktionen und unbezahlte Arbeit an der Handpresse verwiese, stammt aus dem Sack der höchstens hundert Listen bürgerlicher Gegenpropaganda. Auch ist nicht garantiert, daß dem Kapital das, was es aus ökonomischen Gründen fördert und fördern muß, seinem politischen Inhalt nach bekommt. Es sollte aber Mißverständnissen vorgebeugt werden, welche aus der Ausbreitung der genannten Gattungen über alle Medien und den damit verbundenen Proklamationen über den Zweck, um dessentwillen dies geschehe, stets auf einen objektiven Bedarf nach dem jeweiligen Produkt schließen und dabei den Augenblick nicht mehr wahrnehmen könnten, in dem der Dokumentarismus bloß noch der Hase ist, den das »Ick bün all da!« der dokumentierbaren Aussagen und Begebenheiten hin und her hetzt, ohne daß er merkte, daß, wenn er einmal stehenbliebe, nicht sein Verstand, sondern nur das Rad der kulturindustriellen Produktion stillstände.

1 Ernest Mandel, *Die deutsche Wirtschaftskrise,* Frankfurt/M. 1969, S. 5.

2 Jürgen Habermas, *Technik und Wissenschaft als »Ideologie«,* Frankfurt/M. 1968, S. 75.

3 Ebd., S. 76f.

4 Sebastian Herkommer, *Entwicklungstendenzen im Spätkapitalismus und die Voraussetzungen der Politisierung technischer Intelligenz,* in: Sozialistische Politik, H. 3, 1969, S. 5, (weiterhin zit. als *SoPo*).

5 Günter Wallraffs Industriereportagen kamen zunächst heraus unter dem Titel: H. Günter Wallraff, *»Wir brauchen dich«. Als Arbeiter in deutschen Industriebetrieben,* München 1966. 1970 erschienen sie als Taschenbuch mit dem veränderten Titel: *Industriereportagen,* Reinbek bei Hamburg, mit folgenden Auflagenhöhen: 1.–20. Tausend, März 1970; 21.–30. Tausend, April 1970; 31.–50. Tausend, Mai 1970. (Hier ist nach der Taschenbuchausgabe zitiert)

6 *Bottroper Protokolle.* Aufgezeichnet von Erika Runge, Frankfurt/M. 1970[4], (weiterhin zit. als *BP*).

7 Georg Lukács, *Reportage oder Gestaltung? Kritische Bemerkungen anläßlich eines Romans von Ottwalt,* in: G. L., *Schriften zur Literatursoziologie,* ausgew.

u. eingel. v. Peter Ludz, Neuwied 1961, S. 122ff.; ders., *Aus der Not eine Tugend,* a.a.O., S. 143ff.

8 *BP,* S. 2.

9 Erika Runge, *Frauen. Versuche zur Emanzipation,* Frankfurt/M. 1970², S. 271.

10 Interview mit Erika Runge in der Rundfunksendung: *Nur keine Romane. Dokumentarische Literatur, vorgestellt und erläutert von Klaus Birkenhauer.* Süddeutscher Rundfunk Stuttgart, 2. 5. 1970, Manuskript, S. 27 (weiterhin zit. als: K. Birkenhauer, *Nur keine Romane*).

11 Vgl. Wolfgang Werner, *Vom Waisenhaus ins Zuchthaus.* Ein Sozialbericht. Nachwort von Martin Walser, Frankfurt/M. 1969, S. 265.

12 Der Spiegel, Nr. 10, 1970: *Erika Runge. Tonband anhorchen,* S. 167.

13 Jürgen Neven-du Mont, *Zum Beispiel 42 Deutsche. Bericht aus einer kleinen Stadt,* München 1969. Vgl. auch das Vorwort von Neven-du Mont.

14 Karl Marx, *Grundrisse zur Kritik der Politischen Ökonomie,* Berlin 1953, S. 21.

15 Vgl. Martin Kurbjuhn, *Formierte Gesellschaft,* in: Der Monat, Dezember 1968, S. 93.

16 K. Marx, *Grundrisse . . .,* S. 21.

17 Marianne Feuersenger (Hrsg.), *Gibt es noch ein Proletariat?* Mit Beiträgen von H. P. Bahrdt, W. Dirks u. a., Frankfurt/M. 1962, (weiterhin zit. als *Feuersenger*).

18 Elmar Altvater u. Freek Huisken, *Produktive und unproduktive Arbeit als Kampfbegriffe, als Kategorien zur Analyse der Klassenverhältnisse und der Reproduktionsbedingungen des Kapitals,* in: *SoPo,* H. 8, 1970, S. 59. Vgl. auch Jindrich Zeleny, *Die Wissenschaftslogik und »Das Kapital«,* Frankfurt/M. 1969, S. 34.

19 Altvater/Huisken, *Produktive und unproduktive Arbeit . . .,* S. 59.

20 Artikel »Klasse«, in: *Philosophisches Wörterbuch,* hrsg. v. G. Klaus und M. Buhr, Leipzig 1969⁶, S. 567.

21 Eva Brockmann, *Falsch erzogene Jugend – Erika Runges Film über die Nöte der Lehrlinge,* in: Deutsche Volkszeitung vom 4. 6. 1970.

22 G. Lukács, *Reportage oder Gestaltung?,* S. 133.

23 Paul Jostock, *Gibt es noch ein Proletariat?,* in: *Feuersenger,* S. 12.

24 Hans Paul Bahrdt, *Die Industriearbeiter,* in: *Feuersenger,* S. 25.

25 *Feuersenger,* Einleitung S. 5.

26 K. Marx, *Kapital I,* S. 185.

27 Ebd., S. 185.

28 Roman Rosdolsky, *Zur Entstehungsgeschichte des Marxschen »Kapital«,* Bd. I, Frankfurt/M. 1969, S. 331.

29 K. Marx, *Kapital I,* S. 185.

30 Vgl. ebd., S. 185f.

31 K. Marx, *Kapital I,* S. 186.

32 Burkart Lutz, *Technischer Fortschritt und Gesellschaft,* in: *Feuersenger,* S. 45.

33 Werner Hofmann, *Verelendung,* in: *Folgen einer Theorie. Essays über »Das Kapital« von Karl Marx,* Frankfurt/M. 1967, S. 36.

34 Der sogenannten ursprünglichen Akkumulation, die, genauer gesagt, eine ursprüngliche Appropriation ist.

35 Leo Kofler, *Zur Soziologie des Arbeiters,* in: Schmollers Jahrbuch für Gesetzgebung, Verwaltung und Volkswirtschaft, 78. Jg., H. 5, 1958, S. 10.

36 Ders., *Der proletarische Bürger,* Wien 1964, S. 174.

37 Friedrich Tomberg, *Der Begriff der Entfremdung in den »Grundrissen« von Karl Marx,* in: Das Argument 52, 1969, S. 196.

38 Wolfgang Müller, Christel Neusüß, *Die Sozialstaatsillusion und der Widerspruch von Lohnarbeit und Kapital,* in: *SoPo* 6/7, 1970, S. 33.
39 K. Marx, *Kapital I,* S. 649.
40 W. Hofmann, *Verelendung,* S. 30. Vgl. K. Marx, *Grundrisse* ..., S. 203. Vgl. auch Walter Schellenberg, *Grundkurs zum »Kapital«,* Berlin (Ost) 1969[4], S. 19 f.
41 H. P. Bahrdt, in: *Feuersenger,* S. 26.
42 Vgl. K. Marx, *Theorien über den Mehrwert Bd. II,* MEW 26, 2, S. 420.
43 Vgl. ders., *Lohnarbeit und Kapital,* MEW 6, S. 411.
44 B. Lutz, in: *Feuersenger,* S. 45.
45 Vgl. dagegen K. Marx, *Kapital I,* S. 631.
46 R. Rosdolsky, *Zur Entstehungsgeschichte* ..., S. 339.
47 Vgl. ebd., Anm. 23.
48 K. Marx, *Grundrisse* ..., S. 198. Vgl. Rosdolsky, S. 238 f.
49 Vgl. K. Marx, *Kapital I,* S. 281 f.
50 K. Marx, *Kapital I,* S. 285 f.
51 Ebd., S. 504.
52 W. Schellenberg, *Grundkurs zum »Kapital«,* Berlin (Ost), 1969, S. 91.
53 Gisela Stelly, *Verschlissen im Arbeitsprozeß,* in: »Die Zeit« vom 26. 9. 1969.
54 Frankfurter Rundschau vom 14. 4. 1970.
55 Vgl. W. Hofmann, *Verelendung,* a.a.O., S. 50.
56 Frankfurter Rundschau vom 23. 4. 1970.
57 P. Jostock, in: *Feuersenger,* S. 12.
58 Vgl. W. Hofmann, *Verelendung,* S. 50.
59 Peter Schneider, *Die Frauen bei Bosch,* in: Kursbuch 21, Berlin 1970, S. 83.
60 B. Lutz, in: *Feuersenger,* S. 46 f.
61 Vgl. P. Schneider, *Frauen* ..., S. 96 ff.
62 Fritz Behrens, *Produktive Arbeit und technische Intelligenz,* Rote Texte, o. O., o. J. (Raubdruck), S. 76.
63 K. Marx, *Theorien über den Mehrwert,* Bd. I, MEW 26, 1, S. 122.
64 Helmut Steiner, *Soziale Strukturveränderungen im modernen Kapitalismus,* Berlin (Ost) 1967, S. 128.
65 Ebd.
66 Heinrich Popitz, Hans Paul Bahrdt, Ernst August Jüres, Hanno Kesting, *Das Gesellschaftsbild des Arbeiters,* Tübingen 1957[3], S. 238.
67 Marianne Herzog, *Akkordarbeiterinnen bei AEG-Telefunken,* in: Kursbuch 21, Berlin 1970, S. 110.
68 Horst Kern, Michael Schumann, *Industriearbeit und Arbeiterbewußtsein,* Frankfurt/M. 1970, 2. Bde., Bd. 1, S. 26 f.
69 K. Marx, *Kapital III,* MEW 25, S. 52.
70 Ebd., S. 835.
71 K. Marx, *Kapital I,* S. 531.
72 Ebd., S. 531 f.
73 K. Marx, *Resultate des unmittelbaren Produktionsprozesses,* Frankfurt/M. 1969, S. 65 f.
74 Ders., *Grundrisse* ..., S. 479.
75 Ebd., S. 584.
76 H. Steiner, a.a.O., S. 103.
77 Ebd., S. 104.
78 Vgl., ebd., S. 109 ff.
79 Ebd., S. 112.
80 Ebd., S. 106.

81 Vgl., ebd., S. 106.
82 Konrad Thomas, *Analyse der Arbeit,* Göttinger Abhandlungen zur Soziologie, Bd. 16, Stuttgart 1969, S. 115.
83 H. Steiner, a.a.O., S. 119.
84 Vgl. H. Steiner, a.a.O., S. 162 und H. P. Bahrdt, in: *Feuersenger,* S. 22 ff.
85 H. Steiner, a.a.O., S. 162 f.
86 Ebd., S. 163.
87 P. Schneider, a.a.O., S. 89 f.
88 H. Steiner, a.a.O., S. 109.
89 Günter Wallraff, *Industriereportagen,* S. 35.
90 Ebd., S. 34.
91 H. Steiner, a.a.O., S. 163.
92 P. Schneider, a.a.O., S. 100 f.
93 M. Herzog, a.a.O., S. 112.
94 G. Wallraff, *Industriereportagen,* S. 31.
95 P. Schneider, a.a.O., S. 102.
96 G. Wallraff, *Industriereportagen,* S. 13.
97 Ebd., S. 17.
98 F. Tomberg, *Entfremdung . . .,* S. 196.
99 H. Steiner, a.a.O., S. 132.
100 G. Wallraff, *Industriereportagen,* S. 15; vgl. auch S. 52 f. und S. 116.
101 H. Steiner, a.a.O., S. 95.
102 G. Wallraff, *Industriereportagen,* S. 92.
103 Ders., *Wirkungen der Praxis,* in: Akzente, H. 4, München 1970, S. 316.
104 Theodor W. Adorno und Ursula Jaerisch, *Anmerkungen zum sozialen Konflikt heute,* in: *Gesellschaft, Recht und Politik.* Wolfgang Abendroth zum 60. Geburtstag, Neuwied und Berlin 1968, S. 11.
105 Ebd.
106 Vgl. Ludwig von Friedeburg, *Soziologie des Betriebsklimas. Studien zur Deutung empirischer Untersuchungen in industriellen Großbetrieben,* in: Frankfurter Beiträge zur Soziologie, Bd. 13, Frankfurt/M. 1963, S. 114. Dabei ist z. B. die Verfügungsgewalt der Meister im Gegenteil gesunken: so hat das von Taylor zuerst entwickelte Funktionsmeistersystem die Sanktionsgewalt der Meister über die Arbeiter zerschlagen: »(d)ie Funktionsmeisterposition (dient) lediglich als vermittelnde Stelle für den Willen des Arbeitsbüros . . .« (K. Thomas, *Analyse der Arbeit,* S. 115); vgl. auch S. 261 f. dieser Arbeit.
107 Wolfgang Mansfeld, *Die Meinung über den Unternehmer,* in: Jb. des deutschen Unternehmers 1964, hrsg. v. August Lutzeyer, Freudenstadt o. J., S. 174.
108 Südwest Presse. Schwäbisches Tagblatt v. 2. 9. 1970.
109 G. Wallraff, *Industriereportagen,* S. 92.
110 Heinrich Regius (d. i. Max Horkheimer), *Dämmerung,* Zürich 1934, S. 19 f.
111 Ebd., S. 20.
112 Wolfgang Müller/Christel Neusüß, *Die Sozialstaatsillusion . . .,* S. 50.
113 Ebd., S. 15.
114 M. Horkheimer, *Dämmerung,* S. 20.
115 G. Wallraff, *Wirkungen . . .,* S. 314.
116 Ebd., S. 314.
117 Siegfried Kracauer, *Die Angestellten. Eine Schrift vom Ende der Weimarer Republik,* Allensbach-Bonn 1959, S. 9.
118 Walter Benjamin, *Städtebilder,* in: *Angelus Novus,* Frankfurt/M. 1966, S. 103.
119 G. Lukács, *Reportage oder Gestaltung?,* S. 126.

120 Herbert Marcuse, *Vernunft und Revolution,* Neuwied und Berlin 1962, S. 139.
121 Ernst Bloch, *Das Prinzip Hoffnung,* Frankfurt/M. 1959, 2 Bde., S. 257.
122 K. Marx, *Das Elend der Philosophie,* MEW 4, S. 143.
123 Frankfurter Rundschau v. 19. 5. 1970.
124 Frankfurter Rundschau v. 24. 4. 1970.
125 W. I. Lenin, *Was tun?,* in: *Ausgewählte Werke,* Bd. 1, Berlin (Ost), 1969, S. 166.
126 Ebd., S. 166.
127 Ebd., S. 190.
128 Ebd., S. 189.
129 Ebd.
130 G. Wallraff, *Wirkungen ...,* S. 317.
131 Vgl. W. I. Lenin, *Was tun?,* S. 179.
132 *BP,* S. 132.
133 Ebd., S. 136f.
134 Ebd., S. 116.
135 Vgl. ebd., S. 136.
136 E. Mandel, *Die deutsche Wirtschaftskrise,* S. 26f.
137 W. I. Lenin, *Über die Losung der »Entwaffnung«,* WW Bd. 23, Berlin 1960, S. 94; hier zitiert in etwas anderer Übersetzung nach G. Lukács, *Tendenz oder Parteilichkeit?,* in: *Literatursoziologie,* S. 120.
138 *BP,* S. 129 und 132.
139 Engels an Marx, Brief vom 18. März 1852, MEW 28, S. 40.
140 Report der Stadtteilbasisgruppe Bornheim, in: SDS-info, H. 11/12 vom 2. Mai 1969, S. 41.
141 Ebd., S. 42.
142 Ebd.
143 Frankfurter Rundschau vom 1. 7. 1970.
144 *Bericht einer Gruppe. Obdachlosenarbeit in Köln,* in: Extra-Dienst vom 22. 8. 1970, S. 10.
145 Vgl. ebd.
146 »Man sollte«, sagt Runge, »(...) eine ganz bestimmte Zielgruppe in der Bevölkerung anvisieren und mit der solidarisches Bewußtsein entwickeln.« (*Filmen für eine bessere Gesellschaft. Gespräch mit den Filmerinnen Erika Runge und Ilona Perl,* in: Fernsehen und Film, März 1970, S. 12; von Ilona Perl sagt Netenjakob, sie wolle eine Lösung des Obdachlosenproblems durch »Solidarität der Betroffenen«. (Fernsehen und Film, Februar 1970, S. 32); desgl. Manfred Delling, Dt. Allg. Sonntagsblatt, a.a.O.); »Durch solidarisches Handeln«, heißt es im Bericht der Kölner Gruppe, könnten »die Obdachlosen lernen, Klassenbewußtsein zu entwickeln«. (Extra-Dienst, a.a.O.).
147 Vgl. Anm. 146.
148 Vgl. Die Rolle des »Lumpenproletariats« im 19. Jahrhundert und deklassiertes Proletariat heute, in: Rote Presse Korrespondenz, o. O. (Berlin), H. 54 vom 27. 2. 1970.
149 Fernsehen und Film, März 1970, S. 22.
150 Georg Rusche, *Arbeitsmarkt und Strafvollzug. Gedanken zur Soziologie der Strafjustiz,* in: Zeitschrift für Sozialforschung, Bd. 2, Leipzig 1933, S. 75.
151 Ebd., S. 77.
152 G. Wallraff, *Wirkungen ...,* S. 312.
153 H. Steiner, *Strukturveränderungen ...,* S. 80.
154 Ebd., S. 77. »Die Natur der großen Industrie«, schreibt Marx, »bedingt (...) Wechsel der Arbeit, Fluß der Funktion, allseitige Beweglichkeit des Arbeiters.

Andererseits reproduziert sie in ihrer kapitalistischen Form die alte Teilung der Arbeit mit ihren knöchernen Partikularitäten. Man hat gesehen, wie dieser absolute Widerspruch alle Ruhe, Festigkeit und Sicherheit der Lebenslage des Arbeiters aufhebt, ihm mit dem Arbeitsmittel beständig das Lebensmittel aus der Hand zu schlagen und mit seiner Teilfunktion ihn selbst überflüssig zu machen droht; wie dieser Widerspruch im ununterbrochnen Opferfest der Arbeiterklasse, maßlosester Vergeudung der Arbeitskräfte und den Verheerungen gesellschaftlicher Anarchie sich austobt. Dies ist die negative Seite. Wenn aber der Wechsel der Arbeit sich jetzt nur als überwältigendes Naturgesetz und mit der blind zerstörerischen Wirkung eines Naturgesetzes durchsetzt, das überall auf Hindernisse stößt, macht die große Industrie durch ihre Katastrophen selbst es zur Frage von Leben oder Tod, den Wechsel der Arbeiter und daher möglichste Vielseitigkeit der Arbeiter als allgemeines gesellschaftliches Produktionsgesetz anzuerkennen und seiner normalen Verwirklichung die Verhältnisse anzupassen. Sie macht es zu einer Frage von Leben oder Tod, die Ungeheuerlichkeit einer elenden, für das wechselnde Exploitationsbedürfnis des Kapitals in Reserve gehaltenen, disponiblen Arbeiterbevölkerung zu ersetzen durch die absolute Disponibilität des Menschen für wechselnde Arbeitserfordernisse; das Teilindividuum, den bloßen Träger einer gesellschaftlichen Detailfunktion, durch das total entwickelte Individuum, für welches verschiedene gesellschaftliche Funktionen einander ablösende Betätigungsweisen sind.« (K. Marx, *Kapital I,* S. 511 f.).

155 K. Thomas, *Analyse der Arbeit,* S. 222.
156 Ebd., S. 222 f.
157 Ebd., S. 223.
158 Zur Lohnpolitik Henry Fords siehe ebd., S. 227 ff.
159 Ebd., S. 223.
160 Ebd., S. 225.
161 Vgl. W. Müller und Ch. Neusüß, *Die Sozialstaatsillusion* ..., S. 60.
162 Vgl. S. 244 ff. dieser Arbeit.
163 K. Marx, *Kapital I,* S. 645 f.
164 Ders., *Lohn, Preis und Profit,* MEW 16, S. 152.
165 W. Müller, Ch. Neusüß, *Sozialstaatsillusion* ..., S. 52.
166 K. Marx, *Kapital III,* S. 839.
167 Ders., *Theorien über den Mehrwert II,* MEW 26, 2, S. 100.
168 K. Marx, *Kapital III,* S. 825.
169 Th. W. Adorno, U. Jaerisch, *Anmerkungen* ..., S. 9.
170 Ebd., S. 10.
171 G. Lukács, *Geschichte und Klassenbewußtsein,* Berlin 1923, S. 62.
172 Erich Hahn, *Zur Kritik des bürgerlichen Bewußtseins,* in: Kurt Lenk, (Hrsg.), *Ideologie,* 1970^4, S. 147.
173 Ebd.
174 Franz Jakubowski, *Der ideologische Überbau in der materialistischen Geschichtsauffassung,* Frankfurt/M. 1968, S. 104.
175 Ebd., S. 105.
176 Ebd., S. 106.
177 Vgl. Wilhelm Reich, *Massenpsychologie des Faschismus,* o. O., o. J. (Raubdruck), S. 34.
178 Ursula Trauberg, *Vorleben.* a.a.O.
179 *Rosalka oder wie es eben so ist. Leben und Ansichten der Rosalie Rother, nach Tonbandaufnahmen,* hrsg. von Bernhard Schütze, Frankfurt/M. 1969.

180 Frankfurter Rundschau vom 20. 10. 1970. Zu dem Fernsehfilm *Ausweglos ... Aussagen über einen Lebenslauf,* gesendet am 20. 10. 1970 in der ARD. Gisela Kreutzmann ist identisch mit dem Pseudonym der Autorin Ursula Trauberg.
181 Frankfurter Rundschau, ebd.
182 Ebd.
183 Gottfried Just, *Wie unter Zwang,* in: Die Welt der Literatur vom 26. 9. 1968.
184 K. Marx, *Thesen über Feuerbach,* MEW 3, S. 6.
185 Th. W. Adorno, *Zur Logik der Sozialwissenschaften,* in: *Der Positivismusstreit in der deutschen Soziologie,* Neuwied und Berlin 1969, S. 140.
186 Friedrich Engels, *Ludwig Feuerbach und der Ausgang der klassischen deutschen Philosophie,* MEW, Bd. 21, S. 282.
187 Vgl. Artikel »Milieutheorie«, in: *Philosophisches Wörterbuch,* Bd. 2, S. 732 f.
188 K. Marx, F. Engels, *Thesen über Feuerbach,* MEW 3, S. 5.
189 Kurt Lenk, *Problemgeschichtliche Einleitung,* in: *Ideologie,* S. 27; vgl. auch K. Korsch, a.a.O., S. 154.
190 Artikel »Milieutheorie«, in: *Philosophisches Wörterbuch* Bd. 2, S. 724.
191 K. Lenk, *Problemgeschichtliche Einleitung,* S. 57.
192 György Márkus, *Über die erkenntnistheoretischen Ansichten des jungen Marx,* in: A. Schmidt (Hrsg.) *Beiträge zur marxistischen Erkenntnistheorie,* Frankfurt/Main 1969, S. 59.
193 *Soziologische Exkurse,* in: Frankfurter Beiträge zur Soziologie, Bd. 4, hrsg. von Th. W. Adorno und W. Dirks, Frankfurt/M. 1956, S. 171.
194 K. Lenk, *Problemgeschichtliche Einleitung,* S. 42.
195 Ebd., S. 57.
196 K. Lenk, *Problemgeschichtliche Einleitung,* S. 44.
197 F. Jakubowski, *Der ideologische Überbau ...,* S. 86.
198 Ebd., S. 87 f.
199 E. Runge, *Frauen ...,* S. 272 f.
200 Ebd., S. 271.
201 G. Lukács, *Geschichte und Klassenbewußtsein,* S. 169 f.
202 Karel Kosik, *Dialektik des Konkreten,* Frankfurt/M. 1970, S. 109 f. Entsprechend kritisiert Kosik an Max Weber: »(A)nstelle der grundlegenden Klassendichotomie – Ausbeuter und Ausgebeutete – tritt eine autonome und deshalb abstrakte Skala von Besitzenden und Nichtbesitzenden, von Reichen und Armen, von Disponierenden und Nichtdisponierenden usw. Mit anderen Worten: der Begriff der Ökonomie wird in dieser Konzeption auf die alte ›Faktorentheorie‹ reduziert, die Ökonomie wird als Reichtum, Eigentum, Geldfaktor, Macht des Eigentums usw. begriffen.« (Ebd., S. 111 f.).
203 Artikel »Soziale Schicht« in: *Philosophisches Wörterbuch* Bd. 2, S. 996.
204 Herbert Schnädelbach, *Was ist Ideologie?* in: Das Argument, H. 50, Berlin 1969, S. 86.
205 Klaus Birkenhauer, *Nur keine Romane,* S. 27.
206 Zit. nach: K. Lenk (Hrsg.), *Ideologie,* S. 200.
207 Vgl. Adorno/Jaerisch, *Anmerkungen ...,* a.a.O.
208 Ralf Dahrendorf, *Elemente einer Theorie des sozialen Konflikts,* hier zit. nach Adorno/Jaerisch, S. 3.
209 Adorno/Jaerisch, *Anmerkungen ...,* a.a.O., S. 3.
210 Ebd., S. 5.
211 E. Runge, *Frauen ...,* S. 271.
212 Theodor W. Adorno, *Prolog zum Fernsehen,* in: *Eingriffe. Neun kritische Modelle,* Frankfurt/M. 1963, S. 74 f.

213 Ders., *Standort des Erzählers im zeitgenössischen Roman,* in: *Noten zur Literatur I,* Frankfurt/M. 1965, S. 63.

214 Helga M. Nowak, *Demokratie ist für alle da,* in: »Die Zeit« vom 28. 11. 1969.

215 H. Kern, M. Schumann, *Industriearbeit ...,* Einführung von Hans Paul Bahrdt, S. 13.

216 Ebd.

217 Friedrich Schiller, *Über das gegenwärtige deutsche Theater,* Sämtliche Werke in 12 Bänden, Leipzig o. J., Bd. 10, S. 26. – Die Fragwürdigkeit dieses Verfahrens diskutierte Adorno an Schillers Vorrede zum *Fiesco,* in der es heißt: »Es stand dabei nicht bei mir, meiner Fabel jene lebendige Glut einzuhauchen, welche durch das lautere Produkt der Begeisterung herrscht, aber die kalte, unfruchtbare Staatsaktion aus dem menschlichen Herzen herauszuspinnen, und eben dadurch an das menschliche Herz wieder anzuknüpfen – den Mann durch den staatsklugen Kopf zu verwickeln – und von der erfinderischen Intrigue Situationen für die Menschheit zu entlehnen – das stand bei mir. Mein Verhältnis mit der bürgerlichen Welt machte mich auch mit dem Herzen bekannter, als mit dem Kabinett, und vielleicht ist eben diese politische Schwäche zu einer poetischen Tugend geworden.« (Zit. nach Adorno, *Minima Moralia,* Frankfurt/M. 1964, S. 188). Adorno fährt fort: »Schwerlich. Die Anknüpfung der entfremdeten Geschichte ans menschliche Herz war schon bei Schiller ein Vorwand, die Unmenschlichkeit der Geschichte als menschlich-verständlich zu rechtfertigen, und wurde dramaturgisch Lügen gestraft, wann immer die Technik den ›Mann‹ und den ›staatsklugen Kopf‹ in eins setzte; so bei der buffonesk-zufälligen Ermordung Leonores durch den Verräter seiner eigenen Verschwörung. Die Tendenz zur ästhetischen Reprivatisierung zieht der Kunst den Boden unter den Füßen fort, während sie den Humanismus zu konservieren trachtet. Die Kabalen der allzu gut gebauten Stücke Schillers sind ohnmächtige Hilfskonstruktionen zwischen den Leidenschaften der Menschen und der ihnen bereits inkommensurablen und darum in menschlichen Motivationen nicht mehr greifbaren sozialen und politischen Realitäten.« (Ebd., S. 188 f.).

218 Ebd., S. 27.

219 G. Lukács, *Geschichte und Klassenbewußtsein,* S. 232.

220 Max Horkheimer, *Dämmerung,* S. 187.

221 Friedrich Schiller, *Über das gegenwärtige deutsche Theater,* S. 30.

222 Dieter E. Zimmer, *Die sogenannte Dokumentarliteratur,* in: »Die Zeit« vom 28. 11. 1969.

223 K. Birkenhauer, *Nur keine Romane ...,* S. 26.

224 Ebd., S. 28.

225 *Über die Neueste Stimmung im Westen,* in: Kursbuch 20, Frankfurt/M. 1970, S. 32.

226 Frankfurter Rundschau vom 4. 11. 1970.

227 *Proletarische Kulturrevolution in Sowjetrußland (1917–1921),* München 1969, (dtv 74 sr), S. 9.

228 Fernsehen und Film, März 1970, S. 22.

229 Ebd.

230 *Prolet. Kulturrevolution ...,* S. 15.

231 Lenin, *Was tun?,* a.a.O., S. 175, Anm. 1.

232 L. Trotzkij, *literatur und revolution,* S. 174.

233 Ebd., S. 163.

234 K. Marx, *Kapital I,* S. 421 f.

235 Leopold Glaser, *Von der Schwierigkeit, sich zu emanzipieren,* in: Publik Nr. 16, 1970.
236 Wolfgang Fritz Haug, *Zur Strategie der Triebunterdrückung und Triebmodellierung,* in: Das Argument, H. 56, Berlin 1970, S. 19.
237 Th. W. Adorno, *Minima Moralia,* Frankfurt/M. 1964, S. 25.
238 Vgl. A. Lunatscharski, *Damit eine kämpferische proletarische Kultur entsteht. Materialien zur proletarischen Kultur Nr.* 2. Arbeitsgruppe Proletariat und Kultur, o. O., o. J. (Raubdruck), S. 13.
239 Vgl. Reimut Reiche, *Sexualität und Klassenkampf,* Frankfurt/M. 1968, S. 128.
240 W. F. Haug, *Zur Strategie der Triebunterdrückung . . .,* S. 11
241 Peter W. Jansen, *Der Weg nach oben,* in: FAZ vom 29. 10. 1968.
242 M. Walser, Nachwort zu Ursula Trauberg, *Vorleben,* S. 270.
243 G. Just, Welt der Literatur, a.a.O.
244 P. W. Jansen, a.a.O.
245 Ebd.
246 Ebd.
247 Zit. nach P. W. Jansen, a.a.O.
248 Ebd.
249 P. W. Jansen, a.a.O.
250 M. Walser, Nachwort zu *Vorleben,* S. 269 f.
251 Jürgen Becker, *Wen spricht Ursula Trauberg frei – sich oder Martin Walser?,* in: Der Monat, Februar 1969, S. 87.
252 Uwe Nettelbeck, *Wie das Leben so schreibt,* in: »Die Zeit« vom 11. 10. 1968.
253 Südwest Presse. Schwäbisches Tagblatt vom 20. 10. 1970.
254 Der Spiegel, Nr. 10/1970, S. 167.
255 Vgl. z. B. *BP,* S. 37.
256 »Selbst das Tragen des Bürgerhuts wird beim Arbeiter (. . .) erkennbar als ungelungenes Bemühen. Der wirkliche Bürger mokiert sich im Stillen über diese mißlungene Nachahmung, die erst recht die Unnachahmlichkeit des wahrhaft Bürgerlichen bestätigt. In vielen Fällen führt der Widerspruch zwischen der typischen und der angelernten Geste, zwischen dem Wirklichen und dem Gewollten zur Karikatur. Der Betrachter verbeißt sich ein Lächeln höchstens aus Mitleid. Der ausgezogene Handschuh in der behandschuhten linken Hand eines proletarischen Halbstarken, lässig getragen nach ›feiner‹ Bürgerart, drückt nur die völlige Unfähigkeit aus, die Geste mit wirklichem Erfolg zu kopieren.« (L. Kofler, *Zur Soziologie des Arbeiters,* S. 24 f.).
257 Otto Gmelin, *Philosophie des Fernsehens,* Reutlingen 1967, S. 161.
258 Heinz Ludwig Arnold, Die Gruppe 61/2, Süddeutscher Rundfunk, Sendung vom 5. 6. 1970, Manuskript S. 23.
259 Ebd., S. 24.
260 G. Wallraff, *Wirkungen . . .,* S. 317.
261 K. Birkenhauer, *Nur keine Romane,* S. 26.
262 W. Werner, *Vom Waisenhaus zum Zuchthaus,* S. 266.
263 W. Benjamin, *Das Kunstwerk im Zeitalter seiner technischen Reproduzierbarkeit,* Frankfurt/M. 1963, S. 58.
264 E. Runge, Rostock 1970. Gespräch mit Künstlern und Kulturhausvertretern (Tonbandprotokoll), in: Neue Volkskunst, Nr. 88/89, Oberhausen 1970, S. 22.
265 Th. W. Adorno, *Ästhetische Theorie,* Frankfurt/M. 1970, S. 369 f.; vgl. auch S. 53 ff.
266 Vgl. Leo Löwenthal, *Zur gesellschaftlichen Lage der Literatur,* in: Zeitschrift für Sozialforschung, Bd. I, Leipzig 1932, S. 97.

267 Vgl. G. Lukács, *Literatursoziologie,* S. 463.

268 G. Wallraff, *Wirkungen ...,* S. 316.

269 Ebd., S. 316.

270 Dieter E. Zimmer, *Die sog. Dokumentar-Literatur,* a.a.O.

271 G. Wallraff, *Wirkungen ...,* S. 316. Wallraffs hier zitierten Formulierungen finden sich übrigens wörtlich bei Helga Gallas, was kaum auf eine zufällige Koinzidenz zurückzuführen sein dürfte. Wie die Dokumente beziehen sich auch die theoretischen Äußerungen der Dokumentaristen nicht auf weiterführende Literatur, auf die sie doch nicht ganz verzichten können. (Vgl. Helga Gallas, *Ausarbeitung einer marxistischen Literaturtheorie im BPRS und die Rolle von Georg Lukács,* in: alternative, H. 67/68, 1969, S. 159).

272 Th. W. Adorno, *Ästhetische Theorie,* S. 90.

273 Theo Gallehr und Rolf Schübel, *Zwischen Wohlstand und Klassenkampf.* Text der ARD-Sendung vom 21. 1. 1970, in: Fernsehen und Film, März 1970, S. 14 ff.

274 Vgl. G. Wallraff, *Wirkungen ...,* S. 317.

275 W. Benjamin, *Das Kunstwerk ...,* S. 147.

276 A. Schmidt, *Zum Erkenntnisbegriff ...,* a.a.O., S. 36; Zitat im Zitat: M. Horkheimer, *Zum Rationalismusstreit in der gegenwärtigen Philosophie,* in: M. H., *Kritische Theorie* Bd. I, S. 141.

277 Adalbert Fogarasi, *Aufgaben der kommunistischen Presse,* in: *Kommunismus,* Wien 1921, S. 846 f.

278 *BP,* S. 9 f.

279 Zit. auf dem Schutzumschlag der gebundenen Ausgabe von 1967.

280 *Filmen für eine bessere Gesellschaft,* a.a.O., S. 24.

Helmut Hartwig

Literatursoziologie und das Problem der Klassenüberschreitung

Zur Soziologie ästhetischer Fragestellungen — Fr. Th. Vischer über Georg Herwegh

Im folgenden geht es um den Versuch, im Zusammenhang von Textanalysen Probleme der Literatursoziologie zu diskutieren. Der konkrete Ansatz erlaubt es, Methodenfragen im Arbeitsprozeß selbst zu reflektieren.

Die Wahl der Ausgangstexte hat sich im Verlauf der Arbeit als besonders günstig erwiesen, weil sich zeigte, daß wichtige theoretische Prämissen einer kritischen Literatursoziologie, wie sie hier gefordert wird, in der gleichen geschichtlichen Situation entstanden sind wie die Ausgangstexte von Fr. Th. Vischer.

Auf diese Weise werden heutige Probleme in der gesellschaftlichen Situation ihrer Entstehung diskutiert. Die Kritik gewinnt dadurch eine historische Dimension. Die Notwendigkeit, die damalige Diskussion heute noch auf derselben Ebene zu führen, weist darauf hin, daß die gesellschaftliche Situation sich seit damals in bestimmten Grundstrukturen nicht geändert hat.

Fr. Th. Vischer hat sich ausgiebig mit der politischen Lyrik beschäftigt. Man könnte sagen: es blieb ihm auch nichts anderes übrig, denn sie bildete einen Hauptbestandteil der literarischen Produktion in einer Zeit, in der er nicht nur als Ästhetiker eine bedeutsame Stellung inne hatte, sondern in der Öffentlichkeit auch als progressiver Liberaler bekannt war.

1842 schrieb er einen Aufsatz über *Shakespeare in seinem Verhältnis zur deutschen Poesie, insbesondere zur politischen*; 1844 erschien der Aufsatz über *Herwegh* und eine Erklärung *Noch ein Wort darüber, warum ich von der jetzigen Poesie nichts halte*; 1845 der Aufsatz über *Politische Poesie* [1]. In all diesen Arbeiten hat er eine klare Position: er hält von der »jetzigen Poesie« nichts, weil sie politisch ist. Diese weitläufige Formulierung aus dem Titel des einen Aufsatzes wird insofern bedeutsam, als später – bei der Begründung des Urteils – nicht mehr viel von einem empirischen Subjekt zu spüren ist, das bloß eine Meinung äußert. Nicht als Geschmacksfrage oder als

Bestandteil einer politischen Position nämlich erscheint das kritische Urteil über die politische Poesie, sondern als unzweifelhafte Konsequenz aus einer ästhetischen Theorie.

Das heißt aber nicht, daß Vischer in diesen Aufsätzen nicht als gesellschaftliches, politisches Subjekt erschiene, sondern durch die Art, wie das ästhetische Urteil auf allgemeine Prinzipien der Ästhetik zurückgeführt wird, wird vielmehr – im Kontrast dazu – das Auftreten des polemischen Subjekts Vischer unverbindlich, wird der Unterschied zwischen allgemeinen ästhetischen Aussagen und politischen Urteilen erst auffällig. Das ästhetische Urteil findet über den Parteien und außerhalb der Geschichte statt. Je mehr Vischer als jemand hervortritt, der eine dezidierte politische Meinung hat und sie auch immer wieder engagiert ins Spiel bringt, umso deutlicher wird, daß er bestimmte ästhetische Urteile von der Bindung an seine eigene historisch-politische Existenz gelöst haben will.

Für die Behauptung, daß es keine politische Poesie in seiner Zeit geben kann, ist nun folgendes ästhetisches Gesetz verantwortlich:

> Sie taugt nichts, weil sie eine Idee ausspricht, welche noch keinen Körper hat, sondern ihn erst bekommen soll, welche also noch abstrakt ist. Nennt man politische Poesie diejenige, welche vergangene große Taten und Schicksale der Völker besingt, wo die Idee schon zur Wirklichkeit geworden ist, ... dann kann es keine größere Poesie geben als politische ... [2]

Dazu kommt noch das Gesetz der Gattung:

> Besonders übel wird daher dem politischen Dichter anstehen, wenn er die Zerrissenheit in die Politik aufnimmt, wenn er neben seiner großen Sache ein in eitlen Schmerzen sich bespiegelndes Ich in den Vordergrund zu drängen sucht, kurz, wenn er heinesiert. Einen Charakter wollen wir sehen, einen Felsenmann ... [3]

Der Zusammenhang zwischen dem Urteil über die »Zerrissenheit« Heines und der Forderung nach einer Poesie, die sich auf »vollendete«, »harmonische« Verhältnisse bzw. verwirklichte Ideen bezieht, ist offensichtlich. Ordnung wird einmal für einen geschichtlichen und ein andermal für einen psychologischen Zustand gefordert. »Zerrissenheit« ist der subjektive Reflex unvollendeter Verhältnisse; die »Persönlichkeit«, der »Charakter«, der Reflex der vollendeten.

Da aber nur der »Charakter« echte Poesie schaffen kann, wird über diese Bestimmung allein – im Anschluß an Hegel – das Bestehende als vollendete Geschichte zum Gegenstand einer besonders hochwertigen Äußerungsform des absoluten Geistes: »wahrer Dichtung«. Auf diese Weise konstituiert sich eine affirmative, restaurative Ästhetik:

> Die Unruhe des Interesses, die Hast, die Sorge, die Ungeduld verzehrt schlechtweg jene schöne Einheit aller geistigen und sinnlichen Kräfte, welche sich in dem stillen Weben, Träumen, Schaffen der Phantasie darstellt. Wahre Dichtung ist nur, wo Besitz ist ...

Womit am Ende des Zitats der Zusammenhang zwischen dieser Ästhetik und ökonomischen Interessen für einen Augenblick aufblitzt, bevor er in einer für die ideologische Strategie des Bürgertums exemplarischen Wendung wieder verschleiert wird: der Zusammenhang zwischen »wahrer Dichtung« und »Besitz« wird zurückgeholt ins Innere der Seele, wird zur Metapher entmaterialisiert:

> Besitz, der zwar, wie alles Menschliche, der Sehnsucht noch unendlichen Raum läßt, aber doch Besitz und Genüge der Seele. [4]

Aber diese Interpretation greift voraus, zeigt, um welche Art Aussagen es geht, wenn Möglichkeiten von Literatursoziologie zur Diskussion stehen.

Die Rechtfertigung einer Interpretation, in der auf der Gesamtheit historisch möglicher Bedeutungen eines Wortes wie »Besitz« auch dort insistiert wird, wo die näheren Bestimmungen im Text auf die Verdrängung eines bestimmten semantischen bzw. pragmatischen Aspekts aus sind, kann nicht unmittelbar geleistet werden; vielmehr nur über die Entwicklung und Begründung einer Methode, deren Erkenntnisinteresse darin bestünde, sprachliche Äußerungen über individuelle Absichten hinaus in objektive Zusammenhänge zu stellen. Einem solchen Erkenntnisinteresse liegt der Verdacht zugrunde, daß die Verdrängung bestimmter semantischer Aspekte durch die Tätigkeit einer Gruppe von Literaturproduzenten mehr ist als ein »geistiger« Vorgang; daß in der Verdrängung semantischer Aspekte abgelenkt wird von bestimmten, gesellschaftlichen Voraussetzungen sprachliche Praxis [5].

Dieser Ideologieverdacht kann nun zu verschiedenen Arbeitsprozessen führen.

Etwa dazu, daß der Versuch unternommen wird, die Widersprüche und erkennbaren semantischen Verschiebungen in einem Text als Ausdruck von sozialen *Rollenwidersprüchen* des schreibenden Subjekts zu interpretieren. Dabei ginge es darum, in einem ersten Schritt die undurchdringliche Kontinuität eines Textes aufzubrechen. Über die inhaltliche Konkretisierung der Rollenwidersprüche ergibt sich ein Reflexionszusammenhang, der in verschiedene Richtungen weitergeführt werden kann.

So konkretisiert sich in den angedeuteten Rollenwidersprüchen des Subjekts von Vischers Aufsätzen, in dem Nebeneinander von engagierter Meinungsäußerung und normativer ästhetischer Aussage, tendenziell die Arbeitsteilung zwischen dem Politiker und Dichter, denen Vischer jeweils – aus ästhetischen Gründen – widersprüchliche, sich ausschließende gesellschaftliche Aufgaben zuteilt: dem einen die Verherrlichung harmonischer Verhältnisse und dem anderen Engagement für politische Veränderungen.

Interpretiert man diese Tendenz nicht bloß individualpsychologisch oder bloß logisch als Widerspruch, sondern vielmehr als Ausdruck objektiver sozialer Rollenkonflikte, dann ergeben sich für die Mitglieder der sozialen Gruppe, auf die Vischers Text verweist, Selbstdefinitionen und theoretische wie praktische Verhaltensmöglichkeiten in einem recht genau bestimmbaren Konfliktfeld.

So könnte etwa das politische Interesse weitgehend ausfallen und die Aktivität sich auf den freigehaltenen Bereich der literarischen und wissenschaftlichen Provinz beschränken; ebenso aber sind auch Selbstdefinitionen und Rollen denkbar, in welchen das politische Interesse im Verlauf von Aktionen zur Kritik an der praktischen und theoretischen Abschirmung des kulturellen Bereichs führt. Im einen Fall kann es mithin tendenziell zur Identifikation mit den Herrschenden und zur Affirmation bestehender Verhältnisse, also reaktionären Lösungen des bei Vischer erkennbaren Widerspruchs kommen; im anderen Fall dagegen zur Ablösung von der sozialen Gruppe, mithin zur Solidarisierung mit den Unterprivilegierten.

Die Frage ist jetzt: unter welchen Bedingungen geschieht das eine und unter welchen das andere oder garnichts?

Gibt man sich nicht mit der angedeuteten sozialpsychologischen Antwort zufrieden, dann führt diese Frage zu einer Analyse des gesellschaftlichen Entwicklungsprozesses in einer bestimmten Phase der bürgerlichen Gesellschaft. Gefragt werden müßte nach dem Zusammenhang, der zwischen dem Hervortreten des empirisch-politischen Subjekts in den Texten von Vischer und der bürgerlichen Emanzipationsbewegung besteht. Die Tatsache, daß es in einer bestimmten geschichtlichen Situation eine soziale Gruppe gibt, deren Identität durch das Interesse an der Bewahrung eines sozialen Besitzstandes bestimmt ist, ohne sich darin zu erschöpfen, müßte bezogen werden auf die ökonomischen Grundverhältnisse, wenn das Erkenntnisinteresse auf die Entschleierung von gesellschaftlichen Interessenpositionen in Texten aus ist und auf die Identifikation der entsprechenden verbalen Strategien oder die kritische Beschreibung der entsprechenden Textstrukturen.

Diese Hinweise zeigen, daß mit den rollentheoretischen Bemerkungen für die Beantwortung dieser Frage nach der Relevanz bestimmter Strukturen noch nicht viel mehr getan ist als die Formulierung einer Aufgabenstellung.

Andererseits ist das aber – bezogen auf die germanistische Praxis – schon viel, weil sich eine erste literatursoziologische Alternative zu der geistesgeschichtlichen Suche nach »Abhängigkeiten« der Geister in ihrem ureigensten Kontinuum von Dichten und Denken abzeichnet; die Möglichkeit nämlich, Merkmale eines individuell produzierten Textes auf Bedingungen zu beziehen, die in einer Gesellschaft für viele gleich sind. Es deutet sich an, daß ein Text in wichtigen Momenten seiner Struktur nicht bloß Ausdruck eines Individuums und auch nicht bloß Moment im kontinuierlichen inneren

Monolog der Wissenschaften ist, sondern permanent auf nichtliterarische Realität verweist. Damit aber weiter gezeigt werden könnte, auf welche Weise bei der Produktion von Texten die Gesellschaft mitarbeitet, wie Produktion auch dort, wo sie bloß individuell und geistig zu sein scheint, über den gesellschaftlichen Charakter des Produktionsmittels Sprache auf soziale, politische und ökonomische Strukturen verwiesen ist, müßten jetzt die Prinzipien gesellschaftlicher Organisation für eine bestimmte Zeit untersucht und im Hinblick auf soziale Gruppenbildung und die Entwicklung sprachlicher Strukturen dargestellt werden.

Damit wird zugleich deutlich, welche Bedeutung im Vorgang literatursoziologischer Analyse die *soziologischen Implikationen* gewinnen: Aussagen über die Prinzipien, nach denen die Gesellschaft organisiert ist und die Antagonismen sich entfalten. Die Benennung der sozialen Gruppe, deren Identität in einem Moment durch die angedeuteten Widersprüche und Interessen bestimmt wird, kann selbst wieder nur im Zusammenhang soziologischer Begriffsbildung stattfinden.

So führt etwa der Begriff »bürgerliche Intelligenz« im Rahmen literatursoziologischer Betrachtung nur insofern weiter, als er auf eine Gesellschaftstheorie verweist, in der Aussagen über diese soziale Gruppe in einem größeren Zusammenhang, in diesem Fall im Zusammenhang einer Klassenanalyse, gemacht werden.

Das heißt nicht anderes, als daß sich in jeder literatursoziologischen Arbeit Elemente einer Gesellschaftstheorie aktualisieren müßten, wenn nicht die literatursoziologischen Kategorien leer bleiben sollen. So bleibt der Begriff »bürgerliche Intelligenz« unverbindlich, wenn sich im Verlauf der Arbeit nicht ein Verweissystem herstellt, durch das angedeutet wird, auf welche Weise diese soziale Gruppe und ihre Konflikte mit den Prozessen an der ökonomischen Basis, mithin mit Klassenkonflikten verknüpft sind. Mit dieser inhaltlichen Konkretisierung der Forderung wird aber zugleich ein bestimmtes politisches Interesse wirksam, denn die Aufgabe einer politökonomischen Analyse stellt sich nur dann, wenn man in der Trennung von Kulturproduktion und politischen bzw. ökonomischen Prozessen Klasseninteresse am Werk sieht.

Schwierig zu bestimmen bleibt allerdings immer, wieweit im Rahmen eines textsoziologischen oder literatursoziologischen Ansatzes die Klassenanalyse expliziert werden muß bzw. welches Maß an Verkürzungen erlaubt ist, ohne daß die Argumentation ihre Basis verliert. Diese Frage zeigt, daß im literatursoziologischen Ansatz aufgrund seines durch den Gegenstand bestimmten, beschränkten Erkenntnisinteresses selbst ein Problem liegt.

Wenn auch damit gesagt ist, daß die Relevanz des jeweiligen Arbeitsschrittes nicht unmittelbar auf der Hand liegt, so bedeutet das doch nicht, daß es dem Zufall überlassen bleibt, welche Vermittlungen und Reflexionen aus Anlaß eines Textes ausgeführt werden. Vielmehr ergibt sich nicht bloß zufällig die Notwendigkeit, an jenen Momenten eines Textes anzuknüpfen, in welchen indirekt Aussagen über den Ablauf des geschichtlichen Prozesses gemacht werden. Diese (ideologiekritische) Wendung des Interesses ist begründet in der in die marxistische Theorie eingegangenen geschichtlichen Erfahrung, daß eine entscheidende Funktion der bürgerlichen Kulturproduktion in der Verschleierung realer Herrschaftsverhältnisse liegt und daß diese Tendenz als begriffliche Strategie in den kulturellen Produkten bloßgelegt werden kann. Bedeutung hat für Marx die Beschäftigung mit Überbauphänomenen allerdings nicht immer gleichermaßen, sondern in einer recht genau bestimmbaren Phase seiner Arbeit: als es darum ging, in den Theorien seiner Zeit die Wirksamkeit von Klasseninteresse nachzuweisen und dabei die Grenzen seiner eigenen Klasse zu überschreiten. Über diese Zusammenhänge soll noch gesprochen werden.

An dieser Stelle ist wichtig, auf die Gefahr hinzuweisen, die mit einer Verselbständigung von Literatursoziologie, ihrer Abspaltung aus einer Kritik der Politischen Ökonomie verbunden ist. Diese Gefahr besteht auch beim rollentheoretischen Ansatz [6].

Andererseits gibt es eine Grenze der Vergegenwärtigung ökonomischer Grundverhältnisse, wenn das historische Material nicht bloß Beweis für deren Existenz bilden soll, sondern gesellschaftliche Widersprüche in den besonderen Strukturen und deren historischer Entfaltung identifiziert werden sollen. Es geht um die Durchdringung des Materials in einer Reflexionsbewegung, für deren Erkenntnisinteresse nichts von vornherein bloß Residuum ist. Dabei könnte eine entwickelte Theorie über die Beziehung zwischen Überbau und Basis eine Hilfe bilden, doch gibt es dafür in der marxistischen Literatur nur Ansätze [7]. Zuviel historisches Material fällt als bloßes Abfallprodukt des geschichtlichen Prozesses unter diesen Voraussetzungen noch durch.

In diesen Widersprüchen konstituiert sich ein *spezielles literatursoziologisches Interesse,* dessen gesellschaftliche Basis selbst wieder kontinuierlich überprüft werden muß: es darf nicht als ein für sich gegebenes und bedeutsames akzeptiert werden, sondern steht in all seinen Entwicklungsmomenten – nicht abstrakt als Interesse an der Literatur überhaupt – dauernd zur Diskussion.

In dem angedeuteten Arbeitsprozeß realisiert sich zugleich aber auch die gesellschaftliche Lage des Literatursoziologen. Er hat an den Klassenkonflikten teil und dies wirkt sich in seiner Arbeit aus.

Die oben angedeuteten Rollenwidersprüche, das Schwanken zwischen dem Interesse an der Bewahrung eines sozialen Besitzstandes, dem Insistieren auf einem neutralen formalen Subjekt von Denken und der Tendenz, als historisch-politisches Subjekt hervorzutreten und sich für Veränderungen zu »engagieren«, drückt sich auch in den Lebensläufen bürgerlicher Individuen und deren subjektivem Selbstverständnis unmittelbarer aus als in den Textstrukturen.

Das folgende Material soll zur Konkretisierung der angedeuteten Konflikte und zur Differenzierung der angedeuteten Fragestellungen beitragen.

Während Fr. Th. Vischer sich 1848 emphatisch engagiert:

> Indem ich hier sehe, in welchen bedeutungslosen, auch unreinen Händen die Volksbewegung ist, welche hohle Tiraden in den Volksversammlungen glänzen, ist mir ein Pflichtgefühl aufgestiegen, eine Stelle im deutschen Parlament zu suchen ... [8],

schreibt ihm sein Freund David Friedrich Strauß als Antwort unter anderem:

> Einer Natur wie der meinigen war es unter dem alten Polizeistaat viel wohler als jetzt, wo man doch Ruhe auf den Straßen hatte und einem keine aufgeregten Menschen, keine neumodischen Schlapphüte und Bärte begegneten. Man konnte in Gesellschaft noch ein Wort von Literatur und Kunst ... sprechen ...
>
> Ich lerne mich in diesen Tagen deutlicher als jemals dahin kennen, daß ich ein Epigone jener Periode der Individualbildung bin, deren Typus Goethe bezeichnet und aus diesen Schranken weder heraus kann noch will. Gegen diesen Ausguß des Geistes auf Knechte und Mägde, gegen diese jetzige Weisheit auf allen Gassen, kann ich mich nur schneidend ironisch, schnöde verachtend verhalten. Odi profanum vulgus et arceo ist und bleibt mein Wahlspruch ... [9]

Es soll hier unbesprochen bleiben, inwiefern sich im Brief von Vischer die Probleme der gleichen sozialen Identität wie bei Strauss widerspiegeln; es kommt hier mehr auf die Argumentation von Strauss an.

Trotz dieses Briefes läßt sich Strauß später zur Annahme einer Kandidatur für das Frankfurter Parlament bewegen, wird allerdings nicht gewählt. Einige Zeit danach kommt er ins württembergische Landesparlament. In der zweiten Hälfte des Jahres 1848 verstärken sich individuelle und öffentliche Konflikte in dem Sinne, daß Resignation und Pessimismus als Ergebnis privater Erfahrung (Auflösung seiner Ehe) zusammengehen mit einer stärker konservativen politischen Orientierung. Es wäre nun eine wichtige Aufgabe für eine Sozialgeschichte, diese Wechselwirkung nicht als individuelles Phänomen hinzunehmen, sondern zu untersuchen, inwieweit die Unmittelbarkeit dieses Wirkungszusammenhangs für das subjektive Selbstverständnis als objektives Merkmal einer bestimmten Klassenlage betrachtet werden kann. Das liefe unter anderem darauf hinaus zu prüfen, wieweit die öffentliche Aktivität dem Primat einer – ihrem Selbstverständnis nach – allgemein menschlichen, individuellen Selbstverwirklichung, wie Strauß sie in dem Brief andeutet, unterworfen wird, und nach der objektiven Funktion einer solchen

Bestimmung von Identität zu fragen [10]. Das heißt aber auch, daß der »Strukturwandel der Öffentlichkeit« im Medium bürgerlicher Lebensläufe und Selbstdefinitionen beschrieben werden könnte, wenn ein geschichtliches Verständnis für die in Vischers Texten entdeckten Widersprüche gewonnen werden soll. Eine Anregung dazu könnte die folgende Stelle aus dem Buch von Habermas geben, wo er an Gedankengänge von Marx anknüpft:

> Nun war aber um die Mitte des 19. Jahrhunderts vorauszusehen, wie diese Öffentlichkeit, infolge ihrer eigenen Dialektik, von Gruppen besetzt werden würde, die, weil sie der Verfügung über Eigentum und damit einer Basis privater Autonomie entbehren, an der Erhaltung der Gesellschaft als privater Sphäre kein Interesse haben können. Wenn *sie,* als ein erweitertes Publikum, anstelle des bürgerlichen zum Subjekt von Öffentlichkeit avancieren, wird sich deren Struktur von Grund auf wandeln müssen [11].

Die Briefstellen von Strauß und Vischer können als subjektiver Ausdruck von Befürchtungen über den von Habermas skizzierten bevorstehenden Strukturwandel der Öffentlichkeit in der Mitte des 19. Jahrhunderts interpretiert werden.

Bevor gezeigt werden soll, wie die rollentheoretischen Überlegungen zu einem ideologischen Ansatz weiter führen, und damit weitere Zusammenhänge literatursoziologischer Arbeit konkret entwickelt werden, eine kurze Rekapitulation der bisherigen Argumentation.

Eine Untersuchung der Aufsätze von Fr. Th. Vischer zur politischen Lyrik hat zur Entdeckung einer eigentümlich ambivalenten Argumentation geführt. Die tendenzielle Trennung eines allgemeinen, ungeschichtlichen, theoretischen Subjekts und eines polemisch politischen wurde als besonderes Merkmal dieses Textes identifiziert. Die Frage nach dem Erkenntnisinteresse, das für diese Trennung und die Legitimation einer Arbeitsteilung zwischen dem Dichter und dem Politiker, der Verdinglichung dieser Arbeitsteilung, verantwortlich sein könnte, hat auf sozialgeschichtliche Fragen geführt und innerhalb dieser Fragestellung auf Probleme der sozialen Identitätsbildung, mithin auf den Zusammenhang zwischen individuellen Lebensläufen und gesellschaftlicher Gruppenbildung. Auf diese Weise wurden sprachliche Strukturen in Verbindung mit sozialen gebracht, erschienen soziale Interessen als verantwortliche Antriebe für die Ausbildung bestimmter verbaler Strukturen (symbolischer Formen) innerhalb einer besonderen Sparte kultureller Produktion (Ästhetik). Diese Produkte wiederum wurden als gegenständliche Substrate einer vieldimensionalen sozialen Gruppenindentität betrachtet.

Man kann nun jede ästhetische Theorie bzw. jeden literaturkritischen Text lesen, als handele es sich um Literatursoziologie. Diese Fiktion erleichtert die Bestimmung der Momente, durch welche er es nicht ist.

In jeder ästhetischen Theorie oder Interpretation von Texten gibt es Aussagen, die die Differenz zwischen dem Zeichen und Bezeichneten betreffen. Indem man die Kategorien, durch welche das Bezeichnete begriffen werden soll, als Momente eines Gesellschaftsbildes nimmt und die Kategorien, in denen von den Zeichen gesprochen wird, als Elemente einer Sprachtheorie, ergeben sich Möglichkeiten der Distanzierung.

Bei Vischer gibt es zwei Ebenen, auf denen vom Bezeichneten gesprochen wird. Einmal die kategoriale Ebene, auf der er objektive Aspekte des geschichtlichen Prozesses benennt. Dazu gehören:

Idee – Körper
Idee – Wirklichkeit
vergangene große Taten und Schicksale der Völker
große Sache
harmonische Verhältnisse
politischer Umbruch

Auf der subjektiven Seite erscheinen als mögliche Inhalte echter bzw. unechter Poesie:

Unruhe des Interesses
schöne Einheit aller geistigen und sinnlichen Kräfte
Besitz und Genüge der Seele
Persönlichkeit
Charakter
Felsenmann
Zerrissenheit
eitles, sich bespiegelndes Ich

Es kommt jetzt darauf an, daß man erkennt, wie diese Begriffe die Grenzen seiner Erkenntnismöglichkeiten bilden. Zwar stellt Vischer einen Zusammenhang zwischen historischen, objektiven Vorgängen und bestimmten symbolischen Formen (Gattungen) her; durch die Unbestimmtheit des objektiven Substrats aber bleibt die Vermittlung zwischen Dichtung und Geschichte, zwischen Zeichen und Bezeichnetem abstrakt. Noch weniger besteht unter diesen Voraussetzungen die Möglichkeit, einen Zusammenhang zwischen dem eigenen Denken (der Ästhetik) und der eigenen sozialen Lage herzustellen.

Das ist selbst ein geschichtliches Faktum, und die konkrete Bestimmung des Defizits an Erkenntnismöglichkeit bildet zugleich einen Beitrag zur Bestimmung der geschichtlichen Situation und gesellschaftlichen Rolle derer, die entsprechend denken. Um diese konkrete Bestimmung der geschichtlichen Lage im Medium theoretischer Kategorien soll es im folgenden gehen. Damit wird zugleich zu Aufgaben der *Ideologiekritik* übergeleitet.

Die Fähigkeit, Abstrakta und Kollektiva wie ›Volk‹, ›Idee‹, ›Wirklichkeit‹ aufzulösen oder Kategorien wie ›Charakter‹, ›Persönlichkeit‹ in ihrer praktischen Funktion zu reflektieren, wäre die Bedingung dafür, daß geschichtsmythologische und moralische Interpretationen in ideologiekritische, soziologische bzw. sozialpsychologische umgewandelt werden könnten. Durch diese Begriffe ist deshalb der Rahmen gesetzt, innerhalb dessen für Vischer die soziale Realität bzw. die Beziehung, in die jemand durch sein Verhalten (Dichten) zu der sozialen und politischen Realität gesetzt wird, allein begreifbar ist.

Im besonderen läßt sich sagen, daß der Gebrauch dieser Kategorien mit dem Fehlen des Begriffs Gesellschaft bzw. Klasse zusammengeht und die Erkenntnis gesellschaftlicher Antagonismen unter diesen Bedingungen ausgeschlossen ist. Menschliche Beziehungen erscheinen nicht als soziale Beziehungen, sondern als persönliche, moralische, und sind der Beziehung zwischen mythischen Kollektiven untergeordnet.

Kritische Gesellschaftstheorie beginnt deshalb historisch nicht zufällig mit einer Kritik der *Deutschen Ideologie,* mit dem Hinweis auf die gesellschaftliche Funktion bestimmter Kategorien in der kritischen Tätigkeit der bürgerlichen Intelligenz, was natürlich heißt: mit der Kritik an der gesellschaftlichen Rolle dieser Gruppe.

Es geht Marx in seiner zur selben Zeit wie die Aufsätze von Vischer (1845/46) geschriebenen *Deutschen Ideologie* um die Kritik der abstrakten Kategorien, von denen die »kritische Kritik« der Junghegelianer bestimmt wird. Indem er dort ansetzt, nimmt er die kritische Tätigkeit aber auch als gesellschaftliche Praxis ernst, akzeptiert er die philosophischen Diskussionen der bürgerlichen Intelligenz als eine relevante Form von bürgerlicher Praxis.

Die Texte von Vischer gehören nicht mehr unmittelbar dazu; es besteht auch keine unmittelbare, bewußte Verbindung zu der kritischen Philosophie jener Zeit. Andererseits aber ist die Differenz zwischen – ihrem Anspruch nach – theoretischen und solchen, die gleichsam als deren Verwertungsprodukte bezeichnet werden können, in dem Aspekt, auf den die Kritik von Marx zielt, nicht groß. In der Strategie und der Konsequenz unterscheidet sich etwa die folgende Argumentation nicht von dem zitierten Vischerschen Urteil über Heine.

Heine ist ein Dichter, dem das rechte Herz der Dichtung fehlt, die Gesinnung – der *Mensch*. Was ist's, das uns die alten Meister Griechenlands so theuer macht, was ist's, warum wir an Goethe ewige Erquickung finden, an Schillers Werken den Geist erstarken fühlen – es ist der Mensch und die Achtung vor seinem Wesen, was diese unsterbliche Nahrung schafft. Heine spielt mit dem Menschen und seinen heiligen Dingen, er spielt mit seinen eigensten Gaben schöner Menschlichkeit, er lästert den Geist durch seine Geistigkeit und fühlt sich groß in der Kleinheit der Verachtung; hierin allerdings ein zweiter Voltaire wie jemals einer. Mit Allem treibt er Hohn, nur nicht mit der Eitelkeit seines Hohns [12].

Marx kritisiert die Rede von »dem Menschen« in seiner Analyse von Max Stirner:

Wir können jetzt enthüllen, weshalb Sankt Max seinen ganzen ersten Teil »Der Mensch« betitelt und seine ganze Zauber-Gespenster- und Rittergeschichte für die Geschichte ›*des* Menschen‹ ausgegeben hat. Die Ideen und Gedanken der Menschen waren natürlich Ideen und Gedanken über sich und ihre Verhältnisse, ihr Bewußtsein von *sich,* von *den* Menschen, denn es war ein Bewußtsein nicht nur der einzelnen Person, sondern der einzelnen Person im Zusammenhang mit der ganzen Gesellschaft und von der ganzen Gesellschaft, in der sie lebten. Die von ihnen unabhängigen Bedingungen, innerhalb derer sie ihr Leben produzierten, die damit zusammenhängenden notwendigen Verkehrsformen, die damit gegebenen persönlichen und sozialen Verhältnisse, mußten, soweit sie in Gedanken ausgedrückt wurden, die Form von idealen Bedingungen und notwendigen Verhältnissen annehmen, d. h. als aus dem Begriff *des* Menschen, des menschlichen Wesens, der Natur des Menschen, dem Menschen hervorgehende Bestimmungen ihren Ausdruck im Bewußtsein erhalten. Was die Menschen waren, was ihre Verhältnisse waren, erschien im Bewußtsein als Vorstellung von dem Menschen, von seinen Daseinsweisen oder von seinen näheren Begriffsbestimmungen [13].

Marx deckt in der *Deutschen Ideologie* diese Strategie der Begriffsbildung in ihrer gesellschaftlichen Funktion auf: als die bürgerliche Ideologie von der »Klassenjenseitigkeit« ihres Standpunktes [14].

Die Frage ist, welche Voraussetzungen es Marx ermöglichten, diese Wendung der Kritik zu vollziehen.

Seine eigene Antwort wäre: die Ablösung von der eigenen Klasse, wie sie sich in seiner Arbeit vollzieht.

Es wurde oben auf die verschiedenen Möglichkeiten der Identitätsbildung hingewiesen, die ein bürgerlicher Intellektueller unter den gegebenen gesellschaftlichen Bedingungen hatte und daß es sich hier nicht um bloß individualgeschichtliche Möglichkeiten handelt, sondern um solche, die über den geschichtlichen Stand der Gesamtgesellschaft vermittelt sind.

Durch seine Kritik setzt sich Marx in Widerspruch zu den Interessen derer, für die diese Allgemeinbegriffe offenbar eine bestimmte Aufgabe erfüllen. Der Zusammenhang zwischen dem Gebrauch dieser Abstrakta und der Verschleierung und Sicherung von Herrschaft ist offensichtlich. Indem Marx diese Funktion aufdeckt, wird die soziale Identität und der Herrschaftsanspruch einer gesellschaftlichen Gruppe infragegestellt. Daraus ergeben sich Aufforderungen, etwa auch die, sich von dieser Art kultureller Produktion abzuwenden und zu untersuchen, in welcher Weise die Interessen jener anderen gesellschaftlichen Gruppen repräsentiert werden, die gleichsam außerhalb der Geschichte stehen, weil sie im herrschenden kollektiven Selbstbewußtsein nicht als Subjekte und meist auch nicht einmal als Objekte von Geschichte erscheinen. Insgesamt ist die Bedingung und Folge der Marxschen Kritik die Kritik an einer Klasse, die im Namen der Menschheit philosophiert, während sie als Klasse herrscht.

Für die bürgerlichen Intellektuellen wird damit die Überschreitung der eigenen Klassenlage als theoretisches und praktisches Problem postuliert.

Man müßte die Theorien und Lebensläufe derer, die diese Aufforderung annehmen – wobei nicht notwendig der Einfluß von Marx die Bedingung dafür sein muß – unter diesem Gesichtspunkt untersuchen.

In seinem Aufsatz *Die Anfänge des politischen Radikalismus im vormärzlichen Preußen* weist Gustav Mayer darauf hin, daß erst in dem Moment, wo die untersten Schichten als potentielle geschichtlichen Akteure gedacht und als *praktische* in die Bestimmung von politischer Praxis einbezogen werden, auch die Bedingung für die Auflösung eines Denkens gegeben ist, das Wahrheit mit der Verwendung der kritisierten Allgemeinbegriffe verknüpft. Dabei stellt er für Moses Hess eine Verbindung zwischen dessen unmittelbarer Begegnung mit deutschen Handwerksgesellen in Paris 1842/43 und der Tatsache her, daß er dem »Kultus des Allgemeinen« den Krieg erklärt:

> Damit begann die Auseinandersetzung des Kommunismus mit dem ideologisch gebliebenen, wenn auch demokratisch gewordenen Junghegelianismus, dem es nicht gelang, zu den gesellschaftlichen Problemen in ein richtiges Verhältnis zu kommen [15].

Umgekehrt werden die »radikalen Kritiker« und Apologeten des »Selbstbewußtseins« über ihren Solipsismus und Pessimismus immer mehr zu Parteigängern der Herrschenden und zu Gegnern der »Masse« [16]. Mayer verknüpft hier – wohl in Fortsetzung des Selbstverständnisses von Moses Hess – die Entstehung von proletarischem Klassenbewußtsein bzw. die Ablösung von der eigenen Klasse mit unmittelbaren Akten der Kommunikation.

Die Ontologisierung der Kommunikation mit Mitgliedern der Klasse, mit welcher der geschichtliche Fortschritt verbunden wird, die Hoffnung, allein durch die unmittelbare Kommunikation (was wäre das?) deren geschichtliche Perspektive und damit deren Klasseninteresse übernehmen zu können, ist ein Problem, das für die bürgerlichen Intellektuellen damals wie heute besteht. Nicht zufällig hat Georg Lukács 1926 einen Aufsatz über Moses Hess geschrieben, in dem er unter anderem auf die »Ablehnung des Hegelschen Begriffs der Vermittlung« [17] hinweist. Er kritisiert bei Hess die Verselbständigung der »Zukunft« gegenüber den »Problemen der Gegenwart«. Die Hoffnung, den Klassengegensatz durch ethische Entscheidungen dezisionistisch überspringen zu können, erscheint als die praktische Seite der »idealistischen Dialektik«:

... da Hess' Sozialismus, seine logisch-dialektisch ›erkannte Zukunft‹, ebenfalls nicht aus dem realen Boden der konkreten Klassenkämpfe der Gegenwart herauswuchs, sondern aus den hier produzierten Gegensätzen idealistisch zu selbständigen Wesenheiten erstarren mußten, stand die Zukunft fix und fertig den ›Problemen‹ der Gegenwart als ›Lösung‹ gegenüber. Zwischen Gegenwart und Zukunft fehlt daher jede reale Vermittlung, weil in den Elementen der Gegenwart, in den Tendenzen, die sie hervorgebracht und problematisch gemacht haben, die realen Kräfte des Über-Sich-Hinaustreibens nicht erkannt wurden [18].

Die abstrakte Trennung von Gegenwart und Zukunft, die Lukács als idealistisch bei Hess kritisiert, findet sich – allerdings mit umgekehrter Bewertung – auch bei Vischer, wenn er die Gegenwart den Problemen der Zukunft gegenüberstellt. Mit umgekehrter Bewertung deshalb, weil bei ihm die ontologische Abgeschlossenheit der Gegenwart die Bedingung für die Produktion von echter Dichtung ist, während bei Hess die ontologische Vorwegnahme der Zukunft Bedingung für zielbewußte politische »Tat« wird. Dieser Zusammenhang könnte darauf hindeuten, daß die Ontologisierung sich aus dem Interesse der bürgerlichen Klassenlage ergibt und Hess eben dort, wo er die Bedingungen für die Solidarisierung mit dem Proletariat formuliert, noch am meisten Bürger ist, weil er sie gleichsam als individuellen Entscheidungsprozeß aus der »unmittelbaren Evidenz der ethischen Utopie« [19] begreift.

Selbstverständlich richtet sich Lukács' Vorwurf nicht gegen die Kommunikation der bürgerlichen Intelligenz mit dem Proletariat, sondern gegen die Abstraktheit, mit der die unmittelbare individuelle Kommunikation und die Entstehung von proletarischem Klassenbewußtsein verknüpft werden. Mit dieser Kritik ist also die Aufforderung verknüpft, in dem Problem der Klassenüberschreitung einen Aspekt der praktischen Vermittlung zwischen Gegenwart und »Zukunft« anzuerkennen und – bei Lukács in den Hintergrund gerückt – die subjektive Seite dieses Problems – Identitätsfindung, Aufhebung oder Verdrängung klassenspezifischer Sozialisation – nicht zu unterschlagen. Damit zeigt sich aber auch – und in der Differenz zwischen Marx und Hess wird das deutlich –, daß richtige Theoriebildung ein Aspekt von richtiger Praxis ist. Nur im Zusammenhang mit theoretischen Anstrengungen, in denen es um die Bestimmung der Bedingungen für ein Überschreiten der Klassengrenzen ginge, könnte die falsche Unmittelbarkeit der Solidarisierung eines Bourgeois mit dem Proletariat aufgehoben und der damit verbundene utopistische oder »existentialistische« Begriff von revolutionärer Praxis kritisiert werden. Bei Marx wird diese Arbeit permanent geleistet; bei Hess wird der Klassengegensatz dezisionistisch übersprungen [20].

Die Theorie des »Wahren Sozialismus« bleibt im Utopismus befangen. In der unmittelbaren Gegenüberstellung von »Problemen der Gegenwart« und »der Zukunft« in der Theorie drückt sich aber auch die Tatsache aus, daß der Widerspruch zwischen bürgerlicher Vergangenheit und proletarischer Zukunft mitten durch die geschichtliche Existenz dieser Individuen geht. In der konkreten Bestimmung dieses Widerspruches könnte deshalb ein Beitrag zur Darstellung der Klassenverhältnisse geleistet werden.

Der Widerspruch artikuliert sich bei Vischer auf einer anderen Stufe.

Indem er die Beschäftigung mit unabgeschlossenen Verhältnissen zum Inhalt politischer Aktivität macht, zeigt er Interesse an Veränderung überhaupt; indem er aber für eine kulturell höherwertige Tätigkeit (Dichten) harmonische Verhältnisse als Inhalt bestimmt, denunziert er das Interesse an politischer Veränderung gleichsam als minderwertig oder als sekundäres Interesse. Es wäre zu untersuchen, welche Vermittlungen zwischen beiden Tätigkeiten bei jenen bestehen. Dazu ist nötig, über direkten Aussagen das widersprüchliche Interesse in seinen Momenten genauer darzustellen und in diesem Prozeß die sozialen Bedingungen einer bestimmten ästhetischen Argumentation sichtbar zu machen.

Alle unmittelbaren Aussagen zur politischen Lyrik stehen zuerst einmal unter dem Verdikt der systematischen Ästhetik. Davon ist auszugehen.

Es fällt nun aber auf, daß Vischer, wenn er sich von den Zwängen des ästhetischen Systems löst, wenn er also tendenziell als empirisches Subjekt auftritt, die Probleme von *Herweghs poetischer* Produktion als Probleme seiner *politischen* Position beschreibt und dabei unerwartete methodische Möglichkeiten der Textanalyse zeigt.

Herwegh ... erscheint durchaus als ein erfahrungslos enthusiastischer Jüngling, der nicht klar weiß, was er will, in überstürzendem Zorne über alles Bestimmte hinausfährt und sein Ideal weder positiv noch negativ durch Auflösung der faulen Flecken in der Wirklichkeit entfalten kann ...

Herwegh tut kaum ein paar Schritte, seine Grundidee in ihre bestimmten Momente auseinanderzulegen; er will Deutschlands Einheit und Würde wiederhergestellt, die Presse befreit sehen usw., aber auch dies sind noch lauter unbestimmte Allgemeinheiten, wo von Poesie die Rede ist. Es finden sich so viele sehr bestimmte und greifliche Übel im jetzigen Staate, welche ihm den reichsten Stoff für die Satire oder meinetwegen auch für das Pathos dargeboten hätten, z. B. die ungeheuren Summen, welche die stehenden Heere verschlingen, die Reaktionen des Adels usw., da gab es lauter konkrete, anschauliche Figuren aufzustellen, aber Herwegh fliegt immer bodenlos über die Wirklichkeit weg ...

Herweghs Gedichte sind voll von der *einen* Bedingung, die er aufstellt, von den Bildern eines blutigen Kampfes. Nur weiß man aber noch nicht einmal, was eigentlich durch einen solchen Kampf erreicht werden soll ... Wovon nun Herwegh Tag und Nacht träumt, ist ein Freiheitskrieg; er sieht nur wilde Rosse sich bäumen (solche verlangen einen guten Reiter), wiegt sich in des Streithengstes Bügel zur Schlacht, ruft aus, daß von nun an der Haß heiliger sei als die Liebe, betet zu Gott um ein Trauerspiel der Freiheit, möchte sich eine Ader öffnen für die Freiheit und verspricht uns, daß unsere Ketten ›im letzten heiligen Kriege‹ brechen werden.

Gegen wen soll nun dieser blutige Kampf geführt werden? Das eine Mal, scheint es, gegen äußere Feinde, Franken und Russen; der König von Preußen soll die Deutschen gegen sie führen ... [21].

Es wäre nun zu fragen, ob das Insistieren auf der *politischen* Genauigkeit der Bilder als Folge des *ästhetischen* Postulats nach Bestimmtheit erklärt werden soll, oder ob der Inhalt, den die ästhetische Kategorie hier erhält – genaue politische Position –, sie nicht gerade als ästhetische Kategorie aufhebt, also das politische Interesse wirksam wird.

Es zeigt sich wieder die eigentümliche Ambivalenz in Vischers Argumentation: die alternative Fragestellung führt zurück auf die Bestimmung der Beziehung, die zwischen der Forderung an den Politiker und an den Ästhetiker besteht. Sie kann in dieser Form nicht beantwortet werden. Die Erfüllung der Forderung nach Bestimmtheit müßte im einen Fall zur Aufhebung der ästhetischen Struktur führen und im anderen zur Verabschiedung des politischen Interesses. Beides geschieht bei Vischer nicht konsequent. Ein Residuum wird wichtig: die Kritik an der Funktion der »Bilder». Ein bestimmter Typus von sprachlichen Figuren wird Vischer offensichtlich in doppeltem Sinne verdächtig: »die Bilder eines blutigen Kampfes«.

Vischers Ansätze zu einer Metaphernkritik könnten unmittelbar zu einer *textsoziologischen Betrachtungsweise* führen, wenn weiter nach dem Gebrauchswert der pathetischen Metaphern gefragt würde. Dabei käme es darauf an, die rhetorisch erstarrten feudalen semantischen Muster in der Lyrik dieser Zeit als Momente eines bestimmten historischen Bewußtsein zu begreifen [22]. Die Indifferenz gegenüber dem Historisch-Besonderen, wie sie sich in der Verwendung rhetorischer Muster ausdrückt, dürfte unmittelbar im Zusammenhang mit jener »Mythologie der selbständigen Begriffe« [23] stehen, jener Neigung, im Namen der Menschheit unbewußt Klasseninteressen zu vertreten, wie Marx sie in der *Deutschen Ideologie* kritisiert.

Die Frage ist, wodurch sich die Marxsche Forderung nach Aufdeckung des besonderen Interesses hinter dem vorgeblich allgemeinen von der Kritik Vischers unterscheidet.

Zuerst einmal darin, daß in der Selbstbestimmung, wie sie Vischer mit der Produktion von Dichtung verbindet, das Individuum sich von der Gesellschaft isoliert und zielstrebig als »Persönlichkeit« konstituiert, als »Charakter« im schon kritisierten Sinne [24].

Zum anderen darin, daß Vischer in seiner Kritik an Herwegh Bestimmtheit nur in der sehr engen semantischen Dimension direkter politischer Aussagen vermißt und in seiner Forderung diese Bestimmtheit gleichsam allgemein setzt. Von daher wird auch verständlich, daß er an der Möglichkeit politischer Lyrik zweifelt. Wenn Bestimmtheit in der politischen Poesie nur vorstellbar ist im Sinne eindeutiger politischer Aussagen, dann beschreibt diese Forderung eher die Struktur von politischen Programmen; bezieht sich dagegen die Forderung nach Bestimmtheit auf die situative (historische) Genauigkeit, dann muß entweder das so gedachte Politische verschwinden; oder aber: es ist nicht einzusehen, wieso die Aussage nicht als politische Prosa formuliert werden soll. In Vischers *Begriff vom Politischen* liegt also eine andere Ursache für seine Kritik an »politischer Poesie«. Das Politische kann für ihn in der Sprache offenbar nur auf der Ebene direkter, politisch gemeinter Aussagen existieren. Dabei zeigt sich, daß diese Verselbständigung eines Aspekts sich auch auf die Sprachtheorie auswirkt: insofern nämlich, als unter diesen Voraussetzungen kein Zusammenhang gedacht werden kann zwischen so geäußerten politischen Einstellungen und anderen Momenten der sprachlichen Struktur. Damit bestimmt sich auch die Grenze seiner Metaphernanalyse. Erst wenn die sprachliche Struktur eines Textes als Totalität genommen wird, innerhalb der auch eine direkte politische Aussage durch andere Strukturelemente modifiziert wird, könnte die Trennung von politischer und poetischer Intention in ihrer Bedeutung für den Text und das Subjekt reflektiert werden; erst dann könnte auch die Aufmerksamkeit auf das kommunikative Moment von politischer Poesie gelenkt, der Zusammenhang zwischen Absicht, Wahl der sprachlichen Mittel und Rezeptionsmöglichkeiten der Adressaten zum Gegenstand von Interesse werden. Die Frage nach der Bewertung von politischer Lyrik würde sich dann ganz anders stellen: möglicherweise erschiene dann jenes politische Gedicht als das beste, das die »beste Politik« zu stärken sucht; oder dasjenige, das am wirksamsten die Erwartungen einer bestimmten Adressatengruppe trifft, sie verstärkt und auf diese Weise handlungsanweisend wirkt – je nach dem Interesse des Urteilenden.

Bei diesen Überlegungen hat sich folgendes gezeigt: Vischers unvermittelter Begriff vom Politischen und die Grenzen seiner Sprachtheorie, wie sie sich in der Vorstellung von Bestimmtheit und in seiner Metaphernkritik zeigen, sind zwei Aspekte eines Bewußtseinsstandes, um dessen historische Bestimmung es hier geht.

Eine Frage könnte an dieser Stelle sein: ist politische bzw. engagierte Lyrik ein besonders geeigneter Gegenstand für literatursoziologische Analyse? In der Art, wie – heute oft – die Aufforderung, sich um die gesellschaftliche Funktion von Literatur zu bemühen, aufgenommen wird, nämlich durch die Auswahl gesellschaftlich besonders relevanter Texte und die Umwertung der Literaturgeschichte im Sinne »versäumter Lektionen«, könnte diesen Eindruck erwecken [25]. Sicher ist nichts gegen die Einbeziehung von Texten aus der demokratischen und sozialistischen Tradition in Studium und Schulunterricht einzuwenden, eher wird da noch zu wenig getan; aber politische Lyrik wäre nur für diejenige Literatursoziologie ein besonders geeigneter Gegenstand, die zur Bestimmung des in einem Text wirksamen gesellschaftlichen Interesses unmittelbar politischer Aussagen brauchte, die mithin das in Texten wirksame gesellschaftliche Interesse auf jenen Typ von Aussagen reduzierte. Damit wäre aber auch der Gegenstand von Soziologie ebenso wie der Begriff von Sprache gleichermaßen reduziert. Sprache erschiene nicht als ein Objektives, in welchem gesellschaftliche Verhältnisse und Interessen nicht nur semantisch repräsentiert werden. Nur unter der Bedingung jener Reduktionen bestände eine besondere Affinität zwischen politischer Poesie und literatursoziologischer Betrachtungsweise.

Der Vorwurf, Texte auf ihre unmittelbar politischen Aussagen zu reduzieren, trifft nun aber immer wieder die *Literatursoziologie von Georg Lukács*. Er soll im folgenden an einem Text geprüft werden, der sich unmittelbar an Vischers Kritik des ›erfahrungslosem Enthusiasmus‹ Herweghs anschließt. Im Urteil und in der Betrachtungsweise zeigen sich dabei überraschende Gemeinsamkeiten:

In der naiven Gemütlichkeit des Utopismus von Freiligraths *Ça ira,* in dem oft wirklichkeitsfernen Schwung von Herweghs poetischem Aktivismus zeigt sich, daß das Erwachen der deutschen Intelligenz noch weit davon entfernt von jeder politischen Zielklarheit, von Einsicht in die Lage und ihre Aufgaben war. Es war z. B. – unter den deutschen Bedingungen – eine anerkennenswerte Tat, daß Herwegh sich zur parteinehmenden Poesie bekannte, daß er die ›höhere Warte‹ Freiligraths verwarf. Wenn er aber gegen dessen überparteiliches Programm für den Poeten:

›Er beugt sein Knie dem Helden Bonaparte
und hört mit Zürnen d'Enghiens Todesschrei;
Der Dichter steht auf einer höheren Warte
Als auf den Zinnen der Partei‹

sein eigenes entwickelt, so bleibt sein Aufruf doch einer für eine Parteinahme überhaupt, die an sich auch eine reaktionäre sein könnte:

›O, wählt ein Banner, und ich bin zufrieden,
Ob's auch ein andres denn das meine sei . . .‹ [26]

Der rhetorische Überschuß wird von Lukács wie von Vischer als politisches Defizit interpretiert. Bei beiden wird aber nicht reflektiert, welche Funktion gerade dieser Überschuß im Zusammenhang einer poetischen Produktionsabsicht gesellschaftlich hat. Tendenziell weist Vischer in seiner Metaphernkritik in eine Richtung, der Lukács – allerdings bewußt – absagt, wenn dieser den »Reichtum der Vermittlungen«, der in dichterischen Texten enthalten sein kann, unberücksichtigt läßt, um sich auf die »Herausarbeitung der politischen Tendenz« [27] zu beschränken. Darin liegt nun tatsächlich eine Beschränkung des Begriffs »politische Tendenz« auf die unmittelbaren politischen Aussagen, wie ja auch die Zitate zeigen. Eine sprachliche Bestimmung des »poetischen Aktivismus« wird hier nicht geleistet. An anderer Stelle geht Lukács jedoch weiter [28]. Hier wird Herweghs »poetischer Aktivismus« – ohne in seinen Momenten bestimmt zu werden – unmittelbar mit der besonderen gesellschaftlichen Lage der erwachenden deutschen Intelligenz in Verbindung gebracht, also einer sozialen Gruppe, deren gesellschaftliche Stellung Lukács allerdings an anderer Stelle konkretisiert. Das muß bei einer Kritik der Verkürzungen in seinen literatursoziologischen Arbeiten berücksichtigt werden, stellt aber unter der hier entwickelten Aufgabenstellung ein Problem dar: die Identität dieser sozialen Gruppe wird nicht mehr im Medium ihrer sprachlichen Äußerung diskutiert und modifiziert, sondern steht gleichsam unabhängig von diesen fest. Der Vorgang, in welchem dann Beziehungen zwischen den beiden Strukturen, Text und sozialer Struktur (Klassenlage), hergestellt werden, verläuft stellenweise undialektisch, mechanistisch.

Vischer allerdings kommt dort, wo er den poetischen Aktivismus mit politischen Zielen verbindet, nur zu Kollektiva wie »Volk«, »Volkswille«, die er nicht weiter auflösen *kann*, weil er keinen Begriff von Gesellschaft und Klasse hat.

> Es ist der Unsinn aller Demagogie, daß sie handelt, ehe sie sich gefragt hat, ob der Volkswille für ihre Zwecke reif ist. Solange die Deutschen, wie Börne sie definiert, Menschen bleiben, welche Hofräte entweder schon sind oder werden wollen, so wird es, gesetzt den Fall, daß eine Revolution gelänge, den Tag nachher sein, wie den Tag vorher. Die Völker werden regiert, wie sie es verdienen; erziehe man sie von unten herauf zum Menschen, so werden sie endlich persönlich werden ... [29]

Die Ideologie der Klassenjenseitigkeit in dieser Darstellung ist offensichtlich; ihre konstituierenden Kategorien sind schon verschiedentlich im Verlauf dieser Überlegungen benannt und in ihrer Funktion bestimmt worden: »die Deutschen«, »die Völker«, »der Mensch«, »persönlich werden«. Ist man einmal auf diese Aspekte von Texten in dieser Zeit aufmerksam geworden, dann hat man einen Strukturzusammenhang gewonnen, über welchen verschiedene Formen gesellschaftlicher Aktivität in Zusammenhang gebracht werden können. In dem Zitat von Vischer wird der Klassenstandpunkt – besonders am Ende – ganz deutlich: »die Deutschen« erweisen sich als »Menschen«, welche Bürger bzw. Persönlichkeiten werden wollen. Die Revolution der Bürger – für ihn: der Deutschen – hat Vischer dabei sehr genau vorhergesehen. Was er hier 1844 sagt, wird durch das Verhalten seines Freundes Strauss voll bestätigt: zwar will dieser 1848 kein Hofrat werden – wohl weil er schon Professor ist –, aber er will, vom Volk ungestört, in Gesellschaft über Literatur und Kunst sprechen können. Wie er kann sich auch Vischer Fortschritt nur über Erziehung »von unten herauf« in der Weise vorstellen, daß alle dem »Typus Goethe« – wie Strauß in der zitierten Briefstelle sagt –

angeglichen werden. Im Goetheschen Sinne würde das deutsche Volk dann endlich ein Volk von Persönlichkeiten werden.

Im Hinblick auf die *Möglichkeiten von Literatursoziologie* lassen sich nun weitere Probleme und Aufgaben formulieren.

Die Metaphernkritik von Vischer müßte in einer soziologischen Betrachtung von Sprachfiguren weitergeführt werden. Ihre Verwendung müßte als Moment einer gesellschaftlichen Position genommen werden, die durch direkte politische Aussagen nur in einem Aspekt bestimmt ist. Widersprüche könnten als Rollenkonflikte beschrieben werden und würden in einer Klassenanalyse aufgehoben. *Eine Bestimmung der Klassenlage im sprachlichen Medium* wäre die genaue Beschreibung der Aufgabe einer kritischen Literatursoziologie, wie sie hier gefordert wird. Dabei wird Sprache als ein gesellschaftlich Objektives genommen, als ein Medium, in dem sich die gesellschaftlichen Beziehungen vergegenständlichen. Allerdings muß immer berücksichtigt bleiben, daß diese Form der Vergegenständlichung in öffentlich kommunizierter Sprache nicht allen Mitgliedern einer Gesellschaft offensteht. Der »Strukturwandel von Öffentlichkeit« müßte als Bestimmungsfaktor in literatursoziologische Betrachtungen eingehen [30].

Die Leistungsfähigkeit und Zielsetzung einer literatursoziologischen Methode – die nicht abgelöst von gesellschaftlichen Interessen bestimmt werden kann – hinge danach von der Sprachtheorie ebenso wie von der Gesellschaftstheorie ab, insofern die Vermittlungsmöglichkeiten zwischen sprachlichen Strukturmerkmalen und sozialen Phänomenen durch beide gleichermaßen bestimmt werden. Ziel wäre, die Auswirkung sozialer Grundverhältnisse in die Textstruktur hinein zu verfolgen. In der Herstellung von Beziehungen zwischen zwei Strukturen – gesellschaftlichen und sprachlichen Verhältnissen – bestände der strukturalistische Aspekt dieser Tätigkeit; das Interesse an der Berücksichtigung des geschichtlichen Wandels müßte die Erstarrung und Verdinglichung, die bloße Analogiebildung, verhindern.

In der *Rede von den »sozialen Grundverhältnissen«* wird nun allerdings auch deutlich, daß eine so allgemeine Formulierung die spezifischen Differenzen und Erkenntnisinteressen möglicher literatursoziologischer Ansätze zu verdecken vermag. *Es gibt nicht »die Literatursoziologie«.*

Ein Vergleich der literatursoziologischen Methode von Georg Lukács und *Norbert Fügen,* dessen Arbeiten für viele als Standardwerke gelten, kann zeigen, was gemeint ist und inwiefern literatursoziologische Ansätze selbst wieder in den Reflexionsprozeß einbezogen werden müssen, in dem es um die Bestimmung grundlegender gesellschaftlicher Interessen geht.

Bei Lukács ist mit den »sozialen Grundverhältnissen« die kapitalistische

Produktionsweise gemeint. Er bezieht sich auf eine ausgeführte Theorie, die er allerdings oft auf gesellschaftliche und politische Antagonismen hin problematisch vereinfacht.

Bei Fügen dagegen ist »das soziale Grundverhältnis« ein »der Literatur innewohnender besonderer Wirklichkeitsanspruch« [31]. Diese Differenz in den »soziologischen« Prämissen wirkt sich natürlich entscheidend auf die Fragestellungen und Erkenntnismöglichkeiten des jeweiligen literatursoziologischen Ansatzes aus.

Fügen akzeptiert von vornherein den »Anspruch« der bürgerlichen Literaten, mit Literatur eine besonders wertvolle Textart, mithin einen Kulturwert zu produzieren. Er akzeptiert damit den Anspruch von Literatur auf ontologische Selbständigkeit – darin schließt er sich Ingarden an – und fragt nicht, welche allgemeinen gesellschaftlichen Bedingungen und besonderen Interessen dieser wertenden Arbeitsteilung zugrundeliegen.

Bei Lukács und anderen wird diese Trennung von vornherein unter Ideologieverdacht gestellt; allerdings geht Lukács diesem Verselbständigungsprozeß nicht immer in all seinen Momenten nach, sondern stellt die Einheit des gesellschaftlichen Produktionsprozesses durch die Art seiner Betrachtung einfach wieder her. Das ist problematisch und verkürzt die Lösung der mit Literaturproduktion verbundenen gesellschaftlichen Probleme. Während Lukács die Kenntnis des Zusammenhangs zwischen den verschiedenen Seiten der gesellschaftlichen Produktion und einen klaren Klassenstandpunkt gleichsam voraussetzt, lenkt Fügen von dieser Interdependenz und den gesellschaftlichen Antagonismen ab: in diesem Sinne ist seine Literatursoziologie ganz eindeutig affirmativ und Ausdruck bildungsbürgerlicher Interessen. In der Anerkennung des Selbständigkeitsanspruchs von Literatur bestätigt er damit zugleich auch die alte Diltheysche Ontologisierung der Kulturbereiche (des Literaturbetriebs). Über die Folgen dieser Trennung kann hier nicht ausführlich gesprochen werden; ihre Bedeutung für die politische Haltung der Geisteswissenschaftler in der Zeit der Vorbereitung des Faschismus ist bekannt.

Auf der anderen Seite aber gibt es die Forderung, Poesie und Literatur zu trennen, auch im Namen von sozialistischer Praxis [32]. Diese Tendenz führt bei einigen dazu, über die inhaltliche Bestimmung der politischen Relevanz von Literatur sprachliche Kommunikation nur noch im Sinne von Agitation und Schulung zuzulassen. Was nicht unmittelbar in Situationen brauchbar ist, wird als Literatur mit dem Verdikt »bourgeois« belegt. Produktion und Konsum von Wissenschaft und Literatur erscheint von vornherein im Zusammenhang von Herrschaftsansprüchen des Kapitals. Die Diskussion um »engagierte Literatur« stellt dabei so etwa wie einen Vermittlungsversuch dar zwischen der totalen Ablehnung von symbolischer Kommunikation auf der einen Seite und der naiven Zustimmung zu einem Kulturbetrieb, in welchem bürgerliche Individuen sich eine klassenspezifische Mythologie schaffen, auf der anderen.

Es wäre im Zusammenhang der vorausgegangenen Argumentation zu überprüfen, inwieweit nicht gerade dieser Vermittlungsversuch insofern deutlich bürgerliche Prämissen enthält, als in seiner Bestimmung von Praxisbezug jener oben kritisierte Begriff vom Politischen wirksam wird, nach welchem eine politische Interessenlage – mehr oder minder bewußt an den Rezeptionsbedingungen einer gedachten sozialen Gruppe orientiert – bloß semantisch repräsentiert werden braucht. Die These, daß über diese Reduktion auf die semantische Dimension eine Kommunikation garantiert werden könne, die unmittelbar und leicht in Zusammenhang mit Formen nicht-literarischer fortschrittlicher Praxis gebracht werden kann, erscheint damit selbst als Aspekt problematischer Praxis.

Die Literatur ist romantisch! –

dekretiert Peter Handke [33] in einem Pamphlet, und er will damit sagen: sie ist bürgerlich. Trotzdem macht er weiter Literatur. In der Paradoxie befreit er sich von dem Problem der Vermittlung und demonstriert die Entfremdung in der bürgerlichen Gesellschaft bürgerlich. Es ist die Frage, inwieweit er und all jene, die tendenziell Literatur und Praxis, Theorie und Praxis zu trennen suchen, mit dieser Trennung nicht gerade eine Bestimmung der Bedingungen verhindern, unter denen die mit der bürgerlichen Gesellschaft gegebenen Formen der Arbeitsteilung abgebaut werden können.

Solange die Diskussion um die Berechtigung und den Inhalt von Literatur und Literaturkritik (verbaler Kommunikation) so geführt wird, als ginge es um die Alternative: entweder Lösung von Klassenwidersprüchen (Revolution) durch Literatur oder Verzicht auf literarische Kommunikation oder Klassenkampf, bleiben die bürgerlichen Individuen, denen es um Formen der Praxis geht, in denen sie die Ablösung von der eigenen Klasse mit der Zerstörung der Klassengesellschaft verbinden wollen, in den Widersprüchen ihrer bürgerlichen Klassenlage verstrikt: das heißt, sie verleugnen bloß deren Existenz. Es spricht historisch einiges dafür, daß die Tendenz, Praxis auf unmittelbare Kommunikation, gar auf blinden Aktivismus und die bornierte Einübung in den ritualisierten Gebrauch tatsächlich oder vermeintlich geschichtstreibender Parolen zu reduzieren, nur zu begreifen ist als abstrakte Negation der Tatsache, daß in der bürgerlichen Gesellschaft von den im Überbau der »unproduktiven Herrschaftswissenschaften« (H. J. Krahl) tätigen Praxis tendenziell auf verbale bzw. symbolische Kommunikation reduziert worden war und noch wird: im verselbständigten Kulturbetrieb. Die Frage bleibt damit: was ändern die progressiven Inhalte daran, wenn sie nicht zu neuen Verkehrsformen führen? Noch immer dürfte der Lustgewinn bei der Rezeption oder Produktion von Texten und Theorien verbunden sein mit dem Aufbau einer sozialen Rolle, der Integration in eine soziale Gruppe, deren Stellung im Klassenantagonismus nicht notwendigerweise geklärt sein muß, auch wenn die Texte von dem Klassenantagonismus inhaltlich ausgehen.

Für wen und zu welchem Zweck schreiben die Autoren dieses Bandes? Für das Proletariat, gegen oder zur Aufklärung von bürgerlichen Germanisten, für die intellektuelle Avantgarde des Proletariats, für sich selbst – wechselseitig – oder für den absoluten Geist? Und könnte man für alle Genannten gleichzeitig schreiben, ist im Zusammenhang von Theoriebildung überhaupt eine pragmatische Gruppenbildung legitim und wenn nicht, wie kann das Maß, in welchem beim Schreiben das kommunikative Moment vernachlässigt oder beschränkt wird, selbst wieder bestimmt werden?

Indem die Legitimität dieser Fragen anerkannt wird, entsteht für den Schreibenden die Notwendigkeit, im Arbeitsprozeß selbst die Beziehung zwischen Theorie und Praxis immer wieder zu bestimmen, nicht abstrakt, sondern in der Beschäftigung mit Gegenständen. Nur dann kann der Verdacht entkräftet werden, daß es einem Literaturproduzenten mit allen Mitteln um Rechtfertigung der These gehen könnte, in einer Klassengesellschaft könne man über den Widersprüchen dieser Gesellschaft unangreifbar und widerspruchslos reflektieren, wenn man nur bereit sei, die Probleme von Kommunikation, die ja in einer Klassengesellschaft notwendigerweise falsch und schlecht sein müsse, zu vernachlässigen. Natürlich ist diese Formulierung eine Kritik dieser These; als Argument wird sie umgekehrt formuliert: weil Kommunikation beschädigt ist, müsse man sie vernachlässigen, um über den status quo hinausdenken zu können und zu richtiger Theorie zu kommen. Die Frage nach der richtigen Praxis kumuliert allerdings gerade in der Schwierigkeit zu bestimmen, wieweit man sich aufs falsche Bewußtsein, mithin auf die Deformationen der bürgerlichen Gesellschaft einlassen muß, wenn man eine Praxis entwickeln will, durch welche diese Gesellschaft verändert werden soll. Zu den Bedingungen einer Veränderung gehört aber Kommunikation und damit Verwertung von Theorie und damit tendenziell auch deren Deformation.

Die Extensität, mit welcher es in manchen Texten um den Nachweis zu gehen scheint, daß richtiges Klassenbewußtsein eine Sache von richtigem Zitieren sei, geht dabei oft zusammen mit der Tendenz, sich als gesellschaftliches Subjekt aus den Konflikten, über die gesprochen wird, herauszuhalten: man bleibt gegenwärtig nur als ein empirisches, das schreibt und diskutiert. Unter welchen Bedingungen kann jemand im Namen einer Klasse sprechen? Wie können bürgerliche Intellektuelle proletarisches Klassenbewußtsein entwickeln?

Unter den oben angedeuteten Voraussetzungen bei der Produktion von Texten stellt sich diese Fragen nicht mehr im Zusammenhang eines konkreten Arbeitsprozesses. Welche Art Praxis aber stellt Literaturproduktion dar, wenn sich in ihr nicht die Deformationen zeigen, zu denen eine Klassengesellschaft unausweichlich in den Subjekten führt, und in der Reflexion auf sie die Bedingungen von Praxis bestimmt werden? Zu den Deformationen gehört auch die Notwendigkeit, über die Beschränkung des Erkenntnisinteresses und seine Bindung an konkrete Gegenstände (Literatursoziologie) einen Arbeitsprozeß zuzulassen, in welchem übers historische Material und damit im praktischen, kommunikationsorientierten Verwertungsprozeß die Ansprüche der bürgerlichen Gesellschaft verstärkt auftreten.

Von daher ergibt sich aber auch, daß die Begründung und Rechtfertigung einer Beschäftigung mit Literatur nicht zusammenfallen kann mit der Erklärung, es sei an sich und jederzeit sinnvoll, Literatursoziologie zu betreiben. Die Rechtfertigung bestimmter arbeitsteiliger Inhalte von Praxis ist vermittelt über die Einschätzung der gesellschaftspolitischen Gesamtsituation.

Darüberhinaus wird diese aber auch konkret im literatursoziologischen Arbeitsprozeß ebenso wie in seiner Begründung interpretiert: Die Usurpation des proletarischen Klassenstandpunktes in den theoretischen Arbeiten bürgerlicher Intellektueller verschleiert die objektiven Probleme geschichtlichen Fortschritts in dem gleichen Maß, in welchem die abstrakte Abwendung vom Kulturbetrieb im Namen sozialistischer Praxis diesen als ganzen den Mechanismen einer spätkapitalistischen Kulturindustrie überläßt [34].

1 Alle Aufsätze im zweiten Band der *Kritischen Gänge,* hrsg. von Robert Vischer. Leipzig 1914².
2 ebd., S. 93.
3 ebd., S. 94.
4 ebd., S. 95.
5 »Weil *die* Wahrheit, wie die Geschichte, ein ätherisches, von der materiellen Masse getrenntes Subjekt ist, adressiert sie sich nicht an die empirischen Menschen, sondern an das ›Innerste der Seele , rückt sie, um ›wahrhaft erfahren‹ zu werden, dem Menschen nicht auf seinen *groben,* etwa in der Tiefe eines englischen Kellers oder in der Höhe einer französischen Speicherwohnung hausenden *Leib,* sondern ›zieht‹ sich durch und durch durch seine idealistischen Darmkanäle« (MEW 2, S. 85, *Die heilige Familie*). Man kann diese Bemerkungen von Marx auch als Kritik an dem Text von Vischer lesen. Man kann auch in dem Text von Marx weiterlesen.
6 Die Gefahr, in einer formalen Handlungs- und Strukturtheorie steckenzubleiben, ist bei einem solchen Ansatz recht groß. Die Lektüre von Peter Kraussers Buch über Dilthey (Peter Krausser: *Kritik der endlichen Vernunft. Diltheys Revolution der allgemeinen Wissenschafts- und Handlungstheorie,* Frankfurt/M., 1968) vermag für diese Gefahr zu sensibilisieren, weil dort verfolgt werden kann, wie der Autor ihr sukzessiv unterliegt: am Ende »überwindet« Diltheys »formal-

anthropologische Theorie des eigentümlichen dynamischen, die Geschichtlichkeit und Lernfähigkeit des Menschen bedingenden Zusammenhangs der leiblich-seelisch-geistigen Funktionen untereinander und mit den Änderungen der Außenwelt insbesondere der sozialen und kulturellen« (S. 210) die Widersprüche aller« gegenwärtig miteinander ringender Theorien« (S. 218) – von Gadamer über Popper bis Habermas. Die Weigerung, Gruppen- und Sozialstrukturen auf antagonistische Interessen hin zu vereinfachen, Aussagen über die Relevanz unterschiedlicher Formen der Identität zu machen, die über die Feststellung gemeinsamer Verhaltensstile, Meinungen, Wahrnehmungsformen, Wertordnungen und Formen des sprachlichen Ausdrucks hinausgehen, erscheint in diesem Buch als Gefahr einer allgemeinen Handlungstheorie und als unmittelbare Fortsetzung bestimmter geistesgeschichtlicher Arbeitsweisen.

7 Vgl. dazu grundlegend MEW 3, S. 46 ff.; weiter: Friedrich Tomberg: *Basis und Überbau – Sozialphilosophische Studien* – Neuwied und Berlin 1969; aber auch: Kurt Lenk (Hrsg.), *Ideologie,* Neuwied und Berlin 1961 ff.

8 *Briefwechsel zwischen Strauß und Vischer;* in zwei Bänden herausgegeben von Adolf Rapp, Stuttgart 1952; Brief vom 12. 4. 1848, Bd. I, S. 212.

9 ebd., S. 213. Antwort auf den Brief von Vischer vom 12. 4. 1848 am 13. 4. 1848.

10 Vgl. dazu Georg Lukács' Interpretation von Lassalles »Depressionen«: Die neue Ausgabe von Lassalles Briefen, (1925) in: G. L., *Schriften zur Ideologie und Politik,* Neuwied 1967, S. 217 f.

11 Jürgen Habermas, *Strukturwandel der Öffentlichkeit,* Neuwied ^{3}1968, S. 141.

12 Joseph Hillebrand, *Die deutsche Nationalliteratur, historisch und ästhetisch-kritisch dargestellt,* Hamburg und Gotha 1846, 3. Teil, S. 487.

13 *Die deutsche Ideologie* in: Marx-Engels-Werke, Band 3, S. 166/167; vgl. auch besonders S. 44 ff.

14 Zum Begriff der »Klassenjenseitigkeit« als der Ideologie der bürgerlichen Intelligenz vgl. Georg Lukács: *Moses Hess und die Probleme der idealistischen Dialektik* (1926); in: G. L., *Schriften ...,* S. 256 f.

15 Gustav Mayer, *Radikalismus, Sozialismus und bürgerliche Demokratie.* Frankfurt/M., 1969. es 310, S. 93.

16 Mayer, ebd., S. 102 f.

17 Lukács, ebd., S. 263.

18 Lukács, ebd., S. 258 f.

19 Lukács, ebd., S. 269; vgl. dazu auch: *Politische Katechismen Volney-Kleist-Heß,* hrsg. von Karl Markus Michel, sammlung insel 15, Frankfurt 1966, S. 16.

20 Voraussetzung für diese Kritik von Lukács an Moses Hess ist nicht die historische Lösung des Problems der Vermittlung zwischen bürgerlicher Gegenwart und sozialistischer Zukunft. In *Geschichte und Klassenbewußtsein* (1923) ist für Lukács die objektive Klassenlage Voraussetzung für proletarisches Klassenbewußtsein; Möglichkeiten der Klassenüberschreitung werden im Zusammenhang mit der Organisationsfrage diskutiert. Eine Tendenz zur Ontologisierung besteht auch bei ihm. Dementsprechend wirken sich – auch heute – Kontroversen über die Bedeutung der Organisation unmittelbar auf die Bestimmung richtiger Praxis aus.
Folgen von Lukács' Klassenbegriff für seine Literaturtheorie deutet Helga Gallas in ihrer Dissertation an: H. G. *Die Linkskurve – 1929–32. Ausarbeitung einer proletarisch-revolutionären Literaturtheorie in Deutschland,* Diss. Berlin S. 151 f.

21 Vischer, ebd., S. 101–103.

22 Ein gutes textsoziologisches Beispiel ist: Lew Jakubinski: Über die Herab-

stufung des gehobenen Stils bei Lenin, in: *Sprache und Stil Lenins.* München 1970.

23 Marx, ebd., S. 92.

24 Zur Kategorie »Persönlichkeit« vgl. Marx, ebd., S. 83.

25 Was dabei herauskommt, wenn von einem kleinbürgerlichen Standpunkt aus ein politischer Dichter des 19. Jahrhunderts für die »heutige Generation« gerettet werden soll, demonstriert Katharina Mommsen in ihrem Nachwort zu den in der sammlung insel erschienenen Herwegh-Aufsätzen (Georg Herwegh: *Literatur und Politik,* hrsg. von Katharina Mommsen, Frankfurt/M 1969).
Dort verbindet sich ein obsoleter Begriff von Geschichte und geschichtlichem Fortschritt in den spezifisch literaturkritischen Kategorien mit den Residuen einer belletristischen Rhetorik zu einem eigentümlich ideologischen Gebilde. An diesem Text läßt sich zeigen, wie die Grenzen der implizierten Gesellschaftstheorie zugleich auch den ideologischen Rahmen für literaturkritische Aussagen bilden.
Da heißt es, Herweghs Sprache sei

> »blühend, inspiriert, von schönem Elan«,

in ihr verbinde sich

> »– in Deutschland eine Seltenheit – das Rhetorische mit echt dichterischen Elementen« (S. 165);

da wird gesprochen von »Gehalt«, »Inhalt« und »Form« dieser Prosa, und Überzeitlichkeit wird zum Substrat von Aktualität:

> In den »dichterischen Feuilletons« ist »weit mehr als in den Gedichten, der Inhalt von überzeitlicher Bedeutung. Das politische Gedankengut dieser Aufsätze ist von verblüffender Aktualität. Herweghs wichtigste Thesen rühren unmittelbar an Probleme der heutigen Generation«. (S. 156)

In dem folgenden kritischen Brennspiegel wird Herweghs historische Bedeutung noch einmal zusammengefaßt:

> »Es ist ein besonderes Verdienst des jungen Herwegh, daß er bei aller Fortschrittlichkeit der Gesinnung, bei all seinen auf die Zukunft gerichteten Bestrebungen sich bemühte, ›gegen die Vergangenheit nicht ungerecht‹ zu sein. Er war nicht für das ehrfurchtslose Negieren der von der Klassik geschaffenen Werte, dafür besaß er ein zu sicheres künstlerisches Qualitätsgefühl.« (S. 158)

Gegen diese Argumentation stellt Fr. Th. Vischer das weitaus fortgeschrittenere Bewußtsein dar. Diese Tatsache war angesprochen mit dem in der Vorbemerkung dieses Aufsatzes formulierten Hinweis auf die Ungleichzeitigkeit des Gleichzeitigen. Aber nicht nur diese.

26 Georg Lukács, *Fortschritt und Reaktion in der deutschen Literatur,* Berlin 1947, S. 87/88.

27 Siehe Vorwort zu dieser Schrift; ebd., S. 10.

28 Vgl. dazu das Kapitel »Schöpferische Methode des Expressionismus« in dem Aufsatz *Größe und Verfall des Expressionismus,* in: *Probleme des Realismus,* Berlin 1955.

29 Vischer, ebd., S. 104.

30 Auf diese Tatsache macht besonders die Gruppe TEL QUEL aufmerksam: »Man muß demnach entmystifizieren, was die Bourgeoisie so hochtrabend ›Schöpfung‹ nennt. Sobald diese Arbeit getan wäre, würde sich herausstellen, wie eng der Kampf um die Aneignung und die Kodifizierung der Sprache mit den gesellschaftlichen Kämpfen (dem Klassenkampf) verknüpft ist. Jeden zu einem

›aktiven Beherrscher der Sprache‹ zu machen, war das Programm der avantgardistischen Intellektuellen der Oktoberrevolution. Die derzeitige Situation unterscheidet sich also durchaus von dem, was man ›engagement‹ nannte. Diese Haltung ist stets eine typisch bürgerliche gewesen (gefühlsbetont, moralisch, nicht wissenschaftlich). Sie hat mit unserer Absicht nichts gemein, nämlich den wirklichen Text (texte réell) von einer bestimmten Praxis her zu erkennen, deren Beziehung zur marxistischen Theorie unabdingbar ist.« (alternative 66/ Juni 1969: »revolutionäre Texttheorie ...« S. 95/96).

So konsequent diese Forderung ist, so entstehen im Rahmen ihrer Verwirklichung einige schwerwiegende Probleme. Die Totalisierung des Begriffs Praxis geht zusammen mit Anerkennung einer »symbolischen Ökonomie«. Für die Rolle der Literaten ändert sich nichts, wenigstens sind die Aussagen über Formen der Praxis, die nicht in der Produktion hermetischer Texte und der Weiterentwicklung der Theorie bestünden, sehr allgemein. Die Frage nach möglichen Adressatengruppen scheint kaum eine Rolle zu spielen. In der Verselbständigung der Text-»Struktur« nähert sich die Methode an die geisteswissenschaftliche an, und die Gefahr formaler Anologiebildung entsteht auch hier. Wenn die »nur als Struktur von den herrschenden Verhältnissen bestimmte« Zeichenwelt »für sich genommen gesprengt und umfunktionalisiert« (S. 93) werden soll, dann bleiben die Literaten wieder unter sich, und die Gesamtheit ihrer Tätigkeit erhält nur das Vorzeichen »proletarisch«.

31 Hans Norbert Fügen, *Die Hauptrichtungen der Literatursoziologie.* Bonn 1964.

32 J. P. Sartre: *Was ist Literatur?* rde 65, Hamburg 1958. H. M. Enzensberger in Kursbuch 15: *Gemeinplätze, die neueste Literatur betreffend,* besonders S. 195/6.

33 Peter Handke: *Die Literatur ist romantisch,* Berlin 1967.

34 »Die Klassenlage der eigenen Arbeit zu untersuchen, ist für jede politische Aktion unerläßlich. Und ich würde noch weitergehen: sie ist unerläßliche Voraussetzung auch für die *Qualität* jeder x-beliebigen Arbeit in der ideologischen Sphäre (Sprache, Kommunikation). Dieselben Intellektuellen, die es sich zur Aufgabe machen, dem Proletariat seine Funktion in der kapitalistischen Arbeitswelt klarzumachen, sind bis heute nicht imstande gewesen, eine glaubwürdige Analyse vom Funktionieren eines durchschnittlichen Verlages oder etwa einer Tageszeitung vorzulegen und die Klassenbezeichnungen der dort Arbeitenden zu durchleuchten.« Franco Fortini: *Zur gegenwärtigen Lage der linken Intelligenz in Italien,* in: »alternative«, 72/73 1970, S. 100.

Vgl. dazu Frank Benseler: *Über literarische Produktionsverhältnisse,* in: ad lectores 8 (Luchterhand-Almanach, Neuwied und Berlin 1969); Karl Markus Michel: *Die sprachlose Intelligenz,* Frankfurt/M 1968; H. J. Krahl: *Wissenschaftliche Intelligenz und proletarisches Klassenbewußtsein,* in: ad lectores 10, 1970; zuerst: *Sozialistische Korrespondenz,* INFO 25, Frankfurt/M 1969.

Horst Albert Glaser

Literarischer Anarchismus bei de Sade und Burroughs

Zur Methodologie seiner Erkenntnis

Der Protest der Kunstwissenschaften gegen den neuen Primat der Soziologie hat ein Moment des Rechts, wenn ohne Rücksicht auf ihre unterschiedliche Beschaffenheit Soziologien aller erdenklichen Sachen geschrieben werden und diese umstandslos auf mehr oder minder relevante gesellschaftliche Bedingungen reduziert werden. Soziologien der Musik, der Literatur drücken schon im Namen der Bindestrich-Soziologie das äußerliche Verhältnis zu ihrem Gegenstand aus, der beliebig durch Prostitution, Religion oder Industrie ersetzt werden kann, ohne daß sich im Verfahren und der Struktur der angehängten Soziologie etwas zu ändern brauchte.

Als neue Kardinalwissenschaft scheint Soziologie an den seit langem verlassenen Platz der Philosophie gerückt zu sein, deren Verbindlichkeit nach dem Zusammenbruch des idealistischen Systems und angesichts der Fiktivität der neueren ontologischen Kategorien den positivistisch verfahrenden Einzelwissenschaften Anmaßung geworden war. Soziologie wird, wenn auch der Philosophie entsprungen (Comte nannte seine Soziologie noch ›philosophie positive‹), im letzten als beweiskräftige Erfahrungswissenschaft angesehen, deren Theorie, so funktional und nomologisch wie auch immer gewendet, die Möglichkeit der empirischen Verifikation oder Falsifikation voraussetzt. Das Ganze, auf welches sich die von den Einzelwissenschaften bearbeiteten Teile beziehen sollen, ist nicht länger das Weltsystem des philosophischen Gedankens, das seine Logik hochmütig selber produzierte, sondern die real existierende Gesellschaft als der transzendente Produzent aller Kultur und deren Basis.

Um aber dieses Ganze, das nicht unmittelbar gegeben ist, sondern wiederum theoretisch konstruiert werden muß, zu fassen, hat Soziologie in ihrer herrschenden Richtung zu einer funktionalen ›general theory‹ sich verdünnt, die rückwärts von der Geschichte der Philosophie her betrachtet einzig als Kümmerform des philosophischen Systems sich darbietet. Statt der versprochenen konkreten Analyse objektiver gesellschaftlicher Gründe und

Sinngehalte kultureller Phänomene liefert eine solcherweis verallgemeinernde Soziologie, wie sie etwa Martindale und Parsons entworfen haben, nur abstrakte Formeln reziprok wirkender Funktionsschematismen, eine Summe formalisierter Wenn-Dann-Relationen. Über Sinn und Wert der Gegenstände zu urteilen, was der traditionellen Philosophie der objektive Wahrheitsgehalt der Kultur oder der Kunstwerke war, hat sich diese Soziologie verboten, dabei sich auf Max Weber und sein Gebot scientifischer Objektivität berufend. Werte waren ihm Vorurteile gewesen, wenngleich er zugestand, daß der Begriff der Kultur nur als Wertbegriff zu definieren war. [1]

Den Paralogismus vermeiden, aus der Analyse herauszulassen, was als ihre Prämisse zugestanden wurde, könnte eine Soziologie, die ihrer philosophischen Tradition sich wieder bewußt würde. Habermas hat das unlängst, nach Adorno und Horkheimer, noch einmal in Erinnerung gerufen. [2] Stattdessen haben die verwaisten Werte ihre eigene Soziologie bekommen, die das Altbekannte nachweist, daß sie allesamt historisch bedingt und daher relativ sind, woraus sie schließt, daß sie für wissenschaftliche Urteile über soziale Prozesse außer Frage bleiben.

Soziologie wäre wieder als kritische Theorie der Gesellschaft zu verstehen, die das ihr eigene spekulative Moment reflektierte und hierin zugleich des individuellen Charakters ihrer Gegenstände doch nicht vergäße.

Es war gerade Max Weber, von der neueren formalen Soziologie gern angerufen, dem soziologische Kategorien, wie Tauschgesellschaft oder Herrschaft, nur idealtypische Hilfskonstruktionen waren, um die Erkenntnis individueller Gegenstände zu systematisieren. Nicht sollten systematisierte Schemata, etwa der bürokratischen Herrschaftsform, an die Stelle der konkreten Analyse bestimmter bürokratischer Machtausübungen und ihrer Bedingungen treten. Historische Gegenstände, Individuen genannt, sind für den Schüler Rickerts unendlich facettiert, leiten in unzählbare Kausalketten zurück. Genuin lebensphilosophisch werden Verstandesbegriffe wie soziologische Gesetze der Gesellschaft nur als mehr oder minder zulängliches Mittel, nicht aber als Zweck soziologischer Erkenntnis zugelassen.

Nur ist eben die Aufstellung solcher Regelmäßigkeiten nicht Ziel, sondern Mittel und Erkenntnis, und ob es Sinn hat, eine aus der Alltagserfahrung bekannte Regelmäßigkeit ursächlicher Verknüpfung als »Gesetz« in eine Formel zu bringen, ist in jedem einzelnen Fall eine Zweckmäßigkeitsfrage. Für die exakte Naturwissenschaft sind die »Gesetze« um so wichtiger und wertvoller, je allgemeingültiger sie sind, für die Erkenntnis der historischen Erscheinungen in ihrer konkreten Voraussetzung sind die allgemeinsten Gesetze, weil die inhaltleersten, regelmäßig auch die wertlosesten. Denn je umfassender die Geltung eines Gattungsbegriffes – sein Umfang – ist, desto mehr führt er uns von der Fülle der Wirklichkeit ab, da er ja um das Gemeinsame möglichst vieler Erscheinungen zu enthalten, möglichst abstrakt, also inhaltsarm sein muß. Die Erkenntnis des Generellen ist uns in den Kulturwissenschaften nie um ihrer selbst willen wertvoll. [3]

Zerfallen mithin die »historischen Individuen« während der Analyse in eine Mannigfaltigkeit heterogener Elemente, die in die zufällige Einheit eines Individuums geraten sind, können die einzelnen etablierten Kulturwissenschaften als selbständige sich nur noch mit Hilfe ausgeklügelter methodologischer Maßnahmen aufrechterhalten. Die Teile, die sie ergreifen, stellen nicht das Ganze dar, mögen sie auch zu dessen Umfang aufgebläht werden. Die Sammlung, Beschreibung und Vergleichung der Kunstwerke, mit denen die Wissenschaften der Literatur, Kunst und Musik beschäftigt sind, erreichen noch nicht die kritische Erkenntnis ihres objektiven Sinnes. Er ist hinter der Fassade zu suchen, die die positivistischen Kunstwissenschaften als ihr Arbeitsfeld sich abgesteckt haben. Allerdings nicht in der Tiefe, wo ihn andere wieder gern hätten, sondern in dem bestimmten Verhältnis, in dem die Werke sich zur Realität außerhalb ihrer befinden.

So wenig etwa die Philologie jener Beziehung auf Realität methodisch Platz einräumte, insoweit diese sich nicht entweder biographisch belegen oder in allgemeinen Lebensweisheiten entmaterialisieren ließ, so wenig vermag andererseits die Soziologie als Realitätswissenschaft den Gehalt der gerade von der Realität sich auch abstoßenden Werke zu erklären. Es sei denn, die Philologie lernte es, in soziologischen Kategorien ebenso zu denken, wie die Soziologie in philologischen, und beide vermöchten, das Unterschiedene theoretisch zu synthesieren, ohne das eine im anderen aufzulösen.

Literatursoziologie insbesondere tendiert dazu, wenn sie nicht für den Gehalt der Werke meist irrelevante Nachforschungen nach Wirkungen im Publikum oder sozialen Inhalten anstellt, sie wie Ideologien zu behandeln. Mit einem wissenssoziologisch entschärften Ideologiebegriff werden Kunstwerke als Bewußtseinsformen kausal auf die je zugehörige gesellschaftliche Situation oder Problematik umgerechnet, die sie intelligibel abbilden. Aber Ideologiekritik ist kein Nußknacker, wie Adorno in der Diskussion einmal formulierte, mit dem Kunstwerke aufgeknackt werden könnten. So nützlich es ist, solche Relationen erst einmal zu bilden, so sehr verfehlt die einfache Kausalrelation doch ein Wesentliches der Relation: daß Kunstwerke keineswegs schlicht identisch mit psychologischen Bewußtseinsformen sind, sondern gerade in ihrem Ausdrucksmoment autonome ästhetische Konstruktionen; andererseits, daß wissenssoziologisch sich das, was wahre von unwahren, gute von schlechten Werken unterscheidet, stringent gar nicht entscheiden läßt. Es sei denn, man kehrte wieder zur realistischen Abbildtheorie zurück, nach der wahr ist, was adäquat abbilde. Hinzu kommt, daß der ›social background‹ der Produzenten nicht bedeuten muß, daß ihre Werke repräsentativ für ihre Gruppe oder Klasse sind. So wenig Künstler geneigt sind, sich mit dem Teil der Gesellschaft zu identifizieren, dem sie sozial zugehören, so wenig drücken ihre Werke bloß aus, was man dort denkt oder fühlt. Eher wäre zu sagen, daß Werke von Rang eine Nicht-Identität ausdrücken, denn bloß ihre gesellschaftlichen Gründe in überflüssiger Verkleidung wiederholten.

Eine Soziologie, die sich vornimmt, methodisch Kulturphänomene den verschiedenen gesellschaftlichen Stufen und intellektuellen Niveaus zuzuordnen, der wäre der Begriff der Kultur nicht mehr als ein Wort, mit dem bezeichnet wird, was man hier und dort dafür hält. Solcherweis ihre Verteilung und Struktur zu konstatieren, heißt Kultursoziologie treiben, wie man soziographisch die Verbreitung von Waren eruiert. So wichtig es ist zu erkennen, daß es innerhalb einer Gesellschaft verschiedene Kulturstufen gibt, hier anderes gelesen und betrachtet wird als dort, so wenig kann sich eine kritische Soziologie mit dieser Feststellung begnügen. Kultur ist ein Geistiges. Soziologie kann das nicht als garantiert voraussetzen oder als Nebensache betrachten. Unterschiede in ›high‹, ›middle‹ und ›low culture‹ implizieren Gradunterschiede des Begriffs. Erst wenn die kritische Reflexion des Sinnes von Kulturformen in ihre empirische Analyse einbezogen und nicht, wie Max Weber es wollte, draußen gehalten wird, kann es einen vernünftigen Sinn haben, über Formen gesellschaftlicher Kultur zu sprechen, ist es überhaupt möglich, die gesellschaftliche Bedeutung dieser verschiedenen Formen auf den verschiedenen Stufen zu begreifen. Analysen dieser Art sollten weitertreiben zu einer Kritik der Gesellschaft, die mit ihrer vertikalen ökonomischen Differenzierung die vertikale der Kultur mit sich brachte.

Jene von der Wissenssoziologie, insbesondere von Mannheim inspirierte Form der Literatursoziologie ist an englischen Universitäten häufig anzutreffen. [4] Von ihr unterscheiden sich in der Bundesrepublik vertretene Richtungen. Der einen geraten literarische Werke zu Archiven, aus denen sich mehr oder minder relevante Informationen übers gesellschaftliche Leben ihrer Zeit holen lassen. Sie unterstellt, daß dem historischen Bild, das realistische Romane des 19. Jahrhunderts etwa enthalten, eine adäquate gesellschaftliche Situation entspreche. Viel spricht dafür, daß dem nicht so ist, daß die Werke realistisch in einem anderen Sinne als dem einer gutgeschriebenen Reportage sind.

Insoweit von der Literaturwissenschaft Elemente der Literatursoziologie aufgenommen worden sind, handelt es sich um deren positivistische. Gängig geworden ist, vermeintlich historische Informationen in den literarischen Werken aufzusammeln und auf einen methodischen Faden aufzufädeln, der jedoch nicht in die theoretische Reflexion ihres Sinngehaltes verwoben wird. Man zählt unverdrossen, wieviel Kommerzienräte etwa es in der bürgerlichen Dramatik des 18. Jahrhunderts gibt, welche Rolle in ihr das Geld spielt und ob die Ehen, die geschlossen werden, solche zwischen Personen gleichen oder ungleichen Standes sind. Selten stellt sich solcher schlecht verstandenen Literatursoziologie die Frage, ob das ganze Bild, das ein Drama vom bürgerlichen Familienleben liefern mag, nun wohl ein für die Epoche typisches wäre. Das in zweierlei Hinsicht: findet sich im Drama ein Familienleben, wie es in bürgerlichen Schichten real anzutreffen war, oder entsprach es zumindest den Vorstellungen, die das Bürgertum über die Familie hegte? Die gestellte Frage beantworten läßt sich allein, wenn man Literatursoziologie weder als ein Nebenfach der Literaturwissenschaft im engeren Sinne, etwa der Germanistik, ansieht, noch als eines bloß der Soziologie betreibt. Literatursoziologie, der Gesellschaft und Kunstwerk in gleichem Grade gegenwärtig sind, setzt notwendig die Vertrautheit mit deren beiden Disziplinen voraus. Denn die Frage, ob ein Drama das bürgerliche Familienleben so widerspiegle, wie es war, oder wie es den bürgerlichen Vorstellungen gemäß hätte sein sollen, setzt ein Verständnis nicht nur des Scheincharakters der ästhetischen Konstruktion voraus, sondern nicht minder Kenntnisse der Sozial- und Ideologiengeschichte der bürgerlichen Epoche. Hausers *Sozialgeschichte der Kunst und Literatur* durchzieht denn auch der signifikante Parallelismus von sozialgeschichtlichem Referat, soziologischer Theorie und ästhetischer Analyse. Somit entgeht sie dem bornierten Fachdenken der Literaturwissenschaft sowohl, als auch dem der Soziologie. Wie ersterer reale Geschichte sich meist auf ihren Abhub: die Geistesgeschichte verdünnt, tendiert letztere dazu, literarische Werke simpel unter soziologische Kategorien zu subsumieren und wie eingekleidete Sozialenqueten am liebsten zu lesen. Eine Literatursoziologie, die der Literatur als Kunst gerecht werden will, hat zu begreifen, daß Dramen und Romane soziale Situationen durchaus falsch abbilden können und dennoch im ästhetischen Sinne wahr sein können. Dieses Paradox kennzeichnet fast die gesamte moderne Literatur. An Kafkas Romanen stößt das Ineinander von falschem Abbild und wahrem Urteil über die spätbürgerliche Gesellschaft als skandalöses Problem auf.

Auf Brecht hingegen beruft sich der radikalsozialistische Standpunkt, wenn er von der Literatur nicht heroische oder melancholische Urteile, sondern Veränderung der gesellschaftlichen Praxis erwartet. Von solchem Standpunkt kommt auf die Literatursoziologie die fatale Aufgabe zu, die politisch nützlichen Kunstwerke von den nutzlosen so zu trennen, wie man es gelegentlich mit Schafen und Böcken tut. So richtig es ist, die Werke aus dem nebulosen Reich der Seinsmetaphysik etwa wieder zurückzuholen auf den Boden der Realität, so selten ist andererseits ihre Intention, diese Realität verändern zu wollen. Die ästhetische Konstruktion von Realität nach dem Maßstab ihrer subjektiven Erfahrung wäre eher als ihre Intention nachweisbar, die Sphäre der Kunstwerke mithin die reiner Subjektivität und keiner politischen Solidarität. Zu lernen ist an ihnen die Entfaltung der spätbürgerlichen Subjektivität und die gesellschaftliche Einwirkung in dieser Entfaltung, kaum dagegen, wie die Subjektivität und das, was auf sie einwirkt, verändert werden könnte. Daß Literatur des Publikums bedarf, daraus ist nicht naiv zu folgern, sie werde für dessen Bedürfnisse geschrieben. Sie ist ihr eigner

Zweck. Soweit sie in ihrer Geschichte des politischen Engagements sich angenommen hat, war es ein denkbar abstraktes, Sartres Appell zur Freiheit vergleichbar, der nur noch einmal deklamierte, was die Darstellung stumm bereits ausdrückte, oder es verpflichtete sie auf partikulare Zwecke einer politischen Partei, was sie zum Propagandainstrument einer Sache außer ihr herabsetzte. [5]

Als Aufgabe einer kritischen Literatursoziologie stellt sich ein Dreifaches: 1. das Bild, das Dramen oder Romane von Personenbeziehungen entwerfen, als eine quasi-soziale Struktur lesen zu lernen; 2. zu diesem noch ästhetischen Strukturbild das historische Bezugsbild zu finden, das heißt, jene historische Situation zu rekonstruieren, auf die das Drama oder der Roman eine Antwort darstellt. In dem Begriff einer Antwort ist auch schon der 3. Teil der Aufgabe enthalten: der Vergleich beider Bilder, des historischen Bezugsbildes mit dem ästhetischen. Ziel solchen Vergleichens kann nicht sein festzustellen, ob beide miteinander übereinstimmen, sondern zu erkennen, was beide auch voneinander trennt. Die Erkenntnis des Grundes läßt das Werk als stillstehende Reflexion seiner sozialen Bedingung erscheinen. An der Art, wie diese Reflexion sich strukturiert, bemißt sich das kritische Potential der Werke. Indem sie ihre eigne Realität konstruieren, werden sie zum Urteil über die geschichtliche.

Psychologische Kategorien, denen das Ausdrucksmoment unterworfen wäre, ästhetische, welche die objektive Konstruktion formulierten, und soziologische, welche den Abdruck der geschichtlichen Bewegung in ihr ausmäßen, wären zu einer neuen Theorie zu integrieren. Sie könnte die objektive Konstellation der Kunstwerke zur Realität, die identisch ist mit ihrem Gehalt, begreifen. Die Objektivität des Subjektiven, die in der Hegelschen Logik auf einer ihrer Stufen entwickelt wird, die Identität des Nicht-Identischen, trifft eher, wie Adorno bemerkte, auf die ästhetische Konstruktion zu denn auf den gesellschaftlichen Prozeß und die Individuen, die ihn voranschleppen. In der Tradition der Hegelschen Philosophie, von Marx mehr oder minder fest auf die Füße gestellt, stehen die ästhetischen Theorien von Lukács [6], Hauser [7], Bloch [8], Benjamin [9], Kracauer [10] und Adorno [11]. Am bekanntesten geworden ist diejenige Lukács', der jedoch das hochgespannte theoretische Niveau seiner frühen Schriften, wie der *Theorie des Romans*, in seinen späteren nicht mehr erreichte, ja freiwillig sich darunter begab und Kunstwerke wie Guckkästen besprach, in denen unter kritischer Perspektive realistisch abgespiegelt werde, was draußen sich begibt. Als Zielpunkte waren sie von ihm fest auf gutbürgerliche Ideale geschraubt worden. Jede Abweichung der Werke von dem installierten Guckkastenprinzip ahndete Lukács mit dem Verdikt schlecht oder dekadent. Romane etwa sind jedoch keine Verdopplungsmechanismen, in denen philologische Buchhalter nachsehen, ob auch alles genau widergespiegelt werde, sondern durch einen mimetischen Impuls sich von der Realität ablösende geistige Individuen.

Gorsen hat unlängst darauf aufmerksam gemacht, daß Lukács' Widerspiegelungstheorie dem mimetischen Kunstbegriff der Lebensphilosophie verwandt ist, den Lukács in der *Zerstörung der Vernunft* als irrationalistisch einerseits und elitär andererseits tadelt. [12] Der mimetischen Theorie Bergsons und Diltheys zufolge präzisieren Kunstwerke nur, was alle mehr oder minder bewußt erleben. Daß sie das tun, in besonderer Form nur allgemeines Erleben ausdrücken, mache sie dem Publikum erst verstehbar. In der Philosophie Schelers findet sich diese Theorie dahingehend differenziert, daß den verschiedenen gesellschaftlichen Gruppen verschiedene Seelen zugestanden werden, die sich in den verschiedenen Formen ihrer jeweiligen Kultur abbilden. Kategorien jedoch wie anschauendes Verstehen und intuitives Einfühlen, denen der mimetische Gehalt der Kunstwerke allein sich öffne, eignen sich eher für Werke der impressionistischen, allenfalls expressionistischen Epoche, an denen sie auch von Bergson exemplifiziert werden, als für konstruktive der gegenwärtigen Kunst. Gorsen kritisiert an der mimetischen Theorie, daß sie übersehe, was die Kunstwerke in ihrer Besonderheit trenne von dem Allgemeinen menschlichen Erlebens, das sie gleichwohl enthalten. Wie bei Lukács werden sie zu Mechanismen der Verdoppelung dessen herabgesetzt, was eh schon ist. Die Verdoppelung impliziert fraglos, daß das ästhetische Subjekt identisch ist mit allen Subjekten, sich mithin in Übereinstimmung mit dem Gesamtsubjekt Gesellschaft oder auch nur dessen progressivem Teil befinde. Diese idealistische Übereinstimmung aber gerade ist es, welche die authentischen Werke aufgekündigt haben. Sie sind subjektiv und nicht objektiv im Sinne einer repräsentativen Verdoppelung. Ihre Position und die des ästhetischen Subjekts ist heute mehr denn je die äußerster Entfremdung und Vereinzelung. Verdoppelnde Mimesis prägt die schlechte Kunst, den Kitsch, der darum den meisten gefällt. Repräsentativ im vulgärrealistischen Sinne ist das Kunstgewerbe; Kunstwerke sind in einem anderen Sinne repräsentativ dort, wo sie am weitesten von repräsentierender Widerspiegelung entfernt sind. Nicht die Oberfläche der Welt ist ihr Thema, sondern ihr Wesen, wenn sie es auch aus Teilen ihrer Oberfläche konstruieren müssen. Eine Soziologie der Literatur sollte daher nicht, wie F. R. Leavis vorschlägt, mit der Analyse von Romanen Jane Austens beginnen, sondern mit den sogenannten extremen Beispielen, an denen nicht umstandslos abgelesen werden kann, was scheinbar sich draußen in der Welt zuträgt. [13] »Vor der Kunst ist die Wirklichkeit nur eine optische Täuschung« – diese paradoxe Formel von Karl Kraus bezeichnet den nicht-realistischen Realismus aller ästhetischen Konstruktion. [14] Extremen Werken kommt daher, heute mehr denn je, eine ästhetische Autonomie zu, die sie unzugänglich für einen ›sociological approach‹ macht, der in ihnen nur Anschauungsmaterial für generalisierende Gesellschaftstheorien finden will. Deren Abstraktheit kann die Literatur nicht mit der Darstellung wirklichen Lebens Fleisch ans Gerippe werfen. Sie ist selber nicht dieses Wirkliche, sondern seine Konstruktion. Aufgabe ihrer Soziologie ist nicht, sie unter allgemeine Kategorien zu subsumieren, sie zurückzuführen auf soziale Realität und diese vermittelnde Bewußtseinsformen, die sie nur abbildeten, sondern vielmehr dieses Allgemeine in der besonderen Struktur der Werke zu dechiffrieren, um diese Besonderheit zugleich auch als subjektiv vermittelten Ausdruck eines Allgemeinen zu begreifen. Peter Szondi hat dies als Ziel hermeneutischer Erkenntnis der Literatur noch einmal gegen allen naiven Soziologismus festgehalten.

> Vielmehr gehört gerade die Historizität zur Besonderheit des einzelnen Werkes, so daß einzig *die* Betrachtungsweise dem Kunstwerk ganz gerecht wird, welche die Geschichte im Kunstwerk, nicht aber die, die das Kunstwerk in der Geschichte zu sehen erlaubt. [15]

Um es nun aber nicht bei leeren methodologischen Erörterungen an sich zu belassen, sei das, was gemeint ist, an zwei Beispielen demonstriert. Denn Methodenstreite müssen so lange schlechterdings unentschieden bleiben, so lange man nicht versucht, nach den umstrittenen Methoden zu arbeiten. Ohne den Versuch einer Verifikation unternommen zu haben, läßt sich rhetorisch mancherlei entwickeln, lassen sich Methoden gegen Methoden aufbieten, ohne daß die Streitenden gewahr werden, daß sie Krücken anpreisen, auf denen im Ernst niemand laufen kann.

Werke, deren zeitlicher Abstand mehr als einhundertundfünfzig Jahre mißt, die in verschiedenen Sprachen geschrieben, einander einigermaßen fremde Kulturen zum Medium haben, können, vergleicht man sie darin miteinander, dem gleichen mimetischen Impuls sich verdanken. Dieser Impuls mag als abgeleitete politische Intention die ästhetische Konstruktion als Symbol der gesellschaftlichen sich suchen oder unmittelbarer das Bild als Ziel psychopathischer Triebstruktur anvisieren.

Die Rede ist von William S. Burroughs und Donatien Alphonse François Marquis de Sade. Der »göttliche Marquis« wurde 1740 in Paris geboren, verbrachte nahezu dreißig Jahre seines Lebens in Gefängnissen, wo er den größeren Teil seiner philosophischen Romane schrieb, und starb 1814 in der Irrenanstalt von Charenton; Burroughs wurde als Rauschgiftsüchtiger bis zu seinem fünfundvierzigsten Jahr polizeilich verfolgt, und ist heute, wie sein Verlag erklärt, die zentrale Gestalt in der amerikanischen beat-Bewegung. In dem utopischen Ideal des Anarchismus sind beide, Sade und Burroughs, gleichgerichtet auf die Zerstörung dessen, was irgend eine Schranke genannt werden kann: gesellschaftliche, moralische oder selbst psychologische Gesetze, überhaupt von allem, was sich dem rasenden Individualismus als Welt der Tatsachen und deren Rationalität in den Weg stellt.

Und doch, so sehr sie sich in der objektiven Tendenz gleichen, daß kein Stein der Mauer der Realität, so wie sie ist, auf dem andern bleiben soll, so tief trennt sie doch wieder die ästhetische Gestalt ihrer Werke. Ihre je eigene geschichtliche Epoche, das Bewußtsein, das sie von sich hatte, ließ diese destruktiven Intentionen sich anders realisieren. Hinzu tritt, daß der Stand objektiver psychologischer Erkenntnis und die hiermit mittelbar zusammenhängenden literarischen Techniken von selbst unterschiedliche Ausdrucksformen bedingten. Der ästhetische Wille, mag er alles transzendieren wollen, was sich ihm als Fremdes entgegensetzt, er kann doch nur an diesem sich wieder negativ orientieren und seinen Weg durch es hindurch nehmen. Er gehört, hegelisch gesprochen, als eine Form des Bewußtseins einer Epoche über sich selbst zu deren objektivem Geist. Als die Philosophie diesen noch kritisch zu reflektieren vermochte, wie in der französischen Aufklärung des 18. Jahrhunderts, gehörten die romans philosophiques Sades zu ihr. Sie sind als höhnische Parodien der Rousseauschen Philosophie von der guten Natur des Menschen zu lesen. Heute formulieren, so will es scheinen, die Kunstwerke allein noch den Ungeist der Epoche, vor dem philosophische und soziologische Theorie auf Deskriptionen gereinigter Fakten und Funktionen sich zurückgebildet hat.

Ungeschieden durchkreuzen im Werk Sades die Züge des Aristokratismus sich mit denen der Revolution, unmittelbar vor deren Ausbruch die entscheidende Konzeption der wichtigsten Romane liegt: der *120 Tage von Sodom*, der *Justine* und der *Juliette*. Die politische Revolution, die 1789 die Bastille schleifte, in der Sade gefangensaß, antizipierte er als moralische. Sie setzte ihn denn auch an die Spitze eines der Revolutionstribunale, der »Section des Picques«. Rousseaus contrat social war Sade nur ein Betrug, der, indem er den Individuen versprach, ihnen eine mittlere allgemeine Wohlfahrt zu gewähren, sie nur um ihre Freiheit eines Naturwesens brachte. Daher figuriert in seinen Romanen das scheußlichste Verbrechen, die tiefste Perversion als Weg zur Freiheit. Herbert Marcuse hat, Freud folgend, die Phantasie als künstlerische Einbildungskraft prinzipiell in einen Zusammenhang mit den sexuellen Phantasien der Perversionen gerückt. [16] Der Freiheit Freistatt pflegt die Orgie zu sein. Sie ist die wahre Utopie und fern von dem, was heute als gequälte Striptease-Party sich eingebürgert hat und kaum mehr als ein laues Vergnügen gewährt. Die sexuellen Arrangements, welche Sades Libertins zu treffen pflegen, sind ins schlechthin Irreale verlängert. Allein inspiriert von dem wahnwitzigen Willen, nicht nur die Grenzen der Moral, sondern auch der Natur zu überschreiten. So wird nicht nur masturbiert, Anal- und Oralverkehr praktiziert, sei es zu zweit, zu dritt oder zu Dutzenden, sei es mit der eigenen Familie, mit Kindern oder Greisen, Frauen oder

Männern; sondern die Orgien weiten sich zur ebenso grausamen wie großartigen Szenerie organisierter pathologischer Exzesse, die von der Flagellation bis zur Koprophagie und der schließlichen Erschlagung der Lustobjekte auf einem Altar oder Misthaufen reichen. Nichts hiervon wird, wie sonst im Roman, ins diskrete Dunkel des Tabus gerückt, alles vielmehr aggressiv vom strahlend kalten Licht überschnappender Aufklärung ausgeleuchtet. Die Freiheit der Individuen von gesellschaftlicher Unterdrückung, von moralischen und religiösen Vorurteilen, die dieser Unterdrückung den Heiligenschein verliehen, überhaupt ihr selbstverantwortliches Denken und Handeln, waren die großen Themen der materialistischen Philosophie der französischen Aufklärung. Sade, der bislang unerkannte große Kritiker ihres Optimismus, trieb die aufklärerische Idee der Freiheit in ihre irrsinnige letzte Konsequenz. Indem er jedem das absolute Verfügungsrecht über den Körper des anderen zusprach, widersprach er tatsächlich dem Prinzip von Herrschaft schlechthin, sei es aristokratischer Gewaltherrschaft oder bürgerlicher Kapitalherrschaft, die beide Male andauernde Herrschaft der einen über die anderen war. In der *Philosophie im Boudoir* kritisiert er die Institution der Ehe als ein gegens Naturrecht verstoßendes Herrschaftsverhältnis der Geschlechter übereinander:

> Niemand kann sich ein freies Wesen zu eigen machen; es ist so ungerecht, eine Frau ausschließlich zu besitzen, wie es ungerecht ist, Sklaven zu besitzen; alle Menschen sind frei geboren, alle sind vor dem Gesetz gleich: Verlieren wir diese Grundsätze nie aus den Augen. Es kann demnach einem Geschlecht nie das Recht zugestanden werden, sich des andern ausschließlich zu bemächtigen [...] Den reinen Gesetzen der Natur zufolge kann sich auch eine Frau nicht jemandem, der sie begehrt, unter dem Vorwand verweigern, sie liebe einen andern; denn eine solche Verweigerung würde zur Ausschließlichkeit führen, und wenn wir uns einig sind, daß jede Frau uneingeschränkt allen Männern gehört, darf kein Mann vom Besitz einer Frau ausgeschlossen werden. Nur einen unbeweglichen Gegenstand oder ein Tier kann man sich aneignen, niemals aber ein Wesen, das uns gleicht. [17]

Was in diesen *Dialogen, zur Erziehung junger Damen bestimmt* als absolute Freiheit der Individuen proklamiert wurde, die für Sade vor allem die des Sexualtriebs war, hatte als politische Anarchie für eine kurze Spanne der französischen Revolution zwischen 1789 und 1794 grausige Realität erlangt. Doch jene Anarchie war eins mit dem universalen Terror eines Marat oder Robespierre, die die Anarchie aller in eine Diktatur weniger zusammenfaßten. Auf Marat hielt Sade am 29. September 1793 seine berühmte Totenrede mit den Sätzen:

> Scävola und Brutus bedrohten jeder seinen Tyrannen; Deine weit größere Seele aber wollte alle, die der Erde eine Bürde sind, auf einmal vernichten. [18]

Anarchie und Despotismus verschwistern sich im Werk Sades unauflöslich. Seine Libertins sind entweder reiche Financiers oder mächtige Minister und Grafen, welche die Gesetze nicht zu fürchten brauchen, die sie verletzen; ihre

Opfer abhängige Familienangehörige, Untertanen, Gekaufte oder Gefangene. Was darin Bild revolutionärer Zerstörung feudaler Ordnungen, Antizipation des losgelassenen Individualismus bürgerlicher Profitgier oder Exaggeration aristokratischen Lustlebens des ancien régime war, das rücksichtslos seine Privilegien nutzte – es ist ebensowenig scharf voneinander zu scheiden, wie die Elemente des geschichtlichen Prozesses der Revolution selber. Daß ihre Elemente: die ökonomische Misere der Pariser Plebs, die politischen Ambitionen der mächtig gewordenen Bourgeoisie, die Pressionen des monarchistischen Regimes – daß sie bei Sade im Sexus zusammenfließen, ist mehr als eine Parabel. Wie später für Karl Kraus war Sade thema probandum der allgemeinen Freiheit die sexuelle. War es mit ihr, der unmittelbaren Freiheit des Körpers, nichts, war auch die politische des intelligiblen Charakters fragwürdig. Letztere hat sich zumal heute, Sades Gleichgültigkeit ihr gegenüber Recht gebend, in einen Mechanismus repräsentativer Demokratie verdinglicht, der wie einst der König über den Köpfen der Untertanen regiert und diesen nur um Gradesunterschiede näher ist. Sades pathologische Radikalität übertraf alle utopischen Gesellschaftsentwürfe des Frühsozialismus, in denen es entweder ähnlich prüde wie in der alten Gesellschaft zugehen sollte oder die einen schlechten harmonischen Ausgleich kollidierender Triebe, etwa durch begrenzte Promiskuität, konstruierten. In seiner permanenten Orgie, als welche die schrankenlose Utopie auftritt, fordern die restlos befreiten Triebe der einen den widerstandslosen Verzicht der anderen. Notwendig führte ihn diese Konsequenz schon früh zur Apologie des Mordes und damit zur Negation aller reinen Utopie, in der doch alle frei leben sollten.

Was gesellschaftlich sich in den seither vergangenen anderthalb Jahrhunderten verändert hat, läßt sich paradigmatisch ermessen an Burroughs' Beat-Stück *The Naked Lunch*. Konvergierte der Sadesche Anarchismus noch mit den progressiven Tendenzen der französischen Revolution, waren seine orgiastischen Romane rational konstruierte Utopien, von langen Reflexionen begleitet, in denen naturphilosophisch ihre Richtigkeit bewiesen werden sollte, so hat sich diese in aller Destruktivität konstruktive Linie, die nach vorn wies, bei Burroughs in eine Spirale umgewandt, die im Chaos äußerster Verzweiflung kreist.

Anstelle einer transzendierenden Projektion, die das, an was sie stößt, niederreißt, ist das *Naked Lunch* das Montagebild einer zerstörerischen Flucht durch die Bezirke der Gesellschaft. Sie zeigt sich so verfestigt, daß die tobenden junkies und rock and roll hoodlums an ihren unerschütterlichen Grenzen sich blutig stoßen. Kein Weg führt aus ihr heraus, statt dessen werden die Aufbegehrenden nur tiefer in Abgründe der unterdrückenden Zivilisation hineingejagt von einer Polizei, die nicht besser ist als sie, aber die Macht hat, die doch einstmals Sades Libertins zu Gebote stand, damit sie ihr perverses Reich gegen das bestehende durchsetzten.

Die junkies, die es in einer Realität nicht mehr aushielten, wo alle vom total durchorganisierten vergesellschafteten Produktionsmechanismus abhängen, der allein sie ihr Leben reproduzieren läßt, landen in Zonen wie Freeland, Annexia oder Interzone, die nur die absurde Verkehrung dessen darstellen, was für die Utopisten des 19. Jahrhunderts ein Freeland einst war. Es sind Polizeistaaten, in denen jeder jederzeit kontrolliert und, da keiner alle verlangten Dokumente je beisammen haben kann, eingekerkert wird; Ländereien, die ein einziges großes Irrenhaus beherbergen, das man reconditioning center nennt; Riesenlaboratorien, in denen versucht wird, den menschlichen Körper auf ein undifferenziertes Gewebe zurückzubilden, so daß die leitenden Angestellten es nur noch mit kriechenden, amöboiden Plasmahaufen zu tun haben. Den Irrationalismus der bestehenden Gesellschaft, in der alle daran schuften, den Mechanismus ihrer Beherrschung um so vollkommener zu machen, da je umfangreicher und komplizierter der Produktionsprozeß der Industriegesellschaft wird, desto perfekter die organisatorischen Kontrollen werden – diesen Irrationalismus Weberscher Rationalität hat Burroughs in seinen Centers zum Wahnwitz gesteigert. Mit ihren eigenen Mitteln, vor allem Drogen der chemischen Industrie, richtet die Gesellschaft sich zugrunde, um ihr in Träumen zu entfliehen.

Dr. Benway, der advisor der Freeland Republik, ist approbiert für T. D. – Total Demoralization. Sein Zentrum für Wiederinstandsetzung beschreibt Burroughs als die Agonie der gegenwärtigen amerikanischen Gesellschaft, für die Freeland Republik steht:

> Vom Dach des Z. F. W.s sehen wir ein Schauspiel unvergleichlichen Schreckens. I. N.s (Irreversible Nervenschäden) stehen vor den Tischen der Cafés herum, lange Speichelfäden hängen an ihrem Kinn herunter, ihre Mägen knurren geräuschvoll, andere ejakulieren beim Anblick von Frauen. LATAHS imitieren Vorübergehende mit affenähnlicher Obszönität. Süchtige haben die Drugstores geplündert und verpassen sich an jeder Straßenecke Spritzen ... Katatoniker dekorieren die Parks ... Aufgeputschte Schizophrene rennen durch die Straßen und stoßen zerfetzte unmenschliche Schreie aus. Eine Gruppe T. W.s (Teilweise Wiederhergestellte) hat mit gräßlich wissendem Lächeln, dahinter zeigt sich, doppelt belichtet, der nordische Schädel, einige homosexuelle Touristen umzingelt.
>
> »Was wollt ihr?« schnappt eine der Tanten.
>
> »Wir wollen Euch *verstehen*«.
>
> Eine heulende Meute von Simopathen schwingt sich von Kronleuchtern, Balkons und Bäumen. Sie scheißen und pissen auf die Vorübergehenden. (Ein Simopath – der Terminus technicus dieser Krankheit ist mir entfallen – ist jemand, der davon überzeugt ist, ein Menschenaffe oder ein anderer Simia zu sein. Es ist eine Krankheit, die besonders in der Armee auftritt. Die Entlassung heilt sie.) Amokläufer trotten umher und schneiden Köpfe ab; sanfte Gesichter mit einem verlorenen, träumerischen Lächeln ... Bürger mit beginnender Bang – utot umklammern krampfhaft ihren Penis und rufen Touristen zu Hilfe ... Aufrührerische Araber heulen und brüllen, kastrieren, schlitzen Bäuche auf und werfen brennendes Benzin ... Tanzende Jungen zeigen Eingeweide – Striptease, Frauen stecken sich

abgeschnittene Genitalien in die Löcher, sie reiben, stoßen und klatschen sie gegen den Mann ihrer Wahl ... Aus Helikoptern halten religiöse Fanatiker feierliche Ansprachen an die Menge und lassen Steintafeln, auf denen bedeutungslose Botschaften eingemeißelt sind, auf ihre Köpfe regnen ... Hustend und grunzend reißen Leopardenmänner mit eisernen Klauen Menschen in Stücke ... Mitglieder der Kwakiutl-Kannibalen-Gesellschaft beißen Nasen und Ohren ab... [19]

Rauschgiftsucht zieht sich wie ein Faden roten Blutes in der Injektionsspritze durch das *Naked Lunch*. Junkies (Süchtige) und pushers (Verteiler) tauchen unablässig aus den Spalten der Montage auf; halluzinatorische Passagen, wie das »Meet-Café« entstanden in einem Yage-Rausch, oder Alpträume einer Entzugs-Psychose durchschneiden satirische Parabeln und autobiographisches Material. Im Rausch der sich ruinierenden junkies erscheint allein die negative Utopie als Halluzination einer verfaulenden Gesellschaft, eines Karzinoms:

Das Endresultat der vollkommenen Repräsentation des Zellverbandes ist das Karzinom. Demokratie ist mit Krebs behaftet, und die Ämter sind ihre Geschwülste. Überall im Staat schlagen Dienststellen ihre Wurzeln und werden bösartig wie das Amt zur Bekämpfung der Rauschgiftsucht, sie wachsen und wachsen und vermehren sich. Wenn man sie nicht kontrolliert oder herausschneidet, ersticken sie letzten Endes den Wirtsorganismus. [20]

Burroughs sieht sich einer in ihrem Fortschreiten zunehmend verfestigenden gesellschaftlichen Herrschaft gegenüber, die ihm virtuell Absterben der Gesellschaft ist. Lebender und sich verändernder Organismus stagniert sie in ihren Organisationsformen.

Bürokratie ist ebenso bösartig wie Krebs, ein Abwenden von der Richtung menschlicher Entwicklung mit ihren unendlichen Möglichkeiten, mit Differenzierung und unabhängiger, spontaner Aktion, zum totalen Parasitentum eines Virus. [21]

Wenn Burroughs die bestehende Gesellschaft in Bildern organischen Zerfalls sieht und nicht wie das Bürgertum der liberalen Ära in denen des Wachstums, so indiziert das einen historischen Strukturwandel der Gesellschaft. Tendenziell eliminiert die moderne Industriegesellschaft, je umfangreicher und damit komplizierter der Mechanismus der vergesellschafteten Produktion und Reproduktion wird, Möglichkeiten, ihn in grundsätzlich anderer Weise zu organisieren, ohne daß er zusammenbricht. Mit der ökonomischen Unabhängigkeit des Bürgertums schwindet, da alle entweder lohnabhängige Arbeiter oder Angestellte geworden sind, der Begriff des autonomen Individuums, wie er in der liberalen Ära des 18. Jahrhunderts sich ausbildete. Symptomatisch für die moderne Soziologie ist der neue dominierende Begriff der Integration. Er meint Integration ins bestehende System, das gänzlich zur zweiten Natur den Individuen gegenüber sich verselbständigt hat.

Der Typus des ›other directed man‹, wie ihn Riesman beschrieben hat, [22] orientiert sich am Arsenal der von der Gesellschaft zur Verfügung gestellten Rollen, den richtungsweisenden Signalen der Massenmedien, wie in vorgeschichtlicher Zeit die Jäger und Sammler an den Zeichen der blinden Natur. Die Reduktion der Individuen zu passiven Konsumenten, die rein rezeptive Rolle, die sie vor den Organen der Massenmedien einnehmen, ist oft schon, wie etwa von Steinberg, beobachtet worden. [23] »Don't talk back« – ist ihr immanentes Gebot. Über die Massenmedien sind sie auch in der Freizeit dem Kreislauf von verwalteter Produktion und Konsumtion angeschlossen. Der Haß gegen die in Institutionen verkrustete Gesellschaft läßt Burroughs die Radio- und Fernsehstationen als Tiefdruckgebiete sehen, welche die angeschlossenen Individuen aufsaugen.

Der Sender wird durch Negativa definiert. Ein Tiefdruckgebiet, eine saugende Leere. Er wird furchtbar anonym, gesichts- und farblos sein. Er wird – vielleicht – mit glatten Hautscheiben anstelle von Augen geboren werden. Wie ein Virus weiß er immer, wohin er sich bewegt. Er braucht keine Augen [...] Einige rührselige Bürger werden denken, daß sie etwas moralisch Besserndes senden können, und begreifen nicht, daß Senden das Böse verkörpert. Wissenschaftler werden sagen: »Senden ist wie Atomkraft ... Wenn sie nützlich angewandt wird.« Zu diesem Zeitpunkt mixt sich ein After-Techniker einen Sodabikarbonat und drückt auf den Knopf, der die Welt zu kosmischen Staub reduziert. (Rülpser ... Sie werden diesen Furz auf dem Jupiter hören.) ... Künstler werden Senden mit Schöpfen verwechseln. Sie werden herumhocken und kreischen »Ein neues Medium«, bis sie passé sind ... Philosophen werden die Folgen und Wirkungen durchkauen, sich herumstreiten ohne zu wissen, daß Senden zu nichts führt als zu weiterem Senden ... wie Opiate. Versuchen Sie einmal, Opiate zu nehmen, um irgend etwas anderes damit zu erreichen ... Einige Bürger, von der Sucht, selbst Coca Cola und Aspirin zu kontrollieren, besessen, werden über den bösen Zauber des Sendens sprechen. Aber niemand wird sehr lange über irgendetwas sprechen. Der Sender liebt das Reden nicht. [24]

Nicht kann länger auf die Macht der Vernunft vertraut werden, die er nirgendwo, wie Sade noch in der aufklärenden Kraft der Philosophie, letztlich der Revolution, am Werke sieht. So werden denn auch Entwürfe besserer Welten sinnlos. Der Wille, der anderes will als das, was ist, wendet sich, da er nicht hinaus kann, zerstörerisch nach innen und zerstört das Zerstörte.

Pay it all pay it all pay it all back. Play it all pay it all play it all back. For all to see. [25]

Diese furiosen Sätze aus den Last Words, mit denen *Nova Express,* Burroughs' zweites Buch, beginnt, leiten die Zerstörung ein. Jedoch die Assonanz von ›pay back‹ und ›play back‹ drückt aus, wie sich politische Destruktionsenergien in einen konstruktiven mimetischen Impuls umsetzen. Die Konstruktion des Burroughsschen Werks ist die Destruktion der Welt draußen, gegen die das ästhetische Subjekt nicht ankam. Es stellt sich nur vor:

Jugendliche Rock-and-Roll-Rowdys stürmen durch die Straßen aller Nationen. Sie stürzen in den Louvre und schleudern Säure in das Antlitz der Mona Lisa.

Sie öffnen Zoos, Irrenhäuser und Gefängnisse, mit Preßlufthämmern brechen sie Wasserleitungen auf, sie sägen den Fußboden aus den Toiletten der Passagierflugzeuge heraus, löschen Leuchtfeuer ... [26]

Drogen erzeugen als Stimulantien der ästhetischen Einbildungskraft schöne entsetzliche Bilder von Zerstörung. Euphorien, sind sie an die Stelle von Utopien getreten. Die membra disiecta einer Welt, aus der der Sinn entschwunden ist, wiederholen die cut-ups, welche die zerfetzten Bilder zusammenleimen. Montage ist notwendig das Stilprinzip für den Ausdruck der in sich zerrissenen Welt und eines Bewußtseins, das sie nicht mehr als die seinige fassen kann und will. Bewußtsein des abgedankten Subjekts, vermag es nichts mehr zu erzeugen, weder Welten noch Romane, sondern nur noch ready-mades zu finden, wirre Träume zu haben und von Drogen erregte halluzinatorische Prozesse in sich ablaufen zu lassen. Den zerschnittenen Bewußtseinsfetzen, die das *Naked Lunch* im beat-Rhythmus aneinanderreiht, vorzuwerfen, sie besäßen keine ›narrative continuity‹, heißt sie mit einem Maß messen, das nicht das ihre ist. »Narrative, logical, syntactical and thematic continuity«, wie sie David Lodge in seinen *Objections to Burroughs* fordert [27], zerstört das *Naked Lunch* gerade, weil das ästhetische Subjekt die Realität nicht mehr so erfährt und weil sie einen Sinnzusammenhang konstituieren würde, der gerade verneint wird. Er ist, ebenso wie der ›creative mind‹, auf den der Kritiker sich als letzte Instanz beruft, in der Auflösung begriffen – wie tatsächlich die Individuen in den Laboratorien des *Naked Lunch*. Der ›creative mind‹ tritt in der modernsten Literatur unverhüllt als Destruktionsenergie auf. Ein Moment des Destruktiven wohnte immer schon in großer Literatur – oft nur als ihre moralische Fragwürdigkeit zutage tretend. Nun sprengt es buchstäblich jede Form des selbstsicheren Erzählens auf, die im Werk Thomas Manns durch Ironie bereits verdorben ward. Burroughs ist nur an Burroughs zu messen, nicht an Eliot und nicht an Joyce, wenn er sich auch in ihrer Nähe sehen möchte. Nur ob das *Naked Lunch* seine Aufgabe löste und ob die Aufgabe im Hinblick auf das, was ästhetisch zu lösen war, richtig gestellt worden ist, kann Problem der einzig zulässigen Kritik sein, nämlich der immanenten. Nicht ob der Kritiker einen ›creative mind‹ wirken sehen möchte, ist als ein literarisches Kriterium anzusehen. Im vorhinein zu befinden, was der ›experimental artist‹ tun darf oder nicht, heißt zumeist die gegenwärtige künstlerische Produktion mit Kategorien messen, die an der vorangegangenen gewonnen sind. ›Experimental artists‹ können – und das ist einer der wenigen Erfahrungsgrundsätze – meist mehr, als Literaturwissenschaftler verstehen oder für möglich halten, weil sie die Sphäre von deren produktiver Erfahrung nicht berühren.

»Die bestehenden Konventionen zu biegen, ohne sie zu brechen, das ist der anstrengende und heroische Beruf des experimentellen Künstlers. Die Konventionen brechen, ist zu einfach« – schreibt Lodge wie ein Hausvater vor.

Manchmal ist es schwieriger, sie zu brechen, als sie zu biegen und sich mit ihnen zu biegen, ohne sich zu loben. Burroughs hat für das Brechen seinen Preis bezahlt. Der ›experimental artist‹ ist alles nur kein Konservativer, wenn auch der utopische Horizont untergegangen ist.

1 Max Weber: Die »Objektivität« sozialwissenschaftlicher und sozialpolitischer Erkenntnis. In: *Gesammelte Aufsätze zur Wissenschaftslehre*. Tübingen 1951.
2 Jürgen Habermas: Kritische und konservative Aufgaben der Soziologie. In: *Theorie und Praxis*. Sozialphilosophische Studien. Neuwied 1963.
3 Max Weber, ebd., S. 179f.
4 Etwa die Arbeit des Centre for Contemporary Cultural Studies der University of Birmingham unter Stuart Hall und Richard Hoggart.
5 Jean-Paul Sartre, *Was ist Literatur?* Hamburg 1958.
6 Georg Lukács: *Die Theorie des Romans*. Ein geschichtsphilosophischer Versuch über die Formen der großen Epik. 1920. Neuwied 1963.
– –: *Deutsche Literatur in zwei Jahrhunderten*. Goethe und seine Zeit, Deutsche Realisten des 19. Jahrhunderts, Thomas Mann. Neuwied 1964.
7 Arnold Hauser: *Sozialgeschichte der Kunst und Literatur*. 2 Bde. München 1958.
– –: *Methoden moderner Kunstbetrachtung*. München 1970.
8 Ernst Bloch, *Das Prinzip Hoffnung*. 2 Bde. Frankfurt/Main 1959.
9 Walter Benjamin, *Schriften*. 2 Bde. Frankfurt/Main 1955.
10 Siegfried Kracauer, *Das Ornament der Masse*. Frankfurt/Main 1963.
11 Theodor W. Adorno, *Noten zur Literatur I–III*. Frankfurt/Main 1958–65.
– –, *Prismen*. Kulturkritik und Gesellschaft. Frankfurt/Main 1955.
12 Peter Gorsen, *Zur Phänomenologie des Bewußtseinsstroms*. Bonn 1966.
13 Frank Raymond Leavis, *The Common Pursuit*. Penguin Books 1952.
14 Karl Kraus, *Literatur und Lüge*. Werke, Bd. 6. München 1958, S. 322.
15 Peter Szondi, *Zur Erkenntnisproblematik in der Literaturwissenschaft*. In: K. O. Conrady: *Einführung in die neuere deutsche Literaturwissenschaft*. Hamburg 1966, S. 159.
16 Herbert Marcuse, *Triebstruktur und Gesellschaft*. Frankfurt/Main 1965, S. 54.
17 Donatien Alphonse François Marquis de Sade, *Werke*, Bd. 3, hrsg. von Marion Luckow. Hamburg 1965, S. 113.
18 Sade, *Werke*, Bd. 2. Hamburg 1962, S. 80.
19 William S. Burroughs, *The Naked Lunch. 1959*. Wiesbaden 1962, S. 40f.
20 Ebd., S. 128.
21 Ebd., S. 129.
22 David Riesman, *Die einsame Masse*. Hamburg 1958.
23 Charles Side Steinberg, *The Mass Communicators*. Public relations, public opinion, and mass media. New York 1958.
24 William S. Burroughs, ebd., S. 161f.
25 William S. Burroughs, *Nova Express. 1964*. London 1966, S. 12.
26 William S. Burroughs, *The Naked Lunch*. S. 45.
27 David Lodge: *Objections to Burroughs*. In: Critical Quarterly. Vol. VIII, No. 3, 1966, S. 211.

Olaf Hansen

Hermeneutik und Literatursoziologie

Zwei Modelle: Marxistische Literaturtheorie in Amerika/ Zum Problem der »American Studies«

I.

Was dem Begriff der Literatursoziologie an wissenschaftstheoretischer Substanz fehlt, wird in der Praxis durch emsige Geschäftigkeit kompensiert. Sowenig geklärt ist, was denn eigentlich die spezifische Leistung der Literatursoziologie ausmacht, welchen Status sie innerhalb der verschiedenen Soziologien einerseits und der Literaturwissenschaft andererseits innehat, und wie die Logik des für sie eigentümlichen Erkenntnisanspruchs beschaffen ist, so zahlreich sind doch bereits die Untersuchungen, die im Titel oder Untertitel ein als literatursoziologisch charakterisiertes Selbstverständnis für sich in Anspruch nehmen. In diesem Sinn beschreibt der Befund A. Silbermanns, es dränge sich »mehr und mehr eine soziologisch ausgerichtete Literaturbetrachtung in den Vordergrund« [1], in ungewollt doppelsinniger Weise sowohl einen Sachverhalt als auch ein Dilemma – wird doch zutreffend das Anwachsen einer Form von Literaturbetrachtung beobachtet, für die der rechte Begriff noch nicht gefunden ist, von der sich nur vage festhalten läßt, sie sei »soziologisch ausgerichtet«. Da eine präzisere Beschreibung dessen, was die literatursoziologische Arbeitsweise kennzeichnet, so lange unmöglich ist, als es dieser an theoretischem Fundament fehlt, muß im Vollzug der Kritik an bereits etablierten Formen der Literatursoziologie auch jener kategoriale Rahmen zumindest andeutungsweise erläutert werden, innerhalb dessen Überlegungen zur literatursoziologischen Theorie sinnvoll angestellt werden können. Daß die Sinnkriterien einer solchen Theorie weder aus dem Bereich empirischer Sozialforschung noch aus dem Begriffsapparat herkömmlicher Ästhetik, normativer oder deskriptiver Art, abgeleitet werden können, zeigt die Insuffizienz vorherrschender literatursoziologischer Methoden deutlich.

Weder eine Soziologie des Buchhandels, noch eine schichtenspezifisch argumentierende Lesersoziologie, noch eine sozialpsychologisch verfahrende Autorensoziologie erfüllen den an eine Literatursoziologie zu richtenden Anspruch, über Literatur in der Weise Auskunft zu geben, daß der Zusammenhang von Gesellschaft und Literatur dieser nicht insofern äußerlich bleibt, als er lediglich im Verbinden soziologisch leicht faßbarer gesellschaftlicher Sachverhalte mit dem besteht, was immer gerade weitläufig als Literatur verstanden wird. Der Mangel an Bestimmung, der Literatur in solchen Analysen zur inhaltlichen Konstante in einem formalisierten Zusammenhang reduziert, als dessen Vorteil meist ein Gewinn an Präzision, ja an »Wissenschaftlichkeit« schlechthin genannt wird, hat zur Folge, daß nicht nur das Objekt der literatursoziologischen Tätigkeit, die Literatur, aller qualitativen Merkmale beraubt wird, sondern daß auch die intentional handelnden Individuen – Autoren wie Leser – nur noch als sich gesellschaftlich unvermittelt verhaltende erfaßt werden [2]. Je eindeutiger also die methodische Stabilisierung der als Literatur gefaßten Größe in einem Funktionszusammenhang als Bezugspunkt sozialen Handelns möglich scheint, was auf marktsoziologisch orientierte Untersuchungen im weitesten Sinne ebenso zutrifft wie auf die von der Attitüdenforschung angeregten Analysen des content-analysis-Typs, dem Literatur zum Katalog möglicher Haltungen wird, desto notwendiger ist es, den scheinbar kontingenten Rest am literarischen Gegenstand methodisch einzubeziehen, um ihn nicht jener Art subjektiver Einstellung zu überlassen, deren Selbstverständnis sich aus der Hypothese vom prinzipiell unausschöpfbaren Kunstwerk herleitet. Den Charakter dessen zu bestimmen, was den angeführten Untersuchungstypen als kontingent erscheint, ist vielmehr der Ausgangspunkt und – wie noch zu zeigen sein wird – die spezifische Leistung einer Literatursoziologie, die ohne Rückgriff auf normativ vorbestimmte Begriffs- und Sinnzusammenhänge, wie sie die akademische Literaturwissenschaft anbietet, die Bildung eines gesellschaftsbezogenen Literaturbegriffs ermöglicht, der dennoch inhaltlich die Reichweite empirischer Kategorien insofern übersteigt, als er selber Schlüssel zum Verständnis systematisierbaren sozialen Verhaltens ist.

Im folgenden soll versucht werden, durch die Kritik an zwei von Ansatz wie Anspruch her sich unterscheidenden Positionen Kriterien zu entwickeln, die die Reduktion von Literatur auf ihr zuzuordnende Phänomene gesellschaftlichen Verhaltens ebensowenig gestatten wie den Rekurs auf eine einmal abgeleitete, im konkreten Verfahren dann doch nicht mehr problematisierte Bestimmung dessen, was das Wesen von Literatur und dementsprechend ihre Funktion in der Gesellschaft sei.

Als Beispiel jener Richtung von Literatursoziologie, die sich erst auf der Grundlage bestimmter Reduktionen entfaltet, kann das Vorgehen Fügens gelten; es schränkt den Bereich literatursoziologischer Arbeit dahingehend ein, daß in ihm Literatur nur soweit zur Kenntnis genommen wird, »als sich mit ihr, an ihr und für sie spezielles zwischenmenschliches Handeln vollzieht«. Weil »Soziologie das soziale, d. h. intersubjektive Handeln zum Forschungsgegenstand hat, ist sie nicht am literarischen Werk als ästhetischem Gegenstand interessiert . . .« [3] – als vollziehe sich jenes von Fügen angeführte soziale Handeln nicht an Literatur als ästhetischem Gegenstand, und als wäre es nicht die Aufgabe von Literatursoziologie, immer dort, wo im Handlungsbereich Literatur nur noch verzerrt erscheint, durch Analyse die Ursachen dafür nachzuweisen, d. h. diese als veränderbare zu begreifen. Wie immer auch Ästhetisches in der Literatur zu begreifen wäre – deutlich ist, daß es offensichtlich seiner Trennung vom literarischen Objekt bedarf, um dieses einer spezifischen Form empirischer Analyse überhaupt erst zugänglich zu machen. Ihrer ästhetischen Dimension wird die Literatur endgültig auf theoretischer Ebene beraubt, wo Fügen, um die Möglichkeit empirischer Analyse bemüht, bei der Definition dessen, was Literatursoziologie unter Literatur zu verstehen habe, ästhetische Qualitäten aus dem Bereich soziologisch beschreibbarer Interaktion zugunsten »sozialer Kriterien« ausscheidet*; ein geradezu klassisches Beispiel positivistischer Theoriebildung, auf welche sich der Vorwurf bezieht, daß sie ihren Gegenstand analytischen Kategorien gleichmache, deren Berechtigung sich wesentlich aus dem Grad ihrer Operationalisierbarkeit herleitet.

Wenn jenes intersubjektive Handeln, das Fügen als Forschungsgegenstand der Soziologie anführt, sich nicht auf aufzufindende Muster entsprechenden Verhaltens reduziert, sondern intentionales Handeln meinen soll, dessen Logik durch sich selbst interpretierende Subjekte vermittelt ist, dann dürfte der Bezugspunkt des Handelns nicht in solchen Kategorien aufgehen, die der empirischen Feststellung bestimmter Handlungsformen dienen. Es würde bei solchem Verfahren nicht nur der Gegenstand, auf den das beschriebene Handeln gerichtet ist, entqualifiziert, sondern als Folge entzöge sich auch die durch die Qualität des Handlungsobjekts motivierte Selbstinterpretation des handelnden Individuums, welche sein Verständnis konkreter gesellschaftlicher Zusammenhänge einschließt, der Analyse. Dem reflektiven und intentionalen Gehalt von Handlungen, der sie als sinnhafte der Deutung und dem Verstehen zugänglich macht, kann erst dann adäquat entsprochen werden, wenn den noch nicht handlungssystematisch erfaßten, gleichwohl handlungsmotivierenden Größen eines gesellschaftlichen Funktionszusammenhangs bei der Begriffskonstitution soziologischer Theorien Rechnung getragen wird. Geschieht dies nicht, verwandeln sich die benutzten Begriffe in Schranken, die eine qualitative und quantitative Erweiterung möglicher Fragestellungen verhindern. Aus welchen Gründen auch immer sie rigoros gefaßt sind – ob aus wissenschaftstheoretisch begründeter Abwehr »spekulativen« Denkens oder aus Gründen der Orthodoxie in Hinblick auf bestimmte kanonisierte Urtexte, aus denen sie hergeleitet wurden – in jedem Fall führen solche Begriffe zwangsläufig zur Dogmatisierung von Erfahrungstatsachen und der Bedingungen, die sie als solche erst konstituieren. Erfahrungsbereiche, die

* »Nicht ästhetische Qualitäten, sondern soziale Kriterien müssen es sein, die die Literatursoziologie zur Grundlage der Bestimmung dessen macht, was sie unter Literatur verstehen kann.« Fügen, *Die Hauptrichtungen der Literatursoziologie,* 14f.

durchaus von Bedeutung sein könnten, gehen so von vornherein wissenschaftlicher Analyse verloren.

Für die Literatursoziologie bedeutet dies, daß in ihr weder die tradierte Trennung einzelner Disziplinen der Literaturwissenschaft reproduziert und durch eigene Objektbereichsabgrenzung noch ergänzt werden darf, um – wie Silbermann es versucht – durch die Ausgliederung von Literaturkritik, Literaturphilosophie oder soziologischer Literaturästhetik zu einer – wie es bei ihm heißt – »wahren«, d. h. an empirischen Methoden orientierten Literatursoziologie zu gelangen [4], noch daß – wie bei Fügen – ihre Kategorien aus Methoden abgeleitet werden dürfen, die der Beschreibung gesellschaftlicher Zusammenhänge – »gefaßt als eine kulturspezifische Übereinstimmung des *Verhaltens*« [5] – dienen, sondern daß die prinzipiell heuristische Funktion soziologischer Handlungstheorie dergestalt literatursoziologischer Begriffsbildung zugrundegelegt wird, daß relevante Erfahrungs- und Problemkomplexe nicht von vornherein durch einen szientistisch verkürzten Wissenschaftsbegriff unerfaßt bleiben. Dem heuristischen Aspekt empirischer Sozialforschung scheinen die hermeneutisch motivierten Ansätze sinnverstehender Soziologie bisher die größte Aufmerksamkeit geschenkt zu haben, was nahelegt, daß gerade die Literatursoziologie sich der dort erschlossenen Einsichten kritisch versichert und, wo möglich, ihren eigenen Erkenntnisinteressen entsprechend weiterentwickelt. Dies kann allerdings nicht in einseitiger Opposition zu empirischen Ansätzen der Literatursoziologie geschehen, denn offensichtlich verbürgt auch der emphatische Hinweis auf die grundsätzliche Differenz von soziologischen und ästhetischen Kategorien keinen sachlichen Fortschritt; zumal er lediglich das notwendig abstrakte Postulat ihrer Versöhnung impliziert, – wobei diese dann meist auch einziger Inhalt solcher Überlegungen bleibt und somit letztlich die Bedingungen seiner Existenz eher bestätigt als Wege angibt, wie diese zum Besseren verändert werden können. Der lautstarke Protest gegen literatursoziologische Untersuchungen, die strikt im Rahmen empirischer Methoden ausgeführt werden oder ihre Fragestellung von vorgegebenen, z. B. systemtheoretischen Ansätzen herleiten, – so angemessen er auch sein mag, wenn es darum geht, positivistisch begründete Denkverbote aus dem Weg zu räumen – verdeckt doch häufig die weiterhin stillschweigend gehandhabte Verwendung tradierter ästhetischer Kategorien, deren idealistischer Charakter dadurch aufgehoben werden soll, daß sie impressionistisch in unscharf abgegrenzten gesellschaftlichen Globalzusammenhängen angewendet werden. [6] Verfahren solcher Art, die als abgeleitete zu verstehen sind, beinhalten aber selbst als Rezeption anderer, originaler Gedankengänge Hinweise auf ernstzunehmende Probleme.

Gerade eine Literatursoziologie mit dem Anspruch, sich den Zugang zur Literatur auch dort noch zu bewahren, wo diese sich fast ausschließlich in begriffsrealistisch konzipierten Kategorien darstellt, bedarf nämlich einer kritischen Einstellung gegenüber dialektischen Methoden, wenn sie nicht in etablierte, im Rahmen des Positivismusstreits in der Soziologie entstandene Positionen zurückfallen will. Dies zeigt ein kurzer Blick auf die zweite oben angesprochene Richtung literatursoziologischer Arbeiten, die in größerem Maße als die am Beispiel Fügens skizzierte Richtung in der akademischen Literaturwissenschaft an Einfluß zu gewinnen scheint. Gemeint sind Positionen wie die Lucien Goldmanns und Th. W. Adornos, die ihrem Selbstverständnis nach als Gegensatz zur positivistisch ausgerichteten Soziologie zu begreifen sind, deren Vertreter meist aus dem englischen Sprachraum kommen, wo besonders in Amerika als Folgeerscheinung der spezifischen Entwicklung anthropologischer Wissenschaften auch die Literatursoziologie empirische Methoden entwickelte und diese zur Grundlage ihres Wissenschaftsverständnisses machte. Ohne in den teilweise rituell anmutenden Ablauf von Argumentationsmechanismen des Positivismusstreits zu verfallen, ließe sich an den Beispielen Goldmanns und Adornos in unterschiedlicher Weise zeigen, daß Analysen mit dem Anspruch, sowohl dialektisch als auch historisch-kritisch zu argumentieren, immer dann an Erklärungsgehalt empfindlich verlieren, wenn sie, von aprioristischen Aussagen durchsetzt, den Bezug zu empirisch beschreibbaren Aspekten sozialer Zusammenhänge vernachlässigen. Statt den hermetischen Charakter begriffsrealistischer Kategorien aus dem Bereich von Literaturwissenschaft und Ästhetik zu durchbrechen – was wohl die Aufgabe einer Literatursoziologie wäre, die es mit der Literatur ebenso ernst meint wie mit der Soziologie –, werden diese Kategorien entweder anthropologisch konstanten Verhaltensmustern zugeordnet und als pseudo-empirische in ihrem alten Status bestätigt – wie bei Goldmann –, oder in ideologiekritischer Absicht zwar angegriffen, jedoch gleichzeitig als Bedingung der Möglichkeit des Gedankens an ihr Gegenteil dergestalt hypostasiert, daß sie auf der Ebene der Theorie noch einmal in das ihnen nicht zustehende Recht versetzt werden – wie es tendenziell bei Adorno geschieht. Ausführlicher soll hier nur auf Goldmann eingegangen werden, da die Kritik an ihm und die daraus zu entwickelnden Kriterien und Kategorien in Hinblick auf die im zweiten Teil des Aufsatzes behandelten Probleme aus dem Gebiet der Amerikanistik im Vergleich zu einer Kritik an Adorno relevanter erscheinen.

Zu dem von Adorno praktizierten Verfahren sei zuvor jedoch kritisch bemerkt, daß die Kluft zwischen global bezeichnetem »Schuldzusammenhang des blind und verhärtet sich reproduzierenden Lebens«, demgemäß Ideologie heute die reale Gesellschaft selber sei [7], und dem Insistieren auf der Möglichkeit, im Detail über »Substantialität oder Nichtigkeit einer Sprachfigur« doch noch befinden zu können [8], methodisch nicht zu überbrücken ist. Die Kategorien, die zur Beschreibung von Gesellschaft als totalem Sinnzusammenhang dienen, und diejenigen, die im konkreten Detail »Stimmigkeit oder Brüchigkeit eines Gebildes« [9] festhalten, stammen aus unterschiedlichen Bereichen, die letztlich ihre Tragfähigkeit gewährleisten. Adornos Einsicht in den »Doppelcharakter der Kunst als eines von der empirischen Realität und damit dem gesellschaftlichen Wirkungszusammenhang sich Absondernden, das doch zugleich in die empirische Realität und die gesellschaftlichen Wirkungszusammenhänge hineinfällt« [10], nötigt dazu, aus dem Satz »Die Problematik der Erkenntnistheorie kehrt unmittelbar in der Ästhetik wieder ...« [11], Konsequenzen zu ziehen, die über die Hypostasis des genannten Doppelcharakters der Kunst zu einer Art Ontologie der Negativität hinaus Ansätze zur Methode sichtbar machen, die – abgelöst von subjektiv verbürgter Sensibilität – Untersuchungen über den Zusammenhang von Kunst und Gesellschaft ermöglichen. Geschieht dies nicht, bleibt selbst in subtiler Darstellung alles beim alten, wird der gleiche Befund immer wieder aufs neue dargelegt, und inhaltliche Aussagen zerfallen unter der Hand in kategorial verschiedene Bestandteile, in solche soziologischen Ursprungs und solche tradierter Ästhetik, deren Synthese häufig etwas gewaltsam anmutet. Die begründete Absicht, nicht über der Sache zu schweben, sondern sich auf sie einzulassen, um so die Vermittlung von Besonderem und Allgemeinem auf unmittelbar sinnfällige Weise zu leisten, hat zur Konsequenz, daß oft winzigen Details eine so gewichtige Bedeutung zugemutet wird, daß dabei ihre Tragfähigkeit überschritten wird. Dies schlägt sich formal in der Argumentationsstruktur immer dort nieder, wo begriffliche Explikation durch Emphase und Appell ersetzt wird. Der Anspruch, die scheinhafte Trennung von Detail und Ganzem aufzuheben und sie zur gegenseitigen Erhellung evident zu verbinden, bewirkt, daß an die Stelle methodischer Erklärung als Sprachgeste die Aufforderung tritt, Intuitionen nachzuvollziehen, Evidenz zu bestätigen, wo diese erst noch der Prüfung bedarf. »Wie ... das *Ganze* einer Gesellschaft, als einer in sich widerspruchsvollen Einheit, im Kunstwerk erscheint« [12], bleibt solange eine müßige Frage, als nicht eben dieses Ganze zumindest ansatzweise systematisch darstellbar ist. Je globaler und unbestimmter das gesellschaftliche Ganze in der Interpretation auftaucht, desto beliebiger erscheint seine Verbindung mit dem Detail: so – um nur ein Beispiel zu nennen – wenn an jener Stelle des Dialogs zwischen Clov und Hamm in Becketts *Endspiel*, die mit den Worten Hamms endet: »Ah, die alten Fragen, die alten Antworten, da geht nichts drüber!« abgelesen wird, »... womit sich zu beschäftigen Beckett ablehnt, seiner Interpretation«. Die weiteren Folgerungen, alle noch auf die erwähnte Dialogstelle bezogen, lauten: »Er zuckt die Achseln über die Möglichkeit von Philosophie heute, von Theorie überhaupt. Die Irrationalität der bürgerlichen Gesellschaft in ihrer Spätphase ist widerspenstig dagegen, sich begreifen zu lassen; das waren noch gute Zeiten, als eine Kritik der politischen Ökonomie dieser Gesellschaft geschrieben werden konnte, die sie bei ihrer eigenen ratio nahm. Denn sie hat diese mittlerweile zum alten Eisen geworfen und virtuell durch unmittelbare Verfügung ersetzt.« [13]

So berechtigt die gegen positivistischen Methodenobjektivismus gerichteten Angriffe Adornos sind, die – kultursoziologisch gewendet – den Scheincharakter von Kultur auch in der Einzelanalyse noch aufdecken, so problematisch ist jedoch der Versuch, die in Brüchen im Kunstwerk selbst enthaltene Negation von Identität als Gradmesser für dessen Wahrheitscharakter zu benutzen. Die Kategorien, mit denen die Stimmigkeit oder Brüchigkeit eines Kunstwerks konkret nachzuweisen ist, leiten sich aus der in tradierter Ästhetik entwickelten Methodologie her, derzufolge immanente Kritik durchaus möglich ist; die darüberhinausschießende ästhetische Erfahrung jedoch vollzieht sich bei Adorno im Rahmen einer philosophisch begründeten Negation der Möglichkeit von Identität. Diese Negation wird zwar aus objektiven gesellschaftlichen Antagonismen, die sie verschulden, hergeleitet, ist aber als Konstituum für den Gedanken an den Wahrheitsgehalt von Kunstwerken von so großer Bedeutung, daß sie als Zentralkategorie philosophischer Ästhetik letztlich eine apologetische Funktion in Bezug auf die gesellschaftlichen Antagonismen insofern hat, als sie deren systematische Analyse zur trivialen, vorästhetischen Beschäftigung verkümmern läßt.

Bruchlos konnte die ästhetische Theorie Adornos daher in den Betrieb der gängigen Literaturwissenschaft integriert werden; was bei Adorno als Einheit gedacht war, zerfiel in der Rezeption: Die Einsicht, daß Kunst durch die sie tragende Gesellschaft vermittelt sei, wurde zum unverbindlichen Gemeinplatz banalisiert, den auszusprechen dennoch fortgeschrittenes Bewußtsein signalisierte; gleichzeitig konnte weiterhin die innere Organisation des Kunstwerks immanent in überkommenen Begriffen beschrieben werden, ohne daß man in den Verdacht »sturer Handwerkerei« [14] geriet.

Im Gegensatz zu Adorno, der Gesellschaftliches im Kunstwerk, sofern es von ernstzunehmender Bedeutung sein soll, nur als immanenten Bestandteil desselben für denkbar hält – was erst durch jene Form von Interpretation sichtbar wird, deren Problematik bereits angedeutet wurde –, hat Goldmann stets versucht, den Zusammenhang von Literatur und Gesellschaft an abgegrenzten sozialen Erscheinungsformen zu demonstrieren. Das von ihm als genetischer Strukturalismus bezeichnete Verfahren soll dabei sowohl den Rückfall in positivistische, auf Inhaltsanalyse beschränkte Literatursoziologie verhindern als auch dialektisch-materialistischen Ansprüchen folgen, indem es die partielle Identität von forschendem Subjekt und Forschungsgegenstand berücksichtigt. Als Wegbereiter des genetischen Strukturalismus führt Goldmann neben Hegel Georg Lukács und Jean Piaget an. Die bisher an Goldmann teilweise sehr heftige, von Anhängern gänzlich unterschiedlicher Theorien vorgetragene Kritik kann hier nicht metakritisch verarbeitet werden, sie geht auch selten auf jenen Aspekt ein, der für die vorliegende Argumentation von Bedeutung ist. Gemeint sind damit die methodologischen Konsequenzen aus dem Sachverhalt, daß sich bei näherem Hinsehen die von Goldmann behauptete Entsprechung von »réalité humaine« und »concept méthodologique« [15] im Begriff der Struktur als Abhängigkeit des einen vom andern erweist, – dort nämlich, wo der Strukturbegriff aus Verhaltensmustern (patterns of behavior = comportements) hergeleitet wird, die aus der Notwendigkeit entstehen, praktische Probleme zu lösen.

Eine Struktur besitzt bei Goldmann den für sie konstitutiven Sinn (son caractère significatif) in dem Maße, in dem sie auf ein Problem oder einen Komplex von Problemen eine Antwort gibt und so in einer konkreten Situation eine stabilisierende Funktion erfüllt. Die Universalität derartiger Verhaltensmuster wird quantitativ dadurch vorgegeben, daß Probleme der Praxis solche theoretischer und imaginativer Art einschließen. Die Funktion und spezifische Leistung von Kunstwerken – optimal erfüllt von »großen Kunstwerken« – besteht darin, daß in ihnen die wesentlichen Probleme einer konkreten, notwendig privilegierten sozialen Gruppe (groupe social) in möglichst kohärenter Form Ausdruck und Antwort finden, was an die Annahme gebunden ist, daß zwischen der Bewußtseinsstruktur der Gruppe und der Organisation der künstlerischen Imagination eine relativ strikte homologische Beziehung besteht [16]. Voraussetzung dieser strukturellen Homologie ist eine bestimmte Konzeption vom Subjekt qua Gruppensubjekt und seinen Handlungszielen.

Das handelnde, d. h. problemlösende Subjekt, das Goldmann gegen den Angriff des geschichtslosen Strukturalismus strenger Observanz als historisches retten will, wird nämlich von ihm als Gruppensubjekt (sujet transindividuel) im Prinzip nicht anders bestimmt als das behavioristisch gefaßte individuelle. So heißt es von den kategorialen Strukturen (structures catégorielles), als die sich die Verhaltensmuster des Gruppensubjekts im Kunstwerk darstellen, sie seien weder bewußt noch unbewußt im Freudschen Sinne (was Verdrängung implizieren würde): »Rather, they are non-conscious processes – similar in certain ways to those mechanisms which regulate muscular and nervous activity. These are neither conscious nor repressed.« [17] Wird dem Gruppensubjekt dennoch Subjektivität als verinnerlichte (internal element) konzediert, so hat das auf die Form der Beschreibung seines Verhaltens keinen Einfluß; diese orientiert sich nach wie vor an Handlungszielen, die einmal als Sinnkriterium erkannt und fixiert wurden: »men think and act, with all the complexity that that implies, in order to survive and solve their problems.« [18] Diesem Axiom fallen die Bedingungen von Subjektivität ebenso zum Opfer wie diese selbst: was aus hermeneutischer Sicht den Sinn der jeweiligen Beziehung von Literatur und Gesellschaft erst erschließbar und sie als historische begreifbar macht, die Existenz von Symbolsystemen und die Möglichkeit von Kommunikation, wird dem Universalprinzip sinntragender Strukturen untergeordnet, die den gesellschaftlichen wie außergesellschaftlichen Bereich determinieren: »De pareilles structures existent déjà au niveau du comportement animal avant tout langage (le comportement d'un chat qui poursuit une souris par exemple, constitue une *structure significative* et peut être traduit en termes de *solution d'un problème*) et continuent à exister chez l'homme comme structures biologiques qui intègrent le langage.« [19]

Die Bedeutung von Handlungszielen, genereller: Goldmanns Auffassung von Praxis bedingt, daß das methodische Konzept von Struktur nicht als wissenschaftliches Instrument in heuristischer Absicht verwendet, sondern von der »realontologischen« Ebene von Struktur abgeleitet wird [20], da der Sinn einer Struktur, den zu qualifizieren in den Bereich von Methode fiele, von vornherein an die Prämisse geknüpft ist, daß er eine Antwort auf Probleme des Überlebens sei und mit diesen eine Totalität bilde. Zwar hält Goldmann es für selbstverständlich, »that immediate facts do not have a structural character«, und daß die Prozesse von Strukturierung und Entstrukturierung, als welche soziale und historische Wirklichkeit sich darstellt, wissenschaftlich erst dann erfaßt werden können, wenn der Charakter der wesentlichen dieser Prozesse ausreichend exakt beschrieben werden kann [21]; da Goldmann jedoch die Bedeutung von Struktur durch ihre notwendige, situationsbedingte, stabilisierende Funktion vorbestimmt, bedarf es lediglich der Situationsbeschreibung, um die Bedeutung einer bestimmten Struktur zu verstehen. Die Konzeption, daß Unstabilität auf mangelnde Bedürfnisbefriedigung im weitesten Sinne zurückgeht, auf die technologischer, zivilisatorischer und auch kultureller Art, die stabilisierende Leistung im kulturellen, spezifischer im literarischen Bereich sich aber in »großen Kunstwerken« niederschlägt, legt nahe, daß Goldmanns genetischer Strukturalismus letztlich eine Spielart des kausalwissenschaftlichen Funktionalismus darstellt, was den Möglichkeiten einer Literatursoziologie enge Grenzen setzt. Er kann zwar in zwei Richtungen argumentieren, vom Kunstwerk (als Leistung) zur Gesellschaft (als deren Auslöser) und umgekehrt, aber hermeneutischer Analyse wäre damit eine wesentliche Dimension genommen, nämlich jenseits der Notwendigkeit bestimmter Bedürfnisbefriedigungen die Interpretation der Bedürfnisse als wesentlichen Bestandteil ihrer Befriedigung zu begreifen, was erst bedeuten würde, daß durch die handelnden Individuen hindurch deren geschichtliches Selbstverständnis deutlich wird.

Dieser Mangel schlägt sich nicht nur in einer aprioristischen Bestimmung von Gruppenverhalten als anthropologisch konstantem nieder, sondern präjudiziert auch die Beschreibungsform des dazu in Beziehung gesetzten Kunstwerks. Der Prozeß der Zuordnung der Struktur des Kunstwerks zur umfassenderen Struktur gesellschaftlichen Verhaltens wird als dialektischer ausgegeben, ist aber wohl tatsächlich nicht mehr als sinnfällige Analogie zweier werthaft determinierter Bereiche, wobei dem Konzept sozialen Handelns, das – methodisch wie umfangslogisch als stabilisierende Leistung begriffen – nur als Verhalten in den Blick rückt, bei der Analyse des Kunstwerks der Rekurs auf tradierte Kriterien und Kategorien der Ästhetik und Literaturwissenschaft entspricht. Die für traditionelle formalistische Literaturkritik so wesentliche Kategorie der Einheit des Werks z. B. wird unproblematisiert übernommen, indem sie in den oben beschriebenen kategorialen Strukturen begründet wird: »... les structures catégorielles sur lesquelles porte ce genre de sociologie littéraire constituent précisément ce qui confère à l'oeuvre son unité, son caractère spécifiquement esthétique et ... sa qualité proprement littéraire.« [22] So erhalten auf dem Hintergrund des theoretisch formulierten zweckhaften Zusammenhangs von Gruppe und Kunstwerk die bei der Analyse des Kunstwerks verwendeten Kategorien quasi empirischen Charakter, weil sie der Feststellung vorgängig eingegrenzter Verhaltensformen dienen. Goldmanns unmißverständlich formulierter Satz, daß individuelles Handeln als *»unmittelbare empirische Erscheinungsform«* historischer Praxis von Gruppen zu verstehen sei [23], bestätigt dies.

Die scheinbare Aufhebung des begriffsrealistischen Charakters ästhetischer und literaturkritischer Kategorien durch deren Rückbindung an konkrete gesellschaftliche Zusammenhänge erweist sich also letztlich als Rechtfertigung dieser Kategorien auf einer anderen Ebene: auf der der empirischen Analyse gruppenspezifischen Verhaltens.

Dieser hier stark gerafft dargestellte Gedankengang erlaubt es Goldmann, mit gutem Gewissen all jene Begriffe immanenter Literaturwissenschaft unbefragt zu übernehmen, die in Gehalt und Funktion zu deuten und zu verändern Aufgabe von Literatursoziologie wäre*.

Daß diese Interpretation Goldmanns nicht unangemessen ist, wird nicht zuletzt durch seine Verwendung der Begriffe »Erklären« (explication) und »Verstehen« (compréhension) bestätigt. Diese Begriffe zur Kritik Goldmanns heranzuziehen, ist insofern sinnvoll, als sie gleichzeitig von zentralem Stellenwert in Argumentationszusammenhängen sind, die versuchen, die hermeneutische Dimension soziologischen Erkennens zu problematisieren. Wird in solchen Gedankengängen ebenso wie bei Goldmann Verstehen als Rekonstruktion von Sinn begriffen, so zeigt sich, wenn Goldmann die Leistung des Verstehens gegenüber der des Erklärens bestimmt, wie zum einen die Bedeutung von Sinn durch die oben skizzierte Handlungstheorie präformiert

* Seine eigenen Arbeiten durchzieht daher ein Riß, der Interpretation und Theorie trennt. Deutlich zeigt sich dies in seinem Buch *Soziologie des Romans* (1964, Neuwied, Berlin, 1970), wo alle Aussagen über die Romane Malraux' z. B. auch von einem Literaturkritiker stammen könnten, der die theoretischen Voraussetzungen Goldmanns in keiner Weise teilt.

und im konkreten Vorgehen reduziert wird, und wie zum andern gerade diese Reduktion von Sinn die faktische Unverbundenheit der angeblich homologen Bereiche von Kunstwerk und Gesellschaft beweist. Verstehen wird bei Goldmann nämlich als exakte Beschreibung einer *signifikanten* Struktur einer in sich kohärenten Totalität definiert, während erst Erklären die Einordnung der im Verstehen erstellten Struktur in die sie umgebende umfassendere Struktur der gesellschaftlichen Situation leisten kann [24]. Eine solche Abgrenzung neutralisiert nicht nur die Verstehensleistung zum *close reading,* sie erweist auch, da der Anspruch beibehalten wird, eine so gefaßte verstehende Beschreibung könne schon den *Sinn* der beschriebenen Struktur herausarbeiten, die dialektisch-materialistische Bindung von Literatur an die gesellschaftliche Praxis als Leerformel*.

Was der Sinn einer Handlung ist, läßt sich weder aus einem wie auch immer näher definierten Raster möglicher Handlungsmotivationen ableiten, noch kann er durch immanente Strukturanalyse der erreichten Handlungsziele erschlossen werden; gegen Goldmann gewendet heißt dies für die Literatursoziologie: der Sinn eines literarischen Kunstwerks kann nicht durch Rekurs auf dessen angebliche gruppenstabilisierende Funktion entschlüsselt werden, soll der Gegenstand – aus adaptiver Handlung entstanden – die in der Theorie bereits festgestellten Inhalte solchen Handelns auf der Ebene verbalen Verhaltens nicht schlicht wiederholen. Ebensowenig ist es aber möglich, umgekehrt aus den Strukturen des Kunstwerks allein Hinweise auf dessen Sinn, gleichgesetzt mit gesellschaftlicher Funktion, in jener von Goldmann intendierten Weise abzulesen, die ausgehend von der Kohärenz großer Kunstwerke in diesen Kristallisationspunkte diffuser gesellschaftlicher Sinnzusammenhänge sieht und ihnen demgemäß eine bedeutende Erklärungsfunktion im Rahmen allgemeiner Soziologie zumißt; »... the sociological study of masterpieces of cultural creation acquires special value for general sociology.« [25]

Will man kritisch aus Goldmanns Überlegungen Konsequenzen ziehen, scheint es angebracht, von dem dargestellten Problem der Reduktion des Individuums zum Gruppensubjekt und den daraus resultierenden methodischen Beschränkungen bei der Analyse des Objekts auszugehen. (Nicht sinnvoll scheint mir der Versuch, von außen heranzutragende Kritik am Rückfall Goldmanns in tradierte Formen von Literaturwissenschaft zu üben, ein Versuch, der historisch argumentierend das Verhältnis von Ästhetik,

* Wie sehr sich dieser Verstehensbegriff von einem hermeneutischen unterscheidet, zeigt auch folgendes Postulat an den Literatursoziologen: »... in order to understand the work he is studying, the research worker must in the very first place seek to discover a structure which accounts for practically the *whole* of the text and must, for that purpose, observe one fundamental rule ... namely, that the research worker must account for the *whole* of the text and must *add nothing to it.*« – »The Sociology of Literature: status and problems of method.« *International Social Science Journal,* XIX (1967) 493–516, 496; Hervorhebungen v. Vf.

Literaturwissenschaft und Kategorien der Literaturkritik gleichsam in eigener Kompetenz zu problematisieren hätte.) Wenn, was unterstellt ist, Goldmann der intentionalen Dimension sozialen Handelns nicht genügend Rechnung trägt, erhebt sich die Frage, wie Literatursoziologie anders orientiert dem Moment von Intentionalität sein Recht und methodisch seinen Stellenwert erhalten kann. Geht man davon aus, daß nach Maßgabe sinnverstehender Soziologie intentionales Handeln wegen seines kommunikativen Aspekts in streng erfahrungswissenschaftlicher Analyse nicht voll aufgeht, und das Problem des Sinnverstehens hermeneutisch – im Gegensatz zu methodischem Objektivismus – im Verfahren prozeßhafter Entwicklung von Kategorien angegangen wird, scheint hier ein der Literatursoziologie angemessener Maßstab gesetzt zu sein. In zwei Richtungen ergeben sich für die Literatursoziologie demnach einzulösende Zielvorstellungen: hinsichtlich des Gegenstandes und rückwirkend das analysierende Subjekt betreffend. Hinsichtlich des Gegenstandes ist dessen intentionaler Gehalt dergestalt zu veranschlagen, daß er weder unter systemtheoretische Kategorien subsumiert werden kann, deren Inhalt sich aus Gründen positivistischen Wissenschaftsverständnisses auf die Beschreibung adaptiven oder stimulierten Handelns in der Gestalt beobachtbaren Verhaltens beschränkt, noch daß er als subjektive Äußerung einer selbst im abgedichteten Traditionszusammenhang noch möglichen Form individueller, schöpferischer Freiheit begriffen wird. Die eine wie die andere Variante isoliert, wenn auch jeweils in verschiedener Weise, Geschichte und Gesellschaft vom Subjekt und dessen Objektivationen. Methodologisch gewendet bedeutet dies, daß Folgerungen in dem Sinn gezogen werden müssen, als darstellbar wird, wie die in der Literatur objektivierten gesellschaftlichen Normen unter Gesichtspunkten regelfolgender Adaption und Internalisierung und wahrgenommener kommunizierter Freiheit zur Geltung kommen. Das analysierende Subjekt betreffend heißt dies, wenn das Verhältnis von Intentionalität qua Selbstverständnis einerseits und Anpassung des handelnden Individuums an herrschende soziale Regeln andererseits Aussagen über den Grad objektivierter Freiheit ermöglicht, daß dessen Nachweis im literarischen Gegenstand für den Interpreten wiederum aufklärerisches Wissen insofern bedeutet, als er reflektierend Erfahrungen von Zwang und Freiheit macht, die für ihn selbst nicht belanglos sein können. Die Aneignung von Erkenntnissen über das objektivierbare Maß an Freiheit bei gleichzeitiger partieller Anpassung an gesellschaftliche Zwänge verspricht einen Gewinn an Wissen, der, praktisch gewendet, in die Zukunft verlängerbar das Selbstverständnis des analysierenden Individuums mitbestimmt. So kommt der für die Geisteswissenschaften immer wieder postulierte und im methodischen Objektivismus derselben immer wieder aufgegebene Anspruch zu seinem Recht, daß Verstehen historischer Ereignisse aufklärerisch auch ein sich selbst Verstehen zu bedeuten habe.

In der jüngsten Geschichte sinnverstehender Soziologie sind es vor allem die Arbeiten von Jürgen Habermas und – aus philosophischer Perspektive – die von K.-O. Apel, in denen im Zusammenhang mit der Kritik am Hermeneutikverständnis Gadamers versucht wird, kritische Inhalte der Soziologie in der Form zu bewahren, daß hermeneutischem Bewußtsein die Leistung abverlangt wird, Intentionalität als Regelbefolgung und Regelinterpretation gleichzeitig zu begreifen. Gegen Gadamers Hypostasierung von Tradition als Wirkungsgeschichte setzen Habermas und Apel die konkrete Erfahrung und Analyse derselben: Apel durch Rückgriff auf den philosophiegeschichtlichen Begriff der Interpretationsgemeinschaft, dessen Implikationen als Wahrheitskonstituum dahingehend ausgeführt werden, daß der »*Kontrast zwischen Ideal und Realität der Interpretationsgemeinschaft* auch bereits *das regulative Prinzip des praktischen Fortschritts*« sei, »mit dem der Fortschritt der Interpretation verschränkt sein könnte und sollte« [26] –, Habermas, indem er durch Hinweis auf die Leistung kommunikativer Kompetenz Reflexivität und Objektivität von Sprache auf der Ebene hermeneutischer Erfahrung kritisch gegen das objektivistische Selbstverständnis traditioneller Geisteswissenschaft wendet. Gemeinsam ist beiden Autoren das Verständnis von der Idee unverzerrter Kommunikation im hermeneutischen Bewußtsein als praktische, handlungsorientierende und von der Möglichkeit, mit Hilfe der Sozialwissenschaften die Bedingungen für verzerrte Kommunikation, auch hinter dem Rücken intentional handelnder Individuen, aufzudecken. Diese Möglichkeit verlangt allerdings eine Reflexion über das, was Habermas als hermeneutische Grenzerfahrung bezeichnet hat: die Erfahrung spezifisch unverständlicher Lebensäußerungen [27]. Daß »szenisches Verstehen«, ein Begriff, den Habermas in Anlehnung an Lorenzer auf den Erklärungsvorgang anwendet, der den Ursprung verzerrten Sinns bloßlegt, selbst wiederum auf einer Theorie, »tiefenhermeneutisches« Verstehen also auf theoretischen Voraussetzungen beruht, ist kein Widerspruch (in der Form etwa, wie Harald Pilot darlegt [28]), sondern bestätigt den Begriff kritischer Theorie noch dort, wo diese sich in gänzlich veränderten Zusammenhängen darstellt. Daß aus dieser Einsicht kein Satz »dialektischer Methoden« zu gewinnen ist, der gegen empirische auszuspielen wäre, banalisiert sie insofern nicht, als ihr jene Reflexion über den Zusammenhang von Aussagen, Erfahrungen und Standards entspricht, die empiristischem Selbstverständnis offensichtlich problematisch ist, und als sie sich praktisch in der Entwicklung von Forschungs- und Interpretationsstrategien niederschlägt.

Ohne die Auseinandersetzung zwischen Albert und Habermas aufnehmen zu wollen, läßt sich doch feststellen, daß Alberts Meinung, die Diskussion um die Rechtfertigung von Standards vollziehe sich in Kontexten, welche unproblematische Zwecke implizieren und habe als Ganzes mit dem »Rationalismusproblem« nichts zu tun [29], den Verdacht bestätigt, daß empiristisches Selbstverständnis einen verkürzten Rationalismusbegriff zur Folge hat; hinzu kommt, daß Alberts ahnungsloses Gerede über Hermeneutik, von der er meint, sie teile mit der »post-Wittgensteinschen Oxford-Philosophie« eine konservative Tendenz, indem sie Sprachspiele nicht kritisiere, und gehe »nur darin über sie hinaus, daß mit einigem Recht behauptet werden kann, in ihr sei eine ›Fortsetzung der Theologie mit anderen Mitteln‹ (Topitsch) zu sehen«, deutlich zeigt, wie wenig vertraut er mit den Problemen der Hermeneutik-Diskussion und den aus ihr entwickelten Gesichtspunkten ist. [29a]*

Genau der Zusammenhang von Erfahrungen und Standards, enthalten in der Diskussion über die Begriffe Erklären und Verstehen, hat in der Hermeneutik, ohne daß der Rang empirischer Methoden je bezweifelt wurde, jenen (von Albert geleugneten) für die Bestimmung von Rationalität relevanten Stellenwert, der nicht nur hinsichtlich »objektiv-sinnverstehender« Soziologie [30], sondern auch in Bezug auf die Philologien, wo sie als Geisteswissenschaften verstanden werden wollen, eine Perspektive auf mögliche Praxisbezogenheit erst eröffnet. Szientifisches Erklären, historisches Erklären und hermeneutisches Sinnverstehen, in jeweils eigener Bedingung und Leistung erst einmal begriffen, ergeben zusammen die Möglichkeit ideologiekritischer Analyse durch das Verstehen von intendiertem Sinn bei gleichzeitigem Nachweis der in der Pragmatik der jeweiligen Situation, aus der heraus sinnhaft artikuliert wird, enthaltenen Normen und Zwänge, die – aus theoretischer Sicht invariant gehalten – dann auch als Ursachen gefaßt werden können, ohne daß dabei intentionales Handeln zu adaptivem Handeln reduziert wird. Für die Organisation von Geisteswissenschaften im weitesten Sinn beinhaltet dies methodologische Konsequenzen insofern, als die tradierten Einzelwissenschaften sich der Gültigkeit ihrer Ergebnisse nicht mehr im selbstgesteckten Rahmen versichern können, sondern nach Maßgabe des jeweils gesetzten Erkenntnisziels die angewandten Standards und die damit verbundene Konstitution und Interpretation von Daten in größeren Zusammenhängen erneut zu diskutieren sind. Die bei diesem Vorgehen jeweils

* Vergleiche vor allem auch Alberts peinlich-generalisierende Beschreibung des »hermeneutischen Denkens«, »das im westlichen Kontinentaleuropa und in seinem geistigen Einflußbereich, vor allem in Südamerika, bis vor kurzem noch fast ausschließlich dominierte, eine Strömung, die unter anderem die verschiedenen Varianten des *Existentialismus* hervorgebracht hat. In ihr kulminiert ein Prozeß der entschiedenen *Subjektivierung* des Denkens, der eine Abwendung von erkenntnistheoretischen Fragestellungen und vom methodischen Stil der Naturwissenschaften involviert, wobei rationale Argumentation und sachliche Orientierung in ihrer Relevanz für die Erkenntnis stark herabgemindert werden. Dagegen wird die Bedeutung der existentiellen Entscheidung und einer persönlichen, der objektiven Analyse nicht zugänglichen Wahrheit akzentuiert, für deren Erfassung offenbar die Ergebnisse der Wissenschaften ohne Bedeutung sind.« – »Plädoyer für kritischen Rationalismus«, *Die Zeit,* 49 (5. 12. 1969), 63–68; 65.

auftauchenden methodischen Schranken sind als historische, also gesellschaftlich vermittelte Reflexionsbedingungen einer durch eben diese Einsicht notwendig praktischen Wissenschaftstheorie zu begreifen.

Für literatursoziologische Überlegungen scheint der Schwerpunkt, an dem eine so gefaßte Wissenschaftstheorie volles Gewicht bekommt, die Bestimmung des zugrundegelegten Kulturbegriffs zu sein. In seiner inhaltlichen Füllung zeigt sich, bis zu welchem Punkt Methodenreflexion noch im oben skizzierten Sinne ernst genommen wird, oder ob von einer bestimmten Entwicklungsstufe an Klassifikationen methodologisch stillgelegt werden. Je nach Auffassung davon, wie Kultur zu verstehen, also zu beschreiben sei, richtet sich die literatursoziologische Zuordnung von Literatur zu sozialen Zusammenhängen, erweist sich demnach auch, welche Dimensionen der Erfahrung an der konstituierten Beziehung zwischen Literatur und Gesellschaft erfaßt oder ausgeschlossen werden. Will man den vorerst allgemein gehaltenen Satz gelten lassen, Literatur sei die von sich an grundsätzlich durchsichtigen Normen orientierenden Individuen geleistete kommunikativ gemeinte Objektivation konkreter gesellschaftlicher Zusammenhänge, dann leiten sich aus dem jeweils unterstellten Kulturbegriff die Standards der Beschreibung der Normen, Objektivationsformen und kommunizierten Inhalte ab. Zwar läßt sich jeder Kulturbegriff auf eine vorgelagerte Gesellschaftstheorie zurückführen, für die literatursoziologische Argumentation bildet er jedoch die unmittelbare Matrix, welche literarische und soziale Bezugspunkte in spezifischer Komplexität ordnet, ihre Entfaltung daher entscheidend präjudiziert.

Dies soll an zwei Beispielen unterschiedlicher Art und deshalb auch von andersartigem Erklärungsanspruch im Folgenden dargestellt werden. Die Wahl der herangezogenen Beispiele ist nicht beliebig, sie orientiert sich vielmehr – im Rahmen vorgegebener, fachspezifischer Grenzen – an Kriterien, die einerseits durch den bisherigen Argumentationsgang eingeführt sind, andererseits aber noch einer kurzen Erläuterung bedürfen. Das erste Beispiel: die sich marxistisch verstehende Literaturtheorie und -kritik in den USA hat den Vorteil, daß sich an ihm historisch isolierbar, gleichsam als Modell, strukturell genau jene Probleme der Beziehung von Empirie, Explikationsanspruch und Möglichkeit kritischer Einsicht in den Zusammenhang von Gesellschaft und Literatur sinnfällig darstellen lassen, die zentral für den vorliegenden Aufsatz sind. Die Bezeichnung Modell ist insofern nicht unangemessen, als sie zum Ausdruck bringen will, daß durch kontrollierte und sichtbar gemachte methodische Verfremdung der Materie, die demzufolge nicht »vollständig« in Inhalt und Genese dargestellt wird, ein der Kürze der Ausführungen entsprechendes Maß an Stringenz gewonnen werden soll. Zugleich bietet sich die Möglichkeit, statt einen anthologisch zusammengestellten Querschnitt diverser literatursoziologischer Arbeiten, dessen Anspruch repräsentativ zu sein auch erst nachgewiesen werden müßte, kritisch vorüberziehen zu lassen, problematische Aspekte der Literatursoziologie dort aufzuweisen, wo sie bereits zu Kernpunkten artikulierter Theorie kristallisiert, ihrem spezifischen Inhalt entsprechend deutlich, d. h. in sinnfälliger Differenzierung angegangen werden können. – Das zweite Beispiel, weniger als Modell zu sehen, sondern in gegenwärtige Diskussionen hineinragend, betrifft den Problemkomplex der *American Studies,* kurz die Möglichkeiten einer Form von Kulturwissenschaft, in der Literatursoziologie integriert zu denken ist, also nicht als Bestandteil eines sich durch Addition fortwährend erweiternden Methodenpluralismus, nach dessen Gesetz theoretische Reflexion sich darauf beschränkt, methodische Substanz durch immanente Strukturverbesserungen zu gewährleisten – bei gleichzeitiger Errichtung von Denkverboten, die, gegen Konfusion von Methoden gerichtet, deren Verständnis jenseits von Tautologie und Scheinempirie verhindern. Dieses Beispiel soll vor allem die Möglichkeiten hermeneutisch ausgerichteter Literatursoziologie demonstrieren und dabei auf jene Aspekte der Diskussion über den Charakter der *American Studies* bezugnehmen, welche am deutlichsten den Zusammenhang von Erkenntnisleistung (und deren Begründung) mit ihrer praktischen Bedeutung sichtbar werden lassen. Beiden Beispielen wird also Relevanz sowohl für den eigenen Zusammenhang als auch für die Probleme der Literatursoziologie generell zugemessen.

II.

Die marxistische Literaturtheorie und -kritik, die sich in Amerika in den 20er Jahren zu entwickeln begann und ihre breiteste Entfaltung in den 30er Jahren erreichte, führte als wesentlich neuen Gesichtspunkt den Anspruch auf wissenschaftliche Erklärung und politische Interpretation des Zusammenhangs von Gesellschaft und Literatur in eine Debatte ein, die sich seit der Jahrhundertwende in unterschiedlichen Ansätzen auf diesen Zusammenhang bezogen hatte. Eine Anzahl divergierender Positionen war bereits erstellt, bevor die ersten Autoren mit marxistischem Selbstverständnis sich äußerten: Die Grundsätze des konservativen Neohumanismus waren von Irving Babbitt dargelegt worden, Joel E. Spingarn hatte versucht, die Literaturkritik vom Ballast kunstfremder Wissenschaften zu befreien, in den Essays von Van Wyck Brooks und Randolph Bourne zeichnete sich eine Entwicklung ab, die von der Klage des Liberalen über den Verlust kultureller Werte zur radikalen Frage nach der Eigenart von Wertbildungsprozessen in der Gesellschaft führte. Die bereits vorhandenen Gegensätze wurden durch Amerikas Eintritt in den Ersten Weltkrieg entscheidend verschärft; was als »Battle of the Books« begann, wurde von der Linken als Klassenkampf fortgeführt. [31]

Ob dies nur die Übersetzung alter Probleme in neue Termini war, oder ob sich sowohl die Probleme als auch ihre Interpretation änderten, bleibt solange eine müßige Frage, als es nicht möglich ist, im Zusammenhang mit der historisierenden Betrachtung gleichzeitig die Logik historischen Erklärens darzustellen. Da dies hier nicht geschehen kann und kurzschlüssiges Herstellen scheinbarer Kausalzusammenhänge vermieden werden soll, kann – der Vorstellung, die mit dem Begriff des Modells verbunden ist, folgend – die historische Perspektive vernachlässigt und das Material beschränkt werden. Die im vorigen Abschnitt eingeführten Kategorien werden an Texten erläutert, wobei allerdings zu berücksichtigen ist, daß auch Begriffe, die theoretisch gemeint sind, ihre metaphorische Bedeutung nicht verlieren, und daß eine Darstellung, die dies vergißt, nur des halben Sinns einer Theorie habhaft wird.

Von drei Vertretern marxistischer Literaturkritik in Amerika soll die Rede sein: von Michael Gold, V. F. Calverton und Max Eastman. Alle drei verkörpern unterschiedliche Auffassungen davon, was ein marxistisches Verständnis von Literatur sei. Gemeinsam ist ihnen eine spezifisch amerikanische Marxrezeption, die als szientistisch verkürzte charakterisiert werden kann, mit der sich zu beschäftigen dennoch sinnvoll ist, weil gerade der Zusammenprall von marxistischem und positivistischem Wissenschaftsverständnis die Probleme praxisbezogener Kategorien in den Kulturwissenschaften deutlich sichtbar werden läßt. Die Eigenständigkeit der angeführten Autoren ist in der jeweils verschiedenen Betonung bestimmter Gedankengänge begründet, die sie in ihr Marxverständnis zu integrieren versuchten.

Diese bezogen sich bei Michael Gold in erster Linie auf die Möglichkeiten und Inhalte proletarischer Kunst und Kultur, deren Prophet er über zwei Jahrzehnte hinweg blieb. 1921 hatte Gold unter seinem ursprünglichen Namen Irwin Granich in der Zeitschrift *The Liberator* einen Artikel mit dem Titel »Towards Proletarian Art« veröffentlicht, der zwar nicht – wie Gold später meinte – den Begriff der proletarischen Kunst in Amerika einführte, dessen hymnischer Ton und die in ihm sich ausdrückende Klassenromantik dennoch die später folgenden Proletkultdebatten weitgehend vorwegnahmen. Vom apokalyptischen Untergang der kapitalistischen Gesellschaft – »In blood, in tears, in chaos and wild thunderous clouds of fear the old economic order is dying« [32] – über die Bindung von Kunst an die den Künstler umgebende soziale Wirklichkeit, das Ghetto der Mietskasernen, das jede Individualität auslöscht – »The tenement is in my blood ... When I hope it is the tenement hoping ... Why should we artists born in the tenements go beyond them for our expression ... What is Art? Art is the tenement pouring out its soul through us ...« [33] –, bis hin zur Kritik an der Isolation des bürgerlichen Künstlers und zum Lob der Massen, die zur Revolution bereit sind und der Kunst damit neuen Raum erobern, führt Gold aus, wie die proletarische Kunst entstehen wird und wie sie auszusehen habe. Schließlich zitiert er Walt Whitman als ihren amerikanischen Vater, um zu zeigen, daß proletarische Literatur in Amerika ihre eigene Tradition hat. Im letzten Teil des Aufsatzes verweist Gold auf Rußland, wo bereits Wirklichkeit ist, was in Amerika erst noch geleistet werden muß: »In Russia of the workers the proletarian culture has begun forming its grand outlines against the sky ... The revolutionary workers have hammered out, in years of strife, their own ethics, their own philosophy and economics ... We hear that in the workers' art there are no longer the obsessions and fears that haunted the brains of the solitary artists. There is tranquility and humane strength.« [34]

Das Entstehen einer klassenspezifischen, proletarischen Kunst war für Gold eine Tatsache, die durch schlichte Beobachtung bestätigt werden konnte und keiner theoretischen Klärung bedurfte. Als er fünf Jahre nach der Veröffentlichung seines Artikels im *Liberator* in der von ihm herausgegebenen Zeitschrift *New Masses* eine ausführliche Rezension über Trotzkijs Buch *Literatur und Revolution* schrieb, war er mit Trotzkij in allem einig, nur einem nicht: er bestand darauf, daß ein proletarischer Stil sich in der Kunst auszubreiten beginne [35].

Wo Gold diesen Stil beschreibt, bleiben seine Formulierungen vage; so, wenn es heißt, proletarischer Realismus sei zweckhaft, habe agitatorische Bedeutung, vermeide bürgerliche Wortakrobatik, oder: »Swift action, clear form, the direct line, cinema in words; this seems to be one of the principles of proletarian realism.« [36] Der Kontrast zwischen der inhaltlichen Dürre solcher Ausführungen und dem Pathos bei der Beschreibung von Details des proletarischen Alltags bezeichnet Golds Schwäche: wo Begrifflichkeit Erfahrung vermitteln sollte, verläßt er sich auf die Kraft unmittelbarer Anschauung – wo andererseits konkrete Erfahrung Begriffen erst Substanz verleihen würde, begnügt er sich mit abstrakten Begriffen.

Gold sieht Kunst und Stilrichtungen quasi naturwüchsig entstehen; Marx, so glaubt er, habe die Gesetze solchen Wachstums entdeckt, ähnlich wie Darwin die der Evolution. Konsequent bildet dann auch die Einsicht in den Zusammenhang von sozialem und kulturellem Wandel die Grundannahme, von der aus die Kategorien der Literaturkritik entwickelt werden. Polemisch sind solche Kategorien gegen die bürgerliche Literaturkritik gerichtet, als deren Prinzipien die Dogmen des *l'art pour l'art,* des schöpferischen Individuums, des Geniekults und der Intuition angeführt werden. In Sätzen wie »Literature is one of the products of a civilization like steel or textiles. It is not a child of eternity, but of time. It is always the mirror of its age. It is not any more mystic in its origin than a ham sandwich« [37] will Gold die Literaturkritik auf den festen Boden der Empirie zurückführen.

Wo es nicht bei derart allgemein gehaltenen Formulierungen bleibt, treten die Mängel in Golds Vorstellungen deutlich hervor. Da er sich Vergangenheit und Zukunft entsprechend seiner um Dialektik verkürzten Marxkenntnisse vorstrukturiert und die gegenwärtige Lebenswelt des Proletariats als ein Reservoir an Erfahrungsmöglichkeiten betrachtet – Erfahrungen, die untheoretisch wahrgenommen werden können –, entgleitet ihm die erkenntnistheoretische Seite des marxistischen Praxisbegriffs eklatant; Theorie und Praxis bleiben voneinander isoliert, was den Gehalt beider entscheidend verdünnt.

Dies schlägt auf literatursoziologisch gemeinte Aussagen gerade dort zurück, wo sie einen gesellschaftsbezogenen Wahrheitsgehalt von Literatur angeben sollen. Einen solchen Wahrheitsgehalt zu formulieren und ihn gegen den Scheincharakter bürgerlicher Literatur und Literaturkritik ins Feld zu führen, ist Golds Ziel. Dies glaubt er dadurch erreichen zu können, daß er einen Bereich von Erfahrungstatsachen behauptet, der empirische Tatsachenfeststellung erlaubt. Da Gold keinen substantiellen Begriff von der Gesellschaft als Gesamtzusammenhang hat, beurteilt er die Bedeutung von Literatur nach ihrer Nähe oder Distanz zu Bereichen gesellschaftlicher Wirklichkeit, wo diese sich in kristallisierter Form darstellt, als konkrete physische und psychische Verelendung nämlich – in Slums, in der Öde der »tenement-weekends« – oder als manifeste gewalttätige Unterdrückung bei Demonstrationen oder Streiks.*

Golds Auffassung davon, was als gesellschaftliche Wirklichkeit zu fassen sei, bestimmt die quantitative und qualitative Füllung dessen, was als gesellschaftlicher Wahrheitsgehalt von Literatur anzusehen ist. Je weiter entfernt von den genannten Bereichen sozialer Realität sich Literatur einordnet, desto bedeutungsloser wird sie. Sie ist letztlich nur noch als Sozialindikator im Sinne Veblens zu begreifen, von dessen Buch *The Theory of the Leisure Class* Gold sagte, »... that every American critic ought to study [it] like a Bible« [38]. Indem Gold die Produktion und Rezeption einer bestimmten Art von Literatur als Index für eine schichtenspezifische Einstellung zur Kunst interpretiert, kann er zwar eine kulturell definierte Handlungsszene durch schlichte Beobachtung erstellen, aber über die Interpretationsmöglichkeiten, die sowohl Handelnde als auch Beobachter tangieren würden, wenig sagen. Er kann zwar bestimmte kulturelle Normen (i. e. ästhetische Formen, literarische Inhalte, Aussagenfelder etc.) einer bestimmten Schicht zuordnen, ist aber nicht fähig, Aussagen darüber zu machen, in welcher Art diese Normen interpretiert werden, m. a. W.: er kann Aussagen über die Zuordnung von Normen zu Schichten machen, aber wenig über den Sinn dieser Normen

* Daß dies in der Tat das Erscheinungsbild gesellschaftlicher Wirklichkeit wesentlich bestimmte, zeigt ein Blick auf Ereignisse wie das Massaker von Ludlow, die Palmer Razzien, den Streik von Passaic, den Fall Sacco/Vanzetti – zum Symbol für den *Red Scare* geworden – und den Scottsboro Fall, um nur einige Beispiele zu nennen.

sagen. Erst eine Analyse der Interpretation der Normen durch diejenigen, die sie teilweise oder ganz erfüllen, könnte Aufschluß darüber geben, welche Bedeutung den Normen selbst zukommt. Zwar kann Gold oberflächlich festhalten, daß sich die Funktion solcher kulturellen Normen, wie er sie einer bestimmten Schicht zuordnet, als Bedürfnisbefriedigung eskapistischer Neigungen interpretieren läßt, die Stichhaltigkeit solcher Interpretation ist allerdings gewährleistet durch grobe, vorgängig erstellte Maßstäbe, nach denen die jeweils betroffene soziale Schicht beurteilt wird. Hermeneutisches Bemühen um das Verständnis von Sinn ist für Gold hinsichtlich solcher klassifikatorisch einer sozialen Schicht zugeordneten Literatur überflüssig; die Frage nach dem Sinn stellt sich gar nicht erst, da die betrachtete Literatur lediglich Index *für*, aber nicht Interpretation *von* schichtenspezifischen Bedürfnissen und Haltungen ist, wobei das Begriffsgerüst, welches zur Beschreibung der sozialen Schicht dient, auch die Bedeutung der Literatur abdeckt.

So ordnet Gold z. B. den Schriftsteller Thornton Wilder in einer in der *New Republic* erschienenen Rezension jener bürgerlichen Gesellschaftsschicht zu, die er als »genteel bourgeoisie« bezeichnet, einer Art viktorianischen Bürgertums, von dem es bei Gold heißt: »Their goal is comfort and status quo« [39] oder: »For to repeat, Mr. Wilder remains the poet of a small sophisticated class that has recently arisen in America – our genteel bourgeoisie. His style is their style; it is the new fashion. Their women have taken to wearing his Greek chlamys and faintly indulge themselves in his smart Victorian pieties.« [40] Neben dem Vorwurf, Wilders Literatur sei unamerikanisch*, steht der, sie sei leblos, – ein Urteil, was auf der implizit in solchen Aussagen fortwirkenden Einteilung der Gesellschaft in Bereiche größerer und geringerer »Lebendigkeit« oder Realität beruht. »Mr. Wilder strains to be spiritual; but who could reveal any real agonies and exaltations of spirit in this neat, tailormade rhetoric? It is a great lie. It is Death. Its serenity is that of the corpse.« [41]

Wie sehr die Abstinenz von Interpretation, die dann durch klassifizierendes Verfahren ersetzt wird, dem Gehalt literatursoziologischer Urteile schadet, zeigt auch Golds Auseinandersetzung mit dem Neohumanismus. Nicht nur, daß Gold von ihm einen sehr weiten Begriff hat – was ihm von vornherein wenig Möglichkeiten gibt, zu differenzieren –, sondern auch in der inhaltlichen Ausführung der Angriffe erweist sich, daß klassifikatorische Genügsamkeit, selbst wenn sie in dem Bewußtsein geschieht, daß es nur darum gehe, bereits fixierte Gesetzmäßigkeiten zu bestätigen, in bezug auf kulturelle

* Mit diesem Vorwurf stellt sich Gold in den Zusammenhang einer Tradition, die mit den Anfängen amerikanischer Literatur beginnt, als Frage nämlich nach einer spezifisch amerikanischen Literatur. Vgl. Hans-Joachim Lang, *Studien zur Entstehung der neueren amerikanischen Literaturkritik* (Hamburg, 1961).

Phänomene den Urteilsgehalt beträchtlich mindern. Anstatt daß Gold die neohumanistischen Vorstellungen vom Verhältnis des Individuums zu Geschichte und Gesellschaft ideologiekritisch, d. h. durch Entfalten und Verstehen der in den neohumanistischen Schriften enthaltenen Positionen und durch ein Erklären ihrer gesellschaftlichen Bedingungen und Möglichkeiten hindurch beschreibt, beschränkt er sich auf polemische Denunziation. So etwa, wenn er über alle Texte hinweg befindet: »One thing ist certain: the New Humanists will never be able to produce anything as valuable« (verglichen mit Dreiser, Anderson, Sandburg, S. Lewis, etc., O. H.) und wenn er von Wilder im gleichen Abschnitt sagt: »That fairy-like little Anglo-American curate, Thornton Wilder is about their best specimen of writer so far. His novels have the suavity, discretion and flawless rhetoric the ›humanists‹ so prize. Yes, Wilder writes perfect English. But he has nothing to say in that perfect English. He is a beautiful, rouged, combed, well-dressed corpse, lying among the sacred candles and lilies of the past, and sure to stink if exposed to sunlight.« [42]

Gold ist zwar in der Lage festzuhalten, daß die grundlegenden Werte der Neohumanisten durch »Church, Class Pride, Patriotism, Capitalist Law and Order« repräsentiert werden, er sieht aber keinen Anlaß, diese Werte in ihrer literarischen Objektivation als gestaltete, d. h. interpretierte zu analysieren, um so zu einer weitergehenden Einsicht in gesellschaftliche Sinnzusammenhänge zu kommen; ja er schließt die Möglichkeit eines solchen Erkenntnisgewinns von vornherein aus, indem er daran festhält, daß Wilder in seiner perfekten Sprache nichts zu sagen habe.

Da Gold, um solche Urteile bekräftigen zu können, sich auf vorgängig und in anderen Begründungszusammenhängen entwickelte Aussagen über die jeweils betroffene Gesellschaftsschicht rückbezieht, anstatt innerhalb der Literatur als gestalteter Objektivation schichtenspezifischer Verhaltensweisen und -erwartungen zu argumentieren, bleiben seine literatursoziologischen Aussagen abstrakt: die in der Literatur geleistete Konkretisierung gesellschaftlicher Realität bleibt weitgehend unbedacht; die gesellschaftliche Wirklichkeit bleibt, auch dort, wo sie selbst nur als Schattenwelt begriffen ist, der Literatur äußerlich. Einem Bedürfnis folgend, wie es Hegel empirischem Denken allgemein unterstellte, daß nämlich gegen die abstrakten Theorien des Verstandes ein konkreter Inhalt, ein fester Halt zu setzen sei, geht Gold von der Beobachtung individueller Details aus – deren Wertung bereits vorweggenommen wurde – und erklärt durch sie hindurch Form und Inhalt des jeweils zugeordneten literarischen Objekts. Auf eine hermeneutische Interpretation kann er verzichten, weil das, was er als gesellschaftlichen Wahrheitsgehalt von Literatur ansetzt, in groben Beschreibungen schichtenspezifischer Eigenarten bereits vorweggenommen ist.

Dies gilt auch für Golds Aussagen über die proletarische Literatur, wobei allerdings zu beachten ist, daß über die Deckungsgleichheit von Realität und Abbild hinaus Gold letztlich das Ende jeder Art fiktiver oder imaginativer Literatur voraussieht. Dies resultiert konsequent aus Golds Antiindividualismus und aus seinem Begriff von literarischem Realismus. Methodologisch leiten sich diese Überlegungen aus Golds Auffassung her, daß nur die Empirie Grundlage von Literaturkritik mit wissenschaftlichem Anspruch sein kann. In den einleitenden Ausführungen zu seinen Thesen über den Proletarischen Realismus [43] legt Gold dar, daß der Marxismus als Wissenschaft und nicht als Dogmatismus zu verstehen sei, daß marxistische Thesen wie wissenschaftliche Aussagen überprüfbar seien, was auch für Gesetzmäßigkeiten in der Literatur gelte. Die Definition des Proletarischen Realismus geht von den Arbeitsbedingungen des Industriearbeiters aus, der die Präzision komplizierter Maschinen kennt und den gleichen Anspruch technischer Perfektion an Literatur stellt. An die Stelle imaginativer Gestaltung tritt die wissenschaftlich fundierte Darstellung; statt der eingebildeten Ängste und Sentimentalitäten ist das *wirkliche* Elend des Proletariats das Thema proletarischer Literatur, das aber optimistisch, mit einer Perspektive auf die revolutionäre Zukunft dargestellt wird. Statt der Lügen über die menschliche Natur stellt die proletarische Literatur die *wirklichen* Motive des Menschen dar, so wie sie wissenschaftlich erfaßbar sind. Romanliteratur und Lyrik – so schließt Gold in einem anderen Artikel – seien in langsamem Absterben begriffen. Mit dem Wachstum der Wissenschaft erweise sich, daß die Wirklichkeit geheimnisvoller und romantischer sei als die »Erfindungen« der Romanciers und Lyriker. »The speculations of Einstein contain more of the sublime, certainly, than whole mountains of Love lyrics, with their feeble biological obsessions ... The proletarian writer will cut away from the stale plots, love stories, ecstasies and verbal heroisms of the fictionists of the past. He will work with facts. Facts are his strength. Facts are his passion. He will not worry too much about form. Facts create their own new form.« [44]

Da hermeneutisches Verstehen erst dort notwendig ist, wo die Bedeutung sinnhaltiger Äußerungen sich nicht auf bereits erkannte Tatsachen voll reduzieren läßt, wo nicht die Tatsachen ihren formalen Ausdruck selbst prägen, stellt sich für Gold die Frage nach den Möglichkeiten hermeneutischen Verstehens nicht, wenn er von proletarischer Literatur spricht. Ihrer Eigenart entsprechend bestätigt sie das »Ende der Kunst«; sie drückt aus, was unmittelbar ist, Wesen und Erscheinung sind identisch – reflexive Distanz zum literarischen Gegenstand und Erkenntnisgewinn durch das Verständnis der in ihm ausgedrückten Interpretation sozialer Realität entfallen. Daß eine so gefaßte Vorstellung von proletarischer Literatur sich über den Zusammenhang bürgerlicher Kultur und Gesellschaft hinwegsetzt, daß sie letztlich zum abstrakten Postulat wird, sieht Gold nicht, da seine Trennung von Theorie und Praxis es ihm ermöglicht, die Praxis selbst als unmittelbar konkreten Inhalt zu fixieren, wo die Theorie erst durch Begriffsbildung zu verhindern hätte, daß Konkretes im schlechten Sinne ins Abstrakte verkehrt wird.

In der Spannweite von bürgerlich-dekadenter Literatur einerseits und proletarischer Literatur andererseits nehmen einige zeitgenössische Autoren eine Zwischenstellung ein, die Gold zu fundierteren literatursoziologischen Stellungnahmen veranlaßt. Als Beispiel können seine Äußerungen über Hemingway und über jene Gruppe der Avantgarde, die in der in Paris von Eugene Jolas herausgegebenen Zeitschrift *transition* veröffentlichte, herangezogen werden. Sowohl in Hemingway als auch in den Autoren der *transition*, darunter Joyce, dessen *Finnegan's Wake* dort als »Work in Progress« erschien, sowie Gertrude Stein, Padraic Colum und William Carlos Williams, sieht Gold von der Gesellschaft Entfremdete, die den Verlust der Einsicht in den gesellschaftlichen Sinnzusammenhang in ihren literarischen Produkten zum Ausdruck bringen, ohne selbst ein Bewußtsein ihrer Entfremdung zu entwickeln. Politisch blind objektivieren sie dennoch in ihren Werken gesellschaftliche Widersprüche, die jedoch uninterpretiert bleiben [45]. Die Differenz zwischen sozialer Realität und literarischer Objektivation versucht Gold zu überbrücken. So bezeichnet er Hemingway als »white collar poet«, der den heimlichen Träumen des proletarisierten Angestellten, des »white collar slave«, Ausdruck verleiht. Von jenen Angestellten sagt Gold: »They go to work every morning, and plough their weary brains eight hours a day in the fiercest scramble fo a living the world has ever known. – Men who cheerfully fought through the war become nervous wrecks under the strain of American business competition.« [46]

Obwohl sowohl Hemingway als auch die Autoren der *transition* der bürgerlichen Klasse zugehören, interpretiert Gold das Verhältnis von schichtenspezifischen Zwängen und ihrer literarischen Objektivation hier anders als das von »genteel bourgeoisie« und der in Wilders Werken repräsentierten Literatur. Aufgrund seiner Einteilung der Gesellschaft in Bereiche größerer und geringerer Wirklichkeit, wobei die Möglichkeit, Realität zu erfahren, bei Gold gebunden ist an eine negative, das heißt physisch und psychisch depravierte Lebenssituation, trennt er erst dort die Pragmatik einer gesellschaftlich definierten Lebensform und ihre literarische Darstellung in dem Sinne, daß vom Motiv einer Handlung gesprochen werden kann, wo er eine solche Situation der Entfremdung oder Verelendung voraussetzt.

Wenn Kultur das Vorhandensein intentionalen Handelns prinzipiell impliziert, dann beginnt für Gold die Möglichkeit der Ausbildung kultureller, also auch literarischer Objekte erst dort, wo er Motive der bereits genannten Art erkennt. Folglich hält er hermeneutisches Verfahren nur da für nötig, wo die beschriebenen Bedingungen sinnhafter Artikulation vorliegen. Im Fall Hemingways wie in Bezug auf die Autoren der *transition* argumentiert Gold in der Weise, daß er die Notwendigkeit, aus der heraus die betroffenen Autoren in der ihnen eigentümlichen Art schreiben, auf negative gesellschaftliche Erfahrungen zurückführt. Bei Hemingway ist das Erfahrungsmuster zusammengesetzt aus der Einsicht in die Proletarisierung der Angestellten und aus dem Gefühl, in einer Zeit des politischen Betrugs zu leben. Als Folge bietet Hemingway eine literarische Möglichkeit des Eskapismus, die Gold wie folgt beschreibt: »Hemingway offers the day dreams of a man. Liquor, sex and sport are his three chief themes as they are in the consciousness of the American white-collar slave today.« [47] Wenn die in der Zeitschrift *transition* vertretenen Autoren nach Meinung Golds die Realität zugunsten experimenteller Wortspielerei und deren psychologischer Interpretation vermeiden, so ist ihnen mit Hemingway gemeinsam der Rückzug von sozialer Realität und eine Hinwendung zum Individualismus, was Gold als eine falsche Folgerung aus richtig erfahrenen Umständen ansieht. Hemingway wird demzufolge auch nicht als Prophet eines neuen Lebensgefühls angesehen, sondern als letzter Ausdruck eines Jahrzehnts der Verzweiflung, ebenso wie die Tatsache, daß die Zeitschrift *transition* ihr Erscheinen einstellt, als Symbol für den Anfang einer neuen revolutionären Literatur gewertet wird, die nicht dem Unbewußten zur Darstellung verhelfen will, sondern sich auf die feste Grundlage des Verstandes verläßt.

Obwohl Gold bei detaillierten Aussagen über Hemingways Stil, der dem funktionalen Stil proletarischer Literatur entspreche, zeigt, daß er sich hinsichtlich immanenter Kritik nicht von anderen zeitgenössischen Literaturkritikern, die ebenfalls normativ bestimmte Stilelemente positiv und andere negativ bewerten, unterscheidet, erweist seine Argumentation doch klar, daß literatursoziologische Aussagen mit Erklärungsgehalt nur in dem Maße möglich sind, als die interpretierte Literatur als ein Bestandteil gesellschaftlicher Wirklichkeit begriffen wird, der den gesamtgesellschaftlichen Sinnzusammenhang mitkonstituiert. Methoden, die diesen Sinnzusammenhang kategorial im Vorgriff abdecken wollen, leisten dies ebensowenig wie solche, die bestimmte ideologiegesättigte Bereiche zur Sprachlosigkeit verurteilen.

Anders als Michael Gold hat sich V. F. Calverton, der zweite genannte Vertreter marxistischer Literaturkritik in Amerika, den Bezugsrahmen seiner Argumentation nicht von vornherein dadurch begrenzt, daß er aus politischen Gründen den Bereich, innerhalb dessen er literatursoziologische Aussagen für möglich und sinnvoll hält, zu eng faßt. Es war nicht so sehr die empathische Identifikation mit einer bestimmten Klasse, als vielmehr ein grundsätzlicheres methodologisches Interesse, was Calverton dazu führte, in der Literatursoziologie die einzig mögliche, weil einzig wissenschaftliche Verfahrensweise im Umgang mit Literatur zu sehen. Calvertons Wissenschaftsbegriff und dessen Bindung an bestimmte politische Intentionen sind daher von grundlegender Bedeutung, um zu verstehen, in welchem Sinne Calverton der Literatursoziologie eine sowohl wissenschaftstheoretische als auch praktisch-politische Innovationskraft beimaß.

Bereits in der ersten Ausgabe der von ihm von 1923 bis zu seinem Tode 1940 herausgegebenen Zeitschrift *The Modern Quarterly* versucht Calverton in einem Aufsatz mit dem Titel »The Great Man Illusion, A Study in Causes, With Reference to William James« [48] dadurch eine Synthese von Anspruch auf Wissenschaftlichkeit im naturwissenschaftlichen Sinn und politisch begründeter Säkularisierung der Kunst zu leisten, daß er die emanzipative Bedeutung wissenschaftlicher Biographie (scientific biography) darlegt. Mag dieser erste Versuch Calvertons, seine Vorstellungen zu entwickeln, auch im Endergebnis recht unergiebig sein, so zeigt er doch deutlich Ansätze, die in späteren literatursoziologischen Arbeiten noch vorhanden, aber durch ein anderes Vokabular verdeckt sind. Den Gedanken, wissenschaftliche biographische Untersuchungen in den Dienst praktischer Aufklärung zu stellen, hat Calverton von Herbert Spencer übernommen, der sich hinsichtlich der Möglichkeiten eines solchen Unternehmens allerdings weitaus vorsichtiger äußerte [49]. Ohne auf den eigentlichen Zusammenhang, aus dem sich sein eigener Aufsatz dem Titel nach herleitet, näher einzugehen – auf die von William James aufgeworfene Frage nämlich nach der Möglichkeit individueller Willensentscheidung im Rahmen einer Evolutionstheorie –, gibt Calverton seiner Argumentation eine Wendung ins Praktische, indem er nicht nur behauptet, die Bedingtheit kultureller Phänomene sei nach Ursache und Wirkung voll zu erklären, sondern darüberhinaus die so erstellten Bedingungen ihrer Entstehung mit ihrer Bedeutung gleichsetzt. Diese Gleichsetzung erlaubt es ihm, sowohl eine ganze Anzahl überkommener Probleme der Literaturwissenschaft als Scheinprobleme zu betrachten, als auch politische Folgerungen dahingehend zu ziehen, daß aus dem geklärten Verhältnis von Ursache und Wirkung sozialtechnische Handlungsanweisungen abzuleiten sind.

Die Soziologie bot sich ihm daher als eine Art Grundwissenschaft für jede wissenschaftliche Beschäftigung mit Literatur an, weil er in ihr den Anspruch auf »vollständige« Erklärung durch materialistische Betrachtungsweise eingelöst sah. Eine soziologische Erklärung, so folgert Calverton, bietet die Möglichkeit, das was bisher am wenigsten wissenschaftlich fixierbar erschien, ästhetische Werte nämlich, endlich in den Rahmen wissenschaftlicher, d. h. exakter Erkenntnis zu integrieren: »No esthetic object, or any other object therefore, can be satisfactorily approached and understood, and this includes the element of esthetic appreciation, except through the scientific, sociological method.« [50]

Inbegriff wissenschaftlicher, soziologischer Methode ist für Calverton der sich von Spencer herleitende Ansatz, soziokulturellen Wandel evolutionär zu erklären, wobei – dem Entwicklungsstand der verschiedenen Wissenschaften entsprechend – Calverton letztlich zu einer soziokulturellen Faktorentheorie gelangt. Diese ermöglicht es ihm, die unterschiedlichsten Faktoren soziokulturellen Wandels mit seinem Untersuchungsobjekt Literatur in eine Verbindung zu bringen, die dann kausalanalytisch, als Beziehung von Ursache und Wirkung interpretiert wird. Zwar erzielt Calverton bei solchen Untersuchungen scheinbar sehr plausible Ergebnisse, es trifft auf ihn jedoch letztlich genau jener Vorwurf zu, der seinem Vorbild Plechanow – aus dessen *Briefen ohne Adresse* Übersetzungen im *Modern Quarterly* erschienen – von Lenin gemacht wurde, daß er über Beispielsammlungen hinaus zu keinen verbindlichen Aussagen komme [51]. Tatsächlich zeigen die frühen Aufsätze Calvertons, die 1925 in dem Sammelband *The Newer Spirit – A Sociological Criticism of Literature* erschienen, vor allem ein methodisches Interesse, dem es darum geht, in Opposition zur »impressionistischen« Literaturkritik empirisch begründete Kriterien für literaturkritische Werturteile zu gewinnen. »And finally the entire problem of values is so knit into the texture of society that no judgement of an art-object can be made except in terms of the social structure and the permanency of that judgement is dependent upon the permanency of the social-structure from which the judgement arose.« [52]

Solange Calverton den Begriff »permanency« vor allem methodisch bestimmte, konnte er sich der Ansätze zeitgenössischer Soziologie bedienen, die – beeindruckt von den Fortschritten der anthropologischen Forschung – vor allem empirisch ausgerichtet war. Ihr ging es, wie die Entwicklung des Begriffs »Social Forces« beispielhaft zeigt [53], vor allem um methodische Stabilisierung des Untersuchungsobjekts, – ein Bedürfnis, das sich bei Calverton vor allem in einem bedenkenlosen Eklektizismus bei der Auswahl möglicher Begriffssysteme ausdrückt, die seinen Ausführungen die nötige methodische Stringenz verleihen sollen. Marx und Darwin kommt die gleiche Bedeutung zu wie J. B. Watson und McDougall oder Beard und Seligman, wenn es ihm um den Nachweis geht, daß Aussagen über Literatur nur in dem Maße sinnvoll sein können, als sie gleichzeitig Aussagen über soziokulturelle Zusammenhänge sind, wobei diese Aussagen sich vor allem – dem deterministischen Konzept entsprechend – auf die sozialen Entstehungsbedingungen von Literatur beziehen, deren Kenntnis die Möglichkeiten ästhetischer Erfahrung entscheidend beeinflußt: »Knowledge of origins affects immediately, not remotely, our esthetic experience.« [54]

Die so vollzogene Bindung ästhetischer Erfahrung an die Kenntnis objektiver gesellschaftlicher Entstehungszusammenhänge wird von Calverton zwar als methodischer Fortschritt angesehen, schlägt aber auf seine eigenen literatursoziologisch ausgerichteten Interpretationen in dem Maße zurück, als er den Sinn interpretierter Literatur nur noch in Termini beschreiben kann, die sich auf gesellschaftliche Ursachen und schichtenspezifische Bedürfnisse beziehen. Dem objektivistischen Selbstverständnis solcher Methode entgeht

– obwohl die Sinnhaftigkeit von Literatur generell unterstellt wird –, daß die faktischen sozialen Lebensbedingungen und ihre literarische Objektivation nicht deckungsgleich einander zugeordnet werden können, daß die Bedeutungen dieser in einer Theorie jener nicht voll aufgehen. Weil der Sinn literarischer Gegenstände auf ihren soziogenetischen Ursprung reduziert wird, bleibt er ihnen selbst letztlich äußerlich. Aussagen, in denen versucht wird, bestimmte Formen von Literatur als Auswirkung des Übergewichts bestimmter soziokultureller Faktoren zu interpretieren, haben – ähnlich wie die Urteile Golds – meist nur klassifikatorischen Charakter. Solches Verfahren besteht am Ende nur noch aus der Koordination von Tatsachen, die unüberprüft aus unterschiedlichen Wissenschaftsgebieten übernommen werden. In seinem frühen Aufsatz »Sociological Criticism of Literature«, in dem Calverton einzelne literaturgeschichtliche Epochen durch den Aufstieg oder Niedergang bestimmter Klassen erklärt, kommt er unter Hinweis auf seine Quellen zu dem Schluß, nicht die Tatsachen selbst seien wesentlich, sondern ihre Koordination: »The coordination is what is significant.« [55]

Einer zweiten Gefahr, die der methodische Objektivismus in sich birgt, daß nämlich das Bewußtsein des interpretierenden Subjekts sich gegenüber den interpretierten Zusammenhängen isoliert, will Calverton dadurch entgehen, daß er den Begriff der »permanency«, bzw. »impermanency« nicht nur methodisch, sondern auch politisch füllt. Indem er zwischen empirischer Tatsachenfeststellung einerseits und Werturteilen andererseits unterscheidet – wobei letztere immer auch Ausdruck internalisierter Klassenvorteile sind –, will er den Zusammenhang zwischen Literaturkritik und gesellschaftlicher Praxis herstellen. »The critic, at best, can make his judgements only in terms of a class objective – and not an absolute objective.« [56] Dementsprechend deutet Calverton die Auseinandersetzung Golds mit Thornton Wilder und die sich daran anschließende Diskussion zwischen verschiedenen Literaturkritikern nicht als eine jenseits gesellschaftlicher Wirklichkeit geführte Debatte um ästhetische Werturteile, sondern als ideologischen Konflikt. Die Bindung der Werturteile an Klassenlage und Ideologie bleibt jedoch insofern ein rein methodischer und inhaltlich folgenloser Schritt, als nicht dem Doppelcharakter von Ideologie als falschem und angemessenem Bewußtsein in der Interpretation Rechnung getragen wird. Stattdessen wird Ideologie als Psychologie einer Klasse (class psychology) bestimmt, die nach deterministischem Muster erklärbar ist. Deutlich wird dies besonders, wo Calverton seine literatursoziologischen Überlegungen an Beispielen konkretisiert.

Bereits in den noch eher grundsätzlich gemeinten Ausführungen des 1931 veröffentlichten Aufsatz »The Radical Approach« findet sich der Hinweis, daß es innerhalb des Zusammenhangs von gesellschaftlichem und kulturellem Wandel bestimmte Konstanten gebe, so z. B. daß die formale Organisation des Materials notwendige Voraussetzung eines jeden Kunstwerks sei.

Zwar sei die Interpretation dieser Konstanten nicht invariant, sondern an die Frage nach ihrem Zweck im Sinne sozialer Funktion gebunden, aus dem Begriff des Kunstwerks jedoch zu keiner Epoche und in keiner Gesellschaft herauszulösen. Benutzt in dem genannten Aufsatz Calverton die Kategorie der Ausführung (execution) vor allem dazu, einen Unterschied zwischen Kunst und Propaganda im Sinne der »Tendenz« aufrechtzuerhalten – die Parteilichkeit aller Kunst hingegen gesteht er zu –, so zeigt sich in seinem zwei Jahre später geschriebenen Aufsatz »Sinclair Lewis – The Last of the Literary Liberals« [57], daß sein Festhalten an überkommenen literaturkritischen Unterscheidungen vor allem dazu dient, zu verbergen, daß aus seinen eigenen wissenschaftstheoretischen Überlegungen Kategorien mit gleicher Leistung, aber revolutionärer Funktion nicht abzuleiten sind. Der Befund, daß Sinclair Lewis – wie H. L. Mencken, mit dem er verglichen wird – von der Zeit überholt worden sei, die es nicht mehr erlaube, in Begriffen zu denken, die sich auf Individuelles und nicht auf Gesellschaftliches beziehen, betrifft zuerst einen unterstellten Unterschied zwischen den zwanziger und dreißiger Jahren und kann nicht zur Begründung dafür herangezogen werden, daß es Lewis an Imaginationskraft fehle, wodurch es ihm unmöglich sei, statt abbildrealistischer Photographien gestaltete Portraits zu schaffen. Wird die erste Aussage dadurch konkretisiert, daß zum einen darauf hingewiesen wird, fast alle Liberalen hätten sich bereits entweder für eine reaktionäre oder die radikale politische Richtung entschieden, zum anderen der soziale Wandel des Mittleren Westens historisch hergeleitet wird bis zu dem Punkt, wo die satirischen Absichten von Lewis durch die historische Darstellung seines Gegenstands sichtbar werden, so bleiben die Aussagen über den Unterschied zwischen Abbild-Realismus und »Realisation« hiervon unberührt. Der Vergleich zwischen Lewis und Flaubert, vollzogen am Beispiel der beiden Gestalten Carol Kennicott aus dem Roman *Main Street* und Madame Bovary zeigt, daß Calverton gänzlich im Bereich tradierter ästhetischer Vorstellungen und Wertungen verhaftet bleibt: »The American woman is real, very real indeed, but nothing more. The French woman is *realized.* Why is thes? Simply because Flaubert was more interested in the whole, if you will, than with the detail of its parts, and as a consequence strove after essences instead of surfaces.« [58] Der Bruch in den Ausführungen Calvertons, der eine weitergehende Problematik andeutet, wird am deutlichsten dort, wo er Lewis mit dem Argument kritisiert, seine Charaktere seien leblos und unabgerundet – »They are stimulus-response mechanisms cut in the behaviorist pattern ...« [59] – und den Historiker und Reporter vom Künstler mit der Begründung unterscheidet: »The literary artist is primarily concerned with emotion, whereas Lewis is mainly interested in behavior.« [60] Calverton vergißt hier, daß er selbst, wenn es um die Beschreibung von Kunst geht, diese in Anlehnung an das behavioristische Reiz-

Reaktionsmodell vollzieht, um sich von intuitionistischer Kritik abzuheben. Was dieser Inkonsequenz in Calvertons Argumentation zugrundeliegt, betrifft seinen Ansatz zu einer szientifischen und zugleich marxistischen Literatursoziologie als ganzen. Der unter dem Eindruck der exakten Wissenschaften verspürte Zwang, ähnlich exakte Erklärungsformen in den Geisteswissenschaften aufzuwenden – ein Zwang, dem die progressiven Literaturtheoretiker der Zeit ebenso unterlagen wie ihre konservativen Gegner – führt dazu, daß zugunsten der exakten Verknüpfung der Daten deren Interpretation vernachlässigt wird. Der in der Literatur mitgeteilte Sinn wird reduziert auf den Zweck und die Funktion von Kunstwerken, die nach den Kriterien allgemeiner Handlungs- und Gesellschaftstheorien bestimmt, im Kunstwerk selbst aber nicht nachgewiesen werden. So wird dann die in den Kunstwerken enthaltene Intentionalität dem objektiven Lebenszusammenhang gleichgesetzt, dem sie sicherlich zugehört, jedoch als dessen Interpretation und nicht als Abbild. Wo sich solch ein Verfahren jenseits der erklärenden Analyse von Ursache und Wirkung oder Bedingung und Funktion von Kunstwerken im sozialen Zusammenhang auf die Kunstwerke selbst einläßt, müssen Kategorien wiedereingeführt werden, die durch die szientifische Anstrengung gerade ad absurdum geführt werden sollten.

Als dritter Vertreter einer marxistisch ausgerichteten Literaturtheorie wurde Max Eastman angeführt, dessen Rolle als »public figure« innerhalb der radikalen Linken allerdings weitaus bedeutender war als der Inhalt seiner Bücher und Aufsätze, wo das Verhältnis von Literatur und Gesellschaft angesprochen wird. Gleichwohl bezeichnet Eastmans Theorem von der historisch entstandenen Opposition zwischen Dichtung und Wissenschaft und ihrer jeweiligen gesellschaftlichen Bedeutung ein für die amerikanischen marxistisch orientierten Literaturtheoretiker der zwanziger und dreißiger Jahre typisches Dilemma: den Widerspruch nämlich zwischen dem Anspruch auf szientifische Erklärung des gesellschaftlichen Ursprungs von Literatur einerseits und der Insistenz auf ihrer letztlich systematisch nicht einholbaren, nur individuell erfahrbaren Erkenntnisleistung. In Eastmans Büchern *The Literary Mind. Its Place in an Age of Science* und *The Enjoyment of Poetry* schlägt sich dieser Widerspruch ebenso nieder wie in seiner politischen Biographie, die von der Spannung zwischen vitalistischem Individualismus und Betonung eines wissenschaftlichen Sozialismus, der die Revolution als sozialtechnisches Experiment auffaßt, gekennzeichnet ist. Von Dewey und Veblen stärker beeinflußt als von Marx selbst, aber fasziniert von Lenins revolutionärer Praxis, entfernte sich Eastman von den orthodoxen Kommunisten in den USA in genau dem Maße, wie sich diese auf stalinistische Richtlinien festlegen ließen [61]. Für die Teilnehmer an der Zweiten Internationalen Konferenz der proletarischen und revolutionären Schriftsteller, die 1930 in Charkov stattfand, hatte Eastman nur noch höhnische Bemerkungen übrig [62]. Seinem Wissenschaftsverständnis entsprechend mußte es ihm als dilettantisch erscheinen, globale Aussagen über die Kriterien proletarischer Literatur zu formulieren; seine Auffassung von der spezifischen Erkenntnisleistung von Dichtung verbot es ihm, letztere mit Maßstäben zu beurteilen, deren Triftigkeit in Bereichen wie Politik und Soziologie gewährleistet ist, deren Geltung hinsichtlich literarischer Probleme ihm jedoch fragwürdig erschien.

Die Arbeitsteilung innerhalb der Wissenschaften selbst und die zwischen Wissenschaftstheorie – bezogen auf die exakten Wissenschaften – und Literaturtheorie insbesondere hielt Eastman für so weit fortgeschritten, daß sie für jede wissenschaftlich ernst gemeinte Überlegung normativ sei. Sein pragmatistischer Wissenschaftsbegriff hinderte ihn, den dialektischen Materialismus als Reflexionsstufe zu akzeptieren, auf der die partikularen Erkenntnisprobleme der Einzelwissenschaften als historische Produkte so durchschaut werden, daß historische Praxis und zweckrational definierte Erkenntnisziele und -methoden wieder als logische Einheit gesehen werden können. Stattdessen erwartete er pragmatistischer Auffassung gemäß, daß die der Wissenschaft inhärente Logik, die einzig den Fortschritt bedinge, langfristig auch regulativ einen vernünftigen Gebrauch dessen garantiere, was durch wissenschaftliches Verfahren erst verfügbar wird. (Ein Glaube, der nach Randolph Bournes Kritik an Dewey, als dieser die Teilnahme der USA am Ersten Weltkrieg propagierte, nur noch auf sehr schwaches Fundament bauen konnte.) [63]

Eastman ging von zwei grundlegenden Thesen aus, die seine Ansätze zu einer Literaturtheorie ebenso bestimmten wie seine Kritik zeitgenössischer Dichtung und Literaturkritik: zum einen sah er im Entwicklungsprozeß der Wissenschaften die Tendenz angelegt, daß überall dort, wo früher die Literatur substantielle Handlungsmaximen ausdrückte, wissenschaftliche Analyse sich durchsetze: »... science, having displaced magic and religion and abstract philosophy as a source of help and guidance, is now successfully attacking ›literature‹. This explains, in my opinion, the whole contemporary agitation among critics and literary professors; it explains the present tendencies in fiction; it explains the ›modernist‹ poets.« [64] – Hieraus resultierend stellt sich Eastmans zweite These als Antwort auf die Frage nach der unter den beschriebenen Voraussetzungen noch für denkbar gehaltenen Funktion von Literatur dar: »Literature, then, as a thing distinct from science, may be a pure communication of experience; it may interpret experience in spheres as yet untouched by science; ...« [65].

Eastmans Trennung von Wissenschaft als »propagation of knowledge« einerseits und Dichtung als »communication of experience« andererseits verbannt letztere in einen Bereich vorwissenschaftlicher Erfahrung, dem Eastman dennoch Bedeutung für die Konstitution gesellschaftlicher Wirklichkeit zubilligt. Was wissenschaftlicher Analyse aufgrund notwendiger Abstraktion verloren geht, soll Kunst als Einheit wiederherstellen. Eastman geht in dieser Argumentation davon aus, daß die Wissenschaften ihren jeweiligen Gegenstandsbereich durch sich ständig differenzierende Analyse kontinuierlich erweitern und damit zugleich den Bereich möglichen instrumentellen Handelns, daß sich dadurch aber ebenso die Kluft zwischen der »Wirklichkeit« dieses Gegenstandsbereichs und den Kategorien, nach denen wir denselben praktisch oder theoretisch verstehen, vergrößert: »... we shall realize how deep is the gulf between the ›reality‹ of a thing and the formula by which we practically or theoretically ›understand‹ it.« [66] Eben jenes Bild von der Wirklichkeit zu vermitteln ist Aufgabe und spezifische Leistung von Dichtung, die so zum Medium begriffsloser, »reiner Erfahrung« wird. Die im Zusammenhang instrumentellen Handelns, das als experimentelles ausgegeben wird, notwendige Reduktion von Erfahrung auf möglichen Erfolg oder Mißerfolg zweckrationaler Manipulationen soll durch Dichtung aufgehoben werden, die der »valid interpretation« das Korrelat der »abandoned experience« gegenüberstellt. Literatur und Wissenschaft werden als zwei kulturanthropologische Konstanten mit komplementären Funktionen gesehen, die es in ihrer jeweils historischen Ausprägung erst zu begreifen gelte, bevor Aussagen über ihren spezifischen Charakter formuliert werden können. In der Komplementärfunktion von Kunst liegt ihre gesellschaftlich-praktische Bedeutung, die sich unterscheidet von irgendeiner Form praktischer Anwendung, im Sinne propagandistischer Nützlichkeit etwa. In ihrer notwendigen Eigenständigkeit, die sie gegen intentionales Handeln abgrenzt, liegt gleichzeitig ein Moment des Selbstzwecks, den Eastman als fundamentales menschliches Bedürfnis, als Trieb gleichsam, immer dann betont, wenn er spontane Kreativität vor politischem Dogmatismus bewahren will. Wo er jedoch auf literaturtheoretische Debatten eingeht, versucht er stets im Sinne des historischen Materialismus die Funktionsbestimmung von Literatur aus der gesellschaftlichen Entwicklung abzuleiten, für die ihm der technologische Fortschritt als Gradmesser dient.

Eastmans Kritik an zeitgenössischer Literatur und Literaturtheorie geht vor allem davon aus, daß in ihr diese Entwicklung nicht genügend reflektiert werde, was zu leicht widerlegbaren Theoriebildungen führe. Beispielhaft ist für Eastman in dieser Hinsicht der Neohumanismus, vertreten durch Babbitt, Paul Elmer More und Norman Foerster. Ihre literaturtheoretischen Überlegungen interpretiert er als Rückzugsgefechte der »scholar-gentlemen«, die dem Druck wissenschaftlichen Fortschritts nicht entgegenzusetzen haben als die Hypostasierung von Werten, die an literarische Bildung gebunden sind. Er hält den Neohumanisten Veblens *Theory of the Leisure Class* entgegen, insbesondere das letzte Kapitel »The Higher Learning as an Expression of the Pecuniary Culture«, und folgert im Anschluß an Veblens Ausführungen:

»To put it very simply, the humanists are defending the noble status of their profession, or attempting to regain it, against two ›principles‹, which unite even more firmly than religion with a gentleman: the spirit of a plain man and the spirit of science.« [67]

Die letzte Wendung zeigt deutlich, daß Eastman wissenschaftlichen Fortschritt und Klassenemanzipation als Zusammenhang in dem Sinne sieht, daß die im Fortschritt der Wissenschaft sich äußernde Zweckrationalität notwendig auch vernünftige sozialtechnische Folgen nach sich ziehe. Diesen traditionell aufklärerisch postulierten Zusammenhang sieht Eastman überall dort bedroht, wo die Einsicht in das grundsätzliche Verhältnis von Literatur und Gesellschaft fehlt. Ähnlich wie bei den Neohumanisten ist dieser Mangel auch bei bestimmten modernen Dichtern gegeben, die den Verlust einer sozial definierten Stellung und Funktion in der Gesellschaft durch Innerlichkeit zu kompensieren suchen und somit dem verfallen, was Eastman als »The Cult of Unintelligibility« bezeichnet. Ähnlich wie Calverton, der in einer Auseinandersetzung mit Jolas bereits begrifflich literarischen Ausdruck und literarische Kommunikation getrennt hatte, um gegenüber expressionistischen Experimenten eine stärkere Konzentration auf kommunizierbare Inhalte zu fordern [68], sieht Eastman in dem Verzicht auf intelligible Kommunikation moderner Lyrik eine nur noch soziologisch erklärbare Tendenz zur Naivität, die den modernen Dichter jenen von Piaget beobachteten Kindern ähnlich werden läßt, die mit sich selbst reden, ohne daß ihnen jemand zuhört.

Als Alternative entwirft Eastman das Bild des »poeta doctus«, der die von den Wissenschaften bereitgestellten Erkenntnisse als Erfahrung vermittelt, so daß letztlich – von Eastman idealtypisch formuliert – »artist« und »engineer« sich gegenseitig ergänzend das Bild gesellschaftlicher Wirklichkeit entwerfen. »The ablest literary men are serving an apprenticeship in science; the ablest scientists are serving an apprenticeship in the art of friendly communication. And the process is almost as important to science as it is to literature, for science is becoming so specialized in its own labors that the investigators in one field can hardly communicate in their technical language with those in another. For the purpose of understanding each other – if not indeed, sometimes, themselves – they must learn to express their findings in a somewhat literary language.« [69] So sehr sich Eastmans Funktionsbestimmung der Literatur aus der Einsicht herleitet, daß sich der Prozeß des wissenschaftlichen Fortschritts zunehmend vom konkret gesellschaftlichen Lebensprozeß isoliert, und kontingente gesellschaftliche Wirklichkeit auf technische Handlungsanweisungen reduziert wird, was dann notwendig die Entstehung einer »Gegenkultur« zur Wissenschaft – im Sinne der Snowschen »Two Cultures« etwa – bedingt, um jene ursprüngliche Kontingenz der konkreten gesellschaftlichen Lebenswelt wieder sichtbar zu machen, die ja den

Boden wissenschaftlichen Fortschritts bildet, so sehr bleibt unbedacht, daß dieser soziale Ursprung von Wissenschaft und Technik diesem selbst dort noch anhaftet, wo er in ihrem Selbstverständnis nicht mehr erscheint. Die Geschichtsindifferenz des wissenschaftstheoretischen Selbstverständnisses der »sciences« müßte dort, wo es sich nicht um rein quantitative Kategorien handelt, auf die in Symbolen sich darstellende gesellschaftliche Wirklichkeit und auf die in ihr fortwirkende Tradition rückbezogen werden, was allein durch hermeneutisches Sinnverstehen möglich wäre. Literatur als Bestandteil der soziokulturellen Wirklichkeit wäre dann auf die in ihr objektivierten sozialen Normen hin zu untersuchen, die jenen gesellschaftlichen Bewußtseinsstand bestimmen helfen, von dem aus die wissenschaftliche Entwicklung ihre Legitimation erhält. Dies geschieht bei Eastman deshalb nicht, weil er den wissenschaftlichen Entwicklungsprozeß der Gesellschaft gleichsetzt, wobei die tatsächliche und mögliche historische Entwicklung letztlich auf bestimmte Resultate der Wissenschaft reduziert wird. Die Leistung der Literatur, wie Eastman sie postuliert, wird dort zu Ideologie, wo sie als Ganzes abbilden soll, was durch objektive gesellschaftliche Entwicklung unwiderruflich getrennt ist: wissenschaftlich-technologische Manipulation und kohärente sinnliche Erfahrung von Natur und Gesellschaft.

Erst die hermeneutische Entzifferung des wissenschaftlichen Entwicklungsprozesses und des kulturell definierten Bildungsprozesses als den Teilen eines symbolisch verschlüsselten Gesamtzusammenhangs könnte in der Reflexion, die ihre eigenen Bedingungen durchschaut, jene Einheit sichtbar machen, deren Verlust auch Eastman konstatiert.

Ähnlich wie im Falle Calvertons scheitern Eastmans literaturtheoretische Versuche vor allem durch die Absicht, Marx »wissenschaftlich« zu begreifen, d.h. ihn auf einen materialistischen Inhalt festzulegen, der dann, positivistisch angewendet, Aussagen über das Verhältnis von Literatur und Gesellschaft ermöglichen soll. Eastmans Ausführungen zeigen ebenso wie die Calvertons, daß diese um Dialektik verkürzte Marxinterpretation mit dem Bedürfnis konvergiert, dem naturwissenschaftlichen Methodenideal entsprechende Verfahren auf literarische Probleme anzuwenden und sie theoretisch zu begründen. Daß in solcher Theorie dann wiederum idealistische Annahmen der Art enthalten sind, wie sie der Intention nach gerade vermieden werden sollten, verweist auf den zwanghaften Zusammenhang von Positivismus und Metaphysik, wie er sich am deutlichsten bei Gold im Verhältnis von Tatsachenfeststellung und deren Interpretation darstellt.

Bezeichnet man, um den Unterschied zur traditionellen Philologie anzugeben, die seit mittlerweile vierzig Jahren existierende Disziplin der *American Studies* als Kulturwissenschaft, dann sind in diesem Begriff bereits alle Probleme angedeutet, die in der Theorie der *American Studies* von Anfang an diskutiert wurden. Jeweils von einem bestimmten Kulturbegriff ausgehend wurden Aussagen über das Verhältnis von Literatur und Gesellschaft, von Literatur und Geschichte und von der Beziehung aller drei, Literatur, Gesellschaft und Geschichte untereinander gemacht. Dennoch ist in den Auseinandersetzungen um Fragen der Theorie, die allerdings praktische Konsequenzen für die wissenschaftsorganisatorische Entwicklung implizieren, noch keine Einigung sichtbar. Währenddessen ist die Praxis dabei, die Theorie zu überrollen: ein Buch nach dem anderen erscheint, das nicht mehr eindeutig als literaturwissenschaftlich oder sozialgeschichtlich oder ideengeschichtlich klassifiziert werden kann, was dazu führt, daß Überlegungen zur Theorie immer weiter ins Randgebiet der Wissenschaft abgedrängt werden.

Die Erwartungen an eine Kulturwissenschaft, die sich nicht von vornherein auf operationale Begriffe versteift, gehen davon aus, daß es gelingen müsse, die durch wissenschaftliche Arbeitsteilung entstandene Verselbständigung eigentlich komplementärer Wissenschaftsrichtungen so aufzuheben, daß die in den Einzelwissenschaften entwickelten und nicht hinterschreitbaren Methoden und Standards zwar erhalten bleiben, daß sie aber in ihrer notwendigen Entwicklung so begriffen werden, daß ihnen der Schein der Naturwüchsigkeit genommen wird und sie als zweckrational definierte erkannt werden können.

Daß interdisziplinäre Arbeit allein dies nicht zu leisten vermag, ist offensichtlich. Erst eine Methodenreflexion in den Einzelwissenschaften mit dem Ziel, zu allgemeineren Aussagen über die Logik kulturwissenschaftlichen Erkennens zu gelangen, könnte den Methodenobjektivismus der einzelnen Disziplinen aufheben. Eine solche Methodenreflexion setzt allerdings voraus, daß die objektiv vollzogene Trennung der Methoden von ihrem historischen und sozialen Hintergrund in der Analyse rückgängig gemacht wird. Daß damit tendenziell die Trennung von Wissenschaft und gesellschaftlicher Praxis überhaupt aufgehoben wird, ist ein in die Zukunft verweisender Erkenntnisgewinn, der in konkrete Forschungsstrategien umzusetzen wäre. Durch diese hindurch allein kann das in den Wissenschaften latent vorhandene Potential an Aufklärungswissen sich manifestieren: weder durch Vorgriff auf Utopien, noch durch immanente Wissenschaftskritik, die bei sich selbst bleibt.

Auf gerade jenes Aufklärungswissen bezieht sich Tremaine McDowell, Verfasser des Buchs *American Studies* (1948), einer der ersten wichtigen Publikationen auf diesem Gebiet, wenn er schreibt: »And a graduate student of American culture can, without surrendering to gross immediacy, remain a *citizen* while he is a *scholar*.« [70] In der Opposition von Bürger und Gelehrtem hat McDowell den Rückzug der Wissenschaft aus dem gesellschaftlichen Sinnzusammenhang bis zu dem Punkt zu Ende gedacht, wo die in den Wissenschaften potentiell vorhandene Kraft, auf die Lebenspraxis von Bürgern aufklärend einzuwirken, restlos verloren geht. Die Einsicht, daß den

Fortschritt der Wissenschaften eine gleichfalls fortschreitende Trennung von Theorie und Praxis begleitet, bildet dann auch den Hintergrund zu McDowells Hoffnung, daß eine interdisziplinär arbeitende Kulturwissenschaft dies verhindern könne. Der objektiv bereits parzellierte gesellschaftliche Sinnzusammenhang soll durch interdisziplinäre Arbeit wieder zur Einheit synthetisiert werden: »The discipline of American Studies is the intellectual process whereby a student assimilates the complicated and often contradictory details of American civilization which he meets in his courses in social science, history, literature, philosophy, and the fine arts. And it is the intellectual process whereby he fashions out of them a picture of these United States. In so doing, he reduces diversity to some degree of unity.« [71]

McDowells Glaube, daß die Synthese unterschiedlicher Disziplinen umstandslos zuwege gebracht werden könne, wenn nur Selbstvertrauen und Pragmatismus vorhanden seien, erwies sich jedoch bald als zu naiv. Die verschiedenen Erkenntnisinteressen der Einzeldisziplinen waren zu sehr mit bereits entwickelten Methoden verwoben, als daß sie mühelos miteinander verbunden werden konnten.

Auf die Kontroversen um eine solche Verbindung zweier Teildisziplinen soll hier, dem Thema entsprechend, eingegangen werden, auf die von Literaturwissenschaft und Soziologie, bzw. Literaturgeschichte und Sozialgeschichte. Was der Gewinn einer solchen Kombination sein könnte, wurde bereits angedeutet: die Möglichkeit nämlich, die literarisch objektivierte Erfahrung eines konkreten Gesellschaftszusammenhangs als Bestandteil desselben so zu interpretieren, daß sowohl die faktisch vorhandenen gesellschaftlichen Zwänge sichtbar werden, als auch ihre Deutung, die tendenziell sich von ihnen emanzipiert. Die in solcher Deutung oder »literarischen Verarbeitung« enthaltene partielle Emanzipation von sozialen Zwängen liegt vor allem darin, daß sie als spezifische verstanden wird, was impliziert, daß auch andere Deutungsweisen möglich wären, daß aber aus bestimmten Gründen eine Deutung möglichen anderen vorgezogen wurde. Daß ein Erklärungsverfahren deterministischer Art solche Gründe nicht anzugeben vermag, ist offensichtlich, leitet es seine Berechtigung doch aus der Annahme her, daß einer bestimmten Ursache auch eine bestimmte, antizipierbare Wirkung entspricht. Daß gleichzeitig die Verbindung zweier Disziplinen, von denen die eine auf der subjektiv gewährleisteten Fähigkeit zu ästhetischem Ausdruck beharrt, während die andere gerade das Moment kontingenter Subjektivität methodisch zu umgehen versucht, auf große Schwierigkeiten stößt, zeigt die Entwicklung der *American Studies*.

Bereits sechs Jahre, nachdem Tremaine McDowell seinen optimistischen Entwurf einer Kulturwissenschaft geschrieben hatte, scheiterte der erste gründlich vorbereitete Versuch einer Zusammenarbeit von Literatur- und Sozialwissenschaftlern. Thomas C. Cochran und Robert E. Spiller hatten beschlossen, gemeinsam ein interdisziplinäres Seminar zu veranstalten, um herauszufinden, ob die Verbindung von Sozial- und Literaturwissenschaft möglich und, gemessen an den Ergebnissen, sinnvoll sei. Schon nach wenigen Wochen bildeten sich im Seminar zwei Parteien, die sich in einer wesentlichen Frage nicht einigen konnten: der methodischen Frage nämlich, ob Texte unterschiedlicher Art auf gleiche Weise nach dem Prinzip der »content-analysis« untersucht werden sollten, oder ob nicht bestimmten Texten von vornherein ein besonderer Status als Kunstwerk beigemessen werden mußte.

Der von Spiller in einer späteren Analyse des Seminars beschriebene Gegensatz zwischen sozialwissenschaftlichem Anspruch auf Objektivität und quantitativer Analyse einerseits und literaturwissenschaftlichem Beharren auf Werthierarchien und qualitativer Interpretation andererseits, der sich in dieser geradezu idealtypischen Reinheit wie eine Konstruktion ausnimmt, ist in den Überlegungen zur Theorie der *American Studies* bis heute nicht überwunden, wenn sich auch explizit die Fragestellungen verändert haben. Die Suche nach einer angemessenen Theorie und ihr entsprechenden Methoden führte vorerst jedoch zu einem wissenschaftstheoretischen Dilemma, das nur durch bescheidenen Pragmatismus angehbar erschien. Die Entwicklung der positiven Wissenschaften, so schien es, machte ein theoretisch fundiertes interdisziplinäres Arbeiten so gut wie unmöglich: »The irony of the present situation in social and humanistic scholarship is that the trend is counter to any such cooperation. The desire to achieve objective, ›scientific‹ validity is once more separating scholars – not only in American Studies, but in other branches of research as well.« [72]

Ähnlich negative Einsichten formuliert Henry Nash Smith in seinem 1957 veröffentlichten Aufsatz »Can ›American Studies‹ Develop a Method?«, wenn er sich darauf beschränkt, die mögliche methodische Entwicklung der *American Studies* von ihrem Ziel her zu definieren: dem Wunsch nämlich, die amerikanische Kultur als *Ganzes* (»American Culture as a whole« [73]) zu untersuchen. Diesem Ziel – glaubt Smith – könne man nur durch geduldiges interdisziplinäres Arbeiten näherkommen, denn der fundamentale Dualismus von »social facts« und »aesthetic values« sei nicht durch Rückgriff auf irgendeine philosophische Ausgangsposition aufzuheben, sondern könne nur auf lange Sicht, durch aus kontrollierten Kompromissen resultierende methodische Ansätze überwunden werden. »A new method will have to come piecemeal, through a kind of principled opportunism, in the course of daily struggles with our various tasks.« [74]

Bei der Beschreibung des Dualismus von »social facts« und »aesthetic values« übt Smith nicht nur Kritik an dem methodischen Objektivismus der Soziologie, sondern auch am *New Criticism* als einer Form von Literaturkritik, die aufgrund ihrer Betonung der autonomen Werte von Literatur zu dem genannten Dualismus wesentlich beigetragen habe. So sehr dem *New Criticism* eine Differenzierung innerliterarischer Kategorien zu verdanken sei, seine Annahme, daß literarische Werturteile sich in außergesellschaftlichen Zusammenhängen bilden, verhindere die Entwicklung von Methoden, die einen kulturellen Gesamtzusammenhang voraussetzen und analysieren. In dem Begriff der Kultur sollen Gesellschaft und Kunst zusammengefaßt werden; von ihm ausgehend seien Methoden zu entwickeln, die beide als Zusammenhang sichtbar machen. Daß ein Kulturbegriff als Ausgangspunkt weiterer Überlegungen diese in die Nähe der Anthropologie (cultural anthropology) [75] rückt, erkennt Smith durchaus und weist deshalb darauf hin, daß sich die Anthropologie, wo sie komplexe zeitgenössische Gesellschaft zum Untersuchungsgegenstand habe, kaum von der Soziologie unterscheide, – daß sie ähnlich wie diese das Verhältnis von »fact« und »value« als eines von wissenschaftlicher Datenerfassung einerseits und impressionistischer Interpretation andererseits ansehe. Nicht anders sei zu erklären, daß sich Literatursoziologie fast ausschließlich mit Trivialliteratur befasse, deren Inhalt durch sozialpsychologisch definierte Lesererwartung abdeckbar und im Untersuchungsobjekt quantitativ festzustellen sei.

Smith's Aufsatz in Erinnerung zu rufen lohnt sich nicht nur deshalb, weil trotz vereinzelter Versuche, den *New Criticism* ideologiekritisch zu untersuchen, dieser noch weit in das nächste Jahrzehnt hinein die herrschende literaturwissenschaftliche Methode blieb, sondern weil – ohne daß diese Gedanken bei Smith selbst ausgeführt wurden – das jeweils zugrundegelegte Kulturverständnis in Zukunft tatsächlich die Theoriediskussion der *American Studies* bestimmt hat.

Setzte Smith gegen die Parzellierung des soziokulturellen Gesamtzusammenhangs durch eine positivistische Soziologie einerseits und eine von der Autonomie des Kunstwerks ausgehende Literaturwissenschaft andererseits das Postulat, die Kultur sei als *Ganzes* zu untersuchen, so erwies sich gerade der Kulturbegriff historisch als zu empirisch belastet, als daß aus ihm Methoden hätten abgeleitet werden können, die einer Vorstellung vom soziokulturellen Ganzen entsprochen hätten.

In der Geschichte der amerikanischen Soziologie und Anthropologie – beide Wissenschaften entwickelten sich in wechselseitiger Beeinflussung – hatte der Kulturbegriff von Anfang an eine so zentrale Stellung, daß er durch mannigfaltige Definitionen bereits in einem Maße auf die Beschreibung funktioneller Details festgelegt war, daß er in eine allgemeinere Theorie, die sich einen solchen Begriff vom soziokulturellen Ganzen zugrundelegt, der nicht auf den funktionellen Zusammenhang definierter Teilelemente reduziert werden kann, nicht integriert werden konnte.

Wie immer auch Kultur definiert wurde, ob als Tradition oder soziales Erbe, ob behavioristisch als adaptives Verhalten oder ob als Struktur von Institutionen, Handlungen und Gedanken, als Symbolsystem: beschrieben wurde sie fast ausschließlich in empiristischen Kategorien nach dem Vorbild des anthropologischen Funktionalismus, wie er von Malinowski, Radcliffe-Brown (die hinsichtlich ihres Kulturbegriffs – außer der funktionalistischen Methode seiner Beschreibung – kaum etwas gemeinsam hatten) und von Ruth Benedict vertreten wurde [76]. Wie recht Smith mit seiner Annahme hatte, daß die amerikanische Anthropologie und Soziologie sich hinsichtlich ihres Kulturbegriffs nur wenig unterscheiden, zeigte sich, als A. L. Kroeber und Talcott Parsons sich auf eine gemeinsame Kulturdefinition einigten, die sich eng an die anthropologische Begriffsbildung anschließt, indem sie Kultur als Muster (pattern) von Werten und Ideen beschreibt: »... transmitted and created content and patterns of values, ideas, and other symbolic-meaningful systems as factors in the shaping of human behavior and the artifacts produced through behavior.« [77]

Im Rahmen der Theoriediskussion der *American Studies* hat bereits 1954 Richard M. Huber in seinem Aufsatz »A Theory of American Studies« die Vorteile eines anthropologischen Kulturbegriffs darin gesehen, daß er es erlaube, eine Nation mit der Objektivität und aus der Perspektive eines Ethnologen zu betrachten, der einen primitiven Volksstamm beschreibt [78]. Ein methodisches Problem bestehe lediglich hinsichtlich der Koordination von Sozial- und Geisteswissenschaften, nicht aber in Bezug auf das Methodenverständnis innerhalb der einzelnen Wissenschaften. Obwohl Huberts Ansatz wesentlich zu kurz greift, argumentiert Richard E. Sykes neun Jahre später zwar in den Kategorien differenzierter, vertritt jedoch wissenschaftstheoretisch die gleiche Position, wenn er befindet, daß man unter *American Studies* eine spezialisierte Form von Kulturanthropologie zu verstehen habe. »Culture is the key concept, the unifying concept, the root word which suggests both theory and method. It [= American Studies] is a branch of culture studies, and as such is closer to the social sciences theoretically than to the humanities. It is a specialized branch of cultural anthropology.« [79]

Entsprechend diesen Prämissen definiert Sykes die Methode, mit deren Hilfe imaginative Literatur im Rahmen der *American Studies* analysiert werden soll, als empirische: ihre Begriffe sollen operationale sein. Durch zwei Verfahren glaubt Sykes den empirischen Bezug zur Literatur auch dort erhalten zu können, wo es sich nicht um Trivialliteratur oder Dokumente handelt, sondern um »high literature«: einmal durch einfallsreiche Anwendung von »content-analysis« und zum andern durch die Analyse der individuellen Rollenerwartung einer dargestellten Figur und der gesellschaftlichen Rollenerwartung, die meist der individuellen widerspricht, worauf dann die Handlung des Romans oder der Kurzgeschichte aufbaut. Solche Konflikte – folgert Sykes – spiegeln Teilaspekte gesellschaftlicher Realität wieder, jedoch nicht tatsächliches soziales Verhalten, sondern Meinungen über bestimmte Verhaltensweisen, die in literarischen Kunstwerken deshalb enthalten sind, weil der Autor und seine Leser am gleichen Kulturmuster partizipieren. Literatur wird auf diese Weise – Sykes benutzt diese Bezeichnung selbst – zu einer Art verbalem Rorschachtest, der die Reaktionen einer ganzen Generation auf ein bestimmtes Werk interpretieren läßt.

Daß auf solche Weise der Eigenart imaginativer Literatur nicht genügend Rechnung getragen wird, sieht auch Sykes und kommt deshalb zu dem Schluß: »We might as well reconcile ourselves to the fact that criticism and culture studies, however legitimate both may be, approach literature with different needs and purposes.« [80]

Solche Einsicht ist mit dem Anspruch einer Kulturwissenschaft, die nicht wieder bestimmte Einzelfragestellungen aus dem gemeinsamen Reflexionszusammenhang isolieren will, nicht zu vereinbaren, sondern muß als notwendiges Ergebnis empiristischer Methodologie angesehen werden.

Die Konsequenzen, die sich aus einem von der Anthropologie her entwickelten Kulturkonzept für die Integration der Literaturwissenschaft als Literatursoziologie im Rahmen der *American Studies* ergeben, sind somit in zweierlei Hinsicht kritisch zu beurteilen: einmal hinsichtlich der Erkenntnisleistung und ihrer methodischen Begründung, und zum andern hinsichtlich der daraus ableitbaren praktischen Bedeutung, die sich auf das mögliche Selbstverständnis einer Kulturwissenschaft bezieht. Solange die spezifische Erkenntnisleistung von Literatursoziologie methodisch an ein empiristisch definiertes Kulturkonzept gebunden bleibt, ist trotz vielschichtiger Koordination unterschiedlicher Teilaspekte nicht zu erwarten, daß sich aus der festgelegten Vielfalt von Einzelperspektiven das Bild eines soziokulturellen Gesamtzusammenhangs ergibt, das jenseits von Klassifikation und funktionaler Zuordnung etwas über den Sinn dieses Zusammenhangs aussagt.

Die horizontale Verknüpfung bestimmter Teilelemente eines angenommenen kulturellen Gesamtzusammenhangs erweist sich als szientistische Spiegelfechterei: über die Bedeutung der unter Begriffen wie »avowed culture pattern« oder »masked culture pattern« gefaßten Haltungen, Handlungen oder Symbolbildungen, die sich in kulturellen Artefakten objektivieren, vermag sie keine Auskunft zu geben, denn die konkrete gesellschaftliche Situation, aus der heraus Kulturmuster sich bilden und auf die sie sich beziehen, bleibt ihr unzugänglich. Reduktionistisch befaßt sich solches Verfahren mit allgemeinen, von aller Geschichtlichkeit gereinigten kulturellen Invarianten, deren Neutralität insofern ideologiekritisch zu interpretieren ist, als sie Bestehendes als historisch konstant ausgeben, wo es als von Menschen Produziertes zu begreifen wäre [81].

Dem aufklärerischen Anspruch der *American Studies* sind daher überall dort unüberschreitbare Grenzen gesetzt, wo von einem Kulturbegriff ausgegangen wird, der es erlaubt, methodisch die Deutung von der Beschreibung der kulturellen Handlungsszene zu trennen. Erst wo berücksichtigt wird, daß die Beschreibung nicht als wertfreie Analyse der Interpretation vorausgeht, sondern dem kulturellen Wirkungszusammenhang, den sie sich zum Gegenstand macht, selbst sinnkonstituierend angehört, kann eine Kulturwissenschaft jene Zusammenfassung von Einzelwissenschaften leisten, die deren jeweiliges, durch isolierte Fragestellung festgelegtes, methodisches Selbstverständnis historisch interpretierbar und durch solche Reflexion aufhebbar macht.

Hierzu bedarf es allerdings hermeneutischer Einsicht in den sinnbestimmenden Zusammenhang von Geschichte, Gesellschaft und Wissenschaft, die gewährleistet, daß dessen symbolische Struktur in die Logik kulturwissenschaftlicher Erkenntnis adäquat eingeht.

1 Alphons Silbermann, »Literaturphilosophie, Soziologische Literaturästhetik oder Literatursoziologie«, *Kölner Zeitschrift f. Soziologie u. Sozialpsychologie,* 18 (1966), 139–148; 139.

2 Vgl. z. B. Karl Erik Rosengren, *Sociological Aspects of the Literary System* (Stockholm, 1968).

3 Hans Norbert Fügen, *Die Hauptrichtungen der Literatursoziologie und ihre Methoden* (Bonn, 1968), 14.

4 Silbermann, 148.

5 Fügen, 19.

6 Vgl. z. B. *Literatur und Gesellschaft vom neunzehnten ins zwanzigste Jahrhundert,* Festgabe für Benno v. Wiese, hrsg. v. H. J. Schrimpf (Bonn, 1963).

7 »Kulturkritik und Gesellschaft«, in *Prismen* (München, 1963), 7–26; 12 u. 22.

8 A.a.O., 23.

9 Ebd.

10 *Ästhetische Theorie,* Ges. Schr. Bd. 7 (Frankfurt, 1970), 374 f.

11 A.a.O., 493.

12 »Rede über Lyrik und Gesellschaft«, in *Noten zur Literatur* I (Frankfurt, 1958), 73–104; 76.

13 »Versuch, das Endspiel zu verstehen«, in *Noten zur Literatur II* (Frankfurt, 1961), 188–236; 191 f.

14 *Ästhetische Theorie,* 517.

15 »Structure: réalité humaine et concept méthodologique«, Appendix I in *The Languages of Criticism and the Sciences of Man. The Structuralist Controversy,* hrsg. v. Richard Macksey u. Eugenio Donato (Baltimore, London, 1970), 323–334; s. ebenfalls die englische Übersetzung eines Vortrags mit dem Titel: »Structure: Human Reality and Methodological Concept«, gefolgt von einer Diskussion im zitierten Symposium, 98–124.

16 »The Theatre of Genet: A Sociological Study«, *Tulaine Drama Review,* 12/2 (1968), 51–61; 51.

17 A.a.O., 52; fast gleichlautend in »The sociology of literature: status and problems of method«, *International Social Science Journal,* XIX (1967), 493–516; 496.

18 *The Languages . . .,* 119.

19 A.a.O., 324.

20 Vgl. dagegen Hilmar Kallweit, Wolf Lepenies, »Genetischer Strukturalismus als Interpretationskonzept«, *alternative,* 71 (1970), 88–92; 90.
21 »The sociology of literature ...«, 511 f.
22 *The Languages* ..., 332.
23 »Das Wesen des Werkes« (1957), in *Dialektische Untersuchungen* (Neuwied, Berlin, 1966), 167–171; 169.
24 *The Languages* ..., 328 f.
25 »The sociology of literature...«, 512.
26 Karl-Otto Apel, »Szientismus oder transzendentale Hermeneutik?«, in *Hermeneutik und Dialektik, Aufsätze I,* Hans-Georg Gadamer zum 70. Geburtstag, hrsg. v. R. Bubner u. a. (Tübingen, 1970), 105–165; 141.
27 Jürgen Habermas, »Der Universalitätsanspruch der Hermeneutik«, in *Hermeneutik und Dialektik I* ..., 73–103; 83.
28 Harald Pilot, »Jürgen Habermas' empirisch falsifizierbare Geschichtsphilosophie«, in: Adorno u. a., *Der Positivismusstreit in der deutschen Soziologie* (Neuwied, Berlin, 1969), 307–334.
29 Hans Albert, »Im Rücken des Positivismus? Dialektische Umwege in kritischer Beleuchtung«, in *Der Positivismusstreit* ..., 267–305; 289, Anm.
29a A.a.O., 299, Anm.
30 Jürgen Habermas, »Analytische Wissenschaftstheorie und Dialektik« (1963), in *Logik der Sozialwissenschaften,* hrsg. v. Ernst Topitsch (Köln, Berlin, [4]1967), 291–311; 296 f.
31 Vgl. Philip Rahv, »The Literary Class War«, *New Masses* (= *NM*), VIII (August 1932), 7–10.
32 *The Liberator,* IV (Februar 1921), 20–24; 20.
33 A.a.O., 21.
34 A.a.O., 23.
35 »America Needs A Critic«, *NM,* I (Oktober 1926), 7–9.
36 *NM,* VI (September 1930), 5.
37 »Go Left, Young Writers«, *NM,* IV (Januar 1929), 3–4; 3.
38 »Wilder: Prophet of the Genteel Christ«, *New Republic,* LXIV (22. 10. 1930); abgedruckt in *Proletarian Literature in the United States. An Anthology,* hrsg. v. Granville Hicks, Michael Gold u. a. (New York, 1935), 349–354; 353.
39 A.a.O., 351.
40 A.a.O., 353.
41 A.a.O., 352.
42 *NM,* V (April 1930), 4.
43 *NM,* VI (September 1930), 4 f.
44 *NM,* V (Januar 1930), 7.
45 »3 Schools of U.S. Writing«, *NM,* IV (September 1928), 13 f.; »Notes on Art, Life, Crap-Shooting, etc.«, *NM,* V (September 1929), 10–12; 12.
46 »Hemingway – White Collar Poet«, *NM,* III (März 1928), 21.
47 Ebd.
48 *The Modern Quarterly* (= *MQ*), I/1 (1923), 13–27; der Aufsatz erschien zwei Jahre später in leicht veränderter Fassung in Calvertons *The Newer Spirit. A Sociological Criticism of Literature* (New York, 1925).
49 Herbert Spencer, *The Study of Sociology,* 9. Aufl. (London, 1880), 32 u. 56.
50 »The Impermanency of Esthetic Values«, in *The Newer Spirit,* 119–138; 137.
51 W. I. Lenin, *Philosophische Hefte,* Werke Bd. 38 (Berlin, 1970), 338.
52 »The Impermanency ...«, 138.

53 S. Floyd N. House, »The Concept ›Social Forces‹ in American Sociology, I«, *The American Journal of Sociology*, XXXI/2 (September 1925), 145–172.
54 »The Impermanency ...«, 138.
55 *MQ*, II/1 (1924–25), 9, Anm.
56 »The Radical Approach«, *MQ*, VI/1 (1931), 16–27; 16.
57 *The Modern Monthly*, VIII/2 (1934), 77–86.
58 A.a.O., 81.
59 A.a.O., 83.
60 Ebd.
61 Eastman hatte von Trotzkij erfahren, daß Lenin davor gewarnt hatte, Stalin zu seinem Nachfolger zu bestimmen. 1926 berichtete Eastman in seinem Buch *Since Lenin Died* von diesem Gespräch mit Trotzkij, was zu heftigen Auseinandersetzungen zwischen ihm und den amerikanischen Genossen führte. Vgl. Eastman, *Heroes I Have Known*, bes. »Great in Time of Storm. The Character and Fate of Leon Trotsky« (New York, 1942) und Daniel Aaron, *Writers on the Left* (New York, 1961), 125.
62 Aaron, a.a.O., 222 f.
63 Randolph Bourne, *War and the Intellectuals. Collected Essays, 1915–1919* (New York, 1964), 53 ff.
64 *The Literary Mind. Its Place in an Age of Science* ([1]1929, New York und London, 1935), 11.
65 A.a.O., 249.
66 A.a.O., 221.
67 A.a.O., 38.
68 Eugene Jolas, »Necessity for the New Word«, *MQ*, V/3 (1929), 273–275; V. F. Calverton, »The Revolution-in-the-Wordists«, a.a.O., 276–283.
69 *The Literary Mind*, 253.
70 *American Studies* (Minneapolis: The University of Minnesota Press, 1948), 32; Hervorhebungen v. Vf.
71 A.a.O., 33.
72 R. E. Spiller, »American Studies, Past, Present, and Future«, in *Studies in American Culture. Dominant Ideas and Images*, hrsg. v. Joseph J. Kwiat & Mary C. Turpie (Minneapolis: The University of Minnesota Press, 1960), 207–220; 216.
73 Henry Nash Smith, »Can ›American Studies‹ Develop a Method?«, *American Quarterly*, IX/2, 2 (1957), 197–208; 206.
74 A.a.O., 208.
75 Der englische Begriff deckt sich mit dem deutschen weder nach Umfang (er schließt häufig den Gegenstandsbereich der Ethnologie ein) noch nach qualitativer Füllung vollkommen. Vgl. Jürgen Habermas, »Anthropologie« (1958), in: *Arbeit, Erkenntnis, Fortschritt, Aufsätze 1954–1970* (Amsterdam, 1970), 164–180; 164.
76 Zum Kulturkonzept allgemein s. A. L. Kroeber and Clyde Kluckhohn, *Culture, a critical review of concepts and definitions* ([1]1952, New York, o. J.).
77 A. L. Kroeber and Talcott Parsons, »The Concept of Culture and of Social System«, *American Sociological Review*, XXIII (Oktober 1958), 582 f.; 583.
78 Richard M. Huber, »A Theory of American Studies«, *Social Education*, XVIII (Oktober 1954), 267–271; abgedruckt in *American Studies. Essays on Theory and Method*, hrsg. v. Robert Merideth (Columbus, Ohio, 1968), 3–13; 8.
79 Richard E. Sykes, »American Studies and the Concept of Culture: A Theory

and Method«, *American Quarterly,* XV (1963), 253–270; abgedruckt in Merideth, a.a.O., 71–92; 72.

80 A.a.O., 91.

81 Wie dubios sich die von der Deutung abgespaltene, »neutrale« Beschreibung angesichts des realen gesellschafts-politischen Zusammenhangs ausnimmt, zeigt folgender Passus, in dem der Unterschied zwischen »masked patterns« und »avowed patterns« anhand von Beispielen zur Anschauung gebracht werden soll: »In the South segregation is an avowed pattern. All of these patterns are publicly practiced and expressly recognized and sanctioned. They are mostly ideas about action, though certain value patterns, sometimes masked, are implicit in them. It is an avowed pattern to seek profit in business or a higher wage for labor. On the other hand certain ways of making a profit are not avowed. We know they exist, but they are masked. In the North discrimination is often masked . . .«, a.a.O., 79.

Michael Pehlke

Ein Exempel proletarischer Dramatik

Bemerkungen zu Friedrich Bosses Streikdrama »Im Kampf«

I. Das geteilte Erbe

> In jeder nationalen Kultur gibt es – seien es auch unentwickelte – Elemente einer demokratischen und sozialistischen Kultur, denn in jeder Nation gibt es eine werktätige und ausgebeutete Masse, deren Lebensbedingungen unvermeidlich eine demokratische und sozialistische Ideologie erzeugen. In jeder Nation gibt es aber auch eine bürgerliche (und in den meisten Fällen noch dazu erzreaktionäre und klerikale) Kultur, und zwar nicht nur in der Form von »Elementen«, sondern als herrschende Kultur [1].
> W. I. Lenin

Den Prozeß der Konsolidierung bürgerlich-postfaschistischer Literaturwissenschaft – zumal in der Sparte der deutschen Philologie – vermag man nicht adäquat nachzuzeichnen, ohne ihn im historischen Kontext der Restauration des Kapitalismus in der BRD zu betrachten. Die Herrschaft des rigorosen Antimarxismus auf dem Gebiet von Literatur-Ästhetik und -Historie entspricht der offiziellen westdeutschen Doktrin des politischen Antikommunismus. Insofern tragen alle einschlägigen Versuche, den desolaten Zustand gegenwärtiger Literaturwissenschaft einzig auf das Fortleben reaktionärer Wissenschaftstraditionen des 19. und beginnenden 20. Jahrhunderts zurückzuführen [2], den Charakter idealistischer Ideologiekritik. Gewiß war die antimarxistische Frontstellung aus verständlichen Gründen bürgerlicher Literaturwissenschaft seit je inhärent. Jener konservative Methodenwirrwarr der Vergangenheit jedoch, dessen Sinn darin bestand, gleichsam aus allen möglichen Perspektiven »gewissen Schichten die Illusion einer Teilnahme an den Kulturgütern der schönen Literatur zu geben« [3], scheint in den Programmen liberaler Philologen durchrationalisierten Modellen illusionsloser Beschäftigung mit Literatur zu weichen. Die Gründe für diese Reorganisation der Literaturwissenschaft sind allerdings nicht im Bereich der Wissenschaftsinterna – etwa der verspäteten Aufarbeitung wissenschaftstheoretischer Diskussionen wie der Positivismus-Dialektik-Debatte – zu suchen. So täuscht der Streit renommierter Germanisten über die faschistischen Exzesse ihrer Disziplin [4] darüber hinweg, daß die meisten Reformvorschläge mit mit 200-jähriger Verspätung das Programm der ersten, der bürgerlichen

Aufklärung, der in Deutschland der politische Sieg versagt blieb, spektakulär aufpolieren.

Dennoch vermag jener Hauch von Gesellschaftskritik, mit dem sich die liberale Problematisierung der Fachgeschichte und Entmythologisierung der Untersuchungsgegenstände umgibt, nicht zu verschleiern, daß diese Spielart progressiver Literaturwissenschaft schon vor ihrer Inthronisierung veraltet ist. Wissenschaftspolitisch gesehen vollzieht sich gegenwärtig vor den erstaunten Augen der Betroffenen die Anpassung der Germanistik an die Forderungen des entwickelten Kapitalismus [5]: die Tendenz aller germanistischen godesberger Programme zielt darauf ab, die Erkenntnis, daß deutsche Philologie Zulieferinstanz eines zentralen Bereichs der Sozialisationssphäre ist, in wissenschaftliche Praxis umzusetzen. Unter dem Druck von Bildungsrahmenplänen, überfälligen Reformen des Schulwesens, wirtschaftlich bestimmten Hochschulgesetzen usw. entledigt sich die offizielle deutsche Philologie jener Rückständigkeit, die Wittfogel schon 1922 analysiert hat: »Der handwerksmäßige Kleinbetrieb, der etwa der ökonomischen Produktionsweise der höheren Negerkultur entspricht, ist für solches einsiedlerhafte Spezialistentum eine ganz passende Organisation. Man kann bei der überkommenen Betriebsweise des Mittelalters stehenbleiben und vermeidet mit ihr auf das glücklichste jede kollektivistische Arbeitsmethode, in der man nur unliebsame Überraschungen zu befürchten hätte. (...) Die Philologie ist eine Einrichtung, mittels deren wir in abgelegene und vergangene Kulturkreise einzudringen vermögen. Der Intensität und Planmäßigkeit des Kulturerforschungswillens entspricht die Intensität und Planmäßigkeit der entsprechenden philologischen Disziplinen. Nichttaylorisierte, nichtplanmäßige Philologie ist demnach ein Zeichen, daß der Gesellschaft als Ganzes: d. h. der Herrenklasse, an intensiver Kulturanalyse nicht viel gelegen ist.« [6]

Zu den Eigenarten von kultur-historisch und ästhetisch orientierten Disziplinen gehört es, daß selbst Modelle einer »technokratischen«, straff arbeitsteilig auf Systematik und Effektivität ausgerichteten Wissenschaft unvermeidlich auf den Widerstand weitsichtiger Reaktionäre stoßen. Deren unausgesprochene Bedenken waren Wittfogel ebenfalls vertraut: »Das Prinzip des kleinsten Kraftmaßes, übertragen auf die historisch-philologischen Disziplinen, das würde keine Festigung, sondern eine brutale Erschütterung der geistigen Grundlagen der bürgerlichen Welt zur Folge haben. Ein zu Ende gedachter Kapitalismus ist immer ein (früher oder später) zum Tode verurteilter Kapitalismus. Die Bourgeoisie kann nur in Ruhe gedeihen, wenn die Lebenslüge ihrer heutigen offiziellen Kulturphilosophie, steril und sterilisierend selbst in voller Ruhe gedeiht. Der Einbruch des positivistischen Ökonomismus in das akademische Dornröschenschloß würde unweigerlich zur Zersetzung des bürgerlichen Selbstbewußtseins führen, es wäre planmäßig organisierter Mord der Herrenklasse an sich selbst.« [7] Ungeachtet aller mechanistischen Schlußfolgerungen Wittfogels, dessen Behauptungen sich auf die Gegenwart gewiß nicht blank übertragen lassen, hat seine Prophezeiung einen gut Teil Wahrheit auf ihrer Seite: sobald Literaturwissenschaft sich dem hochentwickelten Standard kapitalistischer Wissenschaft, sei es Technologie oder Nationalökonomie und dergleichen, anpaßt, sobald an die Stelle einstiger Liebhaberforschung Teamarbeit tritt, vermag sie Erkenntnisse zu produzieren, die tendenziell überkommene Literaturmetaphysik liquidieren. Vor den ideologischen Fallen positivistischer, d. h. phänomenologisch-formalistischer Kulturanalyse ist sie dennoch nicht gefeit: die Verwendung linguistischer Methoden als Schutzwall vor dem historischen Materialismus legt hierfür Zeugnis ab. »Taylorisierte« Philologie steht abermals vor einem ausweglosen Dilemma. Einerseits ist sie bestrebt, als »unprätentiöse Fachdisziplin« (Lämmert) ihre »notorische Herrschaftsaffinität« (Hartung) zu verleugnen, andererseits stoßen ihre Forschungsergebnisse alsbald auf die Grenzen der Ideologie und gestehen beschränktes wissenschaftliches Erkenntnisinteresse ein; mit gutem Grund plädieren die Propagatoren liberaler Literaturwissenschaft für vagen Wissenschaftspluralismus, ohne ihre Vorbehalte gegen die materialistische Methode, der sie allenfalls den Rang einer Hilfsdisziplin zubilligen, ernsthaft zu überprüfen [8]. An diesem offenbaren Widerspruch krankt liberale Germanistik schon jetzt: die frommen Sprüche von Rationalität und Diskussion, unter denen sie angetreten ist, um mit ihrer faschistisch, völkisch und metaphysisch infiltrierten Vergangenheit abzurechnen, erweisen mehr und mehr ihre Ohnmacht. Der »hilflose Antifaschismus« der Literaturwissenschaft gräbt sich vor aller Augen sein eigenes Grab.

Derart sublim antimarxistische Literaturwissenschaft spiegelt die Wandlung des Antikommunismus [9] seit der Vertagung des kalten Krieges wieder: »Wandel durch Annäherung« statt dullesscher Roll-Back-Strategie, Ernst Fischer statt Peter Demetz. Unverdrossen arbeitet solche Literaturwissenschaft an der »Selbstnobilitierung« (Bloch) der Bourgeoisie, freilich raffinierter als ehedem, da sie noch dem reaktionärsten literarischen Werk ihre wissenschaftliche Huld schenkte. Ihre Borniertheit äußert sich nicht nur organisatorisch, wissenschaftspolitisch und methodologisch, sondern am drastischsten schon in der Auswahl ihrer Forschungsgegenstände. Sieht man gegenwärtige Reformprogramme und -erklärungen auf dem Gebiete der deutschen Philologie durch, so fallen zwei Tatbestände auf: zum einen die Beschränkung aller Vorschläge auf die oberflächliche Rezeption der Überlegungen Walter Benjamins, die er in seinem bereits 1931 publizierten Aufsatz über *Literaturgeschichte und Literaturwissenschaft* [10] niedergelegt hat, zum anderen die ausschließliche Beschäftigung mit literarischen Dokumenten, deren ästhetische Qualität sich einzig bürgerlichen Maßstäben verdankt. Schon daran läßt sich ablesen, daß Benjamins Forderung, es komme »weniger auf eine Erneuerung des Lehrbetriebs durch die Forschung als der Forschung durch den Lehrbetrieb« [11] an, von gegenwärtiger Literaturwissenschaft nur unvollkommen eingelöst wird. Jene didaktische Aufgabe nämlich, so formuliert Benjamin anderenorts, wird Literaturwissenschaft erst dann erfüllen, wenn sie »zu neuen Unwissenden sich auf den Weg macht« [12].

Der Klassencharakter solchen »privilegierten Denkens« (Benjamin) der Literaturwissenschaft offenbart sich nicht nur in der Esoterik ihrer Forschungen, der »humanistischen Standessprache« (Wittfogel), in der die Forschungsresultate vorgelegt werden, sondern am deutlichsten in ihren Unterlassungen. Während in den letzten Jahren jüngere Literaturwissenschaftler begonnen haben, sich der bislang vergessenen Literatur der deutschen Jakobiner und bürgerlich-fortschrittlicher Autoren des 19. Jahrhunderts anzunehmen, ist das weite Gebiet der proletarischen Literatur für die westdeutsche Literaturwissenschaft nach wie vor terra incognita. Allenfalls profitiert sie vom gegenwärtigen Trivialliteratur-Boom oder von geschickter Marktlückenpolitik einzelner Verlage. Jene Systematik jedoch, der sich die DDR-Germanistik in der Dokumentation und Analyse sozialistischer Literatur befleißigt, bleibt in der BRD nicht ohne Grund ausgespart. Denn ähnlich wie die von rechten und linken Kulturkritikern perhorreszierte Massenkultur stellt sozialistische Literatur den Prüfstein überkommener bürgerlicher Ästhetik dar. Unfreiwillig gibt so die idiosynkratische Aversion gegen alles, was als proletarische Tendenzliteratur sich der Mobilisierung der Massen verschrieben hat, die politischen Implikationen ästhetischer Kategorien zu.

Welche Ignoranz in Sachen sozialistische und proletarischer Literatur die offizielle Literaturwissenschaft der BRD beherrscht, demonstrieren die Ausführungen zum Stichwort »Arbeiterdichtung« in v. Wilperts *Sachwörterbuch der Literatur:* »Arbeiterdichtung umfaßt zwei verschiedene Begriffe: 1. in stofflich-thematischer Hinsicht Dichtungen, die vom Arbeiter, seiner Welt und seinem Schicksal handeln, ohne Rücksicht auf die soziale Stellung des Dichters. Sie entstand nach Vorläufern bei Herwegh und Freiligrath großenteils erst im Gefolge des Naturalismus (Hauptmann, Kretzer) u. Expressionismus (Toller) und ist meist eng mit sozialen Tendenzen verknüpft, die eine Besserung für den Arbeiterstand erstreben, daher – soziale Dichtung. (...) 2. in soziologischer Hinsicht die aus den Reihen der Arbeiter (bes. Fabrikarbeiter) selbst geschaffene und auf ihre Thematik beschränkte Dichtung. Sie entsteht erst mit Beginn des 20. Jahrhunderts und empfängt starke Impulse durch Arno Holz und G. Hauptmann sowie den Expressionismus. Durch einzelne Stimmen vor und im I. Weltkrieg vertreten, erfährt sie starke Förderung durch die folgende soziale Umschichtung wie durch die Hebung des Standesbewußtseins arbeitender Klassen. (...) Stofflich streng gebunden, erreicht sie keine überragende Größe.« [13] Abgesehen von den unvollständigen oder falschen Fakten – weder werden Weitling, Weerth und die Autoren des »Wahren Sozialismus« erwähnt, noch wird auf die Blütezeit der proletarischen Literatur in der zweiten Hälfte des 19. Jahrhunderts eingegangen – verrät der wertende Schlußsatz die Voreingenommenheit des Verfassers. Dem diskreditierenden Kausalnexus von stofflicher Beschränktheit und minderer Qualität entspricht die Gleichsetzung von Laiendichtertum und Dilettantismus, während den bürgerlichen Professionellen der »sozialen« Mitleids-Dichtung [14] ästhetische Lorbeerkränze gewunden werden. Offensichtlich erscheint »stoffliche Gebundenheit« als uneingestandenes Synonym für Parteilichkeit, deren Schärfe das globale Engagement der »sozialen Dichtung« über Gebühr präzisiere.

So gewiß proletarische Dichtung ohne Parteilichkeit, ohne Tendenz und agitatorische Absicht nicht denkbar ist, so fraglich ist der Grad der Dosierung ihrer ästhetischen Realisierung. Engels hat sich in einem Brief an Minna Kautsky, einer sozialistischen Romanautorin, zu diesem Problem geäußert: »Es war ihnen offenbar Bedürfnis, in diesem Buch (*Die Alten und die Neuen,* M. P.) öffentlich Partei zu ergreifen, Zeugnis abzulegen vor aller Welt von ihrer Überzeugung. Das ist nun geschehen, das haben sie hinter sich und brauchen es in dieser Form nicht zu wiederholen. Ich bin keineswegs Gegner der Tendenzpoesie als solcher. Der Vater der Tragödie, Äschylus, und der Vater der Komödie, Aristophanes, waren beide starke Tendenzpoeten, nicht minder Dante und Cervantes, und es ist das Beste an Schillers *Kabale und Liebe,* daß sie das erste deutsche Tendenzdrama ist. Die modernen Russen und Norweger, die ausgezeichnete Romane liefern, sind alle Tendenzdichter. Aber ich meine, die Tendenz muß aus der Situation und Handlung selbst hervorspringen, ohne daß ausdrücklich darauf hingewiesen wird, und der Dichter ist nicht genötigt, die geschichtlich zukünftige Lösung der gesellschaftlichen Konflikte, die er schildert, dem Leser in die Hand zu geben.« [15] An anderer Stelle – im Rahmen der Sickingen-Debatte zwischen Marx-Engels und Lassalle – präzisiert Engels seine Vorstellung von der Identität zwischen Tendenz, historischer Wahrheit und ästhetischer Qualität: »(...) die handelnden Hauptpersonen *sind* Repräsentanten bestimmter Klassen und Richtungen, somit bestimmter Gedanken ihrer Zeit, und finden ihre Motive nicht in kleinlichen individuellen Gelüsten, sondern eben in der historischen Strömung, von der sie getragen werden. Aber der Fortschritt, der noch zu machen wäre, ist der, daß diese Motive mehr durch den Verlauf der Handlung selbst lebendig, aktiv, sozusagen naturwüchsig in den Vordergrund treten, daß dagegen die argumentierende Debatte (...) mehr und mehr überflüssig wird.« [16] Marx schließlich faßt die Problematik des Lassalleschen Tendenzdramas in folgender Passage zusammen: »Wolltest Du also die Kollision nicht einfach auf die im Götz von B(erlichingen) dargestellte reduzieren – und das war nicht Dein Plan –, so mußten Sickingen und Hutten untergehn, weil sie in ihrer Einbildung Revolutionäre waren (letztres kann von Götz nicht gesagt werden) und ganz wie der *gebildete* polnische Adel von 1830 sich einerseits zu Organen der modernen Ideen machten, andrerseits in der Tat aber ein reaktionäres Klasseninteresse vertreten. Die *adligen* Repräsentanten der Revolution – hinter deren Stichworten von Einheit und Freiheit immer noch der Traum des alten Kaisertums und des Faustrechts lauert – durften dann nicht so alles Interesse absorbieren, wie sie es bei Dir tun, sondern die Vertreter der Bauern (...) und der revolutionären Elemente in den Städten mußten einen ganz bedeutenden aktiven Hintergrund bilden. Du hättest dann auch in viel höherm Grade grade die modernsten Ideen in ihrer naivesten Form sprechen lassen können, während jetzt in der Tat, außer der *religiösen* Freiheit, die bürgerliche *Einheit* die Hauptidee bleibt. Du hättest dann von selbst mehr *shakespearisieren* müssen, während ich Dir das *Schillern,* das Verwandeln von Individuen in bloße Sprachröhren des Zeitgeistes, als bedeutendsten Fehler anrechne.« [17] Indem Marx den Zusammenhang zwischen Lassalles Geschichtsfälschung, »die lutherisch-ritterliche Opposition über die plebejisch-Münzersche zu stellen« [18], und der an Schiller gemahnenden forcierten Tendenz des Dramas herstellt, die stramm idealistisch den Dialogen bevorzugter Akteure entspringt, weist er dem Historischen konstitutiven Rang im Bereich des Ästhetischen zu. Engels' Begriff der »naturwüchsigen Tendenz« erfährt so seine entscheidende Zuspitzung: die Qualität literarischer Werke ergibt sich aus der Übereinstimmung von propagandistischer Tendenz und vermittelnden ästhetischen Techniken, die an der historisch korrekten Behandlung des Sujets zu messen sind. »Shakespearisierende« Darstellung im Sinne von Marx meint also – ohne irgendeinem Epigonentum das Wort zu reden – die realistische Entfaltung gesellschaftlicher Widersprüche im literarischen Werk, die den unüberhörbaren Appell zur Beseitigung dieser Widersprüche in der Realität impliziert.

Solcher »naturwüchsigen Tendenz«, die laut Engels schon ihren Zweck erfüllt, wenn sie, z. B. im sozialistischen Tendenzroman ans Bürgertum gewandt, »durch treue Schilderung der wirklichen Verhältnisse die darüber herrschenden konventionellen Illusionen zerreißt, den Optimismus der bürgerlichen Welt erschüttert, den Zweifel an der ewigen Gültigkeit des Bestehenden unvermeidlich macht, auch ohne selbst direkt eine Lösung zu bieten, ja unter Umständen ohne selbst ostentativ Partei zu ergreifen« [19], ist Literaturwissenschaft liberaler Provenienz interpretatorisch nicht gewachsen. Denn ihren Stolz macht es eingestandenermaßen aus, an die uneingeschränkte Reformierbarkeit der Gesellschaft innerhalb kapitalistischer Grenzen zu glauben. Nicht umsonst erfreuen sich gegenwärtig die fortschrittlich-bürgerlichen Autoren des 18. und 19. Jahrhunderts später wissenschaftlicher Beliebtheit. Verschämt stellt sich solche bürgerliche Politisierung der Wissenschaft in den Dienst der Apologie der bestehenden Gesellschaftsordnung, indem sie vergessene Entlastungszeugen aufmarschieren läßt. Deren Rekurs auf andere als reaktionäre Traditionen der deutschen National-Literatur endet nur zu häufig im resignierten Verweis auf den unbeirrbaren Gang der Geschichte, dem die politisierenden Dichter vergeblich sich entgegengestemmt hätten. Zugleich paart sich Resignation bisweilen mit geschichtsspekulativen Sentenzen, die jeder materialistischen Begründung entbehren. Unversehens schleichen sich in die Lobgesänge auf vergessene Jakobiner und Liberale pseudo-tragische Töne ein, die an konservative Zivilisationskritik erinnern. So erscheint es fraglich, ob das eilige Fahnden nach bürgerlichen Revolutionären deutscher Sprache tatsächlich in jenem Geist geschieht, den Benjamin in der *Einleitung zu Carl Gustav Jochmanns »Rückschritten der Poesie«* folgendermaßen umriß: »Eine Darstellung, der es gelänge, die Kontinuität des revolutionären Gedankens unter der deutschen Emigration in Frankreich von Forster bis Jochmann aufzuzeigen, würden den Vorkämpfern des deutschen Bürgertums die Schuld abstatten, die seine heutigen Nachfahren insolvent finden.« [20]; ferner erscheint es fraglich, ob die literaturwissenschaftliche Rekonstruktion revolutionärer Traditionen des deutschen Bürgertums andere als ausschließlich »archivarische Interessen« verfolgt, und fraglich bleibt es schließlich, ob die Beschäftigung mit den »Revolutionen des Geistes« (K. L. Reinhold), so sie tatsächlich auf Aktualisierung zielt, nicht der Propaganda für die kleinbürgerliche Utopie einer klassenenthobenen deutschen Republik dient.

Der Verdacht, die Revolutions-Archäologie der westdeutschen Literaturwissenschaft – als extremstes Beispiel sei Katharina Mommsens mit Empörung aufgenommene Herwegh-Usurpation angeführt [21] – sei großenteils nur geschicktes Anpassungsmanöver, um den Trend politischer Literaturgeschichtsschreibung in ruhige Gewässer zu lenken, wird von der Abstinenz bestätigt, deren sich die offizielle Germanistik vergangener und gegenwärtiger sozialistischer Literatur gegenüber befleißigt [22]. Die Ursachen dieser Enthaltsamkeit liegen auf der Hand. Zunächst verlangt die wissenschaftliche Analyse sozialistischer Literaturdokumente einen großen Aufwand von präzisen Kenntnissen auf den Gebieten der Wirtschafts- und Sozialgeschichte, den die wenigsten Literaturwissenschaftlern – infolge der traditionellen wissenschaftlichen Arbeitsteilung – leisten können. Dieses Defizit ließe sich freilich durch interdisziplinäre Kooperation ausgleichen. Schwerer wiegt die penetrante Verquickung von bürgerlichem Standesbewußtsein und germanistischer Wissenschaftsideologie. Unter der Arroganz der bürgerlichen Literaturwissenschaft leiden bekanntlich noch solche Schriftsteller, die sich – von Heine bis Anna Seghers – als Renegaten ihrer Klasse und Kultur auf die Seite des wissenschaftlichen Sozialismus gestellt haben. Die rigorose Parteilichkeit sozialistischer Literatur, sei sie von Laien oder Berufsschriftstellern verfaßt, widersetzt sich zudem der katalogisierenden Distanziertheit, der sich bürgerliche Literaturwissenschaft nach ihrem Selbstverständnis zu bedienen hat und die dennoch nur durchsichtige Tarnung überkommener Einfühlungsideologie ist.

Von ideologischen Propagatoren der Bourgeoisie ist schwerlich zu erwarten, daß sie der Kultur ihrer erklärten Gegner Sympathie entgegenbringen. Schließlich spricht der »schamlose« Utilitarismus solcher Literatur allen traditionellen ästhetischen Normen Hohn, die ihre Herkunft aus Kants *Kritik der Urteilskraft* nicht verleugnen können.

Deren Nachwirkungen treten am dezidiertesten in der ästhetischen Theorie der frankfurter Schule – dem unstrittig avanziertesten System spätbürgerlicher Ästhetik – zutage. Kategorisch zusammengefaßt gibt sich ihr esoterischer Hermetismus in Adornos Präventivformulierung zu erkennen, Kunst heiße nicht, »Alternativen pointieren, sondern, durch nichts anderes als ihre Gestalt, dem Weltlauf widerstehen, der dem Menschen immerzu die Pistole auf die Brust setzt« [23]. Aus solcher Optik erscheint die Tendenz sozialistischer Literatur, die auf der einzig möglichen Alternative beharrt, als banausenhafter Terror. Der ideologische Zusammenhang der Kunst-Theorie Adornos, gemäß der wahre Kunstwerke sich der Möglichkeit von Massenkommunikation begeben, soll hier nicht im Einzelnen entwickelt werden [24]; verwiesen sei nur auf jene zentrale Passage der *Dialektik der Aufklärung*, in der Adorno/Horkheimer das »unversöhnliche Verhältnis von bürgerlicher Kunst und Proletariat« (Lethen) feststellen: »Leichte« Kunst als solche, Zerstreuung, ist keine Verfallsform. Wer sie als Verfall am Ideal reinen Ausdrucks beklagt, hegt Illusionen über die Gesellschaft. Die Reinheit der bürgerlichen Kunst, die sich als Reich der Freiheit im Gegensatz zur materiellen Praxis hypostasierte, war von Anbeginn mit dem Ausschluß der Unterklasse erkauft, deren Sache, der richtigen Allgemeinheit, die Kunst gerade durch die Freiheit von den Zwecken der falschen Allgemeinheit die Treue hält.« [25] Ungeachtet der erbarmungsvollen These, leichte Kunst sei das »gesellschaftlich schlechte Gewissen der ernsten« [26], ungeachtet der reklamierten Sympathie für das Proletariat, wird dessen Kunst, die sich mit schmutzigen materiellen Interessen gemein macht, ästhetisch geächtet. Proletarischer Kunst wird nicht einmal der Makel von Prostitution zugestanden; sie gilt, weil sie der »Reinheit« der bürgerlichen Kunst enträt, als schlicht unkünstlerisch, als ästhetisch nicht-existent.

Dennoch sagt die Bankrotterklärung der Ästhetik Adornos in Sachen sozialistischer Kultur, die nur als burschikoser Verstoß gegen die feinen Manieren »autonomer« Kunst begriffen wird, einiges über deren Eigenarten. Ihren Charakter hat Friedrich Wolff 1928, retrospektiv und programmatisch zugleich, in der Parole »Kunst ist Waffe!« zusammengefaßt [27]. Damit wird auf Selbstverständliches verwiesen: auf den Klassencharakter aller Kultur. Johannes R. Becher, eines der führenden Mitglieder des Bundes proletarisch-revolutionärer Schriftsteller Deutschlands, leitete im gleichen Jahr eine Erwiderung auf Angriffe von Willy Haas mit folgender lapidaren Passage ein: »(...) Die Kunst ist eine Waffe der Klassen im Klassenkampf. Ebenso wie die große bürgerliche Dichtung als Waffe der damals noch fortschrittlichen Bourgeoisie gegen den Feudalismus diente, ist heute die proletarisch-revolutionäre Dichtung die Waffe des Proletariats in seinem Kampf gegen die Bourgeoisie.« [28] Parteilichkeit als propagandistischer Ausdruck von Klasseninteressen erfährt so ihre knappe historische Ableitung. Als zentrale Kategorie des Ästhetischen widerlegt die Parteilichkeit der Kunst alle Theorien, die sich ans Autonome des ästhetischen Bereichs klammern. Hier reagiert sich progressiv dünkende Literaturwissenschaft liberaler Couleur besonders allergisch; ihrer Rückzugsgefechte, seien sie nun von Tiraden »über die von Gattung zu Gattung wechselnde *Unschärfe* und *Mehrdeutigkeit* in der Beziehung zwischen Literatur und Realität« [29] oder von Klagen über den Mangel an Instrumenten begleitet, mit deren Hilfe es möglich wäre, »zu beweisen, daß Hölderlins *Hyperion* und Schillers *Wallenstein* gleichzeitig aufgrund sozialer Verhältnisse so und nicht anders werden mußten, wie sie geworden sind« [30], enden allemal in der quasi-theologischen These von der Inkommensurabilität des Kunstwerkes. In solch kleinbürgerlicher Polemik gegen die Fundamentalsätze materialistischer Literaturanalyse falle schiere Interessenpolitik und simple Ignoranz zusammen. Zugleich hat der Horror approbierter Literaturwissenschaftler, sich mit sozialistischer Literatur eingehend zu beschäftigen, hier seine Hauptursache: angesichts der Evidenz dieser Literatur wären sie nicht nur gezwungen, Partei zu ergreifen, sondern sie stünden vor der Notwendigkeit, ihr wissenschaftliches Instrumentarium auf seine Tauglichkeit zu überprüfen. Daß diese Probe aufs Exempel in einem Desaster enden würde, steht außer Frage.

Paul Gerhard Völker hat seine überfällige Polemik gegen die Überzeitlichkeits-Ideologie der bürgerlichen Literaturwissenschaft mit der ausgeführten These gestützt, daß aller literarischer Fortschritt, alle Entfaltung ästhetischer Techniken, alle Entwicklung neuer Sujets zuletzt abhänge vom »Entwicklungsstand der Produktivkräfte, den damit gegebenen Formen der Arbeitsteilung und der Gesellschaftsformen« [31], in deren Rahmen das Individuum seine Bedürfnisse artikuliere. Die Stringenz dieser These an einem Beispiel proletarischer Dramatik des ausgehenden 19. Jahrhunderts zu demonstrieren, soll im Folgenden versucht werden. Vorweg jedoch sei, abschließend und einleitend zugleich, eine Bemerkung Johannes R. Bechers zitiert, die zur Klärung jener Qualitätsfrage, die bürgerlichen Literaturwissenschaftlern als Vorwand ihres Desinteresses dient, Entscheidendes beiträgt: »Es ist ganz und gar nicht tödlich für uns, (...) wenn Reaktionäre geschliffener arbeiten als wir. Wer eine Weltanschauung von Geburt auf, durch Generationen hindurch, in Fleisch und Blut hat, wer sich überhaupt nicht mehr mit inhaltlichen Problemen herumschlagen muß, der hat es natürlich unvergleichlich leichter als der, der sich den Inhalt erst erkämpfen muß. Wie die bürgerliche Kunst nicht von heute auf morgen geworden ist, so haben wir auch niemals behauptet, daß wir eine proletarisch-revolutionäre Kunst »im Sprung« erschaffen können. Es ist zum Beispiel auch nie von uns bestritten worden, daß ein hochorganisierter kapitalistischer Betrieb zunächst qualitativer arbeitet als ein Betrieb während der Revolution (wo er wahrscheinlich überhaupt stillsteht), oder als ein sozialistischer Betrieb kurz nach der Revolution. (...) Wir sind keine Qualitäten-Sammler, keine literarischen Meßbeamte. Wir interpretieren nicht die Welt, sondern versuchen sie, soweit das in unseren Kräften liegt, zu verändern.« [32]

II. Proletarisches Theater als Schule des Klassenkampfes

> Hatte der bürgerliche Emanzipationskampf, namentlich in Deutschland, eine Reihe seiner entscheidenden Schlachten auf künstlerischem Gebiet geschlagen, so vollzog sich der proletarische Emanzipationskampf, und zwar nicht zu seinem Schaden, von vornherein auf ökonomischem und politischem Gebiete. So wollte es die historische Entwicklung. In der ersten Hälfte des 19. Jahrhunderts fehlte noch so gut wie ganz die ökonomische und politische Freiheit, von der es in seiner zweiten Hälfte doch wenigstens ein Stück gab; das kämpfende Poletariat kam unmittelbar an den Feind und brauchte keinen künstlerischen Umweg einzuschlagen. Dann aber beruht alle Kunst in der modernen bürgerlichen Gesellschaft durchaus auf kapitalistischen Voraussetzungen; so alle bildende Kunst, so Musik und Theater, nur in der lyrischen und epischen Dichtung war dem Proletariat überhaupt die Betätigung seines Klassengeistes möglich, woran es denn auch nicht gefehlt hat [33].
> Franz Mehring

Ein Jahr nach der Gründung des Bismarckreiches unterzog Wilhelm Liebknecht in einer Rede, deren Motto »Wissen ist Macht – Macht ist Wissen« alsbald zur gängigen Parole wurde, aus Anlaß des Stiftungsfestes des dresdener Arbeiterbildungsvereins die Bildungsdiktatur der Bourgeoisie einer ätzenden Kritik. Inhalt und Ort der Rede sind programmatischer Natur [34]. Liebknecht attackierte nicht nur die militaristisch-religiöse Tendenz der bürgerlichen Presse, das Bildungsdefizit des Proletariats und das Kulturmonopol der herrschenden Klasse, sondern wies nachdrücklich auf die bildungspolitische Allianz von Unterhaltungsliteratur, Presse, Kaserne und Volksschule hin [35], deren nachweisbares Interesse es sei, »sich die ausschließliche Herrschaft über die Geister der umnachteten Masse zu sichern« [36]. Aus der Verlogenheit der bürgerlichen Kultur, die nur talmihafte Oberfläche tatsächlicher Barbarei sei, zieht Liebknecht die Schlußfolgerung, einzig die Arbeiterklasse sei »Trägerin der modernen Kultur« und habe als solche den historischen Auftrag, die bürgerlichen Bildungsschranken zu brechen, damit die

Volksmassen in den Genuß von Bildung und Kultur kommen könnten. Liebknechts Utopie der Demokratisierung von Wissenschaft und Kunst unter der Herrschaft des Volkes stieß jedoch auf jene Schwierigkeiten, die der kapitalistischen Organisation des kaiserlich-deutschen Kulturbetriebs zugrunde lagen. Schon die radikal-demokratische und sozialistische Literatur der Restaurationsepoche nach 1848 fristete ihr Dasein unter dem Damoklesschwert der Zensur und der Profitsucht bürgerlicher Verleger, die kein Interesse haben konnten, gegen die Bestimmungen der Obrigkeit zu verstoßen. Daß die fortschrittliche Literatur zwischen 1848 und 1871 zumeist außerhalb Deutschlands geschrieben und verlegt wurde, daß ihre Autoren mit dem Exil in England, Frankreich, Belgien usw. deprimierende Bekanntschaft machen mußten, hat hier seine Ursachen. Gab es dennoch – auch zwischen 1871 und 1878 – gewisse Publikationsmöglichkeiten für Lyrik und Epik, so blieben jene Kunstsparten, die eines so aufwendigen Apparates bedürfen wie des Theaters, darauf angewiesen, in subkulturellen Formen sich zu entwickeln. Aus der Exklusivität der bürgerlichen Kultur hatte die junge Sozialdemokratie schon vor Liebknechts Rede die Konsequenz gezogen und einen eigenen Kulturapparat aufgebaut. Eine zentrale Rolle in der Entwicklung einer sozialistischen Gegenkultur, die dem Proletariat zugleich die Errungenschaften bürgerlicher Kunst und Wissenschaften vermittelte, spielten die Arbeiterbildungsvereine. So gingen aus dem Leipziger Arbeiterbildungsverein Bebel, Liebknecht und Edgar Steiger hervor. [37] Als lokale Organisationen sahen diese Vereine ihre Aufgabe darin, neben direkter politischer Agitation die Trennung von Kultur und Politik aufzuheben und mit den »Mitteln von Kunst und Literatur die sozialistische Ideologie in die Arbeiterklasse (und die verbündeten Schichten) hineinzutragen« [38]. Mit Stolz berichtet Bosse, der Leipziger Arbeiterbildungsverein, »dieses »entartete Kind« des liberalen Bürgertums, das mit so viel Hoffnung ins Leben gerufen, mit Sorgfalt durch städtische Unterstützung und andere Mittel zur Entfaltung gebracht worden war«, werde als die »Pflanzstätte der Sozialdemokratie für ganz Deutschland angesehen« [39]. In den siebziger Jahren allerdings, insbesondere nach dem »Vereinigungs-Congreß der Sozialdemokraten Deutschlands« in Gotha von 1875, verloren die Arbeiterbildungsvereine ihren Einfluß, »kamen«, wie Bosse bemerkt, »als Mittelpunkt für die Partei wie auch für die Gestaltung des Parteilebens im weitesten Sinne des Wortes nicht in Betracht« [40]. Dennoch fielen sie dem Sozialistengesetz von 1878 zum Opfer und entfalteten bis zur Aufhebung des Verbots sozialistischer Organisationen als Tarnorganisationen rege Aktivität.

Die Bedeutung des Leipziger Arbeiterbildungsvereins, der 1879 unter dem Tarnnamen »Fortbildungsverein für Arbeiter« neu gegründet wurde – mit Unterstützung eines Rechtsanwaltes Freytag, der als Rechtsanwalt Guthans vermutlich Eingang in Bosses *Im Kampf* gefunden hat –, bestand nicht nur in der kulturell-wissenschaftlichen Fortbildung der Arbeiter, durch die der Kontakt zwischen liberaler bürgerlicher Intelligenz und dem Proletariat hergestellt wurde, sondern ebenso in der Entfaltung von künstlerischen Fähigkeiten unter den Arbeitern selbst. Der Typus des Arbeiterdichters, des proletarischen Laiendichters, der neben seiner Berufstätigkeit sich auf das Verfertigen literarischer Werke verlegt, hat hier und in ähnlichen Vereinen seinen Ursprung. Im Gegensatz zu Autoren, die aus dem Bürgertum der Sozialdemokratie gestoßen waren, verzichteten die proletarischen Autoren auf jede verkleidende Historisierung der Probleme, die sie theatralisch-agitatorisch abhandelten: ihre Themen – die Theaterstücke waren fast stets Auftragsarbeiten zu bestimmten Versammlungen – waren immer dem Stoffrepertoire des aktuellen Klassenkampfes entnommen.

Friedrich Bosse, selber jahrelang Vorsitzender des Leipziger Vereins, ist ein typischer Vertreter jener proletarischen Laiendramatiker. Am 14. Januar 1848 in Braunschweig als Sohn eines Stellmachers geboren, erlernte Bosse das Malerhandwerk und ließ sich nach längeren Wanderfahrten als Malermeister in Leipzig nieder. Sein Eintritt in den Arbeiterbildungsverein brachte ihn alsbald zur Sozialdemokratie. 1879 wurde er Vorsitzender des »Fortbildungsvereins für Arbeiter« und behielt diese Position bis 1904. Er arbeitete jahrelang mit Hermann Duncker auf dem Gebiet sozialistischer Bildungs- und Kulturarbeit, machte sich um den Aufbau der Leipziger Arbeitertheaterarbeit als Regisseur, Organisator, Autor und Schauspieler verdient; er starb am 28. Oktober 1909 in Leipzig. Seine dramatische Produktion umfaßt Schwänke, Festspiele, politische Allegorien, Streikdramen und kulturpolitische Thesenstücke. »Bosses Stücke«, so urteilt das *Lexikon sozialistischer deutscher Literatur,* »hatten die Aufgabe, von Tagesfragen ausgehend, wichtige Erkenntnisse der marxistischen Lehre zu vermitteln und richtige Verhaltensweisen im Klassenkampf zu demonstrieren; dem entsprach ihr betont lehrhaft-agitatorischer Charakter. (...) Bosse ist der einzige, der es um die Jahrhundertwende in mehreren Stücken unternimmt, den Kampf des organisierten Proletariats von einem sozialistischen Standpunkt zu gestalten. Darin besteht seine Bedeutung für die Geschichte des sozialistischen Dramas.« [41]

Das vieraktige Streikdrama *Im Kampf,* 1892 geschrieben, ist Bosses wichtigstes dramatisches Werk. Ihm voraus ging das ebenfalls mehraktige Drama *Der erste Mai* (1890), das – als Zeitbild in drei Abteilungen – »den Beschluß des Pariser Sozialistenkongresses von 1889« propagierte, »den 1. Mai 1890 zum internationalen Kampftag für den Achtstundentag und andere Forderungen zu machen. Ziel und Notwendigkeit des einheitlichen Handelns der Arbeiter werden richtig dargelegt, jedoch zeigt die freiwillige Erfüllung der Forderungen durch den Fabrikanten, dessen Sohn für die Arbeiter eintritt, einen illusionären Ausweg« [42]. Der theoretische Fehler, den »Erfolg der Arbeiter vom Zugeständnis liberal denkender Kapitalisten« [43] abhängig zu machen, ist in Bosses Streikdrama von 1892 getilgt.

Im Kampf setzt ein mit der Schilderung einer Versammlung von Arbeitern einer kleinen Industriestadt, die einen Streik planen, um ihre Forderung nach geregelter Arbeitszeit und Legalisierung sozialistischer Parteiarbeit zu erkämpfen. Während in einem überfüllten Lokalraum die Versammlung, von Fels, dem Vorsitzenden des Metallarbeiterverbandes, geleitet, ihren schließlich tumultuösen Verlauf nimmt, warten in einem Vorraum des Versammlungsetablissements die Arbeiter Meier, Kämpf, Rasch, Mauler und Kluge kartenspielend und diskutierend das Resultat der Versammlung ab. Schon das präludierende Streitgespräch der fünf Arbeiter führt ins Zentrum der ideologischen Auseinandersetzungen und dramatischen Konflikte. Es wird nicht nur über die Notwendigkeit des Streiks, das Verhalten Fels', das Problem bürgerlicher Legalität usw. geredet, sondern im Gespräch der Arbeitergruppe wird deren Inhomogenität dargestellt: Mauler ist organisationsfeindlicher Anarchist und Terrorist, Meier resignierter Kleinbürger, der fatalistisch jede politische Aktivität den »Verhältnissen« zuschiebt, Rasch ein zwar spontanistisch orientierter, aber dennoch lernwilliger Genosse, Kämpf der Apostel von Organisation, Einigkeit und parteiinterner Aufklärung, Kluge scheint scheinbar konsequenter Sozialist zu sein, erweist sich aber im Fortgang der Handlung als Opportunist und schließlich als verräterischer Renegat. In die Diskussion der fünf Arbeiter platzt ein Tumult: die Polizei hat die Versammlung aufgelöst.

Nachdem alle Versammlungsteilnehmer aus dem Lokal geflüchtet sind, verhandelt Fels, der als einziger zurückgeblieben ist, mit dem Rechtsanwalt Guthans, dem Aufsichtsratsvorsitzenden der Firma Kalthaupt & Co.. Guthans, dessen Name schon die Bereitwilligkeit ankündigt, mit den Arbeitern zu einer gütlichen Einigung zu kommen, sagt Fels seine Unterstützung zu. Das Gespräch wird von Kämpf, Meier und Sturm, den Redakteur des sozialdemokratischen »Volksboten«, gestört. Sturm und Kämpf kritisieren Fels' Verhandlungen mit Guthans, da dieser »an der Spitze einer Ausbeuter-Gesellschaft« stehe und da »man beim Kapital nur etwas erreichen« könne, »wenn man die Zähne zeigt« [44]. Fels wendet ein, es empöre ihn, »daß jeder, der einen besseren Rock hat, schon ohne weiteres als unser Gegner angesehen wird« [45]. Schließlich betritt Rasch mit einem Flugblatt des Direktors Kalthaupt in der Hand die Bühne, in dem den Arbeitern massive Repressalien – u. a. sofortige Entlassung – für jede weitere politische Betätigung angedroht werden. Die Entrüstung der Arbeiter artikuliert sich sofort politisch, in dem Beschluß nämlich, geeignete Gegenmaßnahmen, notfalls den Streik, vorzubereiten. Einzig Kluge entzieht sich der Solidarität der Kollegen.

Der zweite Akt nimmt seinen Verlauf im Kontor der Firma Kalthaupt

& Co.. Kluge, der Abtrünnige, denunziert Fels, Rasch und Kämpf beim Direktionssekretär Schleicher, sie planten, die Fabrik in die Luft zu sprengen; tatsächlich hat Mauler in der Diskussion des ersten Aktes vage von Attentatsplänen geredet. Schleicher, der private Gründe hat, sich an Fels zu rächen, informiert Direktor Kalthaupt über Kluges Meldung. Kalthaupt steht Schleichers Informationen zunächst reserviert gegenüber, faßt dann aber doch – »Uneinigkeit in ihren Reihen ist unser bester Bundesgenosse« [46] – den Entschluß, einen der Verdächtigen durch Bestechung auf seine Seite zu ziehen. Schleicher erhält den Auftrag, Fels durch eine Lohnerhöhung zu verleiten, sich aller politischen Aktivität zu enthalten. Als Fels den Bestechungsversuch entrüstet zurückweist und sich weigert, jenes Flugblatt als erster zu unterzeichnen, wird er mit Billigung Kalthaupts fristlos entlassen. In der folgenden Unterhaltung zwischen Guthans, der sich vermittelnd einschaltet, und Kalthaupt treten Widersprüche zwischen den Vertretern des Kapitals zutage: Kalthaupt vertritt den Herr-im-Hause-Standpunkt des unbeugsamen Privatkapitalisten und bezichtigt Guthans der Humanitätsduselei, während Guthans, der Vertreter der Aktionäre, die wahren Ursachen seiner Gerechtigkeitsliebe beim Namen nennt: »Herr, ihre Handlungen sind nicht nur unrecht, sie sind auch unvernünftig, denn längst hat die Wissenschaft bewiesen, daß gut genährte und wohlgepflegte Arbeiter mehr leisten, als halbverhungerte und verkümmerte.« [47] Das Streitgespräch der beiden wird durch eine Explosion in der Fabrik jäh unterbrochen: Mauler hat seine Drohungen wahrgemacht. Kalthaupt, der jetzt Kluges Denunziation blindlings Glauben schenkt, ordnet die Verhaftung Fels' an und beschließt, als der Meister Treumann ihm berichtet, die Arbeiter hätten sich sämtlich geweigert, das Flugblatt zu unterzeichnen, deren Entlassung. Die Arbeiter antworten mit Streik.

Der dritte Akt spielt in Fels' Wohnung. Frau Fels hat sich mit ihren kleinbürgerlichen Eltern – Herrn und Frau Ruhe – über die politische Arbeit ihres Mannes und ihren Atheismus auseinanderzusetzen. Ruhe, ein kaiserlicher Beamter, dem Frömmigkeit Loyalitätsgebot ist, neigt im Verlauf der Unterhaltung den Ansichten seiner Tochter zu. Als Fels nach Hause kommt und von seiner Entlassung berichtet, sieht Frau Ruhe ihre Befürchtungen triumphierend bestätigt. Währenddessen kommt Sturm, der von Fels' Kündigung erfahren hat, hinzu und bietet Fels eine Stellung in der Redaktion des »Volksboten« an. Fels, der nicht von »Arbeitergroschen« leben will, lehnt das Angebot ab. Sturm, dem solch rigorose Moral fremd ist, versucht Fels durch ein Extempore über Fragen der Organisation und die Ausbeutung der Arbeiter durch die bürgerliche Gesellschaft zur Annahme des Redakteurpostens zu bewegen. Da betritt ein Polizeikommissar die Wohnung und verhaftet Fels.

Die Ereignisse des vierten Aktes laufen ebenfalls in Fels' Wohnung ab. Frau Fels, die Mietschulden hat, berichtet ihrer Mutter über Annäherungsversuche des Hauswirts. Frau Ruhe stellt ihren kleinbürgerlichen Opportunismus abermals unter Beweis, indem sie ihre Tochter auffordert, den Wünschen des Hauswirts entgegenzukommen. Als Frau Fels sich weigert, berichtet ihre Mutter, sie habe sich bei der Kirche für die finanzielle Unterstützung der Familie verwendet, und fordert ihre Tochter auf, »hübsch demütig« zu sein, dem »frommen Herrn« alles zu versprechen [48]. Als Frau Fels sich wiederum sträubt, weist ihre Mutter höhnisch auf die mangelnde Solidarität der Arbeiter hin, die der Familie ihres Anführers keinerlei Hilfe zukommen ließen. In diesem Moment betritt Sturm die Wohnung und bietet Frau Fels das – durch eine Sammelaktion der Arbeiter aufgebrachte – bitter nötige Geld an. Frau Ruhe, die Sturms Erklärung, das Geld sei durch das »Solidaritätsgefühl« der Arbeiter und nicht durch die Spende »eines Pastors oder irgend eines anderen großen Herrn« [49] zusammengekommen, nicht begreift, erfüllt die Bitte ihrer Tochter, dem Hauswirt den ausstehenden Mietzins zu bringen. Kaum hat sie sich auf den Weg gemacht, erscheinen Rasch und Kämpf und machen Sturm heftige Vorwürfe, daß er die angesetzte Versammlung der Arbeiter versäumt hat. Es kommt zu einer kurzen Auseinandersetzung zwischen den beiden Arbeitern und Sturm, dem vorgeworfen wird, er vernachlässige nicht nur seine politischen, sondern auch seine Redakteurspflichten: »Ja, Sturm, Deine Kenntnisse in Ehren, aber mit Deiner Praktik ist es nicht weit her. Ich hätte manches an Deiner Tätigkeit auszusetzen.« [50] Nach diesem Intermezzo tritt der jetzige Direktor Schleicher auf – Sturm, Kämpf und Rasch, die von der zurückkehrenden Frau Ruhe gewarnt worden sind, haben sich in den Nebenzimmern versteckt und belauschen die Unterredung zwischen Schleicher und Frau Fels. Schleicher, der sich aus verschmähter Liebe an Frau Fels rächen will, gesteht, »daß Fels mit Schimpf und Schande aus der Fabrik gejagt«, sei sein Werk, »daß er hinter Schloß und Riegel sitzt«, sei ihm zu verdanken [51]. »Wenn er auf Jahre hinter den Mauern des Zuchthauses verschwindet«, solle sich Frau Fels der Stunde erinnern, da sie »den Schlosser dem einfältigen Schreiberjungen vorgezogen« [52] habe. Als Schleicher Frau Fels zwingen will, vor ihm niederzuknien, stürzen Sturm, Kämpf und Rasch aus ihren Verstecken hervor und stellen den Intriganten. Schleicher versucht vergeblich, sich mit einem Revolver zur Wehr zu setzen. Als Sturm Schleicher zwingen will, das schriftliche Geständnis seiner Schandtaten zu unterschreiben, betritt Fels, »sehr bleich und angegriffen aussehend« [53], seine Wohnung. Fels berichtet: »Diese Nacht fand man einen Toten im Nonnenwald. (...) Dieser Tote war – Direktor Kalthaupt! – (...) Kalthaupt hat dafür gesorgt, daß Ihre (Schleichers, M. P.) Schandtaten der Nachwelt erhalten bleiben. – Er hat Guthans vor seinem Tode alles geschrieben; auf Grund dessen bin ich in Freiheit gesetzt!« [54] In der anschließenden Beratung der Arbeiter darüber, was mit Schleicher geschehen solle, wenn Guthans mit dem Boten des Gerichtes einträte, stellt Sturm fest: »(...) Daß er ein Schuft ist, darüber sind wir einig! – Aber, was ist denn sein Verbrechen? Er wollte ein großer Mann werden, wollte reich werden, wollte sich rächen, dazu ist er zu ungeschickt gewesen! – – Er hat kein Glück gehabt, würde man sagen, wenn er etwas weniger gewissenlos verfahren wäre, man würde vor ihm kriechen, wenn er Erfolg gehabt hätte – – nein, Fels, helfen wir nicht, solche Zierde der besseren Gesellschaft zu vernichten!« [55] Die Arbeiter folgen Sturms Rat. Zuguterletzt trifft Guthans ein und verspricht, sich beim Aufsichtsrat der Fabrik dafür zu verwenden, daß den Interessen der Arbeiter Genüge geleistet wird. Stellvertretend für alle spricht Sturm das Schlußwort: »Nun Genossen, das ist immerhin etwas. Es ist jedenfalls ein schöner Sieg unserer gerechten Sache! Wenn diese aber je wieder bedroht werden sollte, dann soll, wie diesmal, wiederum die Parole lauten: Auf, in den Kampf!« [56]

In der sozialistischen Literaturkritik erfreut sich Bosses Streikdrama einiger Wertschätzung, ungeachtet seiner melodramatischen Akzente. Lobend wird hervorgehoben, daß der »Erfolg der Arbeiter (...) Ergebnis ihres konsequenten Kampfes« ist, »der sie bürgerlichen Einfluß wie terroristische Einzelaktionen ablehnen läßt. Das Zurücktreten didaktischer Elemente zugunsten dramatischer Handlung und die stärkere Charakterisierung der Hauptfiguren sind Fortschritte in der Gestaltung.« [57] Ähnlich urteilt Ursula Münchow, wenn sie auch zugibt, daß Bosses Stück, der als Arbeiterdichter nur während der knappen Zeit schreiben konnte, »die ihm von seiner beruflichen und gesellschaftlichen Tätigkeit übrigblieb« [58], neben Ernst Preczangs Streikdrama *Töchter der Arbeit,* das zudem erst 1898 geschrieben wurde, verblaßt: »Bosse hat als erster – zur gleichen Zeit entstanden Hauptmanns *Weber!* – eine Reihe von Industriearbeitern auf die Bühne gebracht, neben klassenbewußten revolutionären auch schon opportunistische und anarchistische Sozialdemokraten. Bosse ergreift selbstverständlich für den sozialistischen Streikführer Fels Partei. Es sind auch Ansätze vorhanden, die einzelnen Typen nicht nur als Vertreter bestimmter Richtungen in der SPD zu zeigen, sondern auch ihrer individuellen Besonderheit gestalterisch gerecht zu werden. (...) In Bosses Streikdrama sind der Fabrikant Kalthaupt und der Sekretär Schleicher von vornherein die Verlierer. Es läuft scheinbar alles so wie im Märchen. Das Böse stirbt bzw. vernichtet sich gegenseitig, und das Gute setzt sich durch, sogar buchstäblich in der Person des Verwaltungsratsvorsitzenden Guthans (...). Aber wenn auch seit Lassalle immer wieder falsche sozialdemokratische Thesen vom friedlichen Hineinwachsen in den Sozialismus Unheil gestiftet haben, so wußte Bosse doch genau, daß es im Kapitalismus nicht märchenhaft zugeht. Deshalb brechen auch die Arbeiter im *Kampf* nach der Erfüllung der Forderung den Streik sehr skeptisch ab mit dem sicheren Wissen, daß die Kämpfe weitergehen.« [59] An anderer Stelle attestiert Münchow dem Streikführer Fels die »mutige, selbstbewußte und intelligente Art« seines »Auftretens gegenüber dem Unternehmer« und hebt den propagandistischen Effekt der Figur des Arbeiters Fels und verwandter Helden hervor, »die auch als hervorragende Streikführer und vorbildliche Menschen nur als einzelne von vielen gesehen sind, denen eine Reihe differenzierter klassenbewußter Gefährten zur Seite steht« [60].

Differenzierter urteilt Gustav Schröder. Zwar rechnet auch er resümierend Bosses Drama jenen sozialistischen Stücken zu, »die sich in folgenden wichtigen Momenten gleichen: die schweren Bedingungen, unter denen die Arbeiter um ihre Befreiung kämpfen, werden nicht beschönigt; Helden lehnen es ab, ihren Einsatz für die Sache der Sozialdemokratie um persönlicher Vorteile willen aufzugeben, sie nehmen für ihre Gesinnung Opfer auf sich; es gibt keine Lösungen, die ausschließlich auf die Überwindung antagonistischer Klassengegensätze durch vernünftige Übereinkunft der Konfliktpartner hinauslaufen; es wird mehr oder minder deutlich gemacht, daß die Arbeiterklasse nur durch organisierten Kampf zum Sieg gelangen kann.« [61] Andererseits stellt Schröder in der Handlungskonstruktion schwerwiegende Mängel fest: »Für *Im Kampf* bedeutet Schleicher, der Prototyp des Theaterbösewichts, keine Bereicherung, im Gegenteil: durch den Mord Schleichers an Kalthaupt und auch durch die versuchte Demütigung von Frau Fels kommen Elemente in die Handlung, wie sie häufig für die Trivialliteratur kennzeichnend sind. Es handelt sich um äußerliche, auch dramaturgisch unnötige Zutaten, die nur auf ein Mehr an äußerlicher Spannung ausgehen. Auffällig ist allein schon der Unterschied in Hinsicht auf die sprachliche Gestaltung. Während etwa der erste Auftritt im Gastzimmer des Versammlungslokals mit seinem Hin und Her der diskutierenden Arbeiter ein wirklichkeitsgetreues Bild vermittelt, wirkt der Auftritt Schleichers mit Frau Fels unmittelbar vor seiner Entlarvung als Mörder unerträglich gekünstelt und unecht. Bosse war offensichtlich nicht in der Lage, etwas so außerhalb seines Erfahrungsbereiches Liegendes glaubhaft zu gestalten. Auch diese Beobachtung läßt sich verallgemeinern: sie gilt für fast alle Autoren sozialistischer Stücke vor 1914, die in hohem Maß unsicher werden, sobald es um die Gestaltung von Vorgängen im Bereich des Bürgertums geht.« [62]

Schröders Einwand verfehlt sein Ziel. Die Figur Schleichers ist weder dramaturgisch überflüssiges, reißerisches Ornament, noch bloße Schiller-Reminiszenz [63], sondern erfüllt innerhalb des Handlungsverlaufes eine zentrale Funktion. Bosses Streikdrama spielt auf drei Konfliktebenen: conditio sine qua non ist der ökonomisch-politische Konflikt zwischen Lohnarbeit und Kapital, zwischen selbstherrlicher Direktion und organisierter Arbeiterschaft, mittelbar politischer Konflikt ist die Fraktionierung innerhalb der Arbeiterschaft – also Maulers Attentat und Kluges falsche Denunziation –, die den Ausgangskonflikt verschärft und ihn zugleich theatralisch aufbereitet, als Lösung beider Konflikte schließlich dient das nur mehr psychologisch motivierte Vergehen Schleichers, dem die Strafe auf dem Fuße folgt.

Ohne die Figur Schleichers und ihre Intrigen ist also weder die Theatralisierung des gesellschaftlichen Grundwiderspruchs noch die vorläufige Lösung der dramatischen Konflikte denkbar.

Daß in Bosses Stück Erinnerungen an Schillers *Kabale und Liebe* fortwirken, hat bereits Ursula Münchow festgestellt [64]. Frau Ruhes Opportunismus läßt an den kleinbürgerlichen Heirats-Karrierismus von Luises Mutter denken, Sekretär Schleicher gesteht unverhohlen seine Abstammung von Schillers Sekretär Wurm ein. Diese persönliche Anspielungen sind mehr als bloße Bildungs-Zitate, mehr als theatralische Verbeugung vor dem antifeudalen Freiheitsdichter; das Prinzip der Intrige, in Schleicher inkarniert, wird von Bosse bewußt eingesetzt, um die Unterschiede zwischen feudaler und bürgerlicher Gesellschaft seinem Publikum zu demonstrieren.

Erich Auerbach hat zu Schillers *Kabale und Liebe* einige Bemerkungen geschrieben, die die Funktion der Intrige näher untersuchen. »Die Welt, in die der Beschauer hier blickt, ist zum Verzweifeln eng, räumlich wie moralisch. (...) Ständige Beschränkungen des Sittlichen in ihrer widernatürlichsten und heimtückischsten Form. In den Kreisen des Hofes ist alles gestattet, doch nicht als edle Freiheit, sondern als Frechheit, Korruption und Heuchelei. (...) Die herrschende Gesellschaftsordnung selbst wird von den Untertanen, ja von Luise selbst, als allgemeine ›ewige Ordnung‹ anerkannt, dumpfe Unterwerfung wird überall zur christlichen Pflicht, und davon profitieren die Machthaber. (...) Die Untertanen sind völlig rechtlos, sie hängen von willkürlicher Gnade oder Ungnade des Fürsten, seiner Günstlinge und Mätressen ab; und aus dem ganzen Vorgang erkennt man mit Schrecken die innere Gebundenheit und Abhängigkeit der Herrschenden, die überhaupt erst die psychologische Erklärung für die Möglichkeit der fürstlichen Gewaltherrschaft wurde.« [65] Auerbach nennt *Kabale und Liebe* ein »realistisches« Stück, das infolge seines Realismus zum politischen Tendenzstück werde: »(...) die Unvollkommenheit von Schillers Kunstverstand (ist) zur Zeit der Entstehung des Stückes noch nicht das Entscheidende; das Unzureichende des Realistischen liegt vor allem in der Gattung des bürgerlichen Trauerspieles selbst, so wie sie sich im 18. Jahrhundert gebildet hatte. Diese Gattung war an das Rührende, Häusliche, Gefühlvolle gebunden, sie konnte es nicht aufgeben, und dies widerstrebte durch Ton und Stillage einer Verbreiterung des gesellschaftlichen Schauplatzes und einer Einbeziehung der allgemein politisch-sozialen Probleme. Dennoch kam der Durchbruch zum Politischen und allgemein Gesellschaftlichen gerade auf diesem Weg zustande; indem der rührende, seinem Wesen nach ganz private Liebesbund nun nicht mehr auf den Widerstand böser Verwandten, Eltern und Vormünder, oder auf private moralische Hindernisse, sondern auf den öffentlichen Feind, die widernatürliche ständische Gesellschaftsordnung stieß.« [66] Die Intrige, werde sie von Hochgestellten oder von Domestiken angezettelt, ist geradezu als die literarische Chiffre der feudalen Gesellschaftsordnung anzusehen, in der die schwankenden Interessen der Herrschenden brutaler noch mit den Untertanen verfahren als in der bürgerlichen Gesellschaft. Die Verinnerlichung der feudalen Moral, in der die Launen des Herrn wie Schicksalsschläge erscheinen, trägt zudem das Ihre dazu bei, die literarische Identität von Intrige und feudal-absolutistischem Staat herauszustellen. Insofern zerschlägt Bosse mit Bedacht das Motiv der allmächtigen Intrige, die unerwiderter Liebe zur Genugtuung verhilft: die politischen Manöver der Bourgeoisie richten sich nach materielleren Interessen. Bosse funktioniert das Schillersche Muster um, indem er es in den Kontext der kapitalistischen Ordnung stellt. Die Intrige, bei Schiller noch politisch bestimmte Handlungsdeterminante, erweist in dem Augenblick ihre Ohnmacht, da die Verinnerlichung ihrer sozio-ökonomischen Voraussetzungen auf der Seite der Opfer zusammenbricht. Der Streik der Arbeiter holt so den Widerstand, der in *Kabale und Liebe* jenseits des Theatralischen liegt, in die Sphäre des Stücks ein. Voraussetzung dessen ist allerdings das Klassenbewußtsein der Arbeiter oder generell die Existenz eines kollektiven Helden.

Um seinem Stück den – bei aller Skepsis gegenüber den Vertretern des Kapitals – positiv-optimistisch-agitatorischen Schluß zu ermöglichen, nimmt Bosse Zuflucht zu einem weiteren funktionalen Kunstbegriff: der Einführung des Staates, der zwar Instrument der Bourgeoisie ist, dennoch aber gehalten bleibt, seinen eigenen Rechtsnormen Genugtuung zu schaffen. Staat und kriminelle Intrige – Schleicher ermordet Kalthaupt, gibt sich also nicht mit Fels' Demütigung zufrieden – treten auseinander. Fraglich bleibt allerdings, ob hier nicht die lassalleanische Staatsauffassung Eingang in Bosses Stück gefunden hat [67]. Andererseits werden von den Arbeitern wiederholt Bedenken gegen die Rechtsstaatlichkeit des Vorgehens der Polizei, gegen die Unparteilichkeit der sog. Rechtsstaatlichkeit überhaupt erhoben. Es scheint eher, als drücke sich in Bosses Vertrauen auf den bürgerlichen Staat, der zumindest die kraß kriminellen Vergehen auch der Bourgeoisie ahndet, das Selbstvertrauen der deutschen Sozialdemokratie aus, die auf politischem Weg die Aufhebung des Sozialistengesetzes durchgesetzt hat. Wäre es zulässig, Bosses Stück als politische Allegorie zu lesen, so ließe sich in Schleichers Intrigen unstrittig die Bismarcksche Unterdrückungspolitik von 1878 bis 1890 erkennen. Wenige Jahre nach der Uraufführung von Bosses Stück schreibt Engels, die politische Situation in Deutschland beurteilend: »Die Ironie der Weltgeschichte stellt alles auf den Kopf. Wir, die ›Revolutionäre‹, die ›Umstürzler‹, wir gedeihen weit besser bei den gesetzlichen Mitteln als bei den ungesetzlichen und dem Umsturz. Die Ordnungsparteien, wie sie sich nennen, gehen zugrunde an dem von ihnen selbst geschaffenen gesetzlichen Zustand. Sie rufen verzweifelt mit Odilon Barrot: la legalité nous tue, die Gesetzlichkeit ist unser Tod, während wir bei dieser Gesetzlichkeit pralle Muskeln und rote Backen bekommen und aussehen wie das blühende Leben. Und wenn wir nicht so wahnsinnig sind, ihnen zu Gefallen uns in den Straßenkampf treiben zu lassen, dann bleibt ihnen zuletzt nichts anderes, als selbst diese ihnen so fatale Gesetzlichkeit zu durchbrechen.« [68] In Bosses Stück steht die Figur des Intriganten Schleicher, der sich noch außerhalb der von der Bourgeoisie gesetzten Rechtsnormen bewegt, für feudale Willkürherrschaft, »Bruch der Verfassung, Rückkehr zum Absolutismus, regis voluntas suprema lex« [69], sei es nun die des vergangenen oder eines kommenden Sozialistengesetzes.

Bosses Verteidigung bürgerlicher Rechtsstaatlichkeit hat ihre Ursache in den Wahlerfolgen der deutschen Sozialdemokratie seit 1890, der Entwicklung der Sozialdemokratie zur Massenpartei [70]. Engels, dem zufolge der »brillante Sieg der Arbeiter [71] nach zehnjährigem Druck und *unter* dem Druck« mehr imponiert hat als »Königgrätz und Sedan«, schreibt 1890 an Conrad Schmidt, alle Welt wisse jetzt, »daß wir es sind, die den Bismarck gestürzt haben, und die Sozialisten aller Länder fühlen jetzt, ob es ihnen recht ist oder nicht, daß der Schwerpunkt der Bewegung nach Deutschland verlegt ist. Nach den Erfahrungen, die ich gemacht, ist mir auch gar nicht bange, daß unsere Arbeiter sich dieser neuen Stellung nicht gewachsen zeigen. Die neu hinzugekommenen Elemente werden in der richtigen Taktik noch nicht sattelfest sein, aber das wird ihnen bald anfliegen, und was die älteren Kriegskameraden nicht tun, das wird die Regierung in ihrer Weisheit schon besorgen.« [72] Engels, dem auch als Militärtheoretiker besonders daran gelegen war, daß die preußische Armee unter die Kontrolle der Partei geriet, und der deshalb besonders über die sozialdemokratischen Wahlerfolge in ländlichen Gebieten – »in drei Jahren können wir die Landarbeiter haben und dann haben wir die Kernregimenter der preußischen Armee« [73] – erfreut war, ist lassalleanischer Tendenzen, die man dem zwar theoretisch weit unterlegenen, aber wohl instinktiv ähnlich argumentierenden Bosse unterstellen könnte, gewiß unverdächtig [74].

Die Wiederherstellung rechtsstaatlicher Ordnung im Bismarckreich war an den Fall des Sozialistengesetzes gebunden. Über die Vorgeschichte von Bismarcks Sturz, den sein ureigenstes Gesetz nur um ein halbes Jahr überlebte, schreibt Helmut Böhme zusammenfassend: »(...) bereits 1889 zeigte der kunstvolle Staatsbau Risse. Ein erster umfassender Streik, der den zaghaften Beginn einer neuen Konjunkturbelebung vernichtete, machte sichtbar, auf welch wankendem Grund das Bismarcksche System ruhte, und als sich zu Anfang des Jahres 1890 Bismarck, die Agrarier und das Großbürgertum einer linken Reichstagsmehrheit gegenüber sahen, zerbrach das Kartell. Sie kündigten nicht nur das Kartell, sondern lösten auch die Interessengemeinschaft mit den Landwirten. So blieb Bismarck, der nun entschlossen war, die »soziale Frage« »nicht ohne Bluttaufe« »wie die deutsche Einheit auch« zu lösen, keine Möglichkeit zu einer erneuten »Staatsreform von oben« [75].

Nach Bismarcks Demission sah sich sein Nachfolger Caprivi vor gravierenden außen- und innenpolitischen Schwierigkeiten. Von den letzteren war wohl die Frage der Behandlung der mächtig um sich greifenden – besonders durch die Streiks der Metallarbeiter und Bergarbeiter im Ruhrgebiet gestärkten – Sozialdemokratie am drängendsten. Caprivi, der als Liberal-Konservativer von den Putschplänen Bismarcks weit entfernt war, bewies genug Einsicht, um nicht an weiterer Unterdrückungspolitik dem Proletariat gegenüber festzuhalten, und legte dem Auslaufen des Sozialistengesetzes zum 30. September 1890 nichts in den Weg. Damit vertrat Caprivi paradoxerweise die Interessen einflußreicher Kreise der Großbourgeoisie, die sich schon vorher, nach der Ablehnung des »gemilderten« Sozialistengesetzes im Reichstag am 25. Januar 1890 mit dem jungen Kaiser zusammengetan hatten, um durch Arbeiterschutzgesetze künftigen Streiks vorzubeugen und zugleich extensive durch intensive Ausbeutung zu ersetzen [76].

Einen Vertreter der aufgeklärteren Fraktionen des Kapitals, dem selbstverständlich nichts ferner liegt als Expropriation der Expropriateure, stellt Bosse im sympathieerweckenden Rechtsanwalt Guthans auf die Bühne. Nicht umsonst ist Guthans, der den Wünschen der Arbeiter nach Garantierung ihrer Rechte zugänglich ist, Vorsitzender des Aufsichtsrates. Als Vertreter seiner Aktionäre ist er – im Gegensatz zum Einzelkapitalisten, der selbstherrlich seinen Profit kassiert und seine Arbeiter rücksichtslos ausbeutet – um der Dividende willen gehalten, so es irgend geht, für die Erhaltung des Arbeitsfriedens und damit die Sicherung der Profite zu sorgen. Offensichtlich verwertet Bosse in der Motivierung des Verhaltens von Guthans, der nicht nur aus purer Gerechtigkeitsliebe kompromißbereit ist, die Streikerfahrungen der Jahre 1889 bis 1892 [77]. Ebenso möglich scheint es allerdings, daß Bosse sich der Gestalt des »guten« Kapitalisten Guthans bedient, um Georg von Vollmars, eines führenden süddeutschen Revisionisten, reformistische Parole »Dem guten Willen die offene Hand, dem schlechten die Faust« zu propagieren. Was von derartigem »guten Willen« freilich zu halten ist, geht allerdings aus Bosses Streikdrama hervor: das Mißtrauen der vorläufig siegreichen Arbeiter am Schluß des Stückes ist unüberhörbar.

Dennoch sind die liberalen Kapitalisten von ähnlicher Wichtigkeit wie die bürgerliche Legalität, deren Bruch durch Kalthaupt, den ehemaligen Eigentümer der Firma Kalthaupt & Co., die Arbeiter zum Streik treibt. Als Aktionärsvertreter ist Guthans Vertreter des Finanzkapitals, das Zug um Zug einzelne Betriebe unter seine Gewalt gebracht hat und sich kaltblütig an der Bildung von Monopolen versucht. Der kapitalistische Wildwuchs der liberalen Epoche – die in Deutschland ohnehin nicht lange währte – wird in der zweiten Hälfte des 19. Jahrhunderts immer mehr unter die Kontrolle wachsender Konzentration gebracht. Den modernen Erfordernissen der industriellen Revolution gegenüber, so führt Czichon aus, erwies »sich die herrschende Personalgesellschaft als nicht mehr gewachsen. Sie basierte auf einem kleinen Personalkreis, in dem jedes Mitglied mit seinem gesamten Vermögen haftete und verkörperte die traditionelle Einheit von Eigentums- und Unternehmerfunktion. Um jedoch den neuen Bedingungen der industriellen Entwicklung zu entsprechen, mußte die Kapitalschranke der Personalgesellschaft überwunden werden, waren neue Formen und Methoden der Geldakkumulation zu finden« [78]. Als günstigste Form des modernen Kapital-Unternehmens bot sich die Aktiengesellschaft an: »Sie wird konstituiert durch die Einzahlung (Zeichnung) des Kapitals. Der Grad, in dem jeder Geldkapital-Besitzer an der Gesellschaft teilhat, ist durch die Größe des von ihm beigesteuerten Kapitalanteils gegeben (...) Die Aktiengesellschaft (ist) nicht mehr wie die Personalgesellschaft allein auf die finanziellen Mittel des fungierenden und funktionsfähigen Kapitalisten angewiesen. Sie appelliert an den allgemeinen und offenen Kapitalmarkt und kann alle Geldsummen aufnehmen (...) So sprengt sie die persönlichen Schranken des Eigentümers der privaten Einzelkapitale, revolutioniert die gesamte Unternehmensführung und ermöglicht den Übergang von der Individualleitung zum Management. Nun kann der Kapitalist schneller auf den technischen Fortschritt reagieren, die Konjunkturen ausnutzen und dadurch Extraprofite erzielen. (...) »Die Aktiengesellschaft«, sagt Karl Marx, ermöglicht eine »ungeheure Ausdehnung der Stufenleiter der Produktion und der Unternehmungen, die für den Einzelkapitale unmöglich waren (...) Es ist die Aufhebung des Kapitals als Privateigentum innerhalb der Grenzen der kapitalistischen Produktionsweise selbst.« [79] Die Aktiengesellschaft, als Unternehmungsform schon um die Jahrhundertmitte verbreitet, war nicht nur in einem »gewissen Grade die Vorbedingung der Entwicklung von Schwerindustrie« [80], sondern schuf zugleich die Voraussetzungen der Entstehung des Finanzkapitals, der finanziellen und organisatorischen Verflechtung von Industrie und Banken, die schon gegen Ende der achtziger Jahre einsetzt. Die beginnende Ausprägung dessen, was unter dem Namen Monopolkapitalismus die wirtschaftliche Voraussetzung des Imperialismus ist – Böhme stellt fest, daß sich schon Ende der siebziger Jahre »in Umrissen die ersten Konzerne und Kartelle« abzeichneten [81] –, führte notwendig zur Verschärfung des Klassenkampfes, der von der Großbourgeoisie zunächst mit der Peitsche – Sozialistengesetz – und, als deren Ohnmacht sich in den Streiks und Wahlsiegen der Sozialdemokratie verwiesen hatte, mit Zuckerbrot – Arbeiterschutzgesetze, Sozialversicherung, Koalitionsfreiheit – geführt wurde. Kalthaupt und Guthans sind die dramatisch konstruierten Vertreter dieser politischen Taktiken. Die historische Desolatheit der Politik Kalthaupts wird noch unterstrichen durch seinen degradierten Status als abhängiger Manager und durch seine Unsicherheit gegenüber den Arbeitern und dem Aufsichtsrat.

Bürgerliche Rechtssicherheit – Koalitionsfreiheit der Arbeiter – und ökonomisch-politische Zugeständnisse der Bourgeoisie – Verkürzung des Arbeitstages – geben sich als das zu erkennen, was sie in den Augen der proletarischen Helden in Bosses Stück von vornherein sind: zwei Seiten der einen Münze, die die Großbourgeoisie und ihr Staat ausgeben, um sich die Profite zu sichern. Was sonst an aktuell-politischer Kritik in Bosses Streikdrama auftaucht, sei es die Polemik gegen Opportunismus oder Anarchismus der in Mauler karikierten Fraktion der »Jungen«, sei es das Plädoyer für den Atheismus, sei es die Kritik an der praxisfernen Tätigkeit sozialdemokratischer Parteijournalisten, sei es die Entrüstung über die doppelte Moral der Bourgeoisie – Sturms Plädoyer für die Freilassung Schleichers erinnert an die zeitgenössische Agitationstechnik der sozialdemokratischen Presse, die Taten der Bourgeoisie und ihrer Lakaien an der Elle ihrer eigenen Moral zu messen –, sei es die Warnung vor blindem Vertrauen in die Versprechen der Kapitalisten, ist nur in diesem Zusammenhang zu verstehen. Daß es Bosse dennoch zumeist gelungen ist, sich plakativer Propaganda-Technik zu enthalten, daß seine Figuren nicht nur Leitartikel sprechen, sondern daß sich die skizzierten politischen Schlußfolgerungen aus dem Verlauf der Handlung unmittelbar ergeben, zeichnet ihn vor den meisten seiner Kollegen aus und erhebt ihn sogar über einen Großteil der professionellen bürgerlichen Autoren seiner Zeit, deren politische Korruption – von den Naturalisten abgesehen – nur noch von dem Schwulst ihrer Sprache in den Schatten gestellt wurde.

III. Proletarische Kultur, sozialistische Literatur und Kampf um das bürgerliche Erbe

> Das wird eine freie Literatur sein, weil nicht Gewinnsucht und nicht Karriere, sondern die Idee des Sozialismus und die Sympathie mit den Werktätigen neue und immer neue Kämpfer für ihre Reihen werben werden. Das wird eine freie Literatur sein, weil sie nicht einer übersättigten Heldin, nicht den sich langweilenden und an Verfettung leidenden »oberen Zehntausend« dienen wird, sondern den Millionen und aber Millionen Werktätigen, die die Blüte des Landes, seine Kraft, seine Zukunft verkörpern. Das wird eine freie Literatur sein, die das letzte Wort des revolutionären Denkens der Menschheit durch die Erfahrung und die lebendige Arbeit des sozialistischen Proletariats befruchten und zwischen der Erfahrung der Vergangenheit (dem wissenschaftlichen Sozialismus, der die Entwicklung des Sozialismus, von seinen primitiven, utopischen Formen an, vollendet hat) und der Erfahrung der Gegenwart (dem heutigen Kampf der Genossen Arbeiter) eine ständige Wechselwirkung schaffen wird [82].
> W. I. Lenin

In seiner programmatischen Schrift *Literatur und Revolution* verweist Leo Trotzkij, um das Spezifische proletarischer Kultur und Kunst herauszuarbeiten, auf die eigenartige Genese der bürgerlichen Kultur: »Die Entwicklung der bürgerlichen Kultur setzte ein einige Jahrhunderte, bevor die Bourgeoisie durch eine Reihe von Revolutionen die Staatsgewalt an sich gerissen hatte. Als die Bourgeoisie noch der halb rechtlose dritte Stand war, spielte sie bereits eine immer größer werdende Rolle auf allen Gebieten des kulturellen Aufstiegs. (...) Die Bourgeoisie hatte sich nicht nur materiell innerhalb der feudalen Gesellschaft entwickelt, sich mit ihr mehrfach und vielgestaltig verschlungen und den Reichtum an sich gerissen, sondern sie lockte auch die Intellektuellen zu sich hinüber und schuf somit kulturelle Stützpunkte (...) noch viel früher als sie an der Spitze des dritten Standes die Macht im Staatswesen an sich gerissen hat.« [83] Angesichts der langwierigen Entfaltungsphase bürgerlicher Kultur, die allmählich die feudale Kultur unterwanderte, zersetzte und umwälzte – parallel zur Entwicklung der kapitalistischen Wirtschaft, die sich in den bürgerlichen Revolutionen des 17. und 18. Jahrhunderts der Fesseln feudaler Vorherrschaft entledigte –, angesichts der langsameren Entwicklung also des Überbaues gegenüber den raschen Veränderungen der Basis, untersucht Trotzkij das Problem der Enteignung und Aneignung bürgerlicher Kultur durch das Proletariat; das Proletariat, so Trotzkij, »ist gezwungen, die Macht eher zu ergreifen, bevor es sich die Grundelemente der bürgerlichen Kultur angeeignet hat; es ist gezwungen, die bürgerliche Gesellschaft durch revolutionäre Gewalt gerade deshalb zu stürzen, weil diese Gesellschaft ihm den Weg zur Kultur versperrt« [84]. Die »volle, entfaltete Kultur des Proletariats«, führt Trotzkij aus, werde es »in der Tat nie geben, immerhin aber wird die Arbeiterklasse, bevor sie sich in der kommunistischen Gesellschaft aufgelöst haben wird, der Kultur ihren Stempel aufdrücken. (...) Daß das Proletariat in der Zeit der Diktatur auf die Kultur einen Einfluß ausüben wird, unterliegt keinem Zweifel. Aber von da aus ist es noch ziemlich weit bis zur proletarischen Kultur, wenn man diese als ein entfaltetes und innerlich harmonisches System des Wissens und Könnens auf allen Gebieten des materiellen und geistigen Schaffens ansieht.« [85] Die Existenz proletarischer Kunst ist untrennbar mit der Entwicklung der Diktatur des Proletariats verbunden: »Die Quantität wird auch hier in Qualität umschlagen: zugleich mit dem Wachstum des Massencharakters der Kultur wird sich auch ihr Niveau heben und ihr ganzes Gesicht verändern. Aber dieser Übergang wird sich erst in einer ganzen Reihe historischer Etappen abwickeln. Mit seinem Fortschreiten wird auch das Klassenband des Proletariats schwächer werden und auf diese Weise auch der Boden für eine proletarische Kultur schwinden.« [86] Denn die proletarische Revolution, so stellt Trotzkij nachdrücklich fest, sieht »ihr Ziel in der Liquidierung der Existenz des Proletariats als Klasse« [87], und damit wird »das Proletariat, bevor es aus dem Stadium der kulturellen Schülerjahre herausgewachsen sein wird, bereits aufhören (...), Proletariat zu sein.« [88]

Die Epoche proletarischer Kultur, folgt man Trotzkijs Argumentation, ist also befristet, erstreckt sich auf die Dauer der Klassenkämpfe unter der Diktatur des Proletariats [89]. Trotzkij führt aus: »Unzweifelhaft ist die Dichtung der Fabrikarbeiter bedeutend organischer im Sinn ihres Zusammenhangs mit dem Leben, den Leiden und den Interessen der Arbeitermassen. Dennoch ist es keine proletarische Literatur, sondern lediglich der schriftliche Ausdruck des molekularen Prozesses des Kulturaufstiegs des Proletariats. (...) Die Arbeiterkorrespondenten aller Zeitungen, die Lokaldichter, die Ankläger erfüllen eine große Kulturaufgabe, indem sie den Boden lockern und ihn für die kommende Saat aufnahmefähig machen; aber die vollwertige kulturelle und künstlerische Saat wird schon – zum Glück – sozialistisch und nicht »proletarisch« sein.« [90]

So erscheint proletarische Kultur als Erbin der bürgerlichen und Wegbereiterin der sozialistischen Kultur. Proletarische Kultur, die sich durch Kunstcharakter auszeichnet, vermag Trotzkij in der damaligen Sowjetunion allerdings nirgends festzustellen: »Über eine eigene *politische* Kultur verfügt unser Proletariat in einem Maße, das ausreicht, um seine Diktatur aufrechtzuerhalten, – eine *künstlerische* Kultur aber besitzt es nicht.« [91] Sein Programm einer »künstlerischen« proletarischen Kultur formuliert Trotzkij andeutungsweise wiefolgt: »Die Kunst für das Proletariat darf nicht zweiter Klasse sein. Man muß lernen, wenn auch die ›Lehrzeit‹ – notgedrungen beim Feind – nicht ganz ungefährlich ist. Man muß lernen, und die Bedeutung der proletkultischen Organisationen muß speziell nicht danach bemessen werden, wie schnell sie eine neue Kultur schaffen, sondern danach, in wie hohem Maße sie zur Hebung des literarischen Niveaus der Klasse beitragen, angefangen von ihren Oberschichten.« [92]

Rekapituliert man Trotzkijs Beweisgang, so werden einige Widersprüche sichtbar. Zum einen widerspricht die These von der Unmöglichkeit einer »vollen, entfalteten Kultur des Proletariats«, deren Entwicklung vom historischen Fortschritt sozusagen überholt wird, der Forderung nach einer »künstlerischen« Kultur des Proletariats – denn Entfaltung und Kunstcharakter werden offensichtlich als Synonyma verwendet. Zum anderen scheint Trotzkij vor Rückfällen in formalistisch anmutende Argumentation nicht gefeit: nicht umsonst beruft er sich auf den Begriff der »Literaturtechnik«, die er als zentrales Qualitätskriterium versteht. Gewiß darf Kunst fürs Proletariat nicht zweiter Klasse sein – schon Engels kritisierte die Oberflächlichkeit sozialdemokratischer Journalisten und Literaten mit dem Hinweis, daß »Marx seine besten Sachen noch immer nicht gut genug für die Arbeiter hielt«, daß »er es für ein Verbrechen ansah, den Arbeitern etwas Geringeres als das

Allerbeste zu bieten« [93] –, das Problem ihrer ästhetischen »Andersartigkeit« jedoch wird von Trotzkij nicht eingehend erörtert. Zwar heißt an einer Stelle, revolutionäre Literatur müsse »vom Geist des sozialen Hasses durchdrungen sein« [94], die Frage der ästhetischen Realisierung dieses Grundprinzips allerdings bleibt ausgespart. So hat es den Anschein, als führe Trotzkijs These, das Proletariat habe sich die Errungenschaften der bürgerlichen Kultur anzueignen, zu der Forderung an proletarische Autoren, die »Technik der bürgerlichen Kunst« von deren Inhalten abzuziehen. Alle Hinweise auf die historische Bedingtheit ästhetischer Formen und Techniken [95] hindern Trotzkij schließlich nicht, von der »neuen« Kunst emphatisch zu verkünden, sie werde »allen alten Formen, die von der Entwicklung des schöpferischen Geistes geschaffen worden sind, zur Wiedergeburt verhelfen. Die Zersetzung und der Zerfall dieser Formen haben keine absolute Bedeutung, d. h. besagen ihre absolute Unvereinbarkeit mit dem Geiste der neuen Epoche nicht.« [96] Gilt diese Prophezeiung nun auch für die kommende sozialistische Kultur – also in strenger marxistisch-leninistischer Terminologie für die Kultur der kommunistischen Epoche, so stellt Trotzkij dennoch aus »dem Gesichtswinkel, was das Proletariat liest, was es braucht, durch was es in Spannung versetzt und zur Tat angeregt wird, was sein kulturelles Niveau hebt und dadurch den Boden für eine neue Kunst vorbereitet« [97] im Werk Demjan Bjednys Tendenzen fest, die seiner Vorstellung von proletarischer Kultur entsprechen: »(Nach) neuen Formen hat Demjan nicht gesucht. Er benutzt sogar die ausgesucht alten, kanonisierten Formen. Aber sie feiern bei ihm ihre Auferstehung als unvergleichlicher Übertragungsmechanismus der bolschewistischen Ideenwelt.« [98] Das erinnert an die Phrase vom neuen Wein in alten Schläuchen. Offensichtlich stellt Trotzkij das Prinzip der Umfunktionierung überkommener ästhetischer Techniken über die Forderung nach deren Selektion. Dennoch geben unterm Aspekt der Identität von kultureller Erziehung, »Kampf um das Erbe« (Lukács) und propagandistischer Funktion in der proletarischen Kultur die angedeuteten Widersprüche in Trotzkijs Theorie ihre historische Bedingtheit zu erkennen.

Unverkennbar dominiert in Trotzkijs Argumentation die Forderung nach der »ästhetischen Erziehung« des Proletariats. Darin setzt er die Bemühungen von Mehring, Zetkin u. a. fort, die es sich zur Aufgabe gemacht hatten, dem deutschen Proletariat Kenntnisse über die fortschrittliche bürgerliche Literatur – von Schiller bis Ibsen – zu vermitteln. Diese Verwandtschaft zumal läßt sich an Hand der These Trotzkijs nachweisen, daß eine »freie« Kunst der Epoche des verwirklichten Sozialismus vorbehalten sei. Notwendig tritt so das Prinzip der Parteilichkeit, auf dem Lenin nachdrücklich insistiert, in den Hintergrund. Entgegen den spontanistischen Anschauungen Mehrings und anderer Linker der deutschen Sozialdemokratie, in deren programmatischen Aufsätzen bisweilen die Frontstellung von Politik und Poesie, von

Künstler und Kämpfer betont wird [99], hebt Lenin die enge Verbindung von Parteiorganisation und Parteiliteratur hervor. Lenins Forderung, »die literarische Betätigung« müsse »ein Bestandteil der organisierten, planmäßigen, vereinigten sozialdemokratischen Parteiarbeit werden« [100], beruht auf der Erkenntnis, daß Parteiliteratur nur »frei« sein könne, wenn sie »im Gegensatz zu den bürgerlichen Sitten, im Gegensatz zur bürgerlichen Unternehmer- und Krämerpresse, im Gegensatz zum bürgerlichen Karrierismus und Individualismus in der Literatur, zum »Edelanarchismus« und zur Jagd nach Gewinn« [101] stehe.

Trotzkijs Theorie der proletarischen Kultur, die im Gegensatz zu Lenins Aufsatz über *Parteiorganisation und Parteiliteratur* von 1905 während der Diktatur des Proletariats formuliert wurde, gibt ihren historischen Standort unvermittelt zu erkennen. Insofern kann sie – ebensowenig wie alle prophetischen Äußerungen über eine zukünftige »klassenfreie« Literatur – nicht blank programmatisch angewandt werden, wie es z. B. Peter Gorsen versucht. Präziser als Trotzkij, der in seinem forcierten »Kampf um das Erbe« um seines nebulösen Künstlerischen willen bisweilen alle Vorsicht gegenüber dem Ererbten außer acht läßt, stellt Lenin den Klassencharakter der bürgerlichen Kultur heraus, »um der heuchlerisch freien, in Wirklichkeit aber mit der Bourgeoisie verbundenen Literatur, die wirklich freie, offen mit dem Proletariat verbundene Literatur gegenüberzustellen« [102].

So lassen sich Trotzkijs Thesen gegen gängige linksradikale Kunsttheorien ausspielen, die, den frühen sowjetischen Futurismus rekapitulierend, von proletarischer Kultur und Kunst gänzliche Andersartigkeit fordern, oder andererseits der agitatorischen Verständlichkeit proletarischer Kunst ästhetische Qualität zum Opfer bringen wollen. Fraglich bleibt allerdings, wie jene proletarische Literatur einzuschätzen sei, die unter kapitalistischen Gesellschaftszuständen entsteht. In Analogie zur Entstehungsgeschichte der bürgerlichen Kunst ließe sich ihr die Bezeichnung »proletarisch« zuerkennen, als Ausdruck ihres Klassencharakters und nicht als quasi wissenssoziologische Kategorie des Autorenbewußtseins oder gar der Klassenzugehörigkeit der Verfasser. Insofern sind die Vokabeln Arbeiterdichtung und proletarische Dichtung nicht deckungsgleich: bezeichnenderweise werden unter dem vulgär-soziologischen Begriff »Arbeiterdichtung« zumeist die Werke solcher Autoren subsummiert, die als Renegaten, Revisionisten oder rechte Sozialdemokraten die Interessen ihrer Klasse literarisch verraten haben [103].

Die kategorische Behauptung, sozialistische Literatur, wenn auch mit den »Muttermalen« des Vergangenen gezeichnet, könne sich erst in einer klassenfreien Gesellschaft entwickeln, gehört zu jenen trügerischen Gemeinplätzen. Ebenso täuscht die strikte Scheidung von proletarischer und sozialistischer Literatur. Proletarische Literatur, die laut Trotzkij dieser den Weg bahnt, entsteht schon im Schoß der kapitalistischen Gesellschaft. Als Parteiliteratur, die das organisierte Klasseninteresse des Proletariats literarisch vertritt, erwirbt sie sich den Ehrentitel sozialistische Literatur. Trotzkijs Insistieren auf einer »monumentalen« proletarischen Kultur, die sich erst unter der Diktatur des Proletariats entfalten könne, ist notwendige Folge seiner verabsolutierenden Einschätzung der russischen Entwicklung. Schon Lenin wies auf die russische Spezialität der »asiatischen Zensur« hin, deren Gefangenschaft entronnen, sich die Parteiliteratur nicht in »die Gefangenschaft der bürgerlichkrämerhaften Literaturverhältnisse« begeben werde [104]. Trotzkijs Theorie, die vollends irrig wird, wenn sie mechanistisch auf andersgeartete gesellschaftliche Zustände übertragen wird, zieht aus dem kulturellen Defizit, das der zaristischen Kulturpolitik zu verdanken war, die naheliegende, in ihrer Ausschließlichkeit aber falsche Schlußfolgerung, es sei vordringliche Aufgabe proletarischer Kulturpolitik, dieses Defizit auszugleichen. Anders als Lenin jedoch, der zwar ebenfalls von der »halbasiatischen Kulturlosigkeit« sprach, »aus der wir bisher nicht herausgekommen sind und aus der wir ohne ernste Anstrengungen nicht herauskommen können« [105], fällt Trotzkij, ungeachtet der Feststellung, »die Diktatur des Proletariats« sei »keine kulturellproduktive Organisation einer neuen Gesellschaft, sondern eine revolutionäre Kampfesordnung zu deren Erkämpfung« [106], einer eigentümlichen Atomisierung des ästhetischen Bereichs zum Opfer, die, hinter der Formel von der kulturellen Expropriation der Bourgeoisie getarnt, bisweilen bis zur Plagiats-Aufforderung führt.

Ein Musterbeispiel kritischer Behandlung des kulturellen Erbes liefert Engels in seiner polemischen Analyse der Poesie des »Wahren Sozialismus«. Indem er am Beispiel Karl Becks dessen kleinbürgerlich-demokratische Tendenz scharfer Kritik unterzieht, verweist er zugleich auf deren historische Ursachen: »Ehe nicht in Deutschland die gesellschaftlichen Gegensätze eine schärfere Form erhalten haben durch eine bestimmtere Sonderung der Klassen und momentane Eroberung der politischen Herrschaft durch die Bourgeoisie, ist für einen deutschen Poeten in Deutschland selbst wenig zu hoffen. Einerseits ist es ihm in der deutschen Gesellschaft unmöglich, revolutionär aufzutreten, weil die revolutionären Elemente selbst noch unentwickelt sind, andererseits wirkt die ihn von allen Seiten umgebende chronische Misere zu erschlaffend, als daß er sich darüber erheben, sich frei zu ihr verhalten und sie verspotten könnte, ohne selbst wieder in sie zurückzufallen.« [107] Entsprechend jener grundlegenden Feststellung von Engels, der Sozialismus habe sich von der Utopie zur Wissenschaft erst entwickeln können, nachdem der Kapitalismus sich aller feudalen Bindungen entledigt habe, wird der kleinbürgerliche Sozialismus Becks und verwandter Geister im Zusammenhang mit der ökonomisch-politischen Situation auf den Begriff gebracht. Die Kritik der »philantrophischen Illusionen« des »Wahren Sozialismus«, dessen politisch-literarische Insuffizienz gegenüber der proletarisch-sozialistischen

Literatur von Weerth und Freiligrath festgestellt wird, begründet zugleich die Theorie einer sozialistischen Parteiliteratur, deren Hauptprinzip, die Organisation, in der Zusammenarbeit sozialistischer Schriftsteller an der *Neuen Rheinischen Zeitung* verwirklicht wurde.

Die Existenz einer entfalteten sozialistischen Literatur schon in der frühen Phase des wissenschaftlichen Sozialismus – angesichts des Niedergangs sozialdemokratischer Kulturpolitik in den achtziger Jahren wies Engels in einem wichtigen Aufsatz nachdrücklich auf die zentrale Position Weerths als des »ersten und bedeutendsten Dichters des deutschen Proletariats« [108] hin – stellt die übereilte Rezeption von Trotzkijs literaturtheoretischen Überlegungen in Frage. Die komplizierte Dialektik der Entwicklung einer proletarischen Massenliteratur und der theoretischen Aufarbeitung des vom fortschrittlichen Bürgertum hinterlassenen Erbes ließe sich anhand der widersprüchlichen Kulturpolitik der deutschen Sozialdemokratie bis zum Ausbruch des ersten imperialistischen Weltkrieges im einzelnen entwickeln. Deren besondere Ungereimtheiten allerdings sind nur aus dem real-politischen Kontext zu erklären; die Auseinandersetzung zwischen Marxismus und Lassalleanismus, in der Lassalles Theorien in Gestalt des Bernsteinschen und Kautskyschen Revisionismus den Sieg davongetragen haben, die lähmende Wirkung der Sozialistengesetze und schließlich die verspätete Entwicklung des deutschen Imperialismus [109] haben der sozialdemokratischen Parteiliteratur ihren Stempel aufgeprägt. So war es den Kulturpolitikern der deutschen Sozialdemokratie, die sich innerparteilich im Kampf gegen Links- und Rechtsopportunismus aufrieben, unmöglich, jene Stringenz der Parteilichkeits-Theorie Lenins zu erreichen. »Das maßlose und brillante literarische Debut der deutschen Arbeiter« (Marx) [110], der Versuch, eine proletarisch-sozialistische Nationalliteratur zu schaffen, fand schließlich sein beschämendes Ende in bedingungsloser Unterwerfung unter die kulturelle Diktatur der Bourgeoisie. Clara Zetkins Klage über den Niedergang der sozialistischen Literatur im Gefolge des Revisionismus benennt warnend die verhängnisvollen Folgen unkritischer Rezeption der bürgerlichen Literatur [111]: »Fast alle Leute, die in unseren Reihen literarisch etwas verstehen (...) sind in ekelhaftester Weise ›verkunstwartelt‹. Sie haben kein Verständnis dafür, daß das Proletariat auch auf künstlerischem Gebiete die bürgerliche Kultur nicht bloß übernehmen (...) kann, sondern mit der ›Umwertung aller Werte‹ beginnen muß. Sie wollen das Proletariat ästhetisch verbürgerlichen, statt die neuen kulturellen Kräfte zu lösen und zur Entfaltung selbständigen Lebens zu bringen.« [112]

1 W. I. Lenin, *Kritische Bemerkungen zur nationalen Frage* in: Lenin, *Werke* Bd. 20, Dietz Verlag, Berlin 1968, S. 8/9.

2 Der Verzicht auf *politische* Argumentation kennzeichnet streckenweise noch einen so hervorragenden Aufsatz wie Paul Gerhard Völkers Analyse *Die inhumane Praxis einer bürgerlichen Wissenschaft. Zur Methodengeschichte der Germanistik.* In: Gansberg/Völker, *Methodenkritik der Germanistik.* Stuttgart ^{2}1971.

3 Walter Benjamin, *Literaturgeschichte und Literaturwissenschaft,* in: Benjamin, *Angelus Novus,* Frankfurt/M. 1966, S. 454.

4 Man vergleiche dazu die einschlägigen Auseinandersetzungen auf dem Germanistentag von 1966, sowie die Beiträge des Sammelbandes *Germanistik – eine deutsche Wissenschaft,* Frankfurt/M. 1967.

5 Musterbeispiele dieses Anpassungsreformeifers sind im 3. Teil des Sammelbandes *Ansichten einer künftigen Germanistik,* München 1969, zu finden, in dem unter dem Stichwort ›Modelle‹ Wolfgang Iser und Harald Weinrich ihre Vorstellungen einer Studienreform ausbreiten.

6 Karl August Wittfogel, *Die Wissenschaft der bürgerlichen Gesellschaft. Eine marxistische Untersuchung,* Kleine revolutionäre Bibliothek, Bd. 8, Malik Verlag, Berlin 1922, S. 27/43.

7 Ebda., S. 28.

8 Diese Reduktion, die wider besseres Wissen auf halbem Weg haltmacht, findet sich in nahezu allen Reformvorschlägen, die ungeachtet einiger Zugeständnisse an sozialwissenschaftliche Fragestellungen den Primat eines metaphysisch gesetzten Ästhetischen behaupten. Vgl. Eberhard Lämmert, *Das Ende der Germanistik und ihre Zukunft,* in: *Ansichten einer künftigen Germanistik,* S. 79 ff.

9 Die ideologisch-sozialpsychologische Technik des »klassischen Antikommunismus« untersucht der instruktive Aufsatz *Umrisse einer Theorie des Antikommunismus* von Dieter Hirschfeld in »Das Argument« Nr. 48, Berlin/Karlsruhe 1968, S. 335 ff.

10 Walter Benjamin, *Literaturgeschichte und Literaturwissenschaft* in: Benjamin, *Angelus Novus,* Frankfurt/M. 1966, S. 450 ff.

11 Benjamin, a.a.O., S. 454/455.

12 Walter Benjamin, *Privilegiertes Denken* in: a.a.O., S. 471. Benjamin selbst, der sich als bürgerlicher Intellektueller gegen Ende der zwanziger Jahre zum »Verräter an seiner Klasse« entwickelte, littt unter der Schwierigkeit, sein Programm der Aufhebung des Bildungsprivilegs zu verwirklichen. Vgl. seinen Brief an Gerhard Scholem vom 17. April 1931 (W. B., *Gesammelte Briefe* 2, Frankfurt/M. 1966, S. 531). So nahm seine literaturkritische Tätigkeit bisweilen die umgekehrte Richtung, indem er etwa proletarische Romane wie Panferows *Die Gesellschaft der Habenichtse* (1929 in der *Roten Fahne* abgedruckt) den »Unwissenden« der bürgerlichen Intelligenz durch eine Rezension in der *Literarischen Welt* (15. März 1929) zugänglich machte.

13 Gero v. Wilpert, *Sachwörterbuch der Literatur,* 4. Auflage, Stuttgart 1964, S. 31/32.

14 A.a.O., Stichwort »Soziale Dichtung«, S. 655/656.

15 Friedrich Engels an Minna Kautsky, Brief vom 26. Nov. 1885, MEW Bd. 36, Berlin 1967, S. 394.

16 Friedrich Engels an Ferdinand Lassalle, Brief vom 18. Mai 1859, MEW Bd. 29, Berlin 1967, S. 601/602.

17 Ferdinand Lassalle (2) an Karl Marx (1), Brief vom 19. April 1859, MEW Bd. 29, Berlin 1967, S. 591/592.

18 A.a.O., S. 592.

19 Friedrich Engels an Minna Kautsky, a.a.O., S. 394. Wittfogel hat die Widerstände bürgerlicher Literaturwissenschaft, wie liberal hochgestimmt sie auch sei, gegen die marxistische Interpretation literarischer Gegenstände – und proletarische Literatur läßt sich ohne Sinnentstellung nicht anders als marxistisch analysieren – auf die lapidar anmutende und dennoch zutreffende Formel gebracht: »Konsequent marxistisches Denken – das würde eine Anerkennung der Widersprüche, es würde die Feststellung des Übergangscharakters der heutigen Gesellschaft bedeuten. Ein Kranker aber will von seinem Tode nichts wissen, und die Bourgeoisie als Gesamtheit hat durchaus keine Lust, fortwährend ihre Totenglocken läuten zu hören und noch dazu den Glöckner zu bezahlen.« A.a.O., S. 27.

20 Walter Benjamin, *Einleitung zu Carl Gustav Jochmanns »Rückschritten der Poesie«* in: Benjamin, *Angelus Novus,* S. 352.

21 Georg Herwegh, *Literatur und Politik.* Hrsg. von Katharina Mommsen, Frankfurt/M. 1969; vgl. die vernichtende Rezension der Mommsenschen Herwegh-Interpretation von Gerhard Voigt in *Das Argument* Nr. 61, Berlin/Karlsruhe 1970, S. 752 ff.

22 Diese Lücke schließt zum Teil die verdienstvolle kommentierte Anthologie *Frühes deutsches Arbeitertheater 1947–1918* von Friedrich Knilli und Ursula Münchow, München 1970. Für die nächste Zeit kündigt der Hanser-Verlag eine Dokumentation *Literatur im Klassenkampf* an, die von Walter Fähnders und Martin Rector herausgegeben wird. Außer auf die einschlägigen Hefte der »Alternative« und die Aufsätze von Franz Schonauer und Elisabeth Simons über den »roten Eine-Mark-Roman« im »Kürbiskern« (3/1966, S. 91 ff. und 1/1967, S. 103 ff.) sei noch auf die Reihe »Proletarische Romane« des Oberbaum-Verlages Berlin verwiesen, in der bislang, von der Roten Zelle Germanistik der FU-Berlin ausführlich kommentiert, Klaus Neukrantz' *Barrikaden am Wedding* vorliegt.

23 Theodor W. Adorno, *Engagement* in: Adorno, *Noten zur Literatur* III, Frankfurt/Main 1963, S. 114.

24 Die Aporien der Kunst-Theorie der frankfurter Schule entwickelt Helmut Lethen in seiner hervorragenden Studie *Neue Sachlichkeit 1924–1932. Studien zur Literatur des ›Weißen Sozialismus‹,* Stuttgart 1970, S. 101 ff.

25 Adorno/Horkheimer, *Kulturindustrie* in: Adorno/Horkheimer, *Dialektik der Aufklärung,* Querido Verlag N. V., Amsterdam 1947, S. 161 (außerdem div. Raubdrucke).

26 Ebda.

27 Friedrich Wolff, *Kunst ist Waffe!* in: *Zur Tradition der sozialistischen Kultur in Deutschland,* Berlin und Weimar 1967, S. 34.

28 Johannes R. Becher, *Die Antwort eines »Radikalen« auf den Artikel »Wir und die Radikalen«* von Willy Haas (Nr. 43 d. »L. W.«) in: *Die literarische Welt,* Nr. 46; wiederabgedruckt in: *Zur Tradition der sozialistischen Kultur in Deutschland,* a.a.O., S. 123.

29 Eberhard Lämmert, *Das Ende der Germanistik und ihre Zukunft* in: *Ansichten einer künftigen Germanistik,* S. 98.

30 Herbert Singer, *Literatur, Wissenschaft, Bildung* in: Ebda., S. 57.

31 Paul Gerhard Völker, *Skizze einer marxistischen Literaturwissenschaft* in: Gansberg/Völker, *Methodenkritik der Germanistik,* Stuttgart ^{2}1971, S. 103.

32 Johannes R. Becher, a.a.O., S. 125/126. Aus Bechers Bemerkung die analogisierende Schlußfolgerung zu ziehen, literaturwissenschaftliche Beschäftigung

mit proletarischer Literatur habe sich zunächst auf die theoretisch fundierte Reproduktion ihrer politischen Inhalte zu beschränken, heißt, das Problem entscheidend zu verkürzen. Daß dies, z. B. in der Darstellung der literarischen Bewältigung der Sozialfaschismustheorie des Thälmann-ZK in Neukrantz' *Barrikaden am Wedding* dennoch geschieht, hat seine Ursachen im Nachholbedürfnis auf dem Gebiet der präfaschistischen Klassenkämpfe einerseits und in bewußter Frontstellung gegen den hilflosen Ästhetizismus bürgerlicher Literaturwissenschaft andererseits.

33 Franz Mehring, *Kunst und Proletariat* in: Mehring, *Aufsätze zur deutschen Literatur von Hebbel bis Schweichel,* Gesammelte Schriften Bd. 11, Dietz Verlag, Berlin 1961, S. 445.

34 Vgl. Wilhelm Liebknecht, *Wissen ist Macht – Macht ist Wissen.* Vortrag, gehalten zu den Stiftungsfesten der Dresdener und Leipziger Arbeiterbildungs-Vereine, Leipzig 1873. Engels, der Liebknechts parteipolitische Manöver in vielen Briefen einigermaßen mißtrauisch einschätzte, mokierte sich anhand der innerparteilichen Auseinandersetzung mit der Fraktion der »Jungen« über die unerwünschten Folgen des Liebknechtschen »Bildungssozialismus«.

35 Über die ideologisch-kulturellen Attacken der Bourgeoisie auf das Klassenbewußtsein des deutschen Proletariats informiert Günther Roth, *Die kulturellen Bestrebungen der Sozialdemokratie im kaiserlichen Deutschland* in: Hans-Ulrich Wehler (Hrsg.) *Moderne deutsche Sozialgeschichte,* Köln/Berlin 1966, S. 342ff.

36 W. Liebknecht, *Wissen ist Macht – Macht ist Wissen,* zit. nach Roth, *Die kulturellen Bestrebungen ...,* a.a.O., S. 345.

37 Vgl. dazu Friedrich Bosse, *Der Arbeiterverein Leipzig. Seine Entstehung und seine Entwicklung,* Leipzig 1904.

38 *Lexikon sozialistischer deutscher Literatur. Von den Anfängen bis 1945,* Leipzig 1964, S. 268.

39 F. Bosse, a.a.O., S. 3.

40 Ebda., S. 4.

41 *Lexikon sozialistischer deutscher Literatur,* S. 108.

42 Ebda., S. 107.

43 Ebda.

44 Heinrich Friedrich (d. i. Friedrich Bosse) *Im Kampf. Drama aus dem Arbeiterleben in 4 Akten,* Leipzig o. J., S. 17/20.

45 Ebda., S. 17.

46 Ebda., S. 29/30.

47 Ebda., S. 41.

48 Ebda., S. 64.

49 Ebda., S. 68.

50 Ebda., S. 71.

51 Ebda., S. 74.

52 Ebda.

53 Ebda., S. 76.

54 Ebda., S. 77.

55 Ebda., S. 78.

56 Ebda., S. 79.

57 *Lexikon sozialistischer deutscher Literatur,* S. 107.

58 Ursula Münchow, *Zur Entstehung und Entwicklung des frühen deutschen Arbeitertheaters* in: Knilli/Münchow, *Frühes deutsches Arbeitertheater,* München 1970, S. 24.

59 Ebda., S. 25/26.

60 Ursula Münchow, *Deutscher Naturalismus,* Berlin 1968, S. 149.

61 Gustav Schröder, *Das sozialistische deutsche Bühnenstück von den sechziger Jahren des 19. Jahrhunderts bis zum Zusammenbruch der zweiten sozialistischen Internationale,* Habilitationsschrift, Potsdam 1965, S. 217.

62 Ebda., S. 221.

63 Zum Einfluß Schillers auf die Kulturtheorie der Sozialdemokratie vergleiche man die einschlägigen Aufsätze von Franz Mehring, insbesondere die Schiller betreffenden Partien in der *Deutschen Geschichte vom Ausgange des Mittelalters* (F. Mehring, *Zur deutschen Geschichte I,* Gesammelte Schriften Bd. 5, Berlin 1964), ferner die einzelnen Beiträge der Schiller-Debatte von 1905 (zusammenfassend referiert von Georg Fülberth, *Sozialdemokratische Literaturkritik vor 1914,* »Alternative 76«, Berlin 1971, S. 7/8).

64 Ursula Münchow, *Zur Entstehung und Entwicklung des frühen deutschen Arbeitertheaters,* a.a.O., S. 25.

65 Erich Auerbach, *Mimesis. Dargestellte Wirklichkeit in der abendländischen Literatur,* Bern/München 1964, S. 408/409.

66 Ebda., S. 410.

67 Lassalle leugnete den Klassencharakter des Staates, erblickte in ihm die »Verkörperung der allgemein menschlichen Sittlichkeit« in der Nachfolge Hegels. Ewiger Zweck des Staates sei es, die Menschheit zu einem sittlichen Ganzen zu erziehen. »Die Freiheit des Menschen«, die mit der »Sache des vierten Standes« identisch ist«, läßt sich nur innerhalb des Staates verwirklichen. Vermutlich sah Lassalle die Organisationsform des Staates als parlamentarische oder »integrale« Demokratie, die aufgebaut ist auf der »Spontaneität des Volkswillens«, auf der »revolutionären Tat des Führers und der Diktatur der Wissenschaften«. Das idealistische Verständnis des Staates schlägt sich nieder in Lassalles politischem Programm für die Arbeiterbewegung: »die Schaffung einer eigenen, vom Bürgertum getrennten Organisation«, »die Vertretung des Arbeiterstandes in den gesetzgebenden Körpern Deutschlands« mit Hilfe des allgemeinen und gleichen Wahlrechtes, die Einrichtung von Arbeiter-Produktionsgenossenschaften mit Staatshilfe als Gegengewicht gegen den Kapitalismus, den Appell an Rechtsempfinden, Vernunft und Freiheitswillen der Mehrheit des Volkes, um auf diesen »friedlichen und legalen« Wegen schrittweise eine sozial und politisch gerechte Ordnung schaffen zu können.« (Helga Grebing, *Geschichte der deutschen Arbeiterbewegung,* München 1966, S. 51/52).

68 Friedrich Engels, *Einleitung zu Marx' ›Klassenkämpfe in Frankreich‹,* MEW Bd. 22, Berlin 1970, S. 525.

69 Ebda., S. 526.

70 Vgl. Institut für Marxismus-Leninismus beim Zentralkomitee der SED (Hrsg.), *Geschichte der deutschen Arbeiterbewegung. Kapitel III: Periode von 1871 bis zum Ausgang des 19. Jahrhunderts,* Berlin 1966, S. 56 ff.

71 Gemeint ist der Wahlsieg vom 20. Februar 1890, bei der die Sozialdemokratie insgesamt 1 427 298 Stimmen, also 19,7 %, erhielt und damit zur stärksten Partei in Deutschland wurde.

72 Friedrich Engels an Conrad Schmidt, Brief vom 12. April 1890, MEW Bd. 37, Berlin 1967, S. 384.

73 Friedrich Engels an Wilhelm Liebknecht, Brief vom 9. März 1890, a.a.O., S. 365.

74 Über die »zwieschlächtige Rolle« Lassalles, dessen »ganze Größe darauf beruhte, daß Marx ihm erlaubte, jahrelang sich mit M(arx')s Forschungsresul-

taten als mit seinen eigenen zu schmücken und sie obendrein aus mangelhafter ökonomischer Vorbildung zu verdrehen«, schreibt Engels ausführlich an Kautsky, Brief vom 23. Februar 1891, MEW Bd. 38, Berlin 1968, S. 40/41.

75 Helmut Böhme, *Prolegomena zu einer Sozial- und Wirtschaftsgeschichte Deutschlands im 19. und 20. Jahrhundert,* Frankfurt/M. 1968, S. 91.

76 Vgl. Jürgen Kuczynski, *Darstellung der Lage der Arbeiter in Deutschland von 1871 bis 1900,* Bd. 3 der *Geschichte der Lage der Arbeiter unter dem Kapitalismus,* Berlin 1962, S. 121 ff. und S. 249 ff. Ferner: Jürgen Kuczynski, *Die Bewegung der deutschen Wirtschaft von 1800 bis 1946,* Meisenheim am Glan 1948, S. 88 ff.

77 Vgl. Ernst Engelberg, *Deutschland von 1871 bis 1897,* Berlin 1965, S. 253 ff.

78 Eberhard Czichon, *Der Bankier und die Macht, Hermann Abs in der deutschen Politik,* Köln 1970, S. 2.

79 Ebda., S. 2/3.

80 Jürgen Kucynski, *Die Bewegung der deutschen Wirtschaft von 1800 bis 1946,* S. 102.

81 Böhme, *Prolegomena zu einer Sozial- und Wirtschaftsgeschichte ...,* S. 85.

82 W. I. Lenin, *Parteiorganisation und Parteiliteratur* in: Lenin, *Werke,* Bd. 10, Berlin 1970, S. 34.

83 Leo Trotzkij, *Literatur und Revolution,* Wien 1924 (von F. Rubiner gekürzte Übersetzung der russischen Ausgabe), S. 115/117 (Neuausgabe Berlin 1968).

84 Ebda., S. 125.

85 Ebda., S. 122.

86 Ebda., S. 123.

87 Ebda., S. 126.

88 Ebda., S. 125.

89 Von der Diktatur des Proletariats sagt Lenin, sie »sei nicht die Beendigung des Klassenkampfes, sondern seine Fortführung in neuen Formen. Die Diktatur des Proletariats ist der Klassenkampf des Proletariats, das gesiegt und die politische Macht erobert hat, gegen die Bourgeoisie, die zwar besiegt, aber nicht vernichtet, nicht verschwunden ist, die nicht aufgehört hat, Widerstand zu leisten, gegen die Bourgeoisie, die ihren Widerstand verstärkt hat« (*Vorwort zur Publikation der Rede ›Über den Volksbetrug mit den Losungen Freiheit und Gleichheit‹* in: Lenin, *Werke,* Bd. 29; vgl. dazu: Lenin, *Die Proletarische Revolution und der Renegat Kautsky* in: Lenin, *Werke* Bd. 28, Berlin 1970, S. 227 ff.). Marx geht in der *Kritik des Gothaer Programms* ebenfalls auf das Problem der Diktatur des Proletariats ein und erklärt: »Zwischen der kapitalistischen und der kommunistischen Gesellschaft liegt die Periode der revolutionären Umwandlung der einen in die andere. Der entspricht auch eine politische Übergangsperiode, deren Staat nichts andres sein kann als die revolutionäre Diktatur des Proletariats« (MEW Bd. 19, Berlin 1969, S. 28). Über die Eigenarten der sozialistischen Gesellschaft, der ersten Stufe des Kommunismus also, während der die Diktatur des Proletariats andauert, führt Marx am gleichen Ort aus: »Womit wir es hier zu tun haben, ist eine kommunistische Gesellschaft, nicht wie sie sich auf ihrer eignen Grundlage entwickelt hat, sondern umgekehrt, wie sie eben aus der kapitalistischen Gesellschaft hervorgeht, also in jeder Beziehung, ökonomisch, sittlich, geistig, noch behaftet ist mit den Muttermalen der alten Gesellschaft, aus deren Schoß sie herkommt.« (A.a.O., S. 21).

90 Trotzkij, a.a.O., S. 133.

91 Ebda., S. 135.

92 Ebda., S. 137. Vgl. den Aufsatz von Peter Gorsen über *Marxismus und Kunstanalyse in der Gegenwart (1)* in: *Ästhetik und Kommunikation,* Heft 2, Frankfurt/M. 1970, S. 47 ff. Gorsen insistiert im Gefolge Benjamins, Brechts und Trotzkijs – bisweilen riskant jonglierend – auf dem Primat der ästhetischen Qualität für sozialistische Kunst gegenüber »aktionsanarchistischen« Forderungen nach unmittelbarer Verständlichkeit, funktionell reduzierten ästhetischen Verfahrensweisen usw.

93 Friedrich Engels an Conrad Schmidt, Brief vom 5. August 1890, MEW Bd. 37, Berlin 1967, S. 437.

94 Trotzkij, a.a.O., S. 150.

95 Vgl. Trotzkij, a.a.O., S. 153 ff.

96 Ebda., S. 167.

97 Ebda., S. 147.

98 Ebda.

99 Vgl. Franz Mehring, *Freiligrath und Marx in ihrem Briefwechsel* in: Mehring, *Aufsätze zur deutschen Literatur von Klopstock bis Weerth,* Gesammelte Schriften Bd. 10, Dietz Verlag, Berlin 1961, S. 531 ff.

100 W. I. Lenin, *Parteiorganisation und Parteiliteratur* in: a.a.O., S. 31.

101 Ebda., S. 30.

102 Ebda., S. 33/34.

103 Vgl. die durchgängige Tendenz in: Christoph Rülcker, *Ideologie der Arbeiterdichtung. Eine wissenssoziologische Untersuchung,* Stuttgart 1970.

104 W. I. Lenin, a.a.O., S. 32.

105 W. I. Lenin, *Tagebuchblätter* in: Lenin, *Werke* Bd. 33, Berlin 1967, S. 449.

106 Trotzkij, a.a.O., S. 119/120.

107 F. Engels, *Deutscher Sozialismus in Versen und Prosa,* MEW Bd. 4, Berlin 1969, S. 222.

108 Friedrich Engels, *Georg Weerth, der erste und bedeutendste Dichter des deutschen Proletariats,* MEW Bd. 21, Berlin 1969, S. 5 ff.

109 Als knappe Einführung in die Entwicklung des deutschen Imperialismus bietet sich die Broschüre von Eugen Varga an, *Der deutsche Imperialismus,* erstmals 1946 im Verlag der sowjetischen Militärverwaltung in Deutschland (SMAD) erschienen, wiederaufgelegt im Oberbaum-Verlag, Berlin (West) 1970.

110 Karl Marx (über W. Weitlings *Garantien der Harmonie und Freiheit* in: *Kritische Randglossen zu dem Artikel »Der König von Preußen und die Sozialreform. Von einem Preußen,* MEW Bd. 1, Berlin 1970, S. 405.

111 Symptomatische Äußerungen, die bisweilen an Herweghs waghalsige Behauptung erinnern, »noch das harmloseste Lied« sei, »wenn man Konsequenzen daraus ziehen wollte, hochverräterisch« (*Platens Lieder und Romanzen,* Herweghs *Werke,* Berlin und Weimar 1967, S. 301), fallen in der Naturalismus-Debatte des Gothaer Parteitags von 1896 und in der Auseinandersetzung zwischen Heinz Sperber und Friedrich Stampfer über das Verhältnis von Kunst und Tendenz (teilweise abgedruckt in: Alternative 76. *Proletarische Partei und bürgerliche Literatur,* Berlin 1971, S. 17 ff.).

112 Clara Zetkin an Franz Mehring (1904), zit. nach: *Lexikon sozialistischer deutscher Literatur,* Leipzig 1964, S. 29.

Einführende Bibliographie

Vorbemerkung

In dieser Bibliographie ist nur diejenige Literatur zusammengefaßt, die zur Fixierung des Zusammenhangs von Literaturwissenschaft und Sozialwissenschaften unerläßlich schien. Mit Rücksicht auf die besonderen Voraussetzungen der literaurwissenschaftlichen Tätigkeit wurde die sozialwissenschaftliche und philosophische Literatur auf ein Minimum beschränkt. Ihre Zitierung erschien jedoch nötig, um den *materialen* Gehalt des vorliegenden Sammelbandes verstärkt zum Bewußtsein zu bringen. Aufgrund der in diesem Sammelband geführten Argumentation wurde kein besonderer Wert auf die vollständige Nennung positivistischer und strukturalistischer Untersuchungen gelegt.

Für die literatursoziologische Arbeit empfiehlt es sich, ergänzend die Bibliographien der folgenden Bände hinzuzuziehen:

- P. *Demetz,* Marx, Engels und die Dichter, Frankfurt/M.-Berlin 1969.
- H. N. *Fügen,* Die Hauptrichtungen der Literatursoziologie. Bonn [5]1971.
- H. N. *Fügen,* Wege der Literatursoziologie. Neuwied-Berlin 1968.
- G. *Lukács,* Schriften zur Literatursoziologie. Ausgew. und eingel. v. P. *Ludz.* Neuwied-Berlin [3]1968.

Politik: Liberalismus – Faschismus – Sozialismus

Abendroth, W., Wirtchaft, Gesellschaft und Demokratie in der Bundesrepublik. Frankfurt/M. 1965.

ders., Sozialgeschichte der europäischen Arbeiterbewegung. Frankfurt/M. [2]1972.

ders., K. *Lenk* (Hrsg.), Einführung in die politische Wisenschaft. Bern-München 1968.

ders., Antagonistische Gesellschaft und politische Demokratie. Aufsätze zur politischen Soziologie. Neuwied-Berlin 1967.

Agnoli, J. u. P. *Brückner,* Die Transformation der Demokratie. 2. Aufl., Frankfurt/M. 1968.

Die Arbeiterklasse im Spätkapitalismus I. Das Argument. Nr. 61, Berlin 1970.

Die Arbeiterklasse im Spätkapitalismus II. Das Argument. Nr. 62, Berlin 1970.

Arendt, H., Elemente und Ursprünge totaler Herrschaft. Frankfurt/M. 1962.

Bergsträsser, L., Geschichte der politischen Parteien in Deutschland. 11. Aufl., München-Wien 1967.

Carsten, F. L., Der Aufstieg des Faschismus in Europa. Frankfurt/M. 1968 (mit Literaturhinweisen zum internationalen Faschismus).

Claessens, D., *Klönne,* A., *Tschoepe,* A., Sozialkunde der Bundesrepublik Deutschland. Düsseldorf-Köln [2]1968.

Clemenz, M., Gesellschaftliche Ursprünge des Faschismus. Frankfurt 1972.

Faschismus-Theorie I. Das Argument. Nr. 30, Berlin [4]1968.
Faschismus-Theorien II. Das Argument. Nr. 32, Berlin [4]1968.
Faschismus-Theorien III. Das Argument. Nr. 33, Berlin [2]1968.
Faschismus-Theorien IV. Staat und Gesellschaft im Sozialismus. Das Argument. Nr. 41, Berlin [3]1969.
Faschismus-Theorien V. Faschismus und Kapitalismus. Das Argument. Nr. 47, 1968.
Faschismus-Theorien VI. Das Argument. Nr. 58, Berlin 1970.
Fetscher, I., Politikwissenschaft. Frankfurt/M. 1969.
ders., (Hrsg.), Rechtsradikalismus. Frankfurt/M. 1967.
Gerber, C.-P. und M. *Stosberg,* Die Massenmedien und die Organisation politischer Interessen. Bielefeld 1969.
Geschichte der deutschen Arbeiterbewegung. Von den Anfängen bis 1963. 15 Bde. Berlin 1966.
Habermas, J., Strukturwandel der Öffentlichkeit. Untersuchungen zu einer Kategorie der bürgerlichen Gesellschaft. Neuwied-Berlin 1962.
ders., u. a., Student und Politik. Neuwied-Berlin 1961.
Haug, W. F., Der hilflose Antifaschismus. Frankfurt/M. 1967.
Hofmann, W., Zur Soziologie des Antikommunismus, in: Stalinismus und Antikommunismus. Zur Soziologie des Ost-West-Konflikts. Frankfurt/M. 1967.
Holzer, H., Massenkommunikation und Demokratie in der Bundesrepublik Deutschland. Opladen 1969.
Jaeggi, U., Macht und Herrschaft in der Bundesrepublik. Frankfurt/M.-Hamburg 1969.
Jerussalimski, A., Der deutsche Imperialismus. Geschichte und Gegenwart. Berlin 1968.
Kofler, L., Zur Geschichte der bürgerlichen Gesellschaft. Neuwied-Berlin 1966.
Kritik der bürgerlichen Geschichtsschreibung. Handbuch. Hrsg. v. W. *Berthold,* G. *Lozek,* H. *Meier,* W. *Schmidt.* Köln 1970 (vgl. dort weitere Literatur zur Diskussion »reaktionäres Geschichtsbild« und »Geschichtsfälschungen«).
Kühnl, R., G. *Ahrweiler* u. a., Die NPD. Struktur, Programm und Ideologie einer neofaschistischen Partei. Berlin 1967. 2. Aufl., Frankfurt/M. 1969.
ders., Deutschland zwischen Demokratie und Faschismus. München 1969.
ders., Formen bürgerlicher Herrschaft: Liberalismus – Faschismus. Reinbek 1971.
Lukács, G., Frühschriften II: Geschichte und Klassenbewußtsein (1923); Lenin (1924); Kleine politische Schriften. Werke Bd. 2, Neuwied-Berlin 1968.
Mansilla, H. C. F., Faschismus und eindimensionale Gesellschaft. Neuwied-Berlin 1971. (vgl. dort weitere Literatur zur Faschismus-Diskussion).
Mills, C. W., Die amerikanische Elite. Gesellschaft und Macht in den Vereinigten Staaten. Hamburg 1962.
Müller, H. D., Der Springer-Konzern. München 1968.
Naumann, F., Demokratischer und autoritärer Staat. Frankfurt/M. 1967.
Nolte, E., Der Faschismus in seiner Epoche. München 1963.
ders., Theorien über den Faschismus. Köln-Berlin 1967.
Plessner, H., Die verspätete Nation. Über die politische Verführbarkeit des bürgerlichen Geistes. Stuttgart 1959.
Reich, W., Massenpsychologie des Faschismus. Zur Sexualökonomie der politischen Reaktion und zur proletarischen Sexualpolitik. Kopenhagen-Prag-Zürich 1934.
Restauration. Determinanten der westdeutschen Restauration 1945–1949. Frankfurt/M 1972.
Sachwörterbuch der Geschichte und der deutschen Arbeiterbewegung. Bisher 2 Bde., Berlin 1969–70.

Scheuch, E. K. u. H. D. *Klingemann* (Hrsg.), Materialien zum Phänomen des Rechtsradikalismus in der Bundesrepublik. Köln 1967.
ders., Theorie des Rechtsradikalismus in westlichen Industriegesellschaften. In: Hamburger Jahrbuch f. Wirtschafts- und Gesellschaftspolitik, Tübingen 1967.
Schoenbaum, D., Die braune Revolution. Eine Sozialgeschichte des Dritten Reiches. Köln-Berlin 1968.
Schwarz, H. P., Vom Reich zur Bundesrepublik. Neuwied-Berlin 1966.
Varga, E., Der deutsche Imperialismus. Berlin 1970.
Wallraven, K. u. E. *Dietrich*, Politische Pädagogik. Aus dem Vokabular der Anpassung. München 1970 (vgl. dort weitere Literatur zur politischen Bildung).
Wehler, U., Moderne deutsche Sozialgeschichte. Köln-Berlin 1966.
Winckler, L., Studie zur gesellschaftlichen Funktion faschistischer Sprache, Frankfurt/M 1970.

Ideologiekritik und Wissenssoziologie

Adorno, Th. W., Eingriffe. Neun kritische Modelle. Frankfurt/M. 1964.
ders., Jargon der Eigentlichkeit. Zur deutschen Ideologie. Frankfurt/M. 1964.
ders., Prismen. Kulturkritik und Gesellschaft. Berlin-Frankfurt/M. 1955.
Albert, H., Wissenschaft und Politik. Zum Problem der Anwendbarkeit einer wertfreien Sozialwissenschaft. In: Probleme der Wissenschaftstheorie, hrsg. v. E. *Topitsch*. Wien 1960.
Barthes, R., Mythen des Alltags. Frankfurt/M. 1964.
Gabel, J., Formen der Entfremdung. Aufsätze zum falschen Bewußtsein. Frankfurt/M. 1964.
Geiger, Th., Ideologie und Wahrheit. Eine soziologische Kritik des Denkens. Stuttgart-Wien 1953.
Gurvitch, G., Wissenssoziologie. In: Die Lehre von der Gesellschaft. Ein Lehrbuch der Soziologie (hrsg. v. G. Eisermann). Stuttgart 1958.
Habermas, J., Technik und Wissenschaft als Ideologie. Frankfurt/M. 1968.
Helms, H. G., Die Ideologie der anonymen Gesellschaft. Köln 1966.
Hofmann, W., Universität, Ideologie, Gesellschaft. Beiträge zur Wissenssoziologie. Frankfurt/M. 1969.
Horkheimer, M. u. Th. W. *Adorno*, Dialektik der Aufklärung. Philosophische Fragmente. Frankfurt/M. 1969.
Kettler, D., Marxismus und Kultur. Neuwied-Berlin 1967.
Kracauer, S., Schriften Bd. 1 ff. (Bd. 4 bereits erschienen). Frankfurt/M 1971 ff.
Lenk, K., Dialektik und Ideologie. Zum Ideologieproblem in der Philosophie Hegels. In: Archiv f. Rechts- und Sozialphilosophie 49 (1963).
ders. (Hrsg.), Ideologie. Ideologiekritik und Wissenssoziologie. Neuwied-Berlin [3]1967 (mit ausführlichem Literaturverzeichnis).
ders., Die positivistische Ideologienlehre. In: Dialectica, Bd. 16 (1962).
ders., Karl Mannheim. In: Handwörterbuch der Sozialwissenschaften, Bd. 7, Stuttgart-Tübingen-Göttingen 1960.
ders., Die Rolle der Intelligenzsoziologie in der Theorie Mannheims. In: Kölner Zs. f. Soziologie u. Sozialpsychologie 15 (1963).
ders., Soziologie und Ideologienlehre. Bemerkungen zur Marxismusdiskussion in der deutschen Soziologie von Simmel bis Mannheim. In: Kölner Zs. f. Soziologie und Sozialpsychologie 13 (1961).

ders., Das Werturteilsproblem bei Max Weber. In: Zs. f. d. gesamte Staatswissenschaft 120 (1964).
Ludz, P. Chr., Der Ideologiebegriff des jungen Marx und seine Fortentwicklung im Denken von Georg Lukács und Karl Mannheim. Diss. Berlin 1956.
Lukács, G., Schriften zur Ideologie und Politik. Ausgewählt und eingeleitet von P. *Ludz*. Neuwied-Berlin 1967.
Festschrift zum 80. Geburtstag von Georg Lukács. Hrsg. von F. *Benseler*. Neuwied-Berlin 1965 (vgl. dort die bislang umfassendste Lukács-Bibliographie).
Mannheim, K., Wissenssoziologie. Hrsg. und eingel. v. K. H. *Wolff*. Neuwied-Berlin [2]1970.
ders., Ideologie und Utopie. Frankfurt/M. [5]1969.
Marx, K. u. F. *Engels*, Die Deutsche Ideologie. Marx-Engels-Werke, Band 3, Berlin 1969.
Materialistische Wissenschaft 1: Zum Verhältnis von Ökonomie, Politik und Literatur im Klassenkampf. Berlin 1971.
Materialistische Wissenschaft 2: Von der kritischen zur historisch-materialistischen Literaturwissenschaft. Berlin 1971.
Materialistische Wissenschaft 3: Großbürgerliche Aufklärung als Klassenversöhnung: Voltaire. Berlin 1972.
Niess, F., Das Rechtskartell an der Universität und die Zukunft der angepaßten Wissenschaft. In: Das Argument. Nr. 61, Berlin 1970.
Schmidt, A., Ideologie und Anspruch auf Wissenschaftlichkeit. In: Periodikum f. wissenschaftlichen Sozialismus 16 (1960).
Topitsch, E., Begriff und Funktion der Ideologie. In: Sozialphilosophie zwischen Ideologie und Wissenschaft. 2. Aufl., Neuwied-Berlin 1966.
ders., Entfremdung und Ideologie. Hamburger Jahrbuch f. Wirtschafts- und Gesellschaftspolitik 9, 1964.
ders., Ideologie. In: Staatslexikon, Recht – Wirtschaft – Gesellschaft, Freiburg 1959.
ders., Über Leerformeln. In: Probleme der Wissenschaftstheorie (hrsg. v. E. *Topitsch*), Wien 1960.
ders. u. W. *Weber*, Das Wertfreiheitsproblem seit Max Weber. In: Zs. f. Nationalökonomie XIII (1951).
ders., Die Freiheit der Wissenschaft und der politische Auftrag der Universität. Neuwied-Berlin [2]1969.
ders., Sozialphilosophie zwischen Ideologie und Wissenschaft, Neuwied-Berlin 1961.
Weber, M., Gesammelte Aufsätze zur Wissenschaftslehre. Tübingen [3]1968.
Weisser, G., Zur Erkenntniskritik der Urteile über den Wert sozialer Gebilde und Prozesse. In: Kölner Zs. f. Soziologie und Sozialpsychologie 6 (1953/54).
Wissenschaft als Politik I. Das Argument. Nr. 43, Berlin [2]1969.
Wissenschaft als Politik II. Kritik der bürgerlichen Germanistik. Das Argument. Nr. 49, Berlin [2]1969.
Wittfogel, K. A., Die Wissenschaft der bürgerlichen Gesellschaft. Berlin 1922.
Wolff, K. H., Versuch einer Wissenssoziologie. Neuwied-Berlin 1968.
Wissenschaft und Kapital. Zur Grundlegung sozialistischer Hochschulpolitik. Rotzeg München. München o. J.

Dialektische Philosophie

Adorno, Th. W., Drei Studien zu Hegel. Frankfurt/M. 1963.
ders., Negative Dialektik. Frankfurt/M. 1966.

Autonomie der Kunst. Zur Genese und Kritik einer bürgerlichen Kategorie. Frankfurt 1972.
Beiträge zur marxistischen Erkenntnistheorie. Hrsg. v. A. *Schmidt*. Frankfurt/M. 1969.
Benjamin, W., Gesammelte Schriften, Bd. 1 ff., Frankfurt 1972 ff.
Bloch, E., Geist der Utopie. Frankfurt/M. 1964.
ders., Philosophische Aufsätze zur objektiven Phantasie. Frankfurt/M. 1969.
ders., Das Prinzip Hoffnung. 3 Bde., Frankfurt/M. 1959.
ders., Subjekt – Objekt. Erläuterungen zu Hegel. Frankfurt/M. 1962.
Brecht-Lukács-Benjamin, Fragen der marxistischen Theorie I. Das Argument. Nr. 46, Berlin ²1969.
Fragen der marxistischen Theorie II. Das Argument. Nr. 52, Berlin 1969.
Gadamer, H.-G., Wahrheit und Methode. 2. Aufl., Tübingen 1965.
Goldmann, L., Dialektische Untersuchungen. Neuwied-Berlin 1966.
Habermas, J., Erkenntnis und Interesse. Frankfurt/M. 1969.
ders., Theorie und Praxis. Sozialphilosophische Studien. Neuwied-Berlin 1963.
Hegel, G. W. F., Phänomenologie des Geistes. Theorie Werkausgabe Bd. 3, Frankfurt/M. 1970.
ders., Vorlesungen über die Ästhetik. Theorie Werkausgabe Bd. 13–15, Frankfurt/Main 1970.
Holz, H.-H., Vom Kunstwerk zur Ware. Studien zur Funktion des ästhetischen Gegenstands im Spätkapitalismus. Neuwied-Berlin 1972.
Hermeneutik und Ideologiekritik. Hrsg. v. J. *Habermas*. Frankfurt 1971.
Horkheimer, M. u. Th. W. *Adorno*, Dialektik der Aufklärung. Frankfurt/M. 1969.
ders., Kritische Theorie. Eine Dokumentation. Hrsg. v. A. *Schmidt*. 2 Bde., Frankfurt/M. 1968.
ders., Zur Kritik der instrumentellen Vernunft. Hrsg. v. A. *Schmidt*. Frankfurt/M. 1967.
Korsch, K., Marxismus und Philosophie. Frankfurt/M. 1966.
ders., Die materialistische Geschichtsauffassung, Leipzig 1929.
ders., Karl Marx. Frankfurt/M.-Wien 1968.
Kosik, K., Die Dialektik des Konkreten, Frankfurt/M. 1966.
Lenin, W. I., Materialismus und Empiriokritizismus. Kritische Bemerkungen über eine reaktionäre Philosophie (1909), 5. Aufl., Berlin 1958.
Lenk, K., Von der Ohnmacht des Geistes. Kritische Darstellung der Spätphilosophie Max Schelers, Tübingen 1959.
Lieber, H.-J., Philosophie – Soziologie – Gesellschaft. Berlin 1965.
Löwith, K., Von Hegel zu Nietzsche, 4. Aufl., Stuttgart 1958.
ders., Weltgeschichte und Heilsgeschehen. Stuttgart 1953.
Lukács, G., Der junge Hegel. Über die Beziehungen von Dialektik und Ökonomie. Werke Bd. 8. Neuwied-Berlin 1967.
ders., Die Zerstörung der Vernunft. Werke Bd. 9. Neuwied-Berlin 1962.
Lypp, B., Ästhetischer Absolutismus und politische Vernunft, Frankfurt 1972.
Marcuse, H., Hegels Ontologie und die Theorie der Geschichtlichkeit. Frankfurt/Main ²1968.
Marx, K., Das Elend der Philosophie. Antwort auf Proudhons »Philosophie des Elends«. In: MEW, Band 4. Berlin 1969.
ders., Die heilige Familie (1845) und andere philosophische Schriften. MEW Bd. 2. Berlin 1969.
ders., Zur Theorie und Philosophie der Geschichte, 2. Aufl., Stuttgart 1965.

Oelmüller, W., Hegels Satz vom Ende der Kunst und das Problem der Philosophie der Kunst nach Hegel. In: Philosophisches Jahrbuch, Bd. 73 (1965), S. 75 ff.
Plechanow, G. W., Beiträge zur Geschichte des Materialismus. Holbach-Helvetius-Marx. Berlin 1946.
Sartre, J. P., Kritik der dialektischen Vernunft. Theorie der gesellschaftlichen Praxis. Hamburg 1967.
Schmidt, A., Der Begriff der Natur in der Lehre von Marx, Frankfurt/M. 1962.
Tomberg, F., Basis und Überbau. Sozialphilosophische Studien. Neuwied-Berlin 1969.
Zelený, I., Die Wissenschaftslogik und »Das Kapital«. Frankfurt/M.-Wien 1968.

Politische Ökonomie

Albert, H., Ökonomische Ideologie und politische Theorie. Das ökonomische Argument in der ordnungspolitischen Debatte. Göttingen 1954.
Arndt, H. (Hrsg.), Die Konzentration der Wirtschaft. 3 Bände, Berlin 1960.
Baran, P. A. u. P. M. *Sweezy,* Monopolkapital. Frankfurt 1967.
ders., Politische Ökonomie und wirtschaftliches Wachstum. Neuwied-Berlin 1966.
Bettelheim, Ch., Über das Fortbestehen von Warenverhältnissen in den sozialistischen Ländern. Berlin 1970.
Dobb, M., Organisierter Kapitalismus. Frankfurt/M. 1966.
ders., Entwicklung des Kapitalismus. Vom Spätfeudalismus zur Gegenwart. Köln 1970.
Hilferding, R., Das Finanzkapital. Frankfurt/M. 1968.
Hofmann, W., Zum Gesellschaftsbild der Nationalökonomie von heute. In: Kölner Zs. f. Soziologie u. Sozialpsychologie, Jg. 11 (1959).
ders., Grundelemente der Wirtschaftsgesellschaft. Reinbek 1969.
Huffschmid, J., Die Politik des Kapitals. Konzentration und Wirtschaftspolitik in der BRD. 3. Aufl., Frankfurt/M. 1970.
Imperialismus heute. Der staatsmonopolistische Kapitalismus in Westdeutschland. Berlin 1968.
Lenin, W. J., Der Imperialismus als höchstes Stadium des Kapitalismus. Berlin 1946 u. ö.
Machtstrukturen des heutigen Kapitalismus. Marxistische Blätter, Sonderheft 1, Frankfurt/M. 1967.
Mandel, E., Marxistische Wirtschaftstheorie. Frankfurt/M. 1968.
ders., Die EWG und die Konkurrenz Europa – Amerika. Frankfurt/M. 1968.
ders., Theorie des Spätkapitalismus, Frankfurt 1972.
Marx, K., Das Kapital. MEW Bd. 23–25. Berlin 1953 f. u. ö.
ders., Zur Kritik der politischen Ökonomie. MEW, Bd. 13, Berlin 1969.
ders., Grundrisse der Kritik der Politischen Ökonomie (Rohentwurf). Berlin 1953 (Nachdruck Frankfurt/M. 1970).
ders., Lohnarbeit und Kapital (1849). In: MEW, Bd. 4, Berlin 1969.
Meißner, H. (Hrsg.), Bürgerliche Ökonomie im modernen Kapitalismus. Berlin 1967.
Motteck, H., Wirtschaftsgeschichte Deutschlands. 2 Bde, Berlin 1968.
Rosdolsky, R., Zur Entstehungsgeschichte des Marxschen »Kapital«. Frankfurt/M. 1968 (Neuausgabe in Vorbereitung).
Sohn-Rethel, A., Geistige und körperliche Arbeit. Frankfurt 1970.
Sweezy, P. M., Die Zukunft des Kapitalismus und andere Aufsätze zur politischen Ökonomie. Frankfurt/M. 1970.

ders., Zur Theorie der kapitalistischen Entwicklung. Köln 1959.
Treue, W., Wirtschaftsgeschichte der Neuzeit. Stuttgart 1962.
Varga, E., Die Krise des Kapitalismus und ihre politischen Folgen. Hrsg. und eingel. v. E. *Altvater*. Frankfurt/M. 1969.
Weber, M., Wirtschaftsgeschichte. Berlin 1958.
Wirtschaftsmodelle im Sozialismus. Das Argument. Nr. 39, Berlin ²1969.
Wittfogel, K. A., Geschichte der bürgerlichen Gesellschaft. O. O., o. J. (Raubdruck).

Soziologie und Sozialpsychologie

Adorno, Th. W. u. a., Der Positivismusstreit in der deutschen Soziologie. Neuwied-Berlin 1969.
ders., Ohne Leitbild. Frankfurt/M. 1967.
ders. u. M. *Horkheimer*, Sociologica II. Reden und Vorträge. Soziologische Schriften I. Frankfurt/M. 1972.
Braun, S., Zur Soziologie der Angestellten. Frankfurt/M. 1964.
ders. u. J. *Fuhrmann*, Angestelltenmentalität. Position und gesellschaftliches Denken der Industrieangestellten. Bericht über eine industriesoziologische Untersuchung. Neuwied-Berlin 1970.
Claessens, D. u. a., Angestellte und Arbeiter in der Betriebspyramide. Berlin 1959.
ders., Familie und Wertsystem. 2. Aufl., Berlin 1967.
ders., A. *Klönne*, A. *Tschoepe*, Sozialkunde der Bundesrepublik Deutschland. 2. Aufl., Düsseldorf-Köln 1968.
Freud, S., Jenseits des Lustprinzips. Massenpsychologie und Ich-Analyse. Das Ich und das Es. Gesammelte Werke Bd. 13, Frankfurt/M. ⁶1969.
Fürstenberg, F., Die Sozialstruktur der Bundesrepublik Deutschland. Köln-Opladen 1967.
Galbraith, J. K., Die moderne Industriegesellschaft. München-Zürich 1968.
Gurvitch, G., Dialektik und Soziologie. Neuwied-Berlin 1965.
Hofmann, W., Gesellschaftslehre als Ordnungsmacht. Die Werturteilsfrage – heute. Berlin 1961.
Jaeggi, U. u. H. *Wiedemann*, Der Angestellte in der Industriegesellschaft. Stuttgart 1966.
König, R., Einleitung: I. Über den Begriff der »empirischen Soziologie«; II. Die »ethischen« Probleme der empirischen Soziologie. In: Handbuch der empirischen Sozialforschung, hrsg. v. R. *König* unter Mitwirkung v. H. *Maus*. Stuttgart 1962.
Kracauer, S., Die Angestellten. Eine Schrift vom Ende der Weimarer Republik. Frankfurt/M. 1972.
ders., Das Ornament der Masse. Essays. Frankfurt/M. 1963.
Kofler, L., Die Gesellschaftsauffassung des historischen Materialismus. In: Handbuch der Soziologie (hrsg. v. W. *Ziegenfuß*). Stuttgart 1956.
Kritik der bürgerlichen Sozialwissenschaften. Das Argument. Nr. 50, Berlin 1969.
Landshut, S., Kritik der Soziologie und andere Schriften. Neuwied-Berlin 1969.
Lepenies, W., Melancholie und Gesellschaft. Frankfurt 1969.
Lorenzer, A., Zur Begründung einer materialistischen Sozialisationstheorie, Frankfurt 1972.
Marcuse, H., Psychoanalyse und Politik. Frankfurt/M. o. J.
ders., Triebstruktur und Gesellschaft. Frankfurt/M. 1965.
ders., Vernunft und Revolution. Hegel und die Entstehung der Gesellschaftstheorie, Neuwied-Berlin 1962.

ders., Der eindimensionale Mensch. Studien zur Ideologie der fortgeschrittenen Industriegesellschaft. Neuwied-Berlin [2]1967.
Mead, G. H., Sozialpsychologie. Neuwied-Berlin 1969.
Michel, K. M., Die sprachlose Intelligenz. Frankfurt/M. 1969.
Mills, C. W., Kritik der soziologischen Denkweise. Neuwied-Berlin 1963.
Moles, A. A., Psychologie des Kitsches. München 1972.
Ossowski, St., Klassenstruktur im sozialen Bewußtsein. Neuwied-Berlin 1962.
Pontalis, J. B. (Hrsg.), Objekte des Fetischismus, Frankfurt 1972.
Popitz, H. u. a., Das Gesellschaftsbild des Arbeiters. Tübingen 1957.
ders., Der entfremdete Mensch. Zeitkritik und Geschichtsphilosophie des jungen Marx. Frankfurt/M. 1967.
Reiche, R., Sexualität und Klassenkampf. Zur Abwehr repressiver Entsublimierung. 4. Aufl., Frankfurt/M. 1970.
Saß, H.-W. (Hg.), Antiautoritäre Erziehung oder die Erziehung der Erzieher. Stuttgart 1972.
Topitsch, E. (Hrsg.), Logik der Sozialwissenschaften. Köln-Berlin [5]1968.
Weber, M., Wirtschaft und Gesellschaft. Grundriß der verstehenden Soziologie, 5. Aufl., Tübingen 1970.
Witte, K. (Hrsg.), Theorie des Kinos. Ideologiekritik der Traumfabrik. Frankfurt 1972.

Kunst- und literatursoziologische Abhandlungen

Adorno, Th. W., Ästhetische Theorie. Gesammelte Schriften 7. Frankfurt/M. 1970.
ders., Einleitung in die Musiksoziologie. Frankfurt/M. 1967.
ders., Noten zur Literatur I, II und III. Frankfurt/M. 1958, 1961 und 1965.
ders., Philosophie der neuen Musik. Frankfurt/M. 1958.
Ästhetik und Kommunikation, Beiträge zur politischen Erziehung. Heft 1 ff. 1970 ff.
Alternative. Literatursoziologie. Literatur und Psychoanalyse. Heft 49/50.
Alternative. Industriearbeiterromane in Westdeutschland. Heft 51.
Alternative. Walter *Benjamin.* Entwurf einer materialistischen Ästhetik. Heft 59/60.
Alternative. Georg *Lukács.* Literaturtheoretisches System. Kritik seines materialistischen Anspruchs. Heft 67/68.
Alternative. Materialistische Literaturtheorie I. Heft 67/68, 1969.
Alternative. Materialistische Kunsttheorie II. Hans Eisler. Heft 69, 1969.
Alternative. Materialistische Literaturtheorie III. Große u. kleine Pädagogik. Brechts Modell der Lehrstücke. Heft 78/79. Berlin 1971.
Alternative. Materialistische Literaturtheorie IV. Was heißt materialistisches Verfahren für die Literaturwissenschaft. Eine Methodenkontroverse. Heft 82. Berlin 1972.
Alternative. Materialistische Literaturtheorie V. Heft 84/85. Berlin 1972.
Alternative. Theater als Provokation. Heft 70, 1970.
Alternative. Proletarische Partei und bürgerliche Literatur. Heft Nr. 76, 1971.
Althaus, H., Georg Lukács oder Bürgerlichkeit als Vorschule einer marxistischen Ästhetik. Bern 1962.
Die Aufgaben der marxistisch-leninistischen Ästhetik. Redaktionsartikel der Zs. »Woprossy filosofii« (»Fragen der Philosophie«), abgedr. in: Sowjetwissenschaft. Kunst und Literatur VI/I (1956), S. 13 ff.
Benjamin, W., Das Kunstwerk im Zeitalter seiner technischen Reproduzierbarkeit. Frankfurt/M. 1963.

ders., Illuminationen. Frankfurt/M. 1961.
ders., Angelus Novus. Frankfurt/M. 1966.
ders., Ursprung des deutschen Trauerspiels. Frankfurt/M. 1969.
ders., Charles Bandelaire. Ein Lyriker im Zeitalter des Hochkapitalismus. Frankfurt/M. 1969.
Brecht, B., Schriften zur Literatur und Kunst 1 und 2. Gesammelte Werke Bd. 19, 20, Frankfurt/M. 1967.
ders., Schriften zum Theater 1–3. Gesammelte Werke Bd. 15–17, Frankfurt/M. 1967.
Brockmeier, P., Lust und Herrschaft. Studien über gesellschaftliche Aspekte der Novellistik. Boccaccio, Sacchetti, Margarete von Navarra, Cervantes. Stuttgart 1972.
Buch, H.-C. (Hrsg.), Parteilichkeit der Literatur oder Parteiliteratur. Materialien z. einer undogmatischen marxistischen Ästhetik. Reinbek 1972.
Buch und Leser in Deutschland. Eine Untersuchung des DIVO-Instituts. Gütersloh 1965.
Burke, K., Dichtung als symbolische Handlung. Frankfurt/M. 1966.
Demetz, P., Marx, Engels und die Dichter. Zur Grundlagenforschung des Marxismus. Stuttgart 1959.
Dietze, W., Junges Deutschland und deutsche Klassik. Zur Ästhetik und Literaturtheorie des Vormärz. Berlin 1957.
Ermolaev, H., Soviet Literary Theories 1917–1934. The Genesis of Socialist Realism. Berkeley-Los Angeles 1963.
Fischer, E., Kunst und Koexistenz. Reinbek 1966.
ders., Von der Notwendigkeit der Kunst. Dresden 1959.
Fizer, J. R., Literatur, Kunst und Wissenschaft. In: Handbuch des Weltkommunismus (hrsg. v. J. M. *Bochenski* u. G. *Niemeyer*), Freiburg 1958, S. 473 ff.
Freud, S., Bildende Kunst und Literatur. Studienausgabe Band X. Frankfurt/M. 1969.
Frühes deutsches Arbeitertheater 1847–1918. Eine Dokumentation. Hrsg. v. F. *Knilli* u. U. *Münchow*. München 1970.
Frye, N., Analyse der Literaturkritik. Stuttgart 1964.
Fügen, H. N., Die Hauptrichtungen der Literatursoziologie. Ein Beitrag zur literatursoziologischen Theorie. Bonn [4]1970.
ders., Demokratie und Literatur. Literatursoziologie bei Alexis de Tocqueville. In: Kölner Zs. f. Soziologie u. Sozialpsychologie 17 (1965), S. 106–117.
ders., Zur literarischen Strategie und Diffusion des George-Kreises. In: Ruperto-Carola 18, Bd. 39 (1966), S. 117–123.
ders. (Hrsg.), Wege der Literatursoziologie. Neuwied-Berlin 1968.
Fülberth, G., Proletarische Partei und bürgerliche Literatur. Neuwied-Berlin 1972.
Gallas, H., Marxistische Literaturtheorie. Kontroversen im Bund proletarisch-revolutionärer Schriftsteller. Neuwied-Berlin 1971 (vgl. dort weitere Literatur zur marxistischen Literaturtheorie).
Gansberg, M. L. u. *Völker*, P. G., Methodenkritik der Germanistik. Materialistische Literaturtheorie und bürgerliche Praxis. Stuttgart [4]1973.
Goldmann, L., Soziologie des modernen Romans. Neuwied-Berlin 1970.
ders., Genets Bühnenstücke, in: Alternative (Okt. 1966), S. 123–139.
Grundlagen der marxistisch-leninistischen Ästhetik. Berlin 1962.
Haferkorn, H. J., Der freie Schriftsteller. Eine literatur-soziologische Studie über

seine Entstehung und Lage in Deutschland zwischen 1750 und 1800. Diss. Göttingen 1959.

Hager, F., *Haberland,* H., *Paris,* R., Soziologie + Linguistik. Die schlechte Aufhebung sozialer Ungleichheit durch Sprache. Stuttgart 1972.

Hauser, A., Der Manierismus. Die Krise der Renaissance und der Ursprung der modernen Kunst. München 1964.

ders., Philosophie der Kunstgeschichte. München 1958.

ders., Sozialgeschichte der Kunst und Literatur. 2 Bde., München 1953. 2. Aufl., München 1958.

Heiner, H.-J., Das Ganzheitsdenken Friedrich Schlegels. Wissenssoziologische Deutung einer Denkform. Stuttgart 1970.

Hüfner, A. (Hrsg.), Straßentheater. Frankfurt/M. 1970.

Iwanow, W., Das Leninsche Prinzip der Parteilichkeit in der Literatur. In: Die Presse der Sowjetunion (1956), S. 1671–1674.

Jaeggi, U., Literatur und Politik. Ein Essay. Frankfurt 1972.

John, E., Probleme der marxistisch-leninistischen Ästhetik. Halle (Saale) 1967.

Kagan, M., Vorlesungen zur marxistisch-leninistischen Ästhetik. Berlin 1969.

Knilli, F., Deutsche Lautsprecher. Versuche zu einer Semiotik des Radios. Stuttgart 1970.

Koch, H., Marxismus und Ästhetik. Berlin 1962.

Köhler, E., Über die Möglichkeit historisch-soziologischer Interpretation. In: E. K., Esprit und arkadische Freiheit. Aufsätze aus der Welt der Romania. Frankfurt/Bonn 1960, S. 83–103.

Kofler, L., Abstrakte Kunst und absurde Literatur. Wien 1970.

ders., Zur Theorie der modernen Literatur. Der Avantgardismus in soziologischer Sicht. Neuwied 1962.

Kolbe, J. (Hrsg.), Ansichten einer künftigen Germanistik. München ^{5}1972.

Kraus, W., Grundprobleme der Literaturwissenschaft. Hamburg ^{2}1969.

Kreuzer, H., Die Boheme. Analyse und Dokumentation der intellektuellen Subkultur von den Anfängen bis zur Gegenwart. Stuttgart 1971.

Krysmanski, H.-J., Die utopische Methode. Eine literatur- und wissenssoziologische Untersuchung deutscher utopischer Romane des 20. Jahrhunderts. Köln-Opladen 1963.

Kuczynski, J., Studien über schöne Literatur und politische Ökonomie. Berlin 1954.

ders., Eine Sozialgeschichte der Kunst und Literatur. Kritische Reflexionen zu A. Hauser, Sozialgeschichte der Kunst und Literatur. In: Vierteljahresschrift f. Sozial- u. Wirtschaftsgeschichte 43 (1956), S. 19ff.

Kulturpolitisches Wörterbuch. Berlin 1970.

Kühne, P., Arbeiterklasse und Literatur. Frankfurt 1972.

Langenbucher, W., Der aktuelle Unterhaltungsroman. Beiträge zu Geschichte und Theorie der massenhaft verbreiteten Literatur. Bonn 1964.

Lehmann, G. K., Grundfragen einer marxistischen Soziologie der Kunst. In: Deutsche Zeitschrift für Philosophie, Jg. 8 (1965), S. 933ff.

Lenin, W. I., Über Kultur und Kunst. Eine Sammlung ausgewählter Aufsätze und Reden, Berlin 1960.

ders., Parteiorganisation und Parteiliteratur (1905). In: Werke, Bd. 10, 2. Aufl., Berlin 1959, S. 29–34.

Lenk, K., Zur Methodik der Kunstsoziologie. In: Kölner Zs. f. Soziologie und Sozialpsychologie 13 (1961).

Lethen, H., Zur materialistischen Kunsttheorie Benjamins. In: Alternative, Jg. 10 (1967), S. 225 ff.
ders., Neue Sachlichkeit 1924–1932. Studien zur Literatur des »Weißen Sozialismus«. Stuttgart 1970.
Lexikon sozialistischer deutscher Literatur. Von den Anfängen bis 1945. Leipzig 1964.
Lifschitz, M. A., Karl Marx und die Ästhetik. In: Internationale Literatur III/2 (1933).
Lindner, B., Brecht/Benjamin/Adorno – Über Veränderungen der Kunstproduktion im wissenschaftlich-technischen Zeitalter. In: Bertolt Brecht I. Sonderheft ›Text + Kritik‹, München 1972.
Literatur und Parteilichkeit 1. Sozialistische Zs. f. Kunst u. Gesellschaft 11/12. Tübingen 1972.
Literaturwissenschaft und Sozialwissenschaften 2. Germanistik und deutsche Nation 1806–1848. Zur Konstitution bürgerlichen Bewußtseins. Unter Mitarbeit von Reinhard *Behm,* Walter *Busch,* Karl-Heinz *Götze,* Rainer *Kawa* und Jutta *Strippel* herausgegeben von Jörg Jochen *Müller.* Stuttgart 1973.
Löwenthal, L., Das Bild des Menschen in der Literatur. Neuwied-Berlin 1966.
ders., Zur gesellschaftlichen Lage der Literatur. In: Zs. f. Sozialforschung 1 (1932), S. 85 f.
ders., Literatur und Gesellschaft. Das Buch in der Massenkultur. Neuwied-Berlin 1964.
ders., Erzählkunst und Gesellschaft. Neuwied-Berlin 1971.
Ludz, P. Chr., Marxismus und Literatur. In: Georg Lukács, Schriften zur Literatursoziologie, 2. Aufl., Neuwied-Berlin 1963, S. 19 ff.
Lukács, G., Frühschriften I. Die Seele und die Formen (1911); Die Theorie des Romans (1920); Anhang: Kleinere Schriften 1909–1920. Werke Bd. 1 (in Vorbereitung).
ders., Kleine Schriften. Skizze einer Geschichte der neueren deutschen Literatur; Existenzialismus oder Marxismus; Zur philosophischen Entwicklung des jungen Marx; Kleine politische Schriften. Werke Bd. 3 (in Vorbereitung).
ders., Probleme des Realismus I. Essays über Realismus; Marx und das Problem des ideologischen Verfalls; Volkstribun oder Bürokrat?; Wider den mißverstandenen Realismus; Aufsätze aus der Linkskurve. Werke Bd. 4, Neuwied-Berlin (in Vorbereitung).
ders., Probleme des Realismus II. Der russische Realismus in der Weltliteratur. Werke Bd. 5, Neuwied-Berlin 1964.
ders., Probleme des Realismus III. Der historische Roman; Balzac und der französische Realismus; Fauststudien. Werke Bd. 6, Neuwied-Berlin 1965.
ders., Deutsche Literatur in zwei Jahrhunderten. Goethe und seine Zeit; Deutsche Realisten des 19. Jahrhunderts; Thomas Mann. Werke Bd. 7, Neuwied-Berlin 1964.
ders., Probleme der Ästhetik. Engels und Lassalle; Friedrich Engels als Literaturtheoretiker und Literaturkritiker; Über die Besonderheit als Kategorie der Ästhetik. Beiträge zur Geschichte der Ästhetik; Die Sickingendebatte zwischen Marx, Engels und Lassalle. Werke Bd. 10, Neuwied-Berlin 1969.
ders., Ästhetik I. Die Eigenart des Ästhetischen. Werke Bd. 11 und 12, Neuwied-Berlin 1963.
ders., Schriften zur Literatursoziologie. Ausgewählt und eingeleitet von P. *Ludz.* Neuwied-Berlin ^{3}1968.
Lunatscharski, A., Die Revolution und die Kunst. Fundus-Bücher 6. Dresden o. J.

Marx, K. u. F. *Engels*, Über Kunst und Literatur. Eine Sammlung aus ihren Schriften (hrsg. v. M. *Lifschitz*, m. e. Vorwort v. F. *Erpenbeck*). Berlin [6]1953.

Mehring, F., Aufsätze zur deutschen Literatur von Klopstock bis Weerth. Ges. Schriften, Bd. 10, Berlin 1963.

ders., Aufsätze zur deutschen Literatur von Hebbel bis Schweichel. Ges. Schriften, Bd. 11. Berlin 1963.

ders., Die Lessing-Legende. Zur Geschichte und Kritik des preußischen Despotismus und der klassischen Literatur. Ges. Schriften, Bd. 9, Berlin 1963. Außerdem: Frankfurt–Berlin–Wien 1972.

ders., Aufsätze zur ausländischen Literatur. Vermischte Schriften, Ges. Schriften, Bd. 12, Berlin 1963.

Metken, G., Comics. Frankfurt/M.-Hamburg 1970.

Oesterle, G., Integration und Konflikt. Heinrich Heines Prosa im Kontext oppositioneller Literatur der Restaurationsepoche. Stuttgart 1972.

Owsjannikow, M. F., und *Smirnowa*, S. W., Kurze Geschichte der Ästhetik. Berlin 1966.

Peter, L., Literarische Intelligenz und Klassenkampf: »Die Aktion« 1911–1932. Köln 1972.

Piscator, E., Das politische Theater. 2. Ausgabe, Reinbek 1963.

Pehlke, M. u. N. *Lingfeld*, Roboter und Gartenlaube. Ideologie und Unterhaltung in der Science-Fiction-Literatur. München 1970.

Peschken, B., Versuch einer germanistischen Ideologiekritik. Goethe, Lessing, Novalis, Thieck, Hölderlin, Heine in Wilhelm Diltheys und Julian Schmidts Vorstellungen. Stuttgart 1972.

Plavius, *H.*, Zwischen Protest und Anpassung. Westdeutsche Literatur: Theorie – Funktion. Halle 1970.

Plechanow, G. W., Kunst und Literatur. Hrsg. v. N. F. *Beltschikow*. Berlin 1965.

Plessner, H., Über die gesellschaftlichen Bedingungen der modernen Malerei. In: Diesseits der Utopie, Düsseldorf-Köln 1966, S. 103 ff.

Probleme der Ästhetik I. Das Argument. Nr. 26, Berlin [2]1968.

Probleme der Ästhetik II. Das Argument. Nr. 28, Berlin [3]1969.

Probleme der Ästhetik III. Das Argument. Nr. 64. Berlin 1971. Kritik der bürgerlichen Geschichtswissenschaft I. Das Argument. Nr. 70. Berlin 1972.

Probleme der Ästhetik IV. Literatur- und Sprachwissenschaft. Das Argument Nr. 72. Berlin 1972.

Prokop, D. (Hrsg.), Massenkommunikationsforschung I: Produktion. Frankfurt 1972.

Projekt Deutschunterricht 5: Massenmedien und Trivialliteratur. Stuttgart 1973.

Pross, H. (Hrsg.), Deutsche Presse seit 1945. Bern-München 1965.

ders., Literatur und Politik. Geschichte und Programme der politisch-literarischen Zeitschriften im deutschen Sprachgebiet seit 1870. Olten-Freiburg 1963.

ders., Publizistik. Thesen zu einem Grundcolloquium. Neuwied-Berlin 1970.

Prüsener, M., Lesegesellschaften im 18. Jh. Ein Beitrag z. Lesergeschichte. In: Archiv f. Gesch. des Buchwesens. Frankfurt 1972, S. 189–301.

Radek, K., Die moderne Weltliteratur und die Aufgaben der proletarischen Kunst. In: Internationale Literatur IV/5 (1934), S. 3 ff.

Read, H., Kunst und Gesellschaft. Wien-Frankfurt/M. o. J.

ders., Poetry and Anarchism. New York 1939.

Revolution und Literatur. Zum Verhältnis von Erbe, Revolution und Literatur. Hrsg. v. W. *Mittenzwei* u. R. *Weisbach*. Leipzig 1971.

Rühle, J., Literatur und Revolution. Die Schriftsteller und der Kommunismus. Köln 1961.

ders., Das entfesselte Theater. Vom Revolutionstheater zum sozialistischen Realismus. Köln-Berlin 1967.

Rülcker, Chr., Ideologie der Arbeiterdichtung 1914–1933. Eine wissenssoziologische Untersuchung, Stuttgart 1970 (vgl. dort weitere Literaturangaben zur Arbeiterdichtung).

Sartre, J.-P., Was ist Literatur? Hamburg 1958.

Scharang, M., Zur Emanzipation der Kunst. Neuwied-Berlin 1971.

Schdanow, A., Über Kunst und Wissenschaft. Berlin 1951.

Scheja, G., Kunst und Soziologie. In: Soziologie und Leben (hrsg. v. C. *Brinkmann*), Tübingen 1952, S. 220 ff.

Scheltema, F. A. v., Äußere und innere Wirkungsfaktoren in der Kunstentwicklung, in: Studium Generale, Jg. 7 (1954), S. 177 ff.

Schenda, R., Volk ohne Buch. Studien z. Sozialgeschichte d. populären Lesestoffe 1770–1910. Frankfurt 1970.

Schlaffer, H., Dramenform und Klassenstruktur. Eine Analyse der »dramatis persona« Volk. Stuttgart 1971.

Schmidt-Henkel, G. (Hrsg.), Trivialliteratur. Aufsätze. Berlin 1964.

Schücking, L. L., Die Familie im Puritanismus. Studien über Familie und Literatur in England im 16., 17. und 18. Jahrhundert. Leipzig 1929.

ders., Literaturgeschichte und Geschmacksbildung. In: GRM V (1913), S. 561 ff.

ders., Soziologie der literarischen Geschmacksbildung. 3., neubearb. Aufl., Bern-München 1961.

Silbermann, A., Anmerkungen zur Musiksoziologie. Eine Antwort auf Th. W. Adornos ›Thesen zur Kunstsoziologie‹. In: Kölner Zs. f. Soziologie u. Sozialpsychologie, Jg. 19 (1967), S. 538 ff.

ders., Literaturphilosophie, soziologische Literaturästhetik oder Literatursoziologie. In: Kölner Zs. f. Soziologie u. Sozialpsychologie 18 (1966), S. 139–148.

ders., Art. Kunst. In: Soziologie (Das Fischer Lexikon 10), S. 164–174.

ders., Sammelreferat: Schriften zur Soziologie der Kunst. In: Kölner Zs. f. Soziologie u. Sozialpsychologie 10 (1958), S. 518–525.

Simmel, G., Zur Philosophie der Kunst. Potsdam 1922.

Steinweg, R., Das Lehrstück. Brechts Theorie einer politisch-ästhetischen Erziehung. Stuttgart 1971.

Struve, G., Geschichte der Sowjetliteratur. München 1957.

Thomson, G., Aischylos und Athen. Untersuchungen über den gesellschaftlichen Ursprung des Dramas. Berlin 1957.

Tomberg, F., Mimesis der Praxis und abstrakte Kunst. Neuwied-Berlin 1968.

Trotzkij, L., Literatur und Revolution. Berlin 1968.

Tschernyschewskij, N. G., Die ästhetischen Beziehungen der Kunst zur Wirklichkeit (m. e. einführenden Essay v. G. *Lukács*). Berlin 1954.

Über ästhetische Fragen (u. a.: *Benjamin,* Fragment über Methodenfragen einer marxistischen Literatur-Analyse; *Buch,* Von der möglichen Funktion der Literatur; *Karsunke,* Die Straße und das Theater; *Haug,* Zur Kritik der Warenästhetik; H. M. *Enzensberger,* Baukasten zu einer Theorie der Medien). In: Kursbuch 20. Frankfurt/M. 1970.

Vaßen, F., Georg Weerth. Ein politischer Dichter des Vormärz und der Revolution von 1848/49. Stuttgart 1971.

ders., Methoden der Literaturwissenschaft II: Marxistische Literaturtheorie u. Literatursoziologie. Düsseldorf 1972.

Watson, B. A., Kunst, Künstler und soziale Kontrolle. Köln-Opladen 1961.

Wellek, R. u. A. *Warren,* Theorie der Literatur. Bad Homburg 1959.

Weyergraf, B., Der skeptische Bürger. Wielands Schriften zur französischen Revolution. Stuttgart 1972.

Wittfogel, K. A., Fragen der marxistischen Ästhetik. In: Linkskurve Jg. 1930. Nachgedruckt in: Ästhetik und Kommunikation, Heft 2. Frankfurt/M. 1970.

Wittmann, R., Die frühen Buchhändlerzeitschriften als Spiegel des literarischen Lebens. In: Archiv f. Gesch. des Buchwesens, Frankfurt 1972, S. 1781–1936.

Wulf, J., Literatur und Dichtung im Dritten Reich. Eine Dokumentation. Gütersloh 1963.

Zeichensystem Film. Versuche zu einer Semiotik. Hrsg. v. F. *Knilli.* Sprache im technischen Zeitalter, Heft 27/1968.

Ziermann, Kl., Romane vom Fließband. Berlin 1969.